本书出版得到清华大学双高计划资助

傅璇琮文集

李德裕年谱

上册

中华书局

图书在版编目(CIP)数据

李德裕年谱/傅璇琮撰. —北京:中华书局,2023.3
(傅璇琮文集)
ISBN 978-7-101-16139-7

Ⅰ.李… Ⅱ.傅… Ⅲ.李德裕(787~850)-年谱
Ⅳ.K827＝42

中国国家版本馆 CIP 数据核字(2023)第 040333 号

书　　名	李德裕年谱(全二册)
撰　　者	傅璇琮
丛 书 名	傅璇琮文集
责任编辑	李碧玉　郭惠灵
责任印制	管　斌
出版发行	中华书局
	(北京市丰台区太平桥西里 38 号　100073)
	http://www.zhbc.com.cn
	E-mail:zhbc@zhbc.com.cn
印　　刷	北京中科印刷有限公司
版　　次	2023 年 3 月第 1 版
	2023 年 3 月第 1 次印刷
规　　格	开本/920×1250 毫米　1/32
	印张 20⅜　插页 4　字数 440 千字
国际书号	ISBN 978-7-101-16139-7
定　　价	130.00 元

傅璇琮文集

出版说明

傅璇琮先生(1933—2016),浙江宁波人。1951 年至 1955 年,先后就读于清华大学中文系、北京大学中文系,毕业后在北京大学中文系任助教。1958 年 3 月调至商务印书馆任编辑,后因出版分工调整,进入中华书局工作,历任中华书局文学组编辑、古代史编辑室副主任、中华书局副总编辑、总编辑。2008 年受聘为中央文史研究馆馆员。曾任国务院古籍整理出版规划小组成员、秘书长、副组长,中国唐代文学学会会长,中国人民大学国学院特聘教授,清华大学中文系教授、古典文献研究中心主任等。

傅璇琮先生是著名出版家。他一生致力于古籍整理出版事业,参与制订《古籍整理出版规划(1982—1990)》、《中国古籍整理出版十年规划和"八五"计划》、《中国古籍整理出版"九五"重点规划》。在中华书局主持或分管编辑工作的数十年间,策划、主持整理出版了一系列具有重大学术影响的古籍图书,培养了一批中青年编辑人才。

傅璇琮先生是著名学者,"学者型编辑"的杰出代表,在古代文史研究领域笔耕不辍，著作宏富。其撰著的《唐代诗人丛考》、《唐代科举与文学》等，体现了开创性的研究方法和深刻的治学理念，产生了广泛而深远的影响；其领衔和参与主编的《续修四库全书》、《续修四库全书总目提要》、《中国古籍总目》、《全唐五代诗》、《全宋诗》、《唐才子传校笺》、《宋才子传笺证》、《全宋笔记》、《唐五代文学编年史》等古籍整理图书和学术著作，成为相关领域的基础性文献和重要学术成果，在海内外学术界、出版界享有广泛和崇高的声誉。

此次整理出版《傅璇琮文集》，收录其个人著作《唐代诗人丛考》、《唐代科举与文学》、《唐翰林学士传论》、《李德裕年谱》四种，合著《李德裕文集校笺》、《河岳英灵集研究》两种，另将傅璇琮先生1956年至2016年间发表在报刊杂志和收录于文章专集的单篇文章，包括学术论文、杂文、随笔，以及所作序跋、前言、说明等三百六十馀篇，依时间为序结集为《驼草集》。

文集的出版，得到清华大学以及傅璇琮先生家属的鼎力支持，在此谨致谢忱！

中华书局编辑部
2023年3月

目　录

中华版题记

　　上世纪八十年代初,我曾启动研究李商隐,后因李商隐生平与创作牵涉于牛李党争,我就着重研究李德裕,于 1982 年冬撰成《李德裕年谱》,1984 年 10 月在齐鲁书社出版。出版后得到学界的首肯,如南开大学中文系罗宗强教授在为拙著《唐诗论学丛稿》所作的序中,特为论及《李德裕年谱》,谓:"在对纷纭繁杂的史料的深见功力的清理中,始终贯串着对历史的整体审视,而且是一种论辨是非的充满感情的审视。这其实已经超出一般谱录的编写范围,而是一种历史的整体研究了。"

　　另有两位学者在八十年代有专文评论,如现为上海大学文学院教授、当时为中国社科院文学所研究员董乃斌先生,以《宏通而严谨的历史眼光》为题评这部《年谱》(刊于《读书》1986 年第 2 期),认为此书"不仅是运用传统史料编纂法做出的新成绩,而且向我们有力地证明了文史研究中'社会—历史'方法的合理和重要",肯定此书"在学术上又有其新的面貌、新的特点"。又武汉大学文学院王兆鹏教授所作《传统的突破——傅璇琮三部学术著作述评》(《文学遗产》1989 年第 2 期),将《李德裕年谱》与《唐代诗人丛考》、《唐代科举与文学》并论,着重论及《李德裕年谱》从李德裕入手,具体翔实地考察牛李党争的政见、政绩,"使牛李党争的真相与是非曲直大白于天下,同时也澄清了对李商隐的一些'传统的误解'"。

以上所引学术名家对《李德裕年谱》的赞评之辞,对于我自己的治学思路实深受启发。但此书1984年齐鲁版,排校中错字太多,印出后我自己核查,发现几乎三分之二的篇幅,每页都有错字、漏字;另外,在材料的运用中也有好几处错失。李德裕祖籍,为今河北省赞皇县,河北教育出版社重视地域文化建设,注意于继承和发扬传统文化,就与我联系,提出重印《李德裕年谱》修订重印本。经河北教育出版社慨允支持,于2001年11月出版此书的补订新版。此书新版质量提高,更引起读者重视。出版后,历经十年余,据说市场上现已很难再购得。现在中华书局正在出版一套"年谱丛刊",已推出十余种,即向我提出,将《李德裕年谱》再次重印,列于中华书局"年谱丛刊"中。征得河北教育出版社同意,此次又重印,则我又有机会再作一次订正,力求再次提高质量。

这次我又核查出版后逐步检出的问题,发现仍有错字和材料运用的疏失,这次由中华书局重印,也确是对此书质量提高的再次机缘。

关于文字之错失,这次改正有十五处,今略举数例:如人的名称,原书页106行12,云:"当时制诏可能以德裕与无稹为名重一时。"此"无"为"元"之误,元稹是中唐时诗文名家。又原书页14倒5行,"照德皇后","照"应改为"昭"。这些皆为排校中的疏误。又如地名，原书页454倒7行，引《旧唐书·武宗纪》"东驾幸洛阳"，经核，"洛"为"咸"之误，此次即改正。又如文集卷次，原书页322行9，《刘禹锡集笺证》卷十六《秋声赋》，此"卷十六"应为"卷一"。又原书页375行6，《李德裕文集》卷一《黠戛斯朝贡图传序》，此"卷一"应为"卷二"。其他错失字，如原书页214行11，"六和七年六月"，"六和"应为"大和"，为文宗年号；页35倒2行，"贬使雷州"，"使"应为"死"；又如页99末行"元和十五年正月甲寅"，据《旧唐书·穆宗纪》，此"正月"前应加"闰"字；页229倒3行"覃亦左秘书监"，"左"前缺"授"字。其他多余字、错字等，均加改正，不再具述。

另有材料运用须正补的，更关系到学术性，今作具体记述，供学者参阅并请指正。

原书页26，贞元十二年（796），记李德裕父吉甫在忠州刺史任，段文昌时在剑南西川节度使韦皋幕，曾至忠州以文干谒。所据为《旧唐书》卷一六七《段文昌传》，称韦皋任剑南西川节度使时，曾召段文昌在其幕，"表授校书郎"，时"李吉甫刺忠州，文昌尝以文干之"。我在谱中曾云："文昌至忠州以文干吉甫，未能确定何年，姑系于此。"虽云"未能确定何年"，但仍列于贞元十二年。按段文昌之子段成式著有《酉阳杂俎》，其书《续集》七，记有："贞元十七年，先君自荆入蜀，应韦南康辟命。"韦南康即韦皋，韦皋于德宗贞元年间始终任剑南镇。段成式明确记其父于贞元十七年始自荆入蜀，在韦皋幕，则决不能记贞元十二年段文昌由蜀至忠州拜谒李吉甫。故此次于贞元十二年删，改列于贞元十七年。

原书页71，元和六年，记李吉甫任相时，推动并指导林宝、王涯编纂《元和姓纂》，提及林、王二人之序，但未注出处。今即补记林宝之序载于《全唐文》卷七二二，王涯之序载于《全唐文》卷四四八。

原书页106，穆宗长庆元年（821），记："二月，沈传师迁中书舍人，出翰林院，判史馆事。"此乃据唐丁居晦《重修承旨学士壁记》："长庆元年二月二十四日迁中书舍人，二月十九日出守本官，判史馆事。"沈传师乃于宪宗元和十二年二月由左补阙、史馆修撰入为翰林学士。经查核，欧阳修《集古录跋尾》（见《欧阳修集》卷一四一，中华书局点校本，2001年）卷八著录《唐韩愈罗池庙碑》，引有《穆宗实录》，云："长庆二年二月，传师自尚书兵部郎中、翰林学士罢为中书舍人、史馆修撰，其九月，愈自兵部侍郎迁吏部。"韩愈确于长庆二年九月由兵部侍郎迁改为吏部侍郎，则沈传师亦当于长庆二年二月出院。不过，此处所引之《穆宗实录》谓沈传师由兵部郎中罢为中书舍人，则误，因沈传师在翰林院期间已由兵部郎中（从五品上）迁为中书舍人（正五品上），何以又谓出院时以兵部郎中罢为中书舍人？故此次记沈传师出院仍列于长庆元年，但补作辨析。关于沈传师事，见拙著《唐翰林学士传论》宪宗朝沈传师条（辽海出版社，2005年12月）。

原书页177，文宗大和四年，记郑瀚，引《旧唐书》卷一五八《郑瀚传》所记"大和二年，迁礼部侍郎，典贡举二年"，即谓："依唐人惯例，授礼部侍郎多在上年冬，并典明年贡举，郑瀚当为大和二年冬任礼部侍郎。"按丁居晦《重修承旨学士壁记》明确记郑瀚"（大和）二年六月一日，迁礼部侍郎出院"。丁居晦亦为文宗朝翰林学士，与郑瀚同时，其所记当确切，不能以"唐人惯例"推断郑瀚为大和二年冬任礼部侍郎，今改。

原书页392，会昌三年编年文，将其《赠陈夷行司徒制》列于会昌三年，引《旧唐书》卷一七三《陈夷行传》："会昌三年十一月，检校司空、平章事、河中尹、河中晋绛节度使，卒，赠司徒。"谱中即谓"此制当是十一月作"。但据《旧唐书》卷一八上《武宗纪》，会昌四年八月，"河东节度使陈夷行卒"。则陈夷行于会昌三年十一月出任，翌年八月卒，未应将李德裕此制列于会昌三年，今改正。

另外可补的材料：萧遘为晚唐僖宗朝翰林学士，后曾为相，甚有声誉。《全唐文》卷八六僖宗《授王择萧遘平章事制》曾概誉为："自精通艺行，履历清崇，逸翰摩云，高踪绝地。"又乐朋龟草撰的《萧遘判度支制》（《全唐文》卷八一四）特称其才华："众谓国华，雅得韦平之称；时推人瑞，琼齐管乐之名。"萧遘于懿宗咸通五年（864）登进士第，《旧唐书》卷一七九《萧遘传》记其登第后初入仕，即"形神秀伟，志操不群"，慕李德裕为人，自比为李德裕，同年皆戏呼"太尉"。可见懿宗时李德裕在士人中之声誉。此次即补于大中三年李德裕卒后于后世的影响。

我的这部《李德裕年谱》之所以能得到社会的了解和学界的认可，是与齐鲁书社、河北教育出版社和中华书局的积极支持分不开的。我确有亲切体认和坚定展望，学术研究与出版事业的密切配合，必是我们文化建设的一个极有意义的项目。

2012 年元月

二版题记

　　我于 1978 年底完成《唐代诗人丛考》,交中华书局出版(出版于 1980 年 1 月)。《唐代诗人丛考》所论诗人到大历时为止,我遂想把研究重点转移到中晚唐。但我对中晚唐的研究颇有畏惧心理,这是因为中晚唐的社会情况,无论政治、经济、军事、文化等,都较前复杂,而且有关这一时期的文献资料不单数量繁多,并且真伪混淆、难于辨别。为此,我做了一些基本史料的辑集与梳理工作,并从 1980 年下半年起,进入选题的思考。我很快就选择了李德裕的研究。从我个人来说,我觉得,中晚唐时期的选题,最好有一定宽度的社会涵盖面,这样,研究的视野可以广一些,史料的运用可以活一些,即既能有史实的考辨,也能有事理的推释。中晚唐社会政治的主要问题,一般概括为宦官、藩镇、朋党,这三者是互相制约而又互相联系渗透的,研究三者之一,就一定要牵动其他两点。而在朋党方面,从宪宗元和年间起,直到宣宗大中时期,这近半个世纪,就是历史上所谓的牛李党争。牛李党争一直使研究者感到头疼,认为是非曲直,各有各的说法,很难界清,有些人认为牛李之争头绪纷繁,索性不去理它。有些搞唐代文学的人，一碰到有些作家夹杂在那时的党争中，也觉得难于措手。

经过史料的清理，我得出这样的结论：牛李党争中，核心人物是李德裕。中晚唐文学的复杂情况需要从牛李党争的角度加以说明，而要研究，最直接的办法则是研究李德裕。尽管环绕牛李党争，环绕李德裕，历史记载纷纭繁杂，但是不从李德裕入手，无论对当时的政治或文学，都不能得到真切的回答。正因如此，我就用两年的时间，即1980年冬至1982年冬，撰写了一部约四十万字的《李德裕年谱》。

这部书于1984年10月由齐鲁书社出版。出版后得到学界的首肯。南开大学中文系教授罗宗强先生在为我的《唐诗论学丛稿》所作的序言中，先是肯定我的《唐代诗人丛考》已越出个案考辨的范围，从个案考辨通向了整体研究，然后说："这种研究特色在《李德裕年谱》中有了进一步发展。在这部年谱里，谱主的事迹完全织入到围绕牛李党争而展开的历史画面里。因此有研究者提到可以把它作为一部牛李党争专史读。它涉及的其实是当时的整个政局与牵涉在这个政局里的各种人物的活动。从文学研究的角度说，它是一个大背景，在这个大的背景中，有谱主也有众多作家的活动、心态。在对纷纭繁杂的史料的深见功力的清理中，始终贯串着对历史的整体审视，而且是一种论辨是非的充满感情的审视。这其实已经超出一般谱录的编写范围，而是一种历史的整体研究了。"

中国社会科学院文学所研究员董乃斌先生在一篇题为《宏通而严谨的历史眼光》书评中，肯定拙著"在学术上又有其新的面貌、新的特点"，其中之一是："李德裕出身世代官宦之家，一生未尝应科举，三十岁以前基本上没有从事什么政治活动。因此，如仅将视线拘限于德裕一人，则他三十一岁任河东节度掌书记之前的诸般史实本可一笔带过。但由于《年谱》编者有宏通的历史眼光和总揽全局的学术气度，遂将（其父）李吉甫后半生的官历和自贞元初至元和中一系列朝廷政争编入。这就使本来可能流于单薄的前半部分变得十分充实，使全书成为一部比较完整系统的中晚唐政治斗争大事纪要。"

董乃斌先生接着又指出："围绕着牛李两党的人事权位和不同政见之争，《年谱》除两党中心人物之外还引入了其他许多历史人物，著名的如裴度、元稹、白居易、李绅、李训、郑注、杜牧、温庭筠、李商隐等，实际已形成一张以李德裕为中心的社会关系网和一场以牛李党争为名目的政治斗争活剧。《年谱》所涉及的那些著名历史人物，许多已有定评，现在又被编者放在与李德裕的关系这块区别中晚唐人政治立场分野的界石面前加以考察，遂从事实、从他们的具体言行中引出了不少新颖的富有启发性的见解。"

我在这里之所以引录罗、董两先生不少赞许的话，是因为我觉得他们所说的，我在写作时还未能有此明确的认识，他们所作的理论的概括，对我的治学确有新的启发。我想这或许也有助于读者对本书的研索和利用。

不过，对于1984年出版的这部书来说，我觉得今天也不应讳避其缺失。这也是此次作较大幅度的修订，并重新出版的原因。

首先，这1984年版，错字实在太多，几乎有三分之二的篇幅，每页都有误字、漏字。按照现在的万分之一错字审查规格来说，此书在编校质量上是不合格的。这之中，有排校中的问题，也有我在誊写中的问题。

其次是材料运用中的错失。有的地方把并非李德裕的作品编入，如文宗大和四年（830），据《文苑英华》卷八三二，把一篇题为《易州候台记》列于李德裕任滑州刺史时所作，因文中有"德裕，邑人也"等语。实际上此文为玄宗开元二十九年（741）梁德裕所撰，见《全唐文》卷三五六。梁德裕有诗一首，载于玄宗天宝时所编的唐人选唐诗《国秀集》卷下。又如元和十三年（818）、开成五年（840），两次提到温庭筠均谒见过李德裕，并献诗，所据为温诗《感旧陈情五十韵献淮南李仆射》。此处的"淮南李仆射"，夏承焘、顾肇仓两先生在他们各自的著作中都认为是李德裕（李曾任淮南节度使），我未经覆核，因仍陈说，而实际温诗中的"淮南李仆射"乃是李绅（见陈尚君先生《温庭筠早年事迹考辨》，见所著《唐代文学丛考》）。又如长庆四年（824）记李德裕在浙西观察使任上时，与元稹有诗唱和（元稹时为浙东观察使），因元稹诗题中有"金陵太守"语，我就引杜牧"金陵津渡小山楼"诗说明此时所谓金陵乃指润州（即今江苏镇江）京口。这一说明是不错的，但"金陵津渡小山楼"一诗非杜牧作，实为张祜的《题金陵渡》，乃张冠李戴。

我在每年纪事之后，根据考查所得，李德裕诗文凡可以系年的，都列有"编年文"、"编年诗"。这一做法，董乃斌先生书评中曾谓谱主附载编年诗文题的做法创于清人所作《顾亭林年谱》，称赞拙著保持并发扬了这一良好的学术传统。但我在具体编排时却常出现问题，如上述《易州候台记》即是一例，有些地方则把同一篇作品重复见于两处。如开成五年列《怀山居邀松阳子同作》、《思归赤松村呈松阳子》二诗，谓本年作于扬州，但又见于开成二年。而开成元年之《初归平泉过龙门……》诗，又见于开成五年。有些则编年有误，如别集卷一《通犀带赋》、《鼓吹赋》应在文宗大和八年（834）冬在浙西观察使任上作，却列于大和九年（835），而列于大和八年的《早入中书行公主册礼事毕登集阁成咏》诗（别集卷四），此处所述实为武宗会昌二年（842）八月事。类似情况不少。有些地方记事之处也有重复的，如李德裕第二次入相时加"司空"一事，会昌元年（841）正月有记，而会昌二年（842）正月又有记（经考证，应在二年）。这些都是史料编纂上的粗心所致，有可能因此而造成混乱。

我在撰成《年谱》后，曾想进一步作李德裕文集的整理工作，因李氏文集有多种本子，文字差异较大，需要作一番系统的清理。但因故未及时进行。后来有机会得到两个好的本子，即藏于日本静嘉堂文库的清陆心源影宋抄本（胶卷），及北京文物出版社影印的《常熟翁氏世藏古籍善本丛书》的宋刊《会昌一品制集》（卷一至卷十）。我就会同原在安庆师院任教的周建国先生于八十年代末、九十年代初开始做文集的校笺工作，历经十年，终于有成，由河北教育出版社出版《李德裕文集校笺》一书。这是目前李氏文集篇章收辑最为齐全、文字校勘最为确当的本子。这次修订《年谱》，即充分利用《校笺》的成果，对引录的文字作了核对，并在作品系年上也相应作了修正。同时，在引用日本遣唐僧人圆仁《入唐求法巡礼行记》有关记载时，也复核了白化文学兄等所作的《校注》本（花山文艺出版社1992年9月版）。

这次修订，对某些记事之误加以改正的，还可举几个例子。如李吉甫由郴州刺史改饶州刺史，原系于德宗贞元二十年（804），实应为贞元十九年（803）。我已引用《唐语林》的记述："李相国忠公,贞元十九年为饶州刺史。"但认为此乃孤证,不足为据。这次据唐权德舆《使持节郴州诸军事权知郴州刺史赐绯鱼袋李公（伯康）墓志铭》、宋《太平寰宇记》、清《金石补正》之《路恕李吉甫题名》,正式确定贞元十九年之说。又如李德裕因其父居相位而以荫补校书郎,原系于元和元年（806）李吉甫第一次入相时,实误,现改为元和八年（813）李吉甫第二次入相时,这样,李德裕与王起等交往及唱和诗之时间都可理顺。

这次还补充了一些有用的材料。如元和五年（810）,柳宗元时在贬所永州,曾有《谢李吉甫相公示手札启》（《柳宗元集》卷三六）,这时李吉甫在淮南节度使任,曾托吕温致书柳宗元,对柳之境遇表示关注,柳表示感谢。《柳集》同卷又有《上扬州李吉甫相公献所著文启》,启中称颂李吉甫在淮南之政绩。由此可以见出李吉甫对永贞革新的贬臣是寄予同情的,这当与后来李德裕同刘禹锡时有诗文交酬有所影响。又如宝历元年（825）李德裕在浙西观察使任,曾献《丹扆六箴》上谏敬宗（《通鉴》载敬宗"游幸无常,昵比群小"）,此次修订时,增补一条材料,即《宋会要·选举》九三五,宋真宗景德元年（1004）赐进士柳察,拟白居易所作策问七十五篇,又续李德裕《丹扆箴》以献,遂复试,赐出身。由此可见李德裕作品对宋代士人的影响。又大和五年（831）有关西蜀维州受降而涉及牛（僧孺）李（德裕）之争以及司马光《通鉴》之评论,这次补辑宋《朱子语类》、明胡广《胡文穆杂著》等,可以更全面研究唐以后人们的评论。又如李德裕有《寄茅山孙炼师》诗三首（别集卷三）,又《遥伤茅山县孙尊诗三首》、《尊师是桃源黄先生传法弟子……》（别集卷四），这几首诗中提及的"孙炼师"、"黄先生"、"瞿童子"，原谱中均未考出姓名。这次据陶敏先生《全唐诗人名考证》，并参我与周建国先生合著的《李德裕文集校笺》，查出《茅山志》《集古录目》等书，考出孙炼师为孙智清，黄先生为黄洞元，瞿童子为瞿柏庭。

原谱中对外集《穷愁志》四卷，我是基本上采取非李德裕作的态度的。在作《文集校笺》过程中，发现有些篇章的文字非出李德裕之手不可，因此改变原来的主张，认为除了个别少数篇章外，《穷愁志》绝大部分为李德裕所作。

这里我要特别提出的是，这次修订，得力于周建国先生之助不少。他帮我通阅了全书，有不少问题是他发现的。周建国先生于八十年代在复旦大学做研究生时，就发表过关于牛李党争的学术论文，很有见地。近十年来，我们在李德裕研究上合作很有成效。他比我年轻，但治学上多有胜我之处。

我与周建国先生合作，花费将近十年的时间，编纂成《李德裕文集校笺》，即将由河北教育出版社付印问世，现在这部修订本《李德裕年谱》，河北教育出版社也慨允出版。我自信这两部书是真正下过实力的，凡研究李德裕，研究中晚唐历史与文学，最好参阅这两部书。对于河北教育出版社坚持高品位，坚持对文化学术的奉献，我是十分钦佩的，谨致以诚挚的感谢。

1999年6月　北京

【补记】以上题记是去年6月撰写的，因9月初我将应邀赴台湾新竹清华大学中文系讲学，须作各种准备，因此，未能将这次修订情况作较为充分的介绍。我于今年 2 月自台返京。5 月初河北教育出版社副总编邓子平先生因公来京，亲自把这新版《李德裕年谱》校样带给我，我即用 5 月上旬的一周假期通阅全稿。近日河北教育出版社又把修改过的校样送来，我再校阅，通读后深有所感。我感到，唐代中晚期，不少有代表性的文学家，如韩愈、柳宗元、刘禹锡、白居易、元稹、李绅、李商隐、杜牧、温庭筠、司空图等，都曾牵涉到当时的政治纷争。他们很关心国事，关心社会，也极重视自己的事业，但他们终究受到各种打击，自己个人、家属及友人都遭遇过祸害。从中晚唐的政事与文人的关系看，文人涉及政争，是没有不失败的，这很值得研究。这之中，有大的朝政问题，也有一些人的品质问题。韩愈在为柳宗元所作的墓志铭中就说过，有些人在交往中，先是"握手出肺肝相示，指天日涕泣，誓生死不相背负"，而一旦友人失势，就"挤之又下石"，而且"自视以为得计"。李德裕也有此遭遇。他在武宗朝任宰相时，特别提拔白居易之从父弟白敏中为翰林学士、中书舍人，白敏中于会昌年间仕途的进升是全得力于李德裕之荐引的。但武宗一死，宣宗即位，一朝天子一朝臣，不到半个月，李德裕就马上贬官，连续受到打击，直至贬于海南岛而死。这之中，白敏中是起了很大作用的。怪不得清初王士禛在《池北偶谈》中说："及德裕之贬，（白敏中）诋之不遗余力。……尤为当世鄙薄。"李德裕在流贬途中所作《穷愁志》四卷，置生死于度外，对世事作了严正的评论，其中有《小人论》一文，说小人不仅是因"世态炎凉"而对人漠视，最主要是

"以怨报德"、"背本忘义",而这二者又恰恰是"不可预防"的。李德裕这样说,当是有为而发。这对于我们研究当时的世态人心,都有启发。不过还是杜甫说得对:"尔曹身与名俱灭,不废江河万古流。"一切都会过去,对有成就、有贡献的人来说,最主要还是看他本人的事业和作品。正因如此,李商隐代郑亚致书于李德裕,劝他"慎保起居","少以家国为念",建议他将其"言不失诬,事皆可信"的著作很好地编起来,以传于后世,"翳尔来者,景山仰之"。(2000年7月1日记,时当高温摄氏40度)

初版序

一

李德裕主要是一个政治人物，但笔者在几年前立意要为他写一部年谱的时候，却是从文学研究的角度出发的。中晚唐的文学与初唐、盛唐有一个很大的不同：初盛唐时期的作家，尽管在他们的作品中也表达了他们的政治理想，特别是李白和杜甫，在他们的诗作中，对国家的命运，政治的盛衰，表现得特别关切，但那时的作家，真正卷入当时重要的政治斗争的，却甚少；中晚唐不同，不少作家本身就往往是政治斗争的一员，也有些则是在不同程度上受到现实政治的波涉，他们的作品直接反映了这些斗争，或者带上了他那一时代所特有的政治斗争的色彩。这种情况，对于生活在九世纪前半世纪的作家来说，更是如此，而这近五十年唐朝廷政治生活中的一件大事，就是历史上所谓的牛李党争。

笔者几年前曾与张忱石、许逸民同志合编《唐五代人物传记资料综合索引》一书（1982年4月中华书局出版），在该书的《前言》中，笔者曾说："中晚唐的文学，是在较前期更为复杂的社会斗争中发展的，研究这一时期的文学，或许会比研究初唐和盛唐更能引人入胜。但另一方面，它也要求有更为广博的历史知识，更为充实的资料基础。作家是社会的人，文学作品是社会生活的反映，脱离具体的社会历史的研究，不了解作家与当时社会生活的联系，不清楚作家当时的各种人事关系，要确切理解作品的内容，它的思想倾向，它在整个文学发展中的地位与影响，是不可能的。"当时我写这几句话的时候，具体想到的就是牛李党争对于文学的影响。

中晚唐文学上的几位大家，除了韩愈、柳宗元以外，其他如白居易、元稹、李绅、李商隐、杜牧，都与牛李党争有关。过去的一些研究者，也往往把他们列为牛党或李党。另外又如李翱、皇甫湜、孙樵等，也都在作品中涉及这一斗争。

李商隐是一个突出的例子。他的坎坷的一生，他的瑰丽奇伟而又带有浓厚感伤情调的诗句，如果不从当时的现实政治和牛李党争这一角度去理解，就无法得出正确的结论。笔者曾有一篇《李商隐研究中的一些问题》的文章（《文学评论》1982年第3期），讨论过这些问题。与李商隐并称的杜牧，似乎比李商隐更关心政治，过去对他在这方面的评价，也往往要比李商隐为高，不少论著认为李商隐在政治斗争中依违动摇，杜牧则以豪爽刚直著称。但如果我们仔细研究牛李党争的材料，就可以发现，情况恰恰相反。李商隐在前期并未牵涉到党争，历史上袭称的他投靠王茂元乃背牛而依李，这一传统的说法是不可靠的。会昌时期的现实给了李商隐以影响，他从实际生活中对李德裕的政治主张产生了认识，正因如此，当宣宗即位后，牛党得势，李德裕接连被贬，李党处于无可挽回的失败情况下，他却用自己的一支笔为之辩诬申冤，表现了明确的是非观念，坚持了倾向进步、追求理想的气概和品质。杜牧是一个对政治非常敏感的诗人，他在李德裕执政以前和执政期间所作的诗文，其中所表达的如抑制藩镇擅权，抗击回纥侵扰，整顿吏治，加强国力，这些都与李德裕的主张相接近，他对于李德裕在会昌执政时期所取得的军事上的胜利，也直接表示了欢悦和钦佩之情。但一旦李德裕失势，杜牧却接连写出几篇文章，对李德裕落井下石，攻击诬蔑，无中生有，把他在会昌时期称颂李德裕的文章和大中时期痛骂李德裕的文章摆在一起，人们真会不敢相信那是出之于同一人的手笔。李商隐知道他所写的表同情于李党的诗文会招来牛党的打击，但他仍然写了，杜牧却为了求得自己仕途上的进展不惜违背事实，违背自己原先坚持过的政治主张。李、杜二人，在这一点上，品格迥异。如果不研究牛李党争的史料，这一传统的误解就无从得到澄清。

又譬如白居易和元稹。元、白的文学成就，世有定评，无庸多说。以为人而论，过去的评论者大多颂白而短元，尤其是对两人的后期的评论。元稹确有可訾议之处，他太热衷于仕途，他是个不甘于寂寞的人，往往在进退出处上招人非议。但元稹的有些方面是被人忽略的。他由江陵召回不久，在起草的贬令狐楚为衡州刺史的制词中，指责令狐楚在元和时"密赞讨伐之谋，潜附奸邪之党"。这两句是说令狐楚附和李逢吉，阻挠对淮西的用兵，又巴结权臣皇甫镈，排斥裴度等贤臣。李逢吉正是李宗闵、牛僧孺等人早期的庇护者。元稹后来又直接与李宗闵发生冲突，指斥李宗闵等人利用科场弊端，为贵要子弟考取进士而向主考官通关节，走门路。据说元稹为此事起草的诏令，使李宗闵等朋党之士切齿痛恨。正因如此，牛党人物把元稹视为李德裕一党，在贬斥李德裕时，也就同时排挤元稹。白居易的妻子是牛党骨干杨汝士从父妹，正因为他与杨家有姻亲关系，就在文宗时牛李斗争激烈之际，他主动请求出居洛阳，过着安闲不问世事的生活。白居易后期之所以未能写出如前期《新乐府》、《秦中吟》那样的诗篇，与他的这种不问是非、消极逃避的政治态度极有关系。激烈而复杂的现实斗争，能磨炼一些作家的笔锋，但也会模糊一些作家的眼睛，捆住他们的手笔。我们当然不能简单地说元稹是李党，白居易是牛党，但如果脱离牛李党争的现实，元、白政治态度的变化也就得不到合理的解释。

　　牛李党争中，核心人物是李德裕。中晚唐文学的复杂情况，需要从牛李党争的角度加以说明，而要研究牛李党争，最直接的办法则是研究李德裕。尽管环绕牛李党争，环绕李德裕，历史记载，纷纭繁杂，但是不从李德裕入手，无论对当时的政治或文学，都不能得到真切的回答。雨果曾经说过："艺术就是一种勇气。"我觉得，这句话也可用之于学术，真正的学术研究，同艺术创作一样，是需要有探索和创新的勇气的。正因为如此，虽然我并不是搞历史的，又缺乏史学素养，但出于对那一时期文学和政治的探索的愿望，使我鼓起勇气来写这一年谱，而在这一年谱中，也用了一定的篇幅来记述有关的文学家的活动，这样做，是希望从多方面来了解李德裕这一历史人物，也希望有助于对那一时期政治变化与文学发展的研究。

二

牛李党争并不是什么偶然事件,它是当时历史条件的产物,它也不是单纯的个人权力之争,而是两种不同政治集团、不同政见的原则分歧。

大和六年(832)十一月,有一次,唐文宗问宰相:"天下何时当太平,卿等亦有意于此乎?"当时作为宰相之一的牛僧孺回答说:"太平无象。今四夷不至交侵,百姓不至流散,虽非至理,亦谓小康。陛下若别求太平,非臣等所及。"这个时候李宗闵也是宰相,史书上没有记载他的答语,看来牛僧孺的话是可以代表他的意见的。《通鉴》的作者司马光,由于他在北宋中期也处于新旧党派的斗争中,出于他对王安石新法的反对态度,他在《通鉴》中常常是偏牛而非李的。但即使如此,他对于牛僧孺的这番话也大不以为然,评论说:"于斯之时,阉寺专权,胁君于内,弗能远也;藩镇阻兵,陵慢于外,弗能制也;士卒杀逐主帅,拒命自立,弗能诘也;军旅岁兴,赋敛日急,骨血纵横于原野,杼轴空竭于里闾,而僧孺谓之太平,不亦诬乎!"(《通鉴》卷二四四)

司马光所说的,简直是一个惶惶不可终日的政治情势,这是大致符合当时实况的。问题在于,为什么二百多年后的司马光能说到的,生活在当时的牛僧孺却反而看不到?

藩镇割据,宦官擅权,战争连年不息,赋税日益加重,士兵与农民大批被杀戮于战场,农村十室九空,生产力受到极大的破坏,这是当时的现实。怎样对待这个现实，上述牛僧孺的这番话，把牛僧孺等人的政治面目，勾勒得清清楚楚。一句话，他们是把乱世说成盛世。既然这个世界一切都很合理，按照现成的秩序，继续统治下去就是了。牛僧孺、李宗闵各有一些思辨哲理性的文章，牛僧孺说："君人者当务乎道适时。"（《辨名政论》，《全唐文》卷六八二）李宗闵说："人皆奉时以行道者也。"（《随论上下篇》，《全唐文》卷七一四）似乎他们很注意于"时"这个概念。实际上他们所谓"时"的含义，就是趋时，也就是承认当时既成的事实，维护现成秩序的所谓合理性，他们强调人君应当以现成的"时"为准绳，来奉行与之相适应的"道"。如果说牛党有哲学基础的话，这就是他们的哲学基础。他们在政治上的因循保守、反对一切改革，依附于腐朽势力，都是与此相一致的。

李德裕的文采是远胜过牛党诸人的。刘禹锡、元稹等在与李德裕的唱和中赞誉过他的诗篇。宣宗时人裴庭裕说他"文学过人"（《东观奏记》卷上）。一代文豪欧阳修说李德裕的"文辞甚可爱也"（《集古录跋尾》卷九）。高标神韵、少所许可的王渔洋，称道《会昌一品集》的骈体文"雄奇骏伟"（《池北偶谈》卷一七），又认为李德裕的文章可以与陆贽、杜牧、皮日休、陆龟蒙等人并提（《香祖笔记》卷六）。近代学者罗振玉又推崇李德裕的书法，以为唐人隶书"尚存古法者，有唐惟李卫公一人耳"（《石交录》卷四）。至于他的博学广识，唐朝当时人如张彦远《历代名画记》、段成式《酉阳杂俎》，都有翔实的记载。尽管是如此的文采风流，但在政治上，李德裕却是一位实干家。他在好几个地方担任过节度使的官职，如在浙西、滑州、西川、淮南，都有治绩，在可能的范围内，为当地做过一些好事。他曾两度为相，都有改革的措施。正是李德裕这种"错综万务，应变开阖"的政治才干和革新主张，使他成为"唐中世第一等人物"（宋叶梦得《避暑录话》卷二），也使他与牛僧孺、李宗闵集团尖锐对立。可以说，牛李两党，对当时一些重大的政治问题，都是针锋相对的。

唐代中后期政治生活中一个突出的问题是藩镇割据。藩镇与中央政权的矛盾，是当时统治阶级中的主要矛盾。李德裕是反对藩镇割据，维护中央集权的。会昌年间他当政时，力排众议，坚决主张对拥兵擅命、盘踞泽潞的刘稹进行军事讨伐，就是明显的例子。战争进行了一年多一些，平定了泽潞五州，打击了藩镇势力，巩固了国家统一，振奋了全国的军心民心。正如《旧唐书》本传所说，在这次平叛战争中，"筹度机宜，选用将帅，军中书诏，奏请云合，起草指踪，皆独决于德裕，诸相无预焉"。而与此相对立，李宗闵等早与昭义节度使刘从谏交通往来，牛僧孺居洛阳时，闻刘稹败讯，每"恨叹之"（《新唐书·牛僧孺传》），态度明显不同。

宦官专权是唐代中后期政治腐败的又一表现。宦官主持了好几个皇帝的废立，操纵朝政，并且直接与一些朝臣勾结。李德裕是主张抑制宦官的权力的，他在抗击回纥、平定刘稹的战争中，不许宦官干预军政，加强了将帅的权力，使得指挥统一，军权集中，保证战争的胜利。他在会昌时的一些实施，都可看出是主张抑制和削夺宦官干政的。清初王夫之曾明确指出："唐自肃宗以来，内竖之不得专政者，仅见于会昌。德裕之翼赞密勿、曲施衔勒者，不为无力。"（《读通鉴论》卷二六）而李宗闵等人，却有巴结宦官的事例。

唐朝中后期，西北和西南边防相当紧张，经常受到回纥、吐蕃和南诏的侵扰。李德裕在文宗大和年间任剑南西川节度使，整顿巴蜀的兵力，成绩斐然，并使得相陷已久的西川入吐蕃的门户维州归附唐朝；而这时牛僧孺为相，却执意放弃维州，结果是平白丢掉重要的边防重地，并使得降人受到吐蕃奴隶主贵族残酷的报复性杀戮。在对回纥的战争中，李德裕也是与牛僧孺相对立的。李德裕主张积极巩固国防，保护边疆地区的正常生产，在此基础上与一些有关的少数民族政权保持和好关系；而牛僧孺则一味主张退让，所执行的完全是一种民族投降政策。

佛教在唐朝中期以后大为发展，使得"中外臣民承流相比，皆废人事而奉佛，刑政日紊"（《通鉴》卷二二三唐代宗永泰元年）。李德裕明确指出，释氏之教"殚竭财力，蛊耗生人"（《会昌一品集》卷二十《祈祭西岳文》）。他赞助武宗灭佛，是历史上的有名事例。这次灭佛，涉及面很广，日本僧人圆仁的《入唐求法巡礼行记》有具体生动的记载。但宣宗即位，牛党白敏中等人执政，马上宣布兴佛，恢复佛教势力。这点，连杜牧、孙樵等在大中时也是不赞成的。

陈寅恪先生认为牛党重进士科，李党重门第，李党代表两晋、北朝以来的山东士族，牛党代表唐高宗、武则天之后由进士词科进用之新兴阶级（《唐代政治史述论稿》中篇《政治革命及党派分野》）。这一说法在史学界影响很广，有些新编的历史书也认为李德裕是"关东著名士族地主的后裔"，"排斥进士"，"企图挽救已经失去社会基础的门阀制度"，而牛党则"都是进士出身"，"他们是新兴的进士贵族"（翦伯赞主编《中国史纲要》第二册，人民出版社 1979 年 1 月北京第 3 次印刷）。仅仅以对进士科举的态度来划分这两个不同的政治集团，从上面所举牛李两党对当时重大政治问题的分歧来加以考察，可以看出论据是如何薄弱。但即以科举而论，牛李两党，何者为是，何者为非，也是十分显然的。

长庆元年（821），礼部侍郎钱徽掌贡举，李宗闵等人向钱徽托人情，后来放榜，录取的多是公卿子弟，其中就有李宗闵的女婿苏巢。于是舆论大哗，皇帝只得命白居易、王起等人复试，这班公卿子弟有不少人落选，苏巢也是其中之一。牛党骨干杨虞卿更是请托、通关节的能手，"每岁铨曹贡部，为举选人驰走取科第，占员缺，无不得其所欲，升沉取舍，出其唇吻。而李宗闵待之如骨肉，以能朋比唱和，故时号党魁"（《旧唐书·杨虞卿传》）。李德裕在执政时，对科举考试作过哪些措施呢？大致有：第一，他反对进士只考试诗赋，认为不能只讲究浮华的词藻，还应考经义策问，讲求实际的行政才能；第二，他反对当时盛行的进士登第后大宴曲江池、门生拜座师的习尚，认为这只能助长奢侈和朋党的不良风气；第三，当时科举考试有这样一种不成文的规定，礼部阅卷初步定了名单，还要依次到宰相府上呈报，请求过目，这里面就有上下其手的种种弊端，李德裕执政，奏请取消这一层手续，这实际上是对包括李德裕自身在内的宰相权力的一种限制；第四，会昌以前，每年录取进士名额大致以二十五人为限，会昌时取消这一限额，这就必然使进士录取人数增加，而这正是在李德裕做宰相、掌大权的时期。

读者不妨比较一下，牛李两党，根据他们的实际行动，在科举制度上，究竟谁是谁非？结论是显而易见的。而且结论在唐代当时就已经有了。当李德裕为牛党所陷害，远贬到海南岛的崖州，当时就有两句诗道:"八百孤寒齐下泪,一时南望李崖州。"所谓"八百孤寒",就是指当时较为清贫的应试举子而言。这就是历史的结论。

当然,李德裕并不是完人,他有种种缺陷和弱点,作为地主阶级的一员,他有他的阶级局限。这是可以分析的,也是可以理解的。但是,我们要看到,他的一些在重大政治问题上的主张和行动,在历史上是属于进步的,他是一个要求改革、要求有所作为的政治家。北宋时"庆历革新"的名臣范仲淹就从这点着眼,对李德裕作了充分的肯定,说他"独立不惧,经制四方,有真相之功,虽奸党营陷,而义不朽矣"(《范文正公集》卷六《述梦诗序》)。清朝人毛凤枝认为他"料事明决,号令整齐,其才不在诸葛下"(《关中金石文字存逸考》卷九)。如果我们把他的政见放在历史的联系上来看,可以说,会昌政治是永贞革新的继续。削夺藩镇和宦官之权,革除朝政的种种弊端,对当时社会上的一些腐败现象进行整顿,这是德宗末期以来要求改革之士的共同愿望。顺宗时永贞革新是一个高潮,宪宗元和前期是又一个高潮,第三个高潮就是武宗会昌时期。会昌以后,唐朝就再也没有出现这样的高潮,唐王朝就在腐败中走向灭亡。唐中期以后,腐朽势力越来越强大,革新力量无不以失败而告终。会昌、大中之际是这两大势力最后一次的大搏斗,结果以李德裕的贬死而宣告革新力量的失败。

另外,牛党攻击李德裕,连带也攻击李德裕的父亲李吉甫。李吉甫在唐宪宗元和前期也曾两度执政,他在任相期间,主张对强藩擅政采取严厉的制裁,史称他"为相岁余,凡易三十六镇"(《新唐书》本传)。他也抑制宦官操持政权,并采取实际措施精简官僚机构,裁汰冗官。李德裕与其父的政治主张,有一定的连贯性。《通鉴》记述牛李党争,也是从元和三年李吉甫当政时开始的。因此,本书编次李德裕早年的行迹,主要就谱叙李吉甫的事绩,希望读者能从整个中晚唐的时代背景下,更充分地理解李德裕政治革新的历史意义。

三

王安石曾指出有一种"阴挟翰墨","以餍其忿好之心"的人,利用执笔为史的机会,对前世"雄奇俶烈"之士曲尽谤讪之能事,以致"往者不能讼当否,生者不得论曲直"(《答韶州张殿丞书》,《王文公文集》卷八)。作为改革家的王安石,他生前的遭遇和身后的评论,他上面所说的话是不幸而言中的。李德裕的情况也与此类似。他在生前,处于激烈的党派斗争中,在他贬死以后,牛党文人,又多"阴挟翰墨",假造出许多情节,甚至伪撰李德裕的诗文,对他进行攻击、诬蔑。作为年谱,就应该提供这些材料,并对这些材料加以必要的辨析。本书是尽可能这样做的。年谱与传记是有所不同的。传记对于人物的记述和评论,作者主观色彩可以较强一些,他认为不确当的材料,可以不写,不予理睬。年谱不同,年谱好比是传记的资料长编,它应当尽量搜集正反两方面的记载,加以恰当的安排和简括的辨析。年谱作者的观点有可能不正确,但如果他辑集了较为齐备的资料,读者仍可从其中得出自己的结论。这也就是传记之所以不能替代年谱的原因所在。

在漫长的中国古代社会中,改革者提出的主张虽然符合历史前进的方向,但其本身的遭际往往是不幸的,后世的评论往往是不公正的。盖棺未必能定论,这是历史常见的现象。我们现在一些史学史的著作和论文,往往多从正面论述一些为通常所肯定的史书,而不大重视古代有些人如何利用历史记述和历史评论来歪曲、毁谤历史上有成就的人物。其实,古往今来,伪史和谤史难道还见得少吗?如果有人在这方面下一些工夫,搜罗一些材料,揭示一些正面的历史人物如何受到歪曲和谤讪,借以照见作伪者鄙怯的灵魂和卑劣的手段,这样做,无疑会丰富史学史的内容。鲁迅曾主张编某一作家的集子,把前人对他毁誉两方面的材料都列入其中;我们今天读鲁迅的几本杂文集的后记,这些后记录入了不少诬蔑、攻击他的文章,我们读了之后不是得到了对当时情景的具体认识,获得极大的启示吗?

　　以上只是在年谱编成之后,就李德裕的历史作用和牛李党争的性质,谈谈笔者个人的一些看法,同时对本书的编写体例,略作一些说明。杜甫在《秋兴》诗中说:"闻道长安似弈棋,百年世事不胜悲。"安史之乱以后,唐帝国由盛转衰,长安城也经历几度兴废。但是它作为汉唐京都的历史名城,却给后世留下丰富的文化积累。笔者今年5月间在西安参加全国唐代文学学会成立大会,饱览了西安的山川胜迹,大雁塔,小雁塔,昭陵,乾陵,华清池,杜公祠,兴教寺,青龙寺,在在引起人们对悠远历史的遐想,使人留下美好的回忆。谨以本书献给永远值得人们忆念的历史文化名都——西安。

1982年12月于北京

年　谱

李德裕家世

李德裕，字文饶。

　　《旧唐书》卷一七四《李德裕传》："李德裕，字文饶。"《新唐书》卷一八〇《李德裕传》同。

初名缄。

　　按两《唐书》本传及唐宋人所撰有关李德裕的记载，皆未载德裕有他名。清瞿中溶《古泉山馆金石文编残稿》卷二《路恕李吉甫等侍郎缄题名》云："右路恕、李吉甫等题名，八分书，十行，在永兴县侍郎缄。……此题名盖即其（琮按指李吉甫）官郴州刺史时也。按吉甫长子名德修……次即卫国公名德裕。……题名云长男绅，次男缄。考绅乃中书令李敬玄曾孙，有诗名，时号短李，元和初第进士，武宗朝为相，封赵郡公，后辞位，以检校右仆射平章事，复节度淮南，卒，赠太尉，谥文肃。穆宗时官右拾遗、翰林学士，与李德裕、元稹同时，号为三俊。德裕当国，擢浙东观察使。缄乃德宗朝相义阳郡王李抱贞子，官至殿中侍御史。二子皆非吉甫子。疑题名所云绅者即德修，缄者即德裕，殆初名本与之同，后乃改易耳。"

按贞元十九年李吉甫由忠州刺史改为郴州刺史，时德裕及兄随父转徙任所，当同游侍郎蒙。此年德裕十七岁，名缄；疑弱冠后改名为德裕。

赵郡人。

《旧传》："赵郡人。"《新书》卷一四六《李栖筠传》："世为赵人。"

据《新书》卷三十九《地理志》三，河北道有赵州赵郡，所属县有平棘、宁晋、昭庆、柏乡、高邑、临城、赞皇、元氏。德裕祖栖筠曾封赞皇县子，父吉甫曾封赞皇县侯，而李氏三祖房又世居平棘（见后），则德裕之祖籍当为赞皇（今河北省赞皇县）及平棘（今河北省赵县）。

据《新唐书·宰相世系表》，李德裕一门属赵郡李氏西祖房。赵郡李氏三祖房，中唐时为阀阅之家，如唐赵璘《因话录》卷二载："赵郡李氏，三祖之后，元和初，同时各一人为相：蕃南祖，吉甫西祖，绛东祖，而皆第三。至大和、开成间，又各一人前后在相位：德裕，吉甫之子；固言，蕃再从弟，皆第九，珏亦绛之近从，诸族罕有。"

又《元和郡县志》卷十七河北道赵州所属平棘县，云："赵郡李氏旧宅在县西南二十里，即后汉、魏以来山东旧族也，亦谓之三巷李家云。东祖居巷之东，南祖居巷之南，西祖居巷之西，亦曰三祖宅巷也。三祖李氏亦有地，属高邑县。"又同卷赵州所属赞皇县（县南有赞皇山，因以为名），中云："百陵岗在县东十里，即赵郡李氏之别业于此岗下也。岗上亦有李氏茔冢甚多。"

德裕六世祖怀宗，未有官职。怀宗以上无可考。

按据《新书·宰相世系表》，德裕之先世为：怀宗——君逸——肃然——载——栖筠——吉甫。怀宗以上无可考，怀宗亦未载官职。

五世祖君逸，隋谒者台郎。

据《新表》。

陈寅恪先生《论李栖筠自赵徙卫事》（《金明馆丛稿》二编）据《隋书》卷三十八《百官志》，谓炀帝即位，多所改革，增置谒者、司隶二台，并御史为三台。谒者台又置散骑郎从五品二十人，承议郎（正六品）、通直郎（从六品）各三十人，宣德郎（正七品）、宣议郎（从七品）各四十人，征事郎（从八品）、将仕郎（从八品）、常从郎（正九品）、奉信郎（从九品）各五十人，是为正品，并得禄当品。又各有散员郎，无员无禄。陈文云："隋炀失政，命官猥多。谒者台之散员郎，疑即李君逸之所任。此等职名亦如后世小说中之所谓'员外'者，正是乡居土豪之虚衔耳，固未必常时寄居京邑也。"

高祖肃然，曾祖载，皆未有官职，居赵郡，为地方豪族。

据《新表》。

唐李肇《国史补》卷中："李载者，燕代豪杰，常臂鹰携妓以猎，旁若无人，方伯为之前席，终不肯仕。"又云："载生栖

筮,为御史大夫,磊落可观,然其器不及父。"唐人记李载事者
仅此。

陈寅恪先生《论李栖筠自赵徙卫事》云:"是栖筠之父载,
终身不仕,而地方官吏敬惮之如此。斯亦山东士族本为地方
豪强,不必以仕宦而保持其地位势力之例证也。"又云:"虽隋
唐统一中国,江左之贵族渐次消灭,然河北之地,其地方豪族
仍保持旧时传统,在政治上固须让关陇胡汉混合集团列居首
位,但在社会上依然是一不可轻视之特殊势力也。职此之
故,河北士族不必以仕宦至公卿,始得称华贵,即乡居不仕,
仍足为社会之高等人物。"

**祖栖筠。李氏自栖筠始,仕宦始显,亦自栖筠始,离赵郡而移居
京洛。**

《旧唐书》卷一四八《李吉甫传》:"父栖筠,代宗朝为御
史大夫,名重于时,国史有传。"但今传本《旧唐书》实无李栖
筠传。《通鉴》卷二二四大历八年五月《考异》有引《旧·李
栖筠传》云云,岑建功《旧唐书校勘记》即谓"温公所见之本
实有此传,又云实录本有而修史者失载之耳"。

《新唐书》卷一四六有《李栖筠传》,云栖筠字贞一,幼
孤,"不妄交游。族子华每称有王佐才,士多慕向。始,居汲
共城山下,华固请举进士,俄擢高第"。按此段叙述,本于权
德舆《唐故银青光禄大夫御史大夫赠司徒赞皇文献公李公文
集序》(《权载之文集》卷三十三):"初未弱冠,隐于汲郡共城
山下,营道抗志,不苟合于时。族子华名知人,尝谓公曰:'叔
父上邻伊、周,旁合管、乐,声动律外,气横人间。'感激西上,

举秀才第一。"据徐松《登科记考》卷九,栖筠与德舆之父权皋均登天宝七载(公元七四八)进士第。

又据《新书》本传,栖筠卒年五十八,《旧书·代宗纪》,栖筠卒于大历十一年(公元七七六),则当生于玄宗开元七年(七一九)。

栖筠为什么离弃赵郡而隐居共城(今河南辉县),陈寅恪先生《论李栖筠自赵徙卫事》一文有所论列,云:"其时中国太平无事,号为唐代极盛之世。栖筠忽尔离弃乡邑祖宗历代旧居之地,而远隐于汲县之共城山,必有不得已之苦衷,自无可疑。"陈文谓开元初东突厥衰败,"其本部及别部诸胡族先后分别降附中国,而中国又用绥怀政策,加以招抚。于是河北之地,至开元晚世,约二十年间,诸胡族入居者日益众多,喧宾夺主,数百载山东士族聚居之旧乡,遂一变而为戎区"。又云:"又河北士族大抵本是地方之豪强,以雄武为其势力之基础……今则忽遇塞外善于骑射之胡族,土壤相错杂,利害相冲突,卒以力量不能敌抗之故,惟有舍弃乡邑,出走他地之一途。"陈寅恪先生由李栖筠之自赵徙卫,而论及开元末河北之地诸胡族入居的情况,为前人所未道,堪可注意。但开元末、天宝初河北胡人是否有如此大的势力,能将世居其地的山东士族逼走,乃至"舍弃其祖茔旧宅并与茔宅有关之田产而他徙",还不无可疑。李栖筠之迁徙,是否能概括当时河北山东士族的情况,似还缺少其他例证。唐人离家隐居山寺者极多,栖筠自登科后即仕宦于长安及其他地方,安史乱后河北又为战乱之地,因此未得还其旧居,也合于情理,似不必迁回曲折，以胡人入居河北来作解释。

据《新传》，栖筠曾在封常清幕，肃宗驻灵武，栖筠率精卒七千赴难，擢殿中侍御史。后李光弼守河阳，又引为行军司马。累擢给事中，进工部侍郎，为元载所忌，出为常州刺史，有治绩。元载当国久，代宗阴忌之，乃召栖筠为御史大夫，史称其"敷奏明辩，不阿附"，"无所屈"。而终于为元载所抑，代宗又依违不断，栖筠不得重用，忧愤而卒。

《唐语林》卷一《政事》上："广德二年春三月，敕工部侍郎李栖筠、京兆少尹崔沔，拆公主水碾硙十所，通白渠支渠，溉公私田，岁收稻二百万斛，京城赖之。常年命官皆不果敢，二人不避强御，故用之。"此事又见《新书》本传。《唐会要》卷八十九《硙碾》条亦略载其事。

又宋赵明诚《金石录》卷二十九跋尾《唐义兴县重修茶舍记》，则谓义兴贡茶始自栖筠任常州刺史时，明诚并加讥评，云："右《唐义兴县重修茶舍记》，云义兴贡茶，非旧也□，前此故御史大夫李栖筠实典是邦，山僧有献佳茗者，会客尝之，野人陆羽以为芬香甘辣冠于他境，可荐于上，栖筠从之，始进万两，此其滥觞也。厥后因之，征献浸广，遂为任土之贡，与常赋之邦侔矣，每岁选匠征夫至二千余人云。余尝谓后世士大夫区区以口腹玩好之献为爱君，此与宦官、宫妾之见无异，而其贻患百姓，有不可胜言者。如贡茶，至末事也，而调发之扰犹如此，况其甚者乎！羽盖不足道，於乎，孰谓栖筠之贤而为此乎？书之可为后来之戒，且以见唐世义兴贡茶自羽与栖筠始也。"

栖筠与岑参有交往，岑参有赠栖筠诗，当同在封常清安西节度使幕时，如岑参《使院中新栽柏树子呈李十五栖筠》（《全唐诗》卷三〇〇）。又《碛西头送李判官入京》（同上）、《西亭子送李司马》（同上卷二九九），当亦赠栖筠，盖栖筠在封常清幕，先任判官，后任行军司马。权德舆《赞皇文献公李公文集序》盛赞栖筠之文，云：“大凡出于《诗》之风雅，《易》之贞厉，《春秋》褒贬，且以闳夈钜衍为曼辞，辩丽可喜。”“故公之文简实而粹清，朗拔而章明。”“皆文约旨明，昭昭然足以激衰薄而申矩度，如昆丘玄圃，积玉相照，景山邓林，凡木不植。”又宋范晞文《对床夜话》曾赞誉李栖筠《桂花曲》诗，谓其结句“曲终却从仙官去，万户千门空月明”，后钱起之“曲终人不见，江上数峰青”，“虽词约而深，不出前意也”。

又《皎然集》卷二《唐洞庭山福愿寺律和尚塔铭》，叙及“奉诚弟子”、“服道弟子”、“饮风弟子”等，即有李栖筠，则栖筠曾皈事释教。

父吉甫，元和时为相。

吉甫有传，见《旧书》卷一四八、《新书》卷一四六。吉甫事，详见谱文，此不具述。

李氏自吉甫时，有宅在西京万年县安邑坊，世亦以“安邑”称吉甫。

宋敏求《长安志》卷八“安邑坊”，有云：“中书侍郎、同中书门下平章事、赵国公李吉甫宅。”又引《卢氏杂说》：“李吉甫宅，泓师谓其地形为玉杯，牛僧孺宅为金杯，云玉杯一破无复全，金杯或伤重可完。僧孺宅在新昌里，本天宝中将作大匠康誉宅，誉自辩图皇，以其地当出宰相，每命相，誉必引颈望之,宅卒为僧孺所得。吉甫宅,至德裕贬,其家灭矣。"按《卢氏杂说》所载,已具有牛李党争的影响,此当出于牛党文人所杜撰。德裕虽于大中时远贬海南,但其家未灭,其孙延古、殷衡等尚仕于五代,详见后。

《剧谈录》:"李德裕宅在安邑坊东南隅。"按安邑坊在朱雀门大街之东,属万年县所辖。

李肇《国史补》卷中:"近俗以权臣所居坊呼之,李安邑最著,如爵邑焉。"又宋钱易《南部新书》巳卷亦载:"近俗以权臣所居坊呼之,安邑,李吉甫也;靖安,李宗闵也。……"

又德裕孙庄□所撰《唐故赵郡李氏女墓志铭》(拓本,据周绍良先生所抄过录),此李氏女为德裕子烨之女。《志》有云:"赵郡李氏女悬黎,生得十三年,以咸通十二年七月十五日卒于安邑里第。"咸通十二年为八七一年,德裕卒于大中三年(八四九),则时隔二十余年,安邑坊旧宅尚为李氏子孙所居。

德裕于洛阳龙门之西置平泉别墅。

德裕创建平泉别墅,始于长庆中为浙西观察使时,详见谱文。《李德裕文集校笺》(按以下均称《文集校笺》,详见本书前新版题记)别集卷九《平泉山居戒子孙记》有云:"经始平泉,追先志也。吾随侍先太师忠懿公,在外十四年,上会稽,探禹穴,历楚泽,登巫山,游沅湘,望衡峤。先公每维舟清眺,意有所感,必凄然遐想,属目伊川。尝赋诗曰:'龙门南岳尽伊原,草树人烟目所存。正是北州梨枣熟,梦魂秋日到郊园。'吾心感是诗,有退居伊、洛之志。前守金陵,于龙门之西,得乔处士故居。天宝末避地远游,鞠为荒榛。首阳翠岑,尚有薇蕨;山阳旧径,惟余竹木。吾乃翦荆莽,驱狐狸,始立班生之宅,渐成应叟之地。又得江南珍木奇石,列于庭际。平生素怀,于此足矣。"

又《通鉴》卷二六五唐昭宣帝天祐二年六月载:"时士大夫避乱,多不入朝,壬辰,敕所在州县督遣,无得稽留。前司勋员外郎李延古,德裕之孙也,去官居平泉庄(胡注引康骈曰:平泉庄去洛城三十里)。"延古居平泉庄又见《新书·李德裕传》、《旧五代史》卷六十《李敬义(延古)传》。天祐二年为九〇五年,去德裕之卒已五十余年,尚为李氏子孙所保存。宋李格非撰《洛阳名园记》,已不载平泉之名,或毁之于五代兵乱。

自栖筠、吉甫始,李氏即葬于洛阳郊外,有墓地。

德裕《让官表》(《文集校笺》卷十八)有云:"先臣松槚,近在东都,血属数人,皆居上国。"栖筠、吉甫葬于何地,两《唐书》未载。德裕此处所谓"先臣",乃指吉甫,栖筠宦游在外,河北又在强藩之手,恐亦不得归葬赵郡。自此以后,李氏一门,卒后即迁葬于洛郊。如德裕为其姜徐氏所作墓志(《滑州瑶台观女真徐氏墓志铭》,拓本,今据周绍良先生所抄过录)中云:"余自宦达,常忧不永,由是树槚旧国,为终焉之计。粤以其年(琮按指大和三年,徐氏大和三年十一月卒)十二月二十日葬于洛阳之邙山,盖近我也。"德裕此时为义成节度使、滑州刺史,而将其姜迁葬于洛阳,"近我"云云,德裕自计卒后亦须返葬于洛阳也。又大中三年其妻刘氏卒于崖州贬所,德裕为作墓志(《唐茅山燕洞宫大洞炼师彭城刘氏墓志铭》,拓本,今据周绍良先生所抄过录),以正在贬谪中,故虚拟云"以某年某月某日返葬于洛阳榆林近二男一女之墓",则在此之前,其已死之二子一女亦已葬于洛阳郊外之榆林,并预计刘氏日后亦须返葬于该地。德裕子烨于大中六年护父母灵柩北返,也归葬于洛阳,见《刘氏志》后烨附记。

李潘撰《唐故郴县尉赵郡李君墓志铭》,记李烨卒于大中十四年六月郴州官舍,后咸通三年"卜葬于河南县金谷乡张村先茔"。李烨撰其妻《郑氏墓志》,载郑氏卒于大中九年烨之贬所蒙州立山县,后大中十三年"附葬于河南府洛阳县金谷乡先茔"。李庄□撰李烨女悬黎墓志,悬黎咸通十二年卒于西京安邑坊旧第,亦于同年归葬于"榆林大茔"。所谓"金谷乡张村先茔"、"榆林大茔",当皆为一地。

德裕兄德修,敬宗宝历时为膳部员外郎,历舒、湖、楚三州刺史,袭爵赵国公。约文宗时卒,宣宗初加赠礼部尚书。

据《新书·宰相世系表》,吉甫有子二,长为德修,楚州刺史,次为德裕。《新·李吉甫传》末载德修事,云:"子德修,亦有志操,宝历中为膳部员外郎。张仲方入为谏议大夫,德修不欲同朝,出为舒、湖、楚三州刺史,卒。"德修卒年不可确知,要在文宗时,卒于楚州刺史任。宣宗立,会昌六年四月德裕罢相出镇荆南,下诏加赠德修为礼部尚书,见唐裴庭裕《东观奏记》(卷上)、《唐语林》(卷七《补遗》)。

德修事迹,详见谱文,此不具述。

德裕为吉甫次子,庶出。

《新书·宰相世系表》仅载德裕为吉甫次子。按德裕有
《谢恩改封卫国公状》(《文集校笺》卷十九)，作于会昌四年
八月，有云：“奉今月二十七日敕，臣封卫国公者。……伏以
支庶嗣侯，虽存故事，玄成以兄有谴，乃绍扶阳之封；耿霸以
父属爱，遂继牟平之爵。开元中，苏颋特封许国公，亦无袭
字。然地居嫡长，受则无嫌。伏思亡父先臣，开国全赵，亡兄
已经继袭，未及传孙。臣每念贻谋，岂宜不正？若苟安殊宠，
实愧幽明。辄罄愚衷，果蒙听察。”《新书》德裕本传亦谓：
“策功拜太尉，进封赵国公。德裕固让……帝曰：‘吾恨无官
酬公，毋固辞。’德裕又陈：‘先臣封于赵，冢孙宽中始生，字曰
三赵，意将传嫡，不及支庶。……愿得封卫。’从之，遂改卫国
公。”则会昌中本欲封赵国公，德裕以己支庶，乃让与德修子
宽中。又，苏颋亦庶出，故德裕援以为例。

**德裕妻刘氏，彭城人，小德裕一岁。从德裕远贬，大中三年八月卒
于崖州，年六十二。**

　　德裕《唐茅山燕洞宫大洞炼师彭城刘氏墓志铭》谓其妻
道名致柔，“临淮郡人也，不知其氏族所兴”，则非出自甲第
(铭文有云“惟子素行，不生朱门”)。又云：“以余南迁，不忍
言别，绵历万里，寒暑再期……以己巳岁八月二十一日终于
海南旅舍，享年六十有二。”

**妾徐氏，名盼，娶于长庆二年为浙西观察使时。徐氏为润州丹徒
县人。大和三年卒于滑州，年二十三。**

　　德裕撰《滑州瑶台观女真徐氏墓志铭》，谓“徐氏，润州丹
徒县人，名盼，字正定”，“大和己酉岁十一月己亥终于滑州官

舍,享年廿三"。又云:"长庆壬寅岁,余自御史(中)丞出镇金陵,徐氏年十六,以才惠归我。"

按刘氏为妻,徐氏为妾,参见岑仲勉先生《唐史馀沈》卷三《李德裕妻刘氏及其子女》条所考。

《新传》谓德裕"不喜饮酒,后房无声色娱"。

德裕有子椅、浑、多闻、烨、钜,另一子失名。

《新表》载德裕子为椅、浑、烨,仅三人。《旧传》亦谓"德裕三子",一为烨,"大中二年,坐父贬象(蒙)州立山尉。二子幼,从父殁于崖州"。《新传》则仅载"子烨","余子皆从死贬所"。

今按《徐氏志》谓徐氏生二子,长名多闻(此当为小名),徐氏卒前已夭,次即烨。《刘氏志》则云:"有子三人,有女二人,聪敏早成,零落过半。中子前尚书比部郎浑,独侍板舆,常居我后,自母委顿,夙夜焦劳,衣不解带,言发流涕,其执丧也,加于人一等,可以知慈训孝思之所至也。幼子烨、钜同感顾复之恩,难申欲报之德,朝夕孺慕,余心所哀。以某年某月某日返葬于洛阳榆林近二男一女之墓。"则刘氏所生为三男二女,"零落过半",即已死三人,当即为已葬洛阳之二男一女,三男中浑随侍海南。已死二男,一当为椅,长男,其一失名。"幼子烨、钜同感顾复之恩",岑仲勉《李德裕妻刘氏及其子女》谓"幼男烨、钜都庶出,烨别贬立山,钜想是随行,然必烨、钜并提者,所以尊嫡母也"。钜则既非刘出,亦非徐出,可见德裕尚有他妾。《刘氏志》后有烨附记,自称"第四男"。今据岑仲勉先生所考,德裕诸子排比为:椅、浑、失名、多闻、烨、钜。

据《新表》，浑为比部员外郎。烨所撰其妻郑氏墓志亦称浑"尚书比部郎"，并载浑之少子名褒，浑卒后养于郑氏。

烨历任校书郎、伊阙尉、河南士曹、集贤校理、汴宋亳观察判官。德裕贬，烨亦贬蒙州立山尉。懿宗初即位，因赦量移为郴县尉，咸通元年卒。烨之事迹，详见谱文，此不具述。

德裕孙（烨子）殷衡，小名庄士；延古，小名庄彦（后名敬义），仕宦于唐末、五代初。李潘所作李烨墓志，谓烨"长子庄士，次子庄彦"。李烨所作其妻郑氏墓志，亦谓"有子二人，曰庄士，曰庄彦"。而《新书·宰相世系表》载烨子为殷衡、延古，"殷衡右补阙，延古司勋员外郎"。则庄士、庄彦即殷衡、延古，庄士、庄彦当为小名。殷衡为兄，延古为弟。

《新五代史》卷六十五《南汉世家》："（刘）隐父子起封州，遭世多故，数有功于岭南，遂有南海。隐复好贤士。是时，天下已乱，中朝士人以岭外最远，可以避地，多游焉。唐世名臣谪死南方者往往有子孙，或当时仕宦遭乱不得还者，皆客岭表。王定保、倪曙、刘濬、李衡、周杰、杨洞潜、赵光裔之徒，隐皆招礼之。……衡，德裕之孙，唐右补阙，以奉使往，皆辟置幕府，待以宾客。"此处李衡省去殷字，盖避宋讳。

吴任臣《十国春秋》卷五十八《南汉·烈宗世家》："开平二年（九○八）冬十月辛酉，梁命膳部郎中赵光裔、右补阙李殷衡充官告使，诏王为清海静海等军节度使、安南都护。王留光裔、殷衡不遣。"则殷衡仕梁为右补阙，开平二年奉使至南汉，遂为刘隐所留。《十国春秋》同上卷《高祖本纪》，又记乾亨元年(九一七)八月,南汉刘龑即位,任李殷衡为礼部侍郎、同平章事。

《十国春秋》卷六十二并有《李殷衡传》,云:"乾亨初,官礼部侍郎、同平章事。居无何,终于其职。"未详其卒年。

韩偓有《奉和峡州孙舍人肇荆南重围中寄诸朝士二篇,时李常侍洵、严谏议龟、李起居殷衡、李郎中冉皆有继和,余久有是债,今至湖南,方暇牵课》(《玉山樵人集》)。陈寅恪先生《李德裕贬死年月及归葬传说辨证》引此,并谓:"据冬郎诗题,可知殷衡亦文学之士,不坠其家风者也。"殷衡任起居舍人,当在唐末。

据宋钱易《南部新书》乙卷:"咸通九年正月,始以李赞皇孙延故起家为集贤校理。"此延故当即为延古。而《新唐书》德裕传末载"烨子延古,乾符中为集贤校理",陈寅恪先生文谓"咸通九年"与"乾符中"二者相距十年上下,未知孰是?

《旧书·哀帝纪》天祐二年六月,"戊申,敕前司勋员外郎、赐绯鱼袋李延古责授卫尉寺主簿"。

《新书·李德裕传》:"烨子延古,乾符中,为集贤校理,擢累司勋员外郎,还居平泉。昭宗东迁,坐不朝谒,贬卫尉主簿。"

又《通鉴》卷二六五天祐二年六月条亦记此事,已见前记平泉别墅条,此不再引。

《旧五代史》卷六十有《李敬义传》,云"李敬义,本名延古,太尉卫公德裕之孙"。则延古后改名敬义。传又云:"昭宗迁都洛阳,以敬义为司勋员外郎。柳璨之陷裴、赵诸族,希梁祖旨奏云:'近年浮薄相扇,趋竞成风,乃有卧邀轩冕,视王爵如土梗者。司空图、李敬义三度除官,养望不至,咸宜屏黜,以劝事君者。'翌日,诏曰:'司勋员外郎李延古,世荷国恩,两叶相位,幸从笾仕,累忝宠荣,多历岁时,不趋班列。而自迁都卜洛,纪律载张,去明庭而非遥,处别墅而无惧,罔思报效,姑务便安,为臣之节如斯,贻厥之谋何在! 须加惩责,以肃朝论,九寺勾稽,尚谓宽典,可责授卫尉寺主簿。'司空图亦追停前诏,任从闲适。"则延古当是忠于唐室,对朱温专权表示不合作态度,其兄殷衡后去梁仕南汉,亦同一主旨。

《传》载延古又仕后唐庄宗,署北京(太原)留守判官,拜工部尚书。后归职太原,"监军张承业尤不悦本朝宰辅子孙,待敬义甚薄,或面折于公宴,或指言德裕过恶,敬义不得志,郁愤而卒。同光二年,赠右仆射"。

陈寅恪先生《李德裕贬死年月及归葬传说辨证》谓:"李烨二子殷衡、延古虽分处南北,然皆能自树立,传于后世。"

殷衡、延古之后无闻,德裕后世可知者至殷衡兄弟止。

唐德宗贞元三年丁卯(七八七)　一岁

李德裕生于西京万年县安邑坊。

《旧唐书》卷一七四《李德裕传》,德裕卒于宣宗大中三年(八四九)十二月,年六十三;《新唐书》卷一八〇《李德裕传》同。以此推算,当生于本年。王鸣盛《十七史商榷》卷九一考德裕之卒年为六十四,陈寅恪先生《李德裕贬死年月及归葬传说辨证》已论证其误,详见后大中三年条。钱大昕《疑年录》卷一亦定其生年为贞元三年,是。

李德裕生时,其父李吉甫在京任职。又唐康骈《剧谈录》:"李德裕宅在安邑坊东南隅。"

李吉甫本年三十岁,时任太常博士。

据《旧唐书》卷一四八、《新唐书》卷一四六《李吉甫传》,吉甫生于肃宗乾元元年(七五八),本年应为三十岁。又《唐会要》卷三《皇后》:"(贞元)三年正月十八日,太常博士李吉甫奏曰"云云。按据《旧传》,李吉甫年二十七时即已为太常博士:"年二十七,为太常博士,该洽多闻,尤精国朝故实,沿革折衷,时多称之。"又《新传》曰:"贞元初,为太常博士,年尚少,明练典故。昭德皇后崩,自天宝后中宫虚,恤礼废缺。吉甫草具其仪,德宗称善。"按据《旧纪》,昭德皇后王氏卒于贞元二年十一月丁酉。《唐会要》卷三载李吉甫奏,即议昭德皇后卒后立庙事。

闰五月,唐侍中浑瑊与吐蕃宰相尚结赞会盟于平凉,为吐蕃兵所劫,浑瑊逃遁,副使、兵部尚书崔汉衡以下将吏六十余人为吐蕃所俘。六月,李泌由陕虢观察使入相,为中书侍郎、平章事。九月,回纥可汗遣使合阙将军入唐求婚,德宗以其女咸安公主嫁之。

据《旧纪》、《通鉴》等。

本年,李泌六十六岁(据《旧唐书》卷一三〇、《新唐书》卷一三九本传),窦参五十五岁(据《旧唐书》卷一三六本传),陆贽三十四岁(据《旧唐书》卷一三九本传),李逢吉三十岁(据《旧唐书》卷一六七本传),王起二十八岁(据《旧唐书》卷一六四本传),裴度二十三岁(据《旧唐书》卷一七〇、《新唐书》卷一七三本传),令狐楚二十岁(据《刘禹锡集》卷十九《唐故相国赠司空令狐公集纪》),杜元颖十九岁(据《旧唐书》卷一六三、《新唐书》卷九十六本传),吕温十六岁(据《柳宗元集》卷四十《祭吕衡州温文》),白居易十六岁(据李商隐《刑部尚书致仕赠尚书右仆射太原白公墓碑铭》,《樊南文集详注》卷八),刘禹锡十六岁(据《旧唐书》卷一六〇本传),李绅十六岁(据李绅《墨诏持经大德神异碑铭》,《全唐文》卷六九四),路随十二岁(据《旧唐书》卷一五九、《新唐书》卷一四二本传),沈传师十一岁(据《旧唐书》卷十七下《文宗纪》下,《新唐书》卷一三二本传),元稹九岁(据《白居易集》卷七十《唐武昌军节度处置等使河南元公墓志铭》),牛僧孺八岁(据杜牧《樊川文集》卷七《唐故太子少师奇章郡开国公赠太尉牛公墓志铭》),杨嗣复五岁(据《旧唐书》卷一七六本传)。

贞元五年己巳(七八九) 三岁

二月庚子,窦参入相,由御史中丞为中书侍郎、平章事。三月甲辰,李泌卒。

据《旧纪》、《通鉴》。

李吉甫此时约任屯田员外郎兼太常博士,为李泌、窦参所器重。

《旧传》载李吉甫年二十七时为太常博士，迁屯田员外郎，博士如故，改驾部员外郎，皆未言具体年月。贞元七年转驾部员外郎（详后），则任屯田员外郎当为此数年间事。又云："宰臣李泌、窦参推重其才，接遇颇厚。"李泌于本年三月卒，窦参本年二月始拜相，李吉甫之为二人所推重，当在本年前后数年间。《新传》："李泌、窦参器其才，厚遇之。"与《旧传》略同。

本年，裴度、杨巨源、马逢、胡证登进士科，丁公著登明经科。礼部侍郎刘太真知贡举（徐松《登科记考》卷十二）。

贞元六年庚午（七九〇）　四岁

本年秋，吐蕃陷北庭都护府，节度使杨袭古奔西州。回纥大相颉干迦斯绐袭古，请合军收复北庭，既而又杀袭古，安西由是阻绝，而西州犹为唐守。

据《旧纪》、《通鉴》等。

贞元七年辛未（七九一）　五岁

李吉甫转驾部员外郎。

李吉甫《编次郑钦悦辨大同古铭论》："辛未岁，吉甫转驾部员外郎。"（《全唐文》卷五一二）

本年，令狐楚、萧俛、皇甫镈等登进士科，礼部侍郎杜黄裳知贡举（徐松《登科记考》卷十二）。

贞元八年壬申（七九二） 六岁

本年四月后，李吉甫坐窦参党，贬明州员外长史。时年三十五。

李吉甫《编次郑钦悦辨大同古铭论》："壬申岁，吉甫贬明州长史。"《旧传》："及陆贽为相，出为明州员外长史。"《新传》："李泌、窦参器其才，厚遇之。陆贽疑有党，出为明州长史。"按窦参之贬在本年四月乙未，同日，"以尚书左丞赵憬、兵部侍郎陆贽为中书侍郎、同中书门下平章事"（《旧·德宗纪》）。同月，元稹岳丈韦夏卿也坐交结窦参而由给事中左迁常州刺史。又《通鉴》卷二三四贞元九年三月载陆贽奏语有云："窦参得罪之初，私党并已连坐。"李吉甫之贬当与韦夏卿出为常州刺史约前后同时。

又据《新书》卷四一《地理志》五，明州为上州。《新书》卷四九下《百官志》四下，上州，刺史一人，从三品，职同牧尹；别驾一人，从四品下；长史一人，从五品上（中州、下州皆无长史）。又宋卢宪《嘉定镇江志》卷十六"长史"条谓："隋为郡官，唐初无，永徽二年改别驾为之，其后二职并置。王府、都督府、诸州皆有长史一员，掌统官僚纪纲职务。中都督府长史正五品，上州长史从五品上，次于别驾。"但此次李吉甫之为明州长史，因是贬责，名为员外官，并无实职。（参《唐会要》卷六七"员外官"条："员外及检校试官斜封官，皆神龙以后有之，开元大革前事，多已除去，唯皇亲战功之外，不复除授。今则贬责者，然后以员外官处之。"）

又宋张津《乾道四明图经》卷一、罗浚《宝庆四明志》卷一皆载任侗为贞元九年明州刺史，九年以前未详，亦未载李吉甫名。

关于窦参被贬原因之考察。

窦参于贞元八年四月被贬为郴州别驾，贞元九年三月再贬为驩州司马，未至贬所，中途"赐死"。窦参被贬的原因，过去史书记载，有以为是由于窦参与陆贽的矛盾，韩愈《顺宗实录》更载为"议者多言参死由贽"（卷四）。实际情况恐非如此。按《旧唐书》卷一三六《窦参传》，参历官万年尉、奉先尉、大理司直、监察御史，以及侍御史知杂、御史中丞，《旧传》称其"习法令，通政术，性矜严，强直而果断"；为御史中丞时，"不避权贵，理狱以严称"，"时宰颇忌之，多所排抑，亦无以伤参"。《新唐书》卷一四五《窦参传》也称其"为人矜严悍直，果于断"，"入为御史中丞，举劾无所回忌"。当然窦参本身的行为也有可议之处，史称其为相后"任情好恶，恃权贪利"；宠爱族子窦申，"每议除授，多访于申，申或泄之，以招权受赂。申所至，人目之为喜鹊"（《旧传》）。窦参被贬的直接原因，是窦申与吴通玄、通微兄弟相勾结，诬告陆贽，为德宗所察觉。《旧·窦参传》云："兵部侍郎陆贽与参有隙。吴通微弟兄与贽同在翰林，俱承德宗顾遇，亦争宠不协。金吾大将军、嗣虢王则之与申及通微、通玄善，遂相与倾。贽考贡举，言贽考贡不实。吴通玄取宗室女为外妇,德宗知其毁贽,且令察视,具得其奸状,乃贬则之为昭州司马,吴通玄为泉州司马,窦申为道州司马。不旬日,贬参郴州别驾,即日以陆贽为宰相。"

按窦申倚仗窦参,招财纳贿,而窦参不加阻止,且加以包庇,诚如陆贽所云:"窦参顷司钧轴,颇恃恩私,贪饕货财,引纵亲党,此则朝廷同议,天下共传。"(《陆宣公集·奏议》卷二《商量处置窦参事体状》)但窦申之事尚不至于责窦参如此之重。所云陆贽与窦参有隙,史籍也未载其详,相反,窦参被贬郴州后,湖南观察使李巽又上言汀州节度使刘士宁送给窦参绢五千匹,德宗大怒,欲杀参,陆贽还上疏解救。陆贽奏谓:"窦参与臣无分。因事报怨,人之常情。然臣参宰衡,合存公体,以参罪犯,置之死地,恐用刑太过。"(《旧·窦参传》)陆贽且以刘晏被杀为戒,谓:"刘晏久掌货财,当时亦招怨讟,及加罪责,事不分明,叛者既得以为辞,众人亦为之怀愍。用刑暧昧,损累不轻,事例未遥,所宜重慎。"又云:"臣等亲奉天颜,议加刑辟,但闻凶险之意,尚昧结构之由。况在众流,何由备悉,忽行峻罚,必谓冤诬,群情震惊,事亦非细。"(同上)由此可见,罢窦参相位,贬出,及既贬之后,又欲置于死地,皆出于德宗,陆贽尚从中加以疏解。

细绎史籍的记载,可以推究出窦参贬死之缘由。《旧传》谓参"多引用亲党,使居要职,以为耳目,四方藩帅,皆畏惧之"。此谓窦参受到藩镇之忌恨,藩镇也阴谋报复之。淄青节度使李纳"既惮参,馈遗毕至,外示敬参,实阴间之"(《旧传》）。《新传》更明言："于是淄青李纳厚馈参，外示严畏，实赂帝亲近为间，故左右争毁短之。"李纳如此，宣武（汴州）节度使刘士宁也如此，在窦参已被贬至郴州后，刘士宁仍故意送绢五千匹，"湖南观察使李巽故与参隙，以状闻，又中人为之验左，帝大怒，以为外交戎臣，欲杀参"；"时宦侍谤沮不已，参竟赐死于邕州"（《新传》）。窦参任御史中丞时，因执法严正，曾得罪于权贵，领度支盐铁转运使时，与方镇也有矛盾。窦参初时尚能得德宗的信任，但德宗为人忌刻，对地方强藩既惧兼恨，尤其嫉恨朝臣与方镇的联结，方镇如李纳等即利用德宗的这一心理，故意以钱帛馈参，引起德宗的猜疑，再加以宦官从旁"谤沮"，窦参终于贬死。陆贽《商量处置窦参事体状》、《奏议窦参等官状》引德宗宣谕，有"此人交结中外，意在不测"，"窦参结朕左右，兼有阴谋"等语，都可见出关于此事的处理，实出于德宗的意旨。此一事件并非如有些论著所谓是陆贽集团与窦参集团的斗争，而是藩镇、宦官利用德宗之猜疑与忌刻，加予窦参之诬陷与打击。

按照德宗之本意，坐窦参之事而远贬者为数尚多，如陆贽《奏议窦参等官状》所引德宗语："其窦参等所有朋党亲密，并不可容在侧近，宜便条疏，尽发遣向僻远无兵马处，先虽已经流贬，更移向远恶处者。"陆贽对此是不赞同的，他在奏状中谓："窦参久秉钧衡，特承宠渥，君之所任，孰敢不从，或游于门庭，或结以中外，或偏被接引，或骤与荐延，如此之徒，十恒七八。若听流议，皆谓党私，自非甚与亲交，安可悉从贬累？"虽有陆贽的疏救，仍有不少人远贬，诸窦以外，上述韦夏卿、李吉甫即是如此。又如唐次，本为礼部员外郎，因受窦参器重，也被贬为开州刺史，"在巴峡间十余年，不获进用。西川节度使韦皋抗表请为副使，德宗密谕皋令罢之"（《旧书》卷一九〇下《文苑·唐次传》，又参《册府元龟》卷九一五《总录部·废滞》）。

李德裕随父至贬所。

《旧·李德裕传》："贞元中，以父谴逐蛮方，随侍左右，不求仕进。"又段成式《酉阳杂俎》续集卷八《支动》："卫公幼时，尝于明州见一水族，有两足，觜似鸡，身如鱼。"

本年，欧阳詹、李观、王涯、韩愈、李绛登进士科，裴度登博学宏词科，兵部侍郎陆贽知贡举（徐松《登科记考》卷十三）。

贞元九年癸酉（七九三）　七岁

李吉甫仍在明州员外长史任。作《杭州径山寺大觉禅师碑铭并序》。

文载《全唐文》卷五一二，记大觉禅师卒于贞元八年十二月二十八日，"明年二月八日，奉全身于院庭之内，遵遗命也；建塔安神，申门人之意也"。又云："弟子实相，门人上首，传受秘藏，导扬真宗。……以吉甫连蹇当代，归依释流，俾筌难名，强著无迹。"据此，则此文当作于本年春。《金石录》卷十目录，第一千八百九十八，有《唐大觉禅师碑》，下注云："李吉甫撰，萧起正书，大中八年十二月。"又《宝刻丛编》卷十四两浙西路临安府,亦著录此碑,另有《唐径山大觉禅师国一影堂记》,谓"唐崔元翰撰,羊士谔正书,贞元九年二月八日立"(注云出《复斋碑录》)。

李吉甫于本年十一月并有《编次郑钦悦辨大同古铭论》,世以为传奇小说。

文载《全唐文》卷五一二,鲁迅辑入《唐宋传奇集》卷二。文末署"时贞元九年十一月二十八日,赵郡李吉甫记"。鲁迅据《太平广记》卷三九一录入。《唐宋传奇集》卷末《稗边小缀》云:"文亦原非传奇;而《广记》注云出《异闻记》,盖其事奥异,唐宋人固已以小说视之,因编于集。"郑钦悦,开元、天宝时人,事迹附见《新唐书》卷二〇〇《儒学·赵冬曦传》,又可参见李商隐《请卢尚书撰曾祖妣志文状》(《樊南文集补编》卷十一)。

本年,柳宗元、刘禹锡、武儒衡登进士科,元稹登明经科,李绛登博学宏词科,户部侍郎顾少连知贡举(徐松《登科记考》卷十三)。

贞元十年甲戌(七九四) 八岁

李吉甫在明州员外长史任。本年初或上年,作《唐茶山诗述碑阴记》。

《宝刻丛编》卷十四两浙西路湖州,载有《唐茶山诗并诗述》(按此为袁高撰),此后为《唐诗述碑阴记》,注云:"唐李吉甫撰,徐璹正书,贞元十年正月立。"宋王象之《舆地碑记目》卷一安吉州碑，记有《袁高茶山述》（下云"贞元七年立"），又《碑阴》，下云："李吉甫撰，贞元十年建。"据此，则《碑阴记》当作于本年初或上年。

十二月，陆贽罢相，为太子宾客。

《旧纪》："（十二月）壬戌，贬中书侍郎、平章事陆贽为太子宾客。"《通鉴》卷二三五亦载："中书侍郎、同平章事陆贽以上知待之厚，事有不可，常力争之。所亲或规其太锐，贽曰：'吾上不负天子，下不负所学，他无所恤。'裴延龄日短贽于上。赵憬之入相也，贽实引之，既而有憾于贽，密以贽所讥弹延龄事告延龄，故延龄益得以为计，上由是信延龄而不直贽。贽与憬约至上前极论延龄奸邪，上怒形于色，憬默而无言。壬戌，贽罢为太子宾客。"按德宗前以猜疑窦参，用陆贽为相而罢贬窦参，陆贽既相之后，又倚信户部侍郎、判度支裴延龄，以聚敛财货，对陆贽之直谏渐感厌烦，至本年十二月，竟罢免其相位。

本年，李逢吉、王播登进士科，裴垍、裴度、皇甫镈登贤良方正能直言极谏科，户部侍郎顾少连知贡举（徐松《登科记考》卷十三）。

贞元十一年乙亥（七九五）　九岁

四月，陆贽由太子宾客再贬为忠州别驾。

《旧纪》贞元十一年，"（四月）壬戌，贬太子宾客陆贽为忠州别驾"。陆贽之贬，见《顺宗实录》卷四，两《唐书》陆贽、裴延龄等传,及《通鉴》,以《旧·陆贽传》所载较翔实,摘录于此:"户部侍郎、判度支裴延龄,奸宄用事,天下嫉之如仇,以得幸于天子,无敢言者,贽独以身当之,屡于延英面陈其不可,累上疏极言其弊。延龄日加谮毁。十年十二月,除太子宾客,罢知政事。贽性畏慎,及策免私居,朝谒之外,不通宾客,无所过从。十一年春,旱,边军刍粟不给,具事论诉;延龄言贽与张滂、李充等摇动军情。……德宗怒,将诛贽等四人,会谏议大夫阳城等极言论奏,乃贬贽为忠州别驾。"

李吉甫由明州员外长史迁为忠州刺史。夏,赴任。或云宰相欲害陆贽,故起吉甫为忠州刺史。

《旧·李吉甫传》:"久之遇赦,起为忠州刺史。时贽已谪在忠州,议者谓吉甫必逞憾于贽,重构其罪。"《新传》:"贽之贬忠州,宰相欲害之,起吉甫为忠州刺史,使甘心焉。"据此,则李吉甫之刺忠州,在陆贽贬为忠州别驾以后。吉甫有《忠州刺史谢上表》,云:"伏奉恩命,擢授臣持节忠州诸军事、守忠州刺史,越自东海,牧于巴中。"又云:"受命之日,心魂载驰,属楚越途遥,奔驰道阻,溯流七千,涉险非一,虐暑婴疹,赢骸仅存,以今月七日舁曳到所部上讫。"(《全唐文》卷五一二)此处仅云"今月七日"到任,未言何月,但表中"虐暑婴疹"云云,则当在夏月。陆贽之贬在四月,则吉甫赴任或当在六、七月间。

又《新传》谓宰相欲害陆贽,故意以吉甫为忠州刺史。据《新书》卷六二《宰相表》,此时任宰相者为赵憬、贾耽、卢迈。《旧书》卷一三六《卢迈传》谓"时大政决在陆贽、赵憬,迈谨身中立,守文奉法而已"。《新书》卷一五〇迈传略同。又《旧书》卷一三八《贾耽传》谓"耽性长者,不喜臧否人物。自居相位,凡十三年,虽不能以安危大计启沃于人主,而常以检身厉行以律人"。卢迈、贾耽都不像将李吉甫改授忠州刺史以加害陆贽的主谋者。唯有赵憬为相时与陆贽有隙,《旧书》卷一三八《赵憬传》谓:"憬与陆贽同知政事,贽恃久在禁庭,特承恩顾,以国政为己任,才周岁,转憬为门下侍郎,憬由是深衔之,数以目疾请告,不甚当政事,因是不相协。裴延龄奸诈恣睢,满朝侧目,憬初与贽约于上前论之;及延英奏对,贽极言延龄奸邪诳诞之状,不可任用,德宗不悦,形于颜色,憬默然无言,由是罢贽平章事,而憬当国矣。"宰执中唯赵憬较有可能为此事之主谋者,但赵憬与陆贽并无深仇,现有文献记载还未能下此结论;德宗初欲诛杀陆贽,后为阳城等极谏而止,则起吉甫为忠州,或亦出于德宗之意。

吉甫至忠州,以宰相礼事陆贽,二人相得甚欢。

《旧·陆贽传》:"初,贽秉政,贬驾部员外郎李吉甫为明州长史,量移忠州刺史。贽在忠州,与吉甫相遇,昆弟、门人咸为贽忧,而吉甫忻然厚礼,都不衔前事,以宰相礼事之,犹恐其未信不安,日与贽相狎,若平生交契者。贽初犹惭惧,后乃深交。时论以吉甫为长者。"新旧《唐书·李吉甫传》所载略同。《册府元龟》卷八八五《总录部·以德报怨》亦载吉甫至忠州,待陆贽"以宰相礼事之,犹恐其未信不安,遂与之亲狎,若平生还往者"。按此事诚足以表现李吉甫之器量。但窦参之贬出,实际并未如史籍所载系参与陆贽之冲突,且窦参亲友坐累受贬者,陆贽曾上奏德宗为之疏解,此等情状李吉甫定当知闻,故在忠州以厚礼待陆贽,并非偶然。但正因如此,意受当权者之忌,《新传》因曰"坐是不徙者六岁"。

李德裕随父赴忠州。〔辨《北梦琐言》谓德裕生于吉甫赴任途中〕

李吉甫赴忠州,德裕当随父至任所,《酉阳杂俎》续集卷八《支动》曾载德裕少时过瞿塘见一怪物事(但《酉阳杂俎》谓德裕过瞿塘时年十一,误,本年德裕九岁,此当系段成式偶误)。又《北梦琐言》卷八谓:"吉甫相典忠州,溯流之任,行次秭归,地名云居台,在江中,掌武诞于此处,小名台郎,以其地而命名也。"此谓德裕生于秭归附近之江中,按之史籍,其妄显然。

又,忠州,唐时属山南东道(参见《新唐书·地理志》),为下州,治所临江县,在今四川东部忠县。

李吉甫有《神女庙》诗,或即赴任途中所作(今已不存)。

欧阳修《集古录跋尾》卷八记《唐神女庙诗》,题下注"贞元十四年",跋云:"右《神女庙》诗,李吉甫、丘玄素、李贻孙、敬骞等作。余贬夷陵令时,尝泛舟黄牛峡,至其祠下,又饮虾蟆碚水,览其江山巉绝穷僻,独恨不得见巫山之奇秀,每读数子之诗,爱其辞翰,遂录之。"《金石录》卷九目录,第一千六百三十七,有"唐李吉甫《神女庙》诗",下注"正书",未载年月。《宝刻丛编》卷十九夔州路夔州,有"唐杂言神女词",云:"唐忠州刺史李吉甫撰,正书,无姓名,贞元十四年正月二十五日刻。"(注云出《复斋碑录》)李吉甫之《神女庙》诗今已不存,此诗或为本年赴任途中经夔州时作,而于贞元十四年刻石。

贞元十二年丙子（七九六） 十岁

本年，张仲方、崔�911登进士科，张仲方又登博学宏词科，礼部侍郎吕渭知贡举（徐松《登科记考》卷十四）。

贞元十三年丁丑（七九七） 十一岁

李吉甫在忠州刺史任。约于本年撰《唐仙都观王阴二真君影堂碑》（今已不存）。

> 《宝刻丛编》卷十九忠州，有《唐仙都观王阴二真君影堂碑》，云："唐李吉甫撰，储伯阳行书，贞元十四年正月立。"王象之《舆地碑记目》卷四忠州碑记，有"丰都景德观唐碑十"，中有"李吉甫真人影堂记、二真君碑、二仙公碑"；又《玉石碑》，下云："即景德观三真人碑，唐贞元中李吉甫修，碑刻见存，碑石莹润，号曰玉石。"又《唐平都山真人影堂记》，下云："平都唐碑，惟此三碑尤佳，皆李吉甫修撰，又曰玉石碑。"按李吉甫所作今已不存，立石于贞元十四年正月，则撰作或当在本年。

贞元十四年戊寅（七九八） 十二岁

本年，李翱、吕温、王起登进士科，尚书左丞顾少连知贡举（徐松

《登科记考》卷十四）。

贞元十五年己卯（七九九） 十三岁

本年,吕温登博学宏词科,中书舍人高郢知贡举（徐松《登科记考》
卷十四）。

贞元十六年庚辰（八〇〇） 十四岁

九月,宰相郑余庆贬为郴州司马。

《旧纪》贞元十六年,"（九月）庚戌,贬中书侍郎、同中书
门下平章事郑余庆为郴州司马,户部侍郎、判度支于𬱃为泉
州司户"。《通鉴》卷二三五载此事谓:"中书侍郎、同平章事
郑余庆与户部侍郎、判度支于𬱃素善,𬱃所奏事,余庆多劝上
从之。上以为朋比,（九月）庚戌,贬余庆郴州司马,𬱃泉州司
户。"按,这也是德宗猜疑忌刻的表现。

本年,白居易、杜元颖登进士科,中书舍人高郢知贡举（徐松《登科
记考》卷十四）。

贞元十七年辛巳（八〇一） 十五岁

李吉甫因病罢忠州刺史任,但仍留住忠州。

详见后贞元十九年谱。

段文昌时在剑南西川节度使韦皋幕，曾至忠州以文谒吉甫。

段文昌，《旧书》卷一六七、《新书》卷八九有传，字墨卿，一字景初，西河人，世居荆州。《旧传》云："文昌家于荆州，倜傥有气义，节度使裴胄知之而不能用。韦皋在蜀，表授校书郎。李吉甫刺忠州，文昌尝以文干之。及吉甫居相位，与裴坰同加奖擢。"按段文昌及其子成式，后与李德裕皆有交往。经查，段成式《酉阳杂俎》，其书《续集》七，记有："贞元十七年，先君自荆入蜀应韦南康辟命。"韦南康即韦皋。据此，则段成式在剑南西川节度幕中任职时自蜀至忠州拜谒李吉甫，当于贞元十七、十八年间。

贞元十八年壬午（八〇二） 十六岁

李吉甫本年除郴州刺史，因病未赴任，仍居住忠州。

详见后贞元十九年谱。

贞元十九年癸未（八〇三） 十七岁

李吉甫于本年夏赴郴州刺史任。

《旧传》载吉甫刺忠州，与陆贽甚相得，"六年不徙官，以疾罢免,寻授郴州刺史"。《新传》亦谓"坐是不徙者六岁,改郴、饶二州"。皆未明载年月。今按《全唐文》卷五一二载李吉甫《柳州刺史谢上表》,此"柳"字为"郴"字之误,但宋人即有以此文辑入柳宗元文集者,王应麟《困学纪闻》卷十七《评文》有云:"柳文多有非子厚之文者:……《柳州谢上表》,其一乃李吉甫《郴州谢上表》也。"岑仲勉先生《读全唐文札记》亦论及此文,并云"《英华辨证》五已正之,今卷五七一又复收入柳宗元下,应分别删正"。

《表》云:"臣前岁以疾停官,去年蒙恩除替,便欲裂裳裹足,趋赴京师,以旧疾所婴,弥年未愈,逮及今夏,始就归途。"据此,则吉甫于贞元十七年即因病解忠州刺史任,十八年除郴州刺史,也因旧疾未愈,仍留住忠州。《表》文又云:"况臣昔因左官,一纪于外。"按吉甫于贞元八年责降明州长史,至贞元十九年恰为一纪。

又据《新书》卷四一《地理志》五,郴州属江南西道,治所郴县(即今湖南郴县)。又《万历郴州志》卷二《秩官表》上郴州刺史,德宗贞元时有李吉甫,未注年月,当亦据两《唐书》。同书卷十五《循良传》载李吉甫,云"贞元初为刺史",大误。

按此时郑余庆被贬为郴州司马,系吉甫属下。顺宗立,余庆内召,宪宗即位,余庆又擢为宰相,吉甫之入,当与郑余庆有关。

李吉甫在郴州曾有题名传于后世。

清瞿中溶《古泉山馆金石文编残稿》卷二有《路恕李吉甫等侍郎篆题名》,云:"右路恕、李吉甫等题名,八分书,十行,在永兴县侍郎蒙。……此题名盖即其官郴州刺史时也。"

李吉甫在郴州，有《夏日登北楼十韵》，元和时杨於陵、柳宗元曾有和作。吉甫原诗已佚。

柳宗元有《奉和杨尚书郴州追和故李中书夏日登北楼十韵之作依本诗韵次用》（中华书局点校本《柳宗元集》卷四十二），注引孙氏曰："先是贞元中李吉甫为郴州刺史，有《北楼诗十韵》，至是於陵和之，公亦和焉。"按杨於陵元和十一年四月自户部侍郎、判度支贬郴州刺史，有和吉甫诗，时柳宗元已由永州改刺柳州，继有和作。今李诗已佚，录柳诗于下："郡楼有遗唱，新和敌南金。境以道情得，人期幽梦寻。层轩隔炎暑，迥野恣窥临。风去徽音续，芝焚芳意深（注引孙氏曰：风去以比吉甫，芝焚以比杨尚书也）。游鳞出陷浦，唳鹤绕仙岑。风起三湘浪，云生万里阴。宏规齐德宇，丽藻竞词林。静契分忧术，闲同迟客心。骅骝当远步，鶗鴂莫相侵。今日登高处，还闻《梁父吟》。"清陈景云《柳集点勘》谓："风去，谓吉甫去官；芝焚，则伤其逝。"其说近是。由此可见柳宗元对李吉甫之景仰。

李吉甫于七月后改授饶州刺史，约本年冬赴任。

权德舆《使持节郴州诸军事权知郴州刺史赐绯鱼袋李公（伯康）墓志铭并序》（《全唐文》卷五○三）："（贞元）十九年秋七月，拜郴州刺史。"又《唐语林》卷三《方正》云："李相国忠公，贞元十九年为饶州刺史。"此"李相国忠公"即李吉甫。由此则知李吉甫于本年夏刚至郴州，即于七月后由李伯康接任。

又《金石补正》卷六七《路恕李吉甫题名》："清河囗路恕体仁、朝议大夫前守郴州刺史李吉甫,贞元十九年岁次癸未拾月戊寅朔二十四日辛丑,蒙恩除替,归赴京阙。"另清瞿中溶《古泉山馆金石文编残稿》卷二有《路恕李吉甫等侍郎豪题名》,云:"右路恕李吉甫等题名,八分书,十行,在永兴县侍郎豪。……此题名盖即其官郴州刺史时也。"按贞元十九年十月二十四日已称李吉甫为"前守郴州刺史",则已卸任,但仍在郴州。吉甫有《饶州刺史谢上表》(《全唐文》卷五一二),云:"今月五日,中使刘元晏奉宣圣旨,擢授臣饶州刺史,兼赐官告,仍至当州送上者。臣与元晏以某月二十三日至州上讫。"此表未明言年月。或为贞元十一、十二月。又《太平寰宇记》卷一〇七"饶州鄱阳县"有云:"柳公楼在城西北角。……贞元十九年李吉甫复其名曰柳公楼。"则吉甫确于本年抵任。

又据《新书》卷四一《地理志》五,饶州属江南西道,唐时为上州,州治鄱阳(即今江西鄱阳县)。

春,白居易与元稹以书判拔萃科登第,并授秘书省校书郎。(徐松《登科记考》卷十五,又参见《白居易集》卷四十三《养竹记》、卷七十《河南元公墓志铭》,《旧书》卷一六六《元稹传》)。

杜牧生。

《樊川文集》卷九《唐故淮南支使试大理评事兼监察御史杜君墓志铭》,并参缪钺《杜牧年谱》。

贞元二十一年
永 贞 元 年 乙酉（八〇五） 十九岁

正月，癸巳，德宗卒，太子李诵即位，是为顺宗。二月辛卯，韦执谊拜相；壬寅，王叔文为起居舍人，充翰林学士。甲子，大赦，渐次颁行新政。

见《旧纪》、《通鉴》等。

李吉甫有《贺赦表》，对新政表示拥护。时仍为饶州刺史。

李吉甫《贺赦表》（《全唐文》卷五一二）云：“伏奉二月二十四日制书，大赦天下。”按《顺宗实录》卷二载：“二月甲子，上御丹凤门，大赦天下。自贞元二十一年二月二十四日昧爽已前，大辟已下，罪无轻重，常赦所不原者，咸赦原之。诸色人中，有才行兼茂明于理体者、经术精深可为师法者、达于吏理可使从政者，宜委常参官各举所知；其在外者，长吏精加访择，具名闻奏，仍优礼发遣。”大赦令中又有禁宫市、禁五坊小儿等。吉甫表所云二月二十四日制书，即指此。吉甫《贺赦表》对新政加以称颂，表示拥护，云：“伏惟陛下体元圣之姿，膺出符之运。统理万事，建中于人。躬大禹之菲薄，奉玄元之慈俭，损己以益下，约身而爱人。捐珠玉而不玩，斥绮丽而不御。事有妨于农业，物有害于女工，人力所疲，上心攸荡，自此罢黜，归于典常。若乃投荒御魅之伦，触网婴罗之类，或炎裔沦屈，骨肉相从，或囹圄幽囚，馈饷不至，皆阳和所未煦，雨露所罕沾，靡不沐浴天波，昭睹白日。”

又按《表》文又云："况臣谬当共理,职在抚循。"又云："谨遣当州军事衙前虞候王国清奉表陈贺以闻。"则此时吉甫仍为外州刺史。据新旧《唐书》本传,吉甫刺忠州后,又历任郴州、饶州刺史,已知吉甫于贞元十九年夏赴饶州任,而本年八月又应召入朝,则上此表时当仍在饶州。吉甫有《饶州刺史谢上表》(《全唐文》卷五一二)

李吉甫在饶州破除迷信之一例。

《旧传》:"先是,州城以频丧四牧,废而不居,物怪变异,郡人信验;吉甫至,发城门管钥,剪荆榛而居之,后人乃安。"(《新传》略同)《唐语林》卷三《方正》所载稍详,云:"先是郡城已连失四牧,故府废者七稔,公莅任后,命启钥而居之。郡吏以有怪坚请,公曰:'神好正直,守直则神避。妖不胜德,失德则妖兴。居之在人。'"

三月,追前左降官郑余庆、陆贽、阳城等赴京师,陆贽、阳城未闻命而卒于贬所。五月,郑余庆为尚书左丞。

《通鉴》卷二三六贞元二十一年三月,"壬申,追忠州别驾陆贽、郴州别驾郑余庆、杭州刺史韩皋、道州刺史阳城赴京师"。《顺宗实录》卷二亦记此事,并云:"德宗自贞元十年已后不复有赦令,左降官虽有名德才望,以微过忤旨谴逐者,一去皆不复叙用,至是人情大悦,而陆贽、阳城皆未闻追诏而卒于迁所,士君子惜之。"又据《旧纪》,本年五月癸未,"以郴州司马郑余庆为尚书左丞"。

七月乙未,诏"军国政事,宜令皇太子勾当"。八月庚子,顺宗禅位,太子李纯即皇帝位,是为宪宗。辛丑,改贞元二十一年为永贞

元年，壬寅，贬王伾、王叔文等。癸亥，郑余庆拜相，同中书门下平
章事。（《旧纪》）

八月，李吉甫由饶州召入为考功郎中、知制诰，十二月，为中书舍
人，与裴垍充翰林学士。

  《旧纪》本年八月癸亥载郑余庆拜相后，云："丙寅，以饶
州刺史李吉甫为考功郎中，襄州刺史唐次为吏部郎中，并知
制诰。"（按唐次亦为贞元八年坐窦参事被贬出）又十二月壬
戌，"以考功郎中、知制诰李吉甫为中书舍人，以考功员外郎
裴垍为考功郎中、知制诰，并充翰林学士"。又《旧传》："宪
宗嗣位，征拜考功郎中、知制诰，既至阙下，旋召入翰林为学
士，转中书舍人，赐紫。"《新传》所载略同。按吉甫此次召入，
恐与郑余庆有关，二人在郴州，一为刺史，一为别驾，当即相
知，余庆拜相，即召吉甫入朝。

  元稹《承旨学士院记》："李吉甫，永贞元年十二月二十四
日自考功郎中、知制诰入院；二十七日正除，仍赐紫金鱼袋，
充。"丁居晦《重修承旨学士壁记》："李吉甫，永贞元年十二
月二十四日自考功郎中、知制诰充，二十七日迁中书舍人，赐
紫金鱼袋。"

〔辨误〕

  唐赵璘《因话录》卷一："德宗尝暮秋猎于苑中。是日天
色微寒，上谓近臣曰：'九月衣衫，二月衣袍，与时候不相称，
欲递迁一月，何如？'左右皆拜谢。翌日，命翰林议之而后下
诏。李赵公吉甫时为承旨，以圣人能上顺天时，下尽物理，表
请宣示万方，编之于令。李相程初为学士，独不署名，具状奏

曰：'臣谨按《月令》，十月始裘。《月令》是玄宗皇帝删定，不可改易。'上乃止。由是与吉甫不协。"

　　按李程谏德宗事，《旧书》卷一六七《李程传》未载，《新书》卷一三一《李程传》载之，谓："召为翰林学士，再迁司勋员外郎，爵渭源县男。德宗季秋出畋，有寒色，顾左右曰：'九月犹衫，二月而袍，不为顺时，朕欲改月，谓何？'左右称善，程独曰：'玄宗著《月令》，十月始裘，不可改。'帝矍然止。"又据《重修承旨学士壁记》，李程于贞元二十年九月为翰林学士，元和三年出院。李程任翰林学士时谏止德宗，当有可能，但贞元末李吉甫尚任外州刺史，至宪宗即位，始由饶州入朝，永贞元年十二月，乃入翰林院，并无德宗时为翰林学士承旨之可能。《因话录》所载，当系晚唐人因攻击李德裕，而并诬陷李吉甫之善于逢迎人主，其说实不可信。且查考李程事迹，也未有与吉甫不协事，此等皆须辨正。

李德裕当随父由郴徙饶，又由饶州回京。

　　详见后元和年谱。

九月，刘禹锡等以坐王叔文党贬远州刺史，十月，更贬为远州司马，又贬韦执谊为崖州司马，即所谓"八司马"。

　　见《旧纪》、《通鉴》等。

本年，沈传师、李宗闵、牛僧孺、杨嗣复、杜元颖登进士科，礼部侍郎权德舆知贡举（徐松《登科记考》卷十五）。

宪宗元和元年丙戌（八〇六） 二十岁

李吉甫本年仍为中书舍人、翰林学士；十二月，加银青光禄大夫。

元稹《承旨学士院记》："李吉甫……元和元年加银青光禄大夫。"丁居晦《重修承旨学士壁记》载李吉甫"元和元年十二月加银青"。

李吉甫本年之建树。

据新旧《唐书》等所载。李吉甫本年在任中书舍人、翰林学士期间，曾奏请数事，今列述于下：

一、请征讨刘辟，密献计策。刘辟本为西川行军司马，永贞元年十二月，拥兵胁迫唐朝廷任命为剑南西川节度使。元和元年正月戊子，下诏讨刘辟，命高崇文等将兵入蜀，并令兴元严砺、东川李康掎角接应。《旧·李吉甫传》谓："刘辟反，帝命诛讨之，计未决，吉甫密赞其谋，兼请广征江淮之师，由三峡路入，以分蜀寇之力。事皆允从，由是甚见亲信。"《新传》亦谓："刘辟拒命，帝意讨之未决，吉甫独请无置，宜绝朝贡，以折奸谋。"《通鉴》卷二三七元和元年正月载其事，所记稍详："上欲讨刘辟而重于用兵，公卿议者亦以为蜀险固难取。杜黄裳独曰：'辟狂戆书生，取之如拾芥耳！臣知神策军使高崇文勇略可用，愿陛下专以军事委之，勿置监军，辟必可擒。'上从之。翰林学士李吉甫亦劝上讨蜀，上由是器之。"《新传》更谓："刘辟平，吉甫谋居多。"但宋吴缜《新唐书纠谬》则谓《新传》所载李吉甫在此次讨平刘辟中之功绩皆属虚无,甚至谓:"夫黄裳以宰相而当伐叛之任,书之其传固其宜矣,而吉甫以一中书舍人,乃欲多有其功,就使其实,且犹未可,而况于虚乎？然则此吉甫数事,本皆无有,而今史之所述如是者,非它,盖其子德裕秉政日尝重修宪宗实录,故吉甫之美恶,皆增损而不实。"按吴缜纠摘《新唐书》之疏误,虽有是处,但多求之过苛,此处谓李吉甫在讨平刘辟中所奏之计议,皆属虚无,则似未睹《旧传》、《通鉴》所述。又元和二年二月吉甫拜相,《唐大诏令集》卷四六所载《李吉甫平章事制》,即有"王纲以张,蜀寇斯殄,左右密勿,实由嘉言"等语。又《唐会要》卷五三《委任》条,亦谓:"李吉甫自翰林学士参定平蜀。"可见李吉甫在此次讨伐强藩擅命的战役中,坚定有谋,乃是实录,并非虚誉。

二、罢斥与宦官相勾结的中书吏滑涣。《旧传》:"宪宗初即位,中书小吏滑涣与知枢密中使刘光琦昵善,颇窃朝权,吉甫请去之。"按此事《新传》言之较详,云:"中书吏滑涣素厚中人刘光琦,凡宰相议为光琦持异者,使涣请,常得如素。宦人传诏,或不至中书,召涣于延英承旨,迎附群意,即为文书,宰相至有不及知者。由是通四方赂谢,弟泳官至刺史。郑余庆当国,尝一责怒,数日即罢去。吉甫请间,劾其奸,帝使簿涣家,得赀数千万,贬死雷州。"郑余庆身居宰执,因曾斥责滑涣,竟至罢相,当时宰臣如杜佑、郑絪等"皆低意善视之"(《通鉴》卷二二七元和元年八月)。《旧书》卷五八《郑余庆传》亦谓:"宰相杜佑、郑絪皆姑息之,议者云佑私呼为滑八，四方书币赀货，充集其门。弟泳官至刺史。及余庆再入中书，与同僚集议，涣指陈是非，余庆怒其僭，叱之。寻而余庆罢相，为太子宾客。"滑涣势焰之嚣张，因有宦官之支持，郑余庆终于因得罪于涣而免去相位。其时李吉甫官止中书舍人，又因任翰林学士，即用计谋揭发滑涣的奸恶，也间接打击宦官的势力。据《通鉴》及《旧·郑余庆传》，时贬涣为雷州司户，寻"赐死"，在元和元年九月。

三、阻止李锜领盐铁使。浙西观察使李锜骄纵不法，贞元时跋扈已甚，德宗屡姑息之。《新·李吉甫传》云："时李锜在浙西，厚赂贵幸，请用韩滉故事领盐铁，又求宣、歙。问吉甫，对曰：'昔韦皋蓄财多，故刘辟因以构乱。李锜不臣有萌，若益以盐铁之饶，采石之险，是趣其反也。'帝寤，乃以李巽为盐铁使。"据《旧纪》元和元年四月丁未，杜佑罢领度支、盐铁、转运等使，以兵部侍郎李巽代其任，则吉甫之阻止李锜领盐铁等使，即在四月间。李锜于元和二年十月反，果不出吉甫之所料。

四、建议濠、泗二州不隶徐州军。《新传》云："张愔既得徐州，帝又欲以濠、泗二州还其军。吉甫曰：'泗负淮，饷道所会，濠有涡口之险，前日授建封，几失形势。今愔乃两廊壮士所立，虽有善意，未能制其众。又使得淮、涡，厄东南走集，忧未艾也。'乃止。"按据《新书》卷一五八《张建封传》，张建封于贞元四年任徐泗濠节度使，此乃出于当时宰相李泌的建议，认为应当加重徐州的军力与财力，以对抗淄青节度使李纳，兼以加强唐朝廷对东南漕运的控制，因此将濠、泗二州划

归徐州管辖。贞元十六年张建封卒,朝廷任命韦夏卿继其
任,但军中不受代,拥立建封子愔。《旧书》卷一四〇《张封建
传》谓:"军众请于朝廷,乞授愔旄节,初不之许,乃割濠、泗二
州隶淮南,加杜佑同平章事,以讨徐州。"即唐朝廷为了征讨
徐州军,又将濠、泗二州割隶淮南,并命淮南节度使杜佑讨徐
州。后唐军不胜,终于又授愔以节度使之名。元和元年,张
愔被疾请代,唐廷又任东都留守王绍为节度使,同时为取悦
于徐州,复将淮、泗二州隶徐州军,"徐人喜得二州,故不为
乱"(《通鉴》卷二三七元和元年十一月)。李吉甫的建议是
为了削弱徐州的军力,并加强中央政权的控制力。但当时执
政者为求得妥协,复将濠、泗二州割隶徐州。

李德裕随父返京师,不愿应科举试,未入仕。

　　《旧传》:"德裕幼有壮志,苦心力学,尤精《西汉书》、《左
氏春秋》,耻与诸生从乡赋,不喜科试。年才及冠,志业大
成。"《新传》:"少力于学,既冠,卓荦有大节。不喜与诸生试
有司,以荫补校书郎。"按李德裕随侍其父转徙于忠、郴、饶等
州,未曾就科试,旧籍称其有"壮志"、"大节",谅非虚语。但
此时李德裕尚未入仕,其以荫补校书郎,当在李吉甫于元和
六年由淮南再入相以后,详后谱。

〔辨误〕

　　《北梦琐言》卷一:"太尉李德裕,幼神俊,宪宗赏之,坐于
膝上。父吉甫,每以敏辩夸于同列,武相元衡召之谓曰:'吾
子在家,所嗜何书?'意欲探其志也。德裕不应。翌日,元衡
具告吉甫,因戏曰:'公诚涉大痴耳。'吉甫归以责之,德裕曰:

'武公身为帝弼,不问理国调阴阳,而问所嗜书,书者,成均、礼部之职也。其言不当,所以不应。'吉甫复告,元衡大惭。由是振名。"

　　按本年德裕二十岁,去年宪宗立,吉甫入朝,德裕亦年已十九,实无"宪宗赏之,坐于膝上"之可能。武元衡与吉甫同于元和二年拜相,德裕已二十一岁,亦不可能有如此对答语。《琐言》所载,纯属乌有。

本年,皇甫湜、李绅、韦处厚登进士科,杜元颖登博学宏词科,元稹、韦处厚、白居易、沈传师、萧俛登才识兼茂明于体用科,礼部侍郎崔邠知贡举(徐松《登科记考》卷十六)。

元和二年丁亥(八〇七)　二十一岁

正月,李吉甫与武元衡同拜相,吉甫为中书侍郎、同平章事,武元衡为门下侍郎、同平章事。

　　《旧纪》元和二年正月:"乙巳,以门下侍郎、同平章事、南阳郡开国公杜黄裳检校司空、同平章事,兼河中尹、河中晋绛等州节度使。……己卯,赐绯鱼袋。武元衡为门下侍郎、同平章事、赐紫金鱼袋,以中书舍人、翰林学士李吉甫为中书侍郎、同平章事。"《新纪》、《通鉴》同,皆系于正月,唯《唐大诏令集》卷十六"命相"三《李吉甫平章事制》,文末注云"元和二年三月",此"三"字疑为"正"字之讹。

　　《李吉甫平章事制》云:"银青光禄大夫、行中书舍人、翰林学士、上柱国李吉甫，符彩外发，清明内融，体仁而温，抱义而峻。识同精赜，知皇王致理之源；学该古今，穷天人相与之际。自擢于纶阁，列在禁围，鼓三变之文，润色王度；总五才之用，参赞庙谟。化俗思迈于成康，致君愿及于尧舜。当注思之所向，每罄心而必陈。深中不回，独立无惧，经纶常见其道远，激切多至于涕零。王纲以张，蜀寇斯殄，左右密勿，实由嘉言。降神而生，辅朕为理。……可守中书侍郎、同中书门下平章事，散官、勋如故。主者施行。"

又元稹《承旨学士院记》亦记李吉甫"（元和）二年正月二十一日拜中书侍郎、同中书门下平章事"，丁居晦《重修承旨学士壁记》同，可见吉甫拜相确在本年正月。

同居相位者尚有郑絪。

据《新书》卷六十二《宰相表》中，郑絪于永贞元年十二月壬戌由中书舍人为中书侍郎、同中书门下平章事，本年仍在相位。又据《旧书》卷一五九《郑絪传》，絪卒于大和三年（八二九），年七十八，则当生于天宝十一载（七五二），本年五十六岁。

李吉甫本年之政绩。

李吉甫本年正月拜相，于政治多所建树，今据两《唐书》本传及有关材料，分述于下：

一、建议令方镇所属州郡刺史得自为政，并由朝廷派出郎吏为刺史。《旧传》云："吉甫性聪敏，详练物务，自员外郎出官，留滞江淮十五余年，备详闾里疾苦。及是为相，患方镇贪恣，乃上言使属郡刺史得自为政。"《新传》："吉甫连塞外迁十余年，究知闾里疾苦，常病方镇强恣，至是为帝从容言：'使属郡刺史得自为政，则风化可成。'帝然之，出郎吏十余人为刺史。"按，据两《唐书》本传所载，吉甫这一措施，是鉴于方镇贪恣与专权而发，为削弱节度使的权力，加强中央对州郡地方政权的控制，因此提出方镇所属州郡刺史可以自行为政，不必听命于节度使（或观察史），并由中央派出尚书省所属各部郎官出任刺史，以加重刺史的权任。这与吉甫长期在外做地方官，"备详闾里疾苦"有关。本年七月，宪宗曾问宰臣："当今政教，何者为急？"吉甫即以地方牧宰能否得人为对，主张派朝官赴外任，谓："国以民为本，亲民之任，莫先牧宰，能否实系一方。"又谓："末世命官，多轻外任，选授之际，意涉沙汰，委以藩部，自然非才。"（《唐会要》卷五三《杂录》。按吉甫此处奏对，《全唐文》未收）

又，吉甫建议由郎官出任刺史，当时确曾付诸实施，白居易有《除郎官分牧诸州制》，云："汉宣帝云：'与我共理者，其惟良二千石乎？'诚哉是言。朕每三复，安得循吏，副吾此心？今之台郎，一时妙选，尝经任历，率有才用。虽典曹庀事，其务非轻，而恤隐分忧，所寄尤重。是用并命，分牧吾人。岁时之间，期于报政。户部郎中某可某州刺史，兵部员外郎某可某州刺史，云云。"（《白居易集》卷五四"翰林制语"一）按白居易于本年十一月除授翰林学士（参见《旧传》、《通鉴》及《白集》卷四十七《奉敕试制书诏批答诗等五首》），此文当系居易任翰林学士时所作。

又《通鉴》卷二四一元和十四年载淄青平定后横海节度

使乌重胤奏语,也涉及州刺史的职权问题,颇可参考,今摘录于此:"横海节度使乌重胤奏:'河朔藩镇所以能旅拒朝命六十余年者,由诸州县各置镇将领事,收刺史、县令之权,自作威福。向使刺史各得行其职,则虽有奸雄如安、史,必不能以一州独反也。臣所领德、棣、景三州,已举牒各还刺史职事,应在州兵并令刺史领之。'……自至德以来,节度使权重,所统诸州各置镇兵,以大将主之,暴横为患,故重胤论之。"

二、对李锜擅命专权采取坚决处置的对策。镇海军浙西节度使李锜于贞元末即专恣不法,不听朝命。元和初,唐朝廷先后平定杨惠琳、刘辟之乱,李锜内不自安,渐萌反志。李吉甫对李锜,坚决主张讨伐。《新传》云:"又度李锜必反,劝帝召之,使者三往,以病解,而多持金啖权贵,至为锜游说者。吉甫曰:'锜,庸材,而所蓄乃亡命群盗,非有斗志,讨之必克。'帝意决。复言:'昔徐州乱,尝败吴兵,江南畏之。若起其众为先锋,可以绝徐后患。韩弘在汴州,多惮其畏,诚诏弘子弟率兵为犄角,则贼不战而溃。'从之。诏下,锜众闻徐、梁兵兴,果斩锜降。"按李锜于元和二年正式起兵谋反,同月,唐朝廷下制削李锜官爵及属籍(锜为宗室),并下诏征讨。又同月,其部将执锜降,李锜之叛能迅速平定,与朝廷采取坚决对策与正确部署有关,李吉甫于此与有功焉。

三、徙易方镇。《新传》:"德宗以来,姑息藩镇,有终身不易地者。吉甫为相岁余,凡易三十六镇,殿最分明。"按《新传》此处所述,钱大昕《廿二史考异》曾持异议,其书卷五十四谓:"按吉甫以元和二年正月拜相,明年九月出镇,其时魏博则田季安，恒冀则王士真，卢龙则刘济，淄青则李师道，淮西则吴少诚，沧景则程权，易定则张茂昭，汴宋则韩弘，泽潞则卢从史，陈许则刘昌裔，河东则严绶，凤翔、陇右则李鄘，东川则严砺，俱未徙节，所更代者，不过河中、邠宁、西川诸道近镇而已，恐未必有三十六镇之多，传文不足深信。"岑仲勉《唐史余沈》不同意钱说，认为《新传》所说可信，其书卷三云："余按《旧纪》一四，元和二年六月戊午，凤翔节度使张敬则卒，已以京兆尹李鄘为凤翔陇右节度使，则凤翔之更易，正吉甫为相时，钱氏以李鄘占未徙节者之一，尚嫌失检。今姑就吴氏《方镇年表》略检之，除钱氏所举外，如泾原朱忠亮，鄜坊路恕，朔方范希朝，振武张奉国，陕虢房式，山南东裴均，山南西裴玢，荆南赵昌，浙西李元素、韩皋，浙东阎济美、薛苹，江西韦丹，福建陆庶，鄂岳郗士美，湖南李众（？），黔中李词，岭南杨於陵，岭南西赵良金，合诸停舒、庐、滁、和四川团练使额，停保义军等，为数几近二三十，《新书》之言，尚非铺张过甚。"又云："《全唐文》四九三权德舆《魏国公贞元十道录序》：'凡今三十一节度，十一观察，与防御、经略以守臣称使府者共五十。'同书五一二李吉甫《上元和郡县图志序》：'起京兆府，尽陇右道，凡四十七镇。'三十六自非专指节度言。"

按岑说可信，今查白居易有《论于頔、裴均状——于頔、裴均欲入朝事宜》（《白居易集》卷五十八），中有云："伏见贞元已来，天下节将，握兵守土，未肯入朝。自陛下刑服三凶，威加四海，是得诸道节度使三二年来，朝廷追则追，替则替，奔走道路，惧承命之不暇。"又云："臣伏见近日节度使，或替或追,稍似繁数。"白氏此文题云"于頔、裴均欲入朝事宜",查于頔于元和三年九月由山南东道节度使为守司空、同中书门下平章事,裴均则于元和三年四月入为右仆射、判度支,居易此奏当作于二人入朝之前,或即在元和三年三、四月间。文中云"刑服三凶",三凶即指杨惠琳、刘辟、李锜;又云"三二年来"即指元和二、三年间事。文中称诸道节度使之调动"稍似繁数",甚至谓"奔走道路,惧承命之不暇",白氏系当时人,据所见闻而言,此可与《新·李吉甫传》"凡易三十六镇"相参证。

四、选拔人才。《旧书》卷一四八《裴垍》载:"元和初,召入翰林为学士,转考功郎中,知制诰,寻迁中书舍人。李吉甫自翰林承旨拜平章事,诏将下之夕,感出涕,谓垍曰:'吉甫自尚书郎流落远地,十余年方归,便入禁署,今才满岁,后进人物,罕所接识。宰相之职,宜选擢贤俊,今则懵然莫知能否。卿多精鉴,今之才杰,为我言之。'垍取笔疏其名氏,得三十余人;数月之内,选用略尽,当时翕然称吉甫有得人之称。"《旧·李吉甫传》也称"叙进群才,甚有美称"。吉甫此次入相,选用各方面的人才,史籍谓"有得人之称",固然与裴垍的推荐有关,但如没有吉甫大力任用,也不可能做到"人得叙进,官无留才"(《新传》)。因此南宋胡寅谓:"李吉甫不得端亮之列(琮按此仍系胡氏受旧史影响所得之偏见),然于陆敬舆能忘纤芥之憾,于裴垍能输访问之悃,此固君子之高致也。夫听言莫难于受荐,以人才志趣有异有同,故忌克之人,必自选择,以防参商矛盾之为己害也。今吉甫一旦用垍所疏三十余人,曾不猜靳。知人之明,虽在裴垍,得人之誉,乃归吉

甫。"(《读史管见》卷二十四)

〔辨误〕**《通鉴》记李吉甫谮郑絪事非实。**

　　《通鉴》卷二三七元和二年十一月载："昭义节度使卢从史,内与王士真、刘济潜通,而外献策请图山东,擅引兵东出。上召令还,从史托言就食邢、洺,不时奉诏;久之,乃还。他日,上召李绛对于浴堂,语之曰:'事有极异者,朕比不欲言之。朕与郑絪议敕从史归上党,续征入朝。絪乃泄之于从史,使称上党乏粮,就食山东。为人臣负朕乃尔,将何以处之?'对曰:'审如此,灭族有余矣!然絪、从史必不自言,陛下谁从得之?'上曰:'吉甫密奏。'绛曰:'臣窃闻搢绅之论,称絪为佳士,恐必不然。或者同列欲专朝政,疾宠忌前,愿陛下更熟察之,勿使人谓陛下信谗也。'上良久曰:'诚然,絪必不至此。非卿言,朕几误处分。'"

　　按此事不见于《旧书·郑絪传》,《新书》卷一六五《郑絪传》载之,与《通鉴》略同,云:"始,卢从史阴与王承宗连和,有诏归潞,从史辞潞乏粮,请留军山东。李吉甫密谮絪漏言于从史,帝怒,坐浴堂殿,召学士李绛语其故,且曰:'若何而处?'绛曰:'诚如是,罪当族。然谁以闻陛下者?'曰:'吉甫为我言。'绛曰:'絪任宰相,识名节,不当如犬彘枭镜与奸臣外通。恐吉甫势轧内忌,造为丑辞以怒陛下。'帝良久曰:'几误我!'"此事又见《新书》卷一五二《李绛传》,但较略。

　　《通鉴》与《新传》所载,都称李吉甫向宪宗密谮亦即诬告郑絪,意在说明李吉甫之猜忌与阴险。而实际上此事纯属乌有,宋吴缜《新唐书纠谬》曾逐项加以驳斥,其说颇有理据,今摘录于下："今按宪宗本纪，元和四年二月丁卯絪罢相，至三月乙酉成德军节度使王士真方卒，其子承宗自称留后，十月辛巳承宗始反，是月朝廷命吐突承璀为将以讨承宗。而《卢从史传》云，丁父丧，未官，即献计诛王承宗，由是夺服领泽潞讨贼。且既云从史父丧未官而献计诛承宗，朝廷因命复领泽潞讨贼，则是亦皆在三月王士真死而承宗自立之后也，然则絪当是时已去相久矣。絪传所述与帝纪及年表并诸人传皆不相符，其证一也。又按李吉甫以元和二年正月为相，而三年九月出为淮南节度使，至四年三月王士真死，承宗自立，十月承宗反而朝廷讨之，自后从史方有与承宗连和之事，是时吉甫乃在淮南，何由得谮絪漏言，其证二也。又至五年四月从史方贬死，六年正月吉甫方再入相，是时絪已去相将二期矣。其年月及絪、从史、吉甫之所在事状，皆参差不相符，其证三也。……"（卷二《似实而虚·郑絪作相时事皆不实》）按吴氏《纠谬》据时间排列，指出《新书》载此事矛盾参差，不可信从，《通鉴》之误也与《新书》同。今据史籍所载，将李吉甫、郑絪、卢从史等人行迹列表于后：

元和二年	李吉甫、郑絪皆在相位。
元和三年	九月，李吉甫出为淮南节度使。
元和四年	二月，郑絪罢相，为太子宾客。 三月，成德节度使王士真卒，其子承宗自为留后。
	四月，昭义节度使卢从史因丁父忧，久未起复，请以本军讨王承宗；壬辰，即令起复为左金吾大将军，节度使如故。 十月，命吐突承璀帅诸道兵征讨王承宗。

元和五年	三月,卢从史阴与王承宗通谋。癸巳,郑絪为岭南节度使。四月甲申,吐突承璀用计执卢从史归京师。戊戌,贬卢从史为骧州司马。
元和六年	正月,李吉甫复由淮南入相。

又按白居易有《与昭义军将士诏》,曰:"卢从史为卿主将,作朕藩臣,权位尊崇,恩宠优厚;而乃外示恭顺,内怀奸邪,刻削军中,暴殄境内。朕以君臣之道,未忍发明,为之含容,颇有年月。近又苟求起复,请讨恒州,与贼通谋,为国生患,自领士马,久屯行营,收当军赏设之资,加本道刍粟之估,不为公用,尽入私家。"(《白居易集》卷五十六"翰林制诏"三)岑仲勉《隋唐史》谓白氏制诏中"自领士马,久屯行营",即是"就食山东"之谓,"确在请讨恒州之后"(《隋唐史》卷下第四十五节小注五十三。又岑仲勉亦谓《通鉴》、《新书》所载李吉甫谮郑絪一事非实,并可参见所著《通鉴隋唐纪比事质疑》页二五九《卢从史引兵东出》条)。白居易《与昭义军将士诏》系元和五年夏贬卢从史为骧州司马后,将卢之罪状宣示昭义将士,所谓"近又苟求起复",即指元和四年四月卢从史请求起复讨王承宗之事。总之,此事皆在李吉甫、郑絪罢相之时,《通鉴》与《新传》所载李绛与宪宗对语,谓李吉甫疾忌"同列","欲专朝政",皆为无根之谈。

然则所谓李吉甫诬构郑絪,究系何人所造作?《通鉴》、《新传》所本为何书?吴缜曾已指出:"此盖李绛之门生故吏撰集绛事者务多书其事,以为绛之美"(见上《新唐书纠谬》)。而此处所谓"撰集绛事者",即传世之《李相国论事集》。清人劳格即已指明此点,认为《论事集》编成于李德裕迁谪以后,对德裕之父不无贬词。《劳氏碎金》卷中于《李相国论事集》云:"是书成于大中五年,距相国之没二十余年,传闻异辞,不无失实,适值李卫公迁谪之后,故于赵公不无贬词。如论郑纲事,按其年月,悉皆参错,而宋景文反据以补二传,宜其为吴廷珍(缜)所纠也。"按《李相国论书集》今有《畿辅丛书》本,其卷二《论郑纲事》即详载李绛与宪宗对答语,《通鉴》、《新传》当即本此。岑仲勉《隋唐史》也谓:"《论事集》由牛党造以诋吉甫,所言自有参错不实。"(引见上)笔者曾将《李相国论事集》中凡涉及李吉甫与李绛之事者,与《通鉴》、新旧《唐书》对勘,发现凡有诋毁李吉甫言行的,《通鉴》与两《唐书》莫不出于《论事集》,确如清人彭元瑞所说:"新旧两书绛本传,皆以此书为蓝本。"又说:"其事新旧《唐书》、《通鉴》多采入,皆括其事,亦有史,《鉴》所无者。"(《知圣道斋读书跋》卷二《李相国论事集》)宋王楙《野客丛书》卷十《唐书叙事疏卤》条也曾拈出《新书》载郑纲事本之于《论事集》,不足之处是王楙相信《论事集》所载"为甚的",反而据以指斥《新书》的疏失。

又《李相国论事集》为蒋偕所编定。偕为蒋乂子,而蒋乂子又与李吉甫有隙。《旧书》卷一四九《蒋乂传》载乂于元和二、三年间为秘书少监,复兼史馆修撰,奉诏与独孤郁、韦处厚同修《德宗实录》。五年,书成奏上,以功拜右谏议大夫。"明年,监修国史裴垍罢相,李吉甫再入,以乂、垍之修撰,改授太常少卿。"《新书》卷一三二《蒋乂传》所载略同，也谓："裴垍罢宰相，而李吉甫恶垍，以尝监修，故授乂太常少卿。"裴垍罢相，是因为健康原因，垍与李吉甫并无交恶，详后谱。谓裴、李交恶，出于晚唐时牛党文人的渲染。蒋乂于李吉甫再相时以谏议大夫改为太常少卿之闲职，心生怨望，完全出于私人意气。且据两《唐书》乂传，蒋乂系反对对藩镇用兵者，与李吉甫之政见亦不合。《旧传》载蒋偕之兄系文宗时为史馆修撰，"与同职沈传师、郑瀚、陈夷行、李汉等受诏撰《宪宗实录》"。开成中转谏议大夫，"武宗朝，李德裕用事，恶李汉，以系与汉僚婿，出为桂管都防御观察使"（《新传》略同）。蒋偕本人与李德裕虽无直接冲突，但其父兄与李吉甫父子交恶，故其所编之《李相国论事集》多处诋毁李吉甫，即出于私人泄愤与党争偏见。

十二月，李吉甫撰成《元和国计簿》奏上。

《唐会要》卷之十六《修撰》："元和二年十二月，李吉甫等撰《元和年国计簿》十卷，上之。"《旧纪》详载其事，元和二年十二月己卯："史官李吉甫撰《元和国计簿》，总计天下方镇凡四十八，管州府二百九十五，县一千四百五十三，户二百四十四万二百五十四，其凤翔、鄜坊、邠宁、振武、泾原、银夏、灵盐、河东、易定、魏博、镇冀、范阳、沧景、淮西、淄青十五道，凡七十一州，不申户口。每岁赋入倚办，止于浙江东西、宣歙、淮南、江西、鄂岳、福建、湖南等八道，合四十九州，一百四十四万户。比量天宝供税之户，则四分有一。天下兵戎仰给县官者八十三万余人，比量天宝士马，则三分加一，率以两户资一兵。其他水旱所损,征科发敛,又在常役之外。吉甫都纂其事,成书十卷。"按《元和国计簿》原书已佚,《旧纪》此处所记元和时户口、岁赋与天宝时的比较,当系撮述书中内容的概要。

李吉甫封赞皇侯。

《旧纪》:"十二月甲寅,宰相李吉甫封赞皇侯。"

吕温有和李吉甫诗。

吕温《奉和李相公早朝于中书候传点偶书所怀奉呈门下武相公中书郑相公》(《吕和叔文集》卷一)。按本年十月,武元衡出为剑南西川节度使,李吉甫、武元衡、郑絪三人同在相位,时乃本年正月至十月,吕温和诗即于此时作。吉甫原诗已佚。

十月,武元衡出为剑南西川节度使。赴蜀途中曾有诗寄李吉甫、郑絪。

《旧纪》元和二年十月,"丁卯,以门下侍郎、平章事武元衡检校吏部尚书、兼门下侍郎、平章事、成都尹,充剑南西川节度使"。又《旧书》卷一五八《武元衡传》:"先是,高崇文平蜀,因授以节度使。崇文理军有法,而不知州县之政,上难其代者,乃以元衡代崇文,拜检校吏部尚书,兼门下侍郎、平章事,充剑南西川节度使。"可知武元衡此次出任西川,乃因高崇文治蜀无政,又无适当人选可以继任,于是命武元衡以宰相之尊出镇。《唐大诏令集》卷五十三《武元衡西川节度同平章事制》也谓:"眷兹西南,忧寄方切。非宽大无以莅众,非慈惠无以厚生,非诚信无以抚蛮夷,非忠贤无以殿邦国。眷我心膂,膺兹重任,外分兵符,以副于重望,中佩相印,不离于具瞻。"

武元衡《途次近蜀驿蒙恩赐宝刀及飞龙厩马使还奉寄中书李郑二公》(《全唐诗》卷三一七)。按李吉甫与武元衡,二人政见多相同,如李锜谋反时,郑絪主姑息,武元衡则主张讨伐,与吉甫意合;后再度入相时,又力赞对淮蔡用兵;李吉甫卒后,武元衡为宰臣中主用兵最力者,遂为王承宗所遣之刺客暗杀。《新·李吉甫传》曾言:"始,吉甫当国,经综政事,众职咸治。引荐贤士大夫,爱善无遗,褒忠臣后,以起义烈。与武元衡连位,未几节度剑南,屡言元衡材,宜还为相。"武元衡出镇西川,李吉甫曾多次建议宜召还为相,可见两人之交谊。

〔辨误〕《北梦琐言》载李德裕为父出计谋,排挤武元衡出相位。

《北梦琐言》卷六:"吉甫相与武相元衡同列,事多不叶,每退,公词色不怿。掌武启白曰:'此出之何难。'乃请修狄梁公庙,于是武相渐求出镇。智计已闻于早成矣。"此事亦见于《通鉴》卷二三七元和二年十月武元衡出镇西蜀条《考异》所引。

按前已述及,武元衡与李吉甫同在相位时,政见相同;武元衡本年出镇西川,是宪宗倚重他治理刘辟乱后的巴蜀;元衡离任后,李吉甫屡次建议应使其复居相位。《北梦琐言》所谓李、武同列,"事多不叶",纯属子虚。至于所载李德裕献策请修狄梁公庙以排挤武元衡,亦为牛党文人捏造以诬蔑李德裕助父为恶。所谓用狄仁杰事攻击武氏之后,唐人确有之,但非出于李德裕,而恰出于牛党令狐绹之父令狐楚。《旧书》

卷一五八《武儒衡传》云："儒衡气岸高雅，论事有风采。群邪恶之，尤为宰相令狐楚所忌。元和末年，垂将大用，楚畏其明俊，欲以计沮之，以离其宠。有狄兼谟者，梁公仁杰之后，时为襄阳从事，楚乃自草制词，召狄兼谟为拾遗，曰：'朕听政余暇，躬览国书，知奸臣擅权之由，见母后窃位之事。……洪惟昊穹，降鉴储祉，诞生仁杰，保祐中宗。……'及兼谟制出，儒衡泣诉于御前……宪宗再三抚慰之，自是薄楚之为人。"《新书》卷一五二《武儒衡传》所载略同，云"楚自草制，引武后革命事，盛推仁杰功，以指切儒衡，且沮止之"。又见《通鉴》卷二四一元和十四年七月条。可见令狐楚用吹捧狄仁杰的手段以攻击武儒衡，在当时为一著名事例，晚唐文人假借此事，乃移植于李德裕名下。

元和三年戊子（八〇八）　二十二岁

二月，李吉甫进封赵国公。

《旧纪》元和二年，"二月丙申，宰相李吉甫进封赵国公"。

四月，皇甫湜、牛僧孺、李宗闵登贤良方正直言极谏科，因策语太切，久之不调。考策官杨於陵、韦贯之等皆贬官。旧史有以为是李吉甫泣诉于宪宗之故，并以为牛李党争即从此始。

《旧纪》元和三年四月，"乙丑，贬翰林学士王涯虢州司马，时涯甥皇甫湜与牛僧孺、李宗闵并登贤良方正科第三等，策语太切，权幸恶之，故涯坐亲累贬之"。又《通鉴》卷二三七元和三年载："夏四月，上策试贤良方正直言极谏举人，伊阙尉牛僧孺、陆浑尉皇甫湜、前进士李宗闵皆指陈时政之失，无所避；吏部侍郎杨於陵、吏部员外郎韦贯之为考策官，贯之署为上第。上亦嘉之，诏中书优与处分。李吉甫恶其言直，泣诉于上，且言'翰林学士裴垍、王涯覆策，湜，涯之甥也，涯不先言；垍无所异同'。上不得已，罢垍、涯学士，垍为户部侍郎，涯为都官员外郎，贯之为果州刺史。后数日，贯之再贬巴州刺史，涯贬虢州司马。乙亥，以杨於陵为岭南节度使，亦坐考策无异同也。僧孺等久之不调，各从辟于藩府。"

《通鉴》记此次制科案始末较《旧纪》为详悉，但《旧纪》仅谓皇甫湜等对策语太切，"权幸恶之"，而《通鉴》则以"权幸"归之于李吉甫，而以为王涯、韦贯之等贬官，乃出于李吉甫之主谋。后世记载，也即有以牛李党争起于此次制科案者，如《郡斋读书志》(四部丛刊影宋淳祐袁州刊本)卷二上著录《元和朋党录》一卷，云："右唐马永易记牛李朋党始末，自牛僧孺试贤良，迄令狐绹去位。"按此马永易当为马永锡，北宋徽宗时人。《直斋书录解题》卷五杂史类著录《元和录》三卷著者马永锡，"崇观、政和间人也。……《馆阁书目》以永锡为唐人，大误也"。又宋邵博《邵氏闻见后录》卷九称："牛僧孺自伊阙尉试贤良方正，深诋时政之失，宰相李吉甫忌之，泣诉于宪宗。……予谓牛李之党基于此。"既然是事关牛李党争的起始，故此事究竟如何，不可不辨。今汇辑有关材料，间加考辨，以供研讨。

关于此事的记载，大致可分两大类，一是以为皇甫、牛、李之指陈时政得失，系指向宰相，故李吉甫泣诉于上，遂贬杨於陵、王涯等；一是以为皇甫等人为攻讦权幸，而与李吉甫无关。属于后一类者，除上所引《旧纪》外，又如《唐会要》卷七十六《制科举》条，云："其年四月，以起居舍人、翰林学士王涯为都官员外，吏部员外郎韦贯之为果州刺史。先是，策贤良，诏杨於陵、郑敬、李益与贯之同为考官。是年，牛僧孺、皇甫湜、李宗闵条对甚直，无所畏避，考官考三策，皆在第，权幸或恶其诋己，而不中第者乃注解其策，同为唱诽，又言涯居翰林，其甥皇甫湜中选，考核之际，不先上言，故同坐焉。居数日，贯之再黜巴州司马，涯虢州司马，杨於陵遂出为广州节度使。裴垍时为翰林学士，居中覆视，无所同异，乃为贵幸泣诉，请罪于上。上不得已，罢垍翰林学士，除户部侍郎。"按，《唐会要》所载与《旧纪》相若，皆谓致诸人之贬者为"权幸"、"贵幸"。又如《旧书》卷一四八《李吉甫传》："（元和）三年秋，裴均为仆射、判度支，交结权幸，欲求宰相。先是，制策试直言极谏科，其中有讥刺时政、忤犯权幸者，因此均党扬言皆执政教指，冀以摇动吉甫，赖谏官李约、独孤郁、李正辞、萧俛密疏陈奏，帝意乃解。"《新·李吉甫传》亦同："裴均以尚书右仆射判度支，结党倾执政。会皇甫湜等对策，指摘权强，用事者皆怒，帝亦不悦。均党因宣言：'殆执政使然。'右拾遗独孤郁、李正辞等陈述本末，帝乃解。"按裴均本为荆南节度使，《新书》卷一〇八本传谓均为宦官窦文场养子，得中人之助，于元和三年由荆南入为尚书右仆射、判度支。传称其"以财交权幸，任将相凡十余年"。《通鉴》元和三年四月亦载："以荆南节度使裴均为右仆射,均素附宦官得贵显,为仆射,自矜大。"由此可见:一、元和三年四月制科案时,裴均正谋求为右仆射,他利用皇甫湜等对策中斥宦官语来中伤李吉甫,说此为执政教指。按此事极有可能,因前已叙及李吉甫曾揭发勾结宦官之中书吏滑涣罪状,也间接抑制宦官把持朝政。二、所谓"权幸"、"贵幸",即指宦官,有其特定之含义。据此而观《旧书》卷一四八《裴垍传》盖可通晓:"(元和)三年诏举贤良,时有皇甫湜对策,其言激切,牛僧孺、李宗闵亦苦诋时政。考官杨於陵、韦贯之升三子之策皆上第,垍居中覆视,无所同异。及为贵幸泣诉,请罪于上,宪宗不得已,出於陵、贯之官,罢垍翰林学士,除户部侍郎。"则此所谓贵幸者,即宦官也。

但司马光不同意新旧《唐书》吉甫本传所谓裴均之党称执政教指之记载,元和三年九月戊戌条《考异》曰:"按牛僧孺等指陈时政之失,吉甫泣诉,故贬考覆官。裴均等虽欲为谗,若云执政自教指举人诋时政之失,岂近人情邪!"此点岑仲勉曾驳斥之,谓:"时政得失,从皇甫湜策文观之,系指宠任宦官,执政教外庭攻击内阉,是封建史上人情之常,司马固曾任宰相者,不谓竟有此脱离现实之反质也。"(《通鉴隋唐纪比事质疑》页二六三《李吉甫出镇淮南》条)

言李吉甫泣诉者,前已举《通鉴》,《旧书》卷一七六《李宗闵传》所载较有代表性:"初,宗闵与牛僧孺同年登进士第,又与僧孺同年登制科。应制之岁,李吉甫为宰相当国,宗闵、僧孺对策,指切时政之失,言甚鲠直,无所回避。考策官杨於陵、韦贯之、李益等又第其策为中等,又为不中第者注解牛、李策语,同为唱诽。又言翰林学士王涯甥皇甫湜中选,考核之际,不先上言。裴垍时为学士,居中覆视,无所异同。吉甫泣诉于上前,宪宗不获已,罢王涯、裴垍学士,垍守户部侍郎,涯守都官员外郎;吏部尚书杨於陵出为岭南节度使,吏部员外郎书韦贯之出为果州刺史。王涯再贬虢州司马,贯之再贬巴州刺史,僧孺、宗闵亦久之不调,随牒诸侯府。七(?)年,吉甫卒,方入朝为监察御史。"与此相同者为《新书》卷一七四《李宗闵传》,《旧书》卷一六九《王涯传》。其他如《旧书》卷一六四《杨於陵传》言"为执政所怒",《新书》卷一六三《杨於陵传》谓"宰相恶其言",《新书》卷一七四《牛僧孺传》谓"条指失政,其言鲠讦,不避宰相,宰相怒",所谓"宰相"、"执政",当也指李吉甫而言。

欲知此次对策究竟是攻击李吉甫还是攻击宦官,最确切的方法是研究策文的内容。但皇甫湜、牛僧孺、李宗闵之人的对策,只有皇甫湜文尚传于世。三人对策的基本内容应该相同,因此将皇甫之策文加以剖析。《全唐文》卷六八五载皇甫湜《对贤良方正直言极谏策》,其论最激切者为以下一段文字:"抑臣又闻先王所以不视而明,不听而聪,披颈负之萌,断非僻之绪,其义易知也。盖左右仆御唯正之供,必有足信者,必有知礼者,出使足以尽情伪,居常足以助听览。左右之臣既如是矣,而又日与公卿大夫讲论政事,史书其举,官箴其阙,以至于百工庶人莫不谏而谤焉;济济多士为之股肱,赳赳武夫为之爪牙,兹所以永有天下也。今宰相之进见亦有数,侍从之臣皆失其职,百执事奉朝请以进,而律且有议及乘舆之诛,未知为陛下出纳喉舌者为谁乎？为陛下爪牙者为谁乎？日夕侍起居,从游豫,与之论臣下之是非、赏罚之臧否者复何人也？股肱不得而接,何疾如之;爪牙不足以卫,其危甚矣！夫裔夷亏残之微,褊险之徒,皂隶之职,岂可使之掌王命、握兵柄,内膺腹心之寄,外当耳目之任乎？此壮夫义士所以寒心销志,泣愤而不能已也！"其议论之锋芒乃针对宦官之专横,非指李吉甫。不宁唯是,文中且特别指明"宰相之进见亦有数",此乃为宰相立言,故后文又建议宪宗应"日延宰相与论义理",以"去汉之末祸"。"汉之末祸",即宦官专政。皇甫湜之文通篇未有指责宰相者,且往往以君上与时宰并举,如云"以陛下之明圣,夫岂不欲国之得人乎？以宰相之公忠,夫岂不欲人之足用乎"？又云:"陛下癙瘵思理,宰相忧勤奉职。"皇甫湜此篇对策应是第一手材料,足可说明当时诸人策文并无攻讦宰相,李吉甫实无泣诉于上之必要。为何皇甫湜之文传世,牛、李二人对策不传？岑仲勉《隋唐史》有较好之解释:"湜官不过郎中,比较无所畏忌,故其对策得与刘蕡同传。牛、李(宗闵)则后来身居宰辅,投鼠忌器,唯恐内官旧事重提,不安于位;又以早年对策,喧腾一时,遂计为接木移花,以转人视听,吉甫泣诉之谰说,夫于是应时产生。"(页四一〇)

又李翱《唐故金紫光禄大夫尚书右仆射致仕上柱国弘农郡开国公食邑二千户赠司空杨公墓志铭》(《全唐文》卷六三九)亦记杨於陵此次被贬事,云:"会考制举人,奖直言策为第一,中贵人大怒,宰相有欲因而出之者,由是为岭南节度使。"

按杨於陵卒于文宗大和四年，大和五年李翱为作墓志，此时距元和三年对策仅二十余年，文云"中贵人大怒"，与皇甫湜策文的内容相应。皇甫对策与李翱墓志，是唐人材料，可信程度较大。至于志文中"宰相有欲因而出之者"，则可能已有大和时朋党之成见，但当时宰相尚有郑絪，且郑絪之资历较李吉甫为深，不能单由李吉甫任其责。李珏于大中时作牛僧孺神道碑，记元和三年制科事，亦只提及"持权者"："联以贤良方正举，又冠甲科，策中盛言时事，无有隐避，持权者深忌之。"李珏作碑文时李德裕已南贬，不必再为隐讳，但仍不及李吉甫名，此可为深思。

总之，关于元和三年制科事，过去史籍记载颇有歧异，其所以歧异之故，岑仲勉之说较为信实，其《唐史馀沈》卷三《牛李问题》条云："此必须先明牛党排挤之伎俩，与晚唐史料之来源，然后乃得窥症结也。宦官之为祸，肃、代已还，即根深蒂固，不自宪宗始，而时政之失，莫甚于宦官。僧孺、宗闵之言纵切直，谅与湜等耳，倘谓吉甫当国，执颠持危扶之义以相例，则宗闵后来两度执政，前后七年，僧孺亦两度执政，前后六年，且皆遭逢志除宦官之文宗，何未见一施其抱负？况交结中人，《旧·宗闵传》固有明文乎？夫唐代宦官，为祸诚烈，然历朝君相，均应负责，何为专罪吉甫？……牛党之恶李氏父子，儿女之私为远因之一。宦官不能仇，于是转而仇吉甫。牛党多文人进士，晚唐史料，常取给于此辈之撰著或传述，忽而谓指斥中人，事由指使；忽而谓向上泣诉，遂罢裴、王；覆雨翻云，宵邪长技，史官采择弗慎，夫是以说出两岐，公道长湮也。"

又，宋邵博《邵氏闻见后录》卷九："牛僧孺自伊阙尉试贤良方正，深诋时政之失。宰相李吉甫忌之，泣诉于宪宗，以考官为不公，罢之。考官，白乐天也，故并为吉甫父子所恶。"白居易确为本年制策复试官，但并未罢官，长庆时李德裕出镇润州，为浙西观察使，尚与白居易有诗唱和。邵氏所言皆非实。

九月，李吉甫为宦官所抑，出镇扬州，授淮南节度使。

《旧纪》元和三年九月，"丙申，以户部侍郎裴垍为中书侍郎、同平章事。戊戌，以中书侍郎、平章事李吉甫检校兵部尚书、兼中书侍郎、平章事、扬州大都督府长史、淮南节度使"。

按吉甫此次罢相，出镇扬州，原因何在，史籍记载不一，亦须辨明。《旧传》云："吉甫早岁知奖羊士谔，擢为监察御史；又司封员外郎吕温有词艺，吉甫亦眷接之。窦群亦与羊、吕善，群初拜御史中丞，奏请士谔为侍御史，温为郎中知杂事。吉甫怒其不先关白，而所请又有超资者，持之数日不行，因而有隙。群遂伺得日者陈克明出入吉甫家，密捕以闻，宪宗诘之，无奸状。吉甫以裴垍久在翰林，宪宗亲信，必当大用，遂密荐垍代己，因自图出镇。其年九月，拜检校兵部尚书、兼中书侍郎、平章事，充淮南节度使。上御通化门楼饯之。"《新传》略同，细节稍有出入。《旧传》谓"日者陈克明出入吉甫家"，《新传》则谓"俄而吉甫病，医者夜宿其第，（窦）群捕医者，劾吉甫交通术士"，窦群、羊士谔、吕温本为吉甫所荐拔，窦群后又奏请羊为侍御史、温为郎中知杂事，吉甫因有不同意见,未即应允,此在官员任命时亦为常见之事(按钱大昕《潜研堂金石文跋尾》卷七《左拾遗窦叔向碑》,谓此碑为羊士谔撰,署衔为"朝议郎、侍御史、内供奉、上护军",钱氏曰:"今按吉甫以元和三年九月戊戌罢相,碑立于是年十月癸丑,士谔已为侍御史,计其授官,必在吉甫未罢之日,则吉甫亦未能终持不下也。"钱大昕之推测是合乎情理的,可见吉甫并非坚持不允所请,只不过并非即刻答允窦群的奏请,却受到窦群的忌恨)。问题在于李吉甫以宰相之尊,窦群等何敢如此大胆,竟至密捕出入吉甫家之医生,而且此事已经宪宗讯审,贬群等官,吉甫何故又"固乞免",则必有深一层之原由,此点新旧《唐书》之《李吉甫》未载,而可以在《吕温传》中探知。《旧书》卷一三七《吕温传》谓:"(元和)三年,吉甫为中官所恶,将出镇扬州,温欲乘其有间倾之。"《新书》卷一六〇《吕温传》所载更为详悉:"群为御史中丞,荐温知杂事,士谔为御史,宰相李吉甫持之,久不报,温等怨,时吉甫为宦侍所抑,温乘其间谋逐之。会吉甫病,夜召术士宿于第,即捕士掠讯,且奏吉甫阴事。宪宗骇异,既诘辨,皆妄言,将悉诛群等,吉甫苦救乃免。"由此可见,吉甫罢相、出镇的真正原因,是"为中官所恶","为宦侍所抑",在此期间,已定吉甫出守淮南,窦群等见其失势,以为有隙可乘,遂加以诬害。但虽然如此,宪宗欲诛杀窦群等,吉甫仍"苦救之",此亦可见其度量。吉甫见此情景,知留在相位亦无补于事,乃密荐裴垍代己,而坚请外任。

又《通鉴考异》引《旧传》文,司马光推断其罢相原因为

"吉甫自以诬构郑絪,贬斥裴垍等,盖宪宗察见其情而疏薄之,故出镇淮南。及子德裕秉政,掩先人之恶,改定《实录》,故有此说耳"。司马氏之说,岑仲勉在其所著《隋唐史》《通鉴隋唐纪比事质疑》中均加驳斥,岑氏谓:"按吉甫泣诉,诬构郑絪,罢斥裴垍三事,均非实情,前已分别辨正。司马氏惟不详察当日朝庭情势,故为牛党谰言所困惑。"(《通鉴隋唐纪比事质疑》页二六三)"宪宗如察吉甫构陷而疏薄之,而使出外镇,则从前被贬者似应同奉召回,顾稽之史乘,并不如是……淮南为当日唐家第一个节镇,正旧官僚欲求不得之美缺,杜佑深受德宗倚畀,故连任十余年,以云'疏薄',则渴营'疏薄'者大不乏人,何爱于吉甫而以相授,而亲临通化门饯行。……宪宗实录争执之焦点,在于掩盖当年之攻击宦官,司马乃听信谎言,以为德裕掩先人之恶。……如谓《旧书·吉甫传》采自宪宗实录,则大中二年十一月所颁,说是路隋旧本,于时德裕已远窜南服,岂尚能由彼改定? ……窃谓当日宪宗蓄意用兵,饷需是急,王锷入朝,又被弹劾,吉甫之出,群臣间许有默契,故两年后即复召为相。"(《隋唐史》页四一〇—四一一)岑氏关于《宪宗实录》修撰改定事,后文尚进一步论述,其驳《通鉴·考异》之说,皆言之成理,惟出镇淮南之理由,则系揣测之词。岑氏未引用两《唐书·吕温传》,故未考虑吉甫此时为宦官所抑之事实。吉甫于元和元年为中书舍人时即揭发与宦官勾当之中书吏滑涣罪恶,籍没其家财至数千万,也间接抑制宦官的势力。本年皇甫湜等策文又指斥宦官之专横,并建议君主应多与宰相论政,当然会更引起宦官的忌恨,故此次之出镇淮南,当即与宦官之谤毁有关。

李吉甫在淮南,与西川节度使武元衡有诗唱酬(武诗存而李诗佚)。

　　《全唐诗》卷三一七载武元衡《奉酬淮南中书相公见寄》,此"淮南中书相公"即李吉甫。元衡此诗前有自序云:"皇帝改元之二年,余与赵公同制入辅,并为黄门侍郎。夏五月,连拜弘文、崇文大学士。冬十月,诏授检校吏部尚书兼门下侍郎,彤弓玈矢,出镇西蜀。后九月,赵公加大司马之秩,右弼如故,龙旗虎符,出制淮海。时号扬益,俱为重藩,左右皇都,万里何远。公手提兵柄,心匠化源,芳词况余,情勤靡极,质文相映,金玉锵然。蜀道之阻长,楚郊之风物,襟灵所属,尽在斯矣。永怀赵公岁寒交好之情,因成诗人不可方思之义,聊书匪报,以款遐心。"诗云:"……铁马秋临塞,虹旌夜渡泸。江长梅笛怨,天远桂轮孤。浩叹烟霜晓,芳期兰蕙芜。雅言书一札,宾海雁东隅。岁月奔波尽,音徽雾雨濡。蜀江分井络,锦浪入淮湖。独抱相思恨,关山不可逾。"今李吉甫原唱已佚,观武元衡诗意,似当为吉甫至扬州后即以所作寄元衡,武之和作,已在岁末。由诗序及诗之本文,可以看出二人之交谊。

李德裕本年与刘氏结婚,刘氏年二十一岁。

　　李德裕《唐茅山燕洞宫大洞炼师彭城刘氏墓志铭》,载刘氏卒于大中三年(八四九),年六十二,又谓刘氏之归李家,至其卒,"四十一年于兹矣"。自卒年上推四十一年,当在本年,时刘氏二十一岁,德裕二十二岁。

　　《志》曰:"炼师道名致柔,临淮郡人也,不知其氏族所兴。"铭文曰:"清泉一源,秀木孤根。惟子素行,不生朱门。"《志》中无只字提及刘氏之父祖及仕宦,可见刘氏非出自望族。

又岑仲勉《唐史余沈》卷三《李德裕妻刘氏及其子女》条云:"李德裕撰《唐茅山燕洞宫大洞炼师彭城刘氏墓志铭并序》,陈寅恪曾录入附记,标曰李德裕妾(《历史语言研究所集刊》五本二分——琼按即《李德裕贬死年月及归葬传说辨证》,已收入《金明馆丛稿二编》),想是匆匆未暇详审之故。按德裕撰其妾滑州瑶台观女真徐氏志:'惟尔有绝代之姿……若芙蓉之出蘋萍……庶尔子识尔之墓,以展孝思。一子多闻,早卒,次子烨。'辞亢而昵。本志则云:'和顺在中,光英发外,婉嬺有度,柔明好仁。……愧负淑人,为余伤寿。'铭云:'念子之德,众姜莫援。'辞等而庄,妻妾之名分攸别矣。"又云:"《志》又云:'中年于茅山燕洞宫传上清法箓……言行无玷,淑慎其身,四十一年于兹矣……享年六十有二。'视德裕仅少一岁,唐世女子率早出阁,就年龄论之,已非姬侍之比。"按岑氏说是。

本年,柳公权登进士科与博学宏词科,皇甫湜、牛僧孺、李宗闵、王起、贾𫗧登贤良方正能直言极谏科,中书舍人卫次公知贡举(徐松《登科记考》卷十七)。

元和四年己丑(八〇九) 二十三岁

李吉甫在淮南节度使任。本年春刘禹锡有书奉寄李吉甫,并有酬

吉甫寄武元衡诗。

　　刘禹锡《上淮南李相公启》(《刘禹锡集笺证》卷十八)：
"某向以昧于周身,措足危地。骇机一发,浮谤如川。巧言奇
中,别白无路。祝网之日,漏恩者三。咋舌竞魂,分终畀壤。
岂意天未剿绝,仁人登庸,施一阳于剥极之际,援众溺于坎深
之下。南箕播物,不胜曷言。危心铩翮,由是自保。阴施之
德已然,乃闻受恩同人,盟以死答。私感窃抃,积于穷年。化
权礼绝,孤志莫展。今幸伍中牵复,司存宇下。伏虑因是记
其姓名。谨献诗二篇,敢闻左右。古之所以导下情而通比兴
者,必文其言以表之。虽氓谣俚音,可俪风什。伏惟降意详
择,斯大幸也。谨因扬子程留后行,谨奉启,不宣。"瞿蜕园
《刘禹锡集笺证》、卞孝萱《刘禹锡年谱》定此启作于元和四
年,谓程留后即程异。程异与刘禹锡、柳宗元同属王叔文集
团,参与永贞革新,并于宪宗即位初外贬,为"八司马"之一。
《旧唐书》卷一三五《程异传》："元和初,盐铁使李巽荐异晓
达钱谷,请弃瑕录用,擢为侍御史,复为扬子留后。"卞《谱》
谓："李巽卒于元和四年五月(据《旧唐书·宪宗纪》上),其
荐引程异,最迟是元和四年初之事。又据禹锡《上杜司徒启》
(元和七年作)云'自同类(按指程异)幸复,又已三年',可以
证实程异确于元和四年初召回。"按卞说是,刘禹锡此启当是
四年春程异赴扬子留后任,托以奉呈李吉甫,时李吉甫即在
扬州。由启中"岂意天未剿绝,仁人登庸,施一阳于剥极之
际,援众溺于坎深之下",及"阴施之德已然,乃闻受恩同人,
盟以死答"等句观之,似李吉甫拜相后曾有恩德及于刘禹锡

或"八司马"之其他人者。

又，刘禹锡《启》中所谓"献诗二篇"，未知是何二篇，不得其详。《刘禹锡集》卷二十二有《奉和淮南李相公早秋即事寄成都武相公》诗，末云："秋与离情动，诗从乐府传。聆音还窃抃，不觉抚么弦（自注：李中书自扬州见示诗本，因命仰和）。"则是吉甫先以诗寄禹锡，并命和作，今李之原诗已佚。时刘禹锡尚在朗州司马贬所，当时所谓罪人，而李吉甫以使相出镇淮南，却不避嫌疑，与之诗书交往，由此亦可见李吉甫的气度。

十一月，淮西彰义军节度使吴少诚卒，大将吴少阳自立为留后。淮西久擅权，不听朝命。李吉甫奏请移淮南节度治所于寿州以备之，因事未果。

《通鉴》卷二三八元和四年："初，吴少诚宠其大将吴少阳，名以从弟，署为军职，出入少诚家如至亲，累迁申州刺史。少诚病，不知人，家僮鲜于熊儿诈以少诚命召少阳摄副使、知军州事。少诚有子元庆，少阳杀之。十一月己巳，少诚薨，少阳自为留后。"《新·李吉甫传》："自蜀平，帝锐意欲取淮西。方吉甫在淮南，闻吴少阳立，上下携泮，自请徙寿州，以天子命招怀之，反间以挠其党，会讨王承宗，未及用。"又《通鉴》卷二三九元和九年闰六月曾追叙此事，云："上自平蜀，即欲取淮西。淮南节度使李吉甫上言：'少阳军中上下携离，请徙理寿州以经营之（胡注：淮南节度使治扬州，欲徙治寿州以经略淮西）。'会朝廷方讨王承宗，未暇也。"

按据《新书》卷四一《地理志》五，寿州（今安徽寿州）亦属淮南道,但更靠近蔡州。

李吉甫在淮南,辟王起为掌书记。

  《旧书》卷一六四《王起传》:"登制策直言极谏科,授蓝
田尉。宰相李吉甫镇淮南,以监察充掌书记。"按王起亦于元
和三年与皇甫、牛、李等应贤良方正能直言极谏科者。

  又据《新书》卷五八《艺文志》二,乙部史录杂传记类,有
王起撰《李赵公行状》一卷,下注云"李吉甫"。则吉甫死后,
王起曾为作行状,惜已不传。

**李德裕时亦随父在淮南,与王起交游,曾同游汴州列子庙。时德
裕仍未入仕。**

  《文集校笺》别集卷四有诗,题为《重过列子庙,追感顷年
自淮服与居守王仆射同题名于庙壁,仆射已为御史,余尚布
衣……》。按此诗作于开成五年(八四○)八月李德裕自淮南
节度使奉召入京过汴州列子庙时。云"顷年",即元和三至五
年间李吉甫辟王起为掌书记,带监察御史衔。云"仆射已为御
史,余尚布衣",则德裕时随父淮南,尚无官职。又,王起于开成
五年八月为检校左仆射、东都留守,故诗题称为"居守王仆射"。

二月,郑絪罢相,李藩入相。

  《新纪》元和四年,"二月丁卯,郑絪罢。给事中李藩为门
下侍郎、同中书门下平章事"(按《旧纪》未有本年四月以前
事)。《通鉴》卷二三七元和四年载:"裴垍荐藩有宰相器。
上以门下侍郎、同平章事郑絪循默取容,二月丁卯,罢絪为太
子宾客,擢藩为门下侍郎同平章事。"

  按宪宗即位之初,政治上欲有所进取,曾革除某些弊政,

并为加强皇权,主张对藩镇采取强硬措施,元和前期所倚重之宰臣,如杜黄裳、李吉甫、武元衡及稍后之裴度,亦莫不有所作为。郑絪循默取容,无所建树,因亦罢去。《唐大诏令集》卷五十五"罢免"上,有《郑絪太子宾客制》,中云:"早以令闻,入参禁署,永惟勤绩,出授台司。期尔有终,匪予不逮;岁月滋久,谋猷寖微。罔清净以慎身,每因循而保位。既乖素履,且郁皇猷。宜副群情,罢兹枢务。"文末署"元和四年二月"。此制文又见《白居易集》卷五四"翰林制诏"一,则知为白居易所起草。

十月,下诏讨成德军节度使王承宗,以宦官吐突承璀为招讨处置等使,白居易、独孤郁等极论征讨大事,不可以内官为将帅,后下诏只改处置为宣慰,犹存招讨之名。

　　　　见《通鉴》。

本年,韦瓘、杨汝士、卢商、卢钧登进士科,户部侍郎张弘靖知贡举(徐松《登科记考》卷十七)。

元和五年庚寅(八一〇)　二十四岁

十一月,裴垍因疾罢相。

　　　　按据《通鉴》卷二三八元和五年九月载,裴垍于此时已得风疾:"裴垍得风疾,上甚惜之,中使候问旁午于道。"至十一月。终于罢相,《通鉴》于十一月载:"中书侍郎裴垍数以疾辞位,庚申,罢为兵部尚书。"新旧《纪》同。

十二月,李鄘任淮南节度使。

> 《旧纪》元和五年十二月,"癸酉,诸道盐铁转运使、刑部尚书李鄘检校吏部尚书,兼扬府长史,充淮南节度使"。

李吉甫约于本年十二月罢淮南节度使任,此时前后宪宗曾下诏征其入相。

> 按据前述,本年十二月癸酉,任李鄘为淮南节度使,癸酉为十二月初七。又明年正月庚申任李吉甫为相,庚申为正月二十五日。《唐大诏令集》卷四六载《李吉甫平章事制》,称"前淮南节度副大使",可知吉甫于五年十二月任李鄘为淮南时即已罢淮南任。
>
> 又《白居易集》卷五六"翰林制诏"三有《与吉甫诏》,云:"韩用政至,省所奏陈谢,具悉。卿……才可以雄镇方隅,故委之外阃;智可以密参帷幄,故任以中枢。而能一其衷心,再有冲让。虽劳谦弥切,每陈丹府之诚;而忧寄方深,难辍紫垣之务。勉喻已伸于前诏,忠勤载露于来章。今征讨已停,方隅稍泰;克清之日,虽则不遥,难夺之心,亦宜且抑。重此宣谕,当体朕怀。是推至公,烦有陈谢。"关于此文的时间,岑仲勉曾有论列,其所著《白氏长庆集伪文》(前《历史语言研究所集刊》第十二本),谓:"盖王承宗洗雪后,欲再召李吉甫入相而吉甫谦辞也。以'征讨已停'句测之,当是七、八月间所作。"按洗雪王承宗在元和五年七月,此事对唐朝廷来说是一次失败。王承宗因其父死,自立为成德军留后,朝廷后又勉强任命为成德节度使,终因其难制,又于元和四年十月下诏征讨,但却以宦官吐突承璀为诸道兵马统帅,指挥不一,士无

斗志,唐军多次失利,朝中大臣又和战主张不一。最后因旷费时日,劳费太多,于五年七月下诏"洗雪"其罪,实际上是妥协,是宪宗对藩镇采取强硬政策的一次挫折。宪宗可能因此复拟征召李吉甫入相。岑仲勉定白居易草拟之制词为七、八月间,为时恐过早,当在任李鄘为淮南节度使前后。

李吉甫在淮南之政绩。

《旧传》:"在扬州,每有朝廷得失,军国利害,皆密疏论列,又于高邮县筑堤为塘,溉田数千顷,人受其惠。"《新传》:"居三岁,奏蠲逋租数百万,筑富人、固本二塘,溉田且万顷。漕渠庳下不能居水,乃筑堤阏以防不足,泄有余,名曰平津堰。江淮旱,浙东西尤甚,有司不为请,吉甫白以时救恤,帝惊,驰遣使分道赈贷。吉甫虽居外,每朝廷得失,辄以闻。"

柳宗元时在永州司马贬所,曾上书李吉甫,感谢其关怀之情,并称颂其政绩,献文十篇。

《柳宗元集》卷三六《谢李吉甫相公示手札启》,云:"宗元启:六月二十九日(原注:元和五年),衡州刺史吕温道过永州,辱示相公手札,省录狂瞽,收抚羁缧,沐以含弘之仁,忘其进越之罪。感深益惧,喜极增悲,五情交战,不知所措。"据此,则本年六月,吕温过永州时,曾出示李吉甫致吕温(或柳宗元)之书信,对柳之贬责予以关注,故柳"感深益惧,喜极增悲"。信末又云:"伏以淮海剧九天之遥,潇湘参百越之俗,倾心积念,长悬星汉之上;流形委骨,永沦魑魅之群。何以报恩,唯当结草。无任喜惧感恋之至。"按柳宗元另有一书启,题为《上扬州李吉甫相公献所著文启》(《柳宗元集》卷三六)

亦当此时前后作,中有称颂李吉甫在朝及在淮南时之政绩,云:"阁下相天子,致太平,用之郊报,则天神降,地祇出;用之经邦,则百货殖,万物成;用之文教,则经术兴行;用之武事,则暴乱翦灭。依倚而冒荣者尽去,幽隐而怀道者毕出,然后中分主忧,以临东诸侯,而天下无患。盛德大业,光明如此,而又有周公接下之道,斯宗元所以废锢滨死,而犹欲致其志焉。阁下傥以一言而扬举之,则毕命荒裔,固不恨矣。谨以杂文十首上献。"

二月,元稹贬江陵府士曹参军。

见《通鉴》。

本年,王璠、杨虞卿、唐扶登进士科,礼部侍郎崔枢知贡举(徐松《登科记考》卷十八)。

〔**编年文**〕

《圯上图赞》(别集卷八)

宋赵明诚《金石录》卷九《目录》"第一千六百九十六唐圯上图赞"下注曰:"李德裕撰,齐推正书。元和五年三月。"则此文当作于本年,为现存李德裕所作最早之文。齐推为齐抗弟,元和初曾隐于会稽石伞峰下,后官至饶州刺史。《全唐文》卷七一六曾录其文一篇。

元和六年辛卯(八一一) 二十五岁

正月,李吉甫再次拜相,声誉甚高。

《旧纪》元和六年正月，"庚申，以淮南节度使、中书侍郎、同平章事、赵国公李吉甫复知政事、集贤殿大学士、监修国史"。《旧传》载吉甫此次入相，声誉甚高："吉甫初为相，颇洽时情，及淮南再征，中外延望风采。"《新传》亦谓："及再辅相，天下想望风采。"

《唐大诏令集》卷四六《李吉甫平章事制》，文末署"元和六年正月"，中云："曩以淮海大都，吴楚雄镇，岁属艰食，人多愁声，是假全才，用康疲俗。下流乎水利，不惮乎劳心。故蠹以长堤，潴其天泽，变舄卤为稻粱之壤，致蒸黎有衣食之源。吏守成规，人无迁志。"（又见《全唐文》卷五六）

按《诏令集》题下署白居易作，但中华书局校本《白居易集》无此文，似可补。由《诏令集》所载制词，也可看出当初李吉甫出任淮南，并非宪宗因所谓郑絪、裴垍及制科事对吉甫有所不满，而因淮南是大郡，又关系到唐朝廷从东南所取之赋税，故欲倚重吉甫而整顿东南之漕运。

李吉甫本年之政绩。

一、省官减俸。《旧传》谓："及再入相，请减省职员并诸色出身胥吏等，及量定中外官俸料，时以为当。"关于此点，《新传》记载较详，云："吉甫疾吏员广，由汉至隋，未有多于今者，乃奏曰：'方今置吏不精，流品庞杂，存无事之官，食至重之税，故生人日困，冗食日滋。又国家自天宝以来，宿兵常八十余万，其去为商贩、度为佛老、杂入科役者，率十五以上。天下常以劳苦之人三奉坐待衣食之人七。而内外官仰奉禀者，无虑万员，有职局重出，名异事离者甚众，故财日寡而受禄多,官有限而调无数。九流安得不杂?万务安得不烦?汉初置郡不过六十,而文、景化几三王,则郡少不必政紊,郡多不必事治。今列州三百、县千四百,以邑设州,以乡分县,费广制轻,非致化之本。愿诏有司博议,州县有可并并之,岁时入仕有可停停之,则吏寡易求,官少易治。国家之制,官一品,奉三千,职田禄米大抵不过千石。大历时,权臣月奉至九千缗者,州刺史无大小皆千缗,宰相常衮始为裁限,至李泌量闲剧稍增之,使相通济。然有名在职废,奉存额去,闲剧之间,厚薄顿异,亦请一切商定。'乃诏给事中段平仲、中书舍人韦贯之、兵部侍郎许孟容、户部侍郎李绛参阅蠲减,凡省冗官八百员,吏千四百员。”

按吉甫此奏,又见《旧纪》、《通鉴》,均系于元和六年六月。至于官吏并省详定的结果,《旧纪》于本年九月载:“减诸司流外总一千七百六十九人。”《通鉴》是年九月亦载:“甲寅,吏部奏准敕并省内外官计八百八员,诸司流外一千七百六十九人。”按奏文中称当时内外官食俸禄的“无虑万员”,若以一万计,则此次并省总数,依《通鉴》计算(约二千五百),占官员总数的四分之一;依《新传》计算(约二千二百),占总数五分之一强;即依《旧纪》所载最少数计算(约一千七百),也近总数的五分之一。可见这次减省官吏是收到实效的。吉甫明确地说,省官是为了“稍减冗食,足宽疲氓”(《旧纪》载中书门下奏语),是为了减轻平民的经济负担,也有利于国家的节省开支。奏文中所谓“郡少不必政紊,郡多不必事治”,以及“吏寡易求,官少易治”,确为至言,这也可以看出李吉甫改革朝政的雄心和气魄。

又按精简官吏，德宗贞元时曾一度施行。《旧书》卷十二《德宗纪》贞元三年闰五月，"庚申，诏省州县官员，上州留上佐、录事、参军、司户、司士各一员，中州上佐、录事、参军、司户、司兵各一员，下州上佐、录事、司户各一员，京兆河南两府司录、判司及四赤丞、簿、尉量留一半，诸赤畿县留令、丞尉各一员。时宰相张延赏请减官收俸料以助军讨吐蕃故也"。但此次减省官吏，仅限于州县地方官，并未能及中央各官署，而即使如此，也未能贯彻，至同年七月即停止实行。《旧纪》是年七月载："乙卯，诏：'朕顷缘兴师备边，资用不给，遂权议减官，以务集事。近闻授官者皆已随牒之任，扶老携幼，尽室而行。俸禄未请，归还无所，衣冠之敝，流寓何依？其先敕所减官员，并宜仍旧。'初既减员，内外咨怨张延赏，李泌初入相，乃讽谏官论之，乃下此诏。"这次的精简官员是宰相张延赏提出来的，但据《旧书》卷一二九《张延赏传》，"自建议减员之后，物议不平"，并谓"减员人众，道路怨叹"，于是侍中马燧、太子少保韦伦及浙西观察使白志贞等都提出停止实行，遂下诏罢之，张延赏本人也于七月去世。对照贞元三年的失败，李吉甫此次的成效就更堪称道。

二、不允京城诸佛寺以庄碨免税。《旧传》："京城诸僧有以庄碨免税者，吉甫奏曰：'钱米所征，素有定额，宽缁徒有余之力，配贫下无告之民，必不可许。'宪宗乃止。"《新传》所载稍简，仅云"又奏收都畿佛祠田、碨租入，以宽贫民"。按此事《唐会要》系于元和六年正月以后，卷八十九《碨碾》条谓：

"元和六年正月,京城诸僧,有请以庄硙免税者。宰臣李吉甫奏曰……"李吉甫这一主张也就是不允许寺院有过分的经济特权,同时也是封建政权与寺院地主争夺租赋的反映。

三、归普润军于泾原。《旧传》于元和六年又载:"又请归普润军于泾原。"语焉不详。《新传》稍详,谓:"刘澭旧军屯普润,数暴掠近县,吉甫追还泾原,畿民赖之。"按刘澭为幽州节度使济异母弟,因与济有矛盾,率所部兵奔京师,德宗授以秦州刺史,以普润为治所。刘澭卒于元和二年(详两《唐书·刘澭传》及《旧·宪宗纪》)。又据《新·地理志》,普润县属凤翔府。此当是刘澭死后,其旧部不服约束,常侵暴近县,因此吉甫建议以其建制归泾原,即夺其治军之所,使长安畿县得以安全。

四、建议宗室诸女由有司管理其婚配,不由宦官。此事新旧《传》皆载,但不如《通鉴》翔实,《通鉴》卷二三八元和六年载:"十六宅诸王既不出阁,其女嫁不以时,选尚者皆由宦官,率以厚赂自达。李吉甫上言:'自古尚主必择其人,独近世不然。'十二月壬申,诏封恩王等六女为县主,委中书、门下、宗正、吏部选门第人才称可者嫁之。"此事又见《唐会要》卷六《公主杂录》条、《全唐文》卷五六宪宗《封恩王等女为县主制》。《唐会要》亦系于元和六年二月。

〔辨正〕关于李吉甫与裴垍的关系。

史籍曾载吉甫第二次入相后与裴垍交恶,罢垍之兵部尚书职,并牵涉到当时史官蒋武等皆改官职,事皆不确,应加辨正。

《新·裴垍传》："垍之进，李吉甫荐颇力，及居中，多变更吉甫时约束，吉甫复用，衔之。会垍与史官蒋武等上《德宗实录》，吉甫以垍引疾解史任，不宜冒奏，乃徙垍太子宾客，罢（蒋）武等史官。"此事亦见《唐会要》卷六四《史馆》下《史馆杂录》："（元和）六年四月，史官左拾遗樊绅、右拾遗韦处厚、太常博士林宝并停修撰，守本官，以考功员外郎独孤郁充史馆修撰，兼判馆事。又以兵部尚书裴垍为太子宾客。垍以疾罢相，拜兵部尚书，久未任朝谢，宰相李吉甫自淮南至，复监修国史，与垍有隙，又以垍抱病方退，不宜以贞元实录上进，故史官皆罢，垍亦更移散秩。"

　　按《新传》谓裴垍入相后多变更吉甫为相时约束，未知其何所指，史籍中都未有具体记载。前已述及，吉甫第一次入相时，曾请裴垍推荐人才，垍之为相，也出于吉甫的"密奏"，二人政见多同。如以对待宦官与藩镇而言，二人均主张采取抑制的政策，《旧·裴垍传》："杨於陵为岭南节度使，与监军许遂振不和，遂振诬奏于陵，宪宗令追与慢官，垍曰：'以遂振故罪一藩臣，不可。'请授吏部侍郎。严绶在太原，其政事一出监军李辅光，绶但拱手而已，垍具奏其事，请以李鄘代之。"由此可见裴垍对宦官的态度。李吉甫在第一次任相时即制裁与宦官有密切关系的中书吏滑涣，第二次执政时亦有类似情况，如《旧书》卷一七一《裴潾传》："元和初，累迁右拾遗，转左补阙。元和中，两河用兵。初，宪宗宠任内官，有至专兵柄者，又以内官充馆驿使。有曹进玉者，恃恩暴戾，遇四方使多倨，有至捽辱者，宰相李吉甫奏罢之。十二年，淮西用兵，复以内官为使。潾上疏曰……"可见所谓裴垍变更吉甫之法度，并无根据。

又裴垍撰进《德宗实录》在元和五年十月，这时裴垍仍居相位，并兼修国史(《全唐文》卷六〇宪宗《褒裴垍等进德宗实录诏》，称"以卿台辅元臣，清直正气，博贯程制，该通古今，载笔之司，遂命监领"，也可见进奏时裴垍尚为相)，而吉甫尚在淮南。《新·裴垍传》所谓"吉甫以垍引疾解史任，不宜冒奏"，则时间先后即误。由此可见《新·裴垍传》与《唐会要》叙事之谬误。若谓因裴垍之故而排斥史官蒋武、林宝等，而实际上林宝乃受到李吉甫的重用，他的《元和姓纂》一书即在吉甫的赞助下修成。《姓纂》成书于元和七年，陈振孙《直斋书录解题》卷八谓"吉甫以命宝，二十旬而成书"。林宝自序也说："宝末学浅识，首膺相府之命，因案据经籍，穷究旧史，诸家图牒，无不参详，凡二十旬，纂成十卷。"王涯在为《姓纂》作序中甚至认为此书的发凡起例、规模体制都是李吉甫所定："赵公尝创立纲纪，区分异同，得之于心，假之于手，以授博闻强识之士济南林宝。"由此可见，所谓李吉甫与裴垍交恶，吉甫迫使裴垍解兵部尚书之任，疑皆出于蒋武及晚唐牛党文人的附会虚构。《旧书》于裴垍、李吉甫等传末"史臣曰"，论裴、李二人之关系，尚称公允，今录之于下："裴垍精鉴默识，举贤任能，启沃帝心，弼谐王道。如崔群、裴度、韦贯之辈，咸登将相，皆垍之荐达。立言立事，知无不为。吉甫该洽经典，详练故实，仗裴垍之抽擢，致朝伦之式序。吉甫知垍之能别髦彦，垍知吉甫之善任贤良，相须而成，不忌不克。"

〔辨正〕关于李吉甫与李藩的关系。

    《旧纪》元和六年二月，"壬申，门下侍郎、同平章事李藩为太子詹事。藩与吉甫不叶，吉甫既用事，故罢藩相位"。（同年十一月载："癸巳，新授华州刺史李藩卒。"）为何李吉甫于正月入相，即于二月罢李藩相位，是否吉甫有意排斥李藩？《旧书》卷一四八《李藩传》未明载其事，《新书》卷一六九《李藩传》叙述稍详，云："李吉甫复相，藩颇沮止。会吴少阳袭淮西节度，吉甫已见帝，潜欲中藩，即奏曰：'道逢中人假印节与吴少阳，臣为陛下恨之。'帝变色不平。翌日，罢藩为太子詹事。"此云吉甫复相，李藩颇沮止，所为何事，未得而明，即事之有无，也未能论定。但观李吉甫前此行事，可知吉甫并非气量狭小、睚眦必报之人。李藩之罢相，恐即出于授吴少阳为节度使一事。吴少阳本是乘彰义军节度使吴少诚死，自立为留后，时唐朝廷因对王承宗用兵，军力不足，只得予以妥协。元和五年七月"洗雪"王承宗，山东等地军事结束。淮西长期以来即与朝廷对抗，宪宗早已准备对之用兵，李吉甫在淮南时本拟徙治所于寿州以图淮西（见前谱），可见在对付淮西这一点上宪宗与吉甫是一致的。而六年正月李藩在相位时，又进一步任吴少阳为节度使，经吉甫提醒，就促使宪宗解李藩之相位。即是说，李藩与吉甫，是在如何对待藩镇的政见上有矛盾，而并非私人之间的权利之争。《旧·李藩传》称"藩为相材能不及裴垍，孤峻颇后韦贯之，然人物清规，亦其流也"。时当宪宗欲有所作为、奋张国力之际，李藩之才不足当剧任，其罢相固无足怪。《全唐文》卷五六宪宗

《李藩守太子詹事制》中亦谓："授任已来,再逾年序,夙夜之勤虽著,弼谐之效未孚。将何以允至公之求,成天下之务?宜辍黄枢之重,尚居端尹之崇,尔其勉之,式谓优礼。"

八月,吕温卒于衡州刺史任。

参柳宗元《衡州刺史东平吕君诔》(《柳宗元集》卷九),刘禹锡《哭吕衡州时予方谪居》(《全唐诗》卷三五九)。

四月戊辰,裴垍由兵部尚书改为太子宾客。七月,垍卒。十二月己丑,李绛拜相,为朝议郎、守中书侍郎、同中书门下平章事。

见《旧纪》、《通鉴》。

本年丰收。

《通鉴》卷二三八元和六年末载:"是岁,天下大稔,米斗有直二钱者。"

元和七年壬辰(八一二)　二十六岁

李吉甫仍为宰相。

〔辨正〕关于李吉甫欲自托于宦官吐突承璀,因而擢元义方为京兆尹事。

《通鉴》卷二三八元和七年:"春正月辛未,以京兆尹元义方为鄜坊观察使。初,义方媚事吐突承璀,李吉甫欲自托于承璀,擢义方为京兆尹。李绛恶义方为人,故出之。"《旧纪》亦载,元和七年正月,"辛未,以京兆尹元义方为鄜州刺史、鄜坊丹延观察使"。按《通鉴》此处所记,不仅叙及元义方改官,主要还牵涉到李吉甫对吐突承璀之态度。此事《新书》卷二〇一义方本传也述及，云："历虢商二州刺史、福建观察使。中官吐突承璀，闽人也，义方用其亲属为右职。李吉甫再当国，阴欲承璀奥助，即召义方为京兆尹。李绛恶其党，出为鄜坊观察使。"此事新旧《唐书》之李吉甫、李绛传及《旧书》之元义方传均未载。李吉甫第二次入相前，吐突承璀即因征讨王承宗无功，为朝官所劾，于元和五年九月罢中尉之职，降为军器使，已失权势。吉甫于六年正月入相，再无理由凭借吐突承璀为其奥助；而且吉甫执政时一再抑制宦官擅权，皆有史料依据，实没有必要为巴结一个失势的宦官而提拔元义方为京兆尹。今据核查，《通鉴》与《新·元义方传》所载此事皆出于《李相国论事集》。《李相国论事集》卷五《论元义方事》云："元和七年春，元义方自福建观察使拜京兆尹。是时中贵人吐突承璀特承恩宠，义方由径小人也，以承璀闽越人，因为廉慎，厚结其乡里亲族，悉署军中右职，令厚加请受，中贵人深荷之。宰相李吉甫自淮南重入，托身于承璀，为不易之契，与义方同与通结，特除京兆尹。户部侍郎李绛素恶其为人，及拜相后，遂出义方为鄜坊节度使。"此云元义方元和七年正月自福建观察使拜京兆尹，实则元义方为京兆尹在元和六年四月。《论事集》连基本时间即误，所谓李吉甫欲自托于吐突承璀，更属无稽之谈。《论事集》曾载李绛与宪宗论郑絪事，亦为过诬吉甫，前已述及，此处也是一例。《通鉴》又载李吉甫与李绛辩难事，如本年三月载："三月丙戌，上御延英殿，李吉甫言：'天下已太平，陛下宜为乐。'李绛曰：'汉文帝时兵木无刃,家给人足,贾谊犹以为厝火积薪之下,不可谓安。今法令所不能制者,河南北五十余州;犬戎腥膻,近接泾陇,烽火屡惊;加之水旱时作,仓廪空虚,此正陛下宵衣旰食之时,岂得谓之太平,遽为乐哉!'上欣然曰:'卿言正合朕意。'退,谓左右曰:'吉甫专为悦媚;如李绛,真宰相也!'"按,此也出自《论事集》卷五《论太平事》。所载李吉甫语,与吉甫平日行事正好相反,吉甫正欲制抑两河擅命的藩镇,因而作种种准备,并注意朝政的改革,岂能说宪宗以太平无事?且谓宪宗已识吉甫谄佞,则为何此后数年仍委之以政事?岑仲勉《通鉴隋唐纪比事质疑》对《通鉴》过诬吉甫事,皆为辨明,均可参考,此不赘述。

十二月,杨归厚因论宦官许遂振之奸,为宪宗所怒,欲远斥之,李吉甫力救得免。杨归厚为刘禹锡之姻亲。

《新·李吉甫传》:"左拾遗杨归厚尝请对,日已旰,帝令它日见,固请不肯退。既见,极论中人许遂振之奸,又历诋辅相,求自试,又表假邮置院具婚礼。帝怒其轻肆,欲远斥之,李绛为言,不能得。吉甫见帝,谢引用之非,帝意释,得以国子主簿分司东都。"

按据《旧纪》此事在元和七年十二月:"丙辰,左拾遗杨归厚以自娶妇,进状借礼会院,贬国子主簿分司。"又《全唐文》卷五七亦载《贬杨归厚国子主簿制》,其中说:"以婚姻之私,假借公馆,表章上献,慢黩则多。俾移秩于国庠,仍分曹于洛邑,可国子主簿,分司东洛。"杨归厚之所以贬斥,显然是由于论宦官许遂振之奸,受到宦官集团的毁谤,所谓借礼会院、诋辅相，只是借口。据李翱所作杨於陵墓志铭(《全唐文》卷六三九)元和三、四年间杨於陵为岭南节度使，李翱在其幕下，"监军许遂振好货戾强，而小人有阴附之者，故遂振密表谮公，直言韦词、李翱惑乱军政，于是除替罢归"。许遂振的密奏，能使节度使罢职，可见其阴狠。杨归厚面奏宪宗论其奸状，当然更触及宦官集团的忌讳。杨归厚离京赴洛阳，刘禹锡曾寄以诗，有"闻君前日独庭争，汉帝偏知白马生"，"洛阳本自宜才子，海内而今有直声"之句(《寄杨八拾遗》，《刘禹锡集笺证》卷三五)。归厚死后，刘又有《祭虢州杨庶子文》，也叙及此事，云："伏阁论事，侵及内权。克扬直声，不惮左迁。"(《刘禹锡集笺证》卷四十)所谓直声者，即因弹奏宦官而得清直之名声。归厚本来要受到远贬，赖李吉甫力救，得以授国子主簿分司。

又，据刘禹锡《祭虢州杨庶子文》云："与君交欢，已过三纪。维私之爱，与众无比。乃命长嗣，为君半子。谁无外姻，君实知己。"可见刘、杨是儿女亲家。

本年，李汉、陈夷行、李珏登进士科，兵部侍郎许孟容知贡举(徐松《登科记考》卷十八)。

元和八年癸巳（八一三） 二十七岁

李吉甫本年仍居相位。

下诏赠其父官，并与其一子官，李德裕即以荫补校书郎。

《白居易集》卷五十四"翰林制诏"一载《赠吉甫先父官并与一子官制》，云："某官李吉甫，出入将相，迨今七载，而能修庶职，叙彝伦，毗予一人，以底于道。夙夜不怠，厥功茂焉。夫忠于君者，教本于亲；宠其身者，赏延于嗣。于是乎有饰终之命，有任子之恩，所以感人心而劝臣节也。惟兹旧典，可举而行。"岑仲勉《白氏长庆集伪文》（《历史语言研究所集刊》第十二本）谓："制曰'某官李吉甫，出入将相，迨今七载'。按吉甫以二年正月相，曰七载，则应为八年之制也。"岑氏考谓白居易于元和六年四月丁母忧出翰林，此制文必非白居易作。按岑仲勉推断此篇制文非白居易作，说是，但制文本身不伪，当出于当时翰林院之某学士手。制文云与一子官。按长子德修，于吉甫首任宰相时已赠官，此次所与者当为德裕。《新·李德裕传》："少力于学，既冠，卓荦有大节。不喜与诸生试有司，以荫补校书郎。"

　　又据《新书·百官志》，弘文馆、秘书省、著作局皆有校书郎，职务则大致相似，即"掌校理典籍、刊正错误"（弘文馆），"雠校典籍，刊正文章"（秘书省）。李德裕属于秘书省之校书郎，见《文集校笺》别集卷三《七言九韵雨中自秘书省访王三侍御……》诗，题下并署"秘书省校书郎李德裕"。

正月，权德舆罢相。

　　《旧纪》元和八年正月，"辛未，制以正议大夫、守礼部尚书、同平章事、上柱国、扶风郡开国公权德舆守礼部尚书，罢知政事"。又《通鉴》卷二三九元和八年正月载："李吉甫、李绛数争论于上前，礼部尚书、同平章事权德舆居中无所可否；

上鄙之。辛未，德舆罢守本官。"新旧《唐书·权德舆传》所载略同。

二月辛卯，李吉甫进所撰《元和郡国图》、《六代略》、《十道州郡图》等。

《旧纪》元和八年二月，"辛卯，宰相李吉甫进所撰《元和郡国图》三十卷，又进《六代略》三十卷，又为《十道州郡图》五十四卷。"《旧传》载："吉甫尝讨论《易象》异义，附于一行集注之下；及缀录东汉、魏、晋、周、隋故事，讫其成败损益大端，目为《六代略》，凡三十卷；分天下诸镇，纪其山川险易故事，各写其图于篇首，为五十四卷，号为《元和郡国图》。"

按《旧纪》谓《元和郡国图》三十卷，《十道州郡图》五十四卷；《旧传》谓《元和郡国图》五十四卷，未记《十道州郡图》；《唐会要》(卷三六《修撰》)谓《元和郡国图》五十四卷，与《旧传》同。《新书》卷五十八《艺文志》二乙部史录地理类著录《元和郡县图志》五十四卷，《十道图》十卷。今李吉甫《上元和郡县图志序》尚存(《全唐文》卷五一二)，称"谨上《元和郡县图志》，起京兆府，尽陇右道，凡四十七镇，成四十卷，每镇皆图在篇首，冠于叙事之前，并目录两卷，总四十二卷"，宋陈振孙《直斋书录解题》亦作四十卷。由此知作三十卷、五十四卷者皆误。又《十道州郡图》后未见传世，也未见著录，观其书名，与《元和郡县图》内容似重复，或即为一书，史家误记为两书。今传世之《元和郡县图志》虽仍四十卷，但其间也有缺卷，详参《四库全书总目》卷六八提要。南宋程大昌尝作此书跋(宋孝宗淳熙二年)，称"图今亡矣，独志存焉耳",或图即亡于南北宋之际。

又按李吉甫撰《元和郡国图志》,有其现实政治目的,那就是鉴于安史之乱以后藩镇割据、"强侯傲而未肃"的局面,想通过编写全国郡县山川地形图,加强中央政权对全国的控制。其上书序中说:"况古今言地理者凡数千家,尚古远者或搜古而略今,采谣俗者多传疑而失实,饰州邦而叙人物,因丘墓而征鬼神,流于异端,莫切根要。至于丘壤山川攻守利害本于地理者,皆略而不书,将何以佐明王扼天下之吭,制群生之命,收地保势胜之利,示形束壤制之端。此微臣之所以精研、圣后之所宜周览也。"

程大昌跋也盛赞此书,谓"此于唐家郡县疆境,方面险要,必皆熟按当时图籍言之,最为可据";又云:"宪宗经略诸镇,吉甫实赞成之,其于河北、淮西,悉尝图上地形,宪宗得以坐览要害而隃定策画者,图之助多也。"清孙星衍《元和郡县图志序》也称吉甫诸多措施,"皆切时政之本务",并谓:"此《志》为元和八年奏御之本,文义简括,便上省览。唐宰相之善读书者,吉甫为第一人矣。"

《四库全书总目》以《元和郡县图志》列于地理总志之首,谓:"舆记图经,《隋》、《唐志》所著录者,率散佚无存,其传于今者,惟此书为最古,其体例亦为最善。后来虽递相损益,无能出其范围。今录以冠地理总志之首,著诸家祖述之所自焉。"

二月甲子,武元衡由西川入相。本年,李吉甫、武元衡、郑絪皆有诗唱酬。

《旧纪》元和八年正月，"癸未，以山南东道节度使李夷简检校户部尚书、成都尹，充剑南西川节度使"。二月，"甲子，以剑南西川节度使、银青光禄大夫、检校吏部尚书、兼门下侍郎、同平章事、上柱国、临淮郡开国公、食邑二千户武元衡复入中书知政事，兼崇玄馆大学士、太清宫使"。盖罢权德舆相，即复武元衡相位。

李吉甫有《癸巳岁吉甫圜丘摄事，合于中书后阁宿斋，常负忝愧，移止于集贤院，会门下相公以七言垂寄，亦有所酬，短章绝韵，不足抒意，因叙所怀，奉寄相公兼呈集贤院诸学士》（《全唐诗》卷三一八）。武元衡酬唱之作为《奉酬中书相公至日圜丘行事，合于中书宿斋，移止于集贤院，叙情见寄之什》（《全唐诗》卷三一七）。按吉甫诗题中"门下相公以七言垂寄"，即武元衡《休暇日中书相公致斋禁省因以寄赠》（《全唐诗》卷三一七），云："尝闻圣主得贤臣，三接能令四海春。月满禁垣斋沐夜，清吟属和更何人。"（又《全唐诗》卷三一八又载崔备《奉酬中书相公至日圜丘行事，合于中书宿直，移止于集贤院，叙情见寄之什》，当亦同时所作。据《全唐诗》小传，崔备曾为西川节度使判官，则在武元衡幕下任职，其诗有《和武相公中秋锦楼玩月》、《奉陪武相公西亭夜宴陆郎中》，当即在成都作。元衡入朝，崔备当亦召入。）

吉甫又有《九日小园独谣（岑仲勉《读全唐诗札记》谓独谣当为独宴之误）赠门下武相公》（《全唐诗》卷三一八），武元衡有《闻相公三兄小园置宴以元衡寓直因寄上兼呈中书三兄》（《全唐诗》卷三一七）。岑仲勉《唐人行第录》谓元衡诗题中之"中书三兄"即指李绛,但云应为"门下三兄"。

又,郑絪有《奉和武相公省中宿斋酬李相公见寄》(《全唐诗》卷三一八)。按据《旧纪》,郑絪于元和九年五月由岭南节度使入为工部尚书,则此诗当在广州作,故诗末云:"同怀不同赏,幽意竟何如。"

冬,传闻回纥扰边,朝廷大恐,李吉甫采取积极防御对策。

《旧传》:"是月(琮按当为十月),回纥部落南过碛,取西城柳谷路讨吐蕃,西城防御使周怀义表至,朝廷大恐,以为回纥声言讨吐蕃,意是入寇。吉甫奏曰:'回纥入寇,且当渐绝和事,不应便来犯边。但须设备,不足为虑。'因请自夏州至天德,复置废馆一十一所,以通缓急。又请发夏州骑士五百人,营于经略故城,应援驿使,兼护党项。"《新传》所载略同。《旧纪》元和八年十月"壬辰,振武奏回纥千骑至鸊鹈泉"。又十一月丙寅,"自夏州至丰州,初置八驿"。当即指此事。

按此事又详见《元和郡县志》卷四新宥州条所载。云:"元和八年冬,回鹘南过碛,取西城柳谷路讨吐蕃,西城防御使周怀义表至,朝廷大恐,以为回鹘声言讨吐蕃,意是为寇。唯中书侍郎、平章事李吉甫以为回鹘入寇,且当断绝和事,不应便来犯边。今之多士,居平则横生异议,深沮边计,及闻边警,又承虚声,以汹朝廷,冀因几危,摇动时事。但当设备,不足为虑。因请自夏州至天德军,复置废馆一十一所,以通急驿;又请夏州骑士五百人,营于经略故城,应援驿使,兼护党项部落。上悉从之。"吉甫此处所批评之"今之多士",切中其要害。

刘禹锡本年有上武元衡书，提及李吉甫曾同情其遭遇。

刘禹锡《上门下武相公启》（《刘禹锡集笺证》卷十八），中云武元衡由西川入相："念外台报政之功，追宣室前席之事，重下丹诏，再升黄枢。"又云"九年居蛮貊之地"，可见是本年作，时刘仍在朗州司马贬所。《启》中又谓："伏以赵国公顷承一顾之重，高邑公夙荷见知之深，虽提挈不忘，而显白无自。盖以永贞之际，皆在外方，虽得传闻，莫详本末。特哀党锢，亟形话言。"赵国公指李吉甫，高邑公指李绛（《旧·李绛传》，元和八年封高邑县男。）此时元衡、吉甫、绛同居相位，刘禹锡这封书启是向三人求援的，由此也可看出吉甫对刘禹锡的被贬是抱同情态度的。

王建曾上诗于李吉甫，称颂其功绩。

《王建诗集》卷七《上李吉甫相公》："圣朝齐贺说逢殷，霄汉无云日月真。金鼎调和天膳美，瑶池沐浴赐衣新。两河开地山川正，四海休兵造化仁。曾向山东为散吏，当今窦宪是贤臣。"按此诗难于确定其年月，姑系于此。

李德裕在任校书郎期间，与王起有诗唱和。

《文集校笺》别集卷三《七言九韵雨中自秘书省访王三侍御，知早入朝，便入集贤。侍御任集贤校书，及升柏台，又与秘阁相对。同院张学士，亦余特厚，故以诗赠之》，下署"秘书省校书郎李德裕"。据岑仲勉《唐人行第录》所考，此"王三"当作"王十一"，即王起。德裕诗云："共怜独鹤青霞姿，瀛洲故山归已迟。仁者焉能效鸳鹮，飞舞自合追长离。梧桐迥齐鹓鹊观，烟雨屡拂蛟龙旗。鸿雁冲飙去不尽，寒声晚下天泉池。顾我蓬莱静无事，玉版宝书藏众瑞。青编尽以汲冢来，科斗皆从鲁室至。金门待诏何逍遥，名儒早问张子侨。王褒轶材晚始入，宫女已能传洞箫。应令柏台长对户，别来相望独寥寥。"

按据《旧书·王起传》，起卒于大中元年（八四七），年八十八，其生年当为肃宗上元元年（七六○），本年五十四岁，故德裕诗中云"王褒轶材晚始入"。王起和诗见《全唐诗》卷四六四，题作《和李校书雨中自秘省见访，知早入朝，便入集贤不遇诗》，自序云："起顷任集贤校书，及升柏台，又与秘阁相对，今直书殿有张学士，尝忝同幕，而与秘书稍远，故瞻望之词多。"诗中有云："忆昨谬官在乌府，喜君对门讨鱼鲁。直庐相望夜每阑，高阁遥临月时吐。"又云："忽枉情人吐芳讯，临风不羡潘锦舒。忆见青天霞未卷，吟玩瑶华不知晚。自怜岂是风引舟，如何渐与蓬山远。"诗中"乌府"喻侍御史官署，"蓬山"与德裕诗中之"蓬莱"，系指秘书省。《通典》卷二六《职官》八"秘书监"，云："秘书校书郎，汉之兰台及后汉东观，皆藏书之室，亦著述之所，多当时文学之士，使雠校于其中，故有校书之职。……当时重其职，故学者称东观为老氏藏室、道家蓬莱山焉。"宋洪迈《容斋四笔》卷十五《官称别名》："唐人好以它名标榜官称……秘书监为大蓬，少监为少蓬。"如萧华《谢试秘书少监陈情表》（《文苑英华》卷六○二）即有"旋沐厚恩，复登蓬阁"之语。盛唐诗人王昌龄亦曾任秘书省校书郎之职，其诗中也称"子为黄绶羁，余忝蓬山顾"（《郑县宿陶太公馆中赠冯六元二》，《全唐诗》卷一四○）。

又《太平广记》卷一八七引《两京记》云:"唐初,秘书省唯主写书贮掌勘校而已,自是门可张罗,迥无统摄官属,望虽清雅,而实非要剧,权贵子弟及好利夸侈者率不好此职。流俗以……秘书郎及著作左郎为监察御史病坊,言从职不任繁剧者,当改入此省。然其职在图史,非复喧卑,故好学君子厌于趋竞者,亦求为此职焉。"《两京记》所载及李、王二人的和诗,当有助于对德裕任校书郎时事迹之研究。

李德裕因父居相位,避嫌辞校书郎之职,出外为方镇幕府从事。

《旧·李德裕传》:"元和初,以父再秉国钧,避嫌不仕台省,累辟诸府从事。"此云"元和初",不确。德裕当于本年或本年以后即辞去校书郎之职。但德裕辞校书郎后任何职,《旧传》仅云"累辟诸府从事",语焉不详,未能得其确切行踪。

本年,舒元舆、杨汉公登进士科,中书舍人韦贯之知贡举(徐松《登科记考》卷十八)。

〔编年诗〕

《七言九韵雨中自秘书省访王三侍御知早入朝便入集贤侍御任集贤校书及升柏台又与秘阁相对同院张学士亦余特厚故以诗赠之》(《文集校笺》别集卷三)

本年作,见前谱中正文。此为德裕现存最早诗作。

元和九年甲午(八一四) 二十八岁

正月,李吉甫上表辞相位,不许。

《旧纪》元和九年正月乙卯，"李吉甫累表辞相位，不许"。

按《全唐文》卷五一二载李吉甫《让平章事表》《让平章事第二表》，当即《旧纪》所谓"累表辞相位"。前表云："臣久处繁机，切思退免，伏奉诏旨，未允深衷。"后表云："臣昨八日再表自陈，九日于延英奏对，公事既毕，辄言私情。陛下语臣以兢惧之由，谕臣以进退之义。今奉批答，令断表章。"

二月癸卯，李绛罢相，守礼部尚书。

《旧纪》元和九年二月，"癸卯，制朝议大夫、守中书侍郎、同平章事、上柱国、高邑男李绛守礼部尚书，累表辞相位故也"。

此当是李绛与李吉甫政见不合，二人于本年初皆累表求罢，而宪宗卒留吉甫而罢绛，可见其对吉甫倚重之深。

九月，李吉甫对淮西吴元济作征讨之积极准备。

《旧纪》本年九月记："淮西节度使吴少阳卒，其子元济匿丧，自总兵柄，乃焚劫舞阳等四县。朝廷遣使吊祭，拒而不纳。"

《旧·李吉甫传》："淮西节度使吴少阳卒，其子元济请袭父位。吉甫以为淮西内地，不同河朔，且四境无党援，国家常宿数十万兵以为守御，宜因时而取之。颇叶上旨，始为经度淮西之谋。"《新传》叙述稍详，云："后田弘正以魏归，吉甫知魏人谓田进诚才，而唐州乃蔡喉衿，请拔进诚为刺史，以临贼境，且慰魏心。乌重胤守河阳，吉甫以汝州捍蔽东部，联唐、许，当蔡西面，兵寡不足惮寇，而河阳乃魏博之津，弘正归国，则为内镇，不宜成重兵示不信，请徙屯汝州。帝皆从之。后弘正拜检校尚书右仆射,赐其军钱二千万,弘正曰:'吾未喜于移河阳军也。'及元济擅立,吉甫以内地无唇齿援,因时可取,不当用河朔故事,与帝意合。又请自往招吴元济,苟逆志不悛,得指授群帅俘贼以献天子。不许,固请至流涕,帝慰勉之。"

《通鉴》载此事也较翔实,卷二三九元和九年闰八月载:"及吉甫入相,田弘正以魏博归附。吉甫以为汝州捍蔽东都,河阳宿兵,本以制魏博,今弘正归顺,则河阳为内镇,不应屯重兵以示猜阻。辛酉,以河阳节度使乌重胤为汝州刺史,充河阳、怀、汝节度使,徙理汝州。己巳,弘正检校右仆射,赐其军钱二十万缗,弘正曰:'吾未若移河阳军之为喜也。'"九月载:"吴少阳判官苏兆、杨元卿、大将侯惟清皆劝少阳入朝;元济恶之,杀兆,囚惟清。元卿先奏事在长安,具以淮西虚实及取元济之策告李吉甫,请讨之。时元济犹匿丧,元卿劝吉甫,凡蔡使入奏者,所在止之。少阳死近四十日,不为辍朝,但易环蔡诸镇将帅,益兵为备。"《新书》卷二一四《吴元济传》亦言:"时(杨)元卿奏事在长安,见宰相李吉甫,具言淮西事,且请蔡使在道者,随所在系之。"

由上述材料可知,吉甫于本年十月卒前,对淮西采取一系列积极进取之政策:(一)用魏人田进诚为唐州刺史,既笼络魏博,又加强唐州防御,对蔡州加以牵制。(二)以乌重胤为汝州刺史,撤销河阳重兵,既使田弘正得以宽慰,使其感到朝廷对他的信任,又借乌重胤的军力加强洛阳东南面的防守力量。(三)利用杨元卿等淮西旧臣,了解淮西军事虚实,并断绝蔡使,加强对吴元济的威慑。(四)准备亲自赴蔡州说吴元济归朝,如不听,则说动诸将俘缚吴元济。这一计策带有冒险性,并不足取,但也可见出李吉甫欲削平淮西的决心。总之,此时李吉甫是宰臣中措置淮西事的主持者,待其卒后,武元衡始代其任,继续施行吉甫所定的方略。

十月丙午,李吉甫卒,年五十七。赠司空。

《旧纪》元和九年十月,"丙午,金紫光禄大夫、中书侍郎、同平章事、集贤大学士、监修国史、上柱国、赵国公李吉甫卒"。

《旧传》:"元和九年冬,暴病卒,年五十七。宪宗伤悼久之,遣中使临吊,常赠之外,内出绢五百匹以恤其家,再赠司空。"《新传》:"吉甫图淮西地,未及上,帝敕其子献之。及葬,祭以少牢,赠司空。"

按新旧《唐书》本传对吉甫第一次入相皆加首肯,对其第二次入相则有贬词,但所举罢裴垍官、与李绛论政不合、罢李藩相,皆与事实不合,不足据信。而虽有贬词,对李吉甫的为人及政见,仍加以肯定。如《旧传》云:"吉甫初为相,颇洽时情,及淮南再征,中外延望风采。秉政之后,视听时有所敝,人心疑惮之。时负公望者虑为吉甫所忌,多避畏。……然性畏慎,虽其不悦者,亦无所伤。服物食味,必极珍美,而不殖财产,京师一宅之外,无他第墅,公论以此重之。"李吉甫对古代文学颇有素养,《玉海》卷五十四《艺文》曾记:"〔志〕李吉甫《古今文集略》二十卷,又《类表》五十卷,亦名《表启集》。〔书目〕李吉甫集梁陈迄唐开元歌诗三百二十首为《丽则集》

五卷，又集唐人表章笺启露布等为《类表》五十卷。"

又唐李肇《国史补》卷下"宰相自张曲江之后，称房太尉、李梁公为重德。……宪宗朝则有杜邠公之器量，郑少保之清俭，郑武阳之精粹，李安邑之智计……亦各行其志也"。

按《新书·艺文志》载《李吉甫集》二十卷，今仅存诗四首（《全唐诗》卷三一八），文一卷（《全唐文》卷五一二），所佚甚多。《直斋书录解题》卷十九诗集类上载《武元衡集》一卷，云："初用莆田李氏本传录，后以石林叶氏本校，益以六首，及李吉甫唱酬六首。"此云李吉甫与武元衡唱酬诗有六首，而今存者止三首。佚文可知者，如陈思《宝刻丛编》卷八京兆府万年县著录《唐赠太傅歧国公杜佑碑》，云："唐李吉甫撰，张弘靖书，袁滋篆额。"此文未见。（吉甫尝在杜佑幕下任职，宋欧阳棐《集古录目》卷九载《杜佑宾佐记》，下云："司徒、平章事杜佑撰，不著书人名氏。所记前后宾佐，其首曰今相国中书侍郎赵国公者，李吉甫也。其余凡八十余人。碑以元和七年立。"此事新旧《唐书》本传未载。）又清毛凤枝《关中金石文字存逸考》卷五咸宁县著录《龙花寺韦和尚墓志铭》，并云："案此石未详所在，而字迹遒劲，实唐楷之佳者。又有一石题中书侍郎、翰林学士李吉甫撰并书。"此亦未见于《全唐文》。又《册府元龟》卷六〇六《学校部·注释二》载："李吉甫为相，尝讨论《易》象异义，附于僧一行集注之下。"则吉甫另有关于《周易》的著作。

武元衡为文祭之。

武元衡《祭李吉甫文》（《全唐文》卷五三一），中称："属元圣御极之初，昊天降休之日，公内参密命，外正戎机，竭心膂以振皇纲，励精诚以辅元化。故得三光离朗，九有澄清，南定句吴，西歼邛僰，默运宏略，宏宣大猷。"又叙二人同居相位时之交谊："再征黄霸，继入丹墀，启沃同心，岁寒共期。运属休明，道济无为，星霜八变，交态不移。或乘春赏花，或对酒吟诗，音容不间，宴语忘疲。"

本年冬，武元衡又有诗悼念李吉甫。

　　武元衡《甲午岁相国李公有北园寄赠之作，吟玩历时，屡促酬答，机务不暇，未及报章，今古遽分，电波增感，留墓剑而心许，感邻笛而意伤，寓哀冥寞，以广遗韵云》（《全唐诗》卷三一七）。按诗题中"相国李公有北园寄赠之作"，指李吉甫《夏夜北园即事寄门下武相公》诗（《全唐诗》卷三一八），为本年夏作。吉甫于夏日作《北园》诗以寄元衡，元衡当时未暇酬和，十月吉甫卒，因续和此诗，并寓哀悼之意，诗题中"今古遽分，电波增感，留墓剑而心许，感邻笛而意伤"数句，可以见出武、李二人的交谊。元衡诗云："机事劳西掖，幽怀寄北园。鹤巢深更静，蝉噪断犹喧。仙酝百花馥，艳歌双袖翻。碧云诗变雅，皇泽叶流根。未报雕龙赠，俄伤泪剑痕。佳城关白日，哀挽向青门。礼命公台重，烟霜陇树繁。天高不可问，空使辅星昏。"

本年七月，张弘靖由河中晋绛慈隰等州节度使入相。十月，以山南东道节度使严绶为申光蔡招讨使，督诸道兵招讨吴元济。十二月戊辰，韦贯之以尚书右丞守本官、同中书门下平章事。

元和十年乙未（八一五） 二十九岁

李德裕丁父忧，守制。

> 按李吉甫上年十月卒，李德裕当丁忧守制，未任官职。吉甫居相位，德裕因避嫌未在朝中供职，史称其"累辟诸府从事"，但具体行迹不详。

正月己亥，下诏削夺吴元济在身官爵，又命宣武节度使韩弘等十六道进军讨之。二月，严绶军为淮西军所败，退守唐州。三月，淄青节度使李师道遣人焚毁河阴转运院粮食，阴助吴元济。五月，陈州刺史李光颜屡破淮西军。御史中丞裴度往淮西行营宣慰，还，所言军机，与宪宗意合，以度为刑部郎中。韩愈时为考功郎中、知制诰，上言陈用兵之策，主张积极进取。六月癸卯，盗杀武元衡（时宪宗以兵事委元衡），并伤裴度。乙丑，以裴度为相，专事征讨吴元济。（自此本年为相者为张弘靖、韦贯之、裴度。）七月，诏斥镇州节度使王承宗，言其派遣刺客杀害武元衡，绝其朝贡。九月，以宣武军节度使韩弘充淮西行营兵马都统。十月，析山南东道为两节度，高霞寓为唐州刺史、唐随邓节度使，专主兵事；李逊为襄州刺史、襄复等节度使，调军食，以加强对淮西用兵的军力。十一月，以严绶无功，罢山南东道节度使，为太子宾客。是年终，诸道兵讨淮西，互有胜负。

> 以上见《旧纪》、《通鉴》等。

本年初，柳宗元、刘禹锡等应召入京，三月，又出为远州刺史。元积也于正月由江陵入京,三月,出为通州司马。六月,白居易(时为太子左赞善大夫)上疏请急搜捕杀害武元衡的凶手,以雪国耻,为宰相所恶,贬江州刺史,中书舍人王涯复上言"所犯状迹,不宜治郡",改授江州司马(参诸家所作白氏年谱)。

本年,封敖登进士科,礼部侍郎崔群知贡举(徐松《登科记考》卷十八)。

元和十一年丙申(八一六) 三十岁

正月,张弘靖罢相,出为河东节度使。

> 《旧纪》元和十一年正月,"己巳,以中书侍郎、平章事张弘靖检校吏部尚书、兼太原尹、北都留守、河东节度使"。按据《通鉴》卷二三九所载,张弘靖于上年十二月即求罢相位,"王承宗纵兵四掠,幽、沧、定三镇皆苦之,争上表请讨承宗。上欲许之,中书侍郎、同平章事张弘靖以为两役并兴,恐国力所不支,请并力平淮西,乃征恒冀。上不为之止,弘靖乃求罢"。《旧书》卷一二九、《新书》卷一二七《张弘靖传》所载略同。

> 《全唐文》卷五七宪宗名下有《授张弘靖太原节度使制》。

正月癸未,削夺王承宗在身官爵,令河东等道诸镇加兵进讨。

正月庚辰,翰林学士、中书舍人钱徽,驾部郎中、知制诰萧俛都因请罢兵解职,守本官。二月癸卯,以中书舍人、权知礼部贡举李逢吉为门下侍郎、同平章事。八月,韦贯之因主张缓讨王承宗,数与

裴度争论,韦罢相位;九月,再贬为湖南观察使。

十二月,以翰林学士、知制诰王涯为中书侍郎、同平章事。同月,任命李愬为邓州刺史、充唐随邓等州节度使。

见《旧纪》、《通鉴》等。

元和十二年丁酉(八一七) 三十一岁

李德裕约于本年应张弘靖之辟,为河东节度使掌书记。

《旧传》:"(元和)十一年,张弘罢相,镇太原,辟为掌书记。由大理评事得殿中侍御史。"《新传》:"河东张弘靖辟为掌书记。"按李吉甫于元和九年十月卒,德裕丁父忧,当于十一年冬终制。其应张弘靖之辟为河东军掌书记,当在十一年冬之后。按德裕《掌书记厅壁记》云:"丙申岁,丞相高平公始自枢衡以膺谋帅,以右拾遗杜君为主记。明主惜其忠规,复拜旧职,寻参内庭视草之列。次用殿中侍御史崔君。德裕获接崔君之后"(别集卷七)丙申即元和十一年,张弘靖为河东节度使后,先后用杜(元颖)、崔(公信)为掌书记,后杜入朝,崔为观察判官,书记一职乃由德裕接任,其时当在十二年。德裕《祭唐叔文》(别集卷七)作于元和十年六月,乃代张弘靖作,则是年六月以前已在河东幕中。

欧阳修《集古录跋尾》卷八(《欧阳文忠公文集》卷一四一)《唐武侯碑阳记》跋云:"唐诸方镇以辟士相高,故当时布衣韦带之士,或行著乡闾,或名闻场屋者,莫不为方镇所取,

至登朝廷、位将相，为时伟人者，亦皆出诸侯之幕。"又洪迈
《容斋随笔》卷一《唐藩镇幕府》："唐世士人初登科或未仕
者，多以从诸藩府辟置为重。"

**唐人小说载李德裕初至太原不久，曾有相者推算其禄命，荒诞不
足信。**

  唐李濬《摭异记》："太尉卫国公为并州从事，到职未旬
月，忽有王山人者诣门请谒，公命与坐，乃曰：'某善按冥也。'
公初未之奇，因请正寝，备几案、纸笔、香水而已。因令垂帘
静伺之，生与公偕坐于西庑下。顷之，王生曰：'可验矣。'纸
上书八字甚大，且有楷注，曰'位极人臣，寿六十四'。王生遽
请归，竟不知所去。及会昌朝三策一品，薨于海南，果符王生
所按之年。"按此荒诞迷信，不足为据。且德裕卒时年六十
三，此云六十四，即得之传闻之讹，于此也可证其谬误。

**三月，太常定李吉甫谥为"敬宪"，度支郎中张仲方非之，且以为近
数年用兵，即由吉甫开其端。宪宗怒，贬张仲方为遂州司马，仍定
吉甫谥为"忠懿"。**

  《旧·李吉甫传》："有司谥曰敬宪，及会议，度支郎中张
仲方驳之，以为太优。宪宗怒，贬仲方，赐吉甫谥曰忠懿。"
《新·李吉甫传》同。《旧纪》载此事于元和十二年三月戊
辰，云："太常定李吉甫谥曰敬宪，度支郎中张仲方非之。上
怒，贬为遂州司马。赐吉甫谥曰忠。"

  按议谥意见不一，应是常事，为何张仲方的意见触怒宪
宗，竟至远贬为遂州司马？新旧《唐书·李吉甫传》及《旧
纪》均未载明。此事《唐会要》有详细记载，原来张仲方借议

谥一事,根本否定近数年来对淮西之用兵。此时淮西战事方酣,朝臣中议罢兵者甚众,裴度等主战派并不占多数,赖宪宗态度坚决,征讨之事得以贯彻进行。张仲方之议全面反对用兵,当然使宪宗盛怒,非加远贬不足以儆戒其余。《唐会要》卷八十《朝臣复谥》条载张仲方驳议,中有云:"兵者凶器,不可从我始,及乎伐罪,则料敌以成功。至使内有害辅臣之盗,外有怀毒蛊之孽。师徒暴野,戎马生郊,皇上旰食宵衣,公卿大夫且惭且耻。农人不得在亩,纺妇不得在桑。耗赋敛之常资,散帑廪之中积;征边徼之备,竭运挽之劳。僵尸流血,骴骼成岳,酷毒之痛,号呼无辜。剿绝群生,逮今四载,祸乱之兆,实始其谋,遗君父之忧,而岂得谓之先觉者乎?"《唐会要》载:"宪宗方用兵,恶仲方深言其事,怒甚,贬为遂州司马,敕谥曰恭懿。"按张仲方所言,确是颠倒是非,不顾事实。他把民生凋瘵,战祸连结不解,归因于对淮西的讨伐战争,此无异于为擅命的方镇张目,在当时反对用兵的朝臣中是最为突出的一个。一般反对用兵者在征讨淮西一点上无异议,但认为不应同时对王承宗、李师道用兵,如萧俛等即持此种意见。张仲方则根本反对对藩镇用兵,且认为淮西之战起始于元和九年李吉甫当国时之所谋议,则完全颠倒因果,宜其受到贬斥。又《新书·张九龄传》附张仲方事,谓"既驳吉甫谥,世不直其言,卒不至显"。可见张仲方的意见,当时人就不以为是。

又,张仲方此次驳议李吉甫谥,还挟有个人的私怨。《新·张九龄传》附张仲方事,载:"进累仓部员外郎。会吕温等以劾奏宰相李吉甫不实,坐斥去,仲方以温党,补金州刺史。……入为度支郎中。吉甫卒,太常谥恭懿,博士尉迟汾请谥敬宪,仲方挟前怨未已,因上议曰……"窦群、羊士谔、吕温等劾吉甫,其曲本在窦、羊等人,已见前谱。张仲方也曾牵涉而受到贬黜,这次又挟私怨丑诋吉甫之为人,可见其品格之卑下。又《全唐文纪事》卷六三《衅隙》引《册府元龟》:"严公衡为右司郎中,韦弘景为吏部郎中,元和十三年,出公衡为和州刺史,弘景为绵州刺史。初,张仲方以驳李吉甫谥得罪,或谓仲方之议,皆弘景教之,公衡又助成焉,故有是命。"韦弘景有传见两《唐书》,《新书》卷一一六本传谓"张仲方黜李吉甫谥得罪,宪宗意弘景摘助,出为绵州刺史。"可见张仲方对李吉甫之攻讦,尚有为之出谋者。

又李肇《国史补》卷中:"(李吉甫)及卒,太常议谥,度支郎中张仲方驳曰:'吉甫议信不著,又兴兵戎,以害生物,不可美谥。'其子上诉,乃贬仲方。"李肇为当时人,其言当可信,可见当时李德修、德裕兄弟为此曾上诉于朝。但未详德修此时仕何官职。

《唐六典》卷二"尚书吏部·考功"条谓:"其谥议之法,古之通典,皆审其事以为不刊(旧校云:《旧唐·志》不刊作旌别)。诸职事官三品以上、散官二品以上身亡者,其佐吏录行状申考功,考功责历任勘校下太常寺拟谥讫,覆申考功,于都堂集省内官议定,然后奏闻赠官。"此又可参见《通鉴》卷二四四文宗大和七年三月胡注引宋白语。

七月,裴度赴淮西行营督诸道兵。度辟韩愈为彰义军行军司马,

李宗闵为判官书记。

见《旧纪》、《通鉴》等所载。又据《旧书》卷一七六《李宗闵传》，李宗闵于元和初制科事后在外镇幕府任职，李吉甫卒，入朝为监察御史，累迁礼部员外郎，"元和十二年，宰相裴度出征吴元济，奏宗闵为彰义军观察判官。贼平，迁驾部郎中"。

令狐楚与李逢吉善，二人皆不赞成对淮西用兵，宪宗用裴度言，八月，出令狐楚翰林学士院，罢为中书舍人；九月，罢李逢吉相位。

《通鉴》卷二四〇元和十二年八月："李逢吉不欲讨蔡，翰林学士令狐楚与逢吉善，度恐其合中外之势以沮军事，乃请改制书数字，且言其草制失辞；壬戌，罢楚为中书舍人。"九月载："逢吉又与裴度异议，上方倚度以平蔡，丁未，罢逢吉为东川节度使。"

《旧书》卷一六七《李逢吉传》亦载："逢吉天与奸回，妒贤伤善。时用兵讨淮、蔡，宪宗以兵机委裴度，逢吉虑其成功，密沮之，由是相恶。及度亲征，学士令狐楚为度制辞，言不合旨，楚与逢吉相善，帝皆黜之，罢楚学士，罢逢吉政事，出为剑南东川节度使、检校兵部尚书。"《新书》卷一七四《李逢吉传》略同。

〔辨正〕关于李逢吉元和时摈抑李德裕事辨。

《旧·李德裕传》："元和初，用兵伐叛，始于杜黄裳诛蜀。吉甫经画，欲定两河，方欲出师而卒，继之元衡、裴度。而韦贯之、李逢吉沮议，深以用兵为非，而韦、李相次罢相，故逢吉常怒吉甫、裴度。而德裕于元和时，久之不调，而逢吉、僧孺、宗闵以私怨恒排摈之。"《新·李德裕传》所载亦略同,谓"逢吉以议不合罢去,故追衔吉甫而怨度,摈德裕不得进"。

按韦贯之于元和九年十二月拜相,李逢吉于十一年二月拜相,此时吉甫已卒,李德裕丁忧未仕。而吉甫为相时,德裕因避嫌出就外镇,也谈不上受到李逢吉、韦贯之的排挤。十一年冬德裕应张弘靖辟在河东幕,则韦贯之已于十一年八月罢相,李逢吉也于十二年九月罢出。所谓李德裕元和时受李逢吉排摈,久不得调,恐与事实有舛。

七月,崔群为相。十月,李愬入蔡州,俘吴元济,淮西平。十二月,裴度复入相。

见《旧纪》、《通鉴》等。

〔编年文〕

《祭唐叔文》(《文集校笺》别集卷七)

文云:"维元和十二年,岁次丁酉,六月己未朔,二十一日己卯,河东节度使、检校吏部尚书、平章事张弘靖,敢昭告于晋唐叔之灵。"按此文末有德裕会昌四年三月十五日附记,云:"余元和中掌记戎幕,时因晋祠止雨,太保高平公命余为此文。"

元和十三年戊戌(八一八) 三十二岁

李德裕仍在河东军幕。本年代张弘靖撰进书画表:《代高平公进书画状》、《进玄宗马射图状》。

唐张彦远《历代名画记》卷一《叙画之兴废》记张弘靖富有书画,中云:"元和十三年,高平公镇太原,不能承奉中贵,为监军使内官魏弘简所忌,无以指其瑕,且骤言于宪宗曰:'张氏富有书画。'遂降宸翰,索其所珍,惶骇不敢缄藏,科简登时进献,乃以钟、张、卫、索真迹各一卷……泊国朝名手画合三十卷表上,曰:'……'又别进玄宗马射真图,表曰:'……'"按《文集校笺》别集卷五有《代高平公进书画状》、《进玄宗马射图状》二文,与《历代名画记》所载基本相同。

六月,河东节度使幕府属官有与张弘靖唱和诗。

《文集校笺》别集卷三载张弘靖《山亭书怀》诗,弘靖署为"太原节度使、检校吏部尚书、平章事"。此诗后为《奉和山亭书怀》,首为李德裕,署为"节度掌书记、监察御史"。李诗之后,依次为崔恭(节度副使、检校右散骑常侍)、韩察(节度判官、侍御史)、高铢(节度推官、监察御史)、陆澧(给事中)、胡证(右金吾卫大将军)、张贾(从侄、尚书右丞)。张贾诗后注云:"元和十三年六月十二日题。"

按《唐诗纪事》卷五九载张弘靖《山亭书怀》诗及诸人和作,文字稍有不同。《纪事》所载和作,较《别集》所载尚多一人,为崔公信,称"观察判官兼殿中侍御史"。又谓:"公信,登元和元年进士第,弘靖帅太原,辟为掌记。后以德裕代之,以公信为观察判官。"又据《新书》卷七二下《宰相世系表》二下,博陵第三房崔氏有崔恭,终汾州刺史。《全唐文》卷四八〇载崔恭文一篇:《唐右补阙梁肃文集序》。故《唐诗纪事》(卷五九)称"恭能文,尝叙梁肃文集"。张贾则与刘禹锡、韩愈均有交往（刘禹锡有《赴连州途经洛阳诸公置酒相送张员外贾以诗见赠率尔酬之》、《赴连山途次德宗山陵寄张员外》等诗）。陆澧之兄陆澧与大历时诗人如皇甫曙等有交往。可见当日弘靖幕府之人才。

〔辨正〕**旧说本年温庭筠约七岁，曾于太原谒见李德裕。误。**

　　温庭筠《感旧陈情五十韵献淮南李仆射》（顾嗣立重订《温飞卿诗集笺注》卷六），中云："嵇绍垂髫日，山涛筮仕年。琴樽陈座上，纨绮拜床前。"顾肇仓《温庭筠感旧陈情五十韵献淮南李仆射诗旧注辨误》一文谓诗题中之"淮南李仆射"即李德裕，又云："是数年中，德裕在太原，时年三十余。而飞卿籍隶太原，又为名公之后。温、李二族，定属通家。髫龄拜谒，或系记在太原时之事。二人年龄相悬且三十岁，则嵇绍、山涛之喻，自甚切合。"（《国文月刊》）。夏承焘《温飞卿系年》（《唐宋词人年谱》）同此说，并定温庭筠生于元和七年，本年约七岁。按温诗之淮南李仆射为李绅，非德裕，详见陈尚君《温庭筠早年事迹考辨》（载所著《唐代文学丛考》，中国社会科学出版社 1997 年 10 月版）。

唐人小说载李德裕在太原时即已嫉进士举，所载不可信。

　　唐无名氏《玉泉子》载："李德裕以己非由科第，恒嫉进士举者，及居相位，贵要束手。德裕尝为藩府从事日，同院李评事以词科进，适与德裕官同。时有举子投文轴误与德裕，举子既误，复请之曰：'某文轴当与及第李评事，非与公也。'由是德裕志在排斥。"（此又见《唐语林》卷七"补遗"，文字稍有异同，《语林》当即本《玉泉子》。）

按李德裕在太原时，其带中朝官之宪衔为大理评事，故此处云同院李评事适与德裕官同。但德裕并不从根本上反对进士科，详后谱所辨，此当为晚唐牛党文人所编造。

七月，讨淄青李师道。八月，王涯罢知政事，为兵部侍郎。前山南节度使权德舆卒。九月，皇甫镈为相。

见《旧纪》等。

本年，李石、柳仲郢、刘轲登进士科，中书舍人庾承宣知贡举（徐松《登科记考》卷十八）。

〔编年文〕

《代高平公进书画状》（别集卷五）

《进玄宗马射图状》（别集卷五）

按据《新书》卷一二七《张弘靖传》，弘靖于元和时曾封高平县侯。又，此二文亦载《历代名画记》卷一《叙画之兴废》，文字小有异同，可取以比勘。《名画记》并载宪宗批答，云："卿庆传台铉，业嗣弓裘，雄词冠于一时，奥学穷乎千古。图书兼蓄，精博两全。别进《玄宗马射真图》，恭获披捧，瞻拜感咽，圣灵如临。其钟、张等书，顾、陆等画，古今共宝，有国所珍。朕以视朝之余，得以寓目，因知丹青之妙，有合造化之功，欲观象以省躬，岂好奇而玩物。况烦章奏，嘉叹良深。"

〔编年诗〕

《赠圆明上人》（别集卷三）

《赠奉律上人》（别集卷三）

《戏赠慎微寺主道安上座三僧正》（别集卷三）

按此三诗之后注云："元和十三年二月十九日题。石寺废,移崇福寺木塔院,陷石于东壁。"三诗皆为七绝,当为同时所作。

《奉和山亭书怀》(别集卷三)

《全唐诗》卷四七五所载题作《奉和太原张尚书山亭书怀》。

《奉和韦侍御陪相公游开义五言六韵》(别集卷三)

按此诗排列于《奉和山亭书怀》之后,题下署为"节度掌书记、监察御史里行、赐绯鱼袋李德裕"。诗中云"石渠清夏气,高树激鲜飙",或即为同年夏日作。

元和十四年己亥(八一九) 三十三岁

五月,随张弘靖入朝,除监察御史。

《旧传》:"十四年,府罢,从弘靖入朝,真拜监察御史。"《新传》未载年岁,仅言"府罢,召拜监察御史"。按据《旧纪》,元和十四年五月,"丙戌,以河东节度使、检校吏部尚书、同平章事张弘靖为吏部尚书"。德裕当于本年五月随张弘靖入朝。又据《旧纪》,张弘靖旋于同年八月出为汴州刺史、宣武军节度使,而李德裕则仍在朝中供职,未随弘靖赴宣武。

刘禹锡《和浙西李大夫示述梦四十韵并浙东元相公和斐然继声》诗,曾追叙德裕自太原归朝事云:"车骑方休汝,归来欲效陶(自注:大夫罢太原从事,归京师)。南台资謇谔,内署选风骚。"(《刘禹锡集笺证》卷七)

〔辨正〕关于李德裕在太原交结宦官之记载。

　　《册府元龟》卷九四五《总录部·巧宦》："李德裕，宪宗时为太原府司录参军时，谓监军李国澄曰：'何不以近贵取事，而自滞于外阃乎？'国澄曰：'岂所不欲，其如贫何！'乃许借钱十万贯，促国澄赴阙。国澄初未为信，及至阙，咸如其诺，寻除中尉。遂为中人所称。"

　　按此谓李德裕在太原交结监军李国澄，借钱十万贯，使李国澄得以在长安谋求美职，不久即除中尉，而德裕"遂为中人所称"。此事不足信。德裕如汲汲于仕途，则在其父为宰相时即可干进。

　　且无论吉甫与德裕，父子二人皆无为中人所称之记载。德裕在河东军，为掌书记，非仅司录参军，可见杜撰者之昧于情事。此亦为晚唐仇李德裕者所编造。

正月，宪宗令往凤翔法门寺迎佛骨，刑部侍郎韩愈上疏极谏，愈被贬为潮州刺史。二月，淄青都知兵马使刘悟斩李师道，淄青平。（《通鉴》谓："自广德以来，垂六十年，藩镇跋扈河南、北三十余州，自除官吏，不供贡赋，至是尽遵朝廷约束。"）四月，裴度为皇甫镈所排挤，罢知政事，出为河东军节度使。七月，皇甫镈引令狐楚为相。十二月，崔群亦为皇甫镈所排，罢相，出为湖南观察使。

　　见《旧纪》、《通鉴》等。

本年，马植、李让夷登进士科，中书舍人庾承宣知贡举（徐松《登科记考》卷十八）。

〔编年文〕

　　《掌书记厅壁记》（别集卷七）

记云:"丙申岁,丞相高平公始自枢衡,以膺谋帅,以右拾遗杜君为主记……次用殿中侍御史崔君,德裕获接崔君之后。"文末又署曰"元和十四年四月十一日"。此时当尚未离太原。

元和十五年庚子(八二〇) 三十四岁

正月庚子,宪宗为宦官所杀害,穆宗立。

闰正月,李德裕与李绅、庾敬休同时任命为翰林学士。

《旧书》卷十六《穆宗纪》元和十五年闰正月甲寅,"以监察御史李德裕、右拾遗李绅、礼部员外郎庾敬休并守本官,充翰林学士"。

丁居晦《重修承旨学士壁记》:"李绅,元和十五年闰正月十三日自右拾遗内供奉充。二月一日赐绯,二十日迁右补阙。"又李绅《趋翰苑遭谗构四十六韵》(《全唐诗》卷四八〇),中云:"九五当乾德,三千应瑞符。纂尧昌圣历,宗禹盛丕图(自注:穆宗正月登位)。画象垂新令,消兵易旧谟。选贤方去智,招谏忽升愚(自注:穆宗听政五日,蒙恩除右拾遗,与淮南李公召入翰林也)。"按正月甲寅朔,正月三日穆宗即位,德裕入翰林在穆宗即位以后,《旧纪》云甲寅,误,当在三日以后。

又,庾敬休有传,见《旧书》卷一八七下,《新书》卷一六一。《旧传》称其"姿容温雅,襟抱夷旷,不饮酒茹荤,不迩声色。著《喻善录》七卷"。卒于大和九年三月,时为尚书左丞。德裕为西川节度使时,敬休曾与商议茶税钱事(详后谱)。

德裕充翰林学士,得穆宗信用,二月,又加屯田员外郎。

《旧传》:"明年正月,穆宗即位,召入翰林充学士。帝在东宫,素闻吉甫之名,既见德裕,尤重之。禁中书诏,大手笔多诏德裕草之。是月,召对思政殿,赐金紫之服。逾月,改屯田员外郎。"《新传》:"穆宗即位,擢翰林学士。帝为太子时,已闻吉甫名,由是顾德裕厚,凡号令大典册,皆更其手。数召见,赉奖优华。"

丁居晦《重修承旨学士壁记》:"李德裕,元和十五年闰正月十三日自监察御史充,二月一日赐紫,二十日加屯田员外郎。"

贾𬟽《赞皇公李德裕政碑》(《全唐文》卷七三一):"累至监察御史。元和十五年,以本官召充翰林学士。时穆宗皇帝初嗣位,对见之日,即赐金紫,迁屯田员外郎。"

据《新书·百官志》,监察御史正八品下,屯田员外郎从六品上,由监察御史改屯田员外郎,故可曰迁。

翰林学士,中唐以后,其职始重,时号"内相"。《唐会要》卷五七《翰林院》条谓:"至德已后,军国务殷,其入直者,并以文词,共掌诏敕,自此翰林院始有学士之名。"据丁居晦《重修承旨学士壁记》,本年翰林学士除李德裕、李绅、庾敬休外,尚有:段文昌、沈传师、杜元颖、李肇、韦处厚、路隋、柳公权。

正月,丁未,贬皇甫镈为崖州司户。七月,令狐楚罢相,为宣歙池观察使;八月己未,再贬为衡州刺史。

　　《旧书》卷一七二《令狐楚传》:"楚再贬衡州刺史。时元稹初得幸,为学士,素恶楚与镈胶固希宠,稹草楚衡州制,略曰:'楚早以文艺,得践班资,宪宗念才,擢居禁近。异端斯害,独见不明,密赞讨伐之谋,潜附奸邪之党。因缘得地,进取多门,遂忝台阶,实妨贤路。'楚深恨稹。"按《唐大诏令集》卷五七"贬降"上载《令狐楚衡州刺史制》,题下即署为元稹撰。"密赞讨伐之谋"即指楚为翰林学士时与李逢吉相结,阻挠对淮西用兵,卒为裴度所奏,罢其学士之职。

五月,元稹为祠部郎中、知制诰。

　　《通鉴》卷二四一元和十五年:"初,膳部员外郎元稹为江陵士曹,与监守军崔潭峻善。上在东宫,闻宫人诵稹歌诗而善之;及即位,潭峻归朝,献稹歌诗百余篇。上问稹安在,对曰:'今为散郎。'夏五月庚戌,以稹为祠部郎中、知制诰。朝论鄙之。"

　　按元稹之得穆宗信用,《通鉴》等史籍皆以为得宦官崔潭峻等之助,此尚有可疑,本书暂不置辨,姑录《通鉴》文以资参考。

九月,李宗闵为中书舍人。

　　《旧纪》元和十五年九月,"乙巳,以驾部郎中、知制诰李宗闵为中书舍人"。又《新书》卷一七四《李宗闵传》:"蔡平,迁驾部郎中、知制诰。穆宗即位,进中书舍人。"

十二月,牛僧孺为御史中丞。

《旧纪》元和十五年十二月，"己丑，以库部郎中、知制诰牛僧孺为御史中丞"。又《旧书》卷一七二《牛僧孺传》："穆宗即位，以库部郎中知制诰。其年十一月，改御史中丞。以州府刑狱淹滞，人多冤抑，僧孺条疏奏请，按劾相继，中外肃然。"

李钰《故丞相太子少师赠太尉牛公神道碑铭并序》（《全唐文》卷七二〇）："穆宗即位，宰相称其能，迁库部郎中，掌书命，召对与语，上德之，面赐五品服，未几，迁中丞。"按此时宰相为萧俛、段文昌、崔植。

十二月，白居易为主客郎中、知制诰。

《旧纪》元和十五年二月，"丙申，以司门员外郎白居易为主客郎中、知制诰"。

本年，郑亚、卢弘止、李中敏登进士科，太常少卿李建知贡举（徐松《登科记考》卷十八）。

〔编年诗〕

《吐绶鸟词》（佚）

刘禹锡有《吐绶鸟词》。《刘禹锡集笺证》外集卷七，自序云："滑州牧尚书李公以《吐绶鸟词》见示，兼命继声。盖尚书前为御史时所作，有翰林二学士同赋之。今所谓追和也。鸟之所异，具于首篇。"刘之此诗作于大和四年（详后）。李德裕于大和四年为滑州刺史，故云滑州牧李公。刘序云李之原诗作于御史时，且有翰林二学士同赋，则当在本年正、二月间，此时德裕正以监察御史充翰林学士，二月则改屯田员外郎，不当再称御史。按李德裕《怀崧楼记》（别集卷七）有云：

"元和庚子岁,予获在内庭,同僚九人。"九人即李绅、杜元颖、元稹、韦处厚、路隋、沈传师、庾敬休、李肇。此"翰林二学士"或即为李绅、元稹。刘序云"鸟之所异,具于首篇","首篇"即德裕之原作也。今李诗已佚,幸赖刘诗及序知其大概。今录刘诗,以备考索:"越山有鸟翔寥廓,嗉中天绶光若若。越人偶见而奇之,因名吐绶江南知。四明天姥神仙地,朱鸟星精钟异气。赤玉雕成彪炳毛,红绡剪出玲珑翅。湖烟始开山日高,迎风吐绶盘花絛。临波似染琅邪草,映叶疑开阿母桃。花红草绿人间事,未若灵禽自然贵,鹤吐明珠暂报恩,鹊衔金印空为瑞。春和秋霁野花开,玩景寻芳处处来。翠幕雕笼非所慕,珠丸柘弹莫相猜。栖月啼烟凌缥缈,高林先见金霞晓。三山仙路寄遥情,刷羽扬翘欲上征。不学碧鸡依井络,愿随青鸟向层城。太液池中有黄鹄,怜君长向高枝宿。如何一借羊角风,来听箫韶九成曲。"

《长安秋夜》(别集卷三)

诗云:"内宫传诏问戎机,载笔金銮夜始归。万户千门皆寂寂,月中清露点朝衣。"当为本年前后在长安作。

穆宗长庆元年辛丑(八二一) 三十五岁

德裕本年仍为翰林学士。正月,上疏言驸马不得至要官私第。

《旧纪》长庆元年正月,"己酉,以前检校大理少卿、驸马都尉刘士泾为太仆卿。给事中韦弘景、薛存庆封还诏书,上谕之曰：'士泾父昌有边功，久为少列十余年，又以尚云安公主，朕欲加恩，制官敕下。'制命始行。翰林学士、司勋员外郎李德裕上疏曰：'臣见国朝故事，驸马国之亲密，不合与朝廷要官往来，开元中禁止尤切。近日驸马多至宰相及要官宅，此辈无他才可以延接，唯是漏泄禁密，交通中外。伏望宣示驸马等，今后有事任至中书见宰臣，此外不得至宰臣及台省官私第。'从之"。《旧传》并谓："穆宗不持政道，多所恩贷，戚里诸亲，邪谋请谒，传导中人之旨，与权臣往来。德裕嫉之，长庆元年正月，上疏论之曰……"按此又见《唐会要》卷五七《翰林院》条。

二月，元稹为翰林学士，与李德裕、李绅相善，时称"三俊"。

丁居晦《重修承旨学士壁记》："元稹，长庆元年二月十六日自祠部郎中、知制诰充，仍赐紫；十七日拜中书舍人；十月迁工部侍郎出院。"又可参见元稹《承旨学士院记》。由此可知李德裕与元稹同在翰林院只可能在本年二月至十月。

《旧·李德裕传》："时德裕与李绅、元稹俱在翰林，以学识才名相类，情颇款密。"又《旧书》卷一七三《李绅传》："岁余，穆宗召为翰林学士，与李德裕、元稹同在禁署，时称'三俊'，情意相善。"

按李德裕有《述梦诗四十韵》（别集卷三），系在浙西观察使时作，追忆翰林时情景，诗前自序所谓"忽梦赋诗怀禁掖旧游"。诗中云："赋命诚非薄，良时幸已遭。君当尧舜日，官接凤凰曹。目睇烟霄阔，心惊羽翼高。椅梧连鹤禁，壁垼接龙韬（自注：内署北连春宫，西接羽林军）。我后怜词客（自

注:先朝曾宣谕:卿等是我门客),吾僚并隽髦。著书同陆贾,待诏比王褒。重价连悬璧,英词淬宝刀。……静室便幽独,虚楼散郁陶(自注:学士各有一室,西垣有小楼,时宴语于此)。花光晨艳艳,松筠晚骚骚。画壁看飞鹤,仙图见巨鳌(自注:内署垣壁,比画松鹤。先是西壁画海中曲龙山,宪宗曾欲临幸,中使惧而涂焉)。倚檐阴药树,落格蔓蒲桃(自注:此八句悉是内署中物,惟尝游者,依然可想也)。荷静蓬池鲙,冰寒郢水醪(自注:每学士初上赐食,皆是蓬莱池鱼鲙,夏至后赐及颁烧香酒。以酒味稍浓,每和水而饮,禁中有郢酒坊也)。荔枝来自远,芦橘赐仍叨(自注:先朝初临御,南方曾献荔枝,亦蒙颁赐,自后以道远罢献也)。"按,这首诗不但描述了德裕与元稹等在翰林供职的情景,而且记载了唐代翰林学士院的所在地,内部布置以及生活情况,对研究唐代的翰林学士制度颇有史料价值。

又元稹有《奉和浙西大夫李德裕述梦四十韵,大夫本题言赠于梦中诗赋以寄一二僚友,故今所和者亦止述翰苑旧游而已,次本韵》(《全唐诗》卷四二三),其中也述及稹与德裕同在翰林供职及在长安同游情况,摘录如下:"戈矛排笔阵,貔虎让文韬。彩缋鸾凰颈,权奇骥骡髦。……金刚锥透玉,镔铁剑吹毛(自注:自戈矛而下,皆述大夫刀笔赡盛,文藻秀丽,翰苑谟猷,纶诰褒贬,功多名将,人许三公,世总台纲,充学士等矣)。""阿阁偏随凤(自注:大夫与稹偏多同直),方壶共跨鳌。……代予言不易,承圣旨偏劳(自注:稹与大夫,相代为翰林承旨)。……渥泽深难报,危心过自操。犯颜诚恳恳,腾口惧切切。佩宠虽绲绶,安贫尚葛袍。宾亲多谢绝,延荐必英豪(自注:自阿阁而下,皆言积同在翰林日,居处深秘,与频繁奉职、勤劳、畏慎、周密等事也)。分阻杯盘会,闲随寺观邀(自注:学士无过从聚会之例,大夫与积,时时期于寺观闲行而已矣)。祇园一林杏(自注:慈恩),仙洞万株桃(自注:玄都)。"

元积《寄浙西李大夫四首》(《全唐诗》卷四一七),其二、三两首也记同在翰林时事,云:"蕊珠深处少人知,网索西临太液池。浴殿晓闻天语后,步廊骑马笑相随(自注:网索在太液上,学士候对,歇于此)。""禁林同直话交情,无夜无曾不到明。最忆西楼人静夜,玉晨钟磬两三声(自注:玉晨观在紫宸殿后面也)。"

又李绅有《忆夜直金銮殿殿承旨》(《全唐诗》卷四八〇),也写翰林供职情事,可资参考。

按《旧·李德裕传》云:"禁中书诏,大手笔多诏德裕草之。"又《新传》:"帝为太子时,已闻吉甫名,由是顾德裕厚,凡号令大典册,皆更其手。"当时制诏可能以德裕与元积为名重一时,而元积更注意于改革旧体,创为新体。白居易《唐故武昌军节度处置等使河南元公(积)墓志铭》(《白居易集》卷七十)谓:"制诰,王言也,近代相沿,多失于巧俗。自公下笔,俗一变至于雅,三变至于典谟,时谓得人。"

二月,沈传师迁中书舍人,出翰林院,判史馆事。德裕在翰林时亦与沈传师善,自此之后,二人时有诗唱和,交谊甚深。

丁居晦《重修承旨学士壁记》:"沈传师,元和十二年二月十三日自左补阙、史馆修撰充。十三年正月十三日迁司门员外郎；二月十八日赐绯。十五年正月二十三日加司勋郎中；闰正月一日赐紫，二十一日加兵部郎中，知制诰。长庆元年二月二十四日迁中书舍人，二月十九日出守本官，判史馆事。"

按此云沈传师于长庆元年二月出院，经查核，欧阳修《集古录跋尾》（见《欧阳修全集》卷一四一，中华书局点校本，2001年），卷八著录《唐韩愈罗池庙碑》，引有《穆宗实录》，云："长庆二年二月，传师自尚书兵部郎中、翰林学士罢为中书舍人、史馆修撰；其九月，愈自兵部侍郎迁吏部。"韩愈确于长庆二年九月由兵部侍郎迁为吏部侍郎，则沈传师亦当于长庆二年二月出院。不过，此处所引之《穆宗实录》谓沈传师由兵部郎中罢为中书舍人，则误，因沈传师在翰林院期间已由兵部郎中（从五品上）迁为中书舍人（正五品上），何以又谓出院时以兵部郎中罢为中书舍人？故仍据丁《记》，列于长庆元年，特加辨证，以供参考。

《新书》卷一三二《沈传师传》："召入翰林为学士，改中书舍人。翰林缺承旨，次当传师，穆宗欲面命，辞曰：'学士院长参天子密议，次为宰相，臣自知必不能，愿治人一方，为陛下长养之。'因称疾出。帝遣中使敦召。李德裕素与善，开晓谆切，终不出。遂以本官兼史职。"此事杜牧《唐故尚书吏部侍郎赠吏部尚书沈公行状》（《樊川文集》卷十四）已述及，且较详，云："时穆宗皇帝亲任学士，时事机秘，多考决在内，必取其长，循为宰相。……岁久，当为其长者凡再，公皆逡巡不就。……故相国李公德裕与公同列友善,亦欲公之起,辞说甚切,公终不出。"

德裕后在润州作《招隐山观玉蕊树戏书即事奉寄江西沈大夫阁老》(别集卷三),曾忆与沈传师同在翰林院时情事,有云:"玉蕊天中树,金闺昔共窥。落英开舞雪,密叶乍低帷。"自注谓:"内署沈大夫所居门前有此树,每花落,空中回旋久之,方集庭际。大夫草诏之月,皆邀予同玩。"沈传师亦有和作(见《全唐诗》卷四六六)。

三月,李德裕为考功郎中,依前知制诰、翰林学士。

丁居晦《重修承旨学士壁记》记德裕"长庆元年三月二十三日改考功郎中、知制诰"。又《旧纪》长庆元年三月,"己未,以屯田员外郎李德裕为考功郎中,左补阙李绅为司勋员外郎,并依前知制诰、翰林学士"。

按元稹《承旨学士院记》谓:"李德裕,长庆元年正月二十九日以考功郎中知制诰、翰林学士,赐绯鱼袋;二月四日迁中书舍人充,余如故;十九日改御史中丞,出院。"按此处所记多误:(一)德裕上年即为翰林学士,非始自本年。(二)加考功郎中为本年三月,非正月。(三)迁中书舍人及御史中丞皆为长庆二年,非元年。

陈振孙《直斋书录解题》卷六职官类著录元稹《承旨学士院记》一卷,云:"专载承旨姓名,自贞元二十一年郑絪,至元和十五年杜元颖并稹,为十二人。末又有李德裕、李绅、韦处厚三人,盖后人所益也。"则无怪记时多误也。

〔辨正〕关于本年三、四月间之科试案。

本年三月科试，李宗闵等因涉请托，罢官外出。《旧唐书·李宗闵传》与《通鉴》以为这次事件也与李德裕有关，李德裕与李宗闵从此时起，各分朋党，互相倾轧，垂四十年。实则所载皆不确，今为之辨正如下。

《通鉴》卷二四一长庆元年三月载："翰林学士李德裕，吉甫之子也，以中书舍人李宗闵尝对策讥切其父，恨之。宗闵又与翰林学士元稹争进取有隙。右补阙杨汝士与礼部侍郎钱徽掌贡举，西川节度使段文昌、翰林学士李绅各以书属所善进士于徽；及榜出，文昌、绅所属皆不预，及第者，郑朗，覃之弟；裴撰，度之子；苏巢，宗闵之婿；杨殷士，汝士之弟也。文昌言于上曰：'今岁礼部殊不公，所取进士皆子弟无艺，以关节得之。'上以问诸学士，德裕、稹、绅皆曰：'诚如文昌言。'上乃命中书舍人王起等覆试。夏四月丁丑，诏黜朗等十人，贬徽江州刺史，宗闵剑州刺史，汝士开江令。或劝徽奏文昌、绅属书，上必悟，徽曰：'苟无愧心，得丧一致，奈何奏人私书，岂士君子所为邪！'取而焚之，时人多之。……自是德裕、宗闵各分朋党，更相倾轧，垂四十年。"

按《通鉴》所载，以为钱徽等所贬，李德裕在其中起重要作用，而且认为德裕之所以如此，是由于元和三年李宗闵对策讥切其父吉甫之故。这完全是司马光想当然之词。前已辨明，元和三年李宗闵、牛僧孺、皇甫湜制科案，与李吉甫无关，因此也不存在长庆元年李德裕借机报复之事。据现存史料，长庆元年之科试案，李德裕实并未介入，除《通鉴》及《旧书·李宗闵传》外，均不载李德裕与此次事件有关。对钱徽、李宗闵攻击最力者,实为元稹。《通鉴》所谓自此党争垂四十年,岑仲勉曾指出其时间上所存在的矛盾,谓:"推《旧传》(琼按即《旧·李宗闵传》)之意,系由元和三年(八〇八)制策案起,数至大中初元(八四七),恰符四十之数。《新书》一七四《宗闵传》只过录《旧书》,故措辞亦含胡。司马光修《通鉴》,明知元和时代僧孺等无与吉甫对抗立党之可能,于是变易其文,在长庆元年下书称:'自是德裕、宗闵各分朋党,更相倾轧,垂四十年。'一面似已替《旧传》弥缝,另一方面却又自开漏洞。因为自长庆元年(八二一)起,须计至咸通初元(八六〇),才够四十之数,即使承认德裕得势时有党,然自彼外贬后十余年间,事实上并无人继而代之(观德裕在崖州与姚谏议书所云'平生旧知,无复吊问'可以反映),从何施其倾轧?故《通鉴》改写,反不如因仍旧贯,表面尚说得去矣。"

今按新旧《唐书·李宗闵传》载此事皆涉及李德裕,《旧传》:"长庆元年,子婿苏巢于钱徽下进士及第,其年,巢覆落。宗闵涉请托,贬剑州刺史。时李吉甫子德裕为翰林学士,钱徽榜出,德裕与同职李绅、元稹连衡言于上前,云徽受请托,所试不公,故致重覆。比相嫌恶,因是列为朋党,皆挟邪取权,两相倾轧。自是纷纭排陷,垂四十年。"《新·李宗闵传》略同。

按关于本年科试案,诸史所载,以《旧书》卷一六八《钱徽传》为最详,云:"长庆元年,为礼部侍郎。时宰相段文昌出镇蜀川,文昌好学,尤喜图书古画。故刑部侍郎杨凭兄弟以文学知名,家多书画,钟、王、张、郑之迹在《书断》、《画品》者,兼而有之。凭子浑之求进，尽以家藏书画献文昌，求致进士第。文昌将发，面托钱徽，继以私书保荐。翰林学士李绅亦托举子周汉宾于徽。及榜出，浑之、汉宾皆不中选。李宗闵与元稹素相厚善，初稹以直道谴逐久之，及得还朝，大改前志，由径以徽进达，宗闵亦急于进取，二人遂有嫌隙。杨汝士与徽有旧，是岁，宗闵子婿苏巢及汝士季弟殷士俱及第。故文昌、李绅大怒。文昌赴镇，辞日，内殿面奏，言徽所放进士郑朗等十四人，皆子弟艺薄，不当在选中。穆宗以其事访于学士元稹、李绅，二人对与文昌同。遂命中书舍人王起、主客郎中知制诰白居易，于子亭重试，内出题目《孤竹管赋》、《鸟散余花落诗》，而十人不中选。诏曰：'国家设文学之科，本求才实，苟容侥幸，则异至公。访闻近日浮薄之徒，扇为朋党，谓之关节，干挠主司。每岁策名，无不先定，永言败俗，深用兴怀。郑朗等昨令重试，意在精核艺能，不于异书之中，固求深僻题目，贵令所试成就，以观学艺浅深。孤竹管是祭天之乐，出于《周礼》正经，阅其呈试之文，都不知其本事，辞律鄙浅，芜累亦多。比令宣示钱徽，庶其深自怀愧，诚宜尽弃，以警将来。但以四海无虞，人心方泰，用弘宁抚，式示殊恩，特掩尔瑕，庶明予志。孔温业、赵存约、窦洵直所试粗通，与及第；裴撰特赐及第，郑朗等十人并落下。……'寻贬徽为江州刺史，中书舍人李宗闵剑州刺史，右补阙杨汝士开江令。初议贬徽，宗闵、汝士令徽以文昌、李绅私书进呈，上必开悟，徽曰：'不然。苟无愧心，得丧一致，修身慎行，安可以私书相证耶？'令子弟焚之，人士称徽长者。既而穆宗知其朋比之端，乃下诏曰：'……我国家贞观、开元，同符三代，风俗归厚，礼让皆行。兵兴已来，人散久矣，始欲导之以德，不欲驱之以刑。然而信有未孚，理有未至，曾无耻格，益用雕刓。小则综核之权，见侵于下辈；大则枢机之重，旁挠于薄徒。尚念因而化之，亦冀去其尤者。而宰臣惧其浸染，未克澄清。备引祖宗之书，愿垂劝诫之诏，遂伸告谕，颇用殷勤。各当自省厥躬，与我同底于道。'元稹之辞也。制出，朋比之徒，如挞于市，咸睚眦于绅、稹。"按，此元稹之制词，又见《全唐文》卷六五〇所载，题作《诫励风俗德音》，又见《唐大诏令集》卷一一〇载，题《诫励风俗诏》，注"长庆元年四月"。

又《旧书》卷一六四《王起传》亦载此事，云："长庆元年，迁礼部侍郎。其年，钱徽掌贡士，为朝臣请托，人以为滥。诏起与同职白居易覆试，覆落者多，徽贬官，起遂代徽为礼部侍郎，掌贡二年，得士尤精。先是，贡举猥滥，势门子弟，交相酬酢，寒门俊造，十弃六七。及元稹、李绅在翰林，深怒其事，故有覆试之科。"《册府元龟》卷六四〇《贡举部·条制二》所载长庆三年王起知贡举一节，与此略同。

由上述材料，可以得出两点：（一）对钱徽这次知贡举所取士攻击最力者为元稹、李绅，尤其是元稹，对穆宗陈言此次考试不公的有他，后来起草诏词深斥朋党比周为害的是他，因此，"制出，朋比之徒，如挞于市，咸睚眦于绅、稹"。他如杨汝士传、段文昌传等都未提及李德裕，两《唐书·李德裕传》根本不载长庆元年科场案事，此无他，即因此事本来就与德裕无关。就在这时，无论是牛僧孺，或是李宗闵，与李德裕还未有政治上和私人意气上的争执。《通鉴》所谓李德裕与李宗闵从此各立朋党，互相倾轧，并无事实根据。当然，当时在翰林院中，德裕与元稹、李绅较为亲密，李宗闵等党徒因怨恨元稹，因而也一并嫉恨李德裕，这是可能的，再加以后来牛、李之党争起，晚唐史籍中叙述这次科试案时就将李德裕拉扯进去。(二)这次科试案的是非曲直，元稹是站在正确的一边。唐朝科举取士，因为是采取不糊名制，事先请托的事是习见不鲜的，如杜牧后于大和二年登进士科，即是吴武陵于考试前向主考官推荐的。问题在于考官是否公正，所取之士是否能孚众望。钱徽这次所取之士，据多种史料记载，确有两大弊病，一是贵门势要之子弟多，二是才艺猥下。《旧唐书·王起传》所谓"势门子弟，交相酬酢，寒门俊造，十弃六七"，因此"元稹、李绅在翰林，深怒其事"。当时白居易是站在中立立场的，采取不偏不倚的态度，他在《论重考试进士事宜状》(《白居易集》卷六十)中也说这次及第进士中，"子弟得者侥幸，平人落者受屈"，因此进行覆试，"乃至公至平，凡是平人，孰不庆幸"。由此可见，这次科试案，实是非豪门势要的士人对贵门势要在科举试中的一次斗争。《旧唐书·钱徽传》及《通鉴》等把它说成是元稹与李宗闵私人之间争权夺利之争，是不对的。

德裕兄德修任膳部员外郎。

《白居易集》卷四九中书制诰《李德修除膳部员外郎制》："敕：尚书左士(顾校：《文苑英华》士作曹，马本、《全唐文》无左士二字)郎，自奏议弥纶外，凡邦之牲豆之品，醴膳之数,实纠理之。命文昌长佐春官卿(顾校:卿字疑误),以朝散大夫、守秘书丞、上柱国李德修,籍训于台庭,业官于书府,揆才考第,得补为郎。司膳缺员,尔宜专掌。可尚书膳部员外郎,馀如故。"

按《新书·李吉甫传》:"子德修,亦有志操,宝历中为膳部员外郎。"白居易于元和十五年十二月知制诰,长庆二年七月由中书舍人出任杭州刺史。这篇制词只能作于此一时期中。又宝历元年李德修已出为舒州刺史(详后宝历元年谱),《新传》谓宝历中为膳部员外郎,当误。德修之任膳部员外郎,当在长庆元年、二年间。

五月,太和公主出嫁回纥。

《旧纪》长庆元年五月癸亥,"皇妹太和公主出降回纥登罗骨没施合毗伽可汗。甲子,命金吾大将军胡证充送公主入回纥使,兼册可汗;又以太府卿李锐为入回纥婚礼使"。太和公主为宪宗女。此事又可参见《旧书》卷一九五《回纥传》、《新书》卷二一七下《回鹘传》下。

牛僧孺时为御史中丞,因论宿州刺史李直臣赃罪,能执法不阿,为穆宗所器重。本年六月,特赐金紫。

杜牧《唐故太子少师奇章郡开国公赠太尉牛公墓志铭并序》(《樊川文集》卷七):"半岁,迁御史中丞。宿州刺史李直臣以赃数万败,穆宗得偏辞于中,称直臣冤,且言有才,宰相言格不用。公以具狱奏,上曰:'直臣有才可惜。'公曰:'彼不才者,无饱食以足妻子,安足虑。本设法令,所以缚束有才者,禄山、朱泚,是才过人而乱天下。'上因可奏,曰善,赐章服金紫。"又李珏所作牛僧孺神道碑铭亦载此事,曰:"有武将李直臣为宿州刺史,豪夺聚敛,以货数百万厚结权贵。公按之,为有力者排,几不胜,竟以词坚理直,上意回,直臣乃得罪。由是上以清直知,又面赐金紫。"《旧纪》长庆元年六月,"甲申,赐御史中丞牛僧孺金紫"。可见牛僧孺按问李直臣赃罪在本年上半年,或即在五、六月间,故于六月甲申赐金紫。按牛僧孺在前半生尚有政绩可纪,与李宗闵不同,李宗闵则无论在朝中,在外任,无论一生之前后,皆无善政可纪,纯为乘利干进、结党争权的小人。又,牛僧孺此时与李德裕也无交涉,更无所谓党争的问题。

本年十一月戊午,试制科举人,制词为李德裕所起草。

参徐松《登科记考》卷十九据《唐大诏令集》。

本年,卢简求等登进士科,崔郾、崔龟从、沈亚之登贤良方正能直言极谏科,礼部侍郎钱徽知贡举(徐松《登科记考》卷十九)。

〔编年文〕

《驸马不许至要官私第状》(别集卷五)

作于本年正月,见《旧传》,又见前谱中所述。

《杜元颖平章事制》(《唐大诏令集》卷四七)

按此文收载于《唐大诏令集》卷四七,题下署为李德裕作,文末署"长庆元年二月"。又见《全唐文》卷六四穆宗名下,题作《授杜元颖平章事制》。文集未收,可补入。《旧纪》长庆元年二月壬申,"以朝散大夫、尚书户部侍郎、知制诰、翰林学士、上柱国、建安县开国男杜元颖守本官、同中书门下平章事"。杜元颖亦为德裕在翰林院中好友,尔后多有交往,杜

卒后德裕有诗悼念，会昌执政时又曾上疏请追复元颖官，详
后谱。

长庆二年壬寅（八二二）　三十六岁

**德裕于正月二十九日加翰林学士承旨，二月四日迁中书舍人，二
月十九日改御史中丞，出院。**

丁居晦《重修承旨学士壁记》："李德裕……（长庆）二年
正月二十九日加承旨，二月四日迁中书舍人，十九日改御史
中丞出院。"

《旧纪》长庆二年二月，"丁卯，以考功郎中、知制诰李德
裕为中书舍人，依前翰林学士"。同月辛巳，"翰林学士、中书
舍人李德裕为御史中丞"。

按《旧传》云："时德裕与李绅、元稹俱在翰林，以学识才
名相类，情颇款密，而逢吉之党深恶之。其月，罢学士，出为
御史中丞。"《通鉴·考异》曾引此，并论之曰："此际元稹入
相，逢吉在淮南，岂能排摈德裕！盖出于德裕党人之语耳。"
按《旧传》此处仅谓德裕与元稹、李绅同在翰林，情颇款密，以
此为李逢吉之党所恶。至二月罢学士、出院、任御史中丞，则
叙另一事，《旧传》似并无出院由李逢吉党排挤之意。司马光
对李德裕先有成见，故作如此理解，并谓此乃出于德裕党人
之手，则纯系揣测之词。李德裕出为御史中丞与李逢吉无
关，至本年九月外出为润州刺史则与李逢吉直接有关，详

后谱。

三月，荐故东都留守李憕子源为谏议大夫。

文集补遗有《荐处士李源表》。按源为东都留守李憕子，憕死于安禄山之难，见《旧书》卷一八七下《忠义传》下，《新书》卷一九一《忠义传》上。源因"父死贼手，常悲愤，不仕不娶，绝酒荤"。李德裕为御史中丞，为表彰义烈，使"圣代有求贤之盛，朝廷美得材之难"（荐表中语），上疏荐李源为谏议大夫。

此事《旧·李源传》系于长庆三年，谓"长庆三年，御史中丞李德裕表荐之曰……"《新传》则云"长庆初，年八十矣，御史中丞李德裕表荐源"。今按《唐会要》亦载此事，卷五五《谏议大夫》条："长庆二年三月，以处士李源为谏议大夫，诏曰……御史中丞李德裕抗表荐，故有是命。"按德裕于本年二月至九月为御史中丞，九月以后及长庆三年均在浙西观察使任，《旧·李源传》误，以《唐会要》所系时间为是。又《旧纪》及《册府元龟》卷四六八台省部荐举条载征诏李源在长庆二年七月，或德裕此文作于七月。

按李源事又可参见《太平广记》卷一五四《李源》条，引自《独异志》。

德裕任御史中丞时，曾荐引崔珙为御史知杂。

《新书》卷一八二《崔珙传》附兄珙传："举进士、贤良方正，皆高第。累辟诸使府。入朝，稍历吏部员外郎。李德裕任御史中丞，引知杂事，进给事中。"（《旧书》卷一七七本传未载）

《白居易集》卷四九中书制诰《崔琯可职方郎中侍御史知杂制》:"敕:近岁以来,副相多缺,朝纲国纪,专委中宪。而侍御史一人,得总台事,以左右之。今御史中丞德裕,以中散大夫、行尚书吏部员外郎、上柱国崔琯,守文无害,莅事惟精,在郎署中,推有才理,奏补是职,请观其能。因而可之,仍加宠秩。"

时人对德裕任中书舍人、御史中丞时政绩之评论。

贾𫗧《赞皇公李德裕德政碑》(《全唐文》卷七三一):"又迁中书舍人,专承密命,论思参赞,沃心近膝,言隐而道行者盖多矣。会邦宪任缺,帝难其人,乃拜御史中丞。直己端诚,道无吐茹,百职以治,朝纲以肃。"

九月,德裕由御史中丞出为润州刺史、浙西观察使。德裕之出,出于李逢吉的排挤。

《旧传》:"时元稹自禁中出,拜工部侍郎、平章事。三月,裴度自太原复辅政。是月,李逢吉亦自襄阳入朝,乃密赂纤人,构成于方狱。六月,元稹、裴度俱罢相,稹出为同州刺史,逢吉代裴度为门下侍郎、平章事。既得权位,锐意报怨。时德裕与牛僧孺俱有相望,逢吉欲引僧孺,惧绅与德裕禁中沮之,九月,出德裕为浙西观察使,寻引僧孺同平章事。由是交怨愈深。"《新·李德裕传》亦言李逢吉于元和时与李吉甫、裴度意见不合,不欲对藩镇用兵,"逢吉以议不合罢去,故追衔吉甫而怨度,摈德裕不得进。至是,间帝暗庸,諜度使与元稹相怨,夺其宰相而己代之。欲引僧孺益树党,乃出德裕为浙西观察使。俄而僧孺入相,由是牛、李之憾结矣"。

按李逢吉于元和时因阻挠对淮西用兵,不合宪宗意,罢相出为襄州刺史、山南东道节度使。穆宗立,李逢吉入朝为兵部尚书,又谋欲复相位,利用裴度与元稹个人之间的不和,制造矛盾,使二人俱罢相位。本年六月,李逢吉就由兵部尚书为门下侍郎、同平章事,拜相。既入相,又欲援引牛僧儒同居相位,恐李绅、李德裕阻其谋,又制造李绅与韩愈的矛盾,即所谓放台参事件,同时又排挤李德裕,使之出朝,外放为浙西观察使。因此可以说,在早期,即在穆宗时,牛僧孺、李宗闵还不表现为直接与李德裕对立,而是依附于李逢吉,李逢吉这时打击的主要对象是裴度,因打击裴度而排挤李绅与李德裕。今录有关材料如下,以供研讨。

　　《旧书》卷一六七《李逢吉传》:"逢吉于帝(穆宗)有侍读之恩,遣人密结幸臣,求还京师。长庆二年三月,召为兵部尚书。时裴度亦自太原入朝。以度招怀河朔功,复留度,与工部侍郎元稹相次拜平章事。度在太原时,尝上表论稹奸邪。及同居相位,逢吉以为势必相倾,乃遣人告和王傅于方结客,欲为元稹刺裴度。及捕方,鞫之无状,稹、度俱罢相位,逢吉代度为门下侍郎、平章事。自是浸以恩泽结朝臣之不逞者,造作谤言,百端中伤裴度。赖学士李绅、韦处厚等显于上前,言度为逢吉排斥,而度于国有功,不宜摈弃,故得以仆射在朝。"

　　《新书》卷一七三《裴度传》:"是时,徐州王智兴逐崔群,诸军盘互河北,进退未一。议者交口请相度,乃以本官兼中书侍郎、平章事。权佞侧目,谓李逢吉险贼善谋,可以构度,共讽帝自襄阳召逢吉还,拜兵部尚书。度居位再阅月,果为逢吉所间,罢为左仆射。"

《旧书》卷一七三《李绅传》:"时德裕与牛僧孺,俱有朝望,德裕恩顾稍深。逢吉欲用僧孺,惧绅与德裕沮于禁中。二年九月,出德裕为浙西观察使,乃用僧孺为平章事,以绅为御史中丞,冀离内职,易掎摭而逐之。"

润州初经王国清兵乱,府库财竭,德裕妥善处置,经二年,仓廪充实。

浙西观察使治所在润州(今江苏镇江市),有县四:丹徒、丹杨、金坛、延陵(《新唐书·地理志》)。

《旧纪》长庆二年九月癸卯,"御史中丞李德裕为润州刺史、兼御史大夫、浙江西道都团练观察处置等使,以代窦易直;以易直为吏部侍郎"。按《旧纪》在此之前,同年九月戊子朔,有记曰:"浙西大将王国清谋叛,观察使窦易直讨平之,同恶二百余人并诛之。"

《旧纪》简略,看不出事件的真相和经过,实际上,王国清之乱,与窦易直处置不当有直接关系。《旧书》卷一六七《窦易直传》云:"长庆二年七月,汴州将李齐逐其帅李愿,易直闻之,欲出官物以赏军,或谓易直曰:'赏给无名,却恐生患。'乃已。军士已闻之。时江、淮旱,水浅,转运司钱帛委积不能漕,州将王国清指以为赏,激讽州兵谋乱。先事有告者,乃收国清下狱。其党数千,大呼入狱中,篡取国清而出之,因欲大剽。易直登楼谓将吏曰:'能诛为乱者,每获一人,赏十万。'众喜,倒戈击乱党,并擒之。国清等三百余人,皆斩之。"

润州兵乱，是中唐以来骄兵悍将跋扈的积习，但身为一州观察使的窦易直，慑于北方的兵变，为了保住自己的禄位，始而想用钱帛稳住州兵，后又吝惜不与，及至乱起，又以府库钱物仓卒散发。王国清之乱虽然平定，但府库为之空虚，兵将横暴难制的情况并未改变。李德裕代其任，接受的是这样一种局面。

《旧·李德裕传》载："润州承王国清兵乱之后，前使窦易直倾府藏赏给，军旅浸骄，财用殚竭。德裕俭于自奉，留州所得，尽以赡军，虽施与不丰，将卒无怨。二年之后，赋舆复集。"《新传》亦载："初，润州承王国清乱，窦易直倾府库赉军，费用空殚，而下益骄。德裕自检约，以留州财赡军，虽俭而均，故士无怨。再期，则赋物储牣。"

辟李蟾为观察判官；德裕再次镇浙西时，蟾又为都团练副使。

《唐故朝议郎守尚书比部郎中上柱国赐绯鱼袋陇西李府君墓志铭并序》（署为朝散大夫守中书舍人上柱国崔栢撰）："公讳蟾，字冠山，景皇帝八代孙，淮安王之后。……修文举进士，颇以行艺流誉于士友之间。……补京兆府咸阳县尉。属故相国窦公廉问南徐，奏署监察里行，充都团练判官，俄转殿中，复为观察判官。推诚奉知，临事不苟。时裨将构乱，变生苍卒，时从容宾席，运筹中权，烈火惊飙，指顾而定。既窦公入拜，属今相国赞皇公承诏代之，不日举其功善，奏加命服，请仍旧职。……丧纪外除，今相国赞皇公尚观风浙右，复以都团练副使上请之，诏除检校礼部郎中兼侍御史。"（据周绍良先生所录旧拓本）按据《新书·宰相表》，窦易直后于长庆四年五月由户部侍郎、判度支拜同中书门下平章事，故志文中称之为"相国窦公"。

又辟郑亚为其幕府从事。

《旧书》卷一七八《郑畋传》叙其父郑亚事，谓："李德裕在翰林，亚以文干谒，深知之。出镇浙西，辟为从事。"又《新书》卷一八五《郑畋传》载亚事亦谓："李德裕为翰林学士，高其才，及守浙西，辟署幕府。"

本年在润州，纳妾徐氏盼（宇正定）。徐年十六。

李德裕《滑州瑶台观女真徐氏墓志铭》："徐氏，润州丹徒县人，名盼，名正定。"又云："长庆壬寅岁，余自御史丞（琼按丞上疑脱中字）出镇金陵，徐氏年十六，以才惠归我。"

闰十月，路随、韦处厚等奉诏修《宪宗实录》。

《旧纪》长庆二年闰十月，"己亥，敕翰林侍讲学士谏议大夫路随、中书舍人韦处厚，兼充史馆，修撰《宪宗实录》，仍更日入史馆"。此又可参见《唐会要》卷六十三。

本年，白敏中、周墀登进士科，礼部侍郎王起知贡举（徐松《登科记考》卷十九）。

〔编年文〕

《荐处士李源表》（文集补遗）

作于本年三月或七月，详见前谱。

《丞相邹平公新置资福院记》（别集卷七）

欧阳棐《集古录目》卷九载《资福院记》，并云："李德裕撰，长庆二年立。"（注云出自《舆地碑目》）又见王象之《舆地碑记目》卷四成都府碑记，亦谓"长庆二年立石"。

按此文为应段文昌所请而作，段文昌于长庆元年二月以检校刑部尚书、同平章事为西川节度使；文昌之祖籍为齐州临淄，唐初邹平县曾隶之，故德裕文中称"丞相邹平公"。（至于文昌正式进爵为邹平公，则在文宗时，见《新书》卷八九《段平昌传》）

又《旧书》卷一六七《段文昌传》称："文昌于荆、蜀皆有先祖故第，至是（为西川节度使时）赎为浮图祠。"故李德裕文中云："下车逾月，访于旧馆。邵伯之树未剪，武侯之庐犹在。于公邑里，遂见高车；龙骧门闳，竟容长戟。公瞻构洒泣，循陔永思。以为征坏壁者，夫子之居尚毁；固朽宅者，如来之乘斯远。孰若归于净土，环以香林。乃购之于官，以为精舍。又以桑门之上首者七人居之，所以证迷途而资凤植也。殿堂层立，轩房四柱，镕金作绘，仿佛诸天。"按文昌本佞佛，此文又以应文昌之请而作，故其中多有叙释家语，但并非代表德裕对佛教的态度。

又此文篇末署为"长庆二年十月二十二日，朝议大夫、御史中丞、上柱国、赞皇县开国男、食邑三百户、赐紫金鱼袋李德裕撰"。而据《旧纪》，德裕于长庆二年九月癸卯已任命为润州刺史，兼御史大夫、浙西观察使。九月戊子朔，癸卯为九月十六日。未知文内"十月"之"十"有误否，待考。

〔编年诗〕

《题怪石诗》（赵明诚《金石录》卷九）

《金石录》一七五七《唐题怪石诗》下注："世传李德裕撰，长庆二年二月。"按此诗已不传。

长庆三年癸卯（八二三）　三十七岁

本年仍在浙西观察使任。注意于改革旧俗，破除迷信。十二月，奏去管内淫祠一千一十五所。

《旧纪》长庆三年十二月，"浙西观察使李德裕奏去管内淫祠一千一十五所"。

《旧传》："德裕壮年得位，锐于布政，凡旧俗之害民者，悉革其弊。江、岭之间信巫祝，惑鬼怪，有父母兄弟厉疾者，举室弃之而去。德裕欲变其风，择乡人之有识者，喻之以言，绳之以法，数年之间，敝风顿革。属郡祠庙，按方志前代名臣贤后则祠之，四郡之内，除淫祠一千一十所。又罢私邑山房一千四百六十，以清寇盗。人乐其政，优诏嘉之。"《新传》亦载："南方信機巫，虽父母疾病，子弃不敢养。德裕择长老可语者，谕以孝慈大伦，患难相收不可弃之义，使归相晓敕，违约者显置以法。数年，恶俗大变。又按属州非经祠者，毁千余所，撤私邑山房千四百舍，寇无所庾蔽。天子下诏褒扬。"

按新旧《唐书》本传所载改革敝俗数事，皆未载明具体年月，今据《旧纪》所载长庆三年十二月去管内淫祠事，统系于此。

徐凝《浙西李尚书奏毁淫昏庙》（《全唐诗》卷四七四）："传闻废淫祀，万里静山陂。欲慰灵均恨，先烧靳尚祠。"

同月，又奏禁百姓厚葬。

《唐会要》卷三八《葬》："长庆三年十二月,浙西观察使李德裕奏,缘百姓厚葬……"此即文集补遗之《论丧葬逾制疏》。文中论述润州一带厚葬之敝,"或结社相资,或息利自办,生产储蓄,为之皆空,习以为常,不敢自废,人户贫破,抑此之由"。并建议:"今百姓等丧葬祭奠,并请不许以金银锦绣为饰,其陈设乐音者,及葬物稍涉僭越者,并勒毁除。"按润州新经兵乱,仓廪空竭,民间亦需休养生息,恢复元气,德裕于此际提出去淫祠、禁厚葬,破除迷信,戒奢立俭,是合于时宜的。

三月,牛僧孺因李逢吉之荐引,由户部侍郎拜相。

　　《旧纪》长庆三年三月丁巳,"以牛僧孺同中书门下平章事"。

　　《通鉴》卷二四三长庆三年记此事较详,并论及牛、李之争事,云:"(正月)户部侍郎牛僧孺,素为上所厚。初,韩弘之子右骁卫将军公武为其父谋,以财结中外。及公武卒,弘继薨,稚孙绍宗嗣,主藏奴与吏讼于御史府。上怜之,尽取弘财簿自阅视,凡中外主权,多纳弘货,独朱句细字曰:'某年月日,送户部牛侍郎钱千万,不纳。'上大喜,以示左右曰:'果然,吾不缪知人!'三月,壬戌,以僧孺为中书侍郎、同平章事。时僧孺与李德裕皆有入相之望;德裕出为浙西观察使,八年不迁,以为李逢吉排己,引僧孺为相。由是牛、李之怨愈深。"《通鉴考异》亦谓:"盖德裕以此疑怨逢吉,未必皆出逢吉之意也。"

　　按李逢吉于长庆二年六月谮裴度与元稹使罢相,自以兵部尚书守门下侍郎、同中书门下平章事,同时居相位者仅杜元颖,大权则归李逢吉操持。如《通鉴》卷二四三长庆三年即载:"李逢吉为相,内结知枢密王守澄,势倾朝野。"逢吉结党营私,朝政腐败,以致白居易于长庆二年七月求除外任(为杭州刺史)。《旧书》卷一六六《白居易传》谓:"时天子荒纵不法,执政非其人,制御乖方,河朔复乱。居易累上疏论其事,天子不能用,乃求外任。七月,除杭州刺史。"《新·白居易传》所载略同。由此可见李逢吉入朝后的情况。这时,李德裕与牛僧孺俱有入相的希望,李逢吉却于二年九月出德裕为浙西观察使,当时李德裕与元稹、李绅声气相应,共有时望,但都受到李逢吉的排挤与打击。而与此同时,李逢吉却向牛僧孺表示好感,《通鉴》谓牛僧孺之所以入相,是因为穆宗查阅韩弘送货财与中外权贵的账簿,看到牛僧孺拒不接受韩弘的财货,深加赞赏,因而选拔为相。按此事都本之于杜牧所作之牛僧孺墓志铭(《樊川文集》卷七《唐故太子少师奇章郡开国公赠太尉牛公墓志铭并序》)及李珏所作牛僧孺神道碑(《全唐文》卷七二〇《故丞相太子少师赠太尉牛公神道碑铭并序》)。在当时情况下,正因为李逢吉想援引牛僧孺,牛僧孺才得以拜相,杜牧、李珏所作墓志、神道碑,一字也未提及李逢吉与牛僧孺的关系,正好说明是有意回避。当然,牛僧孺与李德裕的矛盾是逐步发展的,这种发展有一过程,长庆二、三年间还未有重大政见上的分歧,而牛僧孺于此之前尚有一些善政,因此《通鉴》说因长庆三年牛僧孺入相,牛、李交怨愈深,不确,又说李德裕"以为李逢吉排己,引僧孺入相",

也毫无事实根据，这完全是司马光出于对李德裕的成见。

八月，裴度为李逢吉之党所攻讦，出为山南西道节度使。

《通鉴》长庆三年八月，"癸卯，以左仆射裴度为司空、山南西道节度使，不兼平章事。李逢吉恶度，右补阙张又新等附逢吉，竞流谤毁伤度，竟出之"。

九月，元稹由同州刺史改为越州刺史、浙东观察使。赴任途中，曾与李德裕有诗唱酬。经润州时，曾会晤德裕。

元稹有《酬李浙西先因从事见寄之作》（《全唐诗》卷四一〇）："近日金銮直，亲于汉珥貂。内人传帝命，丞相让吾僚。浙郡悬旌远，长安谕日遥。因君蕊珠赠，还一梦烟霄。"

卞孝萱《元稹年谱》谓此李浙西即李德裕，并云此为元稹作于赴浙东途中经润州会晤李德裕之前。德裕当先有寄元稹诗，今李之原倡已佚。

李德裕在浙西时，辟润州句容人刘三复为其掌书记。德裕凡三任浙西，三复皆从之。三复子刘邺，于懿宗时曾申德裕之冤。

《旧书》卷一七七《刘邺传》："刘邺字汉藩，润州句容人也。父三复，聪敏绝人，幼善属文。少孤贫，母有废疾，三复丐食供养，不离左右，久之不遂乡赋。长庆中，李德裕拜浙西观察使，三复以德裕禁密大臣，以所业文诣郡干谒。德裕阅其文，倒屣迎之，乃辟为从事，管记室。"又云："德裕三为浙西，凡十年，三复皆从之"，"又从德裕历滑台、西蜀、扬州。"又《新书》卷一八三《刘邺传》："父三复，以善文章知名，少孤，母病废，三复丐粟以养。李德裕为浙西观察使，奇其文，表为掌书记。"

孙光宪《北梦琐言》所载更详,其书卷一谓:"唐大和(琼按此纪时有误,李德裕始任浙西在长庆)中,李德裕镇浙西。有刘三复者,少贫,苦学有才思,时中人赍御书至,以赐德裕,德裕试其所为,谓曰:'子可为我草表,能立就,或归以创之。'三复曰:'文理贵中,不贵其速。'德裕以为当言。三复又请曰:'渔歌樵唱,皆传公述作,愿以文集见示。'德裕出数轴与之。三复乃体而为表,德裕嘉之,因遣诣阙求试,果登第,历任台阁。……其子邺,敕赐及第,登廊庙,上表雪德裕,以朱崖神榇归葬洛中(琼按此事后有辨说),报先恩也,士大夫美之。"(又钱易《南部新书》丙卷亦略记其事:"李德裕镇浙西,刘三复在幕。一旦令草谢御书表,谓之曰:'立构也,归创之。'三复曰:'文理贵中,不贵其速。'赞皇以为当。"此当本之于《北梦琐言》。)

按刘三复入李德裕幕,据现有材料,未能知其确年,姑系于此,大约即本年前后。

又据《唐语林》卷三《赏誉》,刘三复曾任金坛尉,云:"刘侍郎三复,初为金坛尉。李卫公镇浙西,三复代草表曰:'山名北固,长怀恋阙之心;地接东溟,却羡朝宗之路。'卫公嘉叹,遂辟为宾佐。"

刘三复时与江南一些诗人有交往,如许浑即有诗寄酬三复,浑《下第归朱方寄刘三复》(《全唐诗》卷五三一):"素衣京洛尘,归棹过南津。故里迹犹在,旧交心更亲。月高萧寺夜,风暖庾楼春。诗酒应无暇,朝朝问旅人。"按许浑于大和六年(八三二)登进士第,此诗当作于大和六年之前,时刘三复仍在润州,许浑亦居润州,故诗中云:"故里迹犹在,旧交心更亲。"

浑诗又有《春日思旧游寄南徐从事刘三复》(《全唐诗》卷五三六),诗为七律,首二句云:"风暖曲江花半开,忽思京口共衔杯。"此诗当在长安作。又有《和浙西从事刘三复送僧南归》(《全唐诗》卷五三五)。

十月,杜元颖罢知政事,除剑南西川节度使。

《旧纪》长庆三年十月,"宰相杜元颖罢知政事,除成都尹、剑南西川节度使"。

按杜元颖与李德裕、元稹、李绅曾同在翰林,此次之出,恐亦为李逢吉所排。

〔编年文〕

《玄真子渔歌记》(别集卷七)

文末署曰"长庆三年甲寅岁夏四月辛未日,润州刺史兼御史大夫李德裕记"。按长庆三年岁在癸卯,此处"甲寅"当误;又本年夏四月,乙酉朔,无辛未,当亦有误。文当作于本年四月。

《论丧葬逾制疏》(文集补遗)

据《唐会要》卷三八《葬》,系于长庆三年十二月。详见前文。

长庆四年甲辰(八二四) 三十八岁

李德裕仍在浙西观察使任。

正月壬申,穆宗因服方药,暴卒,年三十。子湛即位,是为敬宗,是年十六。

> 参见《旧书·穆宗纪》、《敬宗纪》及《通鉴》卷二四三长庆四年。

二月,李逢吉勾结宦官王守澄,谮李绅于敬宗,贬绅为端州司马。时李逢吉之党颇盛,有八关、十六子之称。

> 《旧·敬宗纪》长庆四年二月,"癸未,贬户部侍郎李绅为端州司马。丙戌,贬翰林学士、驾部郎中、知制诰庞严为信州刺史,翰林学士、司封员外郎、知制诰蒋防为汀州刺史,皆绅之引用者。以右拾遗吴思为殿中侍御史,充入蕃告哀使。李绅之贬,李逢吉受贺,群官至中书,而思独不往,逢吉怒而斥为远使"。按《旧书》卷一七三《李绅传》及《通鉴》卷二四三长庆四年二月,皆载李逢吉深忌李绅,用其党张又新等计,进用刘栖楚为谏官,"日夜谋议,思所以害绅者"。及敬宗即位,李逢吉又与宦官王守澄相结纳,并使王守澄向敬宗进谗言,说穆宗时李绅不欲立敬宗为太子,于是贬绅为端州司马。

> 李绅之贬,韦处厚曾上疏解救,并论李逢吉之党遍满朝行。《旧·李绅传》谓:"绅之贬也,正人腹诽,无敢有言,唯翰林学士韦处厚上疏,极言逢吉奸邪,诬摭绅罪。"又《旧书》卷一五九《韦处厚传》:"敬宗嗣位,李逢吉用事,素恶李绅,乃构成其罪,祸将不测。处厚与绅皆以孤进,同年进士,心颇伤之,乃上疏曰:'……绅先朝奖用,擢在翰林,无过可书,无罪可戮。今群党得志,谗嫉大兴。……今逢吉门下故吏,遍满朝行,侵毁加诬,何词不有?……'"

《旧书》卷一六七《李逢吉传》亦载李逢吉结党营私之状，谓："朝士代逢吉鸣吠者，张又新、李续之、张权舆、刘栖楚、李虞、程昔范、姜洽、李仲言，时号'八关十六子'。又新等八人居要剧，而胥附者又八人，有求于逢吉者，必先经此八人纳赂，无不如意者。"

　　李绅《趋翰苑遭诬构四十六韵》（《全唐诗》卷四八〇）及诗内自注也曾记为李逢吉党所诬陷事，自注有云："逢吉、守澄、栖楚、柏耆、又新等，连为搏噬之徒。""敬宗即位之初，遭逢吉等诬构，宸襟未察，衔冤遂深。""余遭逢吉构成遂，敬宗听政之前一日，宣命于月华门外窜逐。"绅又有《涉沅潇》诗（《全唐诗》卷四八〇），为贬端州途中经湖南作，云："屈原尔为怀王没，水府通天化灵物。何不驱雷击电除奸邪，可怜空作沉泉骨。"则直指斥李逢吉为奸邪。

四月，宰臣李逢吉封凉国公，牛僧孺封奇章县子；十二月，牛僧孺又进封奇章郡公。

　　见《旧·敬宗纪》。按杜牧所作牛僧孺墓志铭、李珏所作神道碑皆不载敬宗初牛与李逢吉同在相位及封爵事，盖有所回护。当时在相位者实仅李逢吉与牛僧孺，牛本为李所荐引，李之所为，牛当然不敢谏止。正因为牛能追随逢吉，才能巩固其相位，并晋封其爵位。

七月，德裕上疏言罢进奉事；九月，又上疏言事。

　　《旧·敬宗纪》长庆四年七月，"丙子，浙西观察使李德裕奏：'诏令当道造盝子二十具，计用银一万三千两，金一百三十两。昨已进两具，用银一千三百两，当道在库贮备银无二三百两,皆百计收市,方成此两具。臣当道唯有留使钱五万贯,每事节俭支费,犹欠十三万贯不足。臣若因循不奏,则负陛下任使之恩;若分外诛求,又累陛下慈俭之德。伏乞宣令宰臣商议,何以遣臣得上不违宣索,下不阙军须,不困疲人,不敛物怨。'时有诏罢进奉,故德裕有是奏"。按此即别集卷五之《奏银妆具状》。《旧纪》同年九月戊午又载:"诏浙西织造可幅盘绦缭绫一千匹。观察使李德裕上表论谏,不奉诏,乃罢之。"按此即别集卷五之《奏缭绫状》。

《旧·李德裕传》:"昭愍皇帝童年缵历,颇事奢靡,即位之年七月,诏浙西造银盝子妆具二十事进内。德裕奏曰……时准敕不许进献,逾月之后,征贡之使,道路相继,故德裕因诉而讽之。事奏,不报。"又云:"又诏进可幅盘绦缭绫一千匹,德裕又论曰……优诏报之。其缭绫罢进。"

《唐六典》卷三尚书户部载江南道润州贡"方棋、水波绫"。

按德裕此次上疏论罢进奏事,颇为后人所称引,兹举数例如下:

宋孙甫《唐史论断》卷下:"如李德裕在浙西,昭愍凡有宣索,再三论奏,罢其贡献,此以生民为意,不奉君之侈欲也。"

宋毕仲游《西台集》卷十五《丞相仪国韩公行状》:"俄迁枢密直学士、定州路安抚使、知定州。州贡文绫、文绢有常数,诏增贡文绫百匹、绢百匹。公上言:'唐李德裕为浙西观察使,诏贡缭绫千匹,德裕奏言:若将匪颁臣下,则千匹岂足于用;若止上躬自服,何至多用千匹。奏至,遂停之。臣幸遇圣朝,则德裕前日之言,亦臣今日所当言者,惟陛下察许。'诏从罢之。"

宋洪迈《容斋五笔》卷二《谏缭绫戏龙罗》:"李德裕为浙西观察使,穆宗(琼按此应作敬宗,洪氏误记)诏索盘绦缭绫千匹,德裕奏言:'立鹅、天马、盘绦、掬豹,文采怪丽,惟乘舆当御。今广用千匹,臣所未谕。'优诏为停。崇宁间,中使持御札至成都,令转运司织戏龙罗二千,绣旗五百。副使何常奏:'旗者,军国之用,敢不奉诏。戏龙罗唯供御服,日衣一匹,岁不过三百有奇,今乃数倍,无益也。'诏奖其言,为减四之三。……何常所论,甚与德裕相类云。"

十二月,德裕上言请禁泗州度僧尼。

《旧·敬宗纪》长庆四年十二月,"乙未,徐泗王智兴请置僧尼戒坛,浙西观察使李德裕奏状论其奸幸。时自宪宗朝有敕禁私度戒坛,智兴冒禁陈请,盖缘久不兴置,由是天下沙门奔走如不及。智兴邀其厚利,由是致富,时议丑之"。《旧·李德裕传》亦记:"元和已来,累敕天下州府,不得私度僧尼。徐州节度使王智兴聚货无厌,以敬宗诞月,请于泗州置僧坛,度人资福,以邀厚利。江淮之民,皆群党渡淮。德裕奏论曰:'……江淮自元和二年后,不敢私度。自闻泗州有坛,户有三丁必令一丁落发,意在规避王徭,影庇资产。自正月已来,落发者无算。臣今于蒜山渡点其过者,一日一百余人。……若不特行禁止,比到诞节,计江淮已南,失却六十万丁壮。此事非细,系于朝廷法度。'状奏,即日诏徐州罢之。"

此事又见《通鉴》卷二四三长庆四年十二月乙未条,又胡注引《唐会要》,谓敬宗于元和四年六月九日生,今王智兴于十二月请置戒坛,预请之也。

按德裕所上奏议,即别集卷五《王智兴度僧尼状》。

《唐语林》载李德裕在润州礼敬上元瓦官寺僧守亮事。

《唐语林》卷二《文学》载:"上元瓦官寺僧守亮,通《周易》,性若狂易。李卫公镇浙西,以南朝旧寺多名僧,求知《易》者,因帖下诸寺,令择送至府。瓦官寺众白守亮曰:'大夫取解《易》僧,汝常时好说《易》,可往否?'守亮请行。众戒曰:'大夫英俊严重,非造次可至,汝当慎之。'守亮既至,卫公初见,未之敬。及与言论,分条析理,出没幽赜,公凡欲质疑,亮已演其意。公大惊,不觉前席。命于甘露寺设馆舍,自于府中设讲席,命从事已下皆横经听之,逾年方毕。既而请再讲。讲将半,亟请归甘露。既至命浴,浴毕,整巾屦,遣白公云:'大期今至,不及回辞。'言讫而终。公闻惊异,明日率宾客至寺致祭。适有南海使送西国异香,公于龛前焚之,其烟如弦,穿屋而上,观者悲敬。公自草祭文,谓举世之官爵俸禄,皆加于亮,亮尽受之,可以无愧。"

按此处称德裕为大夫,德裕此次出镇浙西,即带御史大夫衔。则所记当是第一次为浙西观察使时。事之有无,无可佐证,姑系于此。但从记载也可看出,李德裕反对王智兴私设坛剃度僧尼,是反对佛寺抢占国家的劳动力,使封建朝廷减少赋税收入,但对寺僧中精通儒家经典者,仍加礼敬。瓦官寺众僧称德裕"英俊严重",也可见出当时人的评价。

元稹于本年春有诗寄李德裕,时稹仍在浙东观察使任上。

《全唐诗》卷四一七载元稹《寄浙西李大夫四首》。按此诗之前为《酬复言长庆四年元日郡斋感怀见寄》，此诗之后为《题长庆四年历日尾》，则寄德裕诗当亦为长庆四年作。时元稹在浙东，德裕在浙西，故诗中有"白头西望"之句。第二、第三首为回忆同在翰林时事，已见前录。今录其一、四两首，以见元、李二人的交谊。"柳眼梅心渐欲春，白头西望忆何人。金陵太守曾相伴，共蹋银台一路尘。""由来鹏化便图南，浙右虽雄我未甘。早渡西江好归去，莫抛舟楫滞春潭。"

按元稹诗中"金陵太守"即指李德裕，唐时润州习称金陵，尤以诗文中为然，盖因当时江宁、句容等县俱隶润州管辖。如张祜《题金陵渡》诗："金陵津渡小山楼，一宿行人自可愁。潮落夜江斜月里，两三星火是瓜洲。"这里指润州京口为金陵。又杜审权自润州刺史除尚书左仆射制词："顷罢机务，镇于金陵。"骆宾王送阎五还润州诗序云："言返惟桑，修途指金陵之地。"

令狐楚于三月由太子宾客分司东都改为河南尹，九月又为汴州刺史、宣武军节度使。

《旧·敬宗纪》长庆四年三月甲子，"分司东都、太子宾客令狐楚为河南尹"；又九月，"庚戌，以河南尹令狐楚检校礼部尚书、汴州刺史、宣武军节度使、宋汴亳观察等使"。

按令狐楚元和时即与李逢吉相结纳，后因裴度之奏，罢楚内职；长庆初又因交结皇甫镈，为众所怒，又贬衡州刺史；后稍迁为太子宾客、分司东都。《旧书》卷一七二《令狐楚传》谓："时李逢吉作相，极力援楚，以李绅在禁密沮之，未能擅柄。敬宗即位，逢吉逐李绅，寻用楚为河南尹，兼御史大夫。其年九月，检校礼部尚书、汴州刺史、宣武军节度、汴宋亳观察等使。"（《新书》卷一六六本传所载略同）可见李逢吉于长庆及宝历初作相时，一面排挤、打击裴度、李绅、李德裕等，一面援引、提拔牛僧孺、令狐楚、李宗闵等，朝臣之间的党争实已开始，只不过此时牛僧孺、李宗闵还依附于李逢吉，而李逢吉的打击对象主要在于裴度。

六月，张弘靖卒。

《旧·敬宗纪》长庆四年六月，"癸卯，太保张弘靖卒"。

十月，李宗闵权知兵部侍郎。

《旧·敬宗纪》长庆四年十月壬寅，"以权知礼部侍郎李宗闵权知兵部侍郎"。

十二月，韩愈卒。

《旧·敬宗纪》长庆四年十二月，"吏部侍郎韩愈卒"。

本年，韦楚志、李甘登进士科，中书舍人李宗闵知贡举（徐松《登科记考》卷十九）。

〔编年文〕

《奏银妆具状》（别集卷五）

本年七月。

《奏缭绫状》（别集卷五）

本年九月。

《王智兴度僧尼状》（别集卷五）

本年十二月。

敬宗宝历元年乙巳（八二五） 三十九岁

李德裕仍在浙西观察使任。

牛僧孺曾累表求出；正月乙卯，罢知政事，出为武昌军节度使。

　　《通鉴》卷二四三宝历元年正月，"中书侍郎、同平章事牛僧孺以上荒淫，嬖幸用事，又畏罪不敢言，但累表求出。乙卯，升鄂岳为武昌军，以僧孺同平章事，充武昌节度使"。又《旧书》卷一七二《牛僧孺传》："宝历中，朝廷政事出于邪幸，大臣朋比，僧孺不奈群小，拜章求罢者数四，帝曰：'俟予郊礼毕放卿。'及穆宗祔庙郊报后，又拜章陈退，乃于鄂州置武昌军额，以僧孺检校礼部尚书、同中书门下平章事、鄂州刺史、武昌军节度、鄂岳蕲黄观察等使。"《新书》卷一七四本传略同。

　　按牛僧孺本由李逢吉荐引入相，在相位二年，未见有所建树。此时逢吉之党满朝行，裴度等有所作为的正直大臣多被排挤，牛僧孺于此也未有一言。敬宗以一十余岁的少年登皇位，只知嬉游，不理朝政，政事多操于李逢吉之党和宦官王守澄等人之手，所谓"邪幸"，应指此，而僧孺则正是依靠这一类人才得跻上高位。他之累表求出外镇，并不是由于他与李逢吉、王守澄等在政见上有所分歧，而是为个人仕途的安危着眼，认为以暂时避开为好。若以为他嫉视宦官，则文宗时李宗闵靠中人之助为相，复援引僧孺入朝，二人结纳，共掌朝政,为何又不以"嬖幸用事"而求退?

　　杜牧《赠太尉牛公墓志铭》(《樊川文集》卷七):"敬宗即位,与武士昵宴无时,征天下道士言长生事,公亟谏曰:'陛下不读玄元皇帝《五千言》以清静养生,彼道士皆庸人,徒夸欺虚荒,岂足师法。'未一岁,请退,不许,连四月日间,以疾辞,乃以鄂岳六州建节,号武昌军,命公为礼部尚书、平章事,为节度使。"杜牧此处所载牛僧孺谏敬宗事,未见于新旧《唐书》本传及《通鉴》,恐有夸饰;即使有谏,语意也极不坚决,与李德裕于今年二月所上《丹扆箴》相差远甚。

正月辛卯,李翱以忤李逢吉,出为庐州刺史。

　　《旧·敬宗纪》宝历元年正月,"辛卯,以前礼部郎中李翱为庐州刺史,以求知制诰,面数宰相李逢吉过故也"。

二月,李德裕上《丹扆六箴》以规谏敬宗,敬宗虽命韦处厚优诏答之,但终因李逢吉当权,德裕仍为所排抑,不得内徙。

　　《通鉴》卷二四三宝历元年二月载:"上游幸无常,昵比群小,视朝月不再三,大臣罕得进见。二月壬午,浙西观察使李德裕献《丹扆六箴》,一曰《宵衣》,以讽视朝希晚;二曰《正服》,以讽服御乖异;三曰《罢献》,以讽征求玩好;四曰《纳诲》,以讽侮弃谠言;五曰《辨邪》,以讽信任群小;六曰《防微》,以讽轻出游幸。其《纳诲箴》略曰:'汉骜流湎,举白浮钟;魏叡侈汰,陵霄作宫。忠虽不忤,善亦不从。以规为瑱,是谓塞聪。'《防微箴》曰:'乱臣猖獗,非可遽数。玄服莫辨,触瑟始仆。柏谷微行,豺豕塞路。睹貌献餐,斯可戒惧。'上优诏答之。"

《旧传》载:"敬宗荒僻日甚,游幸无恒,疏远贤能,昵比群小。坐朝月不二三度,大臣罕得进言。海内忧危,虑移宗社。德裕身居廉镇,倾心王室。遣使献《丹扆箴》六首,曰:'臣闻心乎爱矣,遐不谓矣。此古之贤人所以笃于事君者也。夫迹疏而言亲者危,地远而意忠者忤。然臣窃念拔自先圣,偏荷宠光,若不爱君以忠,则是上负灵鉴。……况臣尝学旧史,颇知箴讽,虽在疏远,犹思献替。'"又载:"帝手诏答曰:'卿文雅大臣,方隅重寄。表率诸部,肃清全吴。化洽行春,风澄坐啸。眷言善政,想叹在怀。卿之宗门,累著声绩,冠内廷者两代,袭侯伯者六朝。果能激爱君之诚,喻诗人之旨,在远而不忘忠告,讽上而常深虑微。博我以端躬,约予以循礼。三复规谏,累夕称嗟。置之座隅,用比韦弦之益;铭诸心腑,何啻药石之功?……'德裕意在切谏,不欲斥言,托箴以尽意。《宵衣》,讽坐朝稀晚也;《正服》,讽服御乖异也;《罢献》,讽征求玩好也;《纳诲》,讽侮弃谠言也;《辨邪》,讽信任群小也;《防微》,讽轻出游幸也,帝虽不能尽用其言,命学士韦处厚殷勤答诏,颇嘉纳其心焉。德裕久留江介,心恋阙廷,因事寄情,望回圣奖。而逢吉当轴,枳棘其涂,竟不得内徙。"

　　按德裕《丹扆六箴》,虽说是"不欲斥言",但所举敬宗缺政,确中时弊,而且以前代汉成帝、魏明帝等作譬,不可不谓明直。当时中外大臣还未有作如此切谏的,这实际上也是对李逢吉当政的斥责,必然遭到李逢吉的忌恨,因此《新传》说"然为逢吉排笮,讫不内徙"。

　　按《宋会要·选举》九三五《赐出身》,记宋真宗景德元年(一〇〇四)二月六日庚申，赐进士柳察同出身，为楚州团练推官。并记察少好学，尝诣阙献文，召试赐出身，至是又拟白居易作策问七十五篇，目为赞圣策林，又续李德裕《丹扆箴》五篇，以献，复召试而命之。由此可见德裕此作在宋时之影响。

德裕于洛阳伊川建山庄（即后之平泉山庄），本年寄诗与元稹，求青田胎化鹤。

德裕有《近于伊川卜山居，将命者画图而至，欣然有感，聊赋此诗，兼寄上浙东元相公大夫使求青田胎化鹤》（别集卷九），题下注："乙巳岁作。"诗中有云："寄世知（琮按《全唐诗》卷四七五谓一作如，义较长）婴缴，辞荣类触藩。欲追绵上隐，况近子平村。邑有桐乡爱，山余黍谷暄。既非逃相地，乃是故侯园。野竹多微径，岩泉岂一源。映池方树密，傍涧古藤繁。邛杖堪扶老，黄牛已服辕。只应将唳鹤，幽谷共翩翩。"

由此诗可知平泉山庄筹建于长庆末、宝历初，地在伊川附近。

德裕于今明年内与元稹、刘禹锡、白居易均有诗唱和。刘禹锡后将与德裕唱和诗编集，题为《吴蜀集》。

刘禹锡《吴蜀集引》（《刘禹锡集笺证》外集卷九）："长庆四年，予为历阳守，今丞相赵郡李公时镇南徐州。每赋诗，飞函相示，且命同作。尔后出处乖远，亦如邻封。凡酬唱始于江南，而终于剑外，故以《吴蜀》为目云。"按刘禹锡于长庆四年夏由夔州刺史转和州刺史，八月抵和州，宝历二年冬罢和州,返洛阳(参卞孝萱《刘禹锡年谱》)。白居易于宝历元年三月初除苏州刺史,五月初到任;宝历二年秋罢任,冬与刘禹锡相遇于扬子津,自楚州结伴赴洛阳。元稹则至大和三年九月除尚书左丞离浙东观察使任。李德裕与元、刘、白诸人唱和当在宝历元年全二年间。

李德裕《述梦诗四十韵》(别集卷三),自序云:"今属岁杪无事,羁怀多感,因缀其所遗,为述梦诗,以寄一二僚友。"元稹有《奉和浙西大夫李德裕(琮按德裕别集所附元之和作,诗题无"李德裕"三字,似是)述梦四十韵,大夫本题言赠于梦中诗赋以寄一二僚友,故今所和者亦止述翰苑旧游而已,次本韵》(《全唐诗》卷四二三),刘禹锡有《浙西李大夫示述梦四十韵并浙东元相公酬和,斐然继声》(《刘禹锡集笺证》外集卷七)。岑仲勉云:"按德裕以长庆二年九月除浙西,大和三年七月去,稹以长庆三年八月除浙东,大和三年九月去,唯据贾餗《赞皇公德政碑》大和元年就加礼部尚书,而元、刘和章仍称大夫,又禹锡之和,似在和州刺史任上,其除和州为长庆四年八月,合此推之,本诗当作于宝历间也。"(《补唐代翰林两记》卷下《诗人翰林嘉话诗节示》)德裕诗序云"岁杪无事",此诗当即作于宝历元年底。元、刘和作或即在二年之初。

德裕诗先叙与元稹同在翰林时事,已见前长庆元年,诗中叙及在润州的情况,可以见出德裕之心境:"感旧心犹绝,思归更首搔。无聊燃密炬,谁复劝金舠(自注:余自到此,绝无夜宴。酒器中大者呼为舠,宾僚顾形迹,未曾以此相劝)。

岚气朝生栋,城阴夜入壕。望烟归海峤,送雁渡江皋。宛马嘶寒枥,吴钩在锦弢。未能追狡兔,空觉长黄蒿。水国逾千里,风帆过万艘。阅川终古恨,惟见暮滔滔。"元稹和诗有赞李之才思:"闻有池塘什,还因梦寐遭。攀禾工类蔡,咏豆敏过曹。庄蝶玄言秘,罗禽藻思高。"刘禹锡为酬李、元之作,故诗篇首起即称誉二人之门第与才气:"位是才能取,时因际会遭。……洛下推年少,山东许地高。门承金铉鼎,家有玉璜韬。"中叙翰苑事,篇末又言:"卧龙曾得雨(自注:浙东),孤鹤尚鸣皋(自注:浙西)。剑用雄开匣(自注:二公),弓闲蛰受弢(自注:自谓)。……吴越分双镇,东西接万艘。今朝比潘陆,江海更滔滔。"

德裕又有《霜夜对月听小童吹觱篥歌》,文集不载,全篇已佚,《全唐诗》卷四七五仅载六句:"君不见秋山寂历风飙歇,半夜青崖吐明月。寒光乍出松筱间,万籁萧萧从此发。忽闻歌管吟朔风,精魂想在幽岩中。"按元稹《和述梦诗》(《全唐诗》卷四二三)谓:"近酬新乐录,仍寄续离骚。"句下自注云:"近蒙大夫寄觱篥歌,酬和才毕,此篇续至。"德裕之《述梦诗》作于宝历元年岁末,《觱篥歌》作于《述梦诗》之前,则当作于宝历元年秋冬之间,诗题曰"霜夜",句云"秋山寂历风飙歇",也与秋冬间气节合。今元稹和诗已佚,全篇存世者为刘禹锡、白居易的和作。刘诗题为《和浙西李大夫霜夜对月听小童吹觱篥歌》(《刘禹锡集笺证》外集卷七),题下注"依本韵"。刘诗前半篇写音乐之妙,后半篇云:"谢公高斋吟激楚,恋阙心同在羁旅。一奏荆人白雪歌,如闻洛客扶风坞。

吴门水驿接山阴,文字殷勤寄意深。欲识阳陶能绝处,少年荣贵道伤心。"此处谢公指德裕,吴门水驿指白居易,山阴指元稹,由此亦可见诸人文字交往的盛况。

白居易《小童薛阳陶吹觱篥歌和浙西李大夫作》(《白居易集》卷二一),中云:"剪削十芦插寒竹,九孔漏声五音足。近来吹者谁得名,关璀老死李衮生。衮今又老谁其嗣,薛氏乐童年十二。……润州城高霜月明,吟霜思月欲发声。……嗟尔阳陶方稚齿,下手发声已如此,若教头白吹不休,但恐声名压关李。"

按罗隐有《薛阳陶觱篥歌》(《全唐诗》卷六六五):"平泉上相东征日,曾为阳陶歌觱篥。乌江太守会稽侯,相次三篇皆俊逸。"则罗隐尚见三人诗之全篇,今则只刘诗存,李存佚句六句,元稹之作全篇已佚。又《桂苑丛谈》亦记咸通中李蔚镇淮南,薛阳陶尚在人世,"一日,公召陶同游,问及往日芦管之事,陶因献朱崖、陆邕、元、白所撰歌一曲,公亦喜之,即于兹亭奏之"(《赏心亭》)。张祜又有《听薛阳陶吹芦管》(《张承吉文集》卷五):"紫清人下薛阳陶,末曲新箫调更高。无奈一声天外绝,百年已死断肠刀。"则张祜亦及见薛阳陶者。

李德裕又有《晚下北固山喜松径成阴怅然怀古偶题临江亭》,全篇已佚,今存残句(详后)。刘禹锡与元稹均有和作,元诗亦仅存二句,刘诗存,题为《和浙西李大夫晚下北固山喜松径成阴怅然怀古偶题临江亭并浙东元相公所和》(《刘禹锡集笺证》外集卷七)。

德裕于润州创建甘露寺(宋时寺中尚有李卫公祠、卫公铁塔)。

张彦远《历代名画记》卷三《记两京外州寺观壁画》："先是宰相李德裕镇浙西,创立甘露寺。"未言年岁。

宋卢宪《嘉定镇江志》卷六《地理·山川·丹徒县》："李德裕创甘露寺于北固山。"又卷八《僧寺·丹徒县》："甘露寺,在北固山。唐宝历中李德裕建以资穆宗冥福(注引《润州类集》:熙宁中主僧应夫因治地,获德裕所藏舍利,并手记曰'创甘露宝刹,以资穆皇之冥福')。时甘露降此山,因名。"据此,知德裕创建甘露寺在宝历中,宝历仅二年,今姑系于本年。

许棠有《题甘露寺》诗(《全唐诗》卷六〇四),五言排律,文繁不录。

又宋米芾《宝晋英光集》卷四有《甘露寺》诗,诗前自序云:"甘露寺壁有张僧繇四菩萨、吴道子行脚僧,元符末一旦为火所焚,六朝遗物扫地,李卫公祠手植桧亦焚荡。寺故重重,金碧参差,多景楼面山背江,为天下甲观,五城十二楼不过也。今所存唯卫公铁塔、米老庵三间,作诗悼之云。"诗云:"邑故重重构,春归户户岚。槎浮龙委骨,画失兽遗耽。神护卫公塔,天留米老庵。柏梁终厌胜,会副越人谈。"

唐人笔记载李德裕断甘露寺僧讼狱事。

唐人笔记《桂苑丛谈》有《太尉朱崖辨狱》条:"太尉李德裕出镇浙右,有甘露寺主事僧讼交代得常住什物,被前主事隐用却常住金若干两,引证前数辈皆有递相交割,文籍分明,众词皆指以新得替者隐用之,且云初上之时交领既分明,及交割之日不见其金。鞫具狱,伏罪昭昭,然未穷破用之所由。

或以僧人不拘细行而费之,以是无理可伸,甘之死地。一旦引虑之际,公疑其未尽,微以意揣之,髡人乃具实以闻,曰:'居寺者乐于知事,前后主之者,积年已来,空交分两文书,其实无金。郡众以某孤立,不杂辈流,欲乘此挤排之。'因流涕不胜其冤。公乃悯而恻之曰:'此固非难也。'俯仰之间,曰:'吾得之矣。'乃立召兜子数乘,命关连僧入对事,咸遣坐兜子中,下帘子毕,令门不相对,命取黄泥,各令模前后交付下次金样,以凭证据。僧既不知形段,竟模不成。公怒,令劾前数辈,皆一一伏罪,其所排者遂获清雪。"此又见宋王谠《唐语林》卷一《政事》、宋郑克《折狱龟鉴》卷三《辨诬》,文字稍简。按此未知是否确有其事,也未能定其确年,因前载德裕创建甘露寺事,故连类而系于此处。

德裕兄德修约于本年由膳部员外郎出为舒州刺史,后又历任湖、楚二州刺史。

《新书》卷一四六《李吉甫传》附德修事,云:"子德修,亦有志操,宝历中为膳部员外郎。张仲方入为谏议大夫,德修不欲同朝,出为舒、湖、楚三州刺史。卒。"(《旧·李吉甫传》未载德修事)

《新书》卷一二六《张九龄传》附载张仲方事,谓:"稍进河南少尹、郑州刺史。敬宗立,李程辅政,引为谏议大夫。……大和初,出为福建观察使。"按敬宗立于长庆四年正月,同年五月李程为相,又同年七月已载谏议大夫张仲方云云,则张仲方之为谏议大夫当在长庆四年下半年。李德修之为膳部员外郎时间,《旧纪》未载,《新传》云"宝历中为膳部

158 | 李德裕年谱

员外郎"，则德修之不欲与张仲方同朝而出为舒州刺史，或当在宝历元年。

五月，李绅由端州司马量移为江州刺史。

　　参《旧·敬宗纪》、《旧·李绅传》及《通鉴》。又李绅《趋翰苑遭谗构四十六韵》（《全唐诗》卷四八〇），自注云："余以宝历元年五月，量移江州长史。"诗又云："诳天犹指鹿，依社尚凭狐。"自注云："逢吉尚为相。"

九月，昭义节度使刘悟卒，其子从谏谋袭其位，厚赂当权者，李逢吉受其赂，与宦官王守澄勾结，竟允其请。

　　《旧·敬宗纪》宝历元年九月，"壬午，昭义节度使刘悟卒"。同年十二月辛丑，"以刘悟子将作监主簿从谏起复云麾将军、守金吾卫大将军同正、检校左散骑常侍、兼御史大夫，充昭义节度留后"。

　　《旧书》卷一六一《刘悟传》："宝历元年九月病卒，赠太尉。遗表请以其子从谏继缵戎事。敬宗下大臣议。仆射李绛以泽潞内地，与三镇事理不同，不可许。宰相李逢吉、中尉王守澄受其赂，曲为奏请。"

〔编年文〕

　　《丹扆六箴》（别集卷八）

　　本年二月进上。

〔编年诗〕

　　《近于伊川卜山居将命者画图而至欣然有感聊赋此诗兼寄上浙东元相公大夫使求青田胎化鹤》（别集卷九）

　　此诗题下注："乙巳岁作。"详见前。《全唐诗》卷四七五所载,文字小有异同。

《霜夜对月听小童薛阳陶吹觱篥歌》(《全唐诗》卷四七五)

全篇已不存,《全唐诗》载六句。本年秋冬间作,详见前。

《述梦诗四十韵》(别集卷三)

本年岁暮作。详见前。又宋范仲淹《述梦诗序》(《范文正公集》卷六)有云:"景祐戊寅岁,某自鄱阳移领丹徒郡,暇日游甘露寺,谒唐相李卫公真堂,其制隘陋,乃迁于南楼,刻公本传于其侧。又得集贤钱绮翁书云:我从父汉东公尝求卫公之文于四方,得集外诗赋杂著共成一编,目云《一品拾遗》,其间有浙西《述梦诗四十韵》。时元微之在浙东,刘梦得在历阳,并属和焉。爱其雄富,藏之楮中,二十年矣,愿刻石以期不泯。"

《晚下北固山喜松径成阴怅然怀古偶题临江亭》

按刘禹锡有《和浙西李大夫晚下北固山喜松径成阴怅然怀古偶题临江亭并浙东元相公所和》(《刘禹锡集笺证》外集卷七),刘诗的后半篇称颂德裕,也间及元稹,云:"八元邦族盛,万石门风厚。天柱揭东溟,文星照北斗。高亭一骋望,举酒共为寿。因赋咏怀诗,远寄同心友。禁中晨夜直,江左东西偶。笔手握兵符,儒腰盘贵绶。颁条风有自,立事言无苟。农野闲让耕,军人不使酒。用材当构厦,知道宁窥牖。谁谓青云高,鹏飞终背负。"刘诗题为和作,但存世的德裕文集及《全唐诗》都没有以《晚下北固山喜松径成阴怅然怀古偶题临江亭》为题的诗什。

今查宋王楙《野客丛书》卷十七有《北固怀古诗》条，有云："李德裕北固怀古诗曰：'自有此山川，于今几太守？近世二千石，毕公宣化厚。丞相量纳川，平阳气冲斗。三贤若时雨，所至跻仁寿。'注：'毕构政事为开元第一，丞相陆象先，平阳齐浣，三贤皆为此郡。'仆考之传，独象先不闻为润州，此恐史之佚耳。毕构，中宗景龙初为润州，政有惠爱，景龙末召为御史大夫。谓政事为景龙间第一可也。"《全唐诗》卷四七五辑李德裕诗，即载有此诗，诗题与诗句都与《野客丛书》所记相同，也就是说，《野客丛书》所载李德裕此诗，即为《全唐诗》所本。而经查考，《野客丛书》所载，即是德裕之《晚下北固山喜松径成阴怅然怀古偶题临江亭》诗中之八句，《全唐诗》所载诗题为《北固怀古》也本之于《野客丛书》，而且王楙当初恐并非以"北固怀古"为诗题，他只不过将李诗之原题撮要写入笔记，后人不察，即误以此四字为原来之诗题。

按刘禹锡之和作，题下有注云："依本韵。"则无论刘诗或李诗，所押之韵依次应为：柳、久、阜、守、首、口、吼、后、杇、有、厚、斗、寿、友、偶、绶、苟、酒、牖、负。而《野客丛书》《全唐诗》之李德裕《北固怀古》诗八句，其韵依次为：守、厚、斗、寿。次序完全相合，只不过"自有此山川，于今几太守"下，据刘诗所押之韵，尚有首、口、吼、后、杇、有等六韵十二句，然后再接"近世二千石"等六句。除据刘禹锡和作所押之韵来证明《全唐诗》所载为《晚下北固山……》全篇中的八句，还可从宋《嘉定镇江志》得到证明，其书卷十四《唐润州刺守》门于陆象先名下云："曾畋《类集》（琼按：《类集》全名为《丹阳类集》，宋曾敳编。据《郡斋读书志》卷二十总集类，谓宋神宗元丰中曾敳曾官丹阳县，因采诸家之集，始自东汉，终于南唐，凡得歌诗赋赞五百余篇）引李德裕《晚下北固山喜松径成阴怅然怀古偶题临江亭》诗云：'近世二千石，毕公宣化厚。丞相量纳川，平阳气冲斗。三贤若时雨，所至跻仁寿。'注云：丞相谓陆兖公，毕公谓毕公隆择，平阳谓齐詹事浣，三贤皆历此郡。"此处即以"近世二千石"六句为《晚下北固山……》诗，诗句文字相同，小注则稍有异同，但看来更接近于原著。又《嘉定镇江志》编纂者卢宪于上引一段文字之后，尚有考云："今考新旧《唐书·陆象先传》，并不言守润，然李卫公诗意慨慕，皆属为守者，故末章言志：'凛凛君子风，余将千载友。'则象先刺润，前《志》云史略之，信然。"卢宪当是见到李德裕《晚下北固山……》诗之全篇，因此他在考语中又引述了其中的两句："凛凛君子风，余将千载友。"这两句则为《全唐诗》所漏辑，也为德裕文集所未载。而这两句所押"友"字韵，也是在刘禹锡和作所押韵之内的。又《嘉定镇江志》卷十二《堂·丹徒县》载："妓堂，在城东南。唐李德裕题北固山诗云：'班剑出妓堂。'注：'郡城东南有谢公妓堂遗迹。'"这里的"班剑出妓堂"，当也是《晚下北固山……》诗中的一句，可惜仅存单句，而且也不能考知其下句所押之韵。

据上所述，可以考知：德裕有《晚下北固山喜松径成阴怅然怀古偶题临江亭》诗，但全篇已不存，佚句可以考见的凡十一句；《全唐诗》所载《北固怀古》即是其中的八句，题作"北固怀古"者不确，应改为原诗题。至于此诗所作的年代，也可据《嘉定镇江志》考定，其书卷十四《唐润州刺史》门李德裕条云："宝历元年，上《丹扆六箴》。……是年，德裕有游北固山诗。元稹和之，云：'自公镇南徐，三换营门柳。'"其下注云"以李卫公年谱参定"。《嘉定镇江志》编纂者为南宋人卢宪，书中载李德裕事，有数处引《李卫公年谱》，此谱未知何人所作，当出于宋人之手，这时德裕与元稹诗存者较后世为多，故能资以援引。此所谓游北固山诗，即《晚下北固山……》篇，可知即作于宝历元年。

又，从《嘉定镇江志》此处所载，还可补辑元稹的佚诗。按刘禹锡诗题中本有"并浙东元相公所和"数字，但现存《元氏长庆集》、《全唐诗》及辑补元诗者，均未载及元稹的这篇和作，当是已经散佚。但《嘉定镇江志》却载有"自公镇南徐，三换营门柳"二句，所押"柳"字韵，即刘诗之首韵，由此也可考见这是元稹和作的头二句。"南徐"即指润州（镇江），南朝于京口置徐州。李德裕于长庆二年九月出镇润州，至宝历元年春，可以说是"三换营门柳"，与《嘉定镇江志》所载德裕诗作于宝历元年者正合。

宝历二年丙午（八二六） 四十岁

德裕仍在浙西观察使任。

敬宗信奉神仙之说，遣使遍访"异人"，并迎润州人周息元入宫。李德裕上疏，极言周息元妄诞，不可信从。

《旧·敬宗纪》宝历二年五月，"癸未，山人杜景先于光顺门进状，称有道术，令中使押杜景先往淮南及江南、湖南、岭南诸州求访异人"。又八月载："令供奉道士二十人随浙西处士周息元入内宫之山亭院，上问以道术，言识张果、叶静能。浙西观察使李德裕上疏言周息元诞妄，无异于人。"

《通鉴》卷二四三宝历二年载："道士赵归真说上以神仙，僧惟贞、齐贤、正简说上以祷祠求福，皆出入宫禁，上信用其言。山人杜景先请遍历江、岭，求访异人。有润州人周息元，自言寿数百岁，上遣中使迎之。八月乙巳，息元至京师，上馆之禁中山亭。"

《旧传》所载较详，云："敬宗为两街道士赵归真说以神仙之术，宜访求异人以师其道；僧惟贞、齐贤、正简说以祠祷修福，以致长年。四人皆出入禁中，日进邪说。山人杜景先进状，请于江南求访异人。至浙西，言有隐士周息元寿数百岁，帝即令高品薛季棱往润州迎之，仍诏德裕给公乘遣之。德裕因中使还，献疏曰：'……臣所虑赴召者，必迂怪之士，苟合之徒，使物凟冰，以为小术，炫耀邪僻，蔽欺聪明。如文成、五利，一无可验。臣所以三年之内，四奉诏书，未敢以一人塞诏，实有所惧。……以臣微见，倘陛下睿虑精求，必致真隐，唯问保和之术，不求饵药之功，纵使必成黄金，止可充于玩好。则九庙灵鉴，必当慰悦，寰海兆庶，谁不欢心？……'息元至京，帝馆之于山亭，问以道术。自言识张果、叶静能，诏写真待诏李士昉问其形状，图之以进。息元山野常人，本无道学，言事诞妄，不近人情。及昭愍遇盗而殂，文宗放还江

左。德裕深识守正,皆此类也。"《新传》所载略同,但进一步
补充周息元本为杜景先之友("狂人杜景先上言,其友周息元
寿数百岁,帝遣宦者至浙西迎之,诏在所驰驲敦遣")。可知
周之入朝,出于杜景先的推荐,而为李德裕所反对,《旧传》载
德裕上疏,有"三年之内,四奉诏书,未敢以一人塞诏"等语,
可知自从敬宗即位以后,曾数次下诏浙西,征佛道异人,德裕
则未有一人上荐。

关于李德裕撰《三圣记》(《茅山三象记》),及德裕对道教的态度。

宋欧阳棐《集古录目》卷九载《崇玄圣祖院记》,并云:
"常州刺史贾餗撰,前陈州参军徐挺古八分书。敬宗即位,诏
天下求有道之士,李德裕为浙西观察使,以道士周息元荐于
朝,为建此院,敕赐号崇玄圣祖院。碑以宝历二年立,在茅
山。"同卷又载《茅山三象记》,并云"八分书,与《崇玄圣祖院
记》一体书。李德裕既建圣祖院,并立玄元皇帝、孔子、尹喜
三象,授引传记事迹,作此记,以宝历二年刻"。(按王象之
《舆地碑记目》卷一建康府碑记也记《茅山三象记》、《崇玄圣
祖院记》,皆云宝历二年刻、立。)

按据《集古录目》所载,则周息元为德裕所荐,圣祖院之
建也出于德裕之意,似李德裕乃主动迎合敬宗访道求仙的
行动。

今按《全唐文》卷七三一载贾餗《大唐宝历崇玄圣祖院碑
铭并序》,文中并未说周息元为德裕所荐拔,相反,文中却谓
是应敬宗之命,云:"(敬宗)自临驭大宝,则申诏百辟,旁延万
邦,推诚备礼,征访至道,寙寙孜孜,如恐不及。夫明天子勤

求于上，必贤方伯感致于下，君臣一德，而道德可兴。乃其年秋七月，公以天子之命，斋戒虔恳，果得周先生曰息元，实元精之全德，大道之宗师也。"实际情况当是敬宗听信杜景先之说，下诏命浙西征周息元入朝，李德裕当然不能公然抗命，于是一面备礼聘请，并与之商议建立崇圣院，一面在中使回朝时，上疏言周息元之不可信。贾𫗧的碑铭作于宝历二年敬宗访求道家方士的高潮之时，当然只能述赞颂之词，并且说周息元是地方大员所推荐，这是出于回护之词，不能据此来推翻《旧书》及《通鉴》的记载。

《茅山三象记》即德裕之《三圣记》（别集卷七），有云："有唐宝历二年岁次丙午，八月丙申朔，十五日庚戌，玉清玄都大洞三道弟子、正议大夫、使持节润州诸军事、守润州刺史、兼御史大夫、充浙西道都团练观察处置等使、上柱国、赞皇县开国男、食邑三百户、赐紫金鱼袋李德裕，上为九庙圣主，次为七代先灵，下为一切含识，于茅山崇玄观南，敬造老君殿院，及造老君、孔子、尹真人象三躯，皆按史籍遗文，庶垂不朽。"按德裕自称道号，其妻、姜在润州时也皆有道号，这都可以见出唐时道家思想及道教对士大夫层的影响，但正如贾𫗧所作碑铭中所说，德裕施政，仍重儒学，或儒道并重："矧公以济代全才，合乎休明，树风南藩，绩最天下。前岁兴建儒学，而天降膏露，显于庭庭，俗变风移，遂至于道。今之辉崇真馆，阐奉玄化，上感睿旨，下孚元元，仁声顺气，流溢四境。推是为政，大而伸之，则致君兴国之用可见矣。又况封部之内，融汰之下，遍识元元之教，俱为崐峚之人，顾难乎哉！𫗧谬列属城,获详事实,又尝以春秋属词为学。故承命奋笔,直而不文。"

据《旧书》卷一六九《贾𫗦传》,𫗦于长庆时曾为库部郎中、知制诰,"四年,为张又新所构,出为常州刺史。大和初,入为太常少卿"。则宝历时,贾𫗦在常州刺史任,常州属浙西,故文中称"𫗦谬列属城"。又白居易宝历元年五月赴苏州刺史任,有《赴苏州至常州答贾舍人》诗(《白居易集》卷二四),此贾舍人即贾𫗦。白集同卷又有《自到郡斋仅经旬日,方专公务,未及宴游,偷闲走笔,题二十四韵,兼寄常州贾舍人、湖州崔郎中,仍呈吴中诸客》诗。

德裕妻刘氏约于本年前后在茅山燕洞宫传授上清法箓。

李德裕《唐茅山燕洞宫大洞炼师彭城刘氏墓志铭并序》:"中年于茅山燕洞宫传上清法箓。悦《诗》《书》之义理,造次不渝;宝老氏之慈俭,珍华不御。"此云中年,按本年德裕四十岁,刘氏三十九岁,传授上清法箓,当在本年前后。

《嘉定镇江志》卷六《地理·山川·金坛县》:"茅山一名句曲山。"又引《寰宇记》云:"山在县西六十五里,延陵县西南三十里,句容县南五十里。山形曲折似句字三曲,故名句曲。"

又曾巩《元丰类稿》卷五十《金石录跋尾》有《茅君碑》,可资参考。

亳州言出圣水,饮之者疾愈。德裕上疏言其妄,请加禁止。时令狐楚为汴宋亳观察使,亦上疏言亳州圣水可以愈疾,裴度时为宰相,曾加判责。

《旧·李德裕传》:"宝历二年,亳州言出圣水,饮之者愈疾。德裕奏曰:'臣访闻此水,本因妖僧诳惑,狡计丐钱。数月已来,江南之人,奔走塞路。每三二十家,都顾一人取水。拟取之时,疾者断食荤血,既饮之后,又二七日蔬飧,危疾之人,俟之愈病。其水斗价三贯,而取者益之他水,沿路转以市人,老疾饮之,多至危笃。昨点两浙、福建百姓渡江者,日三五十人,臣于蒜山渡已加捉搦。若不绝其根本,终无益黎氓。昔吴时有圣水,宋、齐有圣火,事皆妖妄,古人所非。乞下本道观察使令狐楚,速令填塞,以绝妖源。'从之。"《新·李德裕传》所载略同。德裕所上奏疏,载于别集卷五,题为《亳州圣水状》。

按此时令狐楚为汴州刺史、宣武军节度、汴宋亳观察等使,在李德裕上奏禁亳州圣水前,楚却上言亳州圣水可以愈疾,《新书》卷一七三《裴度传》谓:"汴宋观察使令狐楚言亳州圣水出,饮者疾辄愈。度判曰:'妖由人兴,水不自作。'命所在禁塞。"按裴度于宝历二年二月由山南西道节度使入相,则此事当在本年二月以后。

《唐语林》卷一《政事》上更具体记载德裕如何破除圣水治病的迷信:"宝历中,亳州云出圣水,服之愈宿疾,亦无一差者。自洛已来及江西数十郡,人争施金贷之衣服以饮焉,获利千万,人转相惑。李德裕在浙西,命于大市集人,置釜,取其水,设司取猪肉五斤煮。云:'若圣水也,肉当如故。'逡巡熟烂。自此人心稍定,妖者寻而败露。"

德裕妾徐氏生子烨,字季常。

《唐故郴县尉赵郡李君（烨）墓志铭》（署从弟乡贡进士潘撰，北京图书馆藏拓本，此据周绍良先生所抄本过录），谓李卒于大中十四年（八六〇），年三十五，推之当生于本年。据志，烨字季常，又云"君，卫公第五子也"。按德裕《滑州瑶台观女真徐氏墓志铭》，谓烨为徐氏所生，云："一子多闻，早夭，次子烨，将及捧雊，未能服缟。"则烨为徐氏所生第二子。

二月，裴度以山南西道节度入相；十一月，李逢吉罢知政事，出为山南东道节度使。

　　《旧·敬宗纪》宝历二年二月："丁未，以山南西道节度观察处置等使、光禄大夫、守司空、同中书门下平章事、兴元尹、上柱国、晋国公裴度守司空、同平章事，复知政事。"同年十一月："甲申，以右仆射、同平章事李逢吉检校司空、同平章事，兼襄州刺史，充山南东道节度使。"

　　《通鉴》卷二四三宝历元年末载："言事者多称裴度贤，不宜弃之藩镇，上数遣使至兴元劳问度，密示以还期；度因求入朝，逢吉之党大惧。"又宝历二年正月载："壬辰，裴度自兴元入朝；李逢吉之党百计毁之。先是民间谣云：'绯衣小儿坦其腹，天上有口被驱逐。'又，长安城中有横亘六冈，如乾象，度宅偶居第五冈。张权舆上言：'度名应图谶，宅占冈原，不召而来，其旨可见。'上虽年少，悉察其诬谤，待度益厚。"二月："丁未，以度为司空，同平章事。"

　　又《新书》卷一七四《李逢吉传》："初，逢吉兴（武）昭狱以止度入而不果，天子知度忠，卒相之。逢吉于是浸疏，以检校司空、平章事为山南东道节度使。"按李逢吉此次罢知政事,出镇襄州,从此以后,即不再入朝执政。朝中党争,穆宗、敬宗时,主要表现为裴度与李逢吉之党的斗争,从文宗大和起,则主要表现为李德裕与牛僧孺、李宗闵的斗争。李德裕为裴度所器识,牛僧孺、李宗闵为李逢吉所援引,因此李德裕与牛僧孺、李宗闵之争也就是裴度与李逢吉之争的继续。

十二月八日(辛丑),敬宗被害,宦官拥立江王李涵为帝,是为文宗。

参《旧·敬宗纪》、《文宗纪》及《通鉴》。文宗立后,即于本年十二月,流道士赵归真等于岭南。

《旧·文宗纪》宝历二年十二月,"甲辰,僧惟真、齐贤、正简,道士赵归真,并配流岭南"。同月丁未又载:"道士纪处玄、杨冲虚,伎术人李元戢、王信等,并配流岭南。"同月庚申诏书中亦云:"妖妄僧惟贞、道士赵归真等,或假于卜筮,或托以医方,疑众挟邪,已从流窜。"

同月庚戌,韦处厚拜相。

《通鉴》卷二四三宝历二年十二月,"庚戌,以翰林学士韦处厚为中书侍郎、同平章事"。

本年,刘蕡登进士科,礼部侍郎杨嗣复知贡举(徐松《登科记考》卷二十)。

〔编年文〕

《谏敬宗搜访道士疏》(别集卷五)

宝历二年八月,又见新、旧《唐书》本传。

《三圣记》(别集卷七)

宝历二年八月。详见前谱。

《亳州圣水状》（别集卷五）

宝历二年二月（裴度入相）以后。详见前谱。

《圣祖院石磬铭》（别集卷八）

当为本年作。圣祖院见贾�《圣祖院碑铭》。

《鹿迹山铭》（别集卷八）

此文不易确定何年所作，因别集排于《圣祖院石馨铭》之后，姑系于此。

文宗大和元年丁未（八二七）　四十一岁

德裕仍在浙西观察使任。

九月，与元稹并加检校礼部尚书。

《旧·文宗纪》大和元年九月，"丁丑，浙西观察使李德裕、浙东观察使元稹，就加检校礼部尚书"。又贾𫍯《赞皇公李德裕德政碑》（《全唐文》卷七三一）："大和元年，就加礼部尚书。"

段成式大和初在李德裕浙西幕府，记德裕博学事。

《酉阳杂俎》续集卷四《贬误》："予大和初，从事浙西赞皇公幕中。尝因与曲宴，中夜，公语及国朝词人优劣，云世人言灵芝无根，醴泉无源，张曲江著词也。盖取虞翻《与弟求婚书》，徒以芝草为灵芝耳。予后偶得《虞翻集》，果如公言。"

据《旧·文宗纪》，段文昌于大和元年六月癸巳，代王播为淮南节度使，至大和四年三月移镇荆南。段成式当于本年在李德裕浙西幕府,于大和二年或随父在淮南任所。

时韦处厚、裴度在相位,处厚言裴度忠勋望重,应加信用。韦、裴执政,大和初之政有足可称者。

《通鉴》卷二四三大和元年载:"上虽虚怀听纳而不能坚决,与宰相议事已定,寻复中变。夏四月丙辰,韦处厚于延英极论之,因请避位;上再三慰劳之。"此事《旧书》卷一五九《韦处厚传》载之较详,谓曰:"文宗勤于听政,然浮于决断,宰相奏事得请,往往中变。处厚常独论奏曰:'……且裴度元勋宿德,历辅四朝,孜孜竭诚,人望所属,陛下固宜亲重。……'处厚谢之而去,出延英门复令召还,谓曰:'凡卿所欲言,并宜启论。'处厚因对彰善瘅恶,归之法制,凡数百言;又裴度勋高望重,为人尽心切直,宜久任,可壮国威。帝皆听纳。"

按文宗即位之初,任裴度、韦处厚为相,注意于革除前朝的弊政,据《通鉴》(卷二四三)所载,如:"诏宫女非有职掌者皆出之,出三千余人。五坊鹰犬,准元和故事,量留校猎外,悉放之。有司供宫禁年支物,并准贞元故事。省教坊、翰林、总监冗食千二百余员,停诸司新加衣粮。御马坊场及近岁别贮钱谷所占陂田,悉归之有司。先宣索组绣、雕镂之物,悉罢之。"《旧·韦处厚传》也载:"处厚在相位,务在济时,不为身计。中外补授,咸得其宜。"

四月,贬李续为涪州刺史,张又新为汀州刺史。李、张为李逢吉之党。

《旧·文宗纪》大和元年四月,"己巳,贬山南东道节度副使李续为涪州刺史,山南东道行军司马张又新为汀州刺史,李逢吉党也"。

　　按李逢吉为山南东道节度使，本以李、张为其参佐，《旧·李逢吉传》："逢吉检校司空、平章事、襄州刺史、山南东道节度使，仍请张又新、李续之为参佐。"（"李续之"，《旧纪》、《新·李逢吉传》皆作"李续"）《新·李逢吉传》："初，门下史田伾倚逢吉亲信，顾财利，进婢，嬖之。伾坐事匿逢吉家，名捕弗获。及出镇，表随军，满岁不敢集，使人伪过门下省，调房州司马。为有司所发，即襄州捕之，诡谰不遣。御史劾奏，诏夺一季俸，因是贬续为涪州刺史，又新汀州刺史。"将李、张从襄州贬出，是裴度、韦处厚为相时对李逢吉之党的一个打击。

八月，削夺李同捷官爵，命横海节度使乌重胤、武宁节度使王智兴等率兵讨之。

　　按据《旧纪》、《通鉴》等所载，本年五月，唐朝廷对河北、山东等部分节镇曾有所调整，如以天平节度使乌重胤为横海节度使，以前横海节度使李同捷为兖海节度使。七月，李同捷托为将士所留，不受命。八月，乃下诏削夺李同捷官爵，"命乌重胤、王智兴、康志睦、史宪诚、李载义与义成节度使李听、义武节度使张璠各帅本军讨之"（《通鉴》卷二四三）。《通鉴》又载："史宪诚与李全略为婚姻，及同捷叛，密以粮助之。裴度不知其所为，谓宪诚无贰心。宪诚遣亲吏至中书请事，韦处厚谓曰：'晋公于上前以百口保尔使主；处厚则不然，但仰俟所为，自有朝典耳！'宪诚惧，不敢复与同捷通。"胡三省于此处有注，推明裴度与韦处厚不同之策略，颇为明切，可供参考："读史者以为裴度于是时毫及之矣,韦处厚较聪明;不惟不知度,亦不知处厚矣。一推心以待之,一明法以示之,此正宽严相济,所以制御强藩。"由《通鉴》及胡注,可知韦处厚与裴度为相时,大和初对公然抗命的强藩,尚能采取积极进讨的对策,与长庆后期及宝历时一味苟且忍让者有所不同。

本年,崔铉登进士科,礼部侍郎崔郾知贡举(徐松《登科记考》卷二十)。

〔编年文〕

《唐故左神策军护军中尉兼左街功德使知内侍省事刘公神道碑铭》(别集卷六)

此为刘弘规神道碑铭。刘卒于宝历二年十一月二十八日,葬于大和元年十一月十四日。此文当作于本年冬。

大和二年戊申(八二八) 四十二岁

李德裕仍在浙西观察使任。本年加银青光禄大夫。

贾餗《赞皇公李德裕德政碑》(《全唐文》卷七三一):"(大和)二年,加银青光禄大夫。诏书方勉,举汉宣故事,以宠休绩。在金陵凡六载,其仁风惠化,磅礴于封部,洋溢于歌讴,天下闻之久矣。"此处不免有溢美之词,但由此仍可看出,德裕在浙西,为当世所称道。

二月,白居易由秘书监改为刑部侍郎。与裴度有往还。

《旧·文宗纪》大和二年二月,乙巳,"秘书监白居易为刑部侍郎"。

　　白居易有与裴度往还诗，如《酬裴相公题兴化小池见招长句》（《白居易集》卷二五）、《宿裴相公兴化池亭》（同上卷二六）。

三月，文宗亲试制策举人，刘蕡对策，极言宦官专横之祸。

　　《旧·文宗纪》大和二年三月，"辛巳，上御宣政殿亲试制策举人。以左散骑常侍冯宿、太常少卿贾餗、库部郎中庞严为考制策官"。又《旧书》卷一九〇下《文苑下·刘蕡传》载蕡字去华，昌平人，"耿介嫉恶，言及世务，慨然有澄清之志。自元和末，阉寺权盛，握兵宫闱。横制天下，天子废立，由其可否，干挠庶政。当时目为南北司，爱恶相攻，有同水火。蕡草泽中居常愤惋。文宗即位，恭俭求理，大和二年策试贤良……时对策者百余人，所对止循常务，唯蕡切论黄门太横，将危宗社"。按刘蕡对策，详载《旧传》，文繁不录，《通鉴》摘录其部分内容，如："陛下宜先忧者，宫闱将变，社稷将危，天下将倾，海内将乱。""陛下将杜篡弑之渐，则居正位而近正人，远刀锯之贱，亲骨鲠之直，辅相得以专其任，庶职得以守其官，奈何以亵近五六人总天下大政！祸稔萧墙，奸生帷幄，臣恐曹节、侯览复生于今日。""忠贤无腹心之寄，阉寺持废立之权，陷先君不得正其终，致陛下不得正其始。""威柄陵夷，藩臣跋扈。或有不达人臣之节，首乱者以安君为名；不究《春秋》之微，称兵者以逐恶为义。则政刑不由乎天子，征伐必自于诸侯。"时考试官畏宦官当途，不敢取蕡，谏官、御史欲论奏，又为执政所抑。

《旧·刘蕡传》:"是岁,左散骑常侍冯宿、太常少卿贾𬤇、库部郎中庞严为考策官,三人者,时之文士也,睹蕡条对,叹服嗟悒,以为汉之晁、董,无以过之。言论激切,士林感动。时登科者二十二人,而中官当途,考官不敢留蕡在籍中,物论喧然不平之。守道正人,传读其文,至有相对垂泣者。谏官御史,扼腕愤发,而执政之臣,从而弭之,以避黄门之怨。"按《旧传》云谏官等欲论其事,"而执政之臣,从而弭之";《通鉴》则谓"谏官、御史欲论奏,执政抑之"。时宰相如韦处厚、王播、窦易直、裴度四人,颇疑所谓"弭之"、"抑之"者,恐出于王播。王播在敬宗时本结纳宦官王守澄,《旧书》卷一六四《王播传》云:"敬宗即位,就加银青光禄大夫、检校司空,罢盐铁转运使。时中尉王守澄用事,播自落利权,广求珍异,令腹心吏内结守澄,以为之助。守澄乘间启奏,言播有才,上于延英言之。"至大和元年五月,"自淮南入觐,进大小银碗三千四百枚、绫绢二十万匹"。即于是年六月拜相。如王播之所作为,正是刘蕡对策中所指斥的"贪臣聚敛之政"。刘蕡对策中又说:"国之权柄,专在左右,贪臣聚敛以固宠,奸吏因缘而弄法。"可能也兼指王播而言。

又,刘蕡于宝历二年登进士科,时知贡举者为杨嗣复,后人因此有将刘蕡列入牛党的。实际上杨嗣复虽是刘蕡的座师,但不能说二人的政治态度即一致。《玉泉子》即载:"刘蕡,相国杨公嗣复之门生也,对策以直言忤时,中官尤所嫉怒。中尉仇士良谓杨公曰:'奈何以国家科第放此风汉及第邪!'杨公既惧,即答曰:'嗣复昔与蕡及第,时犹未风耳。'"

此当是大和二年刘蕡对策后之事,仇士良的骄横,杨嗣复的
猥苶,于二人问答语中可以见出。牛党对宦官确是既结纳又
畏惧,将刘蕡说成牛党,不合于刘蕡的政治主张。

四月,王茂元由邕管经略使改为容管经略使。

《旧·文宗纪》大和二年四月"壬午,以邕管经略使王茂
元为容管经略使"。

按王茂元为鄜坊节度使王栖曜子,其事迹附见于《旧书》
卷一五二、《新书》卷一七〇《王栖曜传》,新旧《书》都未记其
任邕管、容管事。

**十月,李逢吉由山南东道节度使改为宣武节度使,代令狐楚;令狐
楚入朝为户部尚书。**

见《旧·文宗纪》。《旧传》也载"大和二年,改汴州刺
史、宣武军节度使",《新传》同。李逢吉这次从襄州移汴州,
其节镇的地位有所提高,可能与宦官有关。文宗在即位之初
虽也想有所改革,并任用韦处厚、裴度等人,但他始终在宦官
控制之中,即位之初的善政并未坚持多久,大和元年任用王
播就是宦官起作用的结果,李逢吉的移镇宣武,也是一例。
本年十二月韦处厚卒,裴度孤立无援,更无可作为。

十二月,宰相韦处厚卒。

《旧·文宗纪》大和二年十二月,"壬申,中书侍郎、同平
章事韦处厚暴卒"。《旧书》卷一五九《韦处厚传》称:"处厚
当国柄二周岁,启沃之谋,颇叶时誉,咸共惜之。"

路随拜相。

《旧·文宗纪》大和二年十二月,"戊寅,诏以兵部侍郎、

知制诰、充翰林学士路随为中书侍郎、同平章事"。按路随与韦处厚曾同在翰林,二人政见相近,故"大和二年,处厚薨,随代为相"(《旧书》卷一五九《路随传》)。

本年,杜牧登进士科,李郃、南卓、李甘、杜牧、马植、郑亚、苗愔登贤良方正能直言极谏科,礼部侍郎崔郾知贡举(徐松《登科记考》卷二十)。

〔编年诗〕

《寄茅山孙链师》(别集卷三)

《又二绝》(同上)

按此诗中之孙炼师,为孙智清。《茅山志》卷十一有传,云:"十六代宗师明玄先生姓孙讳智清,不知何许人。……辞家入山,师洞真先生。……李卫公尊师之,尝有诗赠。"此三诗作年难于确定,或即作于德裕任浙西时。

《题奇石(题下原注:石在浙西公署)》(同上)

《送张中丞入台从事》(同上)

《怀京国》(同上)

《追和太师颜公同清远道士虎丘寺》(同上)

按以上诸诗,当皆第一次镇浙西时所作,具体年月则不可确考。

大和三年己酉(八二九)　四十三岁

李德裕于本年八月前仍在浙西观察使任。

春，与沈传师有《玉蕊花唱和诗》。传师时为江西观察使。李、沈为长庆时在翰林同僚。

宋欧阳棐《集古录目》卷九著录《玉蕊花唱和诗》，谓："润州刺史李德裕、洪州刺史沈传师赠答玉蕊花诗二首，皆传师书。"

李德裕诗题为《招隐山观玉蕊树戏书即事奉寄江西沈大夫阁老》（别集卷三。题下自注：此树吴人不识，因予赏玩，乃得此名），题下自署："润州刺史李德裕。"后附沈传师和作，题为《奉酬浙西尚书九丈招隐山观玉蕊树戏书见怀之作》，题下署为"江南西道团练观察使沈传师"。

按据《旧·文宗纪》，大和二年十月癸酉，"以右丞沈传师为江西观察使"，至大和四年九月丁丑，以大理卿裴谊为江西观察使代沈，则沈传师为江西观察使在大和二年十月至四年九月间。《旧书》卷一四九《沈传师传》未载出镇江西的年月，仅言"入为尚书右丞，出为洪州刺史、江南西道观察使"，《新书》卷一三二本传同。据传，传师曾带御史中丞衔出为潭州刺史、湖南观察使，入为尚书右丞，再出任江西。杜牧《唐故尚书吏部侍郎赠吏部尚书沈公行状》（《樊川文集》卷十四）谓"由是出为湖南观察使、兼御史大夫"，则出镇湖南时已带御史大夫之宪衔，非御史中丞。杜牧曾在沈传师的江西观察使幕府，所记当属可信，李德裕诗题中亦称沈为"大夫"。德裕于大和元年九月就加检校礼部尚书，故沈之诗题称之为"尚书"。德裕于本年八月应召入朝，诗中所写为春日景事，沈传师于上年十月始至江西，则二人唱和之什当作于本年春。

李诗为:"玉蕊天中树,金闺昔共窥。落英开舞雪,密叶乍低帷。旧赏烟霄远,前欢岁月移。今来想颜色,还似忆琼枝。"沈诗为:"曾对金銮直,同依玉树阴。雪英飞舞近,烟叶动摇深。素蕚年年密,衰容日日浸。劳君想华发,仅欲不胜簪。"

王象之《輿地碑记目》卷一镇江府碑记有《李德裕玉蕊花诗》,云:"《类要》云:在丹徒县东南七里招隐寺,寺内有李德裕玉蕊花诗刊石在焉。"卢宪《嘉定镇江志》卷六《地理·山川·丹徒县》则谓"招隐山,在城西南七里"。

又《蔡宽夫诗话》云:"李卫公《玉蕊花》诗云:'玉蕊天中树,金銮昔共窥。'注以为禁林有此木,吴人不识,自文饶赏玩始得名。此为润州招隐山作也。碑今裂为四段,在通判厅中,而招隐无复此花矣。"(郭绍虞《宋诗话辑佚》据《苕溪渔隐丛话》前集卷四七)

李德裕在浙西时,曾"下令禁桑门皈佛以眩人者"。

刘禹锡有《牛头山第一祖融大师新塔记》(《刘禹锡集笺证》卷四),据《记》,大师号法融,姓韦氏,延陵人。少为儒,后入句曲为僧。贞观中,僧人双峰过江至牛头,授其学,"揭立江左,名闻九围,学徒百千,如水归海"。法融于高宗显庆二年卒,"道在后觉,神依故山,戒香不绝,龛坐未饰"。《记》又云:"大和三年,润州牧、浙江西道观察使、检校礼部尚书赵郡李公在镇三闰,百为大备,尚理信古,儒玄交修,始下令禁桑门皈佛以眩人者，而于真实相深达焉。常谓大师象设宜从本教，言自我启，因自我成。乃召主吏籍我月入，得缗钱二十万，俾秣陵令如符经营之。三月甲子，新塔成，事严而工人尽艺，诚达而山神来护。……尚书欲传信于后，远命愚志之。"禹锡此记当在本年春夏间作。由此可见德裕对佛教的态度，一方面下令禁止佛寺任意剃度民人为僧，另一方面对于有道行的僧人则仍给予尊崇，甚至从自己的月俸中分出一部分为僧人法融修塔，并请远在长安的刘禹锡为撰塔记。

八月，李德裕由浙西观察使召入为兵部侍郎，裴度欲荐以为相，而李宗闵因得宦官之助，由吏部侍郎拜相。九月，乃出德裕为义成节度使。

《旧·文宗纪》大和三年八月，"乙巳，以礼部尚书、翰林侍讲学士丁公著检校户部尚书，兼润州刺史，充浙江西道观察使；以前浙西观察使、检校礼部尚书李德裕为兵部侍郎"。又八月"甲戌，以吏部侍郎李宗闵同中书门下平章事"。九月，"壬辰，以兵部侍郎李德裕检校户（吏？）部尚书，兼滑州刺史、义成军节度使"。

《通鉴》卷二四四大和三年八月，"征浙西观察使李德裕为兵部侍郎，裴度荐以为相。会吏部侍郎李宗闵有宦官之助，甲戌，以宗闵同平章事"。九月，"壬辰，以李德裕为义成节度使。李宗闵恶其逼己，故出之"。

《旧·李德裕传》："大和三年八月，召为兵部侍郎，裴度荐以为相。而吏部侍郎李宗闵有中人之助，是月拜平章事，惧德裕大用，九月，检校礼（吏？）部尚书，出为郑滑节度使。

德裕为逢吉所摈,在浙西八年,虽远阙庭,每上章言事。文宗素知忠荩,采朝论征之。到末旬时,又为宗闵所逐,中怀怃悒,无以自申。"《新·李德裕传》亦云:"大和三年,召拜兵部侍郎。裴度荐材堪宰相,而李宗闵以中人助,先秉政,且得君,出德裕为郑滑节度使。"

按据《旧书》卷一七六《李宗闵传》,李宗闵于长庆三年冬权知礼部侍郎,长庆四年知贡举事毕,权知兵部侍郎。宝历元年,正拜兵部侍郎,以父忧免。大和二年,起为吏部侍郎。仕途所历,皆无政绩可纪。《旧传》又云:"(大和)三年八月,以本官同平章事。时裴度荐李德裕,将大用。德裕自浙西入朝,为中人助宗闵者所沮,复出镇。"《旧传》又载李宗闵此次得以入相的缘由:"宗闵为吏部侍郎时,因驸马都尉沈𫲡结托女学士宋若宪及知枢密杨承和,二人数称于上前,故获征用。"可见李宗闵这次得以拜相,并不是靠他在职务上有何治绩,完全是交纳、依托于宦官的结果。文宗即位头二年,因任裴度、韦处厚为相,政治上稍有起色,但终文宗一朝,宦官势力始终居有控制地位,因此先是任命王璠为相,后又逐步起用李逢吉之党,至大和三年又任李宗闵为相,明年李宗闵又援引牛僧孺入朝,排挤裴度、李德裕等,结党营私,朝政遂更无可言。

裴度此时虽仍为宰相,但已"年高多病",且见宦官等用事,无可作为,故累次"上疏恳辞机务"(据《旧书》卷一七〇《裴度传》)。但裴度仍在力所能及的范围内,推举贤才,希望能对朝政有所裨益,因此大和二年曾荐举刘禹锡(参《旧书》卷一六〇《刘禹锡传》），今年又荐李德裕为相，而终于为宦官及李宗闵等所阻，禹锡、德裕等都未能得大用。

德裕于八月由浙西入朝，八月十六日有华岳题名。

清毛凤枝《关中金石文字存逸考》卷九华阴县，有《兵部侍郎李德裕题名》："银青光禄大夫、行尚书兵部侍郎李德裕，大和三年八月十六日，由浙西观察使、检校礼部尚书兼御史大夫拜，判官、监察御史崔知白，支使、监察御史崔瑨，巡官、协律郎王式。"毛凤枝按云："右题名八行，自右而左，李德裕、崔知白、崔瑨、王式，共四人。原刻久佚，仪征阮文达公北湖祠塾重模华山碑刻，此题名在碑额之左。《新唐书·百官志》，节度使有支使、巡官各一人。"按王式于大和二年与杜牧同为贤良方正能直言极谏制科举登第，见《通典》卷二四三，又参《唐大诏令集》一〇六《放制举人敕》。

德裕出镇滑州，正是前义成节度使、滑州刺史李听兵败之际，滑州"物力殚竭，资用凶荒"。

按唐朝廷于大和元年八月命诸镇兵讨沧景节度使李同捷，本年五月，沧景平，李同捷被杀。时史宪诚为魏博节度使，虽已会兵讨李同捷，但潜与李同捷相通，阴怀两端。沧景平，六月辛亥，以史宪诚为河中尹、充河中晋绛节度使，以义成节度使李听兼充魏博节度使。"宪诚素怀向背，不能以忠诚感激其众。未及出城，大和三年六月二十六日夜，为军众所害"（《旧书》卷一八一《史宪诚传》）。魏博军中立大将何进滔为留后，新节度使李听未能入城。七月，何进滔出兵击李听，听不为备，大败，溃走，归滑州。朝廷因久苦兵，只得姑

息,八月壬子,乃以何进滔为魏博节度使。(以上并参据《旧·文宗纪》、《通鉴》)

又《旧书》卷一三三《李听传》谓:"魏兵遽袭,听不为备,其军大败,无复部伍,昼夜奔走,仅而获免,丧师过半,辎车兵仗并皆委弃。御史中丞温造、殿中侍御史崔蠡弹之曰:'……况陛下授以神算,假以天威,入魏之期,克日先定。而听拥旄观望,按甲迁延,荧惑人心,逗挠军政,遂使宪诚陷于屠戮,乱众肆其奸凶,失六郡于垂成,固危巢于已覆。……'上不之罪,罢兵柄,为太子少师。"

在此情况下,九月,乃以李德裕为滑州刺史、义成节度使,十月,以李听为太子少师。德裕出镇义成,固然出于李宗闵的排挤,也有在败亡之余修理残局、辑抚民众之意,这种情况与长庆二年于王国清之乱后出镇润州相似,只不过滑州面对河北强藩,李德裕的职责更为繁重。正如贾餗《赞皇公李德裕德政碑》所云:"皇帝即位四年,沧寇既平,河朔无事,方偃戢兵刃,与人休息,惟东郡地临讨伐之境,岁积水旱之后,罢劳之师,始旋于奔命,残耗之氓,久困于烦役。物力殚竭,资用凶荒,牧养之寄,于是为急。乃诏兵部侍郎赞皇公李德裕以检校户部尚书兼御史大夫出镇兹土。时公由浙右连帅,以治行第一征复南宫,既至未浃月,乃膺是选,择于是日,对越明命,抗旃遄征,若决江汉,以起焦涸。"(《全唐文》卷七三一)

德裕离京赴滑州时,刘禹锡有诗送行,时禹锡在京任礼部郎中、兼集贤殿学士。

刘禹锡《送李尚书镇滑州》(《刘禹锡集笺证》卷二八),
题下自注:"自浙西观察征拜兵部侍郎,月余有此拜。"诗云:
"南徐报政入文昌,东郡须才别建章。视草名高同蜀客,拥旄
年少胜荀郎。黄河一曲当城下,缇骑千重照路旁。自古相门
还出相,如今人望在岩廊。"末句下注云:"其后果继韦、平之
族。"此当为后日所加。由此诗可见,刘禹锡对李德裕的态
度,与李宗闵等大不相同,禹锡是希望德裕一旦能在朝廷执
政。刘之此诗与贾餗所作《德政碑》,可以见出时人对德裕吏
治的评价。

**十一月,妾徐氏卒于滑州官舍;十二月,葬于洛阳邙山,德裕为撰
墓志。**

李德裕《滑州瑶台观女真徐氏墓志铭》:"大和己酉岁十
一月己亥,终于滑州官舍,享年廿三。"又云:"疾亟入道,改名
天福。"又云:"粤以其年十二月二十日葬于洛阳之邙山,盖近
我也,庶其子识尔之墓,以展孝思。一子多闻,早卒,次子烨,
将及捧雉,未能服缞。顾视不忍,强为之铭。"其铭曰:"郁余
思兮哀淑人,才窈窕兮当青春。去吴会兮别尔亲,越梁宋兮
绻苦辛。抱沉疾兮弥十旬,终此地兮命何屯。嗟尔子兮未
识,洒余涕兮沾巾。托邙山而归后土,为吾驱蝼蚁而拂
埃尘。"

**十一月,南诏入侵西川,十二月,陷成都府。贬剑南西川节度使杜
元颖为循州司马。南诏大掠成都物资、人口而去。**

《新书·南诏传》:"于是西川节度使杜元颖治无状,障候
弛沓相蒙。时大和三年也。嵯巅乃悉众掩邛、戎、嶲三州,陷

之。入成都，止西郛十日，慰赍居人，市不扰肆。将还，乃掠子女工技数万引而南，人惧自杀者不胜计。救兵逐嵯巅，身自殿，至大度河，谓华人曰：'此吾南境，尔去国，当哭。'众号恸，赴水死者十三。"

《通鉴》卷二四四记此事较详，摘录于下："（大和三年十一月）丙申，西川节度使杜元颖奏南诏入寇。元颖以旧相，文雅自高，不晓军事，专务蓄积，减削士卒衣粮。西南戍边之卒，衣食不足，皆入蛮境钞盗以自给，蛮人反以衣食资之，由是蜀中虚实动静，蛮皆知之。南诏自嵯巅谋大举入寇，边州屡以告，元颖不之信；嵯巅兵至，边城一无备御。蛮以蜀卒为乡导，袭陷巂、戎二州。甲辰，元颖遣兵与战于邛州南，蜀兵大败。蛮遂陷邛州。""诏发东川、兴元、荆南兵以救西川；十二月丁未朔，又发鄂岳、襄邓、陈许等继之。""己酉，以东川节度使郭钊为西川节度使，兼权东川节度使事。嵯巅自邛州引兵径抵成都；庚戌，陷其外郭。杜元颖帅众保牙城以拒之，欲遁者数四。壬子，贬元颖为邵州刺史。己未，以右领军大将军董重质为神策、诸道西川行营节度使，又发太原、凤翔兵赴西川。南诏寇东川，入梓州西川。钊兵寡弱不能战，以书责嵯巅。嵯巅复书曰：'杜元颖侵扰我，故兴兵报之耳。'与钊修好而退，蛮留成都西郭十日，其始慰抚蜀人，市肆安堵；将行，乃大掠子女、百工数万人及珍货而去。蜀人恐惧，往往赴江，流尸塞江而下。嵯巅自为军殿，及大度水，嵯巅谓蜀人曰：'此南吾境也，听汝哭别乡国。'众皆恸哭，赴水死者以千计。……丁卯，再贬元颖循州司马。"

按此次南诏侵扰西川,掳掠人口,抢劫财物,情况是严重的,唐人诗文中多有记载。如刘禹锡《成都府新修福成寺记》(《刘禹锡集笺证》卷四):"大和四年(琼按当为大和三年,此系刘禹锡误记),蜀帅非将材,不修边备。南诏君长谍得内空,乘隙垒入,斗于城下,或纵火以骇众,此寺乃焚。高门修廊,委为寒烬。"卢求《成都记序》(《全唐文》卷七四四):"后京兆公(琼按即为杜元颖)为节帅,酷易军政,殊不以封域为念,戍卒罔代,边蛮积忿。至大和三年十二月,蒙嵯巅遂以兵剽掠,至城下,杜公填门不敢与争。会监军使矫诏宣谕,蛮人遂退,工巧散失,良民歼殄,其耗半矣。列政补完,尚不克称。"(按此文作于大中九年八月)又孙樵《书田将军边事》(《孙可之文集》卷三)云:"文皇帝三年,南蛮果能大入成都,门其三门,四日而旋。其所剽掠,自成都以南,越巂以北,八百里之间,民畜为空。"

　　唐人诗中也有咏此事者,如雍陶《哀蜀人为南蛮俘虏五章》(《全唐诗》卷五一八),五章的题目为:《初之成都闻哭声》、《过大渡河蛮使许之泣望乡国》、《出清溪关有迟留之意》、《别巂州一时恸哭云日为之变色》、《入蛮界不许有悲泣之声》。又徐凝有七绝《蛮入西川后》(《全唐诗》卷四七四)。可见此事对唐人的印象至深,而首应负责任的则是杜元颖。

　　杜元颖本为文士,长庆初曾与李德裕同在翰林,嗣后升迁,擢至相位,史称其以文雅自高,不留意于政事。杜元颖在西川时,白居易曾有诗与他倡和,称为"诗家律手在成都,权与寻常将相殊。剪截五言兼用钺,陶钧六义别开炉。惊人卷

轴须知有,随事文章不道无。篇数虽同光价异,十鱼目换十
骊珠"。(《白居易集》卷二六《昨以拙诗十首寄西川杜相公,
相公亦以新作十首惠然报示,首数虽等,工拙不伦,重以一
章,用伸答谢》)大约杜元颖与当时文士有较广泛的交往,不
少人对他的西川之败是同情和谅解的,李德裕后于会昌执政
时曾有《论故循州司马杜元颖状》,为之回护,也是如此。实
际上杜元颖在蜀中的所为多有可议,宋人孙甫在《唐史论断》
中曾严加谴责,不无道理,其书卷下《贬杜元颖》条中谓:

> "杜元颖事宪宗为翰林学士,穆宗即位,自司勋员外即加
> 中书舍人,不周岁,用为宰相,时议词臣进用之速,未有其
> 比。……及出镇于蜀,遇昭愍冲年即位,首进罨画打球衣五
> 百事,自后广求珍异玩好之具,贡奉相继,用图恩宠,以至纤
> 悉掊敛,大取军民之怨,不忠无识,一至于此。……反以图宠
> 之故,专务诛剥,以取众怨,蛮贼乘隙,大害一方,坐是贬死遐
> 方,后之为将相者,可不戒者!"

正月,钱徽卒,年七十五。

《旧·文宗纪》大和三年正月,"庚寅,吏部尚书致仕钱徽
卒"。据新旧《唐书》本传,徽卒时年七十五。

白居易于本年春称病免归,以太子宾客分司东都,自此不复出。

参顾学颉《白居易年谱简编》。按本年三月,令狐楚为东
都留守,白居易与楚频有诗交往,如《送东都留守令狐尚书赴
任》(《白居易集》卷二六)、《将至东都先寄令狐留守》(同上
卷二七)、《令狐相公许过敝居先赠长句》(同上卷二七)。

九月,元稹由浙东观察使入朝为尚书左丞。

《旧·文宗纪》。

〔编年诗〕

《招隐山观玉蕊树戏书即事奉寄江西沈大夫阁老》(别集
卷三)

本年春作,详见前文。

〔编年文〕

《请宣赐鹤林寺僧谥号奏》(文集补遗)

《重瘗禅众寺舍利题记》(《唐文续拾》)

《大迦叶赞》(别集卷八)

以上三文皆作于本年八月前,尚在浙西任,详参《李德裕
文集校笺》。

《滑州瑶台观女真徐氏墓志铭》(洛阳出土,周绍良藏拓
本)约本年十二月作,详见前文。

大和四年庚戌(八三○)　四十四岁

正月,牛僧孺因李宗闵荐引,由武昌军节度使入相。李、牛相结,
共同排挤裴度、元稹及与李德裕相知者,同时又引进杨虞卿等
党人。

《通鉴》卷二四四大和四年:"春正月辛巳,武昌节度使牛
僧孺入朝";"李宗闵引荐牛僧孺;辛卯,以僧孺为兵部尚书、
同平章事。于是二人相与排摈李德裕之党,稍稍逐之。"

《旧书》卷一七六《李宗闵传》:"寻引牛僧孺同知政事,

二人唱和，凡德裕之党皆逐之。"又《旧书》卷一七二《牛僧孺传》："大和三年，李宗闵辅政，屡荐僧孺有才，不宜居外。四年正月，召还，守兵部尚书、同平章事。"《新书》卷一七四《牛僧孺传》也称"文宗立，李宗闵当国，屡称僧孺贤，不宜弃外。复以兵部尚书平章事"。

按诸书所载，牛僧孺此次得以入朝拜相，完全是出于李宗闵的援引，但杜牧所作牛僧孺墓志和李珏所作牛僧孺神道碑，却对此点有意避开。又《全唐文》卷六九文宗《授牛僧孺兵部尚书平章事制》中云："朕猥居大宝，首涉五年。"文宗以宝历二年十二月立，至大和四年亦恰为五年。杜《志》云："明年，文宗即位，就加吏部尚书。明年，急征拜兵部尚书、平章事，重拜中书侍郎、弘文大学士。"李《碑》云："文宗嗣位，二年，公入觐，诏复相位。"《志》、《碑》记时均误。

又《旧·李德裕传》云："宗闵寻引牛僧孺同知政事，二憾相结，凡德裕之善者，皆斥之于外。"《新·李德裕传》："（李宗闵）引僧孺协力，罢（裴）度政事。二怨相济，凡德裕所善，悉逐之。于是二人权震天下，党人牢不可破矣。"关于排斥朝臣之事，《新·李德裕传》较得其实。因此时李德裕虽然在任地方节镇时积有名声，但李宗闵、牛僧孺还未把他看成争夺权位的主要对手，他们这时仍把裴度视为主要敌手，其次乃是曾作过宰相而已由浙东召入的元稹，而且，在政治主张方面，李德裕与李宗闵、牛僧孺到现在为止，还未发生正面冲突，这种冲突，是在过了两年关于维州事件的争论才正式开始的。从此以后，牛、李党争始带上政治斗争的强烈色彩。

《旧·文宗纪》大和四年正月，"辛丑，以尚书左丞元稹检校户部尚书，充武昌军节度、鄂岳蕲黄安申等州观察使"。按，牛僧孺由武昌入相，元稹则出朝代其任，李宗闵如此安排的目的十分显然。元稹也有一定的声望，他也是李德裕的好友，李宗闵将他外放，既排除元稹，又间接打击李德裕。元稹赴任，刘禹锡有《微之镇武昌中路见寄蓝桥怀旧之作凄然继和兼寄安平》(《刘禹锡集笺证》外集卷六)，有"同为三楚客，独有九霄期。宿草恨长在，伤禽飞尚迟"等句，刘禹锡是把元稹出镇武昌与屈原流放三湘联系起来的，刘禹锡此时在长安任礼部郎中兼集贤殿学士，他写这样的诗句，决非出于偶然。

排斥郑覃。《旧·文宗纪》大和四年四月，"丙午，以右散骑常侍、翰林侍讲学士郑覃为工部尚书"。《旧书》卷一七三《郑覃传》："(大和)五年(琼按此应为四年)，李宗闵、牛僧孺辅政，宗闵以覃与李德裕相善，薄之。时德裕自浙西入朝，复为闵、孺所排，出镇蜀川，宗闵恶覃禁中言事，奏为工部尚书，罢侍讲学士。"《新书》卷一六五《郑覃传》："李宗闵、牛僧孺知政，以覃与李德裕厚，忌其亲近为助力，阳迁工部尚书，罢侍讲，欲推远之。"

排斥裴度。《通鉴》卷二四四大和四年，"初，裴度征淮西，奏李宗闵为观察判官，由是渐获进用。至是，怨度荐李德裕，因其谢病，九月壬午，以度兼侍中，充山南东道节度使"。《新书》卷一七三《裴度传》载此事较翔实，谓："大和四年，数引疾不任机重，愿上政事。帝择上医护治，中人日劳问相蹑，乃诏进司徒、平章军国重事，须疾已，三日若五日一至中书。

度让免册礼。度自见功高位极，不能无虑，稍诡迹避祸。于是牛僧孺、李宗闵同辅政，媢度勋业久居上，欲有所逞，乃共訾其迹损短之，因度辞位，即白帝进兼侍中，出为山南东道节度使。"《旧·李德裕传》亦载："裴度于宗闵有恩，度征淮西时，请宗闵为彰义观察判官，自后名位日进，至是恨度援德裕，罢度相位，出为兴元节度使，牛、李权赫于天下。"牛、李当权，不到一年之内，排斥了好几个重臣。裴度在元和时于李宗闵也有援引之恩，但此时却被排挤，可见李宗闵之为人。

排斥崔从。《旧书》卷一七七《崔慎由传》，慎由父从，大和三年，由东都留守入为户部尚书，"李宗闵秉政，以从与裴度、李德裕厚善，恶之，改检校尚书右仆射、太子宾客东都分司。从请告百日，罢官，物论咎执政。宗闵惧，四年三月，召拜检校左仆射、兼扬州大都督府长史、御史大夫，充淮南节度副大使，知节度事"。按据《旧传》，崔从元和时为裴度所知，元和九年裴度为御史中丞时，奏从为侍御史知杂；度作相，荐从自代为中丞。《旧传》称其"正色立朝，弹奏不避权幸"。曾出使镇州王承宗，说承宗纳户口、符印，又不赂遗宦官。《新书》卷一一四本传谓："从为人严伟，立朝棱棱有风望，不喜交权利，忠厚而让。阶品当立门戟，终不请。位方镇，内无声妓娱玩。士大夫贤之。"

按李宗闵一面打击、排挤裴度、李德裕等，一面扶植其亲党，除援引牛僧孺外，杨虞卿也是一例。《旧书》卷一七六《杨虞卿传》："及李宗闵、牛僧孺辅政，起为左司郎中。五年六月，拜谏议大夫，充弘文馆学士，判院事。"杨虞卿是著名的结党营私、利用科试而舞弊纳贿的人物。如《旧书》卷一五七《韦弘景传》载弘景为尚书左丞时，"会吏部员外郎杨虞卿以公事为下吏所讪，狱未能辨，诏下弘景与宪司就尚书省详谳。虞卿多朋游，人多向附之，弘景素所不悦，时已请告在第，及准诏就召，以公服来谒。弘景谓之曰：'有敕推公！'虞卿失容自退"（《新书》卷一一六《韦弘景传》略同）。虞卿如此行为，李宗闵却加以提拔。由此可见李宗闵选拔官吏的标准。

十月，李德裕由义成节度使改为西川节度使。

《旧·文宗纪》大和四年十月，"戊申，以东都留守崔元略检校吏部尚书，兼滑州刺史、义成军节度使，代李德裕；以德裕检校兵部尚书、兼成都尹，充剑南西川节度使"。"甲寅，以前剑南西川节度使、检校司空郭钊为太常卿，代崔群为吏部尚书。"《通鉴》卷二四四大和四年，"西川节度使郭钊以疾求代，冬十月戊申，以义成节度使李德裕为西川节度使"。德裕离滑州后，贾𬤇曾奉诏作《赞皇公李德裕德政碑》，赞扬德裕在滑州的治绩。

文载《全唐文》卷七三一，叙李德裕抵任后，"下车三日而新政兴，涉旬而旧俗革，周月而风偃三郡，逾时而泽流四境，期年而人和岁穰，厥绩大成"。文中详叙其具体治绩云："公廉明刚健，精力过人，博以文雅，济以经术，发强开敏，贯达吏事，刃下无肯綮，彀中无逃遁。其治军也，法令严而赏罚信，阅实其籍，修利其器。征剿之勋，守备之劳，一有可追，罔不甄宠。除去姑息之弊，划革因循之政；户庭无纪纲之仆，营垒尽腹心之师。……郡有渚田千顷，盖上腴也，先是亩种之人，尽主兼并之家。至则均其耕垦，首及贫弱，俾共其利而一其征。《诗》曰'恺悌君子，人之父母'，恺以强教之，悌以悦安之。故流庸四归，播殖满野，化叹息愁恨为乐和之声，而政洽乎氓庶矣。"又云："其理财也，爱人以生之，节用以阜之，无名非法之费，饰奢崇侈之给，踵弊或久，一皆去之。行之期年，力乃滋殖，百姓与足，千箱既盈，通商而百货不匮，训工而五材咸理。由是军有余用，吏有常禄，而政施乎物力矣。其约己也，躬俭行简，居无玩好，曰公之诣部，与家属偕，路人非见其旌幢，虽告以掾吏之家，不信也。及郡，凡昔之仰给于官不应法令者，悉还之。吏人皆惊而相告曰：'而今而后，吾知官之与法矣，吾侪其敢贪冒以愧吾贤帅耶？'至若均禄廪以赡军费，节宴游以宽日力，忠爱之私，视官犹家，而政先乎简约矣。政事本诸身，行乎吏人，成乎师旅，给乎氓庶，美于风俗，阜于财用。六者治之大节也，引而伸之，触类而长之，则其他可得矣。"

　　按《全唐文》卷七四文宗名下有《赐李德裕立德政碑敕》："敕德裕：卿文彰翰苑，行振儒风。廉察金陵，六郡歌惠慈之化；统安白马，三州怀思爱之心。凡所践经，理行第一。昨者段嶷以辕门将校，阖境士农，恳请主碑，以铭德政。朕以举善为教，所以劝不能，褒贤示后，所以报成绩。国之彝训，莫善于斯。所令礼部侍郎贾𫗧撰文，事实颇周，词藻甚丽，故令写录，专遣赐卿；亦别赐段嶷碑本，庶慰群情，想当知悉。冬寒，卿比平安好，遣书，指不多及。"又同卷《赐段嶷敕》："卿镇理方隅，辑宁方略，师戎知训，黎庶保安。言念事功，良深倚重。德裕顷临东郡，实著政绩，所谕碑文，撰录已毕，故令送往，宜便刊立，想当知悉。冬寒，卿比平安好，遣书，指不多及。"

按这两篇敕文提到的段嶷，此时正任义成节度使。据《旧书·文宗纪》，大和四年十月戊申，本任命东都留守崔元略为滑州刺史、义成节度使以代德裕，但崔元略于同年十二月己酉卒，十二月壬子，乃以左金吾卫大将军段嶷为义成军节度使。敕文中都提到"冬寒"云云，则当在十二月。贾餗碑文中也述及"今节度段公嶷"，可见贾餗于十二月作《德政碑》，这时李德裕已离滑赴蜀，故贾餗文中说："及戎轩西去，将校官吏，三州耆耄，感公之惠训，怀公之明德。"贾餗作《德政碑》，不无溢美，但仍可看出李德裕任地方节镇的声闻，文宗敕文所谓"凡所践经，理行第一"，即是当时人的评价。

德裕赴西川任，十一月初一日行经华山，有华岳题名。

清毛凤枝《关中金石文字存逸考》卷九华阴县，载有《剑南西川节度使李德裕题名》，谓："原石久逸，此系重模本。题名曰：剑南西川节度使、检校兵部尚书、成都尹、兼御史大夫李德裕，判官、殿中侍御史、内供奉崔知白，观察支使兼监察御史张嗣庆，江西都团练判官、监察御史里行李商卿，大和四年十一月一日。"又云："右题名十行，自左而右，李德裕、崔知白、张嗣庆、李商卿，共四人。原刻久逸，仪征阮文达公北湖祠塾重刻华山碑刻，此题名于碑额之右。"

李蟾为其副使。

据崔柟《唐故朝议郎守尚书比部郎中上柱国赐绯鱼袋陇西李府君墓志铭并序》，李蟾于德裕镇润州时，曾任浙西都团练判官、都团练副使,见前长庆二年。《志》又云:"洎相国节制滑台,移镇蜀川,皆以副车之重,赞其戎事。转检校兵部郎中兼御史中丞,俄归中书,拜比部正郎。"按李蟾,两《唐书》无传。

三月,路随进上《宪宗实录》四十卷。

《旧·文宗纪》大和四年三月,"丁酉,监修国史、中书侍郎、平章事路随进所撰《宪宗实录》四十卷,优诏答之,赐史官等五人锦绣银器有差"。

李德修于本年五月由淮南节度行军司马改授湖州刺史。

宋谈钥《嘉泰吴兴志》卷十四《郡守题名》:"李德修,大和四年五月十日自淮南节度行军司马授。"按据《旧书·文宗纪》,段文昌于大和元年六月至四年三月为淮南节度使,崔从于大和四年三月为淮南节度使代之。段、崔二人皆与李德裕相善。

十二月,杨於陵卒。

《旧·文宗纪》大和四年十二月,"甲子,左仆射致仕杨於陵卒,赠司空"。又参李翱《唐故金紫光禄大夫尚书右仆射致仕上柱国弘农郡开国公食邑二千户赠司空杨公墓志铭》(《全唐文》卷六三九)。

十二月,白居易为河南尹。

《旧·文宗纪》大和四年十二月,"戊辰,以太子宾客分司白居易为河南尹,以代韦弘景"。

本年敕进士及第不得过二十五人,登科者有令狐绹、魏扶等人。礼部侍郎郑瀚知贡举(徐松《登科记考》卷二一)。

〔编年诗〕

《东郡怀古二首》（别集卷三）

其一为《王京兆》，其二为《阳给事》，诗末注云："大和四年六月一日题。"清毕沅《中州金石记》卷三载《东郡怀古诗刻》，云："李德裕撰，大和四年六月立，隶书，在滑县。"又云："朱长文《墨池编》有此诗刻。……今碑以大和四年立，其自署云义成军节度使、银青光禄大夫、检校户部尚书、兼滑州刺史、御史大夫，正与史合。《怀古诗二首》，亦见《全唐诗》。王京兆名尊，汉东郡太守，阳给事名瓒，宋濮阳太守。《元和郡县志》云，白马县河侯祠在县南一里，汉王尊为东郡太守，河水盛，浸瓠子堤，尊临河不去，后人嘉尊壮节，因为立祠。今诗云'登城见遗庙'，即其祠也。颜延年有《阳给事诔》，在《昭明文选》，序云，永初之末，佐守滑台。李善引《东郡图经》曰，滑台城即郑之廪延。《元和郡县志》云滑州城即古滑台城，相传云卫灵公所筑小城，昔滑氏为垒，后人增以为城，甚高峻坚险，临河亦有台，今诗云'俳徊望故垒'，即其地也。河侯祠在今滑县南一里，滑台当即县治。德裕有书名，李商隐《会昌一品集序》称为隶法遒媚，《金石录》亦有德裕隶书《平泉草本记》、《山居诗》，今不传。"

钱大昕《潜研堂金石文跋尾》卷八《东郡怀古诗》："右李德裕《东郡怀古诗》二篇。德裕时为义成军节度使，治滑州，州故东郡也。王京兆尊守东郡，河决，障御有功；阳给事瓒，为宋宁远司马，守滑台，城陷不屈死，皆宦东郡有名者，故德裕各为诗怀之。"按，滑州汉时为东郡，治所为白马（一称滑台），在今河南省滑县。

《清泠池怀古》（别集卷三）

"泠"，李集诸本均作"冷"，误，参《文集校笺》。按李吉甫《元和郡县图志》卷七云："清泠池在宋城县东二里。"池在宋州梁孝王故宫内，故址在今河南商丘东。宋州与滑州邻近，此诗当作于大和四年秋。

《秋日登郡楼望赞皇山感而成咏》（别集卷三）

《雨后净望河西连山怆然成咏》（别集卷三）

《秋日美晴郡楼闲眺寄荆南张书记》（别集卷三）

以上三诗皆系于《东郡怀古》诗之后，当皆为大和四年秋在滑州作。德裕于大和三年九月任为滑州刺史，抵任当在十月，以上三诗所写，皆非初到任时情景。《秋日登郡楼望赞皇山感而成咏》云："昔人怀井邑，为有挂冠旗。顾我飘蓬者，长随泛梗移。越吟因病感，潘鬓入秋悲。北指邯郸道，应无归去期。"此诗表面上是怀乡邑，感慨于仕途漂泊，实际上是见朝廷李宗闵等朋党连结，排挤裴度等人，感到前途渺茫，报国无路。故《雨后净望河西连山怆然成咏》中云："只恨无功书史籍，岂悲临老事戎轩。"

《故人寄茶》（别集卷三）

此诗系于《秋日美晴郡楼闲眺寄荆南张书记》之后，云："剑外九华英，缄题下玉京。……"似亦作于滑州，尚未赴西川。又，《全唐诗》卷五九二曹邺名下亦载此诗，诗题相同。《全唐诗》于题下校云"一作李德裕诗"。似以作德裕诗为是。

《上巳忆江南禊事》（《全唐诗》卷四七五）

诗云："黄河西绕郡城流,上巳应无祓禊游。为忆渌江春水色,更无宵梦向吴洲。"观诗之首句,当在滑州作。刘禹锡有《和滑州李尚书上巳忆江南禊事》(《刘禹锡集笺证》外集卷七),云："白马津头春日迟,沙洲归雁拂旌旗。柳营唯有军中戏,不似江南三月时。"则德裕此诗当作于四年春。

又,刘禹锡于《和滑州李尚书上巳忆江南禊事》后有《酬滑州李尚书秋日见寄》诗,云："一入石渠署,三闻宫树蝉,丹霄未得路,白发又添年。双节外台贵,洞箫中禁传。征黄在旦夕,早晚发南燕。"按禹锡于大和二年秋为集贤学士,至本年已历三年,故云"一入石渠署,三闻宫树蝉"。德裕原诗已佚,赖禹锡和作知在滑州尚有此作。

《汉州月夕游房太尉西湖》(别集卷四)

诗之前四句为:"丞相鸣琴地,何年闭玉徽(自注:房公以好琴闻于四海)。偶因明月夕,重敞故楼扉。"房公指房琯。《旧书》卷一一一《房琯传》,房琯于肃宗上元元年为汉州刺史,宝应二年征召,拜特进、刑部尚书,在路遇疾,代宗广德元年八月卒于阆州,赠太尉。杜甫有《陪王汉州留杜绵州泛房公西湖》诗(《杜诗详注》卷十二)。仇注谓西湖在汉州,又引钱《笺》:"《方舆胜览》:房公湖,又名西湖。"此当是德裕赴成都,经汉州,游西湖时所作。后一首《重题》有云:"晚日临寒渚,微风发棹讴。"其时当在大和四年十一、十二月间。

诗后附刘禹锡和作,署为"礼部郎中、集贤殿学士刘禹锡"。《刘禹锡集笺证》外集卷七,题为《和西川李尚书汉州微月游房太尉西湖》。刘诗为:"木落汉川夜,西湖悬玉钩。

旌旗环水次,舟楫泛中流。目极想前事,神交如共游。瑶琴久已绝,松韵自悲秋。"又《和重题》:"林端落照尽,湖上远岚清。水榭芝兰室,仙舟鱼鸟情。人琴久寂寞,烟月若平生,一泛钓璜处,再吟锵玉声。"

诗后又附郑澣和作,署为"兵部侍郎郑澣"。《旧书》卷一五八《郑澣传》:"大和二年,迁礼部侍郎,典贡举二年,选拔造秀,时号得人。转兵部侍郎,改吏部,出为河南尹,皆著能名。"按唐丁居晦《重修承旨学士壁记》,记郑澣于"(大和)二年六月一日,迁礼部侍郎出院",则其任礼部侍郎在大和二年六月,典三年、四年贡举,大和四年典贡举后改为兵部侍郎,与和诗所署之衔合。澣父余庆,与李吉甫在贞元时曾同官郴州。澣诗为:"太尉留琴地,时移重可寻。徽弦一掩抑,风月助登临。荣驻清油骑,高张白雪音。祗言酬唱美,良史记王箴。""静对烟波夕,犹思栋宇精。卧龙空有处,驯鸟独忘情。顾步襟期远,参差物象横。自宜雕乐石,爽气际青城。"

《房公旧竹亭闻琴缅慕风流神期如在因重题此作》(别集卷四)

此诗系于《汉州月夕游房太尉西湖》之后,当为同时所作。亦附刘禹锡、郑澣和作,刘诗题为《和游房公旧竹亭闻琴绝句》(《刘禹锡集笺证》外集卷七),《全唐诗》卷三六八载郑澣此诗,题作《和李德裕房公旧竹亭闻琴》。

《题剑门》(别集卷四)

亦为大和四年入蜀途中所作。清赵绍祖《古墨斋金石跋》卷六有《唐李德裕剑阁诗》,云:"八分书,无年月。"又云:

“大和四年，德裕为牛、李所挤，出为剑南节度使，此诗当是其时所作也。八分书板重而呆滞，不称其豪迈俊爽之气。”

〔编年文〕

《剑门铭》(别集卷八)

当与前《题剑门》诗同时所作。王象之《舆地碑记目》卷四剑门关碑记有《剑门铭》，下云："李文饶集云《剑门铭》，注：'剑门当中有一岑，峻岭横峙，望若萧屏，此一峰最奇，而说者未尝及也。'故铭曰：'群山西来，波积云屯。地险所会，斯为蜀门。层岑峻壁，森若戈戟。万壑奔东，双飞高阙。翠岭中横，黯然黛色。树兹雄屏，以卫王国。'"按此所引可与文集相校。

《重写前益州五长史真记》(别集卷七)

文末署"大和四年闰十二月十八日，西川剑南节度副大使、知节度事、银青光禄大夫、检校兵部尚书、兼成都尹、御史大夫、赞皇县开国伯李德裕记"。德裕于十一月一日经华岳庙，约十一、十二月间抵达成都。又按王象之《舆地碑记目》卷四成都府碑记有《重写前益州五长史真记》，云"李文饶撰"，并录其文数句，有云："余以精舍甚古，貌象将倾，乃选其功德尤盛者五人，模于郡之厅正。"文集中"厅正"作"厅所"，可据以参校。

大和五年辛亥(八三一) 四十五岁

李德裕在剑南西川节度使任。

西川经南诏侵扰以后，人不聊生，亟需治理。德裕本年政绩，大端有三：一、至南诏访查被俘的民人，约得僧道工匠等四千人归成都。二、巩固关防，训练士卒，修理兵器。三、招降吐蕃之维州守将。兹分别言之。

一、至南诏访查被俘的民人，约得僧道工匠等约四千人归成都。

《旧·文宗纪》大和五年五月，"戊午，西川李德裕奏：南蛮放还先虏掠百姓、工巧、僧道约四千人还本道"。又《旧传》："西川承蛮寇剽虏之后，郭钊抚理无术，人不聊生。德裕乃复葺关防，缮完兵守。又遣人入南诏，求其所俘工匠，得僧道、工巧四千余人，复归成都。"

按《文集》卷十二《论故循州司马杜元颖第二状》述此事颇详，云："蛮退后，京城传说驱掠五万余人，音乐伎巧，无不荡尽，缘郭钊无政，都不勘寻。臣德裕到镇后，差官于蛮，经历州县，一一勘寻，皆得来名，具在案牍。蛮共掠九千人，成都郭下成都、华阳两县只有八十人，其中一人是子女锦锦，杂剧丈夫两人，医眼大秦僧一人，余并是寻常百姓，并非工巧。其八千九百余人，皆是黎、雅州百姓，半杂猲獠。臣德裕到镇后，移牒索得三千三百人，两番送到，与监军使于龙兴大慈寺点阅。"此是会昌时所上奏疏，乃德裕为其故友杜元颖申雪，减轻其罪责，因此所云南诏掳掠人口的数字可能故意缩小，但其中叙述德裕抵任后，差官到南诏所经历的州县调查被掳掠的人户，并记录在案，向南蛮索取，则大抵近实。

二、巩固关防，训练士卒，修理兵器。

《通鉴》卷二四四于大和四年冬李德裕初抵西川,即载其走访山川城邑,加强兵力,巩固关防,使蜀士民心在南诏侵扰之后得以初步安定,云:"蜀自南诏入寇,一方残弊,郭钊多病,未暇完补。德裕至镇,作筹边楼,图蜀地形,南入南诏,西达吐蕃。日召老于军旅、习边事者,虽走近卒蛮夷无所间,访以山川、城邑、道路险易、广狭远近,未逾月,皆若身尝涉历。"又云:"上命德裕修塞清溪关以断南诏入寇之路,或无土,则以石垒之。德裕上言:'通蛮细路至多,不可塞,惟重兵镇守,可保无虞;但黎、雅以来得万人,成都得二万人,精加训练,则蛮不敢动矣。边兵又不宜多,须力可临制。崔旰之杀郭英义,张朏之逐张延赏,皆镇兵也。'时北兵皆归本道,唯河中、陈许三千人在成都,有诏来年三月亦归,蜀人恼惧。德裕奏乞郑滑五百人、陈许千人以镇蜀;且言:'蜀兵脆弱,新为蛮寇所困,皆破胆,不堪征戍。若北兵尽归,则与杜元颖时无异,蜀不可保。恐议者云蜀经蛮寇以来,已自增兵,向者蛮寇已逼,元颖始募市人为兵,得三千余人,徒有其数,实不可用。郭钊募北兵仅得百余人,臣复召募得二百余人,此外皆元颖旧兵也。恐议者又闻一夫当关之说,以为清溪可塞。臣访之蜀中老将,清溪之旁,大路有三,自余小径无数,皆东蛮临时为之开通,若言可塞,则是欺罔朝廷,要须大度水北更筑一城,迤逦接黎州,以大兵守之方可。况闻南诏以所掠蜀人二千及金帛赂遗吐蕃,若使二虏知蜀虚实,连兵入寇,诚可深忧。其朝臣建言者,盖由祸不在身,望人责一状,留入堂案,他日败事,不可令臣独当国宪。'朝廷皆从其请。德裕乃练士卒,葺堡鄣,积粮储以备边,蜀人粗安。"

《通鉴》又于大和五年八月载:"西川节度使李德裕奏:
'蜀兵羸疾老弱者,从来终身不简,臣命立五尺五寸之度,简
去四千四百余人,复简募少壮者千人以慰其心。所募北兵已
得千五百人,与士兵参居,转相训习,日益精练。又,蜀工所
作兵器,徒务华饰不堪用;臣今取工于别道以治之,无不坚
利。'"(《通鉴》所载德裕大和四年末及五年八月奏疏,皆不
载于文集)

按《通鉴》所载,主要是记叙德裕至西川初几个月在军事
上所采取的措施,首先是加强兵力,将蜀中土著兵员与所募
北兵结合,加以训练,同时查访主要关隘,加强防守,指出不
能消极地填塞关路,而应积极充实防守的兵力;与此平行的,
是提高武器装备。《新书·李吉甫传》曾言唐代军器以宣、
洪、蕲、鄂四州所制为精良,而经李德裕的整顿,"蜀兵器皆犀
利"(《玉海》卷一五一)。《新书·李德裕传》于此也有概括
而翔实的记载,谓:

"蜀自南诏入寇,败杜元颖,而郭钊代之,病不能事,民失
职,无聊生。德裕至,则完残奋怯,皆有条次。……乃建筹边
楼,按南道山川险要与蛮相入者图之左,西道与吐蕃接者图
之右。其部落众寡,馈饷远迩,曲折咸具。乃召习边事者与
之指画商订,凡虏之情伪尽知之。又料择伏瘴旧獠与州兵之
任战者,废遣狞耄什三四,士无敢怨。又请甲人于安定,弓人
河中,弩人浙西,由是蜀之器械皆犀锐。率户二百取一人,使
习战,贷勿事,缓则农,急则战,谓之'雄边子弟'。其精兵曰

南燕保义、保惠、两河慕义,左右连弩;骑士曰飞星、鸷击、奇锋、流电、霆声、突骑。总十一军。”

三、招降吐蕃之维州守将。

论维州事是李德裕与牛僧孺的第一次正面冲突,也影响大和后期李、牛二人的进退。历史上关于此事也有所论议。今辑集有关史料于下,以供治史者之参考,从中也可见出李、牛二人政治上的是非功过。

《通鉴》大和五年九月载:“九月,吐蕃维州副使悉怛谋请降,尽帅其众奔成都;德裕遣行维州刺史虞藏俭将兵入据其城。庚申,具奏其状,且言‘欲遣生羌三千,烧十三桥,捣西戎腹心,可洗久耻,是韦皋没身恨不能致者也!’事下尚书省,集百官议,皆请如德裕策。牛僧孺曰:‘吐蕃之境,四面各万里,失一维州,未能损其势。比来修好,约罢戍兵,中国御戎,守信为上。彼若来责曰:何事失信? 养马蔚茹川,上平凉阪,万骑缀回中,怒气直辞,不三日至咸阳桥。此时西南数千里外,得百维州何所用之! 徒弃诚信,有害无利。此匹夫所不为,况天子乎!’上以为然,诏德裕以其城归吐蕃,执悉怛谋及所与偕来者悉归之。吐蕃尽诛之于境上,极其惨酷。德裕由是怨僧孺益深。”又《通鉴》卷二四七武宗会昌三年三月尝论此事,云:“臣光曰:论者多疑维州之取舍,不能决牛、李之是非。……是时唐新与吐蕃修好而纳其维州,以利言之,则维州小而信大;以害言之,则维州缓而关中急。然则为唐计者,宜何先乎? 悉怛谋在唐则为向化,在吐蕃不免为叛臣,其受诛也又何矜焉! 且德裕所言者利也,僧孺所言者义也,匹夫徇利而忘义犹耻之,况天子乎!譬如邻人有牛,逸而入于家,或劝其兄归之,或劝其弟攘之。劝归者曰:'攘之不义也,且致讼。'劝攘者曰:'彼尝攘吾羊矣,何义之拘!牛大畜也,鬻之可以富家。'以是观之,牛、李之是非,端可见矣。"

《旧·文宗纪》大和五年九月记此事甚略,仅云"西川李德裕奏收复吐蕃所陷维州,差兵镇守"。其详见新旧《唐书》之《李德裕传》及《牛僧孺传》。

《旧·李德裕传》:"五年九月,吐蕃维州守将悉怛谋请以城降。其州南界江阳,岷山连岭而西,不知其极;北望陇山,积雪如玉;东望成都,若在井底。一面孤峰,三面临江,是西蜀控吐蕃之要地。至德后,河、陇陷蕃,唯此州尚存。吐蕃利其险要,将妇人嫁于此州阇者。二十年后,妇人生二子成长。及蕃兵攻城,二子内应,其州遂陷。吐蕃得之,号曰'无忧城'。贞元中,韦皋镇蜀,经略西山八国,万计取之不获,至是悉怛谋遣人送款。德裕疑其诈,遣人送锦袍金带与之,托云候取进止,悉怛谋乃尽率郡人归成都。德裕乃发兵镇守,因陈出攻之利害。时牛僧孺沮议,言新与吐蕃结盟,不宜败约,语在僧孺传。乃诏德裕却送悉怛谋一部之人还维州,赞普得之,皆加虐刑。"《新书·李德裕传》:"吐蕃维州将悉怛谋以城降。维距成都四百里,因山为固,东北由索丛岭而下二百里,地无险,走长川不三千里,直吐蕃之牙,异时戍之,以制虏入者也。德裕既得之,即发兵以守,且陈出师之利。僧孺居中沮其功,命返悉怛谋于虏,以信所盟,德裕终身以为恨。"(又《新书》卷二一六下《吐蕃传》下:"五年,维州守将悉怛谋挈城以降,剑南西川节度使李德裕受之,收符章仗铠,更遣将虞藏俭据之。州南抵江阳岷山,西北望陇山,一面崖,三涯江,房号无忧城,为西南要捍。会牛僧孺当国,议还悉怛谋,归其城。吐蕃夷诛无遗种,以怖诸戎。")

《通鉴》与《旧书》所载吐蕃虐杀维州降将,德裕于会昌时所上《论大和五年八月将故维州城归降准诏却执送本蕃就戮人吐蕃城副使悉怛谋状》(《文集》卷十二)有具体记述,或即为《通鉴》诸书所本。德裕《状》云:"臣受降之初,指天为誓,宁忍将三百余人性命弃信偷安,累表陈论,乞垂矜舍。答诏严切,竟令执还,加以体被三木,舆于竹筍,及将即路,冤叫鸣呼。将吏对臣,无不陨涕。其部送者,更遭蕃帅讥诮云:'既以降彼,何须送来!'乃却将此降人,戮于汉界之上,恣行残忍,用固携离,至乃掷其婴孩,承以枪槊。"

又《旧书·牛僧孺传》记此事云:"六年,吐蕃遣使论董勃义入朝修好,俄而西川节度李德裕奏,吐蕃维州守将悉怛谋以城降。德裕又上利害云:'若以生羌三千,出戎不意,烧十三桥,捣戎之腹心,可以得志矣。'上惑其事,下尚书省议,众状请如德裕之策。僧孺奏曰:'此议非也。吐蕃疆土,四面万里,失一维州,无损其势。况论董勃义才还,刘元鼎未到,比来修好,约罢戍兵。中国御戎,守信为上,应敌次之,今一朝失信,戎丑得以为词。闻赞普牧马茹川,俯于秦陇。若东袭陇坂,径走回中,不三日抵咸阳桥,而发兵枝梧,骇动京国。事或及此,虽得百维州,亦何补也。'上曰:'然。'遂诏西川不内维州降将。"(《新·牛僧孺传》略同,不录)

按牛僧孺此时论议,新旧《唐书》及《通鉴》所载,或当本之于杜牧所作牛僧孺墓志铭与李珏所作牛僧孺道碑,尤以杜《志》所载较详,且为牛僧孺回护之意也颇显然。《志》云:"大和六年,西戎再遣大臣赍宝玉来朝,礼倍前时,尽罢东向守兵,用明臣附。李太尉德裕时殿剑南西川,上言维州降,今若冠生羌三千人,烧十三桥,捣戎腹心,可洗久耻,是韦皋二十年至死恨不能致。事下尚书省百官聚议,皆如剑南奏。公独曰:'西戎四面各万里,来责曰何事失信,养马蔚茹川,上平凉坂,万骑缀回中,怒气直辞,不三日至咸阳桥。西南远数千里,虽百维州,此时安可用? 弃诚信,有利无害,匹夫不忍为,况天子以诚信见责于夷狄,且有大患。'上曰:'然。'遂罢维州议。"李珏所作神道碑略同,为避免重复,不录。李珏以为自维州论议起,德裕与僧孺二人乃"大不平,遂成宿憾",则得其实。因为在此之前,二人虽也有权位争夺的矛盾,但终究不是直接的冲突,从这时开始,李德裕与牛僧孺、李宗闵在不少重大问题上引起冲突,成为政治上的重大是非之争。德裕也明确认识到,牛僧孺一派是他的对立面,因此他在上引的论维州状中说道:"其时与臣仇者,望风疾臣,遽兴疑言,上罔宸听。"

历史上对于这一次事件的评论,也各有不同,司马光是明显偏向于牛僧孺的,南宋人洪迈赞成《通鉴》的论议,《容斋续笔》卷五《崔常牛李》条谓:"议者亦德裕贤于僧孺,咸谓牛、李私憾不释,僧孺嫉德裕之功,故沮其事。然以今观之,则僧孺为得,司马温公断之以义利,两人曲直始分。"

但同是南宋人的胡寅却大不以《通鉴》的议论为然，其所著《读史管见》卷二十五论维州事，云："司马氏佑牛僧孺，抑李德裕，其素志也。至于维州之事，则判然以德裕为非，愚窃谓其言之过矣。夫维州，本唐地也。开元二十八年春，剑南帅章仇兼琼与维州别驾董承晏同结吐蕃安戎城中守者，开门纳唐兵，使监察御史许远守之；是秋吐蕃寇安戎城及维州。……是知维州者吐蕃所必争，唐失而复得、得而复失，不可弃焉者也。使本非唐地，既与吐蕃和，弃而不取，姑守信约可耳；本唐之地，为吐蕃所侵，乃欲守区区之信，举险要而弃之，借使吐蕃据秦州、下凤翔而来讲好，亦将守信而不取乎？僧孺所谓虏养马蔚茹川，下平凉坂，万骑缀回中，怒气直辞，不三日至咸阳，于时西南数千里外得百维州何所用？——此特以大言怖文宗，非事实也。……司马氏不以义断之，而以利害为言，既以利害为言，又斥德裕为利，取僧孺为义，是皆无所据矣。故以维州归吐蕃，弃祖宗土宇，缚送悉怛谋，沮归附之心，僧孺以小信妨大计也；下维州，遣兵据之，洗数十年之耻，追奖悉怛谋，赠以官秩，德裕以大义谋国事也。此二人是非之辨也。"

　　陆游《筹边楼记》（《渭南文集》卷十八）记范成大在任四川制置使时，曾恢复李德裕创建的筹边楼，并引述范成大的话谓："卫公守蜀，牛奇章方居中，每排沮之，维州之功，既成而败。……使卫公在蜀，适得此时，其功烈壮伟，讵止取一维州而已哉！"陆、范都是想有所作为的爱国诗人，其对德裕维州之措置亦持肯定之评价。

朱熹对此亦有所论列,《朱子语类》有云:"或问'维州事,温公以德裕所言为利,僧孺所言为义,如何?'曰:德裕所言虽以利害言,然意却全在为国;僧孺所言虽在义,然意却全济其己私。"(中华书局版,页三二四九)

又明初胡广《胡文穆杂著》一卷,中有"牛李维州事"一节,亦是李而非牛。清《四库全书总目》卷一二二子部杂家类提要谓:"其中如谓《资治通鉴》论维州悉怛谋事,司马光非不知李是牛非,特以意主和邻,不欲生衅,故矫为此言,引其临终与吕公著简为证,可谓深明时势。"

王夫之《读通鉴论》对维州一事更有详细的论辨,其书卷二十六《文宗》部分云:"牛、李维州之辨,伸牛以诎李者,始于司马温公。公之为此说也,惩熙、丰之执政用兵生事,弊中国而启边衅,故崇奖处镈之说,以戒时君。夫古今异时,强弱异势,战守异宜,利害异趣,据一时之可否,定千秋之是非,此立言之大病,而温公以之矣。"又云:"僧孺曰:'徒弃诚信,匹夫之所不为。'其所谓诚信者,盖亦匹夫之谅而已矣。其以利害言之,而曰:'彼若来责,养马蔚茹川,上平凉坂,万骑缀回中,不三日至咸阳桥。'是其张皇虏势以相恐喝也,与张仪夸秦以胁韩、楚之游辞,同为千秋所切齿。而言之不忌,小人之横,亦至此哉!"

王夫之又比较吐蕃前后国力的强弱,指出这时的吐蕃,根本不可能如牛僧孺所说的,能轻易深入唐的关中地带:"夫吐蕃自宪宗以后,非复昔之吐蕃久矣。元和十四年,率十五万众围盐州。刺史李文悦拒守而不能下,杜叔良以二千五百人击之，大败而退；其明年，复寇泾州，李光颜鼓厉神策一军往救，惧而速退；长庆元年，特遣论讷罗以来求盟，非慕义也，弱丧失魄，畏唐而求安也。其主彝泰多病而偷安，不数年，继以荒淫残虐之达磨，天变于上，人叛于下，浸衰浸微，而论恐热、婢婢交相攻以迄于亡。安得如僧孺之言，扣咸阳桥、深入送死而无择哉？敛手俯颜，取悉怛谋献之，使磔于境上，以寒向化之心。幸吐蕃之弱也，浸使其强，目无唐，而镟刃之下岂复有唐乎？"王夫之又指出，牛僧孺反对李德裕关于招降维州的主张，完全出于私党之见，而置国家利害于不顾："夫僧孺岂果崇信以服远、审势以图宁乎？事成于德裕而欲败之耳。小人必快其私怨，而国家之大利，夷夏之大防，皆不胜其恫疑之邪说。文宗弗悟而从之，他日追悔而弗及。"

近代史学家岑仲勉在其所著《隋唐史》中对此事件也作了详细剖析，并对《通鉴》的"臣光曰"作了驳正。今摘录有关部分如下："维州地区（今汶川西北）辟自刘蜀，隋开皇四年讨叛羌，以其地属会州，后又没贼。武德七年，白狗羌首领内附，因地有姜维城，命名曰维州。乾元二年，被吐蕃攻陷。德宗时，韦皋屡出兵攻之，不能克。大和五年九月，吐蕃所置吏悉怛谋尽率其众来降成都，德裕方节度西川，受其人及地，事下百官议，时僧孺执政，借口弃信恐激吐蕃侵京师，于是诏将维州及诸降众付吐蕃，吐蕃悉诛之。'掷其婴孩，承以枪槊'（《文饶集》一二），惨不忍闻。司马光为自护其非，乃拾僧孺余唾，龂龂作义利之辩。……僧孺之说，王夫之已详予驳正。然司马之说，迄未得史家注意。"岑氏所驳，主要有以下几点：

"维州本我失地,我纳其自拔来投,于'义'何害?""吐蕃四盟而有平凉之劫,尤为唐耻;况维州自拔前一年,彼已先失信围攻鲁州,以此言'信',何异宋襄不禽二毛。""司马谓关中急而维州缓,乍似有理,但吐蕃陷维州后,'得并力于西边,更无虞于南路'(《文饶集》一二及《旧书》一四七);我收维州,作用与谋通南诏相同,正是釜底抽薪,围魏救赵,不收维州,则剑南节度所押西山八国蕃落,都被隔断,藩篱尽失。""大中三年,正牛党执政时期,去大和五年仅十八年,去德裕追论维州事仅六年,吐蕃国势,当无大更变,而是年秦、原、安乐三州及石门等七关之来归,即诏令剑南、山南对没蕃州县,量力收复,随有西川杜悰报收维州,山南西郑涯报收扶州(《通鉴》二四八),相去无几时,何以彼则'信大',此则可'徇利而忘义'? 彼则'维州缓而关中急',此遽不然? 其为挟持私见,百辞莫辨。""大中复收维州,'亦不因兵刃,乃人情所归'(《旧书》一四七),扶州想亦相同;僧孺所言蕃兵三日至咸阳,无非长他人意气,灭自己威风,假其可能,则边防已十分脆弱,尤非放弃维州便可了事,何未闻僧孺建言修缮守备,如德裕所为?(德裕立五尺五寸之度,汰去蜀兵羸弱四千四百余人,又以蜀作兵器不堪用,取工别道以治之,此两事《通鉴》二四四即叙在悉怛谋来归之前)""唯僧孺'与德裕不协,遽勒还其城'(《旧书》一四七),以私害公,故德裕恶之,非私怨也,而《通鉴》偏书曰'德裕由是怨僧孺益深',对于公私之叛别,模糊已极。"(《隋唐史》四二六—四二八页)

汉州刺史薛元赏曾上书朝廷,赞同德裕关于维州的主张,未见

采纳。

　　《新书》卷一九七《循吏·薛元赏传》:"薛元赏,亡里系所来。大和初,自司农少卿,出为汉州刺史。时李德裕为剑南西川节度使,会维州降,德裕受之以闻,牛僧孺沮其议,执还之。元赏上书极言可因抚之,溃虏膺腹,不可失。不省。"

　　据《新书·地理志》,汉州属剑南道。段文昌后于大和六年十二月代李德裕为西川节度使,张次宗曾在文昌幕府(见后大和六年谱),次宗曾为文昌草《荐前汉州刺史薛元赏状》(《全唐文》卷七六〇),盛赞薛元赏精明能干,吏治有绩。状云:"右件官明敏多才,干能有用,尝列班行之任,亦专繁剧之司。广汉在蜀川之中最为大郡,凋瘵之后,为理甚难。流庸自占者过九千家,田业开辟者逾五百顷,修兵甲则戎备斯足,置什器则公用有余。事无不周,去有遗美。臣任当廉察,备睹政能,伏望圣恩,特垂甄奖。"

德裕本年作《黄冶赋》,反对方士之炼丹、求长生之术。此一思想与在浙西时反对周息元应征入朝相一致。

　　《黄冶赋》(《别集》卷一)自序云:"蜀道有青城、峨眉山,皆隐沦所托。辛亥岁,有以铸金术干余者。窃叹刘向累世懿德,为汉儒宗,其所述作,振于圣道,犹爱信鸿宝,几婴时戮。况流俗之士,能无感于此乎?因作赋以正之。"辛亥岁,即本年。赋中又进一步阐明这一思想:"汉武帝遵世承平,百蛮以宁。自谓德成尧、禹,功高汤、武,闻升龙于鼎湖,乃甘心于斯语。有方士李少君,谲诈丕诞,乘邪进取,盛称化丹砂为黄金,可以登青霄而轻举。时董大夫侍侧,帝曰:'子知其术

乎?'仲舒进曰:'臣惟闻天地变化,圣人镕范,方士之言,臣以
为诒。……若乃不务远德,营信秘录,祈年永久,以极嗜欲,
斯则不由于正道,无益于景福。'帝曰善,乃罢方士而去之,故
得汉道隆盛,令名不亏。"此处所述,与德裕在浙西时反对征
召周息元,劝谏敬宗炼丹求仙,是前后一致的。

庾敬休为工部侍郎时,约于本年前后曾奏议茶税钱,并遣使与德裕商量制置。

《旧书》卷一八七下《忠义传下·庾敬休传》载敬休为工
部侍郎时,曾奏曰:"剑南西川、山南西道每年税茶及除陌钱,
旧例委度支巡院勾当榷税。当司于上都召商人便换。大和
元年,户部侍郎崔元略与西川节度使商量,取其稳便,遂奏请
茶税事使司自勾当,每年出钱四万贯送省。近年已来,不依
元奏,三道诸色钱物州府逗留,多不送省。请取江西例,于归
州置巡院一所,自勾当收管诸色钱物送省,所冀免有逋悬。
欲令巡官李濆专往与德裕、遵古商量制置,续具奏闻。"按庾
敬休曾与德裕同在翰林学士院供职。

李德修于本年四月由湖州刺史改楚州刺史。刘禹锡有诗送之。

宋谈钥《嘉泰吴兴志》卷十四《郡守题名》:"李德修:大
和四年五月十日自淮南节度行军司马授,后迁楚州刺史。"李
德修之后为韦珩,云:"大和五年四月自江州刺史拜。"则德修
改除楚州亦当在大和五年四月间。又《楚州金石录·唐·楚
州官属题名幢》:"使大中大夫、使持节楚州诸军事、守楚州刺
史、充本州团练使、淮南营田副使、上柱国、袭赵国公、食邑三
千户、赐紫金鱼袋李德修:大和五年四月十九日授。"

刘禹锡有《送李中丞赴楚州》(《刘禹锡集笺证》卷二八):"缇骑朱旗入楚城,士林皆贺振家声。儿童但喜迎贤守,故吏犹应记小名。万顷水田连郭秀,四时烟月映淮清。忆君初得昆山玉,同向扬州携手行。"

正月,幽州军乱,副兵马使杨志诚逐节度使李载义,自立为留后,牛僧孺采取姑息妥协态度,以杨志诚为节度使。

《旧·文宗纪》大和五年正月,"庚申,幽州军乱,逐其帅李载义,立后院副兵马使杨志诚为留后"。四月,"己丑……以幽州卢龙节度留后杨志诚检校工部尚书,为幽州卢龙节度使"。

《通鉴》卷二四四大和五年正月载此事稍详,且有司马光评语,颇可参考。《通鉴》记曰:"庚申,卢龙监军奏李载义与敕使宴于球场后院,副兵马使杨志诚与其徒呼噪作乱,载义与子正元奔易州;志诚又杀莫州刺史张庆初。上召宰相谋之,牛僧孺曰:'范阳自安史以来,非国所有,刘总暂献其地,朝廷费钱八十万缗而无丝毫所获。今日志诚得之,犹前日载义得之也;因而抚之,使捍北狄,不必计其逆顺。'上从之。载义自易州赴京师,上以载义有平沧景之功,且事朝廷恭顺;二月壬辰,以载义为太保,同平章事如故。以杨志诚为卢龙留后。"司马光记此事,有评曰:"载义藩屏大臣,有功于国,无罪而志诚逐之,此天子所宜治也。若一无所问,因以其土田爵位授之,则是将帅之废置生杀皆出于士卒之手,天子虽在上,何为哉!国家之有方镇,岂专利其财赋而已乎!如僧孺之言,姑息偷安之术耳,岂宰相佐天子御天下之道哉!"

按新旧《唐书·牛僧孺传》亦载此事,与《通鉴》所载同,《旧书》卷一八〇《杨志诚传》更具体记述牛僧孺被召应对的情况,谓:"文宗闻之惊,急召宰臣。时牛僧孺先至,上谓曰:'幽州今日之事可奈何?'僧孺曰:'此不足烦圣虑,臣被召疾趋气促,容臣稍缓息以对。'上良久曰:'卿以为不足忧,何也?'僧孺对曰:'陛下以范阳得失系国家休戚耶?……'"以上记载,都可见出牛僧孺对当时藩镇跋扈所采取的姑息妥协的态度,表现其一味保持禄位,根本不以国事安危为念。同样对待幽州的乱军,李德裕于会昌期间所采取的对策就完全不同(详后谱),从这里也可看出牛、李两党政治主张的显著区别。正因此事的处理对牛僧孺的行绩不利,因此杜牧所作牛僧孺墓志铭及李珏所作牛僧孺神道碑就只字未提。杜、李二文对牛僧孺之所谓"善政"是尽量采录的,有些根本不能算作"善政"的也被曲意夸饰而记入文内,而对本年处理幽州军乱一事则摒弃不录,正好说明当时即使像杜牧、李珏等人也认为此事于僧孺不利,无法回护,于是索性不写。

二月,宦官王守澄及郑注诬告宰相宋申锡联漳王凑谋反,三月,贬宋为开州司马。

此事《通鉴》所载较翔实,且李德裕此后于大和九年袁州之贬也与此有关,故摘《通鉴》所录于下:

"上与宋申锡谋诛宦官,申锡引吏部侍郎王璠为京兆尹,以密旨谕之。璠泄其谋,郑注、王守澄知之,阴为之备。"

"上弟漳王凑贤,有人望,注令神策都虞候豆卢著诬告申锡谋立漳王。戊戌,守澄奏之,上以为信然,甚怒。……是日，旬休，遣中使悉召宰相至中书东门。中使曰：'所召无宋公名。'申锡知获罪，望延英，以笏扣头而退。宰相至延英，上示以守澄所奏，相顾愕眙。上命守澄捕豆卢著所告十六宅宫市品官晏敬则及申锡亲事王师文等，于禁中鞠之；师文亡命。三月庚子，申锡罢为右庶子。自宰相大臣无敢显言其冤者，独京兆崔琯、大理卿王正雅连上疏请出内狱付外廷核实，由是狱稍缓。……

狱成，壬寅，上悉召师保以下及台省府寺大臣面询之。午际，左常待崔玄亮、给事中李固言、谏议大夫王质、补阙卢钧、舒元褒、蒋系、裴休、韦温等复请对于延英，乞以狱事付外覆按。上曰：'吾已与大臣议之矣。'屡遣之出，不退。玄亮叩头流涕曰：'杀一匹夫犹不可不重慎，况宰相乎！'上意稍解，曰：'当更与宰相议之。'乃复召宰相入，牛僧孺曰：'人臣不过宰相，今申锡已为宰相，假使如所谋，复与何求！申锡殆不至此。'郑注恐覆按诈觉，乃劝守澄请止行贬黜。癸卯，贬漳王凑为巢县公，宋申锡为开州司马。"

按宋申锡事件的发动者，是宦官王守澄及其当时的依附者郑注，他们打击的对象其实是文宗，宋申锡不过是一只替罪羊。由于文宗的懦弱，又由于他对漳王李凑的嫉妒，于是他就只好牺牲宋申锡来保全自己。史实说明，当时极力营救宋申锡，并由此想抑制王守澄一派的是一些中层官员（特别是一些言官），以及宦官中极少见的像马存亮那样的人物（李德裕后曾为他撰写过神道碑，即《唐故开府仪同三司行右领军卫上将军致仕上柱国扶风公神道碑铭》，别集卷六）。牛僧孺身居宰臣，虽也有所谏诤，但语气极软弱，且据《新书·宰相表》大和五年，三月庚子，申锡罢为太子右庶子，乙丑，僧孺为中书侍郎，一黜一迁，正好说明宦官集团对牛僧孺的策略，以及牛僧孺在此事件中的表现。至于李宗闵，这时也在执政之列，但在史料记载中他更是一言不发，连牛僧孺还不如。这是文宗朝宦官对朝官发动的第一次较大的攻击，即制造冤狱，罢黜宰相，间接打击文宗想要削弱宦官当权的谋划；而在这次明显的冤案中，李宗闵、牛僧孺却基本上采取顺应和敷衍的态度。

八月，李逢吉为东都留守。

《旧·文宗纪》大和五年八月，以河阳三城怀州节度使杨元卿为宣武军节度使，代李逢吉；以逢吉检校司徒、兼太子太师，充东都留守，代温造。又《旧·李逢吉传》载："大和二年，改汴州刺史、宣武军节度使。五年八月，入为太子太师、东都留守、东畿汝防御使，加开府仪同三司。"自李宗闵、牛僧孺执政，李逢吉的政治地位逐步得到改善。

七月，元稹卒于武昌节度使任。李德裕有悼念元稹诗二首寄刘禹锡，禹锡有和作。今刘诗存而李诗佚。

《旧·文宗纪》大和五年八月，"庚午，武昌军节度使、检校户部尚书元稹卒"。

按白居易《唐故武昌军节度处置等使正议大夫检校户部尚书鄂州刺史兼御史大夫赐紫金鱼袋赠尚书右仆射河南元公墓志铭并序》（《白居易集》卷七十）："大和五年七月二十二日，遇暴疾，一日，薨于位，春秋五十三。"《旧纪》云八月卒，当是按奏到之日计算。

刘禹锡有《西川李尚书知愚与元武昌有旧远示二篇吟之泫然因以继和二首》(《刘禹锡集笺证》外集卷七），题下自注："来诗云：元公令陈从事求蜀琴，将以为寄，而武昌之讣闻，因陈生会葬。"由此可知，元稹卒前，曾遣府中陈从事者至蜀，求德裕为置办蜀琴一张，未及寄而元稹讣闻至，陈从事乃离蜀赴鄂会葬，德裕因作诗悼之，并寄禹锡。禹锡诗云："如何赠琴日，已是绝弦时。无复双金报，空余挂剑悲。""宝匣从此闭，朱弦谁复调？只应随玉树，同向土中销。"今德裕原诗已佚，由刘诗乃知其原作亦为五绝二首。刘禹锡于本年冬由礼部郎中出为苏州刺史，则此时仍在长安。

本年冬，德裕又作诗悼念元稹及韦处厚、杜元颖等，并寄沈传师。

德裕有《忆金门旧游奉寄江西沈大夫》诗（别集卷四）："东望沧溟路几重，无因白首更相逢。已悲泉下双琪树（自注：韦中令、武元昌皆已沦没），又惜天边一卧龙（自注：杜西川谪官南海）。人事升沉才十载，宦游漂泊过千峰。思君远寄西山药（自注：大夫尝镇锺陵，兼好金丹之术），岁暮相期向赤松。"

按此诗小注中之"武元昌"，各本皆同，《全唐诗》所载亦然。诗题为忆金门旧游，乃忆昔年同在翰林中供职之旧友，但据记载，当年旧友中并无"武元昌"其人。此当为"元武昌"之讹，元稹卒于武昌军节度使，故称之为"元武昌"。又诗中之韦中令，指韦处厚，处厚于长庆时与德裕同在翰林，宝历二年十二月为中书侍郎、同中书门下平章事，大和初又仍为相,故称为"韦中令"。杜西川指杜元颖,也是昔日同在翰林者。元颖于大和三年十二月因南诏侵扰、守蜀无状而贬为循州司马,此处称杜为卧龙,不免为之回护。

又诗题谓"奉寄江西沈大夫",此沈大夫当是沈传师,传师亦为翰林旧友。沈曾任江西观察使,据《旧·文宗纪》,大和四年九月丁丑,"以大理卿裴谊充江西观察使,代沈传师,以传师为宣歙观察使"。德裕作此诗时,元稹已卒,元颖尚存(杜元颖于大和六年十二月卒于贬所),德裕时在西川,则当作于五年冬。但此时沈传师早已离江西,赴宣歙任,且德裕诗注中亦谓沈"尝镇锺陵",称其镇江西为昔时,则作此诗时沈已不在江西明甚。未知诗题中何故又称为"江西沈大夫"?或"江西"二字有误,当作"宣州",俟考。

〔编年文〕

《黄冶赋》(别集卷一)

文中有"辛亥岁"云云,当作于本年。详见前谱。

《画桐花凤扇赋》(别集卷一)

自序云:"成都夹岷江,矶岸多植紫桐。每至暮春,有灵禽五色,小于玄鸟,来集桐花,以饮朝露;及华落,则烟飞雨散,不知其所往。有名工绘于素扇,以偿稚子。余因作小赋,书于扇上。"按此《画桐花凤扇赋》乃接于上《黄冶赋》之后,为别集第一、二两篇,首标曰"成都二首"。此篇写暮春景色,当在本年或明年在成都作。今姑系于本年。

〔编年诗〕

《忆金门旧游奉寄江西沈大夫》(别集卷四)

约本年冬作,详见前谱。

《锦城春事忆江南五言三首》(别集卷四)

按此三诗,有目无文,当作于今明两年春日。

大和六年壬子(八三二) 四十六岁

德裕于本年十二月前仍在剑南西川节度使任。在蜀之治绩:

一、治关塞以防南诏与吐蕃。

《旧·文宗纪》大和六年五月,"甲辰,西川修邛崃关城。又移巂州于台登城"。《通鉴》卷二四四亦载:大和六年五月,"甲辰,李德裕奏修邛崃关及移巂州理台登城"。

《旧传》"(大和)六年,复修邛崃关(按《通鉴》胡注曰:邛崃关,或作邛崃关,误也。邛崃关在雅州荣经县,所谓邛崃九折坂,王尊叱驭处也。祝穆曰:邛崃关在巂州北九十里。巂州先治越巂县。宋白曰:越巂,汉邛都地。台登,汉旄牛地。李心传曰:邛崃关,近荣经,去黎州六十里。琼按,据胡注及所引诸书,《旧·李德裕传》作邛崃关者误),移巂州于台登城以捍蛮。"

《新·李德裕传》载德裕治关厄之状较《旧传》为详,但未明载年月,今一并叙于此处:"筑杖义城,以制大度、清溪关之阻;作御侮城,以控荣经掎角势(琼按:以上对南诏);作柔远城,以厄西山吐蕃(琼按:此对吐蕃);复邛崃关,徙巂州治台登,以夺蛮险(琼按:此又对南诏)。"

二、因地制宜,改进军粮运输。

《新传》:"旧制,岁秒运内粟赡黎、巂州,起嘉、眉,道阳山江,而达大度,乃分饷诸戍。常以盛夏至,地苦瘴毒,辇夫多死。德裕命转邛、雅粟,以十月为漕始,先夏而至,以佐阳山之运,馈者不涉炎月,远民乃安。"

三、改革旧俗,抑制浮屠。

《新传》:"蜀人多鬻女为人妾,德裕为著科约,凡十三而上,执三年劳;下者,五岁。及期则归之父母。毁属下浮屠私庐数千,以地予农。蜀先主祠旁有猱村,其民剔发若浮屠者,畜妻子自如,德裕下令禁止。蜀风大变。"

德裕幕府人物:

(一)韦绚:为西川从事,著《戎幕闲谈》。

《郡斋读书志》(袁州本)卷三下著录《戎幕闲谈》一卷,云:"唐韦绚撰。大和中为李德裕从事,记德裕所谈。"按韦绚另有《刘宾客嘉话录》。绚,新旧《唐书》无传。《说郛》卷七收有《戎幕闲谈》,前有韦绚自序:"赞皇公博物好奇,尤善语古今异事。当镇蜀时,宾佐宣吐,亹亹不知倦焉。乃谓绚曰:'能题而记之,亦足以资闻见。'绚遂操觚录之,号为《戎幕闲谈》。大和五年十一月二十三日,巡官韦绚引。"

(二)张周封:西川从事。

《新书·艺文志》曾著录张周封《华阳风俗录》一卷,谓字子望,西川节度使李德裕从事,试协律郎。段成式《酉阳杂俎》续集卷二《支诺皋》中,有"张周封员外入蜀,亲睹其事"云云,当即在德裕幕中时。又李商隐有《为张周封上杨相公启》(《樊南文集》卷三),约作于开成三、四年间,时杨嗣复为相,请求荐引。张周封当是久任幕府职者(据《尚书故实》,周封曾为泾川从事),故李商隐文中亦有"淹留莲幕,栖托戎麾"之语。

(三)赵公祐:画家。

宋郭若虚《图画见闻志》卷二载:"赵公祐,成都人。工画佛道鬼神,世称高绝。大和间已著画名。李德裕镇蜀,以宾礼遇之,改莅浙西,辟从莲幕。成都大慈、圣兴两寺皆有画壁。"按赵公祐及其子、孙,三世皆以画著称于世,《图画见闻志》同卷于赵公祐后又云:"赵温其,公祐之子,绰有父风,成都寺观多见其迹。""赵德齐,温其之子,袭二世之精艺,奇踪逸笔,时辈咸推服之。"

德裕在蜀曾著《西南备边录》一书,今已佚。

李德裕于会昌中有《进西南备边录状》(《文集》卷十八),中云:"臣顷在西川,讲求利病,颇收要害之地,实尽经远之图,因著《西南备边录》十三卷。"又云:"臣所创立城镇,兼画小图,米盐器甲,无不该备。"可见此书,原系德裕在西川为防备吐蕃、南诏入侵而作。《通鉴》卷二四四大和五年五月载:"丙辰,西川节度使李德裕奏遣使诣南诏索所掠百姓,得四千人而还。"《考异》引《西南备边录》文:"南诏以所虏男女五千三百六十四人归于我。"由此可见:(一)司马光修《通鉴》时,曾见到此书。(二)此书的撰作,当在大和五年五月以后至大和六年十二月德裕入为兵部尚书之前。又可参见《玉海》卷五十八引《中兴书目》。

又《直斋书录解题》卷七传记类载《西南备边录》一卷，云："唐宰相李德裕文饶撰。大和中镇蜀所作，内州县城镇兵食之数，大略具矣。"则陈振孙所见，已只一卷。《进西南备边录状》中有云："第四卷叙维州本末，尤似精详。"则《直斋书录解题》作一卷，恐是南北宋之际散佚所致。

《舆地碑记目》所载德裕治蜀行迹。

宋王象之《舆地碑记目》有数处记载德裕在蜀行迹，可见后人对其功业的敬仰，今摘录如下：

卷四嘉定府碑记有《申孝友西南会要》，云："孝友论唐自开元之际，始有南诏之忧，盖合六诏，而南诏最强，连吐蕃，而蜀患乃酷。降及大和之际，李德裕作筹边楼，南诏颇有所惮，而蜀赖之以安。"

卷四嘉定府碑记有《李德裕石阙》，云："旧市镇有名滩曰墨崖，其上有'唐李德裕领重兵过此'九字。"

卷四永康军碑记有《唐崇德庙记》，云："唐李德裕镇蜀时，重建崇德庙，命段全暐为记。"

卷四成都府碑记有《观政阁记》，云："秦汉至唐，领太守、刺史、节度使之职，有政绩可考，而画像存焉者得二十八人，别图于他阁，而榜曰观政。"此二十八人中，有李德裕。

李塨论李德裕治蜀及论德裕之相业。

清李塨《阅史郄视》卷二："唐自南诏入寇蜀，败杜元颖，而郭钊代之，病不能事，民失职无聊。李德裕至，则完残奋怯，皆有条次。成都既南失姚、协，西亡维、松，由清溪下沫水，而左尽为蛮有。始韦皋招来南诏，复巂州，倾内赀结蛮好,示以战阵文法。德裕以皋启戎资盗,养成痈疽,第未决耳,至元颖时遇隙而发,故长驱深入,蹂剔千里,荡无孑遗。今瘢痍尚新,非痛革弊,不能刷一方耻,乃建筹边楼,按南道山川险要与蛮相入者图之左,西道与吐蕃接者图之右,其部落众寡,馈运远迩,曲折咸具,乃召习边事者与之指画商订,凡虏之情伪尽知之。……德裕既得之(维州),即发兵以守,且陈出师之利。牛僧孺居中沮其功,命返悉怛谋于虏以信所盟,德裕终身以为恨。夫唐相自李绛、裴度而后,可人意者惟李文饶一人而已,乃以党邪制之,惜哉!"

十二月乙丑,牛僧孺罢相,出为淮南节度使;丁未,李德裕入为兵部尚书。

《旧·文宗纪》大和六年十一月,"乙卯,以荆南节度使段文昌为剑南西川节度使"。十二月,"乙丑,以中书侍郎、同平章事牛僧孺检校右仆射、同平章事、扬州大都督府长史,充淮南节度使"。"丁未,以前西川节度使李德裕为兵部尚书"。

按牛僧孺之出朝,李德裕之召入,主要原因即在于维州事件,牛僧孺处理之不当,朝议以为牛因与德裕有隙,故沮其功,同时德裕治蜀,成绩斐然,也为文宗所知。如《旧·李德裕传》:"德裕所历征镇,以政绩闻。其在蜀也,西拒吐蕃,南平蛮、蜑。数年之内,夜犬不惊,疮宥之民,粗以完复。会监军王践言入朝知枢密,尝于上前言悉怛谋缚送以快戎心,绝归降之义,上颇尤僧孺。其年冬,召德裕为兵部尚书,僧孺罢相,出为淮南节度使。"《新·李德裕传》亦谓:"会监军使王践言入朝,盛言悉怛谋死,拒远人向化意。帝亦悔之,即以兵部尚书召。"

又《通鉴》载牛僧孺对文宗关于天下太平的答语,也使牛僧孺失去文宗的信任,牛僧孺姑息偷安、无所作为,正与李德裕积极进取形成鲜明的对比。《通鉴》大和六年十一月载:"僧孺内不自安,会上御延英,谓宰相曰:'天下何时当太平,卿等亦有意于此乎?'僧孺对曰:'太平无象。今四夷不至交侵,百姓不至流散,虽非至理,亦谓小康。陛下若别求太平,非臣等所及。'退,谓同列曰:'主上责望如此,吾曹岂得久居此地乎!'因累表请罢。十二月乙丑,以僧孺同平章事,充淮南节度使。"牛僧孺之意以为由于文宗的苛责,使他只得求罢,这完全是文饰和借口,连在牛、李党争中偏向于牛党的司马光也对此加以斥责。《通鉴》叙此事后即谓:

"臣光曰:君明臣忠,上令下从,俊良在位,佞邪黜远,礼修乐举,刑清政平,奸宄消伏,兵革偃戢,诸侯顺附,四夷怀服,家给人足,此太平之象也。于斯之时,阉寺专权,胁君于内,弗能远也;藩镇阻兵,陵慢于外,弗能制也;士卒杀逐主帅,拒命自立,弗能诘也;军旅岁兴,赋敛日急,骨血纵横于原野,杼轴空竭于里闾,而僧孺谓之太平,不亦诬乎!当文宗求治之时,僧孺任居承弼,进则偷安取容以窃位,退则欺君诬世以盗名,罪孰大焉!"

牛僧孺论"太平无象"事,《新·牛僧孺传》亦载之。杜牧所作牛《志》仅云"大和六年,检校右仆射、平章事、淮南节度使"(《樊川文集》卷七),李珏作牛之神道碑铭也未载此事,可见是有意回避。

德裕本年在西川任内曾有悼薛涛诗，刘禹锡有和作（时刘为苏州刺史）。德裕原诗已佚。薛涛卒于本年。

刘禹锡有《和西川李尚书伤韦令孔雀及薛涛之什》（《刘禹锡集笺证》外集卷七）："玉儿已逐金环葬，翠羽先随秋草萎。唯见芙蓉含晓露，数行红泪滴清池（自注：后魏元树，南阳王禧之子，南奔到建业，数年后北归，爱姬朱玉儿脱金指环为赠。树至魏，却以指环寄玉儿，示有还意）。"

按刘之诗题云"西川李尚书"，即指李德裕，当是德裕在蜀时曾作诗悼薛涛寄禹锡，禹锡和之，今李之原唱已佚。元费著《笺纸谱》："涛出入幕府，自（韦）皋至李德裕，凡历事十一镇，皆以诗受知。……后段文昌再镇成都，大和岁，涛卒，年七十三。文昌为撰墓志。"则似薛涛之卒在段文昌为西川节度使时。

按《淳熙秘阁续帖》载白居易《与刘禹锡书》，首云"冬候斗寒"，末署"十一月日"，即作于十一月之某日。中云："前月廿六日，崔家送终事毕，执绋之时，长恸而已。况见所示祭文及祭微哀辞，岂胜凄咽！来使到迟，不及发引，反虞之明日申奠，亦足以及哀。因睹二文，并录祭敦并微志同往，览之当一恻恻耳！平生相识虽多，深者盖寡，就中与梦得同厚者，深、敦、微而已。今相次而去，奈老心何！……微既往矣，知音兼劲敌者，非梦而谁？故来示有脱膊毒拳、脑门起倒之戏，如此之乐，谁复知之？从报白君虢榴裙之逸句，少有登高称，岂人之远思，唯余两仆射之叹词？乃至'金环、翠羽'之凄韵，每吟皆数四，如清光在前。"（此据顾学颉校点《白居易集》外

集卷下）

　　书中敦指崔群，崔群字敦诗，微指元稹，稹字微之。据《旧书》卷一五九《崔群传》，群于大和五年拜检校左仆射兼吏部尚书，六年八月卒（《旧·文宗纪》大和六年“八月辛酉朔，吏部尚书崔群卒”），年六十一。《白居易集》卷七十有《祭崔相公文》，云：“维大和六年，岁次壬子，十月庚申朔，二十四日癸未，中大夫、守河南尹、上柱国、晋阳县开国男、食邑三百户、赐紫金鱼袋白居易，谨以清酌庶羞之奠，敬祭于故相国、吏部尚书、赠司空崔公敦诗。”白氏《与刘禹锡书》中所谓“前月廿六日崔家送终事毕”，即指十月二十六日。元稹则卒于去年七月。《书》中所谓“金环、翠羽”之句，即刘禹锡《和西川李尚书伤韦令孔雀及薛涛之什》中的“玉儿已逐金环葬，翠羽先随秋草萎”二句。可见白居易于本年十一月某日作书与刘禹锡时，已看到刘之和李德裕诗。这时白居易为河南尹，刘禹锡为苏州刺史（按白居易与禹锡书中又云：“洛下今年旱损至甚，蠲放大半，经费不充，见议停减料钱。……承贵部大稔，流亡悉归，既遇丰年，又加仁政。……且使君之心，得以与众同乐。”可证一在洛阳，一在苏州）。

　　又据《旧纪》，任段文昌为西川节度使在本年十一月乙卯。十一月己丑朔，乙卯为二十七日。计段文昌抵达成都，最早亦当在十二月上旬。而白居易已于十一月之某日看到刘禹锡酬和李德裕伤悼薛涛之诗，计此诗由西川寄苏州，再由苏州寄洛阳，以当时交通条件而论，得需一月左右的时间。则薛涛之卒不可能在段文昌抵蜀以后，《笺纸谱》所谓“后段文昌再镇成都，大和岁，涛卒"，似不确。疑薛涛当卒于大和六年十一月前，时德裕尚在西川任，作诗悼念，并以寄刘禹锡，禹锡有和作，并寄白居易。至段文昌抵成都后，为薛涛撰墓志，则仍有可能。

段文昌抵蜀后，曾上奏状，请为李德裕立德政碑，以表彰其治蜀的功绩。奏状由幕府从事张次宗起草。

《全唐文》卷七六○载张次宗《请立前节度使李德裕德政碑文状》："右伏以勋著王室者则铭于景钟，功及于生人者则刊于乐石。故扶风存必拜之地，岘山有堕泪之思，固有旧章，盖无余美。窃以李某缵庆相门，伏膺儒业，得郤縠诗书之学，兼祭遵儒雅之风。自授任坤方，镇安全蜀，亭成多警，灾旱相仍。外有定戎之功，则城栅相望；内有缮完之备，则器甲维新。强寇将罢其东渔，邻敌自止其南牧。况令行属郡，威肃连营，来暮之谣，已章于昔岁；去思之美，无谢于古人。今合境同词，诸郡献状。虽黄霸入用，宠方盛于登贤；而邓侯不留，情犹深于爱树。臣谬当交代，备闻政能，愿嗟卧辙之情，特允纪功之请。"

按此文为张次宗代节度使段文昌所草拟。岑仲勉《读全唐文札记》云："据《旧纪》一七下，继德裕节度西川者为段文昌，今考次宗位未至节度、观察，则此等表状，皆代作也。其余数状，可以类推。"岑氏说是。张次宗为张弘靖子，《旧书》卷一二九《张弘靖传》载弘靖有四子，"次宗最有文学，稽古履行"。文宗开成时为起居舍人，改礼部员外郎。《新书》卷二二七《张弘靖传》亦附载其事，并云"李德裕再当国，引为考功员外郎,知制诰"。"再当国",即德裕第二次入相时,在武宗会昌年间,两《唐书》皆未载次宗在蜀幕府事。今查《全唐文》所载张次宗诸文,如《荐前汉州刺史薛元赏状》等,皆在西川代段文昌所草拟。

〔辨正〕《通鉴》所载李德裕入朝后对杜悰的答语。

《通鉴》卷二四四大和六年十二月载李德裕为兵部尚书事,云:"初,李宗闵与德裕有隙,及德裕还自西川,上注意甚厚,朝夕且为相,宗闵百方沮之不能。京兆尹杜悰,宗闵党也,尝诣宗闵,见其有忧色,曰:'得非以大戎乎?'宗闵曰:'然。何以相救?'悰曰:'悰有一策,可平宿憾,恐公不能用。'宗闵曰:'何如?'悰曰:'德裕有文学而不由科第,常用此为慊慊,若使之知举,必喜矣。'宗闵默然,有间,曰:'更思其次。'悰曰:'不则用为御史大夫。'宗闵曰:'此则可矣。'悰再三与约,乃诣德裕。德裕迎揖曰:'公何为访此寂寥?'悰曰:'靖安相公令悰达意。'即以大夫之命告之。德裕惊喜泣下,曰:'此大门官,小子何足以当之!'寄谢重沓。宗闵复与给事中杨虞卿谋之,事遂中止。"

按《通鉴》此处所记,皆不见于新旧《唐书》之李德裕、李宗闵或杜悰等传。张固《幽闲鼓吹》曾载其事,当为《通鉴》所本,今录于下,以资比较:

"初,朱崖、封川早相善,在中外致力。及位高,稍稍相倾。及封川在位,朱崖为兵部尚书,自得歧路,必当大拜。封川多方沮之,未效。朱崖知而忧之。邠公杜相即封川党,时为京兆尹,一日,谒封川,封川深念,杜公进曰:'何戚戚也?'

封川曰：'君揣我何念？'杜公曰：'非大戎乎？'曰'是也，何以相救？'曰：'某即有策，顾相公必不能用耳。'曰：'请言之。'杜曰：'大戎有辞学而不由科第，于今怏怏。若与知举，则必喜矣。'封川默然良久，曰：'更思其次。'曰：'更有一官，亦可平治慊恨。'曰：'何官？'曰：'御史大夫。'宗闵曰：'此即得。'邠公再三与约，乃驰诣安邑门。门人报杜尹来，朱崖迎揖曰：'安得访此寂寞？'对曰：'靖安相公有意旨，令某传达。'遂言亚相之拜。朱崖惊喜，双泪遽落，曰：'大门官，小子岂敢当此荐拔！'寄谢重叠。遽告封川，封川与虔州议之，竟为所堕。"（《唐语林》卷七《补遗》亦载此，字句小有异同）

此当为《通鉴》所本。其事之确否，宋人早已致疑。胡寅《读史管记》卷二十五论《通鉴》载此事曰："观人者当观其大概，譬如松柏有拳曲而无轇輵之状，譬如骐骥有蹶失而无驽骞之资。李德裕志气豪迈，盖以公辅自许，人亦以是期之。今对杜惊称小子，闻大夫之命，惊喜泣下，此凡庸搜琐、不应得而得者之情态也，德裕岂有是哉！杜惊，宗闵之党也，故造为此语，以陋文饶，而史家不别，乃掇取之。司马氏自以至公无私为心，然于牛、李二人则偏有左右，故惊之猥说亦不削去。若以文饶为人之大概观焉，无此事也必矣。"

胡寅认为以李德裕为人行事的大概而论，不可能有此事，这是有道理的。但他仍以为这是出于杜惊编造，却纯属揣想；若是杜惊"造为此语"，则当时亦可能有此一说。至王应麟则考出《通鉴》所载出于张固《幽闲鼓吹》，而《幽闲鼓吹》本为小说家言，其事多出于杜撰，且正因为是小说，固不必要求是否合于事实。《通鉴》采小说而入于正史,固然是采择不严,而实则出于司马光对李德裕的偏见。王应麟《困学纪闻》卷十四《考史》云:"《通鉴》载李德裕对杜悰称小子,闻御史大夫之命,惊喜泣下。致堂(翁注:《读史管见》二十五)谓德裕岂有是哉,杜悰李宗闵之党,故造此语以陋文饶,史掇取之;以文饶为人大概观焉,无此事必矣。愚按此事出张固所撰《幽闲鼓吹》,杂说不足信也。"

令狐楚本年二月为太原尹、河东节度使。李商隐应举不第,从令狐楚于太原幕府,是年二十岁。

《旧·文宗纪》大和六年二月甲子朔,"以前义昌军节度使殷侑检校吏部尚书,充天平军节度、郓曹濮等州观察使,代令狐楚;以楚检校右仆射,兼太原尹、北都留守,河东节度使"。李商隐《上令狐相公状》(《樊南文集补编》卷五):"自叩从岁贡,求试春官,前达开怀,后来慕义,不有所自,安得及兹。然犹摧颓不迁,拔刺未化。……傥蒙识以如愚,知其不佞,俾之乐道,使得讳穷,则必当刷理羽毛,远谢鸡鸟之列,脱遗鳞鬣,高辞鳣鲔之群。"张采田(《玉溪生年谱会笺》)、岑仲勉(《玉溪生年谱会笺平质》)都以为义山本年应举不第,又入太原幕。

按据《旧书》卷一七二《令狐楚传》:"(大和)六年二月,改太原尹、北都留守、河东节度等使。楚久在并州,练其风俗,因人所利而利之,虽属岁旱,人无转徙。……楚绥抚有方,军民胥悦。"按令狐楚于元和时依附皇甫镈以进,长庆时李逢吉又援之以为己助而排挤李绅。此后李逢吉外出,楚历任汴州刺史、东都留守、郓州刺史，所至均有治绩。观其此后行事，则并无依附李宗闵、牛僧孺而求进的行迹。

李宗闵、牛僧孺以其党与分据要职，如杨汉公充史馆修撰，李汉为御史中丞。

《旧·文宗纪》大和六年七月，"甲午，以谏议大夫王彦威、户部郎中杨汉公、祠部员外郎苏涤、右补阙裴休并充史馆修撰。故事，史官不过三员，或止两员，今四人并命，论者非之"。又八月辛酉，"以驾部郎中、知制诰李汉为御史中丞"。

十二月，杜元颖卒于循州贬所。

《旧·文宗纪》大和六年十二月，"责授循州司马杜元颖卒，赠湖州刺史"。又《新书》卷九六《杜如晦传》附元颖传："元颖死于贬所，年六十四。将终，表丐赠官，乞归葬。诏赠湖州刺史。"又云："元颖与李德裕善，会昌初，德裕当国，因敕令复其官。"德裕会昌时有《论故循州司马杜元颖状》（《文集》卷十二），详后谱。

本年，许浑、杜顗登进士科，礼部侍郎贾𬜯知贡举（徐松《登科记考》卷二一）。

〔编年诗〕

《奉送相公十八丈镇扬州》（别集卷四）

关于此诗是否德裕所作的考证：

此诗载别集卷四，题下署为"西川节度使李德裕"，诗云："千骑风生大旆舒，春江重到武侯庐。共悬龟印衔新绶，同忆鳣庭访旧居。取履桥边啼鸟换，钓璜溪畔落花初。今来却笑临邛客，入蜀空驰使者车。"后附王播诗，题为《酬西川尚书》，署为"淮南节度使王播",诗云:"昔年献赋去江湄,今日行春到始悲。三径尚存新竹树,四邻唯见旧孙儿。壁间潜认偷光处,川上宁忘结网时。更见桥边记名字,始知题柱免人嗤。"

　　按此又见《唐诗纪事》卷四十五王播条下,云:"播为淮南节度使,《游故居感旧》诗云……李德裕和云……"《唐诗纪事》以王播所作为原唱,德裕为和作,而《别集》卷四则作德裕送王播赴淮南任而撰此诗,王播则为酬和,二书所载已相矛盾。又查《旧·穆宗纪》,长庆二年三月戊午,"以中书侍郎、平章事王播检校右仆射,兼扬州大都督府长史,充淮南节度使,依前兼诸道盐铁转运使"。又《旧·文宗纪》,大和元年六月,王播由淮南入相,以御史大夫段文昌代为淮南节度使。又据《旧书》卷一六四《王播传》,播卒于大和四年正月,年七十二。而李德裕大和四年十月始授命为西川节度使,即在王播卒后九个多月;至王播始任淮南时,德裕尚在长安任翰林学士之职。

　　按据《旧·王播传》,播父恕曾为扬州使府参军,播少时亦居扬州,"出自单门"。据《唐诗纪事》,播诗题为《游故居感旧》,无论诗题与内容,均与王播身世切合,当为播作无疑。但另一首是否德裕所作,确甚可疑。岑仲勉《唐人行第录》"王十八播"条云:"如以诗确李诗只结衔舛误为辨,则须知播弟起号十一,播不得为十八。而且李诗有'春江重到武侯庐……今来却笑临邛客,入蜀空驰使者车'等句,确是西川节度口气,又'同忆鳣庭访旧居'句,实切吉甫之曾镇淮南。以此思之,李诗不特题伪,诗亦伪,与白居易《吊崖州》三绝同一捏造伎俩也。王播贪冒，大不理众口，李诗底本虽未知原出何处，然南宋初计有功已采入，相信传自唐末，牛党期以此污德裕也。牛党诋李，无所不用其极，奈何读史者忽不加察长为金壬所蒙耶！（参前《史语所集刊》九本七四——七五页拙著）"

岑说似可信从，但王谠《唐语林》卷四《伤逝》已记此事，云："王太尉播，少贫，居瓜洲寄食，多为人所薄。及登第，历荣显，掌盐铁三十余年，自刘忠州之后，无如播者，后镇淮南，乃游瓜洲故居，赋诗感旧。李卫公出在（任？）蜀关，而致和其诗以寄播。"此处所载，与《唐诗纪事》基本相同，言之凿凿，若确有其事者。《唐语林》虽为宋人所撰，但其采集多有所本，恐晚唐五代即有类似记载。

大和七年癸丑（八三三）　四十七岁

李绅于本年正月由寿州刺史改太子宾客、分司东都，由刺史改为闲职。

《旧书》卷一七三《李绅传》："再迁太子宾客、分司东都。"《新书》卷一八一《李绅传》同，皆不著年月。李绅《寿阳罢郡日有诗十首……》（《全唐诗》卷四八〇），第五首《发寿阳分司敕到又遇新正感怀旧事》，题下注"七年正月八日立春，在寿阳凡四年"。首二句云："休为建隼临滗守，转作垂丝入洛人。"又第一首《肥河维舟阻冻祗待敕命》，题下注"大和

七年十二月"，此"七"字即为"六"字之误，首二句云："罢分
符竹作闲官，舟冻肥河拟棹难。"由此可见，罢任之于大和六
年十二月即下，七年正月敕命到，即赴洛阳。

李绅又有诗，题为《转寿春守，大和庚戌岁二月祗命寿
阳，时替裴五墉终殁，因视壁题，自墉而上，或除名在边坐殿
没凡七子，无一存焉。寿人多寇盗，好诉讦，时谓之凶郡，犷
俗特著，蒙此处之。顾余衰年，甘蹑前患，俾三月而寇静，期
岁而人和，虎不暴物，奸吏屏审。三载复遭邪佞所恶，授宾客
分司东都……》(《全唐诗》卷四四八〇)。按大和六年十二
月，执政者为李宗闵、牛僧孺、路隋。李绅所谓"邪佞"，当指
李宗闵及其党与。

**二月，李德裕以兵部尚书守本官同中书门下平章事；七月，拜中书
侍郎。**

《旧·文宗纪》大和七年二月，"丙戌，诏以银青光禄大
夫、守兵部尚书、上柱国、赞皇县开国伯、食邑七百户李德裕
以本官同中书门下平章事"。又《新书》卷六十三《宰相表》
下，大和七年，"七月丁酉，德裕为中书侍郎"。

《唐大诏令集》卷四十八《李德裕平章事制》，文末署"大
和七年七月"。中云："银青光禄大夫、守兵部尚书、上柱国、
赞皇县开国伯、食邑七百户李德裕，元精孕灵，和气毓德；坚
直成性，清明保躬。贞规澹夷，敏识冲远。学综九流之奥，文
师六义之宗，令问凤彰，金谐允属。自提纲柏署，掌诰禁闱，
厘纪律详平之司，竭讦谟密勿之节。洎廉视浙右，总镇滑台，
再委旄麾，缉安邛蜀，克有殊政，咸怀去思。谅惟全才，茂此

声绩。朕以畴庸之典，彝训所先，入迁司马之崇，弥积济川之望。是宜纳诲朝夕，擢居股肱，勉弘伊吕之勋，以嗣韦平之美。业传相印，门袭戎旃，绍丝纶内职之荣，继鼎鼐中枢之重。珪绂之盛，恩辉罕俦。尔馨乃忠贞，副我毗倚，无忝成命，服兹宠光。可守本官同中书门下平章事。"按此云"可守本官同中书门下平章事"，前又云"守兵部尚书"，据《旧纪》当是大和七年二月事，《唐大诏令集》署为七月，误。

《旧传》："（大和）七年二月，德裕以本官平章事，进封赞皇伯，食邑七百户，六月，宗闵亦罢，德裕代为中书侍郎、集贤大学士。"

此次德裕入相，甚合群情。

钱易《南部新书》戊："李太尉，大和七年自西川还，入相。上谓王涯：'今日除德裕，人情怕否？'对曰：'忠良甚喜，其中小人亦有怕者。'再言曰：'须怕也。'涯时为盐铁使也。"按王涯此时为守尚书右仆射、诸道盐铁转运使，至本年七月迁同中书门下平章事，领使如故，与李德裕同掌朝政。

又《类说》卷七载《献替记》，共七条，其中一条题为《李德雨》，云："京师久旱，德裕拜相，即日大雨。枢密使曰：'禁中喜此雨，呼相公名讹下一字，曰李德雨。'"

德裕入相之初，即对朝制进行改革。

《新传》："故事，丞郎诣宰相，须少间乃敢通，郎官非公事不敢谒。李宗闵时，往往通宾客。李听为太子太傅，招所善载酒集宗闵阁，酣醉乃去。至德裕，则喻御史：'有以事见宰相，必先白台乃听。凡罢朝，由龙尾道趋出。'遂无辄至阁者。

又罢京兆筑沙堤、两街上朝卫兵。"《南部新书》庚亦载:"李
德裕自西川入相,视事之日,令御史台牓兴礼门:'朝官有事
见宰相者,皆须牒台。其他退朝从龙尾道出,不得横入兴礼
门。'于是禁省始静。"

又《类说》卷七载《献替记》:"德裕初作相,两街使请准
例每早朝令兵卫送。予判曰:在具瞻之地,自有国容,当无事
之时,何劳武备。卫送宜停。"

破朋党,出李宗闵之党杨虞卿、杨汝士、杨汉公、张元夫、萧澣等人
于外。

《新传》谓:"(德裕)尝建言:'朝廷惟邪正二途,正必去
邪,邪必害正。然其辞皆若可听,愿审所取舍。不然,二者并
进,虽圣贤经营,无由成功。'"这是德裕破除朋党、任用人材
的原则,也是鉴于大和时期的实际情况提出来的。大和时,
先是李宗闵因宦官之助,得为宰相,李又荐引牛僧孺共掌朝
政,在李、牛的操持下,排斥李德裕及裴度、李绅、元稹等,同
时又引用杨虞卿、张元夫、萧澣、李汉等党人。朝中几乎一半
为牛僧孺、李宗闵之党。文宗也有所察觉,故于去年十二月
因得知维州事件的真相,而出牛僧孺于淮南,并召李德裕入
京。及李德裕拜相,六月以前为与李宗闵共同执政时期,如
果这时德裕不排除牛僧孺、李宗闵之党,则其政治设施就无
法推行。前人往往批评李德裕排斥异己,实则在政治斗争中
不能仅以此来衡量政治人物,而应当分析其排斥的人是正是
邪,也即是这些人在历史上是可以肯定的还是应该否定的。
而已有的材料足以证明,属于李宗闵一党而为李德裕所排斥

的，如杨虞卿等人，确实是依附权要、趋利贪财等辈。

《通鉴》卷二四四大和七年二月，"丙戌，以兵部尚书李德裕同平章事。德裕入谢，上与之论朋党事，对曰：'方今朝士三分之一为朋党。'时给事中杨虞卿与从兄中书舍人汝士、弟户部郎中汉公、中书舍人张元夫、给事中萧澣等善交结，依附权要，上干执政，下挠有司，为士人求官及科第，无不如志，上闻而恶之，故与德裕言首及之；德裕因得以排其所不悦者"。又三月，"庚戌，以杨虞卿为常州刺史，张元夫为汝州刺史。他日，上复言及朋党，李宗闵曰：'臣素知之，故虞卿辈臣皆不与美官。'李德裕曰：'给、舍非美官而何！'宗闵失色。丁巳，以萧澣为郑州刺史"。《通鉴》此处所载，除"德裕因得以排其所不悦者"外，其他都尚近实。而更可以见出李宗闵之结党营私者，则莫如《新书·李宗闵传》所载，云：

"久之，德裕为相，与宗闵共当国。德裕入谢，文宗曰：'而知朝廷有朋党乎？'德裕曰：'今中朝半为党人，虽后来者，趋利而靡，往往陷之。陛下能用中立无私者，党与破矣。'帝曰：'众以为杨虞卿、张元夫、萧澣为党魁。'德裕因请皆出为刺史，帝然之。即以虞卿为常州，元夫为汝州，萧澣为郑州。宗闵曰：'虞卿位给事中，州不容在元夫下。德裕居外久，其知党人不如臣之详。虞卿日见宾客于第，世号行中书，故臣未尝与美官。'德裕质之曰：'给事中非美官云何？'宗闵大沮，不得对。"

按由此可见：（一）文宗问李德裕："而知朝廷有朋党乎？"则当时朝中的所谓朋党，非指德裕而言，至少在文宗的心目中,是把李德裕排除在朋党之外的。而且李宗闵也说:"德裕居外久,其知党人不如臣之详。"可见即使李宗闵,也认为李德裕前此久居外官,不知朝中朋党的详情;知之尚不详,怎么能说参与朋党之事呢?

(二)李德裕认为当时朝臣中半为朋党,情况相当严重,必须破之,而破朋党,必须"用中立无私者"。

(三)文宗认为杨虞卿、张元夫、萧澣三人是党魁,本来受到李宗闵的支持与回护,而李宗闵见回护不住,也只得将他们贬出,以保护自己,说:"虞卿日见宾客于第,世号行中书,故臣未尝与美官。"可见连李宗闵也承认杨虞卿结党营私、把持权势。破除杨虞卿等朋党,是革新朝政的必要步骤。关于杨虞卿结党营私的情况,见于史籍者,摘录于此,以供研讨。《南部新书》戊:"大和中朋党之首:杨虞卿、张元夫、萧澣。后杨除常州,张汝州,萧郑州。"又同书己:"大和中,人指杨虞卿宅南亭子为行中书,盖朋党聚议于此尔。"《旧书》卷一七六有《杨虞卿传》,据传,李宗闵、牛僧孺于大和间执政时,起杨虞卿为左司郎中;五年六月,拜谏议大夫,充弘文馆学士,判院事;六年,拜给事中,官位是一直往上升的。传又云:"虞卿性柔佞,能阿附权幸以为奸利。每岁铨曹贡部,为举选人驰走取科第,占员缺,无不得其所欲,升沉取舍,出其唇吻。而李宗闵待之如骨肉,以能朋比唱和,故时号党魁。八年,宗闵复入相,寻召为工部侍郎。"可见杨虞卿宦海中的浮沉,是与李宗闵的进退密切相关的。《新书》卷一七五《杨虞卿传》也载:"虞卿佞柔,善谐丽权幸,倚为奸利。岁举选者,皆走门下，署第注员，无不得所欲，升沉在牙颊间。当时有苏景胤、张元夫，而虞卿兄弟汝士、汉公为人所奔向，故语曰：'欲趋举场，问苏、张；苏、张犹可，三杨杀我。'宗闵待之尤厚，就党中为最能唱和者，以口语轩轾事机，故时号党魁。德裕之相，出为常州刺史。"显然，把杨虞卿这样的人排除出外，是洽于舆情的，不能以此说李德裕为挟私报怨，出于朋党之见。又如杨汉公，据《新书》卷一七五本传，他在任荆南节度使时，曾有人"劾汉公治荆南有贪赃"，乃由工部尚书降为秘书监。（按，张元夫、萧澣，两《唐书》无传）

禁抑两淮大贾。

《新传》："始，二省符江淮大贾，使主堂厨食利，因是挟赀行天下，所至州镇为右客，富人倚以自高。德裕一切罢之。"又《类说》卷七《献替记》，其四《罢给食利文牒》云："两省旧以江淮富人给文牒，周行天下，称堂厨食利人，影占兴贩，利入富室。余判曰：万钱已厚，常怀素餐。百姓尚贫，岂宜争利。既异拔葵之义，尤伤脱粟之名。将欲率人，理当正本。给食利文牒，并宜停罢。"

德裕为相时进用之人：李回、郑覃、沈传师、韦温、王质等。

（一）李回。李回，史称其强干有吏才，遇事通敏。《旧书》卷一七三《李回传》："长庆初进士擢第，又登贤良方正制科。释褐滑台从事，扬州掌书记，得监察御史。入为京兆府户曹，转司录参军。登朝为左补阙、起居郎，尤为宰相李德裕所知。回强干有吏才，遇事通敏，官曹无不理。授职方员外郎，判户部案，历吏部员外郎，判南曹。"《新书》卷一三一《李回传》亦称:"李德裕雅知之。为人强干,所莅无不办。由职方员外郎判户部案。四迁中书舍人。"按李回后曾于会昌三年因李德裕之荐出使河北三镇,在平定泽潞之叛时立有功效,后入相;宣宗时因受李德裕之累而贬出。详后谱。

(二)郑覃。《旧·文宗纪》大和七年六月,"壬申,以御史中丞李汉为礼部侍郎,以工部尚书、翰林侍讲学士郑覃为御史大夫"。又《旧书》卷一七三《郑覃传》:"(大和)七年春,德裕作相。五月,以覃为御史大夫。文宗尝于延英谓宰相曰:'殷侑通经学,为人颇似郑覃。'宗闵曰:'覃、侑诚有经学,于议论不足听览。'李德裕对曰:'殷、郑之言,他人不欲闻,唯陛下切欲闻之。'覃尝嫉人朋党,为宗闵所薄故也。"按郑覃,《旧书》卷一七三有传。覃元和时为谏议大夫,宪宗用内官五人为京西北和籴使,覃上疏论罢。穆宗时曾出使镇冀,使叛将乱卒听命。文宗大和三年为翰林侍郎讲学士。大和五年,李宗闵、牛僧孺执政,"恶覃言禁中事",又因其与李德裕善,"奏为工部尚书,罢侍讲学士"。郑覃好经学,在文宗朝,他受到李宗闵、杨虞卿等人的排挤。

(三)沈传师。《旧·文宗纪》大和七年四月,"甲申,以江西观察使裴谊为歙池观察使,代沈传师;以传师为吏部侍郎"。又杜牧《唐故尚书吏部侍郎赠吏部尚书沈公行状》(《樊川文集》卷十四):"自宣城入为吏部侍郎,二年考核搜举,品第伦比,时称精能,宰物之望,属于佥议。公每愿用所长,复理于外。及薨于位,知与不知莫不相吊。"又称颂沈传师洁身自好,拒绝权贵的请托:"公常居中,虽有重名,每苦于饥寒，两求廉镇。时宰许之，皆先要公曰：'欲用某为从事，可乎？'公必拒之。至有怒者，公曰：'诚如此，愿息所请。'故二镇幕府，皆取孤进之士，未尝有吏一人因权势入。……故二镇（按指江西、宣歙）号为富饶，凡十年间，权势贵幸之风不及于公耳，苞苴宝玉之赂亦不至权门，虽有怒者，亦不敢以言议公，公然侵公。其为守道自得，皆如此类。"按沈传师与德裕长庆时曾同在翰林，相交甚善，自后有诗唱和。此次传师由宣歙召入任吏部侍郎的要职，当即出于德裕的奏请。

（四）韦温。《旧书》卷一六八《韦温传》："改侍御史。李德裕作相，迁礼部员外郎。或以温厚于牛僧孺，言于德裕，德裕曰：'此人坚正中立，君子也。'"（《新书》卷一六九《韦温传》略同）按温字弘育，京兆人，父绶，绶弟贯之，宪宗朝宰相。宋申锡被诬时，温为右补阙，曾率同列伏阁切争，由是知名，以"忠鲠救时"著称。杜牧有《唐故宣州观察使御史大夫韦公（温）墓志铭并序》（《樊川文集》卷八），未叙韦温为李德裕荐引事，此为杜牧党人之见。

（五）王质。刘禹锡《唐故宣歙池等州都团练观察处置使宣州刺史兼御史中丞赠左散骑常侍王公神道碑》（《刘禹锡集笺证》卷三）："大凡以智谋而进者，有时而衰，以朴厚而知者，无迹而固。公雅为今扬州牧赞皇公所知，人不见其迹。方在虢略，赞皇入相，擢为左曹给事中。凡有大官缺，必宠荐。居数月，迁河南尹，又未几，镇宛陵。是三者中外所注意，不旬岁而周历之，时论不以为党。"按王质开成元年十二月卒于宣歙任，二年八月葬，此文当作于葬时。据碑文，王质为谏议大夫时,"会宋丞相(即指宋申锡——琼)坐狷直为飞语所陷,抱不测之罪,大僚进言无益。公率谏官数辈,日晏伏阁,上为不时开便殿。公于旅进中独感激雪涕居多。由是上怒稍解,得从轻比。公终以言责为忧,求为赣州刺史"。碑又称王质"方雅特立"。《旧书》卷一六三《王质传》谓"质射策时,深为李吉甫所器,及德裕为相,甚礼之,事必咨决,寻召为给事中、河南尹"。又称"质清廉方雅,为政有声。虽权臣待之厚,而行己有素,不涉朋比之议"。此处所谓"权臣",即指李德裕,《新书》卷一六四《王质传》所谓:"虽与德裕厚善,而中立自将,不为党。"李德裕因其"清廉方雅,为政有声",因而荐拔,王质并不因此而阿附德裕,德裕也仍信任不疑,这种关系在封建社会中是并不多见的。

由以上征引的史料,可以看出,凡李德裕主张外放的人,即李宗闵一派如杨虞卿等所谓朋党,大都结党营私、趋利奔走、贪污受贿,即使在当时也为物情所不满;而李德裕拜相后所进用者,大都精敏强干,有实际吏才,在当时也称之为中立不倚、不依附权贵以求进的。应当加以具体的比较分析,而不能笼统地说李德裕得势后就排挤牛党人物,进用自己的亲信。其实当时人对李德裕的政事和文学,是有较高的评价的。如崔楠《唐故朝议郎守尚书比部郎中上柱国赐绯鱼袋陇西李府君墓志铭并序》(按此系拓本,据周绍良先生所藏过录),此李府君即李蟾。文载李蟾大和七年五月卒,闰七月葬,此篇墓志即当时所作。中称:"赞皇公自内庭领天宪,以风望当倚注之重旧矣。出居藩关,凡三镇,且十年,厚下之慈仁,服远之威功,播于声诗,刻在金石。"李德裕镇浙西时,李蟾为都团练判官、都团练副使;后德裕镇滑州、西川,李蟾皆为副使,故与德裕较熟谙,崔栯为蟾之旧友,志文中对德裕赞颂之词,可视为当时一部分士人的评价。

六月,李宗闵罢相,出为山南西道节度使。

《通鉴》卷二四四大和七年六月,"乙亥,以中书侍郎、同平章事李宗闵同平章事,充山南西道节度使"。《旧书》卷一七六《李宗闵传》:"(大和)七年,德裕作相;六月,罢宗闵知政事,检校礼部尚书、同平章事、兴元尹、山南西道节度使。"

按《通鉴》卷二四四大和七年载:"二月癸亥,加卢龙节度使、检校工部尚书杨志诚检校吏部尚书。进奏官徐迪诣宰相言:'军中不识朝廷之制,唯知尚书改仆射为迁,不知工部改吏部为美,敕使往,恐不得出。'辞气甚慢,宰相不以为意。"此事又见《旧书》卷一八○、《新书》卷二一二杨志诚本传。二月癸亥李德裕尚未拜相,当时宰相为李宗闵、路隋,而执掌大权者为李宗闵。由《通鉴》等所记,唐朝廷给予杨志诚之检校官由工部迁为吏部尚不满意,其进奏官态度之蛮横,简直视朝中为无人,而李宗闵却不敢出一言予以驳斥,可见其对强藩的懦怯之状。杨志诚前曾驱逐其主帅李载义,自立为留后,牛僧孺亦不敢有所作为(已详见前)。由此可见牛(僧孺)、李(宗闵)对藩镇跋扈之态度。

七月,李德裕请将刘从谏由泽潞徙宣武,不使其势力深固;文宗以为未可,不得实行。

《通鉴》卷二四四大和七年七月,宣武节度使杨元卿有疾,朝廷议除代,李德裕请徙刘从谏于宣武,因拔出上党,不使与山东连结;上以为未可。癸丑,以左仆射李程为宣武节度使。

按从谏父刘悟为泽潞节度使,宝历元年九月病卒,遗表请以其子从谏继袭其位。当时李绛持反对态度,"以泽潞内地,与(河北)三镇事理不同,不可许。宰相李逢吉、中尉王守澄受其赂,曲为奏请"(《旧书》卷一六一《刘悟传》)。可见刘从谏继其父为泽潞节度使,是仿效河北三镇跋扈自专的惯伎,而这正与李逢吉、王守澄等姑息养奸有关。李宗闵、牛僧孺对河北、山东藩镇的态度,已见前述。现在李德裕当政,就想从泽潞着手,采取积极有为的政策,这与牛党的懦怯之状完全不同。但终因文宗的优柔寡断,未得实行。

八月,李德裕奏请进士应通经术,停诗赋试;又言诸王应出阁为诸州上佐,十六宅县主委吏部简配。

《旧·文宗纪》大和七年,"八月甲申朔,御宣政殿,册皇太子永。是日降诏:'……诸王自今年后相次出阁,授紧望已上州刺史佐。其十六宅诸县主,委吏部于选人中简择配匹,具以名闻。……其公卿士族子弟,明年已后,不先入国学习业,不在应明经、进士限。其进士举宜先试帖经,并略问大义,取经义精通者放及第。……'"

《册府元龟》卷六四一《贡举部·条制》三:"(大和)七年八月制:……其进士举宜先试帖经,并略问大义,取经义精通者,次试议论各一道,文理高者便与及第。所试诗赋并停。"

又《册府元龟》卷九〇《帝王部·赦宥》:"(大和)七年八

月庚寅,册皇太子,礼毕,制曰:'……宗周之盛,实在于维城;二汉之隆,亦由于磐石。自开元已后,累圣子孙,皆长于深宫,罔知稼穑。……诸王等宜以今年已后,相次出阁,宜授紧望已上刺史上佐,观其才能,续有叙用。人伦所先,婚礼为重,筓年许嫁,则有明文。其十六宅诸县主等,宜选良偶,以时出适,仍委吏部,乃于诸色人中选简,令具名闻奏。汉代用人,皆由儒术,故能风俗深厚,教化兴行。近日苟尚浮华,莫修经艺,先圣之道,埋芜不传。况进士之科,尤要厘革。虽乡举里选,不可复行,然务实抑华,必有良术,既当甚弊,思其改张。……其进士举宜先试帖经,并略问大义,精通者次试议论各一道,文理高者便与及第,其所试诗赋并停。……'"

按以上制词所载规定,据《通鉴》,乃出于德裕的奏请。《通鉴》大和七年载其事,谓:"上患近世文士不通经术,李德裕请依杨绾议,进士试论议,不试诗赋。德裕又言:'昔玄宗以临淄王定内难,自是疑忌宗室,不令出阁;天下议皆以为幽闭骨肉,亏伤人伦。向使天宝之末,建中之初,宗室散处方州,虽未能安定王室,尚可各全其生;所以悉为安禄山、朱泚所鱼肉者,由聚于一宫故也。陛下诚因册太子,制书听宗室年高属疏者出阁,且除诸州上佐,使携其男女出外婚嫁;此则百年弊法,一旦因陛下去之,海内孰不欣悦!'上曰:'兹事朕久知其不可,方今诸王岂无贤才,无所施耳!'八月庚寅,册命太子,因下制:诸王自今以次出阁,授紧望州刺史上佐;十六宅县主,以时出适;进士停试诗赋。诸王出阁,竟以议所除官不决而罢。"

按杨绾于肃宗时曾上疏论贡举之弊,其文详见《旧书》卷一一九绾本传。所论的中心内容有二:一是停明经、进士等科,恢复汉时的乡举里选;二是停试诗赋、帖经,策问经义,"其策皆问古今理体及当时要务"。关于停进士、实行乡举里选,当时贾至就认为行不通,因经过南北朝的纷乱变迁,至唐代,"版图则张,闾井未设,士居乡土,百无一二,因缘官族,所在耕筑,地望系之数百年之外,而身皆东西南北之人焉。今欲依古制乡举里选,犹恐取士之未尽也"。现在李德裕加以变通,并不停止进士科,而是加以改进。他所谓试经术,是使应举之士关心当世要务,以求改革。进士试只讲究文辞的华美,不仅杨绾已经指出其弊病,与德裕同时的舒元舆也曾加以指责:"及睹今之甲赋律诗,皆是偷折经诰侮圣人之言者……试甲赋律诗,是待之以雕虫微艺,非所以观人文化成之道也。有司之不知,其为弊若此。"作为实际政治家李德裕,他反对进士试中仅仅考试诗赋,而并不一般性地反对进士科,这点是与杨绾不同的。这一主张,与他认为应当使宗室出任外州上佐,不应坐食租赋,都是从改革实际政治出发的。

德裕于今明年内主持修撰《大和辨谤略》三卷,书成奏上,并为作序。

　　《直斋书录解题》卷五典故类载李德裕撰《大和辨谤略》三卷,并云:"初,宪宗命令狐楚等为《元和辨谤略》十卷,录周秦汉魏迄隋忠贤罹谗谤事迹。德裕等删其繁芜,益以唐事,裁成三卷,大和中上之。集贤学士裴潾为之序。"可知李德裕裁定之三卷本《大和辨谤略》为大和中德裕任相时所撰进,德裕于七年二月入相,八年十月罢相,此书即修撰于七、八年间。

《四部丛刊》本《李文饶文集》据《全唐文》李德裕文补入《大和新修辨谤略序》,中有云:"臣等将顺天聪,缀缉旧典,发东观藏书之室,得元和辨谤之文,辞过万言,书成十卷。以其广而寡要,繁则易芜,方镜情伪之源,尤资详略之当,遂再加研考。……于是征之周秦,罩及圣代,必极精简,有合箴规,特立新编,裁成三卷,谨缮写封进。"此即《直斋》所谓元和书为十卷,李德裕等裁为三卷者。但《直斋》谓裴潾为作序,而《全唐文》则以序文为德裕作。又,《唐会要》卷三六《修撰》:"(元和)十二年十二月,翰林学士沈传师等奏《元和辨谤略》两部,各十卷,一部进上,一部请付史馆。从之。"

刘禹锡约于今明年内编订与李德裕唱和诗,题为《吴蜀集》。

刘禹锡《吴蜀集引》(《刘禹锡集笺证》外集卷九):"长庆四年,予为历阳守,今丞相赵郡李公时镇南徐州。每赋诗,飞函相示,且命同作。尔后出处乖远,亦如邻封。凡酬唱始于江南,而终于剑外,故以《吴蜀》为目云。"按此处称"今丞相赵郡李公",则是德裕为相之日,也即今年二月至明年十月。谓所编之唱和诗,"终于剑外",德裕去年十二月由西川召入。刘禹锡编定《吴蜀集》当在今明年内,而以本年所编的可能性较大。时禹锡在苏州刺史任。

三月,张仲方由左散骑常侍改为太子宾客、分司洛阳。

《旧·文宗纪》大和七年三月,"壬辰,以左散骑常侍张仲方为太子宾客分司。仲方为郎中时,常驳故相李吉甫谥,德裕秉政,仲方请告,因授之。"

按张仲方于元和中借议李吉甫谥号事,反对对藩镇用兵,并对李吉甫主张对藩镇的积极进取措施加以抨击,触怒宪宗,贬官外出(见前谱),后又稍稍升迁。此次德裕入相,张仲方挟于私见,请告外放,并非出于德裕的排挤。后来李宗闵为了扩大自己的势力,搜集李德裕的对立面,又用提升的办法把张仲方拉入本派的圈子之内。

《旧书》卷一七一《张仲方传》云:"(大和)七年,李德裕辅政,出为太子宾客、分司。八年,德裕罢相,李宗闵复召仲方为常侍。"

六月,令狐楚入为吏部尚书。

《旧·文宗纪》大和七年六月,"乙酉,以前河东节度使令狐楚检校右仆射、兼吏部尚书"。

闰七月,李绅由太子宾客改授浙东观察使。

《旧·文宗纪》大和七年闰七月,"癸未,以太子宾客李绅检校左散骑常侍、兼越州刺史,充浙东观察使"。

按令狐楚过去皆以为是牛党,而李德裕执政后,却将其召入授以吏部尚书的要职;李绅与德裕相善,德裕拜相后虽改授实职,但仍外放为浙东观察使。可见李德裕用人并不完全从私人的恩怨出发。

又,李绅赴浙东时,路过扬州,曾得牛僧孺宴请,并赋诗。李绅《忆被牛相留醉州中时无他宾牛公夜出真珠数辈人》(《全唐诗》卷四八一),中有云:"严城画角三声闭,清宴金樽一夕同。银烛坐隅听子夜,宝筝筵上起春风。"

本年,李福(李石弟)、魏谟登进士科,礼部侍郎贾𫘧知贡举(徐松《登科记考》卷二一)。

〔编年文〕

《大和新修辨谤略序》(文集补遗)

见前谱。

〔编年诗〕

《忆平泉山居赠沈吏部》(别集卷九)

此诗题下注"中书作"。沈吏部当为沈传师。沈传师于大和七年四月由宣州入为吏部侍郎,时德裕为中书侍郎、同平章事。此诗当作于本年四月以后,明年九月德裕罢相以前。五言古诗,颇有陶诗风格。

大和八年甲寅(八三四)　四十八岁

正月,李德裕奏请罢进士名单先呈宰相以定取舍之旧例。

《唐会要》卷七六《贡举中·进士》:"(大和)八年正月,中书门下奏,进士放榜,旧例,礼部侍郎皆将及第人名先呈宰相,然后放榜。伏以委任有司,固当精慎,宰相先知取舍,事匪至公。今年以后,请便令放榜,不用先呈人名。"又见《册府元龟》卷六四一《贡举部·条制》三。

按文集补遗有《请罢呈榜奏》,由此可知《唐会要》所载中书门下奏,乃出于德裕的创议。《请罢呈榜奏》所论较《唐会要》所载更为剀切具体,云:"旧例进士未放榜前,礼部侍郎遍到宰相私第,先呈及第人名,谓之呈榜,比闻多有改换,颇致流言。宰相稍有寄情,有司固无畏忌,取士之滥,莫不由斯。将务责成,在于不挠,既无取舍,岂必预知。臣等商量,今年便任有司放榜,更不得先呈臣等,仍向后便为定例,如有固违,御史纠举。"此文当依《唐会要》系于本年正月。由此可见,李德裕确实并非主张废止进士试,而是在可能的范围之内单除进士试中出现的弊病。礼部侍郎已决定录取的名额,在放榜以前先要到宰相私第呈榜,其间"多有改换",这是一个很大的流弊,在此之前似乎还未有人提出过。身为宰相的李德裕,提出废止这种旧例,实际上是限制包括自己在内的宰相的一种特权,这在当时说来是难能可贵的,这与李宗闵、杨虞卿等人利用科举试的弊端以受略纳财、结党拉派,形成鲜明的对照。

又据徐松《登科记考》卷二一引《纪纂渊海》,谓据《秦中记》载,本年登第进士多贫士,故无名子曾作诗云:"乞儿还有大通年,六十三人笼仗全。薛庶准前骑瘦马,范酂依旧盖番毡。"按此处"六十三"当为"三十六"之误,是年进士登第者为三十六人。无名子之诗虽出于讥嘲,但也可见出德裕当国时寒士登科之情况。

九月,李德裕进所撰《御臣要略》及《次柳氏旧闻》。

《旧·文宗纪》大和八年九月,"己未,宰臣李德裕进《御臣要略》及《柳氏旧闻》三卷"。《新书》卷五九《艺文志》三子部儒家类载李德裕《御臣要略》,注云"卷亡"。同书卷五八

《艺文志》二史部杂史类载"李德裕《次柳氏旧闻》一卷"。

又《唐会要》卷三六《修撰》："其年（琼按指大和八年）九月，宰相李德裕进《御臣要略》、《次柳氏旧史》。"

按《御臣要略》已亡佚。《旧·文宗纪》作《柳氏旧闻》，《新·艺文志》作《次柳氏旧闻》，《唐会要》又作《次柳氏旧史》，通行多作《次柳氏旧闻》，今存一卷十七条，前有德裕自序，云：

"大和八年秋八月乙酉，上于紫宸殿听政，宰臣涯以下奉职奏事。上顾谓宰臣曰：'故内臣力士终始事迹，试为言之。'臣涯谨奏云：'上元中史臣柳芳得罪窜黔中，时力士亦从事巫州，因与周旋。力士以旧尝司史，为芳言先时禁中事，皆芳所不能知。而芳亦有质疑者，芳默识之。及还，编次其事。号曰《问高力士说》。'上曰：'令访史氏，取其事书之。'臣涯等既奉诏，乃诣芳孙度支员外郎璟询事，璟曰：'某祖芳前从力士问，觊缕未竟，复著《唐历》，采摭义数尤相近者以传之。其录或秘不敢宣，或怪奇非编录所宜及者，不以传。'今按求其书亡失不获，臣德裕亡父先臣与芳子吏部郎冕，贞元初俱为尚书郎，后谪官亦俱东出，道相与语，遂及高力士说，且曰彼皆目睹，非出传闻，信而有征，可为实录。先臣每为臣言之，臣伏念所忆授凡有十七事，岁祀久更，遗稿不传。臣德裕非黄琼之练达，能习故事，愧史迁之该博，唯次旧闻。惧失其传，不足以对大君之问。谨录如左，以备史官之阙云。"（据文集补遗）

据此自序，当时德裕写录即只十七事，而清修《四库全书总目提要》谓："柳珵《常侍言旨》(原注:案此书无别行之本,此据陶宗仪《说郛》所载)首载李辅国逼胁玄宗迁西内事,云此事本在朱崖太尉所续《桯史》第十六条内,盖以避时事,所以不书也。考德裕所著,别无所谓《桯史》者,知此书初名《桯史》,后改题今名。又知此书本十八条,删此一条,今存十七。至其名《桯史》之义,与所以改名之故,则不可详矣。"柳珵之说,别无佐证,是否原名《桯史》,及原书是否为十八条,后删存为十七条,皆未有确证,《四库提要》所考,可备一说。

郑注、李训结纳宦官王守澄等,渐次得到文宗的宠信。

郑注、李训皆有传,见《旧唐书》卷一六九、《新唐书》卷一七九。据传,郑注,绛州翼城人,"始以药术游长安权豪之门"(《旧传》)。元和后期,在襄阳节度使李愬幕府,得到信用,后李愬移镇徐州,郑注又进而结纳徐州监军、宦官王守澄。后来王守澄入朝知枢密,专国政,时当穆宗、敬宗际,此时,"注昼伏夜动,交通赂遗,初则谖邪奸巧之徒附之以图进取;数年之后,达僚权臣,争凑其门"(《旧传》)。大和五年,文宗曾与宰相宋申锡谋诛宦官,不慎谋泄,郑注又帮助王守澄,出谋划策,诬陷宋申锡,终于将宋远贬。"既陷宋申锡,中外侧目"(《新传》)。大和七年,"九月丙寅,侍御史李款阁内奏弹注:'内通敕使,外连朝士,两地往来(胡三省注:两地,谓往来南牙、北司间也),卜射财贿,昼伏夜动,干窃化权,人不敢言,道路以目;请付法司。'旬日之间,章数十上"(《通鉴》卷二四四)。李款当时是与李中敏、李甘齐名,以奏弹宦官、直言不阿而著称于时的(见《旧书》卷一七一本传)。但郑注却为王守澄所包庇，而且又进而授予他以侍御史的官职，并充右神策判官，"朝野骇叹"（《通鉴》）。

大和七年十二月，文宗得风疾，不能说话，王守澄推荐郑注为文宗治病。文宗的病情好转，郑注就又得到进一步的宠信，拜太仆卿，兼御史大夫。于是又进一步勾结王守澄，"间日入禁军，与守澄款密，语必移时，或通夕不寐"（《旧传》）。郑注与宦官的交结，引起朝中一些较为正直的官吏愤慨。大和八年六月，久旱，"司门员外郎李中敏上表，以为：'仍岁大旱，非圣德不至，直以宋申锡之冤滥，郑注之奸邪。今致雨之方，莫若斩注而雪申锡。'"（《通鉴》）李中敏这次上表与去年李款伏阁奏弹同样结果，但由此也可看出郑注在一般士大夫心目中，是一个依附宦官以求进的奸邪小人。

李训初名仲言，是肃宗时宰相李揆的族孙。进士擢第。"宝历中，从父李逢吉为宰相，以训阴险善计事，愈亲厚之"（《旧传》）。后与他人计谋，制造冤狱，以此来中伤裴度，但被人揭发，流徙到岭南，遇赦得还，居洛阳。这时李逢吉为东都留守，"思复为宰相，且深怨裴度，居常愤郁不乐"（《旧传》）。李训就说动李逢吉，以金帛珍宝数百万，持入长安，贿赂郑注，郑注就又把李训推荐给王守澄，王守澄又荐引于文宗，以讲《易》道得宠于文宗。

八月，李德裕对文宗言李训不可用。郑注、李训与王守澄合谋，利用李宗闵以与德裕为敌，九月，乃召李宗闵自山南西道节度使入；十月，用李宗闵为相。

《通鉴》载此事较详，且具始末，卷二四五大和八年载：

"仲言既除服,秋八月辛卯,上欲以仲言为谏官,置之翰林。李德裕曰:'仲言向所为,计陛下必尽知之,岂宜置之近侍?'上曰:'然岂不容其改过?'对曰:'臣闻唯颜回能不贰过。彼圣贤之过,但思虑不至,或失中道耳。至于仲言之恶,著于心本,安能悛改邪?'上曰:'李逢吉荐之,朕不欲食言。'对曰:'逢吉身为宰相,乃荐奸邪以误国,亦罪人也。'上曰:'然则别除一官。'对曰:'亦不可。'上顾王涯,涯对曰:'可。'德裕挥手止之,上回顾适见,色殊不怿而罢。"按,对于郑注、李训及大和九年的甘露之变,前人的议论曾有分歧,这主要是郑、李二人后来与文宗合计,欲除宦官集团。但在本年八月李德裕论列以前,郑注、李训完全是结纳阿附于王守澄,朝野多以奸邪目之的。由李德裕对文宗的答语,可见德裕态度之坚决,主要是防止李训再进一步挤入言官行列,操持舆论,与宦官相呼应。王涯之所以首鼠两端,因王涯之得为宰相,郑注曾为出力,交结王守澄之故。

《通鉴》又载:"寻以仲言为四门助教,给事中郑肃、韩佽封还敕书。德裕将出中书,谓涯曰:'且喜给事中封敕!'涯即召肃、佽谓曰:'李公适留语,令二阁老不用封敕。'二人即行下。明日,以白德裕,德裕惊曰:'德裕不欲封还,当面闻,何必使人传言!且有司封驳,岂复禀宰相意邪!'二人怅恨而去。""九月辛亥,征昭义节度副使郑注至京师。王守澄、李仲言、郑注皆恶李德裕,以山南西道节度使李宗闵与德裕不相悦,引宗闵以敌之。壬戌,诏征宗闵于兴元。""十月……庚寅,以李宗闵为中书侍郎,同平章事。"

十月，李德裕罢执政，出为山南西道节度使，未行，又改为兵部尚书。十一月，终为李宗闵等所排斥，复出为浙西观察使。

《通鉴》大和八年十月载："甲午，以中书侍郎、同平章事李德裕同平章事，充山南西道节度使。是日，以李仲言为翰林侍讲学士。给事中高铢、郑肃、韩佽、谏议大夫郭承嘏、中书舍人权璩等争之，不能得。""李德裕见上自陈，请留京师。丙午，以德裕为兵部尚书。"十一月，"李宗闵言李德裕制命已行，不宜自便。乙亥，复以德裕为镇海节度使，不复兼平章事"。

《旧·文宗纪》大和八年九月，"甲午，以银青光禄大夫、守中书侍郎、平章事李德裕检校兵部尚书、同平章事、兴元尹，充山南西道节度使。以助教李仲言为国子《周易》博士，充翰林侍讲学士。……丙申，谏官上疏论李仲言不合奖任，上令中使宣谕谏官曰：'朕留仲言禁中，顾问经义，敕命已行，不可遽改。'……壬寅，翰林院宴李仲言，赐《法曲》弟子二十人奏乐以宠之。丙午，以新除兴元节度使李德裕为兵部尚书"。十一月，"乙亥，以兵部尚书李德裕检校右仆射，充镇海军节度使、浙江西道观察等使"。

又《旧书》卷一七六《李宗闵传》："及德裕秉政，群邪不悦，而郑注、李训深恶之，文宗乃复召宗闵于兴元，为中书侍郎、平章事，命德裕代宗闵为兴元尹。既再得权位，辅之以训、注，尤恣所欲，进封襄武侯，食邑千户。"《新书》卷一七四《李宗闵传》："李训、郑注始用事，疾德裕，共訾短之。乃罢德裕，复召宗闵知政事，进封襄武县侯，恣肆附托。"

《旧·李宗闵传》说李德裕执政,"群邪不悦",这所谓"群邪",主要是指以王守澄为首的宦官集团和以郑注、李训为代表的一部分朝官。他们为了抵制并进而排挤李德裕,就特意引用李宗闵为相,李宗闵果然不负所望,将李德裕排挤出外,同时又进一步擢用李训为翰林侍讲学士。而李宗闵既排除李德裕,同时以为有依附于宦官的郑注、李训为支柱,因而就更"恣肆附托"(《新传》),"尤恣所欲"(《旧传》)。

《唐会要》卷五三《举贤》谓"文宗勤于听政,然浮于决断"。宋胡寅《读史管见》也云:"文宗虽天资清俭,奉身寡过,而暗于识别,所任宰相,多小人而少君子。"郑注、李训、李宗闵等的进用,李德裕的被排斥,正说明文宗的昏昧。《通鉴》载李德裕出为镇海军节度使时,文宗叹曰:"去河北贼易,去朝廷朋党难!"他把德裕与宗闵、郑注等一例看待,不分是非,概而目之为朋党,这正说明他暗于识人,这就不免如司马光所讥:"文宗苟患群臣之朋党,何不察其所毁誉者为实、为诬,所进退者为贤、为不肖,其心为公、为私,其人为君子、为小人! ……释是不为,乃怨群臣之难治,是犹不种不芸而怨田之芜也。朝中之党且不能去,况河北贼乎!"

德裕赴浙西任,经汝州,时刘禹锡为汝州刺史,有诗送之。

刘禹锡于本年七月为汝州刺史(据卞孝萱《刘禹锡年谱》)。

刘禹锡有《奉送浙西李仆射相公赴镇》(《刘禹锡集笺证》卷二八),题下自注:"奉送至临泉驿,书札见征拙诗,时在汝州。"诗云:"建节东行是旧游,欢声喜气满吴州。郡人重得黄丞相,童子争迎郭细侯。诏下初辞温室树,梦中先到景阳楼。自怜不识平津阁,遥望旌旗汝水头。"后一首为《重送浙西李相公,顷廉问江南已经七载,后历滑台、剑南两镇,遂入相,今复领旧地,新加旌旄》,诗云:"江北万人看玉节,江南千骑引金铙。凤从池上游沧海,鹤到辽东识旧巢。城下清波含百谷,窗中远岫列三茅。碧鸡白马回翔久,却忆朱方是乐郊。"可见刘禹锡对李德裕的以往政绩是充分肯定的,对德裕的此次东南之行给予慰藉,表现了二人深挚的交谊。

又《嘉定镇江志》卷十四《唐润州刺守》李德裕条,亦载八年十一月为镇海军节度浙西观察使事,并引刘禹锡上述二诗,注云"以李卫公年谱参定"。

李宗闵入相后,又排斥异己,汲引其党与。

《旧·文宗纪》大和八年十月庚子(即李德裕罢相后第六天),"以御史大夫郑覃为户部尚书",又左授为秘书监。《旧书》卷一七三《郑覃传》:"八年,迁户部尚书。其年,德裕罢相,宗闵复知政,与李训、郑注同排斥李德裕、李绅。二人贬黜,覃亦左授秘书监。"又可参王应麟《困学纪闻》卷十四《考史》:"奸臣惟恐其君之好学近儒,非独仇士良也,吴张布之排韦昭、盛冲,李宗闵之排郑覃、殷侑,亦士良之术也。"

《旧·文宗纪》大和八年十二月,"己丑,以太子宾客分司张仲方为左散骑常侍,常州刺史杨虞卿为工部侍郎"。《旧书》卷一七一《张仲方传》:"(大和)八年,德裕罢相,李宗闵复召仲方为常侍。"《旧书》卷一七六《杨虞卿传》:"(大和)八年,宗闵复入相,寻召为工部侍郎。"

《旧·文宗纪》大和八年三月,"丙子,以右丞李固言为华州刺史,代崔戎"。按李固言为李宗闵所善,《旧书》卷一七三《李固言传》:"(大和)七年四月,转尚书左丞,奉诏定左右仆射上事仪注。八年,李德裕辅政,出为华州刺史。其年十月,宗闵复入,召拜吏部侍郎。"《新书》卷一八二《李固言传》略同。《旧传》称固言为"宗闵朋党",《新传》称其为宗闵"党人",可见当时人是把李固言看成李宗闵的党与的。当然,李固言与杨虞卿朋比为奸仍有不同,他在此后尚有政绩可言。

白居易本年仍为太子宾客分司,在洛阳。有诗与李宗闵,表示不愿复出之意。

《白居易集》卷三十一有《寄李相公》诗:"渐老只谋欢,虽贫不要官;唯求造化力,试为驻春看。"李相公当即李宗闵。此当是李宗闵复居相位时欲征召居易入朝,居易乃作此诗寄之,婉转拒绝,不愿参与朋党斗争。

德裕在浙西,辟杜牧之弟杜顗为巡官,宾主颇相得。杜牧有送顗赴浙西幕诗。

杜牧《唐故淮南支使试大理评事兼监察御史杜君墓志铭》(《樊川文集》卷八):"李丞相德裕出为镇海军节度使,辟君试协律郎,为巡官。"墓志曰"君讳顗,字胜之",即杜牧弟。按杜顗前此曾为贾𫘝所知,志云:"年二十五,举进士;二十六,一举登上第。时贾相国𫘝为礼部之二年,朝士以进士干贾公不获,有杰强毁嘲者,贾公曰:'我只以杜某敌数百辈足矣。'"据《新书》卷一六六《杜佑传》附杜顗事,谓:"李德裕奏为浙西府宾佐。德裕贵盛,宾客无敢忤,惟顗数谏正之。"可见杜顗在润州,与德裕相处甚得。据杜牧所作墓志,谓"大和九年夏,君客扬州"。按德裕于大和九年四月间由浙西改授太子宾客公司,则德裕府罢,杜顗也即离去。大和九年十一月甘露事变后,顗又由汴州东下居扬州。这时牛僧孺为淮南节度使,欲辟杜顗入幕府,顗谢绝曰:"李公在困,未愿副知己。"李君指李德裕,"在困"指德裕贬袁州刺史(德裕于大和九年四月为郑注等所诬构,贬袁州刺史)。可见杜顗对李德裕的交谊。

杜顗赴润州时,杜牧有诗送之,《送杜顗赴润州幕》(《樊川文集》外集):"少年才俊赴知音,丞相门栏不觉深。直道事人男子业,异乡加饭弟兄心。还须整理韦弦佩,莫独矜夸玳瑁簪。若去上元怀古去,谢安坟下与沉吟。"

〔编年文〕

《请罢呈榜奏》(文集补遗)

当在本年正月,详前谱。

《次柳氏旧闻序》(文集补遗)

当作于本年八、九月间,详前谱。

《通犀带赋》(别集卷一)

《鼓吹赋》(别集卷一)

二文均大和八年冬作。详《李德裕文集校笺》。

大和九年乙卯(八三五) 四十九岁

王璠、李汉等诬李德裕前在浙西时厚赂漳王傅母杜仲阳(秋娘),

阴结漳王，图为不轨。赖宰相路隋解救，仅免浙西任，改为宾客分司。（附考杜仲阳事，辨正《通鉴》《旧书·李德裕传》及杜牧《杜秋娘》诗之误载）

《通鉴》卷二四五大和九年载："初，李德裕为浙西观察使，漳王傅母杜仲阳坐宋申锡事放归金陵，诏德裕存处之。会德裕已离浙西，牒留后李蟾使如诏旨。至是，左丞王璠、户部侍郎李汉奏德裕厚赂仲阳，阴结漳王，图为不轨。上怒甚，召宰相及璠、汉、郑注等面质之。璠、汉等极口诬之，路隋曰：'德裕不至有此。果如所言，臣亦应得罪！'言者稍息。夏四月，以德裕为宾客分司。"

《旧·文宗纪》大和八年四月丙戌，"以镇海军节度使、浙西观察等使李德裕为太子宾客，分司东都"。未载王璠、李汉等诬告事。此事又详记于新旧《唐书·李德裕传》，但无论《旧传》《新传》或《通鉴》，记李德裕与杜仲阳事，皆有误载、不确或含混不清之处，今为之辨正如下。

《旧传》："寻改检校尚书左仆射、润州刺史、镇海军节度、苏常杭润观察等使，代王璠。德裕至镇，奉诏安排宫人杜仲阳于道观，与之供给。仲阳者，漳王养母，王得罪，放仲阳于润州故也。九年三月，左丞王璠、户部侍郎李汉进状，论德裕在镇，厚赂仲阳，结托漳王，图为不轨。四月，帝于蓬莱殿召王涯、李固言、路隋、王璠、李汉、郑注等，面证其事。璠、汉加诬构结，语甚切至。路隋奏曰：'德裕实不至止。诚如璠、汉之言，微臣亦合得罪。'群论稍息。寻授德裕太子宾客，分司东都。"

按《通鉴》与《旧传》所载王璠、李汉诬告李德裕事，共同点是：第一，杜仲阳是因宋申锡事发，漳王得罪，因而遣放到润州安置的。第二，杜仲阳到润州后，李德裕任浙西观察使（《旧传》更明确记载是李德裕代王璠为浙西的那一次，即大和八年十一月），因而厚赂杜仲阳，阴结漳王。但这两点都有时间上的矛盾。宋申锡被诬告为交结漳王凑以谋反一事，在大和五年三月（详见本书前大和五年谱）。李德裕第一次镇浙西在长庆二年至大和三年八月，这时宋申锡事还未发生，也不可能有厚赂杜仲阳而结纳漳王事。德裕第二次任浙西在大和八年十一月，这时宋申锡、漳王事早已发生，且王璠、李汉之告发在大和九年三月，这时德裕仍在浙西，何来如《通鉴》所云"会德裕已离浙西，牒留后李蟾使如诏旨"？李蟾有崔杭所作墓志（《全唐文》未收，今存拓本，见本书前所引）。据墓志，李蟾卒于大和七年。即此一条，已可证《通鉴》等将此事系于李德裕第二次镇润州时即大和八年为不确。《通鉴》所记，胡三省已经提出怀疑，胡注云："德裕自浙西征见（大和）三年，镇蜀见四年，宋申锡事见五年。系年差殊，当考。"胡氏已致疑，故曰当考，惜未详考，故此问题一直留待至今，今之学者考杜仲阳（秋娘）事者，仍沿旧说之误（如考杜牧《杜秋娘》诗，详后说）。

《新·李德裕传》云："先是大和中，漳王养母杜仲阳归浙西，有诏在所存问。时德裕被召，乃牒留后使如诏书。璠入为尚书左丞，而漳王以罪废死，因与户部侍郎李汉共谮德裕尝赂仲阳导王为不轨。帝惑其言，召王涯、李固言、路隋质之。注、璠、汉三人者语益坚，独隋言：'德裕大臣，不宜有此。'谗焰少衰。遂贬德裕为太子宾客，分司东都。"按《新传》叙事仍有含混之处，但其中说及杜仲阳归润州，没有以此与漳王得罪联系起来，这点值得注意。据《旧书》卷一七五《怀懿太子李凑传》，凑于长庆初封漳王，大和五年，因王守澄、郑注诬告宋申锡而受累，降封巢县公，大和八年卒。《新书》卷八十二本传同。《旧纪》与《通鉴》系李凑之死在大和九年正月，此当系据奏报，其卒当依据本传在大和八年（或当即在八年十二月）。如前所述，李德裕授浙西任在大和八年十一月，抵任当已是十二月，其时李凑已死，何能赂杜仲阳为之交结；即使李凑未死，已经禁锢，更何能结纳？王璠、李汉说李德裕阴谋结纳漳王，当然是诬陷，但如《旧传》等所载，王璠等所指系李德裕第二次镇浙西事，虽昏暗如文宗，对此也未能置信。因此说李德裕厚赂杜仲阳是在德裕第二次镇浙西，这一说应当排除。

《嘉定镇江志》卷十四《唐润州刺守》，记李德裕之后为李蟾，云："大和三年七月，浙西观察使李德裕召为兵部侍郎，以李蟾为留后。"注云出自李德裕《献替记》。参前所引崔栖所作李蟾墓志，《献替记》之说可信。

《嘉定镇江志》又谓："漳王傅母杜仲阳坐宋申锡事放归金陵，召德裕存处之。会德裕已离浙西，在道奉诏书，至宿州，闻仲阳已过，遂牒留后李蟾，令依诏旨处分。后至大和九年三月，王璠与李汉、郑注诬奏德裕，德裕得罪，分司东都。至开成元年冬，德裕再授观察浙西，因供奉官梁承敏送官诰至,德裕具录得令安存仲阳诏白,及至宿州牒留后李蟾,并奏状附承敏封进。上览状叹息。"此处注云:"以德裕《献替记》及《通鉴》参定。"按《献替记》今已佚,《通鉴考异》尚加引用,则司马光尚及见之,此书当南宋时仍存,故卢宪编纂《嘉定镇江志》时曾数处征引。此处所述,除"漳王傅母杜仲阳坐宋申锡事放归金陵"一语不确外,其他都合于史实。

由上所引诸书,可以考订之如下:大和三年八月,李德裕由浙西观察内召,在途得到诏旨,言漳王养母杜仲阳归润州(杜仲阳本为镇海节度使侍妾,元和初李锜谋反被诛,杜仲阳等随锜之家属均被没入掖庭,后又得宠,为漳王傅母,可见她本是润州人),令德裕存处。德裕因已离任,于是在宿州牒留后李蟾,请其安存,使如诏旨。这时宋申锡事尚未发生,因此李汉等可以告李德裕厚赂杜仲阳,结托漳王,若在大和五年宋申锡事之后,漳王已被贬黜禁锢,再说李德裕欲加结托,怎能取信于文宗?王璠、李汉诬告,在大和九年三月,漳王凑卒于大和八年十二月,这也使得王璠等认为死无对证,行其诬构。李德裕既然在大和三年八月离浙西时,于途中奉诏旨,令其存处杜仲阳,而漳王因宋申锡事"得罪"在大和五年,由此可以确证,杜仲阳在漳王"得罪"前二年即已归润州,也就是说,她并非因漳王之事而流放到润州,如《旧书·李德裕传》及《通鉴》等之所载。由此亦可辨析唐宋人的不少类似的记载。

如杜牧有《杜秋娘诗》(《樊川文集》卷一),其自序云:"杜秋,金陵女也。年十五,为李锜妾,后锜叛灭,籍之入宫,有宠于景陵(琼按指宪宗)。穆宗即位,命秋为皇子傅姆。皇子壮,封漳王。郑注用事,诬丞相欲去异己者,指王为根,王被罪废削,秋因赐归故乡。予过金陵,感其穷且老,为之赋诗。"此所谓金陵,即指润州。杜秋本润州人,为李锜侍妾,故大和时放归,可以称之为归故乡。据缪钺《杜牧年谱》,牧之此诗作于大和七年春奉沈传师之命报聘于淮南节度使牛僧孺之时,谓"聘淮南节度使牛僧孺,往来于润州(江苏镇江市),闻杜秋娘流落事,作《杜秋娘诗》"。系年大致可信。但缪《谱》又云:"漳王得罪,事在大和五年,杜秋放归,盖亦在此时。"据前所考,杜秋之归在大和三年,非因漳王得罪而流徙。可见杜牧之闻见已误,缪钺先生作《杜牧年谱》,尚未暇参证李德裕事为之订正。牧诗中"王幽茅土削,秋放故乡归"云云,也同此致误。

宋人笔记中同此误者尚有《南部新书》、《西溪丛语》等,兹录之如下,以供参阅:

钱易《南部新书》戊:"李锜之诛也,二婢配掖庭,曰郑曰杜。郑则幸于元和,生宣皇帝,是为孝明皇后。杜即杜秋。《献替录》中云杜仲阳,即杜秋也,漳王养母。"又同书壬:"杜仲阳,即杜秋也。始为李锜侍人,锜败填宫,亦进帛书,后为漳王养母。大和三(琼按此'三'字当为'五'字之讹)年,漳王黜,放归浙西,续诏令观院安置,兼加存恤。故杜牧有《杜秋诗》,称于时。"

姚宽《西溪丛语》卷下:"《新唐书·李德裕传》:德裕徙镇海军,代王璠。先是,大和中,漳王养母杜仲阳归浙西,有诏在所存问。时德裕被召，乃檄留后，使如诏书。璠入为尚书左丞，而漳王以罪废死，因与户部侍郎李汉共谮德裕尝赂仲阳导王为不轨，帝惑其言。窦革《音训》云，杜牧作《杜秋诗》，乃云漳王得罪后，秋始被放归本郡，疑即仲阳也，与此不同，似牧之之误。《南部新书》云：杜仲阳即杜秋也，始为李锜侍人，锜败填宫，亦进帛书。后为漳王养母。大和中，漳王黜，放归浙西，续诏令观院安置，兼加存恤。故杜牧有《杜秋诗》，称于时。此说与牧之合。《漳王凑传》，黜为巢县公，时大和五年也。命中人封诏即赐，且慰曰：'国法当尔，无他忧。'八年薨，赠齐王。郑注后以罪诛，帝哀凑被谮死不明，开成三年，追赠怀懿太子。盖大和五年漳王虽黜，尚特诏赐慰云，故德裕檄留后使如诏书，至八年废死后，德裕方被谮也。恐牧之诗不误。"姚宽不相信《新书·李德裕传》记载中合理的成分，想用《漳王凑传》来调和矛盾，证成杜牧诗之不误，仍未能得出正确的结论，原因也在于未能结合李德裕的有关事迹加以考证。

路隋因解救李德裕，罢执政，外出为镇海军节度使，代德裕。七月，隋病卒于赴润州之扬子江中。

王璠、李汉、郑注等诬构李德裕，赖路隋救解，德裕得免于重罪论处，改太子宾客分司，已见前述。但路隋却因而罢相，《通鉴》卷二四五，大和九年四月，"丙申，以门下侍郎、同平章事路隋充镇海节度使，趣之赴镇，不得面辞；坐救李德裕故也"。

《旧书》卷一五九《路隋传》："（大和）九年四月，拜检校尚书右仆射、同中书门下平章事,兼润州刺史、镇海军节度、浙江西道观察等使。大和九年七月,遘疾于路,薨于扬子江之中流。"

按路隋在应答文宗时曾言:"德裕不至有此。果如所言,臣亦应得罪。""臣亦应得罪"句颇费解,《通鉴》与新、旧《唐书》本传都未提供解答。今查《唐语林》卷一《德行》类,有云:"路相隋,幼孤。⋯⋯李卫公慕其淳笃,结为亲家,以女适路氏。"新旧《唐书》本传都未载路隋与德裕结为儿女亲家,《唐语林》之记载未知本于何书,虽为孤证,但与《通鉴》等所载路隋的话"果如所言,臣亦应得罪"合看,则"结为亲家"之说似可成立。

又《旧·路隋传》末史臣评曰:"自宝历初为承旨学士,即参大政矣。后十五年在相位(中华书局点校本校云:《新旧唐书合钞》卷二一〇《路隋传》作'五年'),宗闵、德裕朋党交兴,攘臂于其间,李训、郑注始终奸诈,接武于其后,而隋藏器韬光、隆污一致,可谓得君子中庸而常居之也。"

德裕由镇海军节度使改授太子宾客分司,未行,即于同月(四月)因所谓对文宗"大不敬"而贬为袁州刺史。

据《旧·文宗纪》,德裕改太子宾客在大和九年四月丙戌,是月丙子朔,丙戌为十一日。《旧纪》又载,同月,"庚子,诏银青光禄大夫、守太子宾客分司东都、上柱国、赞皇县开国伯、食邑七百户李德裕贬袁州长史"。庚子为二十五日,即半月以后,又加贬谪。新旧《唐书》德裕本传均仅言同月复贬为袁州刺史,未言其他。《通鉴》载谓:"(四月)庚子,制以向日上初得疾，王涯呼李德裕奔问向起居，德裕竟不至；又在西蜀征逋悬钱三十万缗，百姓愁困；贬德裕袁州长史。"《唐大诏令集》卷五十七《李德裕袁州长史制》，所载较详，今录之如下："有国之典，本于明罚；为君之道，必在去邪。皇王大政，谅无易此。奸凶与比，诚敬尽亏，无君之心，因事辄见，岂可尚居崇秩，犹列东朝。银青光禄大夫、守太子宾客分司东都、上柱国、赞皇县开国伯、食邑七百户李德裕，性本阴狡，材则脆弱，因缘薄艺，颉颃清途。既忝藩镇，旋处钧轴，靡怀愧畏，肆意欺诬，废挠旧章，汩乱彝序。贤良尽逐，当白昼而重关；诡诈是谋，逮中宵而万变。朕尝以寒暑得疾，初甚惊人，凡百臣子，奔走道路，而德裕私室晏然，全无忧戚。王涯驻车道左，络绎追呼，满朝倾骇，竟以不至。又在西蜀之日，征逋悬钱，仅三十万贯，使疲羸老弱，徒转沟壑。交结异类，任用憸人，贿赂流行，朱紫无辨。是宜处之重典，以正刑书。犹以夙经委使，载深宽宥，俾佐遐服，用示宽恩。可守袁州长史，驰驿发遣。"

按本年三月王璠、李汉、郑注诬告德裕因杜仲阳而结交漳王凑，图为不轨，这是大和五年郑注、王守澄诬害宋申锡的故伎重演，由于路隋的解救，也由于宋申锡被贬后舆论多以为冤，才使王璠、李汉等计谋未能得逞，于是时隔数日，又捏造两个借口，其一说是文宗去年十二月病时，王涯呼李德裕同去问安，德裕未去。王涯作相，郑注出力为多，正是由于买通中人关节的缘故。言官弹劾郑注，也由于王涯的回护，才得免于论列。王涯这时已成为郑注等工具，他的证词当然不足为信。至于在蜀中追逋悬馈,也是旧事重提,而且也未能证实。诏书中所举这两条罪状,完全出于捏造。更可研究的是,诏书中只字未提杜仲阳、漳王事,正又证明前所论奏完全是假,自知理亏,故不敢再加写入。

这两次的诬告,背后仍有李宗闵指使,因李汉本是李宗闵一党。《新书》卷七八《宗室·淮阳王道玄传》附李汉传,汉为道玄六世孙,"会李宗闵当国,擢知制诰,稍进御史中丞,吏部侍郎。初,德裕贬袁州,汉助为排挤"。可以说,李德裕此次之贬谪,是李宗闵及其党与、郑注、宦官共同合谋的结果。

德裕于四、五月启程赴袁州,自历阳登舟,溯长江而上,途中曾往访陶渊明故里。

德裕有《畏途赋》(别集卷二),自序云:"乙卯岁孟夏,余俟罪南服,自历阳登舟,五月届于蠡泽。当隆暑赫曦之候,涉浔阳不测之川。亲爱闻之,无不挥泪。"赋中有云:"于时行潦猥至,百川皆注,望九派而无际,横扁舟而径度。……访浔阳之故里,怀靖节之旧居。陈一樽以遥奠,悲三径之久芜。"按此文作于开成元年北归途中,赋中所云,皆为追忆。历阳即今安徽和县。德裕当由润州(镇江)西行,走陆路,至历阳始走水路。袁州在今江西宜春。

李宗闵、郑注既贬李德裕,郑注复与李宗闵有矛盾,乃因杨虞卿案,于本年六月贬李宗闵为明州刺史;七月,郑注又发李宗闵结宦官等求为宰相事,再贬为处州刺史;八月,又贬为潮州司户。宗闵之党杨虞卿、李汉、萧澣等皆贬出。

《通鉴》卷二四五,大和九年载:"京城讹言郑注为上合金丹,须小儿心肝,民间惊惧,上闻而恶之。郑注素恶京兆尹杨虞卿,与李训共构之,云此语出于杨虞卿家人。上怒,六月,下虞卿御史狱。注求为两省官,中书侍郎、同平章事李宗闵不许,注毁之于上。会宗闵救杨虞卿,上怒,叱出之;壬寅,贬明州刺史。"又七月载:"初,李宗闵为吏部侍郎,因驸马都尉沈𬤇结女学士宋若宪、知枢密杨承和得为相。及贬明州,郑注发其事,壬子,再贬处州长史。"又:"贬左金吾大将军沈𬤇为邵州刺史。八月丙子,又贬李宗闵潮州司户。赐宋若宪死。"

《旧书》卷一七六《杨虞卿传》记杨虞卿案如下:"(大和)九年四月,拜京兆尹。其年六月,京师讹言郑注为上合金丹,须小儿心肝,密旨捕小儿无算。民间相告语,扃锁小儿甚密,街肆恼恼。上闻之不悦,郑注颇不自安。御史大夫李固言素嫉虞卿朋党,乃奏曰:'臣昨穷问其由,此语出于京兆尹从人,因此扇于都下。'上怒,即令收虞卿下狱。虞卿弟汉公并男知进等八人自系,挝鼓动诉冤,诏虞卿归私第。翌日,贬虔州司马,再贬虔州司户,卒于贬所。"

《全唐文》卷七十文宗名下有《授李固言崇文馆大学士、贾𬤇集贤殿大学士制》,称李固言"刚毅自任,端严不回,常怀疾恶之心,每负佐时之业。顷者奸雄蔽过,私党比连,非尔固言,孰开予意。况面陈至恳,章疏继来,辨虞卿、宗闵之倾邪,明萧澣、李汉之朋附。爰付大任,益章器能"。按制词中称贾𬤇为"朝议大夫、守中书侍郎、同中书门下平章事、上柱国、姑臧县开国男、食邑三百户、赐紫金鱼袋"，称李固言为"朝散大夫、守门下侍郎、同中书门下平章事、上柱国、赐紫金鱼袋"。据《新书·宰相表》下，贾𫗧于大和九年四月戊戌由浙西观察使守中书侍郎、同中书门下平章事，李固言于同年七月辛亥由御史大夫守门下侍郎、同中书门下平章事，九月丁卯，李固言则出为山南道节度使，贾𫗧亦于十一月甘露之变时被杀。李、贾同相，在七、八、九三月。又据《旧纪》，贬李宗闵、萧澣、李汉等在七月。此制词大约于八月间行下。从这一制词可以看出，揭发杨虞卿及李宗闵朋比为奸事，李固言之功居多，李当时是御史大夫，而他之所以任御史大夫，正是李宗闵荐引的结果。由他来揭发李宗闵、杨虞卿朋党奸邪等事，当然比李德裕一派或郑注等人更易为文宗所信任，同时也正可说明李宗闵等结党营私的情状确实存在，而且较前更有发展，连像李固言本与宗闵相善的人也已不能容忍。郑注不过是利用这一缺口，再向文宗告发李宗闵的私事，进一步给予打击。

《旧·李宗闵传》云："（大和）九年六月，京兆尹杨虞卿得罪，宗闵极言救解，文宗怒叱之曰：'尔尝谓郑覃是妖气，今作妖，覃耶？尔耶？'翌日，贬明州刺史，寻再贬处州长史。七月，郑注发沈𬘘、宋若宪事，内官杨承和、韦元素、沈𬘘及若宪姻党坐贬者十余人，又贬宋闵潮州司户。"《新·李宗闵传》亦载文宗叱李宗闵语："尔尝以郑覃为妖气，今自为妖耶！"又载："训、注乃劾宗闵异时阴结驸马都尉沈𬘘、内人宋若宪、宦者韦元素、王践言等求宰相。"由此可见李宗闵出于党私之见，曾屡次攻讦郑覃等人，已引起文宗的不满，加上这次怂恿杨虞卿造作谣言,事发后又极力为其解辩,乃更使得文宗怒不可遏,七月间郑注又揭发李宗闵结纳驸马都尉沈𬤇、女学士宋若宪以求宰相,就又促使文宗将他远贬。

据《通鉴》大和九年七月载:"初,李宗闵为吏部侍郎,因驸马都尉沈𬤇结女学士宋若宪、知枢密杨承和得为相。"《旧书》卷五十二《后妃·宪宗孝明皇后郑氏传》曾附载宋若宪事,可参。

又,此次所贬,除李宗闵、杨虞卿外,另有宗闵之党如萧澣、李汉等人。《旧·文宗纪》大和九年七月,癸丑,"贬吏部侍郎李汉为汾州刺史,刑部侍郎萧澣为遂州刺史"。《旧书》卷一七一《李汉传》亦云:"(大和)九年四月,转吏部侍郎。六月,李宗闵得罪罢相,汉坐其党,出为汾州刺史。宗闵再贬,汉亦改汾州司马,仍三二十年不得录用。"可见李汉是由于李宗闵的党与而被贬出的,但《新书·李汉传》却将汉之远贬归因于李德裕,谓:"初,德裕贬袁州,汉助为排挤,后德裕复辅政,汉坐宗闵党出为汾州刺史,宗闵再逐,改州司马。"德裕之贬在大和九年四月,李宗闵、李汉之贬在同年七月,这时德裕尚在贬所,何来"德裕复辅政"之事?可见晚唐史料,多被朋党之见弄得相当混乱,而其间往往出牛党之手,诬陷李德裕,有时连基本事实也完全颠倒。

与此同时,朝官中既非李德裕党,也非李宗闵党的,也有因而贬出的,如《旧纪》七月"戊午,贬工部侍郎、充皇太子侍读崔侑为洋州刺史,贬吏部郎中张讽夔州刺史,考功郎中、皇太子侍读苏涤忠州刺史,户部郎中杨敬之连州刺史";"癸亥,贬侍御史李甘为封州司马,殿中侍御史苏特为潘州司户"。这是郑注、李训乘势对朝官、特别是对言官的打击。

《唐大诏令集》曾载《贬李宗闵明州刺史制》、《贬李宗闵处州长史制》、《贬李宗闵潮州司户制》,今摘录有关部分如下:"事每怀私,言非纳诲。近者别登俊彦,与之同列,忌贤不悦,物论喧哗。翼赞之效蔑闻,怨嫌之声屡作。前后叨位,中外同辞,惟进奔竞之徒,莫修恭慎之道。"(《贬明州刺史制》)"细大之愆,既暴前诏,而交通匪类,踪迹又彰,岂可尚领方州,牧我黎庶,宜谪遐佐,以肃朝伦。"(《贬处州长史制》)"交结凶邪,叨取荣显,奸险阴慝,因事尽彰,顷为吏部侍郎,令沈𫲙于内人宋若宪处密求宰相,乃事迹败露,文字犹在,阅视之际,良深叹骇。既专枢柄,益附私党,附下罔上,废义灭公。言多矫诬,动挟欺诈,伤风败俗,负我何深。"

九月癸卯朔,下诏:李宗闵、李德裕之党,除已放黜外,一切不问。

《旧·文宗纪》大和九年九月,"癸卯朔,奸臣李训、郑注用事,不附己者,即时贬黜,朝廷悚震,人不自安。是日,下诏曰:'朕承天之序,烛理未明,劳虚襟以求贤,励宽德以容众。顷者台辅乖弼谐之道,而具僚扇朋比之风,翕然相从,实斁彝宪。……今既再申朝典,一变浇风,扫清朋附之徒,匡饬贞廉之俗,凡百卿士,惟新令猷。如闻周行之中,尚蓄疑惧,或有妄相指目,令不自安,今兹旷然,明喻朕意。应与宗闵、德裕或新或故及门生旧吏等,除今日已前放黜之外,一切不问。'"(按此诏又见《旧书·李宗闵传》,文字小有异同)

《通鉴》以此诏出自郑注、李训之意,七月载:"是时李训、郑注连逐三相（琮按三相指李德裕、路隋、李宗闵），威震天下，于是平生丝恩发怨无不报者。"后又云："时注与李训所恶朝士，皆指目为二李之党，贬逐无虚日，班列殆空，廷中恼恼，上亦知之。训、注恐为人所摇，九月癸卯朔，劝上下诏：'应与德裕、宗闵亲旧及门生故吏，今日已前贬黜之外，余皆不问，'人情稍安。"（又可参见《旧书》卷一六九《郑注传》）

宋孙甫论李德裕、李宗闵之所谓朋党，及论文宗听察之不明。

宋人孙甫《唐史论断》下，专立一节为《辨朋党》，从李德裕、李宗闵立身行事加以比较，其说较为公允，又论文宗听察之不明，均可供参考。其说云：

"后李宗闵得用，排李德裕及其相与者，德裕得用，亦排宗闵及其相与者，故交怨不解，其过似均矣。但德裕未相，在穆宗、昭愍朝，论事忠直，有补于时，所历方镇，大著功效；又裴度尝荐之作相，为宗闵辈所沮而罢，遂领剑南，虽因监军王践言入言维州事，文宗召以归朝，遂命作相，本由功名用也。及秉政，群邪不悦，竟为奸人李训、郑注所潜，引宗闵代之。宗闵未相，绝无功效著闻。任侍郎日，结女学士宋若宪、知枢密杨承和求作相，以此得之；及其出镇也，又由训、注复用。此德裕之贤与宗闵不侔矣。又德裕所与者多才德之人，几于不党，但刚强之性好胜，所怨者不忘，所与者必进，以此不免朋党之累；然比宗闵之奸，则情轻也。文宗但以其各有党嫉之，不能辨其轻重之情，明已不足矣；又听训、注所潜，朝之善士，多目为二李党而逐之，此所谓君明不足，虽察其朋党而不能辨其情之轻重也。"

十一月，李训、郑注谋诛宦官，"诈言金吾仗舍石榴树有甘露，请上观之。内官先至金吾仗，见幕下伏甲，遽扶帝辇入内，故训等败，流血涂地"（《旧纪》）。**宰相王涯、贾餗、舒元舆及李训皆为宦官所杀。郑注时为凤翔节度使，亦被杀。史称"甘露之变"。**

此事详见《旧·文宗纪》、《通鉴》，及新旧《唐书》之李训、郑注、王涯等本传，此处不具录。关于"甘露之变"及李训、郑注的评价，前人所论不一。唐宋以后大多目郑注、李训为奸佞、小人，当然不少是从封建正统思想出发的，需要辨析。本书不拟详予论列，只摘举代表性意见，稍加评论。

清王鸣盛《十七史商榷》卷九十一《训注皆奇士》条，对李训、郑注持完全肯定的态度，其说云："李愬目郑注为奇士，其实训、注皆奇士也，特奇功不成耳。……然训杀守澄及陈宏志、杨承和、韦元素、王践言，剖崔潭峻棺，鞭其尸，元和逆党几尽，功亦大矣。《训传》言训本挟奇进，及权在己，锐意去恶，欲先诛宦竖，乃复河湟，攘却回鹘、吐蕃，归河朔诸镇，志大如此，非奇士乎？《注传》言日日议论帝前，谋锄剪中官，亦忠于为国者；即使本欲揽权，假公济私，脱令其功得成，乱本拔矣。……传中讥其诡谲贪沓，皆空诋无指实，指实处仅榷茶税、兴曲江工役二事，茶者末业妨农，榷之未为过。曲江小役耳，士大夫尚有别墅，天子一葺池亭，奚不可？……诋讥之词，安知非沿当日史官曲笔。千载而下，读史者于训、注但当惜之，不当复恶之。"

史学家岑仲勉先生宗其说，所著《隋唐史》中说："《十七史商榷》九一《训注皆奇士》条，辨《新唐书》本传诡谲贪沓之说,语最公允。当日阉人势盛,士夫固多为作鹰犬者,《新唐书》仅据旧籍转录,正王氏所谓史官曲笔,不可尽恃也。……按处变用权,圣贤所许,因守澄而进,固未能定训、注终身。旧说谓训、注反覆,无非为其谋杀守澄。充彼辈之说,则邪正不分,示人以从恶须终,而绝人自新之路,其为悖理,无待蓍龟。文宗既与郑、李有密谋(见《通鉴》二四五),则请问头巾书生,应背守澄以诛奸恶乎?抑应念私恩而忘国事乎?大义尚可灭亲,以谋守澄而目郑注曰反覆,直不啻为宦官泄愤。"(页三三四)

按王、岑二氏肯定郑注、李训,不外两点,一是"李训、郑注为上画太平之策,以为当先除宦官,次复河湟,次清河北",文宗"以为信然,宠任日隆"(《通鉴》卷二四五大和九年七月)。这里牵涉到对历史人物的评价,是看其行动,还是只听其言论。复河湟,清河北,确是当时朝廷所亟盼解决的大问题,正因如此,李、郑才对文宗吹嘘,所谓"开陈方略,如指诸掌"(同上《通鉴》),以求得文宗的信用。而实际上他们根本没有为此而作任何准备,他们所忙的,只是如何排除异己,尤其是对有所作为的李德裕,也想置之死地而后快,就可推知李、郑实在没有什么政治方略,而只有政治投机。至于令王涯榷茶税,只不过是扩大税收,增加工商的负担,兴曲江工役,是投文宗一己之所好。其次,所谓诛杀宦官,也要作具体分析。郑注本是因为投靠宦官王守澄而发迹的,李训的从父李逢吉早时也曾结纳王守澄,李逢吉要想东山再起,就派李训走郑注的门路,并用大量金银钱帛贿赂王守澄,李训因而得荐引于文宗。就是说,他们的政治靠山本来就是宦官集团,而且在尔后的一系列行动中仍是依靠宦官来打击朝官中不党附他们(如李德裕、李甘等),或与他们有利害冲突的人(如李宗闵等一派)。他们之诛杀王守澄、陈宏志等,只不过是宦官中的这一派已经失势,正可打击,这对于宦官中握有实权的仇士良一派来说并无妨害,宁唯是只有好处。而他们要进一步诛杀仇士良的一派,也不过是一种政治冒险,幻想借此来掌握更大的权力,甘露之变前夕李训与郑注的权力之争正可看出他们只不过是图谋私利的攫权者。范文澜先生《中国通史简编》第三编论此事,颇可参考,其中说:"八三五年,唐文宗将心事密告李训、郑注。李训、郑注二人认为有大利可图,都答应以诛宦官为己任。二人给唐文宗策划,擢用宦官仇士良为中尉,分王守澄的权势,又斥逐李宗闵出京。大批朝官被指为李宗闵、李德裕的徒党,遭受贬逐,重要官职都换用二人的徒党。"又说:"李训、郑注原先商定的阴谋,唐文宗是同意的,后来李训自定的阴谋,也得到唐文宗的同意。这说明他只求杀死宦官,至于如何杀和杀了以后如何,似乎都是不值得考虑的小事。他看宦官仅仅是若干个阉人,不看见宦官代表着一种社会势力,甚至不看见宦官与神策军的关系,以为用阴谋一杀即可成事。这种愚蠢的想法和行动,决不会让他获得什么好处。"(页一七六——一七七)

正月,李逢吉卒,时为司徒致仕。四月,沈传师卒,时为吏部侍郎。

据《旧·文宗纪》。

李绅于五月又为李宗闵所排,由浙东观察使改授太子宾客、分司

东都。

《旧·文宗纪》大和九年五月，"丁未，以浙东观察使李绅为太子宾客，分司东都"。又《旧书》卷一七三《李绅传》："（大和）九年，李训用事，李宗闵复相，与李训、郑注连衡排摈德裕罢相，绅与德裕俱以太子宾客分司。"《新书》卷一八一《李绅传》："李宗闵方得君，复以太子宾客分司。"

又，李绅这次由浙东赴洛阳，途经扬州，时牛僧孺仍在淮南节度使任，僧孺曾设宴款待李绅，绅有《州中小饮便别牛相》诗（《全唐诗》卷四八二），云："笙歌罢曲辞宾侣，庭竹移阴就小斋。愁不解颜徒满酌，病非伤肺为忧怀。耻矜学步贻身患，岂慕醒狂蹈祸阶。从此别离长酩酊，洛阳狂狷任椎埋。"此诗情真意深，对牛僧孺不隐瞒其就洛阳闲职的"忧怀"。牛僧孺与李宗闵似仍有不同，牛与当时文人如白居易、刘禹锡、杜牧、李绅等，均有诗什酬唱，而李宗闵则无，纯粹是官场中人物，无与风雅之道。

十二月，薛元赏代张仲方为京兆尹。时禁军横暴，张仲方不敢治，郑覃于十一月"甘露之变"后拜相，乃以元赏代之。薛元赏治神策军有方，其势稍戢。

《旧·文宗纪》大和九年十二月，"丁亥，以权知京兆尹张仲方为华州防御使，以司农卿薛元赏权知京兆"。

按薛元赏，《旧书》无传，《新书》卷一九七《循吏传》载其传，但记其为京兆尹事极简略，仅云"迁累司农卿、京兆尹"，亦未言及年月。《通鉴》卷二四五本年十二月记其事颇详，云："时禁军暴横，京兆尹张仲方不敢诘，宰相以其不胜任，出为华州刺史，以司农卿薛元赏代之。元赏常诣李石第，闻石方坐听事与一人争辩甚喧，元赏使觇之，云有神策军将诉事。元赏趋入，责石曰：'相公辅佐天子，纪纲四海。今近不能制一军将，使无礼如此，何以镇服四夷！'即趋出上马，命左右擒军将，俟于下马桥，元赏至，则已解衣跽之矣。其党诉于仇士良，士良遣宦者召之曰：'中尉屈大尹。'元赏曰：'属有公事，行当继至。'遂杖杀之。乃白服见士良，士良曰：'痴书生何敢杖杀禁军大将！'元赏曰：'中尉，大臣也，宰相亦大臣也，宰相之人若无礼于中尉，如之何？中尉之人无礼于宰相，庸可恕乎？中尉与国同体，当为国惜法，元赏已囚服而来，惟中尉死生之！'士良知军将已死，无可如何，乃呼酒与元赏欢饮而罢。"

按薛元赏前任汉州刺史时，曾上疏表示赞同李德裕对维州事件的处理，吏事精明。会昌时李德裕为相，曾加重用，宣宗大中初亦坐李德裕贬官。此次处理神策军将事，固然因"甘露之变"后，宦官专横太甚，人多怨怒，仇士良欲稍加收敛，但也由于薛元赏的机智和强干，这是牛党人物所不能有的。张仲方就远非如此，《旧书》卷九十九《张九龄传》附张仲方事，即云："是时军人横恣，仲方脂韦，坐不称职，出为华州刺史。"《新传》亦云："已而禁军横，多挠政，仲方势笮，不能有所绳刻。宰相郑覃更以薛元赏代之，出为华州刺史。"

按甘露之变，宰相王涯、李训、贾餗、舒元舆皆被杀。十一月，乃命郑覃、李石为相，郑、李二人的政见接近于李德裕，过去史籍载以为李党。

《酉阳杂俎》前集卷八《黥》部又载："上都街肆恶少，率髡而肤劄,备众物形状。恃诸军,张拳强劫,至有以蛇集酒家,捉羊胛击人者。今京兆尹薛公元赏上三日,令里长潜捕,约三十余人,悉杖煞,尸于市。市人有点青者,皆炙灭之。时大宁坊力者张干,劄左膊曰'生不怕京兆尹',右膊曰'死不畏阎罗王'。又有王力奴,以钱五千召劄工,可胸腹为山、亭院、池榭、草木、鸟兽,无不悉具,细若设色。公悉杖杀之。"

〔**编年文**〕

《白芙蓉赋》(别集卷一)

题下注"再至江南作"。自序云:"金陵城西,池有白芙蓉,素萼盈尺,皎如霜雪,江南梅雨麦秋后,风景甚清,漾舟绿潭,不觉隆暑。"赋亦云"朱明夕霁,佳木凝阴"。则当为本年初夏作,时尚未贬袁州。

《重台芙蓉赋》(别集卷一)

此为"再至江南"所作四赋之最末一篇,当与上篇《白芙蓉赋》同时稍后所作,约为本年四月贬袁州前。

《山凤凰赋》(别集卷一)

《孔雀尾赋》(别集卷一)

《智囊赋》(别集卷一)

此三赋为"袁州七首"之前三篇。德裕于大和九年抵袁州任,此三篇当为本年下半年作,详参《李德裕文集校笺》。

〔**编年诗**〕

《夏晚有怀平泉林居》(别集卷九)

《早秋龙兴寺江亭闲眺忆龙门居寄崔张旧从事》(同上)

按以上二诗,皆于题下注云"宜春作"。当作于本年夏秋。

李德裕年谱

中华书局

开成元年丙辰（八三六）　五十岁

本年春，李德裕仍在袁州长史任。

李德裕于去年夏赴袁州长史任，今年春仍在袁州。在袁州曾作赋十二篇（详见本年编年文）今摘录记其生活情况者于下：

"余所居在江流之上，每值清景，必杖策独游，见芦人渔子，则乐而忘返。"（别集卷二《观钓赋》自序）

"余所居精舍前有山石榴、黄踯躅，春晚敷荣，相错如锦。"（同上《二芳丛赋》自序）

"此郡岩壑重复，榛林郁盛，樵采之子，未尝辍音，往往沿流而下，诣余求售。余因积薪于庭，窃有所叹。"（别集卷一《积薪赋》自序）

"此郡多蚍蜉，余所居临流，实繁其类，或聚于衽席，或入于盘盂。终日厌苦，而不知可御之术。因戏为此赋，令稚子烨和之。"（别集卷一《蚍蜉赋》自序）按，由此可知德裕贬袁州时，其子烨随行，且烨已能作赋。另《柳柏赋》中又云："慨路远而莫致，抑毫端而孔悲。顾谓稚子烨，起为谣曰。"则烨已能和之作诗赋。

"此郡带江缘岭，野竹成林。每向夕有白鹭群飞，集于林杪。余所居在峰岑之上，临眺一川，玩其往来，有以自适。"（别集卷一《振鹭赋》自序）

"荆楚多飞鸮,余所居在岑蓥之中,盖兹鸟族类所托,不足叹其蕃也。"(别集卷二《怀鸮赋》自序)

　　"余寓居郊外精舍,有湘中守赠以斑竹笔管,奇彩烂然,爱玩不足,因为小赋以报之。"(同上《斑竹管赋》自序)

　　又《正德袁州府志》(天一阁藏本)卷六《名宦》记李德裕"(大和)八(琼按此八字当系九字之误)年贬袁州长史。既至,寓郊外精舍,遇清景,辄杖策独游,吟咏著述以自适,不以迁谪介意"。

在袁州识当地士人卢肇。肇后于会昌中登第,德裕亦为之援引。

　　唐无名氏《玉泉子》:"进士卢肇,宜春人,有奇才。德裕尝左宦宜阳,肇投以文卷,由此见知。"

　　《正德袁州府志》卷六《名宦》记德裕在袁州"礼郡士卢肇,后(王)起主文柄,肇遂冠多士"。又卷八《人物》谓卢肇字子发,宜春文标乡人,"会昌三年进士第一,累官集贤学士,历歙、宣、池、吉四州刺史,所至有治声,著述尤多,有《文标集》三卷《海潮赋》一卷行于世"。

三月壬寅(初三日),德裕改除滁州刺史。由丰城经鄱阳湖,沿长江而下,其时已为四月。

　　《旧·文宗纪》开成元年三月,"壬寅,以袁州长史李德裕为滁州刺史"。又《旧传》:"(大和九年)十一月,王璠与李训造乱伏诛,而文宗深悟前事,知德裕为朋党所诬。明年三月,授德裕银青光禄大夫,量移滁州刺史。"《新传》亦载:"未几,宗闵以罪斥,而注、训等乱败。帝追悟德裕以诬构逐,乃徙滁州刺史。"

按别集卷二于《畏途赋》前标曰"北归六首"，依次为《畏途赋》、《知止赋》、《剑池赋》、《望匡庐赋》、《大孤山赋》、《项王亭赋》，皆当为赴滁州途中所作。《剑池赋》自序云："丙辰岁孟夏月，余届途丰城，弭棹江渚，问埋剑之地，则有池存焉。……因维舟俄顷，以为此赋。"丰城即今江西省丰城县，在南昌市西南。由袁州至丰城，有袁水流经，东北行，汇入抚河。德裕由袁州北归，当是舟行。又《望匡庐赋》自序："沧湖口北望匡、庐二山，影入澄潭，峰连清汉，江水无际，烟景相鲜。沿流而东，若存世表。"则由丰城北上，渡鄱阳湖而入于长江。

又《大孤山赋》自序云："余剖符淮甸，道出蠡泽，属江天清霁，千里无波。点大孤于中流，升旭日于匡阜。"《项王亭赋》自序："丙辰岁孟夏，余息驾乌江，晨登荒亭，旷然远览。"德裕当由乌江口和州登陆北行，即抵滁州（今安徽省滁县）。在滁州，有"滁州题名"。

宋欧阳棐《集古录目》卷十载"李文饶题名"，云："李德裕题名，字为八分，称丙辰岁题者，开成元年也。在滁州。"未详其题名内容。

时当郑覃执政，李绅亦于本年三月由太子宾客分司改除河南尹；六月，又为汴州刺史，充宣武军节度使。

《旧·文宗纪》开成元年四月庚午朔，"以太子宾客分司东都李绅为河南尹"。六月，"癸亥，以河南尹李绅检校礼部尚书、汴州刺史，充宣武军节度使"。

又《旧书》卷一七三《李绅传》："开成元年，郑覃辅政，起德裕为浙西观察使(琼按德裕为浙西在本年十一月,此当云由袁州量移滁州),绅为河南尹。六月,检校户(礼?)部尚书、汴州刺史、宣武节度、宋亳汴颖观察等使。"《新书》卷一八一《李绅传》亦以为李绅之起乃郑覃之力,云:"开成初,郑覃以绅为河南尹。"

时杜牧在洛阳为留台御史,李绅诗序中曾加提及。李绅有《拜三川守》诗(《全唐诗》卷四八二),自序云:"开成元年三月二十五日,蒙恩除河南尹。四月六日,诏下洛阳。"又《拜宣武军节度使》诗(《全唐诗》卷同上),自序云:"开成元年六月二十六日,制授宣武军节度使。七月三日,中使刘泰押送旌节止洛阳。五日赴镇,出都门,城内少长士女相送者数万人,至白马寺,涕泣当车者不可止。少尹严元容鞭胥吏士人,怒其恋慕,留台御史杜牧使台吏遮欧百姓,令其废祖帐。"

白居易时仍在洛阳,为太子少傅分司,本年有与李绅、杨汝士、牛僧孺、裴度、刘禹锡、令狐楚等诗。

白居易本年所作诗,涉及上述诸人者,有《叹春风兼赠李二十侍郎二绝》、《春来频与李二十宾客郭外同游因赠长句》、《喜与杨六侍郎同宿》、《残春咏怀赠杨慕巢(汝士)侍郎》、《宿香山寺酬广陵牛相公见寄》(题下自注云"来诗云"唯羡东都白居士,月明香积问禅师",时牛相三表乞退,有诏不许)、《秋霖中奉裴令公见招早出赴会马上先寄六韵》、《晓眠后寄杨侍郎》、《喜梦得自冯翊归洛兼呈令公》、《斋戒满夜喜招梦得》、《偶于维扬牛相公处觅得筝筝未到先寄诗来走笔戏答》、《奉酬淮南牛相公思黯见寄二十四韵》、《洛下闲居寄山南令狐相公》(以上皆见《白居易集》卷三十三)。

按白居易于上年九月由太子宾客分司东都授同州刺史,见郑注等用事,党派纷争,乃托病不赴任,十月又改授为太子少傅分司。有《诏授同州刺史病不赴任因咏所怀》(《白居易集》卷三十二)。甘露事变之后,又有诗《九年十一月二十一日感事而作》:"祸福茫茫不可期,大都早退似先知。当君白首同归日,是我青山独往时。顾索素琴应不暇,忆牵黄犬定难追。麒麟作脯龙为醢,何似泥中曳尾龟?"又《即事重题》:"重裘暖帽宽毡履,小阁低窗深地炉。身稳心安眠未起,西京朝士得知无?"(同上)表示超然于政治斗争的态度。

李宗闵于四月间由潮州司户贬所改为衡州司马。张仲方于五月由华州刺史入为秘书监。

《通鉴》卷二四五开成元年,"夏四月己卯,以潮州司户李宗闵为衡州司马。凡李训指为李德裕、李宗闵党者,稍收复之"。按此时郑覃、李石执政、起复李德裕、李绅等,为求平衡起见,也稍量移李宗闵等,使就近内地。如张仲方于五月间由华州刺史入为秘书监,即是一例。

按《旧书》卷一七一《张仲方传》,张于上年十二月出为华州刺史,"开成元年五月,入为秘书监。外议以郑覃党李德裕排摈仲方,覃恐涉朋党,因紫宸奏事,覃启曰:'丞郎缺人,臣欲用张仲方。'文宗曰:'中台侍郎,朝廷华选。仲方作牧守无政,安可以丞郎处之!'"《新书》卷一二六《张九龄传》附仲方传亦载:"召入,授秘书监。人颇言覃助德裕,摈仲方不用,覃乃拟丞郎以闻。文宗曰:'侍郎,朝廷华选。彼牧守无状,

不可得。'但封曲江县伯。"由上所引亦可见,李宗闵虽贬,但
其党在朝廷尚大有人在,郑覃为求稳定政局,不得不求两派
平衡,而终于不可得,开成后期,政权又归李宗闵党之杨嗣复
所掌握,郑覃本人也受到排斥。

**七月,德裕由滁州刺史迁太子宾客分司东都。九月中抵洛阳,居
住于平泉别墅。**

《旧·文宗纪》开成元年七月,"壬午,以滁州刺史李德裕
为太子宾客"。《旧传》:"七月,迁太子宾客。"《新传》:"乃徙
滁州刺史,又以太子宾客分司东都。"

按德裕《别集》卷十有裴潾《前相国赞皇公早葺平泉山
居,暂还息,旋起赴诏命作镇浙右,辄抒怀赋四言诗一十四首
寄》(也见《全唐诗》卷五〇七,诗题"寄"上有"奉"字,是),诗
后有裴潾于开成二年九月刻石时所作后记,有云:"开成元年
(琼按《全唐诗》载作九年,误)九月,相公以太子宾客分司东
都,九月十九日达洛下,安居于平泉别墅。"

按本年七月戊辰朔,壬午为十五日。则德裕为太子宾客
分司,七月十五日授命,乃稽延至九月中旬始抵达洛阳。

**刘禹锡本年秋由同州刺史改为太子宾客、分司东都。禹锡有与德
裕唱和诗。**

刘禹锡本年秋由同州刺史改为太子宾客、分司东都,详
见卞孝萱《刘禹锡年谱》所考。

刘禹锡有《酬李相公喜归乡国自巩县夜泛洛水见寄》
(《刘禹锡集笺证》外集卷七):"巩树烟月上,清光含碧流。
且无三巳色,犹泛五湖舟。鹏息风还起,凤归林正秋。虽攀

小山桂,此地不淹留。"按德裕自滁州起程,溯淮河而上,"自巩县夜泛洛水",路程正合。"凤归林正秋",也合于德裕这次归洛的身份与时节。由此可见,德裕此次北上,自巩县沿洛水而西,曾有诗寄刘禹锡,刘乃和作。今刘诗存而李之原唱已佚。

刘禹锡有《和李相公平泉潭上喜见初月》(同上):"家山见初月,林壑悄无尘。幽境此何夕,清光如为人。潭空破镜入,风动翠蛾嚬。会向琐窗望,追思伊洛滨。"按德裕原作题为《潭上喜见新月》(别集卷十):"簪组十年梦,园庐今夕情。谁怜故乡月,复映碧潭生。皓彩松上见,寒光波际轻。还将孤赏意,暂寄玉琴声。"德裕九月十九日抵达洛阳,此云"喜见新月",诗中又云"簪组十年梦,园庐今夕情",皆为初抵家时的心情。诗当作于十月,与"寒光波际轻",时节亦相合。

刘禹锡《和李相公初归平泉过龙门南岭遥望山居即事》(《刘集》同上):"暂别明庭去,初随优诏还。曾为鵩鸟赋,喜过凿龙山。新墅烟火起,野程泉石间。岩廊人望在,只得片时闲。"德裕原作为《初归平泉过龙门南岭遥望山居即事》(别集卷十):"初归故乡陌,极望且徐轮。近野樵蒸至,平泉烟火新。农夫馈鸡黍,渔子荐霜鳞。惆怅怀杨仆,惭为关外人。"德裕诗中所表现的,是初归洛阳家居的喜悦心情,平泉别墅周围的景色都使他有新鲜和安逸的感觉。刘禹锡则对他期望甚殷,认为德裕人望仍在,将来必当重用,现在的平泉归居只不过"片时闲"而已。刘禹锡在此前后的诗中累次表示他对德裕行政才能的推崇。

刘禹锡《和李相公以平泉新墅获方外之名因为诗以报洛中士君子兼见寄之什》(《刘集》同上):"业继韦平后,家依昆阆间。恩华辞北第,潇洒爱东山。满室图书在,入门松菊闲。垂天虽暂息,一举出人寰。"德裕原作为《洛中士君子多以平泉见呼愧获方外之名因以此诗为报奉寄刘宾客》(别集卷十):"非高柳下逸,自爱竹林闲。才异居东里,愚因在北山。径荒寒未扫,门设昼长关。不及鸱夷子,悠悠烟水间。"按禹锡诗中"垂天虽暂息,一举出人寰",也是对德裕的推许和期望。

关于李德裕洛阳郊外平泉别墅的记载。

康骈《剧谈录》卷下《李相国宅》:"……平泉庄去洛城三十里,卉木台榭,若造仙府,有虚槛,前引泉水,萦回穿凿,像巴峡洞庭十二峰九派迄于海门江山景物之状。竹间行径有平石,以手摩之,皆隐隐见云霞龙凤草树之形。有巨鱼肋骨一条,长二丈五尺,其上刻云:会昌六年海州送到。(注:庄东南隅即征士韦楚老拾遗别墅。楚老风韵高致,雅好山水,相国居廊庙日,以白衣累擢谏署,后归平泉,造门访之,楚老避于山谷,相国题诗云:昔日征黄诏,余惭在凤池;今来招隐士,恨不见琼枝。)"又云:"初,德裕之营平泉也,远方之人多以土产异物奉之,故数年之间无物不有。时文人有题平泉诗者:'陇右诸侯供鸟语,日南太守送花钱。'威势之使人也。"(按此条系古典文学出版社版《剧谈录》据《太平广记》卷四〇五所载补入)

《贾氏谈录》:"李德裕平泉庄,台榭百余所,天下奇花异草,珍松怪石,靡不毕具。自制《平泉花木记》,今悉以绝矣,唯雁翅桧(叶婆娑如鸿雁之翅)、珠子柏(柏实皆如珠子联生叶上)、莲房玉蕊等,犹有存者。怪石为洛阳有力者取去,石上皆刻'有道'二字。"(按此又见宋王谠《唐语林》卷六补遗,又可参见宋赵彦卫《云麓漫钞》卷四。)

宋杜绾《云林石谱》卷上《平泉石》:"平泉石出自关中产(按此疑作浐字——琮)水中,李德裕每获一奇,皆镌'有道'二字。顷年余于颍昌杜钦益家赏一石,双峰,高下有径道,挺然长数尺许,无嵌空岩窦势,其质不露,圭角磨砻,光润而清坚。于石罅中镌'有道'二字,扣之有声,尚是平泉庄故物也。"

又清龚崧林《河南洛阳县志》卷二《地理》,载洛阳八景,其中之一为"平泉朝游"。大约平泉别墅早在德裕第一次镇浙西时已开始筹建(见前谱),并陆续添置花石珍异,德裕曾两次为相,亦有人供献者,故《剧谈录》有"陇右诸侯供鸟语,日南太守送花钱"之谚。经过较长时期的经营,始建成为一座具有相当规模的园林别墅。但至北宋似已湮没无闻,李格非《洛阳名园记》未加提及,清修《河南洛阳县志》亦仅提及"平泉朝游",至于其具体情况则未有记载。

〔辨正〕关于李德裕与白居易的关系。

《北梦琐言》卷一:"白少傅居易文章冠世,不跻大位。先是刘禹锡大和中为宾客时,李太尉德裕同分司东都。禹锡谒于德裕曰:'近曾得白居易文集否?'德裕曰:'累有相示,别令收贮,然未一披,今日为吾子览之。'及取看,盈其箱笥,没于尘坌,既启之而复卷之,谓禹锡曰:'吾于此人,不足久矣。其文章精绝,何必览焉,但恐回吾之心,所以不欲观览。'其见抑也如此。衣冠之士,并皆忌之,咸曰:'有学士才,非宰臣器。'识者于其答制中见经纶之用,为时所排,比贾谊在汉文之朝,不为卿相知,人皆惜之。葆光子曰:李卫公之抑忌白少傅,举类而知也。初,文宗命德裕论朝中朋党,首以杨虞卿、牛僧孺为言,杨、牛即为白公密友也,其不引翼,义在于斯,非抑文章也,虑其朋比而掣肘也。"这是现在所见到的所谓李德裕不喜白居易诗文而故意压抑之说的最早材料。其后宋人钱易《南部新书》乙集又载:"白傅与赞皇不协,白每有所寄文章,李缄之一篋,未尝开。刘三复或请之,曰:'见词翰,则回吾心矣。'"此段记载又见吴坰《五总志》。

按开成元年秋冬,李德裕与白居易同在洛阳,虽然一居郊外,一在城内,但不能断然否定他们有见面的机会。本年十一月,德裕第三次受命镇浙西,又辟刘三复为从事,刘禹锡有送三复诗(详见后),可见刘三复于本年冬也适在洛阳。只是《北梦琐言》说禹锡"大和中"为宾客,记时有误。但总的说来,所谓李德裕对白居易的诗文有成见,不欲观看,或故意"抑忌"之,恐非事实。第一,无论《北梦琐言》或《南部新书》,时间都较晚,都是五代末、北宋初。在这之前无此记载。且二者所记,一云刘禹锡,一云刘三复,所记不一,正好说明是出于传说附会。第二,李德裕第一次为浙西观察使时,曾作关于薛阳陶吹觱篥歌,刘禹锡、元稹、白居易都有和作(见前宝历元年)。在这之后,白居易未有一诗一文寄与或涉及德裕。《北梦琐言》载李德裕的话，说白居易累有作品相示，竟至"盈其箱笥"；《南部新书》也说白所寄已有"一箧"，这都与白居易作品的实际情况不符。第三，两书所载李德裕对白居易诗文的评价也不一致。《南部新书》载李之答语为"若见词翰，则回吾心矣"，是说白的诗文或有说服力，或有感染力，假如一看，就不免要改变自己原来的思想见解，而同于白居易的观点；而《北梦琐言》所载李德裕的答语，后面也有"其文章精绝，何必览焉，但恐回吾之心"的话，而在这之前又云"吾于此人，不足久矣"，却是颇有贬义，"不足"何讲？也甚含混。而且刘与白、李均为挚友，揆之情理，李德裕不可能对刘禹锡讲这番话。这当也出于晚唐五代人的捏造，借以攻讦李德裕的气量狭隘、妒贤嫉才。

但开成元年秋冬，刘、李、白均在洛阳，刘与白、李与刘，都有诗什唱和，而李与白却无任何交往；白居易住洛阳时，一年之中总有几次往游平泉，如《醉游平泉》(《白居易集》卷三二)末句云："洛客最闲唯有我，一年四度到平泉。"同卷又有《冬日平泉路晚归》，但白诗此时从未涉及李德裕者。这些都使人致疑。白居易与杨虞卿家有亲戚关系，经过大和时的朋党纷争，白居易更不欲夹杂其中，因此他对于李德裕可能是有意避开；李德裕大约也有鉴于此，因此与白氏也无文字交往，但绝不是如《北梦琐言》等书所附会的那样，对白居易寄赠的"词翰"竟不看一眼，置于"箱笥"之中，以致"没于尘垒"，如此不合情理，岂是德裕之所为？

德裕于十一月二十一日授浙西观察使，十二月初四日赴任。

《旧·文宗纪》开成元年十一月,"庚辰,浙西观察使崔郾卒。以太子宾客分司东都李德裕检校户部尚书,充浙西观察使"。又裴潾《前相国赞皇公早茸平泉山居,暂还息,旋起赴诏命,作镇浙右……》诗(李《别集》卷十附,又载《全唐诗》卷五○七)附记有云:"其年(按指开成元年)十一月二十一日除浙西观察使,宠兼八座亚相之重。十二月四日发,赴任。"按开成元年十一月丙寅朔,庚辰为十一月十五日,此当为崔郾卒报到之日,至于德裕之任命及赴任,当依裴潾所记。

《旧·李德裕传》:"(开成元年)十一月,检校户部尚书,复浙西观察使。德裕凡三镇浙西,前后十余年。"《新传》所载较详,云:"开成初,帝从容语宰相:'朝廷岂有遗事乎?'众进以宋申锡对。帝俯首涕数行下,曰:'当此时,兄弟不相保,况申锡邪?有司为我褒显之。'又曰:'德裕亦申锡比也。'起为浙西观察使。后对学士禁中,黎埴顿首言:'德裕与宗闵皆逐,而独三进官。'帝曰:'彼尝进郑注,而德裕欲杀之,今当以官与何人?'埴惧而出。又指坐庋前示宰相曰:'此德裕争郑注处。'德裕三在浙西,出入十年。"

德裕赴浙西任,裴潾以诗送之。

裴潾《前相国赞皇公早茸平泉山居暂还憩旋起赴诏命作镇浙右辄抒怀赋四言诗十四首奉寄》(《全唐诗》卷五○七)。按德裕《别集》附载此诗,潾之所署官衔为"正议大夫、行尚书兵部侍郎、集贤殿学士、赐紫金鱼袋"。裴潾,《旧书》卷一七一、《新书》卷一一八皆有传。潾为河东闻喜人,元和初曾任谏官。"初,宪宗宠任内官,有至专兵柄者,又以内官充馆驿使。有曹进玉者,恃恩暴戾,遇四方使多倨,有至捽辱者,宰相李吉甫奏罢之。十二年,淮西用兵,复以内官为使"(《旧传》)。这时裴潾即上疏,重申李吉甫前议。迁起居舍人。元和末,因谏宪宗信方士、服丹药,被贬为江陵令。穆宗即位,召入。裴潾尝集历代文章,续梁萧统《文选》,成三十卷,书名为《大和通选》,于大和八年四月上奏朝廷(据《旧·文宗纪》)。这时李德裕在相位。开成元年,裴潾由刑部侍郎转为兵部侍郎,二年,加集贤学士,判院士。史称其"少笃学,善隶书","以道义自处,事上尽心,尤嫉朋党,故不为权幸所知"(《旧传》)。

裴潾作四言十四首送德裕时,尚在长安任兵部侍郎之职,因此其诗之十二云:"公昔南迈,我不及睹;言旋旧观,莫获安语。今则不遑,载骞载举。离忧莫写,欢好曷叙。怆矣东望,泣涕如雨。""公昔南迈",当指德裕大和八年十一月出任浙西时,是年十二月裴潾由刑部侍郎改华州刺史,德裕赴任时,当不及相送。潾当与德裕有旧,惜不得详考。

其诗第二、三、四述德裕的政绩和抱负,今录如下:"植爱在根,钟福有兆。珠潜巨海,玉蕴昆峤。披室生白,照夜成昼。挥翰飞文,入侍左右。出纳帝命,弘兹在宥。""历难求试,执宪成风。四镇咸义,三阶以融。捧日柱天,造膝纳忠。建储固本,树屏息戎。彼狐彼鼠,窒穴扫踪。""我力或屈,我躬莫污。三黜如饴,三起惟惧。再宾为龙,一麾为饫。昔在治繁,常思归去。今则合契,行斯中虑。"

德裕又辟刘三复为浙西从事;刘禹锡有送三复赴任浙西诗。

刘禹锡《送从弟郎中赴浙西》(《刘禹锡集笺证》卷二十八),自序云:"从弟三复十余年间凡三为浙右从事。往年主公入相,荐敭登朝,中复从事镇南(按《旧书》卷一七七《刘邺传》引刘禹锡所作序,此句作'中复从公之京口',含意较显豁),未几而罢。昨以尚书外郎奉使至洛,旋承新命,改辕而东,三从公皆旧地。征诸故事,夐无其伦。故赋诗赠之,亦志异也。"诗曰:"衔命出尚书,新恩换使车。汉庭无右者,梁苑重归欤? 又食建业水,曾依京口居。共经何限事,宾主两如初。"

按《旧唐书·刘邺传》引刘禹锡序,称三复"昨以尚书员外郎奉使至潞"(《册府元龟》卷七二九同)。按此时禹锡、德裕均在洛阳,"潞"当为"洛"字之误。卞孝萱先生致笔者书函中曾提及此,又谓刘禹锡诗题为《送从弟郎中赴浙西》,而小序称"尚书外郎",盖三复"奉使至洛"时,官衔尚是员外郎,三为浙西从事时,改郎中衔。所论甚确,故特标出,并致谢忱。

本年,蔡京登进士科,中书舍人高锴知贡举(徐松《登科记考》卷二一)。

〔编年文〕

《伤年赋》(别集卷二)

按别集卷一、卷二所载诸赋,在袁州所作者有十二篇。此《伤年赋》为本年春间作。自序有云:"余兹年五十,久婴沈痼,楚泽卑湿,杳无归期,恐田园将芜,不遂悬车之适,乃为此赋。"德裕本年五十岁,序中又谓"楚泽卑湿",即指袁州。本年四月间德裕即离袁州赴滁州,故此篇当在春间作。又赋中称"嗟世路之险隘,矧驽骀之已疲",因欲"思保身于不危"。德裕在袁所作,多叹世途险恶,祸福无常,不如急流勇退,韬晦保身。这是他在袁州思想中一个重要的方面。此篇赋中也谓"嗟乎! 亢必有悔,盈难久持。李耽宠而忘返,岂黄犬之可思;种婴患而且瘳,渺沧波而莫追。……宜见险而高举,顾轩冕其如遗。虽高华之难企,在哲人之所为"。

《观钓赋》(别集卷二)

赋中云:"临江皋以四望,爱春水以悠悠。赴沧海以东会,引清湘而北流(自注:此水北流)。"德裕在袁仅只本年春日,"春水"云云,当即本年春作。

《二芳丛赋》(别集卷二)

自序云:"余所居精舍前有山石榴、黄踯躅,春晚敷荣,相错如锦。"亦当为本年春作。

又,以下各篇在袁州作,但未能确定其写作时间系去年下半年抑或在本年春间:

《积薪赋》(别集卷一)

赋中云:"邈岩居之幽远,有楚泽之放臣,方绝学以自爨,诚未暇于披榛。"以放臣自比,即在袁州贬所也。又《王氏谈录》曾极赞此文,云:"公亟称李卫公之文,谓不减燕、许,每读《积薪赋》曰'虽后来之高处,必居上而先焚',真文章之精致也。"(按此据《全唐文纪事》卷七十二《评骘》五。"王氏"疑为王士禛,待查核)

《欹器赋》(别集卷一)

自序云："癸丑岁,余时在中枢,丞相路公见遗敧器,赠以古人之物,永怀君子之心。尝欲报以词赋,属力小任重,朝夕尽瘁,固未暇于体物。今者公已殁世,余又放逐,忽睹兹器,凄然怀旧,因追为此赋,置公灵筵。"癸丑为大和七年,"路公"为路隋,时德裕与路隋均在相位。九年四月,德裕被诬贬袁州,路隋为救解德裕亦罢相出镇浙西,于七月病卒于长江赴任途中。此云"公已殁世,余又放逐",即在袁州作。

《蚍蜉赋》(别集卷一)

赋中云:"惟江潭之下国,况幽居于泽畔。"在袁州作,详见前谱。

《振鹭赋》(别集卷一)

赋中云:"此郡带江缘岭,野竹成林,每向夕有白鹭群飞,集于林杪。余所居在峰岑之上,临眺一川,玩其往来,有以自适。"在袁州作。

《问泉途赋》(别集卷二)

此篇前有"袁州八首"四字。自序云:"问泉途,思沈侯也(原注:沈侯,传师也)。"按沈传师,大和九年四月卒于长安,时为吏部侍郎。

《怀鸮赋》(别集卷二)

自序云:"荆楚多飞鸮,余所居在岑壑之中,盖兹鸟族类所托,不足叹其蓄也。"此亦为袁州作。

《斑竹管赋》(别集卷二)

自序云:"余寓居郊外精舍,有湘中守赠以斑竹笔管,奇彩烂然,爱玩不足,因为小赋以报之。"

《柳柏赋》(别集卷二)

自序云:"予尝叹柏之为物,贞苦有余而姿华不足,徒植于精舍,列于幽庭,不得处园池之中,与松竹相映,独此郡有柳柏,风姿濯濯,宛若黄杨。"又赋中云:"顾谓稚子烨起为谣曰:楚山侧兮湘水源,美斯柏兮托幽根。"亦当在袁州作,时子烨在侧,详见前谱。

《白猿赋》(别集卷二)

自序云:"此郡多白猿,其性驯而仁爱。"赋中云:"昔周穆之南迈,将奋旅于湘沅,既只轮而无返,化君子以为猿。"

《畏途赋》(别集卷二)

本年孟夏离袁州赴滁州作,详见前谱。

《知止赋》(别集卷二)

题下注:"北归作。"赋中亦发挥世路险阻、知止保身思想。与袁州所作赋同。

《剑池赋》(别集卷二)

经丰城作,详见前谱。

《望匡庐赋》(别集卷二)

赴滁州经鄱阳湖作,详见前谱。

《大孤山赋》(别集卷二)

王象之《舆地碑记目》卷二江州碑记有《大孤山赋》,并云:"《集古录》云唐李德裕撰,周墀篆书,会昌五年刻。李德裕有记,同刻在庐山东林寺。"孙光宪则误作"小孤山赋",所著《北梦琐言》卷十二有云:"唐杨镳,收相之子,少年为江西推巡,优游外幕也。属秋祭,请祀大姑神,西江中有两山孤拔,号大者为大孤,小者为小孤。朱崖李太尉有《小孤山赋》寄意焉。"

《项王亭赋》(别集卷二)

赴滁州途中作,详见前谱。

《怀崧楼记》(别集卷七)

在滁州作。文末署"丙辰岁丙辰月,银青光禄大夫、守滁州刺史李德裕记"。按本年无丙辰月。《文苑英华》卷八一〇所载作"丙申月"是。丙申月为七月。"崧"又作"嵩",王象之《舆地碑记目》卷二滁州碑记有《怀嵩楼记》,下云"李德裕撰"。又王禹偁《北楼感事诗序》中云:"唐朱崖李太尉卫公为滁州刺史,作怀嵩楼,取怀归嵩洛之义也,卫公自为之记,其中述直翰林时同僚存殁,且有白鸡黄犬之叹,颇露知退之心。"

《灵泉赋》(别集卷九)

本年九月作,在洛阳平泉。

〔编年诗〕

《初归平泉过龙门南岭遥望山居即事》(别集卷十)

诗云:"初归故乡陌,极望且徐轮。"当系九、十月间初归洛阳平泉别墅所作,刘禹锡有和作,详见前谱。

《潭上喜见新月》(别集卷十)

刘禹锡和作,诗题"新月"作"初月"。此亦九、十月间作。详见前谱。

《伊川晚眺》(别集卷十)

诗云:"桑叶初黄梨叶红,伊川落日尽无风。"亦当在深秋初冬间作。

《郊外即事奉寄侍郎大尹》(别集卷十)

诗云:"高秩惭非隐,闲林喜退居。老农争席坐,稚子带经锄。竹径难回骑,仙舟但跂予。岂知陶靖节,只自爱吾庐。"按《旧书》卷一七三《李珏传》:"开成元年四月,以太子宾客分司东都,迁河南尹。二年五月,李固言入相,召珏复为户部侍郎。"盖李绅于开成元年六月由河南尹改宣武节度使,李珏即继任为河南尹,至开成二年五月又入为户部侍郎。德裕此诗,题中之"侍郎大尹"即李珏,珏于大和九年即任为户部侍郎,此时又为河南尹,故以"侍郎大尹"称之。按李珏与李宗闵亲善,开成后期又与杨嗣复等排挤郑覃、陈夷行。观德裕此诗,似李珏前此曾致意德裕,或往访其平泉别墅,德裕乃作诗以答其意。

白居易有《三月三日祓禊洛滨》诗(《全唐诗》卷四五六),自序云:"开成二年三月三日,河南尹李待价以人和岁稔,将禊于洛滨……"待价,即李珏字。

《访韦楚不遇》(文集补遗)

诗云:"昔日征黄绮,余惭在凤池;今来招隐士,恨不见琼枝。"按《唐语林》卷七《补遗》有云:"平泉,即征士韦楚老拾遗别墅。楚老风韵高邈,好山水。卫公为丞相,以白衣擢升谏官。后归平泉,造门访之,楚老避于山谷。卫公题诗云:'昔日征黄绮,余惭在凤池;今来招隐逸,恨不见琼枝。'"《剧谈录》卷下载此事,亦作"韦楚老"。《全唐诗》即据此题作《访韦楚老不遇》。

按韦楚老,新旧《唐书》皆无传。杜牧《唐故平卢军节度巡官陇西李府君墓志铭》(《樊川文集》卷九),中有云:"大和九年,为监察御史,分司东都,今谏议大夫李中敏、左拾遗韦楚老、前监察御史卢简求咸言于某曰……"此李府君为李戡,开成二年春卒于洛阳,此时杜牧亦在洛阳,则大和九年韦楚老已为左拾遗,与德裕诗"今来招隐士(《唐语林》作隐逸)"似不合。《册府元龟》卷七七九载,平泉处士韦楚为韦长之兄,大和八年授左拾遗内供奉,竟以自乐闲淡不起。则韦楚与韦楚老为二人,德裕此诗应作韦楚。

《洛中士君子多以平泉见呼愧获方外之名因以此诗为报奉寄刘宾客》(别集卷十)

诗云:"径荒寒未扫,门设昼长关。"似已为冬日。刘禹锡有和作,详见前文。

《山居遇雪喜道者相访》(别集卷十)

《雪霁晨起》(别集卷十)

以上二诗当皆在洛中作,时已冬日,当在十一、十二月间。

开成二年丁巳(八三七)　五十一岁

五月,德裕由浙西观察使改为淮南节度使,代牛僧孺,牛僧孺由淮南节度使授东都留守。关于德裕代淮南任时奏所领钱帛等数的记载。

《旧·文宗纪》开成二年五月丙寅，"以浙西观察使李德裕检校户部尚书，兼扬州大都督府长史，充淮南节度使。辛未，诏以前淮南节度使牛僧孺为检校司空、东都留守"。

《旧·李德裕传》："开成二年五月，授扬州大都督府长史、淮南节度副大使、知节度使事，代牛僧孺。初僧孺闻德裕代己，乃以军府事交付副使张鹭，即时入朝。时扬州府藏钱帛八十万贯匹，及德裕至镇，奏领得止四十万，半为张鹭支用讫。僧孺上章讼其事，诏德裕重检括，果如僧孺之数。德裕称初到镇疾病，为吏隐欺，请罚，诏释之。补阙王绩、魏謩、崔党、韦有翼，拾遗令狐绹、韦楚老、樊宗仁等，连章论德裕妄奏钱帛以倾僧孺，上竟不问。"

《新·李德裕传》载："迁淮南节度使，代牛僧孺。僧孺闻之，以军事付其副张鹭，即驰去。淮南府钱八十万缗，德裕奏言止四十万，为张鹭用其半。僧孺诉于帝，而谏官姚合、魏謩等共劾奏德裕挟私怨沮伤僧孺，帝置章不下，诏德裕覆实。德裕上言：'诸镇更代，例杀半数以备水旱、助军费。因索王播、段文昌、崔从相授簿最具在。惟从死官下，僧孺代之，其所杀数最多。'即自劾'始至镇，失于用例，不敢妄'。遂待罪，有诏释之。"

按新旧《唐书·李德裕传》所载，意在说明德裕以私怨中伤牛僧孺。今查杜牧所作牛僧孺墓志铭及李珏所作牛僧孺神道碑，凡述及牛、李关系者，无不抑李而扬牛，甚至其事本无，亦不惜虚造而诬陷李德裕者，而独于淮南交割事则无一语道及，杜《志》仅云："大和六年，检校右仆射、平章事、淮南节度使。六年至开成二年,连上章请休官,诏益不许。……夏五月,以兵付监军使,拜疏迄,就道。"李《碑》亦云:"脱屣归洛,优诏屡降,雅志不回,拜检校司空、东都留守。"若曲在德裕,则应是大好事例,正可写入,以表明李德裕以私怨报复之,而杜、李二人竟也不置一辞,可见其事尚在有无之间。且据《新传》所载德裕奏语,诸镇相代,向有杀半数之例,且谓僧孺代崔从,所杀更多,德裕之失,仅在"失于用例"而已,本不足以深责。《旧·穆宗纪》元和十五年七月,"乙卯,敕自今后新除节度、观察使到任日,具见在钱帛、斛斗、器械数目分析以闻"。可见德裕仅是遵照旧章办事,并非借机攻讦僧孺。又观劾奏诸人,如魏謩、韦楚老、令狐绹等,本是牛党人物。此当是德裕由浙西改淮南,被视为升迁,故在朝之牛党人物深嫉之,借故生事,群起而攻,后亦终于未有结果。

又《嘉定镇江志》卷十四《唐润州刺守》李德裕条,中云:"(开成二年)五月丙寅,授检校户部尚书兼扬州大都督府长史,充淮南节度使。据德裕《献替记》云:自唐有国二百余年。未尝有自润迁扬州者,况两地皆是旧封,信怀荣感。盖德裕祖父献公栖筠大历二年曾以苏州刺史兼浙西团练观察使,而忠懿公吉甫尝为淮南节度使,二镇皆父祖旧治,故云。"按此条注明"以李卫公年谱参定"。

牛僧孺居洛阳的生活情况。

《旧书》卷一七二《牛僧孺传》载:"开成初,搢绅道丧,阉寺弄权,僧孺嫌处重藩。求归散地,累拜章不允,凡在淮甸六年。开成二年五月,加检校司空,食邑二千户、判东都尚书省事、东都留守、东畿汝都防御使。"《新书》卷一七四《牛僧孺传》也谓"开成初,表解剧镇,以检校司空为东都留守"。牛僧孺于开成初不愿意担任"剧镇"大约是确实的,杜牧所作僧孺之墓志铭也载他上章求罢任的话:"臣惟退罢,可以行心。"他在淮南没有可以值得称道的治绩,他的所谓求罢只不过出于一种庸人心理,而他在洛阳过的则是庸俗的生活,这有白居易的诗为证。白居易有《酬思黯戏赠》(《白居易集》卷三四),诗云:"钟乳三千两,金钗十二行。妒他心似火,欺我鬓如霜(自注:思黯自夸前后服钟乳三千两,甚得力,而歌舞之妓颇多。来诗谑予羸老,故戏答之)。"这与李德裕在洛阳居住时相比,生活情趣的俗与雅,相去何远。《旧·牛僧孺传》谓"僧孺识量弘远,心居事外,不以细故介怀。洛都筑第于归仁里。任淮南时,嘉木怪石,置之阶廷,馆宇清华,竹木幽邃。常与诗人白居易吟咏其间,无复进取之怀"。此段记载应与上引白居易诗比看,牛僧孺的所谓"无复进取之怀",只不过对宦官专横不敢抗争,耽于服药与女乐,以保持其禄位而已。

德裕在淮南,又辟杜牧弟杜顗为观察支使,时杜顗目疾已日益转重。杜牧后迎同州眼医至扬州访顗,为顗治病。秋末,牧又携顗赴宣州幕。

杜牧《唐故淮南支使试大理评事兼监察御史杜君墓志铭》(《樊川文集》卷九):"开成二年春,目益昏,冬遂丧明。李(德裕)为淮南节度使,复请为试评事,兼监察、观察支使。"按杜顗于前大和八年曾应李德裕之辟为浙西观察使府巡官。详见前大和八年条。

又杜牧《上宰相求湖州第二启》(《樊川文集》卷十六)中云:"至(开成)二年间,颞疾眼,暗无所睹,故殿中侍御史韦楚老曰:'同州有眼医石公集,剑南少尹姜沔丧明,亲见石生针之,不一刻而愈,其神医也。'某迎石生至洛,告满百日,与石生俱东下,见病弟于扬州禅智寺。……其年秋末,某载病弟与石生自扬州南渡,入宣州幕。"杜牧病告百日,依例去官,乃于秋末改为宣州团练判官,入宣州幕(参其所著《自撰墓志铭》,《樊川文集》卷十,又参新旧《唐书》杜牧本传)。

据此,则杜牧于本年春末至秋,寓居扬州,其弟颞又为李德裕之幕府官,并与相善,但杜牧在扬州未有与德裕交往的行迹。

裴潾于三月由兵部侍郎改为河南尹,九月,将去年所作寄奉德裕赴浙西诗十四首刻于石,列于平泉山居。

裴潾《前相国赞皇公早葺平泉山居暂还憩旋起赴诏命作镇浙右辄抒怀赋四言诗十四首寄奉》(《全唐诗》卷五○七)诗末后记云:"开成元年九月,相公以太子宾客分司东都,九月十九日达洛下,安居于平泉别墅。潾辄述公素尚,赋四言诗,兼述山泉之美,未及刻石。其年十一月二十一日,除浙西观察使,宠兼八座亚相之重。十二月四日发,赴任。开成二年,潾自兵部侍郎除河南尹,乃于河南廨中,自书于石,立于平泉之山居。开成二年九月二十五日,河南尹裴潾题。"

按裴潾本年三月为河南尹,《旧·文宗纪》开成二年三月壬辰,"以兵部侍郎裴潾为河南尹"。又刘禹锡有《裴侍郎大尹雪中遗酒一壶兼示喜眼疾平一绝有闲行把酒之句斐然仰酬》(《刘禹锡集笺证》外集卷六),或即为本年冬所作。

李商隐本年登进士科,试吏部未中,又入令狐楚兴元幕。十一月,令狐楚卒,李商隐为草遗表。

《新书》卷二〇三《文艺下·李商隐传》:"开成二年,高锴知贡举,令狐绹雅善锴,奖誉甚力,故擢进士第。"据张采田《玉溪生年谱会笺》,谓义山本年虽进士登第,但试吏部未中,后东归省亲,于秋冬间赴令狐楚元幕。

又《旧·文宗纪》开成二年十一月,"丁丑,兴元节度使令狐楚卒"。《旧书》卷一七二《令狐楚传》叙其开成时政见云:"开成元年上巳,赐百僚曲江亭宴。楚以新诛大臣,不宜赏宴,独称疾不赴,论者美之。以权在内官,累上疏乞解使务。其年四月,检校左仆射、兴元尹,充山南西道节度使。二年十一月,卒于镇,年七十二,册赠司空,谥曰文。"按令狐楚于敬宗后期起历任方镇,已不参与朝中派系斗争,与牛僧孺、李宗闵似亦无甚往来。

李商隐有《代彭阳公遗表》、《为令狐博士绪补阙绹谢宣祭表》(《樊南文集笺注》卷一)。

又白居易有悼令狐楚诗,题为《令狐相公与梦得交情素深,眷予分亦不浅,一闻薨逝,相顾泣然。旋有使来,得前月未殁之前数日书及诗寄赠。梦得哀吟悲叹,寄情于诗,诗成示予,感而继和》(《白居易集》卷三四)。

张仲方于四月卒,时为秘书监。白居易曾为作墓志。

《旧·文宗纪》开成二年四月,"己酉,秘书监张仲方卒"。

《旧书》卷一七一《张仲方传》末云:"(仲方)自驳谥之

后,为德裕之党摈斥,坎坷而殁,人士悲之。"按张仲方于元和时驳议李吉甫谥,主旨乃在于反对对淮西等强藩用兵,触宪宗之怒而贬官。其事之非本在仲方。后又稍迁为河东少尹、郑州刺史。敬宗时同年李程拜相,又授为右谏议大夫;大和时历任福州刺史、太子宾客、右散骑常侍。大和七年德裕入相,张仲方称疾不出,于是出为太子宾客分司。八年,德裕罢相,李宗闵执政,又召为散骑常侍。九年甘露之变后任京兆尹,因吏治无状,为薛元赏所代,出为华州刺史。郑覃柄政,为求两派平衡,李宗闵之党也因而内迁,张仲方又入为秘书监。观其一生,并无德裕之党摈斥及坎坷以没等事。《新书》卷一二六《张仲方传》谓"(仲方)既驳吉甫谥,世不直其言,卒不至显",较得其实。

白居易曾为作墓志,有《唐故银青光禄大夫秘书监曲江县开国伯赠礼部尚书范阳张公墓志铭并序》(《白居易集》卷七十),叙及与李吉甫有关者,仅"驳宰相谥议,出为遂州司马,移复州司马,俄迁刺史",并不提及李吉甫、德裕之名,也不叙及牛李党争,当系白居易有意回避。

〔编年诗〕

《早春至言禅公法堂忆平泉别业》(别集卷十)

《峡山亭月夜独宿对樱桃花有怀伊川别墅》(别集卷十)

以上二诗,题下皆注云"金陵作"。此所谓金陵,即润州。按德裕第一次镇浙西,尚未葺平泉别墅,第二次镇浙西,亦未自平泉赴任。独第三次镇浙西前曾在平泉小住,此所谓忆平泉别业、怀伊川别墅,当皆是开成二年春作,时刚离洛阳未久，而又未赴淮南。后诗云："愁人惜春夜，达曙想岩扉。"亦是春间作。

《怀山居邀松阳子同作》(别集卷九)

诗云："我有爱山心，如饥复如渴。出谷一年余，常疑十年别。春思岩花烂，夏忆寒泉冽，秋忆泛兰卮，冬思玩松雪。"又云："我未及悬舆，今犹佩朝绂。焉能逐麋鹿，便得游林樾。"按德裕于开成元年冬由洛阳改浙西，赴润州，开成二年五月又由浙西改淮南。此云"出谷一年余"，又历叙春夏秋冬四时之忆，则以作于二年冬为是。德裕在淮南所作诗，大多为怀念平泉山居之什，所谓"我有爱山心，如饥复如渴"，但又想到仍居官职，乃又产生"焉能逐麋鹿，便得游林樾"之心理。

《思归赤松村呈松阳子》(别集卷九)

《近腊对雪有怀林居》(别集卷九)

以上二诗皆接《怀山居邀松阳子同作》之后，当均为本年冬在扬州作。松阳子其人待考。

开成三年戊午(八三八) 五十二岁

正月，杨嗣复、李珏拜相。李石为中人所恶，罢相，出为荆南节度使。杨嗣复、李珏与郑覃、陈夷行议政事多不合，杨、李欲进援李宗闵，托宦官说文宗，李宗闵卒由衡州司马贬所迁为杭州刺史。

《旧·文宗纪》开成三年正月，"甲子，宰臣李石遇盗于亲仁里，中剑，断其马尾，又中流矢，不甚伤。是时，京城大恐，捕盗不获,既而知仇士良所为。……戊申,以诸道盐铁转运使、正议大夫、守户部尚书、上柱国、弘农郡开国伯、食邑七百户、赐紫金鱼袋杨嗣复可本官同中书门下平章事,朝议郎、户部侍郎、判户部事、上柱国、赐紫金鱼袋李珏可本官同中书门下平章事,依前判户部事。丙子,以中书侍郎、同中书门下平章事李石为荆南节度使,依前中书侍郎、平章事"。

　　按李石,《旧书》卷一七二、《新书》卷一三一有传。元和十三年进士及第。甘露之变后,文宗以李石新进而无党,擢为宰相,与郑覃等同掌朝政。《旧传》载:"自京师变乱之后,宦者气盛,凌轹南司,延英议事,中贵语必引训以折文臣。石与郑覃尝谓之曰:'京师之乱,始自训、注,而训、注之起,始自何人?'仇士良等不能对,其势稍抑,搢绅赖之。"可见李石对宦官有所斗争,唯其如此,乃受到宦官的嫉怨。《通鉴》卷二四六开成三年正月载:"中书侍郎、同平章事李石,承甘露之乱,人情危惧,宦官恣横,忘身徇国,故纪纲粗立。仇士良深恶之,潜遣盗杀之,不果。石惧,累表称疾辞位;上深知其故而无如之何。丙子,以石同平章事,充荆南节度使。"武宗时征讨刘稹,李德裕尝起用李石为太原尹、河东节度使。

　　按李石去相位,杨、李执政,表示宦官势力的进一步扩张,也是开成时牛党势力占上风的标志,开成初期政局较为稳定的情况有所变化。

　　杨、李于正月执政,二月,即欲起用李宗闵,并与郑覃等发生一场激烈的辩论。《旧·文宗纪》开成三年二月载:"乙未,上谓宰臣曰:'李宗闵在外数年,可别与一官。'郑覃、陈夷行曰：'宗闵养成郑注，几覆朝廷，其奸邪甚于李林甫。'杨嗣复、李珏奏曰：'大和末，宗闵、德裕同时得罪，二年之间，德裕再量移为淮南节度使，而宗闵尚在贬所。凡事贵得中，不可但徇私情。'上曰：'与一郡可也。'丁酉，以衡州司马李宗闵为杭州刺史。"此事《旧书》卷一七六《李宗闵传》所载较详，今录之于下：开成元年，量移衢州司马。三年，杨嗣复辅政，与宗闵厚善，欲拔用之，而畏郑覃沮议，乃托中人密讽于上。上以嗣复故，因紫宸对，谓宰相曰："宗闵在外四五年，宜别授一官。"郑覃曰："陛下怜其地远，宜移近内地三五百里，不可再用奸邪。陛下若欲用宗闵，臣请先退。"陈夷行曰："比者宗闵得罪，以朋党之故，恕死为幸。宝历初，李续之、张又新、苏景胤等，朋比奸险，几倾朝廷，时号'八关十六子'。"李珏曰："主此事者，罪在逢吉。李续之居丧服阕，不可不与一官，臣恐中外衣冠，交兴议论，非为续之辈也。"夷行曰："昔舜逐四凶天下治，朝廷求理，何惜此十数纤人？"嗣复曰："事贵得中，不可但徇憎爱。"上曰："与一郡可也。"郑覃曰："与郡太优，止可洪州司马耳。"夷行曰："宗闵养成郑注之恶，几覆邦家，国之巨蠹也。"嗣复曰："比者，陛下欲加郑注官，宗闵不肯，陛下亦当记忆。"覃曰："嗣复党庇宗闵。臣观宗闵之恶，甚于李林甫。"嗣复曰："覃语太过。昔玄宗季年，委用林甫，妒贤害能，破人家族。宗闵在位，固无此事。况大和末，宗闵、德裕同时得罪。二年之间，德裕再领重镇，而宗闵未离贬所。陛下惩恶劝善，进退之理宜均，非臣独敢党庇。昨殷侑与韩益奏官及章服，臣以益前年犯赃，未可其奏，郑覃托臣云'幸且勿论'。熟为党庇?"翌日,以宗闵为杭州刺史。

　　按此为杨嗣复、李珏执政后与郑覃、陈夷行的第一次正面交锋,所论李宗闵起用,确是大事。杨、李等的手法,一是"托中人密讽于上",也就是结纳宦官,并通过宦官向文宗施加压力,这是李宗闵一派人的一贯作风。另一是抹杀李德裕、李宗闵大和九年贬官的是非界限:李德裕之贬,是受到李训、郑注以及李宗闵等的诬害,其罪名是捏造的,李宗闵之贬官是起于李宗闵与郑注等的利害冲突,并不是是非之争,而郑注等告李宗闵的罪名是确实的,即李宗闵交结女学士宋若宪、驸马都尉沈璲走宦官的门路,求为宰相。杨嗣复所谓"事贵得中",即想抹杀德裕与宗闵的是非界限,达到起用李宗闵的目的。而文宗终于授李宗闵为杭州刺史,这也正说明开成时宦官势力对朝政的影响。

四月,裴潾卒,时为兵部侍郎。

　　《旧·文宗纪》开成三年四月己酉,"兵部侍郎裴潾卒"。

　　按据《旧书》卷一七一《裴潾传》,潾于开成二年由兵部侍郎出为河南尹,"入为兵部侍郎,三年四月卒,赠户部尚书,谥曰敬"。《新书》卷一一八《裴潾传》所记略同。

日本僧人圆仁等抵扬州,曾谒见李德裕,其所著《入唐求法巡礼行记》有载初到扬州时情况。

　　圆仁《入唐求法巡礼行记》记圆仁于开成、会昌年间入唐求法的经历,所记扬州、江苏北部、胶东半岛、五台山及长安等情况,系当时人所记中国社会的第一手材料,颇有史料价值。今摘录与李德裕有关的记载如下:

卷一:"七月廿五日……申毕,行东郭水门。酉时,到城北江停留。"

"八月一日,早朝,大使到州衙,见扬府都督李相公,事毕归来。"

"八月四日,早朝,有报牒。大使赠土物于李相公,彼相公不受,还却之。"

"八月九日,巳时,节度使李相公牒于开元寺,许令画造佛像。未时,勾当日本国使王友真来官店,慰问僧等,兼早令向台州之状,相使归却。请益法师便赠土物于使。"

"八月十日,辰时,请益、留学两僧随身物等斤量之数定录,达使衙了。即闻第二舶着海州,第二舶新罗译语朴正长书送金正南房。午时,王大使来,道:'相公奏上既了,须待敕来,可发赴台州去。'大使更'留学僧暂住扬府,请益僧不待敕符,且令向台州'之状,牒送相公。二三日后,相公报牒称:'不许且发,待报符,可定进止。'其间,令僧住寺里者。"

"八月廿六日,李相公随军游击将军沈弁来谘问,兼语相公讳四字,府、吉、甫、云四字也。翁讳'云',父讳'吉甫'。暮际,沈弁差使赠来蜜一碗。请益法师为供寺僧,唤寺库司僧令端问寺僧数,都有一百僧。"

"九月十三日,闻相公奏状之报符来扬府,未得子细。斋后,监军院要籍(琼按要籍为节度使下职名,见《新唐书》卷四九《百官志》节度使属官)薰廿一郎来,语州里多少。……扬府南北十一里,东西七里,周四十里(琼按扬州城周围里数尚可参宋沈括《梦溪笔谈》、《补笔谈》所记)。从开元寺正北,有扬府。……扬府里僧尼寺四十九门。州内有二万军,总管七州,都有十二万军。"

"九月廿日,写得相公牒状,称:'日本国朝贡使数内僧圆仁等七人请往台州国清寺寻师。右,奉诏,朝贡使来入京,僧等发赴台州。未入,可允许。须待本国表章到,令发赴者。'委曲在牒文。"

"九月廿九日……相公为入京使于水馆设饯。……闻道,今天子为有人计煞皇太子,其事之由,皇太子拟煞父王作天子,仍父王煞己子云云。"琮按:《旧·文宗纪》开成三年九月壬戌:"上以皇太子慢游败度,欲废之,中丞狄兼谟垂涕切谏。是夜,移太子于少阳院,杀太子宫人左右数十人。"又十月庚子:"皇太子薨于少阳院。"又《旧书》卷一七五《庄恪太子永传》谓:"初,上以太子稍长,不循法度,昵近小人,欲加废黜,迫于公卿之请乃止。太子终不悛改,至是暴薨。时传云:太子德妃之出也,晚年宠衰。贤妃杨氏,恩渥方深,惧太子他日不利于己,故日加诬谮,太子终不能自辨明也。"圆仁所记,当即此事,民间传语,更为传讹。

"十月十九日,为令惟正、惟皎受戒,牒报判官录事。大唐大和(琮按此当作元和)二年以来,为诸州多有密与受戒,下符诸州,不许百姓剃发为僧。唯有五台山戒坛一处,洛阳终(嵩?)山琉璃坛一处,自此二外,皆悉禁断。由兹请报所由,取处分也。"

"十一月七日,开元寺僧贞顺私以破釜卖与商人,现有十斤。其商人得铁出去,于寺门里逢巡检人,被勘捉归来。巡检五人来云:'近者相公断铁,不令卖买,何辄卖与?'贞顺答云:'未知断,卖与。'即勾当并贞顺具状,请处分。官中免却。自知扬州管内不许卖买铁矣。斋后,相公衙前之虞候三人特来相见,笔言通情:相公始自月三日,于当寺瑞像阁上刻造三尺白檀尺迦佛象。其瑞像飞阁者,于隋炀帝代,栴檀释迦像四躯从西天飞来阁上。仍隋炀帝自书'瑞象飞阁'四字,以悬楼前。"

"十一月八日,斋前,相公入寺里来,礼佛之后,于堂前砌上,唤请益、留学两僧相见,问安稳否。前后左右相随步军计二百来,虞候之人四十有余,门头骑马军八十匹许,并皆着紫衣,更有相随文官等,总着水色,各骑马,忽不得记。相公看僧事毕,即于寺里蹲踞大椅上,被担而去。又总持舍百斛米,宛寺修理料。"

"十一月十六日,作启,谢相公到寺慰问,兼赠少物:水精念珠两串,银装刀子六柄,斑笔廿管,螺子三口。别作赠状,相同入启函里,便付相公随军沈弁大夫交去。"

"十一月十七日,巳时,沈弁归来,陈相公传语,以谢得启。又唯留取大螺子不截尻一口,而截尻小螺两口及馀珠、刀、笔付使退还。更差虞候人赠来白绢两匹,白绫三疋。即作谢,付回使奉送。"

"十一月十八日,相公入来寺里,礼阁上瑞像,及检校新作之像。少时,随军大夫沈弁走来云:'相公屈和尚。'乍闻供使往登阁上。相公及监军并州郎中、郎管、判官等,皆椅子上吃茶,见僧等来,皆起立,作手立礼,唱且坐,即俱坐椅子,啜茶。相公一人,随来郎中以下、判官以上,总八人。相公着紫,郎中及郎官三人着绯,判官四人着绿衫,虞候及步骑军并大人等与前不异。相公对僧等近坐,问那国有寒否,留学僧答云夏热冬寒,相公道共此间一般。相公问云有僧寺否,答云多有。又问有多少寺,答三千七百来寺。又问有尼寺否,答云多有。又问有道士否,答云无道士。相公又问那国京城方圆多少里数,答云东西十五里,南北十五里。又问有坐夏否,答有。相公今度时有语话慰,勤问。申请既毕,相揖下阁。更到观音院,检校修法之事。"

"十二月十八日……申时,勾当王友真来云……又沙弥等受戒之事。相公不许。比年有敕云不令受戒,非敕许,未可允许,云云。"

按以上断续记半年之事,可以见出德裕对佛寺及寺僧执法之严,而对日本来华僧众亦能以礼相待,并注意了解日本的有关情况,可以概见其风度。这种具体的记载,中国的史料中尚十分缺乏。

李商隐二十六岁,入泾原节度使王茂元幕,娶王氏女为妻,又试宏词不中,仍居泾原幕。本年正月有为王茂元贺杨嗣复拜相状。

此据张采田《玉溪生年谱会笺》。

按据《旧·文宗纪》,王茂元于大和九年十月癸未由前岭南节度使为泾原节度使。李商隐《重祭外舅司徒公文》(《樊南文集笺注》卷六)云:"往在泾川,始受殊遇,绸缪之迹,岂无他人。樽空花朝,灯尽夜室,忘名器于贵贱,去形迹于尊卑。……每有论次,必蒙褒称。"冯浩据此驳新旧《唐书》商隐传谓王茂元镇河阳时始辟李商隐入幕，并以女妻之之误。张采田谓冯氏此说甚精。按冯说已可成定论。

李商隐又有《为濮阳公上杨相公状》（《樊南文集笺注》卷二）。此杨相公即杨嗣复，嗣复于开成二年为户部侍郎，三年正月拜相，故《状》中云："伏见今月某日制书，伏承相公由大司徒之率属，掌中秘书之枢务。"又云："宠延注意，荣叶沃心，凡备生灵，莫非陶冶。""某夙奉恩光，今叨任使，守朝那之右地，镇安定之遗封。不获趋贺黑轓，拜伏金印。"由此也可见李商隐于本年正月即已入泾原幕。

过去一向以王茂元为李党，李商隐于令狐楚死后改入王茂元幕，并为王氏之婿，为由牛党改投李党，因而目为背恩忘德，诡薄无行。如《旧书》卷一九〇下《文苑下·李商隐传》云："茂元爱其才，以子妻之。茂元虽读书为儒，然本将家子，李德裕素遇之，时德裕秉政，用为河阳帅。德裕与李宗闵、杨嗣复、令狐楚大相仇怨。商隐既为茂元从事，宗闵党大薄之。时令狐楚已卒，子绹为员外郎，以商隐背恩，尤恶其无行。"《新书》卷二〇三《文艺下·李商隐传》亦云："茂元善李德裕，而牛、李党人蚩谪商隐，以为诡薄无行，共排笮之。"至宋陈振孙《直斋书录解题》，亦以王茂元与郑亚并提，其书卷十九别集类《李义山集》下云："从王茂元、郑亚辟，二人皆李德裕所善，坐此为令狐绹所憾，竟坎壈以终。"

但事实上王茂元既不是李党，也不是牛党，他与党争无涉。当时无论哪一派，都不把王茂元看成党人。王茂元为濮州濮阳人，其祖王崇术，任郦州伏陆县令，崇术曾祖为集州司仓参军,祖为滑州卫南县令,父为蔚州司法参军,都是地方州县的基层官吏,因此权德舆说:"故缵毂未华,仕不过郡掾史、县大夫。"(《权载之文集》卷十六《故郾州伏陆县令赠散骑常侍王府君神道碑》,又见《全唐文》卷五〇〇)王崇术有三子,幼子名栖曜,即茂元父。栖曜从军功起家,安史乱起,征讨有功,官至鄜坊节度使,贞元十九年卒(见《旧唐书》卷一五二、《新唐书》卷一七〇本传)。王茂元于元和十四五间曾任归州刺史(参王茂元《楚三闾大夫屈先生祠堂铭》,《全唐文》卷六八四;又冯浩《樊南文集详注》卷六李商隐《为外姑陇西郡君祭张氏女文》)。后曾历守郢州、蔡州等地,大和二年四月,由邕管经略使改为容管经略使。大和七年,为广州刺史、岭南节度使。大和九年十月,改为泾原节度使。在此之前,王茂元的官职迁转,都与李德裕无关。至于王茂元镇河阳,确在李德裕执政时期,但李商隐早在这之前已为王氏之婿,因此可以说王茂元本不是李党,李商隐入王茂元幕,也非由牛入李,事实上在李商隐入王茂元幕后,令狐绹等也并不即对他加以排斥,不仅如此,还在某些实际行动中资助李商隐在仕宦上找出路。关于此事,详参拙文《李商隐研究中的一些问题》(《文学评论》一九八二年第三期)。

〔编年诗〕

　　《余所居平泉村舍近蒙韦常侍大尹特改嘉名因寄诗以谢》(别集卷十)

　　诗云:"未谢留侯疾,常怀仲蔚园。闲谣紫芝曲,归梦赤松村。忽改蓬蒿色,俄吹黍谷暄。多渐孔北海,传教及衡门。"

按诗题云"韦常侍大尹",据《旧·文宗纪》,开成三年正月,"丁丑,以前荆南节度使韦长为河南尹",又开成四年七月,"壬寅,以河南尹韦长为平卢军节度使"。此韦常侍大尹当即为韦长。又据《旧纪》,韦长于大和七年八月,曾任京兆尹兼御史大夫,时李德裕在相位。

韦长,新旧《唐书》无传。白居易有《自罢河南,已换七尹,每一入府,怅然旧游,因宿内厅,偶题西壁,兼呈韦尹常侍》(《白居易集》卷三十四),白诗之"韦尹常侍"亦即韦长,诗当作于开成三年冬。德裕之诗当作于开成三年正月至四年七月韦长任河南尹期间。

开成四年己未(八三九) 五十三岁

李德裕仍在淮南节度使任。日本僧人圆仁记德裕在扬州事。

圆仁《入唐求法巡礼行记》卷一:"开成四年……正月一日甲寅,是年日也,官俗三日休假,当寺有三日斋。早朝,相公入寺礼佛,即归去。"

"正月六日,相公随军沈弁来云,相公传语,从今月初五日,为国并得钱修开元寺栴檀瑞像阁,寄孝感寺,令讲经募缘。请本国和尚特到听讲,兼催本国诸官等结缘舍钱者。"

"正月七日,沈弁来,传相公语言,州府诸官拟以明日会集孝感寺,特屈本国和尚相来看讲者。兼有讲经法师璠慕缘文。按彼状称,修瑞像阁,讲《金刚经》,所乞钱五十贯。状过相公,赐招募。……沈弁申云:相公施一千贯。此讲以一月为期,每日进赴听法人多数。计以一万贯,得修此阁。波斯国出千贯钱,婆国人舍二百贯。今国众计少人数,仍募五十贯者。转催感少。”

“正月十八日……又相公近者屈来润州鹤林寺律大德光义,暂置惠照寺。相公拟以此僧为当州僧正,便令住此开元寺,其僧正检领扬州都督府诸寺之事并僧等。”

“闰正月望日……相公为修理开元寺瑞象阁,设讲募缘,始自正月一日,至于今月八日讲毕,经五百贯买木,曳置寺庭,且勾当令整削之。”

三月,裴度卒。

《旧·文宗纪》开成四年三月,“丙申,司徒、中书令裴度卒”。

四月,德裕加检校尚书左仆射。

《旧传》:“(开成)四年四月,就加检校尚书左仆射。”按此事《旧纪》及《新传》皆未载。

郑覃、陈夷行受杨嗣复、李珏排挤,于五月罢相;九月,陈夷行又出为华州镇国军防御史。杨、李专政,朋党之争又起。

《旧·文宗纪》开成四年五月,“丙申,郑覃、陈夷行罢知政事,覃守左仆射,夷行为吏部侍郎”。又同年九月,“辛丑,以吏部侍郎陈夷行为华州镇国军防御史”。

按郑、陈与杨、李之争见于《旧纪》及新旧《唐书》诸人本传所载,而以《通鉴》所载为翔实,卷二四六开成四年五月载:

"郑覃曰:'陛下开成元年、二年政事殊美,三年、四年渐不如前。'杨嗣复曰:'元年、二年郑覃、夷行用事,三年、四年臣与李珏同之,罪皆在臣!'因叩头曰:'臣不敢更入中书!'遂趋出。上遣使召还,劳之,曰:'郑覃失言,卿何遽尔!'覃起谢曰:'臣愚拙,意亦不属嗣复,而遽如是,乃嗣复不容臣耳。'嗣复曰:'覃言政事一年不如一年,非独臣应得罪,亦上累圣德。'退,三上表辞位,上遣中使召出之,癸巳,始入朝。丙申,门下侍郎、同平章事郑覃罢为右仆射,陈夷行罢为吏部侍郎。覃性清俭,夷行亦耿介,故嗣复等深疾之。"

按杨嗣复等有宦官为之后援,而郑覃等则欲抑制宦官势力,故不得不失败。《旧书》卷一七三《李珏传》谓:"珏与(李)固言、嗣复相善,自固言相得,相继援引,居大政,以倾郑覃、陈夷行、李德裕三人。凡有奏议,必以朋党为谋。"《新书》卷一八二《李珏传》亦谓:"开成中,杨嗣复得君,引珏同中书门下平章事,与李固言皆善。三人者居中秉权,乃与郑覃、陈夷行等更持议,一好恶,相影和,朋党益炽矣。"

杨汝士于九月由剑南东川节度使调入为吏部侍郎;牛僧孺于八月为山南东道节度使。牛党人物又纷居要职。十二月,李宗闵由杭州刺史迁为太子宾客分司,杨嗣复更欲起用李宗闵知政事,会文宗卒,而未成。

按郑覃、陈夷行五月罢相,八月癸亥,即以牛僧孺检校司空、同平章事,兼襄州刺史,充山南东道节度使,以使相领大镇。九月辛卯,以剑南东川节度使杨汝士为吏部侍郎。十二月乙卯,以杭州刺史李宗闵为太子宾客,分司东都(以上见

《旧纪》）。又《旧书》卷一七六《李宗闵传》云："（开成）四年冬，迁太子宾客，分司东都。时郑覃、陈夷行罢相，嗣复方再拔用宗闵知政事，俄而文宗崩。"《新书》卷一七四《李宗闵传》亦谓："迁太子宾客、分司东都。既而覃、夷行去位，嗣复谋引宗闵复辅政，未及而文宗崩。"

赵嘏本年秋在扬州，有诗献李德裕。时嘏尚未及第。

《全唐诗》卷五四九载赵嘏《献淮南李仆射》诗："早年曾谒富人侯，今日难甘失鹄羞。新诺似山无力负，旧恩如水满身流。马嘶红叶萧萧晚，日照长江滟滟秋。功德万重知不惜，一言抛得百生愁。"按淮南节度使加仆射者，赵嘏之世仅李夷简与李德裕，夷简年世过早，此当是德裕。观诗中第五句，当作于秋日，明年秋德裕已赴京。

又谭优学《赵嘏行年考》（载所著《唐诗人行年考》）系嘏《献淮南李相公》诗于本年，并云："检《方镇年表》，淮南节度而李姓先已入相者，元和、长庆间为李夷简，开成二年至五年为李德裕；继之者为李绅，先后两任；大中中为李让夷、李珏。夷简年世过早，绅、珏、让夷在相位时，均无武功，与诗言'庙略讨不庭'等内容不合。唯《旧唐书》一七四《李德裕传》，称其于大和四年至七年为成都尹、剑南西川节度使时，'西拒吐蕃，南平蛮、蜒……'，与嘏诗所言合。"按赵嘏《献淮南李相公》（《全唐诗》卷五四九）云："傅岩高静见台星，庙略当时讨不庭。万里有云归碧落，百川无浪到沧溟。军中老将传兵术，江上诸侯受政经。闻道国人思再入，镕金新铸鹤仪形。"

由嘏诗"旧恩如水满身流"句，似德裕前此对赵嘏曾有荐拔誉扬之德,具体情事已无可考。碬为山阳人(《唐才子传》),生年不能确定(谭优学定于元和元年,可参),曾数次应举不第。《唐才子传》谓会昌二年进士,徐松《登科记考》定于会昌四年(徐《考》亦据《唐才子传》),谭优学从徐《考》,定于会昌四年,可信从。赵碬大约本年又应试,不第,寓居扬州,而献诗于德裕,故诗中云"今日难甘失鸧羞"。

回鹘内乱,其相掘罗勿借沙陀兵攻彰信可汗;彰信可汗兵败自杀,国人立厖馺特勒为可汗。

《通鉴》卷二四六开成四年载:"回鹘相安允合、特勒柴革谋作乱,彰信可汗杀之。相掘罗勿将兵在外,以马三百赂沙陀朱邪赤心,借其兵共攻可汗。可汗兵败,自杀,国人立厖馺特勒为可汗。"

〔编年文〕

《金松赋并序》(别集卷九)

序云:"广陵东南,有颜太师犹子旧宅,其地即孔北海故台。予因晚春夕景,命驾游眺。忽睹奇木,植于庭际……乃就主人,求得一本,列于平泉。"当作于本年春日。

〔编年诗〕

《比闻龙门敬善寺有红桂树独秀伊川尝于江南诸山访之莫致陈侍御知予所好因访剡溪樵客偶得数株移植郊园众芳色沮乃知敬善所有是蜀道茵草徙得嘉名因赋是诗兼赠陈侍御》(别集卷九)

按此诗题下注"金陵作"。德裕《平泉山居草木记》有云:"己未岁,又得……剡中之真红桂。"即指此。己未为开成四年,时在淮南。此诗当作于本年或明年八月前。题下注云"金陵作",误。

《怀伊川郊居》(别集卷十)

本年秋作,见《李德裕文集校笺》。

开成五年庚申(八四〇) 五十四岁

正月,文宗卒,宦官仇士良等奉颍王瀍为帝,是为武宗,并杀陈王成美、安王溶等。

《通鉴》卷二四六开成五年载:"春正月己卯,诏立颍王瀍为皇太弟,应军国事权令句当。且言太子成美年尚冲幼,未渐师资,可复封陈王。时上疾甚,命知枢密刘弘逸、薛季棱引杨嗣复、李珏至禁中,欲奉太子监国。中尉仇士良、鱼弘志以太子之立,功不在己,乃言太子幼,且有疾,更议所立。李珏曰:'太子位已定,岂得中变!'士良、弘志遂矫诏立瀍为太弟。是日,士良、弘志将兵诣十六宅,迎颍王至少阳院,百官谒见于思贤殿。……辛巳,上崩于太和殿。以杨嗣复摄冢宰。癸未,仇士良说太弟赐杨贤妃、安王溶、陈王成美死。"

按陈王成美为敬宗子,安王溶为文宗子。《新书》卷八十二《安王溶传》载:"初,杨贤妃得宠于文宗,晚稍多疾,妃阴请以王为嗣,密为自安地。帝与宰相李珏谋,珏谓不可,乃止。及帝崩,仇士良立武宗,欲重己功,即摘溶尝欲以为太子事,杀之。"按文宗死,武宗立,也是唐朝一次小规模的宫廷政变,支持太子成美的是宦官、知枢密刘弘逸、薛季棱，支持颖王瀍的是宦官、神策中尉仇士良、鱼弘志，两方面都有宦官的武力为后援，结果仇、鱼一派得胜，李瀍立为皇帝。李瀍为穆宗第五子，元和九年（八一四）生，本年二十七岁。

又《旧书》卷一七五《穆宗诸子·安王溶传》："武宗即位，李德裕秉政，或告文宗崩时，杨嗣复以与贤妃宗家，欲立安王为嗣，故王受祸，嗣复贬官。"安王溶被杀在开成五年正月，嗣复罢相在五月，时德裕尚在淮南，《通鉴·考异》亦云："按是时德裕未入相。今从《武宗实录》。"这也是晚唐、五代人对李德裕的诬陷不实之词。

杨嗣复五月罢相，守吏部尚书。

按杨嗣复罢相的时间，记载不一。《旧·武宗纪》载于诛刘弘逸、薛季棱之后，而与出为湖南观察使连书，以杨罢相即出镇湖南。《旧书》卷一七六《杨嗣复传》亦谓："武宗之立，既非宰相本意，甚薄执政之臣。其年秋，李德裕自淮南入辅政；九月，出嗣复为湖南观察使。"《旧书》卷一七三《李珏传》则系之于九月，云："武宗即位之年九月，与杨嗣复俱罢相。"《通鉴》卷二四六开成五年则系杨嗣复罢相在五月："夏五月己卯，门下侍郎、同平章事杨嗣复罢为吏部尚书，以刑部尚书崔珙同平章事兼盐铁转运使。"此与《新书·宰相表》同，《新表》载："五月己卯，（李）珏为门下侍郎。嗣复罢，守吏部尚书、刑部尚书。诸道盐铁转运使、刑部尚书崔珙同中书门下平章事。"杨嗣复罢相之月份当以《新表》与《通鉴》所载为正，所以记载其罢相在八、九月间者，是为要说明李德裕用而杨嗣复等因而被排斥，如《新书》卷一七四《杨嗣复传》："帝之立，非宰相意，故内薄执政臣，不加礼，自用李德裕，而罢嗣复为吏部尚书。"实际上杨嗣复的罢相，是因为参与了当时宦官中不同派系的斗争，实与德裕无关。

八月，诛刘弘逸、薛季棱，杨嗣复、李珏也坐累外出。

　　《旧·武宗纪》开成五年："八月十七日，葬文宗皇帝于章陵。知枢密刘弘逸、薛季棱率禁军护灵驾至陵所，二人素为文宗奖遇，仇士良恶之，心不自安，因是掌兵，欲倒戈诛士良、弘志。卤簿使兵部尚书王起、山陵使崔棱觉其谋，先谕卤簿诸军。是日弘逸、季棱伏诛。门下侍郎、同平章事杨嗣复检校吏部尚书、潭州刺史，充湖南都团练观察使；中书侍郎、同平章事李珏检校兵部尚书、桂州刺史，充桂管防御观察等使；御史中丞裴夷直为杭州刺史：皆坐弘逸、季棱党也。"按刘弘逸、薛季棱是否欲利用率禁军护灵驾的机会倒戈诛仇士良、鱼弘志，史无佐证，很可能是仇、鱼的借口，借以消灭对立的一派，而杨嗣复、李珏等则受其牵连而出居藩任。

　　又，白居易有《和杨尚书罢相后夏日游永安水亭兼招本曹杨侍郎同行》诗（《白居易集》卷三五）："道行无喜退无忧，舒卷如云得自由。良冶动时为哲匠，巨川济了作虚舟。竹亭阴合偏宜夏，水槛风凉不待秋。遥爱翩翩双紫凤，入同官署出同游。"按白诗所叙乃杨嗣复罢相后不久之事，而题云"罢相后夏日游永安水亭"，诗中又云"竹亭阴合偏宜夏"，益可证明前所云杨嗣复罢相当在五月（按白诗系和作，杨嗣复之原诗已佚）。又刘禹锡有《奉和吏部杨尚书太常李卿二相公策免后即事述怀赠答十韵》(《刘禹锡集笺证》卷二二)。

德裕于七月被召入朝,九月初至长安,拜相。

《旧·武宗纪》开成五年,"九月,以淮南节度使、检校尚书左仆射李德裕为吏部尚书、同中书门下平章事,寻兼门下侍郎"。《旧纪》所载,有月无日。《新·宰相表》开成五年载:"九月丁丑,淮南节度副大使、检校右仆射李德裕为门下侍郎、同中书门下平章事。"《通鉴》载:"初,上之立非宰相意,故杨嗣复、李珏相继罢去,召淮南节度使李德裕入朝;九月甲戌朔,至京师,丁丑,以德裕为门下侍郎、同平章事。"

又《旧传》云:"五年正月,武宗即位。七月,召德裕于淮南,九月,授门下侍郎、同平章事。初,德裕父吉甫,年五十一出镇淮南,五十四自淮南复相。今德裕镇淮南,复入相,一如父之年,亦为异事。"

〔辨正〕关于李德裕入相之时间。

关于德裕入相之年月,已见前所引《旧纪》、本传及《通鉴》。张采田《玉溪生年谱会笺》另有新说,以为德裕于本年四月即由淮南召入、拜相,其说云:

"按德裕入相之月,《旧书·传》曰:'武宗即位,七月,召德裕于淮南;九月,授门下侍郎、同平章事。'《旧纪》亦同,《新书》亦无异辞。本集《会昌一品集序》:'唐叶十五,帝谥昭肃,始以太弟,茂对天休。既三四日,乃诏曰:"淮海伯父,汝来辅予。"四月某日入观,是月某日登庸。'据此则入相当在四月,非九月。考《会昌一品集》有《宣懿太后祔庙制》云:'朕因载诞之日,展承颜之敬。'又有《宣懿皇后祔陵庙状》云

'臣等伏以园寝已安,神道贵静,光陵因山久固,仅二十年,福陵近又修崇,足彰严奉。今若再因合祔,须启二陵,或虑圣灵不安,又以阴阳避忌,亦有所疑。臣等商量祔太庙,不移福陵,实为允便。'宣懿祔庙事在六月,《旧书·武宗纪》云:'五月,中书奏:六月十二日皇帝载诞之辰,请以其日为庆阳节,祔宣懿太后于太庙。'又云'初,武宗欲启穆宗陵祔葬,中书门下奏曰'云云,其文即节录《会昌一品集》此篇,则其时德裕已登台席矣。若使七月内召,九月登庸,祔庙大礼,非所躬遇,安得有此等制状哉?然则纪传时月,询不足信也。今据本集酌定之。"

按张采田引用李商隐《会昌一品集序》及德裕自作之文,所考似若可信,实则不足为据。岑仲勉《玉溪生年谱会笺平质》中《李德裕入相月》条有云:

"余按张氏所持最强之据,为李商隐《集序》,但考《通鉴》二四六'召淮南节度使李德裕入朝,九月甲戌朔,至京师;丁丑,以德裕为门下侍郎、同平章事;庚辰,德裕入谢,言于上曰……'到京,入谢,各有的日,他书未之见,又下叙进言一段,与《新书·德裕传》互有详略,宋及司马当日尚见德裕自著之《文武两庙献替记》(《考异》曾引之),上所云云,必本自此记,其为强证,远胜于商隐之序也。张引《旧纪》初武帝欲启穆陵一节,今《会要》二一叙于开成五年二月追谥宣懿之下,可见各书记载有异,《旧纪》自武宗以后,失次者甚多,安见'纪传时月洵不足信'之不可适用于此节耶?抑《懿后祔庙制》,《会要》一六又书在会昌元年六月,《旧纪》之纪年,亦难专信，'展承颜之敬'系针对下文太皇太后言，载诞之节，历年皆有，尤不限于开成五年。合此以观，所称四月入相，殊未敢信。德裕入相先后，于牛党之造谣排挤，极有关系，不可不详审也。"

按岑氏之说通达可信，《宣懿太后祔庙制》确应在会昌元年（详见后谱），未能据此以定德裕入相之时月，日本僧人圆仁于开成五年八月二十日由五台山步行抵长安，逐日记载在京师之见闻，《入唐求法巡礼行记》卷三，开成五年九月五日记云："夜，系念毗沙门，誓愿乞示知法人。闻扬州节度使李德裕有敕令入京，九月三日，入内，任宰相。"圆仁时在长安，以当时人记当时事，当属可信。圆仁前在扬州时，曾谒见德裕，在其《行记》中有详细叙述，若德裕本年四月已任相，圆仁当不可能于九月尚有如此之记述。且圆仁于九月五日记"闻"德裕有敕令入京，九月三日入内，任宰相，与《旧纪》记德裕于九月初一日召入、拜相亦大致相合。据此，则德裕拜相仍应定为九月，其敕令入京则可能在七月，办理移交，稽延时日，至京当已是八月底矣。

〔辨正〕辨《幽闲鼓吹》记事二则。

晚唐人张固著《幽闲鼓吹》，其中有云："朱崖在维扬，监军使杨钦义追入，必为枢近，而朱崖致礼皆不越寻常，钦义心衔之。一日邀中堂饮，更无余宾，而陈设宝器图画数床，皆殊绝，一席祗奉，亦竭情礼，起后皆以赠之，钦义大喜过望。旬日，行至汴州，有诏令监淮南军，钦义至，即具前时所获归之。朱崖笑曰：'此无所直，奈何相拒！'一时却与，钦义感悦数倍。

后竟作枢密使。武皇一朝之柄用，皆自钦义也。"《通鉴》卷二四六开成五年九月载德裕入相，亦述此事。末二句作"德裕柄用，钦义颇有力焉"。胡注又云："史言李德裕亦不免由宦官以入相。"

按《幽闲鼓吹》所载，多为小说家言，不一定可靠，《通鉴》不加辨析，即加采入，其主旨也在说明李德裕仍依附宦官以进。其事之有无，本在疑似之间，即使实有，也不能断言德裕入相之功在宦一人，如张固所谓"武皇一朝之柄用，皆自钦义"。范文澜先生《中国通史简编》第三编曾记叙此事，并有评析，其论平正通达，颇能服人，云："李德裕不因杨钦义将作枢密使特加礼貌，也不因不作枢密使收回礼物，使杨钦义不敢以炎凉鄙态来看待李德裕。临行设宴送礼，使杨钦义感到同僚的情谊。杨钦义荐举李德裕，并非李德裕有求于杨钦义。这样对待宦官，在唐后期，应该说是较为适当的态度。"（页一七八）

《幽闲鼓吹》又云："朱崖李相在维扬，封川李相在湖州，拜宾客分司。朱崖大惧，遣专使厚致信好；封川不受，取路江西而过。非久朱崖入相，过洛，封川忧惧，多方求厚善者致书乞一见，欲解纷。复书曰：'怨即不怨，见即无端。'"按李宗闵于开成四年十二月系由杭州刺史拜太子宾客、分司，非由湖州。且淮南重镇，当时任命节度使者，"皆以道德儒学，来罢宰相，去登宰相。……自贞元、元和已来，大抵多如此"（杜牧《淮南监军使院厅壁记》，《樊川文集》卷十）。李宗闵由杭州刺史召，固然可说是内迁，但比起淮南节度使这一剧镇，太子宾客、分司就只能算是闲职，李德裕根本没有"大惧"的理由，也不可能有"遣专使厚致信好"一事。而德裕本年北返过洛，李宗闵也不至于"多方求厚善者致书乞一见"。《幽闲鼓吹》的这一记载，也正在于说明李德裕气量狭小、恩怨分明，所载当不可信。

李商隐曾代王茂元致书于李德裕，共三札。

《樊南文集补编》卷二载《为汝南公上淮南李相公状》，共三札。钱振伦考谓此汝南公应是濮阳公之讹，汝南公为周墀，但状中所叙皆与周墀无涉，却与王茂元相合。淮南李相公则指李德裕。张采田《玉溪生年谱会笺》采其说。

第一札作于王茂元罢镇泾原入为司农卿之时，时武宗初即位，德裕尚未命相，在淮南曾先有书与王茂元，因此状中云："相公顾遇特深，音徽远降，存十年之长，垂一字以褒。虽萧何之自下周昌，曾难比数；仲尼之兄事子产，莫可等夷。捧缄悸魂，伸纸流汗。方萦职署，独旷门墙，仰望恩辉，伏驰魂梦。"此为奉复德裕来书，以通音问，无其他内容。

第二札写于已任德裕为相、启程来京途中，故云："伏承恩诏，荣征圣上，肇自海藩，显当殷鼎。"又云："窃计轩车，已臻伊洛，伫见方明展事，庭燎陈仪。"状中恭维德裕之政事吏干，有云："固合长在庙庭，永光帝载，使庶政绝贪婪之患，大朝无党比之忧。"又言茂元曾蒙德裕恩顾，云："某早蒙恩异，获奉辉光。蒋琬牛头，省占佳梦；谢安麈尾，屡听清谈。果得叨忝圭符，留连旗鼓，扪心自愧，没齿难忘。"

第三状亦作于德裕来京途中，故云："不审自跋涉道路，尊体何如，伏计不失调护。"状中追叙李吉甫元和为相时赞助对藩镇用兵之功绩："某窃思章武皇帝之朝，元和六年之事，镇南建议，初召羊公，征北求人，先咨谢傅。故得齐刽封豕，蔡剔长鲸。"又赞颂李德裕在淮南的治绩："且广陵奥壤，江都巨邦，爰在顷时，亦经芜政，风移厌劾，俗变侵凌。家多纷若之巫，户绝娈兮之女。相公必置于理，大为其防，邺中隳河伯之祠，蜀郡破水灵之庙。然后教之厚俗，喻以有行，用榛栗枣修，远父母兄弟。隐形吐火，知非鬼不祭之文；抱布贸丝，识为嫁曰归之旨。化高方岳，威动列城，陈于太史之诗，列在诸侯之史。"又叙茂元与德裕之关系："某早尘下顾，曾奉指踪。江左单衣，每留梦寐；柳城素几，行睹尊颜。"似早年曾有交往，但亦无甚深之关系。

德裕入相，曾向武宗进言为政之要：一、辨邪正；二、政归中书；三、宰相任职时间不应过长。

《新传》记德裕入相之初，曾向武宗进言，论为政之要，所载颇详，此为《旧传》所无，云："武宗立，召为门下侍郎、同中书门下平章事。既入谢，即进戒帝：'辨邪正，专委任，而后朝廷治。臣尝为先帝言之，不见用。夫正人既呼小人为邪，小人亦谓正人为邪，何以辨之？请借物为谕。松柏之为木，孤生劲特，无所因倚。萝茑则不然，弱不能立，必附它木。故正人一心事君，无待于助。邪人必更为党，以相蔽欺。君人者以是辨之，则无惑矣。'又谓治乱系信任，引齐桓公问管仲所以害霸者，仲对琴瑟笙竽、弋猎驰骋，非害霸者；惟知人不能举，举不能任，任而又杂以小人，害霸也。'太、玄、德、宪四宗皆盛朝,其始临御,自视若尧、舜,浸久则不及初,陛下知其然乎? 始一委辅相,故贤者得尽心。久则小人并进,造党与,乱视听,故上疑而不专。政去宰相则不治矣。在德宗最甚,晚节宰相唯奉行诏书,所与图事者,李齐运、裴延龄、韦渠牟等,讫今谓之乱政。夫辅相有欺罔不忠,当亟免,忠而材者属任之。政无它门,天下安有不治? 先帝任人,始皆回容,积纤微以至诛贬。诚使虽小过必知而改之,君臣无猜,则谗邪不干其间矣。'又言:'开元初,辅相率三考辄去,虽姚崇、宋璟不能逾。至李林甫秉权乃十九年,遂及祸败。是知亟进罢宰相,使政在中书,诚治本也。'"

按《通鉴》卷二四六本年九月条亦载德裕向武宗进言,所载与《新传》详略互有出入,《新传》所无者,有云:"致理之要,在于辨群臣之邪正。""先帝深知朋党之患,然所用卒皆朋党之人,良由执心不定,故奸人得乘间而入也。""陛下诚能慎择贤才以为宰相,有奸罔者立黜去,常令政事皆出中书,推心委任,坚定不移,则天下何忧不理哉!""臣等有罪,陛下当面诘之。事苟无实,得以辨明;若其有实,辞理自穷。小过则容其悛改,大罪则加之诛谴,如此,君臣之际无疑间矣。"

按德裕此番进言,文集未载,《新传》与《通鉴》当有所本,惜《通鉴·考异》未注其所出,可能出于德裕已佚之《两朝献替记》。总括《新传》与《通鉴》所载,大要为:一、为治之要,在于辨群臣的邪正。这是根据文宗朝朋党纷争的具体情况而言,认为此事首应明确,否则一些有作为的贤臣旅进旅退,甚至被指为朋党而被贬被谪,则一切兴革之举都是空谈。

李德裕这里提出分辨正邪的标准，认为正人如松柏，独立而无所倚靠，小人则"必附它木"，——这是暗喻所谓小人者，必须依靠和交结宦官而才得以升进，这在中晚唐的实际情况中，是可以被理解的，也是李德裕对肃、代以来朋党斗争带有普遍现象的总结。二、朝政应归中书，也就是归于宰相及其属下的一套官僚机构。宰相如果不忠，当亟免；如忠而有才，就应当加以信用，并对德宗、文宗朝"政出它门"的弊政给以批评。这实际也是对宦官干政的一种抑制。三、宰相任职的时间不应过长，并举出开元时辅相率三考辄去，当时贤相如姚崇、宋璟等也不能越出这个规定，等到李林甫任相十九年，天宝的政事遂及祸败。李德裕的这一主张，在封建社会中是极为难得的。

　　宋范祖禹《唐鉴》卷二十载德裕进言，并加评曰："德宗之时，宰相失职，故其政谬乱。德裕欲先正其本，而后图所以为治，其能致会昌之攻伐，盖以此欤？"

〔辨正〕《唐语林》记事之误。

　　《唐语林》卷一《政事》上："开成中，李石作相，兼度支。一日早朝中箭，遂出镇江陵。自此诏宰相坐檐子，出入令金吾以三千（琮按'千'疑误，应作'十'字）人宿直。李卫公复相，判云：'在具瞻之地，自有国容；居无事之时，何劳武备？所送并停。'"按李石罢相出镇长陵在开成三年，德裕复相在开成五年，而此处所载判词乃大和七年德裕第一次入相之事。《唐语林》合二者为一，记事有误。

德裕子烨与郑氏（珍）结婚，烨年十五，郑年十四。

李烨撰《大唐赵郡李烨亡妻荥阳郑氏墓志并铭》(拓本,据周绍良先生抄本):"夫人以开成庚申岁八月望归于予家。"按李烨八二六年生,本年十六岁;郑氏,据此志,卒于大中九年(八五五),年二十九,则当生于八二七年,本年十四岁。

《志》又云:"夫人讳珍,字玄之。荥阳之荥泽人也,世称北祖焉。家传孝悌,世袭轩裳,族为甲望,当今之最。祖讳汶,皇监察御史、宣武军节度掌书记,赐绯鱼袋;祖妣清河崔氏,皇秘书监讳谦之长女也。考讳鈇,皇舒州太湖县令;太夫人范阳卢氏,皇大理寺评事讳幼安之女。中外炳焕,郁为时宗,闺门雍和,士林取则。"

九月,李绅由宣武军节度使改为淮南节度使,代李德裕。

《旧·武宗纪》开成五年九月,"以宣武军节度使、检校吏部尚书、汴州刺史李绅代德裕镇淮南"。《旧书》卷一七三《李绅传》仅云:"武宗即位,加检校尚书右仆射、扬州大都督府长史、知淮南节度大使事。"(《新传》更略,仅谓"武宗即位,徙淮南"。)

十月,天德军使温德彝奏回鹘溃兵侵逼西受降城,诏振武节度使刘沔屯云迦关以备之。

回鹘事关系会昌之政至为密切,今摘录其事之起因于下,《通鉴》所载较为翔实明白,故全录之。卷二四六开成五年载:

初,伊吾之西,焉耆之北,有黠戛斯部落,即古之坚昆,唐初结骨也,后更号黠戛斯,乾元中为回鹘所破,自是隔阂不通中国。其君长曰阿热,建牙青山,去回鹘牙,橐驼行四十日。

其人悍勇,吐蕃、回鹘常赂遗之,假以官号。回鹘既衰,阿热始自称可汗。回鹘遣相国将兵击之,连兵二十余年,数为黠戛斯所败,詈回鹘曰:"汝运尽矣,我必取汝金帐!"金帐者,回鹘可汗所居帐也。

"及掘罗勿杀彰信,立㕎馺,回鹘别将句录莫贺引黠戛斯十万骑攻回鹘,大破之,杀㕎馺及掘罗勿,焚其牙帐荡尽,回鹘诸部逃散。其相馺职、特勒厖等十五部西奔葛逻禄,一支奔吐蕃,一支奔安西。可汗兄弟嗢没斯等及其相赤心、仆固、特勒那颉啜各帅其众抵天德塞下,就杂虏贸易谷食,且求内附。冬十月丙辰,天德军使温德彝奏:'回鹘溃兵侵逼西城(胡注:西城,朔方西受降城也),亘六十里,不见其后。边人以回鹘猥至,恐惧不安。'诏振武节度使刘沔屯云迦关以备之。"

按天德军在今内蒙古自治区乌拉特前旗之北,振武节度使治单于府,单于府在今内蒙古自治区和林格尔稍北。据胡三省注,单于府有云迦关。

又《新书》卷二一七下《回鹘传》下云:"敬宗即位之年,可汗死,其弟曷萨特勒立。……大和六年,可汗为其下所杀,从子胡特勒立,使者来告。明年,遣左骁卫将军唐弘实与嗣泽王溶持节册为爱登里啰汩没蜜施合句录毗伽彰信可汗。开成四年,其相掘罗勿作难,引沙陀共攻可汗,可汗自杀,国人立㕎馺特勒为可汗(琼按此事《通鉴》开成四年有记。又岑仲勉以为特勒应作特勤)。方岁饥,遂疫,又大雪,羊马多死,未及命。武宗即位,以嗣泽王溶临告,乃知其国乱。俄而渠长句录莫贺与黠戛斯合骑十万攻回鹘城,杀可汗,诛掘罗勿,焚其牙,诸部溃,其相馺职与庞特勒十五部奔葛逻禄,残众入吐蕃、安西。于是,可汗牙部十三姓奉乌介特勒为可汗,南保错子山(按此为会昌元年事,见下年谱)。"

〔**编年诗**〕

《春暮思平泉杂咏二十首》(别集卷十)

<u>丛刊本</u>题下注:"自此并淮南作。"

《思山居十首》(别集卷十)

第一首题为《清明后忆山中》,以别集卷九、卷十排列次序观之,当作于本年春在扬州。

《初夏有怀山居》(别集卷十)

《张公超谷中石》(别集卷十)

此二诗皆列于《思山居》之后。

《首夏清景想望山居》

《思平泉树石杂咏一十首》

《思在山居日偶成此咏邀松阳子同作》

《重忆山居六首》

《怀伊川郊居》

《晨起见雪忆山居》

《忆平泉杂咏十首》

《山信至说平泉别墅草木滋长地转幽深怅然思归复此作》

《临海太守惠予赤诚石报以是诗》(以上皆为别集卷十)

《重过列子庙追感顷年自淮服与居守王仆射同题名于庙

壁仆射已为御史余尚布衣自后俱列紫垣继游内署两为夏官之代复联左揆之荣荷宠多同感涕何极因书四韵奉寄》（别集卷四）

按此王仆射为王起。李吉甫镇淮南时，曾辟王起为节度掌书记，带监察御史衔，时德裕当视亲赴扬州，故诗题云"顷年自淮服……仆射已为御史，余尚布衣"。称起为居守者，盖王起于开成五年八月间为检校左仆射、东都留守，而德裕于本年九月间自淮南应召入京。此诗当作于往洛阳途中。

《寄题惠林李侍郎旧馆》（别集卷三）

此所谓惠林寺在洛阳北。李侍郎即李景让，开成五年以礼部侍郎知贡举。此当为李德裕于本年八月入朝经洛阳作。

〔编年文〕

《平泉山居草木记》（别集卷九）

宋欧阳棐《集古录目》卷十著录《平泉草木记》并山居诗，并云："李德裕撰。平泉者，德裕山居之所也，其中多置四方奇草异木名花怪石，因总为之记。其在平原及历守宜春、金陵至于为相，有平泉诗凡六十七首，同以刻石，皆隶书，又有临池榻记凡数十字，篆书，皆不著名氏。"

按德裕《平泉草木记》中有云："余二十年间，三守吴门，一莅淮服，嘉树芳草，性之所耽，或致自同人，或得于樵客，始则盈尺，今已丰寻。"间有记年岁者，云："己未岁，又得番禺之山茶，宛陵之紫丁香，会稽之百叶木芙蓉、百叶蔷薇。……庚申岁，复得宜春之笔树楠、稚子金荆、红笔、密蒙、句栗木。"己未为开成四年，庚申为开成五年。未有纪庚申以后之事者。

《集古录目》据《宝刻丛编》云在开成五年，或即据此。德裕于长庆二年（八二二）出守浙西，至本年十九年，云"二十年间"者当系举成数而言。

《平泉山居诫子孙记》（别集卷九）

此篇当与前文同时所作。

《金松赋》（别集卷九）

本年春在扬州作，详参《李德裕文集校笺》。

《宰相与李执方书》（一品集卷九）

文云："何司徒顷因军中扰攘，起授翰垣……遽此沦亡，深可悼惜。闻以监军朝觐，贵安物情，军府事权，今后嗣勾当，本于忠顺，固匪循私。伏以圣上君临，惟新景化。……今公卿之议，皆请别命戎帅。圣上恩深悼往，义在安人，以司徒之尽忠，方垂茂轨；想后嗣之善继，必有令图。只在邻近将帅，成其美志。……望尚书以朝廷公议，两镇旧体，令速效忠款，自求宠荣，不使河朔邻封，误其大计。"

按此所云"何司徒"，即为何进滔。据《新书》卷二一〇《藩镇·魏博何进滔传》，进滔继史宪诚为魏博节度使，"进累检校司徒、同中书门下平章事"。何进滔卒于开成五年十一月，"三军推其子重霸知留后事"（《旧·武宗纪》）。《新传》又谓："子重顺（琼按即重霸改名）袭。武宗诏河阳李执方、沧州刘约谕朝京师，或割地自效，不听命。时帝新即位，重起兵，乃授福王绾节度大使，以重顺自副，赐名弘敬。"德裕此书，即以宰相名义，喻李执方劝说何重霸，令其向朝廷效忠。

李执方，新旧《唐书》无传，《旧·文宗纪》开成二年六月载："戊申，以左金吾卫将军李执方为河阳三城怀州节度使。"德裕书中称李执方为"尚书藩方重寄，宗室信臣"；又李商隐《为白从事上陈许李尚书启》(《樊南文集详注》卷三)亦有"尚书分戚天家"语(此陈许李尚书为李执方，见冯浩注及《唐方镇年表》卷四"义武"条)；李商隐《上忠武李尚书状》(《樊南文集补编》卷六)又称之为"望兼勋旧，地属亲贤"。可见李执方为李唐宗室。

《进西南备边录状》(《一品集》卷十八)

未注年月。文云："臣顷在西川，讲求利病，颇收要害之地，实尽经远之图，因著《西南备边录》十三卷。"又云："所冀圣慈知臣竭力奉公，尽心立事，所至之地，不敢苟安。"似为初入朝情事，姑系于本年末。

武宗会昌元年辛酉（八四一）　五十五岁

二月，回鹘余部立乌希特勒为乌介可汗，并南保错子山。

《通鉴》卷二四六会昌元年载："二月，回鹘十三部近牙帐者立乌希特勒为乌介可汗，南保错子山。"《考异》云："据《伐叛记》，乌介立在二月，今从之。"乌介南下，保错子山，见《旧书》卷一九五《回纥传》、《新书》卷二一七下《回鹘传》下。

二、三月间，德裕奉敕撰《赐背叛回鹘敕书》，劝其停止侵扰边境，回归故土，亦令唐之守将不许与回鹘交兵。

《文集》卷五载《赐背叛回鹘敕书》,书中云:"近数得边将奏报,知卿等本国自有离乱,可汗遇祸,虽未悉虚实,良深震悼。……卿等忽领师徒,漠南屯集,又数至天德侵掠,颇扰边人。"岑仲勉先生《李德裕会昌伐叛集编证》以为此时"唐廷尚未知乌介之立"。德裕敕文中又云:"又缘公主在彼,未知存亡,故遣使臣魏谟往谕朕意。"岑仲勉又以为"此敕当发于会昌元年三月杨、李贬官及谟未出刺汾州之前"。

　　按《旧书》卷一七六、《新书》卷九十七《魏谟传》皆未载魏谟出使回鹘事。《旧传》云:"谟初立朝,为李固言、李珏、杨嗣复所引,数年之内,至谏议大夫。武宗即位,李德裕用事,谟坐杨、李之党,出为汾州刺史。杨、李贬官,谟亦贬信州长史。"按开成五年八月,杨嗣复出为湖南观察使,李珏出为桂管观察使,此即《魏谟传》所谓"谟坐杨、李之党"事,约此后不久,魏谟即出为汾州刺史。至杨、李贬官,则在本年三月(详后),谟亦随贬为信州刺史。岑仲勉所云,乃将"坐杨、李之党"与"杨、李贬官"误合为一事。汾州地当河东之北,与天德相近,令魏谟在汾州刺史任内出使,即以其地近回鹘故也。至于此一敕书的撰作时间,岑说可从,约在本年二、三月间。此时对乌介之立具体情况尚未明了,但南向之回鹘部落已侵扰边境,故敕中谓"数至天德侵掠,颇扰边人,聚师无名,忠义俱失",并劝其回归故土,望其"禁戢师徒,勿为侵轶"。而又告以对唐之边境守将,亦"已各令诸镇,不许交兵"。

宦官仇士良谮杨嗣复、李珏于武宗,劝武宗诛杀之。李德裕极力为之营救,杨、李得免于死,三月,杨贬为潮州刺史,李贬为昭州

刺史。

　　《通鉴》载此事较详,本年三月载:"初,知枢密刘弘逸、薛季棱有宠于文宗,仇士良恶之。上之立,非二人及宰相意,故杨嗣复出为湖南观察使,李珏出为桂管观察使。士良屡谮弘逸等于上,劝上除之,乙未,赐弘逸、季棱死,遣中使就潭、桂州诛嗣复及珏。户部尚书杜悰奔马见李德裕曰:'天子年少,新即位,兹事不宜手滑!'丙申,德裕与崔珙、崔郸、陈夷行三上奏,又邀枢密使至中书,使入奏。以为:'德宗疑刘晏动摇东宫而杀之,中外咸以为冤,两河不臣者由兹恐惧,得以为辞;德宗后悔,录其子孙。文宗疑宋申锡交通藩邸,窜谪至死;既而追悔,为之出涕。嗣复、珏等若有罪恶,乞更加重贬;必不可容,亦当先行讯鞫,俟罪状著白,诛之未晚。今不谋于臣等,遽遣使诛之,人情莫不震骇。愿开延英赐对!'至晡时,开延英,召德裕等入,德裕等泣涕极言:'陛下宜重慎此举,毋致后悔!'上曰:'朕不悔。'三命之坐,德裕等曰:'臣等愿陛下免二人于死,勿使即死而众以为冤。今未奉圣旨,臣等不敢坐。'久之,上乃曰:'特为卿等释之。'德裕等跃下阶舞蹈。上召升坐,叹曰:'朕嗣位之际,宰相何尝比数! 李珏、季棱志在陈王,嗣复、弘逸志在安王。陈王犹是文宗遗意,安王则专附杨妃。嗣复仍与妃书曰:姑何不效则天临朝? 向使安王得志,朕那复有今日?'德裕等曰:'兹事暧昧,虚实难知。'……遂追还二使,更贬嗣复为潮州刺史,李珏为昭州刺史,裴夷直为骧州司户。"《旧·武宗纪》以诛刘弘逸、薛季棱在开成五年八月(见本书开成五年谱),《通鉴·考异》谓据《实录》应在本年三月,所记年月差异,可存而不论。

又,《通鉴》皆谓德裕之救杨、李,出于杜悰央求,杜悰当时基本上倾向于牛党,但于两党人物皆有交往。《通鉴·考异》引《献替记》,则谓营救杨、李乃德裕所发动,杜悰并未出力,德裕告知有中使往潭、桂,方知有此事,所载有异。《考异》引《献替记》云:

"会昌元年三月二十四日,遇假在宅,向晚闻有中使一人向东,一人向南,处置二故相及裴夷直。余遣人问盐铁崔相、度支杜尚书(悰)、京兆卢尹,皆言闻有使去,不知其故。余遂草约奏状。二十五日早入中书,崔相珙续至,崔郸次之,陈相最后至,已巳时矣。余令三相会食,自归厅写状,请开延英赐对。进状后更无报答。至午又自写第二状封进,兼请得枢密使至中书问有此事无。枢密使对曰:'向者不敢言。相公既知,只是二人:嗣复、李珏。'德裕言:'此事至重,陛下都不访闻,便遣使去,物情无不惊惧。请附德裕奏。圣旨若疑德裕情故,请先自远贬,惟此一事不可更行!'德裕等至夜不敢离中书,请早开延英赐对。至申时,报开延英。余邀得丞郎、两省官谓曰:'上性刚,若有一人进状伏问,必不舍矣。容德裕极力救解,继以叩头流血,德裕救不得,他人固不可矣。'及召入延英殿,德裕率三相公立当御榻奏事,呜咽流涕云云。上既舍之,又令德裕召丞郎、两省官宣示。"

按当时与德裕共相者崔郸、崔珙、陈夷行三人,郸于开成四年七月拜相,德裕与郸兄弟素善,其兄弟皆有令誉(《旧书》卷一五五《崔郸传》);崔珙于开成五年五月继杨嗣复为相,上引《献替记》中盐铁崔相即崔珙,亦与德裕厚善(《旧书》卷一七七《崔珙传》谓:"会昌初,李德裕用事,与珙亲厚,累迁户部侍郎,充诸道盐铁转运等使,寻以本官同中书门下平章事。"实则珙充盐铁使、拜相皆在德裕入相之前);陈夷行则于会昌元年由御史大夫为门下侍郎、同中书门下平章事,夷行于开成初曾为相,因受杨嗣复排挤而去相位。诸人都在党派上与杨嗣复相对立,但鉴于这次武宗欲诛杀杨、李是受宦官潜害之故,故仍据理力争,可以见李德裕释私怨、存大体的政治家风度。

《文集》卷十二载《论救杨嗣复李珏裴夷直三状》。

关于李德裕请改修《宪宗实录》的记载

《旧·武宗纪》会昌元年,"四月辛丑,敕:'《宪宗实录》旧本未备,宜令史官重修进内。其旧本不得注破,候新撰成同进。'时李德裕先请不迁宪宗庙,为议者沮之,复恐或书其父不善之事,故复请改撰实录,朝野非之"。此又见《唐会要》卷六三《修国史》条:"会昌元年四月敕:《宪宗实录》,宜令史馆再修撰进入。其先撰成本,不得注破,并与新撰本同进来者。"

又《旧纪》十二月载:"中书门下奏修实录体例:'旧录有载禁中之言。伏以君上与宰臣、公卿言事,皆须众所闻见,方可书于史册。且禁中之语,在外何知,或得之传闻,多涉于浮妄,便形史笔,实累鸿猷。今后实录中如有此色,并请刊削。又宰臣与公卿论事,行与不行,须有明据。或奏请允惬,必见褒称;或所论乖僻,因有惩责。在藩镇上表,必有批答,居要官启事者，自有著明，并须昭然在人耳目。或取舍存于堂案，或与夺形于诏敕，前代史书所载奏议，罔不由此。近见实录多载密疏，言不彰于朝听，事不显于当时，得自其家，未足为信。今后实录所载章奏，并须朝廷共知者，方得记述，密疏并请不载。如此则理必可法，人皆向公，爱憎之志不行，褒贬之言必信。'从之。李德裕奏改修《宪宗实录》所载吉甫不善之迹，郑亚希旨削之，德裕更此条奏，以掩其迹。搢绅谤议，武宗颇知之。"

按《旧纪》所载改修《宪宗实录》事，以为出于李德裕为掩其父吉甫不善之迹，并云郑亚希旨削之，这些都出于宣宗朝白敏中、令狐绹等诬蔑之词，并无事实根据。有唐一朝，改修实录者不一见，须具体分析。十二月中书门下奏修实录体例，中心旨意在于实录所载论议与书奏，须是"众所闻见"，"须有明据"，"并须昭然在人耳目"，即在于防止私人挟私报怨，若李吉甫有不善之迹，身为宰臣，其所施行，也必众所闻见，决非德裕等二三人所能掩盖。如多载密疏，而又"得自其家"，则势必纷乱，不成其为实录。且当时改修时明确著明，"其旧本不得注破，候新撰成同进"，如新改修的实录有故意掩饰处，尚有旧本可供后人比勘，也不能以此非议德裕。《旧纪》所谓"朝野非之"，"搢绅谤议，武宗颇知之"，都是党人口气，不足为据。

八月，德裕撰《赐回鹘嗢没斯特勒等诏书》，遣张贾为使，了解情况，并济以粮食，以结和好。

诏书载《文集》卷五。岑仲勉《李德裕会昌伐叛集编证》

定此诏书的时间在本年八月。按本年三月有《赐背叛回鹘诏书》，彼时仅知回鹘内乱，可汗被杀，其中有一部近唐边塞，时有侵扰，但具体情况尚未知悉。到七、八月间，得天德军等奏报，及嗣泽王溶吊册回，知坚昆（即黠戛斯）害厖馺可汗，新可汗乌介与太和公主"播越他所"，嗢没斯一部则移近天德。天德军使田牟等欲击之，李德裕以为非宜，乃派遣鸿胪卿张贾前往巡边，并赐此书。

《旧·李德裕传》曾载此事，但事与时多有舛误，《新传》亦不明晰；《通鉴》所载，曾稽考《旧纪》、新旧《唐书·李德裕传》，及《实录》、《伐叛记》等，故较详确，今录会昌元年八月条如下：

"天德军使田牟、监军韦仲平欲击回鹘以求功，奏称：'回鹘叛将嗢没斯等侵逼塞下，吐谷浑、沙陀、党项等皆世与为仇，请自出兵驱逐。'上命朝臣议之，议者皆以为嗢没斯叛可汗而来，不可受，宜如牟等所请，击之便。上以问宰相，李德裕以为：'穷鸟入怀，犹当活之。况回鹘屡建大功，今为邻国所破，部落离散，穷无所归，远依天子，无秋毫犯塞，奈何乘其困而击之！宜遣使者镇抚，运粮食以赐之，此汉宣帝所以服呼韩邪也。'陈夷行曰：'此所谓借寇兵资盗粮也，不如击之。'德裕曰：'彼吐谷浑等各有部落，见利则锐敏争进，不利则鸟惊鱼散，各走巢穴，安肯守死为国家用！今天德城兵才千余，若战不利，城陷必矣。不若以恩义抚而安之，必不为患。纵使侵暴边境，亦须征诸道大兵讨之，岂可独使天德击之乎！'时诏以鸿胪卿张贾为巡边使，使察回鹘情伪。"

按此《赐回鹘嗢没斯特勒等诏书》中有云："又虑边境守臣，见卿忽至，或怀疑阻，不副朕心，故遣鸿胪卿张贾驰往安抚。"书中又"秋热，卿及部下诸官……等平安"云云，则当在七、八月间。

又按此书乃与嗢没斯等，未提及乌介可汗之名，仅云："公主及新可汗播越他所，未归城邑，特勒等力不能制，思存远图，相率遁逃，万里归命。"则此时仅知嗢没斯近边，尚未知乌介及公主近况，故遣张贾出使，一面安抚嗢没斯，并力排众议，不使边将匆忙出击，且济以粮食，结为和好，一面又令张贾通过嗢没斯进一步了解乌介及公主下落，以便商量对策。这些，都可见出李德裕处理边事的慎重态度。

八月二十四日，德裕撰《论田牟请许党项仇复回鹘嗢没斯部落事状》，以嗢没斯部并未犯边，不宜使党项等击之，唐之边将亦应严兵防守，不宜邀功生事。

状载《文集》卷十三。

《通鉴》本年八月载其事云："时诏以鸿胪卿张贾为巡边使，使察回鹘情伪，未还。上问德裕曰：'嗢没斯等请降，可保信乎？'对曰：'朝中之人，臣不敢保，况敢保数千里外戎狄之心乎！然谓之叛将，则恐不可。若可汗在国，嗢没斯等帅众而来，则于体固不可受。今闻其国败乱无主，将相逃散，或奔吐蕃，或奔葛逻禄，惟此一支远依大国。观其表辞，危迫恳切，岂可谓之叛将乎？况嗢没斯等自去年九月至天德，今年二月始立乌介，自无君臣之分。愿且诏河东、振武严兵保境以备之，俟其攻犯城镇，然后以武力驱除。或于吐谷浑等部中少有抄掠，听自仇报，亦未可助以官军。仍诏田牟、仲平毋得邀功生事，常令不失大信，怀柔得宜，彼虽戎狄，必知感恩。'辛酉，诏田牟约勒将士及杂虏，毋得先犯回鹘。"《考异》又引《伐叛记》曰："会昌元年二月，回鹘远涉沙漠，饥饿尤甚，将金宝于塞上部落博籴粮食。边人贪其财宝，生攘夺之心。至其年秋，城使田牟、监军韦仲平上表称退浑、党项与回鹘宿有嫌怨，愿出本部兵马驱逐。其时天德城内只有将士一千人，职事又居其半。上令宰臣商量，德裕面奏云云。八月二十四日，请赐田牟、仲平诏，汉兵及蕃、浑不得先犯回鹘，语在《会昌集》奏状中。"

则此《论田牟请许党项仇复回鹘嗢没斯部落事状》即八月二十四日所奏状，大意与《通鉴》所载同。德裕处理嗢没斯，始终采取慎重态度，不许唐之边将贪功生事，也不令退浑等部落击之，尽可能化敌为友，使边境安定，民族和好。

闰八月，牛僧孺因汉水溢，不谨防，坏民居，罢山南东道节度使任，改为太子少师。

《通鉴》会昌元年闰八月载："以前山南东道节度使、同平章事牛僧孺为太子少师。先是汉水溢，坏襄州民居，故李德裕以为僧孺罪而废之。"（胡注："废之者，使居散地也。"）《旧·牛僧孺传》未载此事，《新书》卷一七四《牛僧孺传》谓："会昌元年，汉水溢，坏城郭，坐不谨防，下迁太子少保，进少师。"会昌元年秋汉水灾情相当严重，孙樵《复召堰籍》中曾记："会昌元年，汉波逾堤，陆走漂民，襄阳以渚。"（《唐孙樵集》卷十）时牛僧孺为山南东道节度使、襄州刺史，不预先提防,负有一定的责任。但从杜牧起,就以为是李德裕借此向牛僧孺报复,《通鉴》所载即本之于杜牧。杜牧所撰《赠太尉牛公墓志铭》中谓:"会昌元年秋七月,汉水溢堤入郭,自汉阳王张柬之一百五十岁后,水为最大。李太尉德裕挟维州事,曰修利不至,罢为太子少师。"李珏所撰牛僧孺神道碑,朋党之见更深,谓:"属大水坏居人庐舍,公以实上闻,仇家得以逞志,举两汉故事,坐灾异策免,降授太子少师,时议不平。"(《全唐文》卷七二〇)

闰九月,张贾巡边使回,德裕请遣使慰抚回鹘嗢没斯部,并运粮二万斛与之;又奉敕撰《赐回鹘嗢没斯等诏》,劝其拥立新可汗,以"兴复本蕃,再图强盛"。德裕同时又主张增添太原兵备,加强防御实力,以防吐蕃乘机侵轶。

《通鉴》本年秋载:"李德裕请遣使慰抚回鹘,且运粮三万斛以赐之,上以为疑。闰(九)月己亥,开延英,召宰相议之。陈夷行于候对之所,屡言资盗粮不可。德裕曰:'今征兵未集,天德孤危。傥不以此粮噉饥虏,且使安静,万一天德陷没,咎将谁归!'夷行至上前,遂不敢言。上乃许以谷二万斛赈之。"《通鉴·考异》云:"《伐叛记》云:'降使赐米二万石,寻又乌介至天德。'按《实录》,十一月初犹未知公主所在,遣苗缜至嗢没斯处访问。月末始云公主遣使言乌介可汗乞册命,及降使宣慰。十二月庚辰,制曰:'公主遣使入朝,已知新立可汗寓居塞下,宜令王会慰问,仍赈米二万斛。'然则闰九月中乌介未至天德,德裕但欲赈嗢没斯等耳。"

德裕有《请赐回鹘嗢没斯等物状》(《文集》卷十三),岑仲勉《李德裕会昌伐叛集编证》以为此状即《考异》所引《伐叛记》闰九月遣使赐米二万斛事。

按状中云：“右此者，只待张贾使回，今到已数日，须早发遣。”张贾遣使见前《赐回鹘嗢没斯特勒等诏书》，今张贾使回，并未言及乌介事，可见此时至塞下者仅嗢没斯部。

德裕又有《赐回鹘嗢没斯等诏》（《文集》卷五），系奉敕所撰。岑仲勉《会昌伐叛集编证》以为此即承上《请赐回鹘嗢没斯等物状》而发，时约亦在闰九月。诏中首云“张贾等回，知卿等欲远赴阙庭，自申忠款”，又谓“新立可汗，犹未安定”，亦未言及乌介之名，可知此时已知回鹘已新立可汗，但尚未知确切详情。诏中劝诫嗢没斯部拥立新可汗，“兴复本蕃，再图强盛”；又因闻其新可汗已立，为避嫌起见，劝其不宜再来长安，亦不允“表请器甲”，只赐谷物。德裕此类措施，皆合大体。

德裕又有《请于太原添兵备状》（《文集》卷十三），岑仲勉《会昌伐叛集编证》谓“此状尚未提及乌介，而又云近有恩赐，则应上于闰九月之后，十一月之前”。按状中云“时属寒沍”当在秋冬之际；又云“近有恩赐”，即指《赐回鹘嗢没斯等诏》所云“今有赐物，具在别录”。德裕以为朝廷正集中力量对付回鹘，但也不能放松对吐蕃的警惕，“吐蕃变诈多端，不可测度，或谓朝廷方备北虏，未暇西防，或云嗢没斯招米点汗回鹘，乘此机势，谋陷丰州”，因此，“请发陈许步军三千人，郑滑步军三千人，令至太原屯集。如北边有警，则大同军正当贼路，足应事机，如河西有虞，便令取岚石路过河，至亦近便"。

九月，幽州军乱，逐节度使。李德裕对此事的措置方略。

《旧·武宗纪》会昌元年，"九月，幽州军乱，逐其帅史元忠，推牙将陈行泰为留后。三军上章请符节，朝旨未许"。

按此所谓朝旨未许者，即为李德裕的主张。《新书》卷二一二《张仲武传》谓："行泰杀元忠，宰相李德裕计：河朔请帅，皆报下太速，故军得以安，若少须下，且有变。帝许之，未报，果为（张）绛所杀，复诱其军以请，亦置未报。"又《通鉴》本年闰九月载："卢龙军复乱，杀陈行泰，立牙将张绛。初，陈行泰逐史元忠，遣监军傔，以军中大将表来求节钺。李德裕曰：'河朔事势，臣所熟谙。比来朝廷遣使赐诏常太速，故军情遂固。若置之数月不问，必自生变。今请留监军傔，勿遣使以观之。'既而军中果杀行泰，立张绛，复求节钺，朝廷亦不问。"

按德裕有《论幽州事宜状》（《文集》卷十三），中有云："幽州一方，自朱克融留连中使，不受赐衣，继以杨志诚累遣将吏上表邀求官爵，自此悖乱之气，与镇、魏不同。今若便与留务（按留务二字，各本原缺，据陆心源校本补），实为朝廷之耻。伏望且逗留旬月，更候事宜。克恭傔回日，伏望不赐诏书，庶全事体。"（此所谓"克恭"，当即幽州监军之名。）由以上所载，可见德裕对当时军中擅自拥立主帅的恶习，采取严肃对待的态度，与牛僧孺等一味苟安退让，完全相反。

《通鉴》本年闰九月于张绛求节钺后又载："会雄武军使张仲武起兵击绛，且遣军吏吴仲舒奉表诣京师，称绛惨虐，请以本军讨之。冬十月，仲舒至京师，诏宰相问状。"此后即详叙李德裕与吴仲舒二人之问答语。按《通鉴》所载问答语,实即本德裕之《论幽州事宜状》(《文集》卷十七),中有云:"臣伏见报状,见幽州雄武军使张仲武已将兵马赴幽州。今日奏事官吴仲舒到臣宅,臣扶疾与之相见,细问雄武军,只有兵士八百人在,此外更有土团子弟五百人。臣问兵马至少,如何去得。仲舒答臣云:'只系人心归向,若人心不从,三万人去亦无益。'据此说,即是仲武得幽州人心。"后又云:"伏以陈行泰、张绛皆是邀求符节,固不可比,仲武先布款诚,候朝廷指挥,因此拔用,必能尽节,加之恩宠,亦似有名。缘在假未获面奏,谨先密奏,伏望留中不出。"《通鉴》于十月亦载:"德裕奏:'行泰、绛皆使大将上表,胁朝廷,邀节钺,故不可与。今仲武先自发兵为朝廷讨乱,与之则似有名。'乃以仲武知卢龙留后。仲武寻克幽州。"与李德裕之状合。

按德裕对于幽州事件的处置,始终主动,积极谋略。当陈行泰逐节度使史元忠,向朝廷邀求符节时,李德裕认为应革除此种恶习,不应速予,宜静观以待其变,果然不久陈行泰为其部属张绛所杀。张绛又要求符节,李德裕又不予,旋即雄武军使张仲武派遣属下吴仲舒到京城,要求讨伐张绛。这时德裕因病在告,但仍在居宅内接见吴仲舒,详细询问张仲武的军力,并察其为人,及至认为张仲武确实效忠朝廷之后,才加以全力支持,张仲武随即讨平张绛,并在此后征讨回鹘中立有战功。

德裕约于十月间上奏劝谏武宗不宜数出游猎。

《新书》卷一八〇《李德裕传》,叙德裕谏止武宗杀杨嗣复、李珏一事后，载："时帝数出畋游，暮夜乃还，德裕上言：'人君动法于日，故出而视朝，入而燕息。传曰：君就房有常节。惟深察古谊，毋继以夜。侧闻五星失度，恐天以是勤勤儆戒。《诗》曰：敬天之渝，不敢驰驱。愿节田游，承天意。'寻册拜司空。"《新传》所引即《文集》卷十七《论游幸状》。

按谏杀杨、李在会昌元年三月，进位司空在会昌二年正月，则谏游幸当在二者之间。今查《通鉴》会昌元年十一月载："上颇好田猎及武戏，五坊小儿得出入禁中，赏赐甚厚。尝谒郭太后，从容问为天子之道，太后劝以纳谏。上退，悉取谏疏阅之，多谏游猎，自是上出畋稍稀，五坊无复横赐。"据此，则德裕上言当在十一月之前。又《通鉴》于十月载有"上校猎咸阳"之语，德裕《论游幸状》有云："臣窃见近日陛下畋游稍远，还宫近夜。"又云："近频见中朝人说，自秋以来，五星所行，稍失常度。"则德裕上《论游幸状》或当即在本年十月间。

十一月初，德裕请派遣使臣至嗢没斯处，访问太和公主下落。

按太和公主为宪宗女，长庆二年七月嫁于回鹘登罗骨没施合毗伽可汗（《旧·穆宗纪》，并参《唐会要》卷六《和蕃公主》条）。可汗于大和七年三月卒，后回鹘内乱，又为黠戛斯所攻，部落离散，太和公主为乌介可汗所得。《旧书》卷一九五《回纥传》载："初，黠戛斯破回鹘，得太和公主，黠戛斯自称李陵之后，与国同姓，遂令达干十人送公主至塞上。乌介途遇黠戛斯使，达干等并被杀，太和公主却归乌介可汗，乃质公主同行，南渡大碛，至天德界。"唐朝廷至此时尚未知公主所在,故德裕请遣使访问。《唐会要》卷六《和蕃公主·杂录》有云:"会昌元年十一月,敕缘回纥国中离乱颇甚,太和公主恐未安宁,须遣文臣专往访问,宜差通使舍人苗绾充使。"

《通鉴》本年十一月亦载:"十一月,李德裕上言:'今回鹘破亡,太和公主未知所在。若不遣使访问,则戎狄必谓国家降主虏庭,本非爱惜,既负公主,又伤虏情。请遣通事舍人苗缜赍诏诣嗢没斯,令转达公主,兼可卜嗢没斯逆顺之情。'从之。"

《通鉴》所载李德裕奏语,即《请遣使访问太和公主状》(《文集》卷十三)。又按,所遣使臣,《通鉴》及《考异》引《实录》作苗缜,《唐会要》作苗绾,畿辅本《一品集》作苗镇,明本作苗槙。岑仲勉《会昌伐叛集编证》云未详孰是。今查得苗绅所撰《上党苗府君墓志铭并序》(北京图书馆藏拓本,此据周绍良先生抄本),记苗缜于会昌四年三月卒于长安,绅为其弟,时为将仕郎、守秘书省校书郎、公司东都。缜卒时官衔为"朝散大夫、守将作少监、兼通事舍人、知馆事、御史中丞"。志中有云:"会昌初,回纥以丧乱来告,诏公以本官通事舍人兼御史中丞服三品衣鱼往存抚之。而北狄大扰,荡摇边疆,遂兴师以伐而罢其使。朝廷以太和公主在寇,莫知其安否,且边师奔命,事或异同,要知兵势之强弱,而访太和公主之所舍,俾公乘驿而往观焉。"据此,则应作苗缜,《通鉴》是。由此并可见苗缜此次出使,不仅在访太和公主下落,兼有探知回鹘诸部兵势强弱的使命。

十一月,乌介以太和公主名义遣使入朝,欲借唐之振武以居公主

与可汗。十二月，德裕请遣王会为使抚慰，许赈米二万斛，但不许借振武城，并劝其安辑离散部落，恢复旧有疆土，与唐保持和好。

《旧·武宗纪》会昌元年十一月载："太和公主遣使入朝，言乌介自称可汗，乞行策命，缘初至漠南，乞降使宣慰，从之。"又《通鉴》会昌元年闰九月条《考异》云："按《实录》，十一月初犹未知公主所在，遣苗缜至嗢没斯处访问。月末始云公主遣使言乌介可汗乞册命，及降使宣慰。十二月庚辰，制曰：公主遣使入朝，已知新立可汗寓居塞下，宜令王会慰问，仍赈米二万斛。"

德裕有《遣王会等安抚回鹘制》（《文集》卷三），即十二月庚辰所下制。制中有云："近因太和公主遣使入朝，已知新立可汗，寓居塞下，告穷请命，未有所归，每念艰危，载深悯恻。今欲救恤穷困，抚慰疮痍。……宜令右金吾卫大将军兼御史大夫王会持节充安抚大使，宗正少卿兼御史中丞李师偃充副使，专往慰问。仍赈米粟二万石，俾其安辑离散，渐就漠南，再复旧疆，永言恩好。"

德裕又撰《赐回鹘可汗书》（《文集》卷五），岑仲勉《会昌伐叛集编证》以为此书由王会等持往，与前《遣王会等安抚回鹘制》同时发出。书中云："朕缘公主将可汗丹诚来告，深感于衷，制置之间，须存远大，故遣右金吾卫大将军兼御史大夫王会、宗正少卿兼御史中丞李师偃驰往喻怀。"

按《通鉴》会昌元年十一月记太和公主遣使上表，又载："乌介又使其相颉干迦斯等上表，借振武一城以居公主、可汗。十二月庚辰……又赐乌介可汗敕书，谕以'宜帅部众渐复旧疆,漂寓塞垣,殊非良计'。又云:'欲借振武一城,前代未有此比,或欲别迁善地,求大国声援,亦须于漠南驻止。朕当许公主入觐,亲问事宜。傥须应接,必无所吝。'"《通鉴》所载,即概括《赐回鹘可汗书》中的主旨。

〔辨正〕《旧纪》与《旧·李德裕传》记时之误。

按《旧·武宗纪》于会昌元年八月载:"回鹘乌介可汗遣使告难,言本国为黠戛斯所攻,故可汗死,今部人推为可汗。缘本国破散,今奉太和公主南投大国。时乌介至塞上,大首领嗢没斯与赤心宰相相攻,杀赤心,率其部下数千帐近西城,天德防御使田牟以闻。乌介又令其相颉干迦斯上表,借天德城以安公主,仍乞粮储牛羊供给。诏金吾大将军王会、宗正少卿李师偃往其牙宣慰,令放公主入朝,赈粟二万石。"按据上所考,十一月底以前,唐朝尚未知太和公主所在,故曾于十一月初遣苗缜前往嗢没斯处探问,又据《实录》,派遣王会等乃在十二月十四日,今《旧纪》乃记于八月,大误,《旧书》于武宗后本纪,多有谬乱,此即一例。此则所记,应移于十二月。又《旧·李德裕传》载此事于会昌二年二月,亦误。

关于德裕乐吏廉郊的记载。

段安节《乐府杂录》曾记述中晚唐时琵琶名手,其中有名廉郊者,为李德裕乐吏,曾尽得一代艺师曹纲之才艺,其《琵琶》条云:"贞元中有王芬、曹保保,保子善才、其孙曹纲皆袭所艺;次有裴兴奴,与纲同时,曹纲善运拨,若风雨,而不事扣弦,兴奴长于拢撚,不拨稍软,时人谓曹纲有右手,兴奴有左手。武宗初,朱崖李太尉有乐吏廉郊者,师于曹纲,尽纲之能。纲尝谓侪流曰:'教授人亦多矣,未有此性灵弟子也。'郊尝宿平泉别墅,值风清月朗,携琵琶于池上,弹蕤宾调,忽闻芰荷间有物跳跃之声,必谓是鱼,及弹别调,即无所闻,复弹旧调,依旧有声。遂加意朗弹,忽有一物,锵然跃出池岸之上,视之乃方响一片,盖蕤宾铁也。以指拨精妙,律吕相应也。"

按此事未详其确年,云"武宗初",姑系于会昌元年。于此亦可概见李德裕生活之另一面。

德裕子烨约于本年为浙西观察使卢商从事,后授校书郎。

李潘《唐故郴州县尉赵郡李君墓志铭并序》云:"始自浙西廉帅□公商辟从事,授校书郎,俄转伊阙尉、河南士曹。"

按《旧·文宗纪》开成二年五月丙寅,李德裕由浙西改淮南,同月辛未,"以苏州刺史卢商为浙西观察使",墓志中空缺处当是"卢"字。《旧书》卷一七六《卢商传》载,商元和四年擢进士第,"少孤贫力学","开成初,出为苏州刺史。……迁润州刺史、浙西团练观察使"(《新书》卷一八二《卢商传》略同)。新旧书本传皆未载商何时罢浙西镇。《旧传》于叙镇浙西后即云:"入为刑部侍郎,转京兆尹。(会昌)三年,朝廷用兵上党,飞挽越太行者环地六七镇,以商为户部侍郎、判度支,兼供军使,军用无缺。"则卢商对讨伐昭义亦曾有功。其入为刑部侍郎当在德裕为相时。吴廷燮《唐方镇年表》系卢商为浙西在开成二年至五年,会昌元年缺人,二年为卢简辞,亦无确据。今按李潘所作李烨墓志,载烨曾受卢商辟为浙西从事,烨生于宝历二年(八二六),开成五年(八四〇)为十五岁，年龄过小，会昌元年为十六岁，差可。卢商当是会昌元年尚在浙西，故辟李烨入其幕府，明年浙西即改为卢简辞矣。

十一月，崔郸出为剑南西川节度使，德裕有诗送之，杜牧、姚合皆有和作。

《新书》卷六十三《宰相表》下，会昌元年，"十一月癸亥，郸检校吏部尚书、同平章事、剑南西川节度使"。

杜牧有《奉和门下相公送西川相公兼领相印出镇全蜀诗十八韵》（《樊川文集》卷二）："盛业冠伊唐，台阶翊戴光。无私天雨露，有截舜衣裳。蜀辍新衡镜，池留旧凤凰。同心真石友，写恨蓦河梁。虎骑摇风旆，貂冠韵水苍。彤弓随武库，金印逐文房。栈压嘉陵咽，峰横剑阁长。前驱二星去，开险五丁忙。回首峥嵘尽，连天草树芳。丹心悬魏阙，往事怆甘棠。治化轻诸葛，威声慑夜郎。君平教说卦，犬子召升堂。塞接西山雪，桥维万里樯。夺霞红锦烂，扑地酒垆香。忝逐三千客，曾依数仞墙。滞顽堪白屋，攀附亦周行。肉管伶伦曲，箫韶清庙章。唱高知和寡，小子斐然狂。"

德裕时为门下侍郎、同中书门下平章事，故杜牧诗题称"门下相公"。清冯集梧《樊川诗集注》卷二解此诗有云："据此诗云'盛业冠伊唐，台阶翊戴光'，当为武宗以弟继兄初立时事。郸尝副杜元颖西川节度使，故有'往事甘棠'之语。且郸以中书侍郎出镇，亦合所云'池留旧凤凰'者。又崔郸为崔郾之弟，牧之于郾下及第，又与'曾依数仞墙'之语为合。至此时为门下侍郎者，李德裕及陈夷行二人，据《旧唐书·崔郸传》，会昌初，李德裕用事，与郸弟兄素善云云，兹诗有石友、河梁等语,知门下相公之为德裕无疑也。"

按冯氏之说是(又缪钺《杜牧年谱》谓诗中"忝逐三千客,曾依数仞墙",系指杜牧曾在崔郸宣歙观察使幕府为幕僚之事,非如冯氏所云杜牧曾于崔郸之兄崔郾下及第)。今德裕原唱已佚,赖杜牧此诗知德裕尚有送崔郸之作。按杜牧本年七月自蕲州归长安,任比部员外郎,并兼史馆修撰之职(见《樊川文集》卷十《自撰墓志铭》)。

姚合有《和门下李相饯卤蜀相公》(《姚少监诗集》卷九),云:"圣朝同舜日,作相有夔龙。理化知无外,蒸黎尽可封。夔和皆达识,出入并登庸。"赞美德裕、崔郸为相之政绩。又云:"恩深施远俗,化美见前踪(自注:大和四年,门下相公出镇,至今西蜀事理化清净,民俗歌谣不绝)。"于此亦可见德裕前在蜀中之治绩。姚合另有《太尉李德裕自城外拜辞后归敝居瞻望音徽即书一绝寄上》(《姚少监诗集》卷十),当为后数年所作。姚合大和时曾与李汉等共同攻击过德裕,大和八年为杭州刺史,有《牧杭州谢李太尉德裕》(《全唐诗》卷五〇一),则德裕入相后,姚合态度有所转变,其弟姚勖则对德裕贬谪后始终同情,详见后谱。

本年王茂元为忠武节度、陈许观察使,李商隐有代王茂元致李宗闵书,以表钦慰之意。时李宗闵为太子宾客、分司东都。李商隐有代王茂元致李宗闵书与华州刺史周墀,墀亦被认为牛党。由此可见王茂元当时既非牛党,也非李党。

据张采田《玉溪生年谱会笺》,本年王茂元为忠武军节度、陈许观察使。(吴廷燮《唐方镇年表》卷二亦据李商隐

《为濮阳公陈许谢上表》,定王茂元于开成五年至会昌三年镇忠武)。

李商隐有《为濮阳公上宾客李相公状》两通(《樊南文集补编》卷二)。钱振伦笺谓"宾客李相公"指李德裕,张采田谓指李宗闵,云:"考《德裕传》,两为太子宾客,分司东都,一在大和九年,寻贬袁州长史;一在开成元年,旋检校户部尚书,复浙西观察使。开成二年,节度淮南。武宗即位,德裕由淮南入相。会昌初茂元出镇陈许之时,正德裕重居台席之时,状中所述,是岂当日情事耶?"张氏之说可信。按第二状有云:"相公昔在先朝,实秉大政,当君子信谗之日,禀达人大观之规。"会昌时所谓先朝,即指文宗时事。李宗闵于大和年间作相,后为郑注、李训所奏贬出,"昔在先朝"四句即指此。

状中对李宗闵甚表慰问与钦仰,如第一状云:"相公践履道枢,优游天爵,功无与让,故勇于退,能不自伐,故葆其光。"又云:"某早蒙恩顾,累忝藩方,本冀征辕,得由东洛,伏以延英奉辞之日,宰臣俟对之时,止得便奏发期,不敢更求枉路。限于流例,莫获起居,瞻望恩光,不任攀恋。傥蒙知其丹赤,赐以始终,则虽间山川,若在轩屏。"据此,则王茂元早年曾受到李宗闵的提拔奖引。书状中并表示,此次出守陈州,限于成例,未能前来洛阳相见,"不任攀恋",希望李宗闵谅察其一片丹诚。

第二状云:"某早蒙奖拔,得被宠荣,番禺将去之时,获醉上尊之酒,许下出征之日,犹蒙尺素之书。便道是拘,登门莫遂,向风弥节,掩泣裁笺,思幄恋轩,不胜丹款。"据此,则似王茂元前此出镇岭南,李宗闵曾为之出力。关于王茂元与李德裕、李宗闵的关系,请参拙著《李商隐研究中的一些问题》(《文学评论》一九八二年第三期)。

又据张采田《玉溪生年谱会笺》云:"按义山是年为周墀华州表奏颇多,疑暂居墀幕。"并见《上华州周侍郎状》(《樊南文集补编》卷六)、《华州周大夫宴席》诗(《玉溪生诗集笺注》卷一)。周墀即杜牧所谓为李德裕所排挤者(《樊川文集》卷七《唐故东川节度使检右仆射兼御史大夫赠司徒周公墓志铭》)。可见此时李商隐与牛党人物的往还。

〔编年文〕

《论故循州司马杜元颖状》二(《文集》卷十二)

《新·杜元颖传》谓:"元颖与李德裕善,会昌初,德裕当国,因赦令复其官。"按查《旧纪》,德裕于会昌年间当国时,朝廷颁大赦令仅二次,一为会昌元年正月庚戌,一为五年正月辛亥。德裕文云"既逢昌运,合与申冤",与会昌元年正月武宗即位不久之情势合,即系于此。

《赐背叛回鹘敕书》(《文集》卷五)

本年三月前奉宣撰,说详前。

《论救杨嗣复李珏裴夷直》三状(《文集》卷十二)

三月撰,说详前。按题中"裴夷直",明刊本及同治本"裴"均误作"陈",应据《旧纪》、《新·裴夷直传》及《通鉴》改正。《新书》卷一四八《张孝忠传》后附裴夷直事。

《唐故开府仪同三司行右领军卫上将军致仕上柱国扶风马公神道碑铭》(别集卷八)

此为马存亮神道碑。文云"至开成六年九月四日，薨于永嘉里第……明年二月八日"葬于灞陵之原。按开成仅五年，此"六"当为"五"之误。则碑文当作会昌元年春。

《请尊宪宗章武孝皇帝为不迁庙状》（《文集》卷十）

按《旧·武宗纪》会昌元年，"三月壬申，宰相李德裕、陈夷行、崔珙、李绅等奏：'宪宗皇帝有恢复中兴之功，请为百代不迁之庙。'帝曰：'所论至当。'续议之，事竟不行"。此处之李绅应作崔郸，因李绅明年始入相（说详后）。

又《唐会要》卷十六《庙议》下载："会昌元年三月，中书门下奏，请尊宪宗为不迁庙曰……表奏，留中不出。"《唐会要》所载奏语，可与文集参校。

《赠裴度太师制》（《文集》卷四）

《旧·武宗纪》会昌元年三月，"赠故中书令、晋国公裴度太师"。制当作于此时。按制词中云："徂谢之初，朋党异议，赠典不称，人情然。"裴度卒于开成四年三月，时杨嗣复、李珏为相，所谓"朋党异议"，当即指杨嗣复等人而言。

《牡丹赋》（别集卷九）

文中称"仆射十一丈"，乃指王起。《旧书》卷一六四《王起传》："武宗即位……寻检校左仆射、东都留守，判东都尚书省事。"朱金诚《白居易年谱》会昌元年引白氏《早入皇城赠王留守仆射》诗，谓王起自东都留守征拜吏部尚书、判太常卿事，约在会昌元年春后。本文云"青阳既暮，鶗鴂已鸣"，亦为暮春之景，即当作于本年。详参《李德裕文集校笺》。

《请增谏议大夫等品秩状》（《文集》卷十一）

文中未署年月。《旧·武宗纪》会昌元年，"五月辛未，中书门下奏：'据《六典》，隋置谏议大夫七人……'从之"。其内容与德裕文略同，《旧纪》所载中书门下奏，当即德裕草拟。

《宣懿皇太后祔陵庙状》三状（《文集》卷十）

第一状云："奉宣：宣懿皇太后祔光陵同玄宫及不移福陵只祔庙，何者为便，商量奏来。右臣等伏以园寝已安，神道贵静。光陵因山久固，仅二十年，福陵近又修崇，足彰严奉。今若再因合祔，须启二陵，或虑圣灵为安，未合先旨。……臣等商量，祔太庙，不移福陵，实为允便。"第二、第三状内容略同。按《宣懿皇太后祔太庙制》为本年六月十一日颁下（见后），即已确定祔太庙不移陵寝，而此三状对此事尚在商议之中，则应撰于六月十一日之前，或即在六月上旬。

《新书》卷七十七《后妃传》下载："穆宗宣懿皇后韦氏，失其先世。穆宗为太子，后得侍，生武宗。长庆时，册为妃。武宗立，妃已亡，追册为皇太后，上尊谥，又封后二女弟为夫人。有司奏：'太后陵宜别制号。'帝乃名所葬园曰福陵。既又问宰相：'葬从光陵与但祔庙孰安？'奏言：'神道安于静，光陵因山为固，且二十年，不可更穿。福陵崇筑已有所，当遂就。臣等请奉主祔穆宗庙便。'帝乃下诏：'朕因诞日，展礼于太皇太后，谓朕曰：天子之孝，莫大于承续。今穆宗皇帝虚合享之位，而宣懿太后实生嗣君，当以祔庙。'由是奉后合食穆宗室。"此即所记祔陵庙事。

又《唐会要》卷二十一《皇后诸陵议》条载武宗初中书门下奏福陵事，可与文集所载参看。

《宣懿皇太后祔太庙制》(《一品集》卷三)

《唐会要》卷十六《庙议》下："其年（琼按前叙事谓会昌元年,此云其年,亦即指元年）六月制:朕近因载诞之日,展承颜之敬,太皇太后谓朕曰:天子之孝,莫大于丕承;人伦之义,莫大于嗣续。……"即《文集》所载此制。又据《唐会要》卷二《帝号》,武宗生日在六月十一日。制中"朕近因载诞之日"云云,则当在六月十一日之后,或即在六月中旬之内。

《唐会要》卷三《皇后》条:"穆宗皇后韦氏,会昌时追册为皇太后,谥曰宣懿,武宗母也。"

《赐回鹘嗢没斯特勒等诏书》(《文集》卷五)

会昌元年八月,说见前。

《论田牟请许党项仇复回鹘嗢没斯部落事状》(《文集》卷十三)

会昌元年八月二十四日,说见前。

《秋声赋》(《别集》卷九)

自序云:"昔潘岳寓直骑省,因感二毛,遂作《秋兴赋》。况余百龄过半,承明三入,发已皓白（自注:自中书舍人及今,三参掖垣）,清秋可悲。尚书十一丈,鹓掖上寮,人文大匠,聊为此作,以俟知音。"

尚书十一丈,即王起。《旧书》卷一六四《王起传》:"武宗即位,八月充山陵卤簿使。……寻检校左仆射、东都留守,判东都尚书省事。会昌元年,征拜吏部尚书,判太常卿事。"德裕序中称王起为尚书,即会昌元年征为吏部尚书。刘禹锡有《同留守王仆射各赋春中一物从一韵至七》、《仆射来示有三春向晚四者难异之说……》等诗(《刘禹锡集笺证》外集卷四),则会昌元年春末王起尚在洛阳。又《刘禹锡集笺证》卷一亦有《秋声赋》,其自序云:"相国中山公赋《秋声》,以属天官太常伯,唱和俱绝,然皆得时行道之余兴,犹动光阴之叹,况伊郁老病者乎?吟之斐然,以寄孤愤。"此所谓天官太常伯,即吏部尚书。又刘禹锡卒于会昌二年七月,则其和《秋声赋》之作,当在会昌元年秋,由此亦可定德裕《秋声赋》所作之年月。

《请赐回鹘嗢没斯等物状》(《文集》卷十三)

闰九月作,说见前。

《赐回鹘嗢没斯等诏》(《文集》卷五)

闰九月作,说见前。

《请于太原添兵备状》(《文集》卷十三)

作于闰九月之后,十一月之前,说见前。

《论幽州事宜状》(《文集》卷十三)

闰九月作,说见前。

《论幽州事宜状》(《文集》卷十七)

十月作,说见前。

《宰相与刘约书》(《文集》卷九)

按《一品集》卷十三之《论幽州事宜状》曾云:"臣等今月五日于紫宸,陛下访问刘约事宜,令臣等亦与君赏一书……"此《论幽州事宜状》作于闰九月,时张绛尚未为张仲武所逐,则此《与刘约书》亦当作于闰九月。书中云:"张判官至,奉问,具承情旨。尚书以幽蓟频有叛乱,志在澄清,远陈嘉猷,益见忠恳。况先侍中累代继美，功德在人，尚书自按邻封，日彰惠政。"刘约时为义昌节度使、沧州刺史（参《唐方镇年表》卷四），与幽州接壤，故德裕书中称为"比邻"。刘约为刘总弟，其父刘济，贞元、元和时任幽州节度使，加兼侍中，奉诏讨王承宗有功，故德裕书中称"先侍中累代继美，功德在人"。

《请令符澈与幽州大将书状》（《文集》卷十三）

中云："访闻张仲武是幽州大将张朝先（琮按此误，应作张光朝）之子，沉勇有谋。陛下纵欲加恩，亦须且挫其气；又幽州旬月之内，移易三人，因此翻覆多端，亦要令其知愧。臣等商量，且望令符澈与大将已下一书，观其报答词理，足以知其情。出邻道节将，于国体无亏。其书白谨同封进。"此当是张仲武起兵后，武宗急欲加恩，德裕上奏，以为"须且挫其气"，令符澈先与幽州大将书。此状当作于十月。

《代符澈与幽州大将书意》（《文集》卷八）

前状云"其书白谨同封进"，则此文亦当作于十月。按《旧·文宗纪》开成四年"六月辛亥朔，以长武城使苻澈为邠宁节度使"，又《旧·武宗纪》载会昌二年三月以刘沔代苻澈为河东节度使、太原尹。李宗闵《义阳郡王符璘碑》（《全唐文》卷七一四）云："子澈，前为邠宁节度使，后为河东节度、太原尹、北都留守。"则会昌元年十月间苻澈正任河东节度使。《一品集》中"符澈"之"符"，当作"苻"。

《论游幸状》（《文集》卷十七）。

十月间作，说见前。

《请遣使访问太和公主状》（《文集》卷十三）

十一月初作,说见前。

《遣王会等安抚回鹘制》(《文集》卷三)

十二月十四日作,说见前。

《赐回鹘可汗书》(《文集》卷五)

十二月十四日作,说见前。

《论九宫贵神坛状》(《文集》卷十一)

按此文又见《唐会要》卷十下《九宫坛》条,作:"会昌元年十二月,中书门下奏……"所奏即德裕此状。可据以参校。

又《旧书》卷一六九《舒元舆传》,载元舆为监察御史时(大和初),曾上奏言祀九宫贵神事,据其所奏,此九宫贵神为:太一、天一、招摇、轩辕、咸池、青龙、太阴、天符、摄提。

会昌二年壬戌(八四二) 五十六岁

正月己亥,德裕进位司空,有《让司空后举太常卿王起自代状》(《文集》卷十八)。

《旧·武宗纪》曾载会昌元年三月"宰臣李德裕进位司空",未记日期。按《新·宰相表》会昌二年载:"正月己亥,李德裕为司空。"又载:"正月己亥,(陈)夷行为尚书左仆射,(崔)珙为尚书右仆射。"又《旧·武宗纪》会昌二年正月亦载"宰相崔珙、陈夷行奏定左右仆射上事仪注"。则德裕进位司空当在会昌二年。且王起于会昌元年春末尚在洛阳,至夏秋始应召入朝,为吏部尚书、判太常卿(见上年德裕与王起先后撰《秋声赋》条）。此《自代状》称王起为太常卿,则决非会昌元年三月事,《旧·武宗纪》误。

德裕举王起自代状云："臣伏见前件官五朝旧老,一代名臣,孔门四科,实居其首,皋陶九德,无不备包。足以燮和阴阳,允叶人望,当唐虞让德之举,副陛下则哲之知。"按王起素与德裕善,在洛阳时亦频与白居易诗酒交往。文宗开成时,起与郑覃皆因博学为文宗所知。《旧书》卷一六四《王起传》云："文宗好文,尤尚古学。郑覃长于经义,起长于博洽,俱引翰林,讲论经史。起僻于嗜学,虽官位崇重,耽玩无斁,夙夜孜孜,殆忘寝食,书无不览,经目靡遗。"

正月,以张仲武为卢龙节度使;并以兵部郎中李拭为巡边使,察看天德、振武等兵备。

《通鉴》卷二四六会昌二年："春正月,以张仲武为卢龙节度使。朝廷以回鹘屯天德、振武北境,以兵部郎中李拭为巡边使,察将帅能否。"以上措施,都在于防备回鹘的侵扰,部署边塞的将帅。

二月,李绅由淮南节度使召入拜相,为中书侍郎、同平章事、判度支。

关于李绅于会昌时拜相的时间,史书记载不一。《旧·武宗纪》系于会昌元年二月,云："壬寅,以淮南节度使、检校吏部尚书李绅为中书侍郎、同平章事。"（《旧·李绅传》同）《旧纪》且于三月载宰臣连名上请以宪宗为百代不迁之庙,称"宰相李德裕、陈夷行、崔珙、李绅等奏"。《新·武宗纪》系于会昌二年二月,云："二月丁丑,淮南节度副大使李绅为中书侍郎、同中书门下平章事。"《新·宰相表》同。《通鉴》会昌二年亦载："二月，淮南节度使李绅入朝。丁丑，以绅为中书侍郎、同平章事、判度支。"

按《通鉴》会昌元年三月载李德裕上疏救杨嗣复、李珏事（详见上年谱），谓"（三月）丙申，德裕与崔珙、崔郸、陈夷行三上奏"。又《考异》引德裕《献替记》文，记德裕于三月二十五日入中书，会见他相，称"崔相珙续至，崔郸次至，陈相最后至，已巳时矣"。皆未记有李绅。若李绅于二月已入相，绝不可能略去其姓名。又元王恽《玉堂嘉话》卷一载孔温业所撰《李绅拜相制》，载有年月日，为"会昌二年二月十二日"。由上所载，则李绅入相，应以会昌二年二月为是。关于此事，可参岑仲勉《唐史馀沈》页一八六《李绅命相年》条。

回鹘乌介可汗又向唐朝廷求粮食，并称欲借振武城居住。二月，德裕撰《赐回鹘书意》，称城不可借，其余可酌予应允。

《赐回鹘书意》载《文集》卷五。岑仲勉《会昌伐叛集编证》以为会昌二年初作，但未有论证。今按《通鉴》会昌二年二月载："回鹘复奏求粮，及寻勘吐谷浑、党项所掠，又借振武城。诏遣内使杨观赐可汗书，谕以城不可借，余当应接处置。"此即德裕《赐回鹘书意》之内容大旨，可定其时间即在二年二月。文中云："朕二年以来，保护可汗一国，内阻公卿之议，外遏将帅之言，朕于可汗，心亦至矣。可汗亦须深见事体，早见归还。所求种粮及安存摩尼、寻勘退浑、党项动掠等事，并当应接处置，必遣得宜，惟是拟借一城，自古以来，未有此事。"又云："所借一城，理绝言议，想可汗便须息意，勿更披陈。其余令杨观专往,示谕朕意。"此即《通鉴》所载二月"诏遣内使杨观赐可汗书"。按唐振武城即东受降城所在之地,位于河东与天德军之间,为军事重镇,若振武为乌介所据,河东向天德的应援即被切数断,故德裕坚持绝不能借此城与乌介。乌介也想以此窥测唐朝的决心与实力,逐步南侵。

二月,德裕又奏上《条疏太原以北边备事宜状》(《文集》卷十三),主张增兵防守杷头峰及东、中受降城,采取积极防御的措施。

岑仲勉《会昌伐叛集编证》谓此状当上于李拭正月出巡之后,及三月中旬李拭还京之前。是。按《通鉴》二月载:"河东节度使苻澈修杷头烽旧戍以备回鹘。李德裕奏请增兵镇守,及修东、中二受降城以壮天德形势,从之。"《通鉴》所载李德裕奏请者,即此《条疏太原以北边备事状》。中有云:"云州之北,并是散地,备御之要,系杷头烽,今苻澈虽修缮已毕……"按《通鉴》云:"三月,李拭巡边还,称振武节度使刘沔有威略,可任大事。时河东节度使苻澈疾病,庚申,以沔代之。"而德裕奏状中苻澈尚在河东节度使任,可见奏上即在二月。

状中又云:"(东受降城)隔河便是胜州,相去数里,望委巡边使与刘沔计会。"此所谓巡边使即李拭,而刘沔尚在振武(振武治东受降城)。德裕大意谓须修缮杷头烽、东中二受降城,而中受降城(在今内蒙古自治区包头市西)最是要地,"速与修筑,便令镇守,即天德形势自壮,虏骑不敢窥边"。后又云:"臣等伏以回鹘在边,切须有备,边备既壮,制置不难。"这是李德裕的一贯备边思想,以为首先必须增强边防实力,作好人力物力的各种准备,然后才谈得上其他应付事宜。

三月四日,德裕撰《论天德军捉到回鹘生口等状》(《文集》卷十三),请禁止边将杀害回鹘降者及俘虏。

按此文末注云"会昌二年三月四日"。文中称据天德军奏事官云,每有回鹘投降及捉得十人、五人,守将于问得事情后即加杀害。德裕以为:"伏以回鹘穷困,情亦可怜,屡有杀伤,恐伤仁化。望付翰林赐田牟、仲武诏,前后更有此类,便递送太原,令配在诸州安置,稍为允惬。"按张仲武时为幽州卢龙节度使,田牟"会昌初为丰州刺史、天德军使"(《旧书》卷一四《田弘正传》附)。

按日本僧人圆仁《入唐求法巡礼行记》卷三于会昌二年三月十二日曾记云:"回鹘军兵入唐境,今在秦府。国家抽六节度府兵马,遣回鹘界首。城中有回鹘人数百,准敕尽斩杀讫。在诸州府,亦同斯格。"圆仁谓长安城中有数百回鹘人尽皆斩杀,其他州府亦同此例,盖得之误传,实不可靠,观德裕此状,亦可证明。德裕后论回鹘人石诚直状(见后),也可证明,即使在此之后唐军已正式与乌介交战,也未有尽杀长安城中之回鹘人一事。

圆仁于四月某日又记:"见说回鹘兵马入秦府城住,节度使逃走,新除节度使在路不敢入。"此所谓秦府,即振武。按据《通鉴》载:"三月,李拭巡边还,称振武节度使刘沔有威略,可任大事。时河东节度使符澈疾病,庚申,以沔代之;以金吾上将军李忠顺为振武节度使。遣将作少监苗镇册命乌介可汗,使徐行,驻于河东,俟可汗位定,然后进。既而可汗屡侵扰边境,缜竟不行。"此时因唐朝廷拒绝乌介提出借振武城的要求,乌介又屡次侵边,因此天德、振武一带形势紧张,唐廷重新配置边境将帅,刘沔调任河东,李忠顺出镇振武。圆仁对武宗朝政事有偏见(此时唐朝廷已开始限制佛教活动),因此对唐与回鹘战事的记载,多有偏失,如此处所记,刘沔本由振武迁调河东,却记云"节度使逃走";李忠顺出镇振武,而册命使苗缜在路徐行,以察看乌介方面的形势,却误记为"新除节度使在路不敢入"。

回鹘一部侵唐横水栅,李德裕奏请令刘沔、李忠顺进击,并使乌介知所警惧。

《通鉴》三月载:"回鹘嗢没斯以赤心桀黠难知,先告田牟云,赤心谋犯塞;乃诱赤心并仆固杀之,那颉啜收赤心之众七千帐东走。河东奏:'回鹘兵至横水,杀掠兵民,今退屯释迦迦泊东。'李德裕上言:'释迦泊西距可汗帐三百里,未知此兵为那颉所部,为可汗遣来。宜且指此兵云不受可汗指挥,擅掠边鄙。密诏刘沔、仲武先经略此兵,如可以讨逐,事亦有名,摧此一支,可汗必自知惧。'"《通鉴·考异》云:"《实录》:符澈奏回鹘掠横水。事在正月李拭巡边前。按《一品集》此状云'宜密诏刘沔、忠顺',则状必在李忠顺镇振武之后也。盖澈在太原时奏之,沔除河东后德裕方有此奏,故置于此。"

四月,李德裕上疏论天德应付回鹘侵掠之对策大要为:一、以石雄骁勇善战,请授天德军都防御副使,佐助田牟攻讨。二、田牟不得出兵野战,致使城内空虚,应坚守城垒,等待救兵。三、及早授予嗢没斯官爵,并令边将联络退浑等部落,合力进击乌介部。四、优

待降虏,给予粮食。

《通鉴》二年四月载:"夏四月庚辰,天德都防御使田牟奏:'回鹘侵扰不已,不俟朝旨,已出兵三千拒之。'壬午,李德裕奏:'田牟殊不知兵。戎狄长于野战,短于攻城。牟但应坚守以待诸道兵集,今全军出战,万一失利,城中空虚,何以自固!望亟遣中使止之。如已交锋,即诏云、朔、天德以来羌、浑各出兵奋击回鹘,凡所虏获,并令自取。回鹘羁旅二年,粮食乏绝,人心易动。宜诏田牟招诱降者,给粮转致太原,不可留于天德。嗢没斯情伪虽未可知,然要早加官赏,纵使不诚,亦足为反间。且欲奖其忠义,为讨伐之名,令远近诸蕃知但责可汗犯顺,非欲尽灭回鹘。石雄善战无敌,请以为天德都团练副使,佐田牟用兵。'上皆从其言。"

按德裕所奏,即《文集》卷十三《条疏应接天德讨逐回鹘事》,计有七条,《通鉴》所载,确已概括其大要。文末云:"以前,臣等商量,若待天德奏到,已恐不及事机,望付翰林,各撰密诏,令中使向前审详事势。如已接战,便须准此处分。如蒙允许,其石雄便须今日降敕。"文后注"会昌二年四月十八日"。由此亦可见德裕办事,绝不留滞。

按石雄本为王智兴部下,英勇善战,王智兴忌之,曾于文宗朝奏贬其官。德裕为相,力荐之,石雄后在抗御回鹘、征讨泽潞中立有大功。《新书》卷一七一有传。

四月,李德裕又奏请赐幽州张仲武诏,令奚、契丹同力讨除赤心下散卒,驱遣回鹘出唐边界。

此即《奏回鹘事宜状》(四部丛刊本《李文饶文集》据陆

心源《唐文拾遗》录补）。岑仲勉《会昌伐叛集编证》引《考异》云："此状虽无月日，约须在杨观自回鹘还，赤心死，那颉啜未败前也。"岑氏以为："此状当上于四月。"

按此系请赐张仲武诏，令奚、契丹"同力讨除赤心下散卒，遣可汗渐出汉界，免有滞留"。由此可见，逐乌介部出唐边界，是李德裕处置此次边事的总方针、总目标，亦即是前《条疏应接天德讨逐回鹘事宜状》所云"朝廷只是责可汗犯顺，非是要灭回鹘"。

宦官仇士良忌恶德裕，乘间向武宗进谗言，德裕及时识破其阴谋。

《通鉴》本年四月载："上信任李德裕，观军容使仇士良恶之。会上将受尊号，御丹凤楼宣赦。或告士良，宰相与度支议草制减禁军衣粮及马刍粟，士良扬言于众曰：'如此，至日，军士必于楼前喧哗！'德裕闻之，乙酉，乞开延英自诉。上怒，遽遣中使宣谕两军：'赦书初无此事。且赦书皆出朕意，非由宰相，尔安得此言！'士良乃惶愧称谢。"

此事又见《旧·武宗纪》会昌二年四月，所记略同。

回鹘嗢没斯部归附于唐，五月，唐以嗢没斯为左金吾大将军、怀化群王，并与其部众米、绢；六月，又以其所部为归义军，嗢没斯充军使，并改名李思忠，随唐军征讨乌介。

《通鉴》本年四月记："甲申，嗢没斯帅其国特勒、宰相等二千二百余人来降。（《考异》曰：《一品集·嗢没斯特勒等状》五月四日上，《实录》在五月丙申，盖据奏到之日也。）"又："五月戊申，遣鸿胪卿张贾安抚嗢没斯等，以嗢没斯为左金吾大将军、怀化郡王；其次酋长官赏有差。赐其部众米五千斛,绢三千匹。"嗢没斯入朝。六月甲申,以嗢没斯所部为归义军,以嗢没斯为左金吾大将军,充军使。"七月,"嗢没斯请置家太原,与诸弟竭力捍边";又八月"丁丑,赐嗢没斯与其弟阿历支、习勿啜、乌罗思皆姓李氏,名思忠、思贞、思义、思礼;国相爱邪勿姓爱,名弘顺,仍以弘顺为归义军副使"。

按唐对嗢没斯部落的处理,主要出于李德裕的谋略。嗢没斯原也是回鹘的一支,但与乌介有矛盾,较倾向于唐廷。但其初到唐边界时,边将及朝中诸臣多主张出兵击讨,唯李德裕主张不能轻率用兵,力主安抚,并济以粮食。这就使嗢没斯逐步归向唐廷。李德裕处理此事,是谋略上的一大成功,使唐边境减少一部分敌对力量,集中力量打击对唐侵扰不已的乌介部。

《文集》中有关此事者,有《授嗢没斯可特进行左金吾卫大将军员外置仍封怀化郡王制》、《授历支特勒以下官制》、《论嗢没斯特勒等状》、《论嗢没斯下将士二千六百一十八人赐号状》、《授嗢没斯检校工部尚书兼归义军使制》、《请赐嗢没斯枪旗状》、《谢宣示嗢没斯等冠带讫图状》、《奉宣嗢没斯所请落下马价绢便赐与可汗稳便否奏来者状》、《论嗢没斯家口等状》等。

德裕于八月初一日奏上《论讨袭回鹘事宜状》(《文集》卷十七),建议令石雄率少数精骑,夜袭斫乌介营,当可获得成功;后因朝臣有异议,此计暂时作罢。

按回鹘虽为黠戛斯所败,内部又自相攻战离析,但乌介一部兵众尚多,且逐步南移,侵掠唐之边界,《通鉴》曾记谓:

"时乌介众虽衰减，尚号十万，驻牙于大同军北闾门山。"又云："初，可汗往来天德、振武之间，剽掠羌、浑，又屯杷头烽北（《通鉴》胡注引宋白曰：杷头烽在朔川）。朝廷屡遣使谕之，使还漠南，可汗不奉诏。"在此情况之下，德裕即奏上《论讨袭回鹘事宜状》，提出夜袭碛营的计策，大要谓："右臣频奉圣旨，缘回鹘渐逼杷头烽，早须讨袭，兼如何取得公主者。臣久经思虑，非不精详。回鹘皆骑兵，长于野战，若在碛卤，难与交锋，虽良将劲卒，无以制胜。臣比闻戎虏不解攻城，则知除马上驰突，其他并不惯习，臣料必无游奕伏道，又未会碛营。倘令石雄以义武马军一千骑，兼拣退浑一千骑，精选步卒，以为羽翼，衔枚夜袭，必易成功。"

按《通鉴》会昌二年八月条《考异》引《实录》云："八月壬戌朔，李德裕奏请遣石雄碛营取公主，擒可汗。"由此可知奏此状在八月初一日。按德裕此处分析回鹘用兵的长处与短处，也分析了唐军的长处与短处，扬长避短，提出夜袭的计策。后会昌三年正月石雄即用此计策大破乌介部众，迎太和公主归唐。但德裕此计在会昌二年八月未曾施行，其《论回鹘事宜状》（《文集》卷十四）有云："前日尚书丞郎郑肃等皆见臣等恳说，且欲曲全恩信，告谕丁宁，纵要驱除，只可出于边将，常令曲在于彼，未要便与交锋。……臣等今月一日所商量遣石雄碛营事，望且令驻，更审候事势。"由此可见朝臣中有一部分畏与回鹘交战，而以"曲全恩信"为掩饰，李德裕对此不得不作暂时妥协，令石雄碛营事暂且作罢。

按郑肃，《旧书》卷一七六、《新书》卷一八二有传。《旧传》称其"素与李德裕亲厚"；文宗时本为河中节度使，"会昌初……召拜太常卿，累迁户部、兵部尚书"。

八月二十七日，德裕奏请召集公卿会议，商讨对付乌介部入侵事宜。以牛僧孺为首的部分朝臣，畏敌避战，采取消极应付的态度，德裕于奏论中一一加以辩驳。

《文集》卷十四有《驱逐回鹘事宜状》，文末注云"会昌二年八月二十七日"。状中提出两项处理办法，一为"待至来春回鹘人马羸困之时，计会驱逐"，如此则幽州之兵暂在本界屯集，待候处分；一为"若虑冰合后，回鹘更有驰突，事当及早驱逐"，则"即须速为计会"，"须令一两个月内便见成功，如此即免费资财，得早安边境"。为此建议公卿集议，谓："元和中征讨王承宗、李师道，长庆中征讨李齐，并令集议。况闻向外议论不一，互有异同，若不一度遍询群情，终为闲词所挠。望令公卿集议，两日内闻奏，所冀博尽群议，厌服众心。"《通鉴》定此事于八月戊子，云："戊子，李德裕等上言：'……今闻外议纷纭，互有异同，傥不一询群情，终为浮辞所挠。望令公卿集议。'诏从之。"戊子亦八月二十七日。由此可见，当时朝臣中对如何处理回鹘侵边，意见分歧，而主张消极避战者，则以牛僧孺为代表，德裕连续有《公卿集议须便施行其中有未尽处须更令分析闻奏谨具一一如后状》（《文集》卷十四）、《牛僧孺等奉敕公卿集议须便施行其中有未尽处须更令分析谨连如前状》（同上）加以辩驳。

按《公卿集议须便施行其中有未尽处须更令分析闻奏谨具一一如后状》，明本文末注"九月二十"，畿辅本无此注。岑仲勉《会昌伐叛集编证》考云："畿本此状无月日。合后七日状比观,即知此状应在七日状之前;且七日状显指第二次集议言,否则不得云'公卿所议犹未切要'也。况二十七日状有云'望令公卿集议,两日内闻奏'。则公卿集议,应在八月底(是月大建),其闻奏应在九月一日或二日。今明本此状末署'九月二十',下缺日字,与全集书例不符,合而思之,知二十乃二日之讹,如是,则前后皆可相通矣。"岑说是,可信从。

按此两次公卿集议,主持者为牛僧孺、陈夷行。据《通鉴》所载,陈夷行则连嗢没斯欲求粮食亦不欲应允者,德裕奏论中所引"虚论"、"浮词",当出于以牛僧孺为首之一部分朝臣。

德裕于九月二日奏论中引用公卿集议的部分言论,并加辩驳云:"议状云:'选将练卒,未甚得人。'今缘边节镇,将下群守,谁人最不称职? 文武班中,谁人堪任将帅? 须指陈其事,不得泛言。"又:"又云:'守御要害,未甚有备;犄角之设不相应,辅车之谋不相依。'今何处置兵,即为要害,何处加备,即为相应,并须指言去处。"又:"又云:'来即驱逐,去亦勿追。'昨所令集议出师驱逐,去亦勿追,如此相守,何时得了? 军粮日有所费,边境终无安宁。此最关取舍大计,须便堪行用。"

按牛僧孺等可称之为此次抵御回鹘入侵的取消派,他们采取抽象否定的办法,认为此时唐朝的兵力根本不可能与回鹘一战,李德裕则针锋相对地加以质问,请他们作出具体的回答,而这正是牛僧孺等所害怕也最不能回答的,因为他们对这次防御部署毫无所知。又，李德裕认为这次论议中"最关取舍大计"的，是"来即驱逐，去亦勿追"这样一种论调，这完全是一种被动应付的消极措施。回鹘是游牧民族，长于驰骋野战，如果退走而不加进击，实际上是给回鹘恢复元气，以求再犯的机会，而唐朝则势必"军粮日有所费，边境终无安宁"。这牵涉到根本战略问题，因此德裕在此次进状中郑重提出，求得明确的解决，"须便堪行用"。

九月七日，德裕又进上《牛僧孺等奉敕公卿集议须便施行其中有未尽处须更令分析谨连如前状》（《文集》卷十四）。文末署"会昌二年九月七日"，即前九月二日后牛僧孺又集公卿会议，德裕认为"犹未切要"者，因此又进一步予以批驳："状云：'边将不闻以攻守之术，上闻朝廷，则将略可知也。又诸道征兵，其数不少，乌合之众，号令不齐。又近者回鹘攻劫云州，渐入内地，节级城守，莫能式遏，亦未见邻近堡栅首尾救援者。'窃详此意，只是见大段形势，实未切事机。朝廷比来待遇回鹘，惟推恩信，谕其职分，使自退归。所征戍兵，只令守备，都未尝有攻讨之意。昨者回鹘迫于饥困，至云州劫夺牛羊，已为侵暴事，须与城栅斗敌，兵法所谓疾雷不及掩耳。便云莫能式遏，亦似过诬。堡栅既无重兵，合须自守，令其首尾救援，亦是虚谈。自古所云乌合之众，皆谓临时召募，未经训习，如韩信驱市人而战，即是乌合。陈许、淄青等兵，并是节制之师，久经战伐，但令一处指挥，自然号令齐一，固不可谓之乌合。"大凡反对者，皆盛言回鹘之兵势，又极言唐军之不足与战，德裕一一剖明，持论坚实。《旧·武宗纪》会昌二年八月亦载云：

"诏以回纥犯边,渐侵内地,或攻或守,于理何安？令少师牛僧孺、陈夷行与公卿集议可否以闻。僧孺曰：'今百僚议状,以固守关防,伺其可击则用兵。'宰相李德裕议以回纥所恃者嗢没、赤心耳,今已离叛,其强弱之势可见。戎人犷悍,不顾成败,以失二将,乘忿入侵,出师急击,破之必矣,守险示弱,虏无由退。击之为便。天子以为然。"

又,杜牧所作牛僧孺墓志与李珏所作牛僧孺神道碑皆未载此次论议事。

九月上旬,德裕撰《授刘沔招抚回鹘使制》、《授张仲武东面招抚回鹘使制》,正式任命对回鹘作战的将帅,并令刘沔等采集蕃马,充实军备,沿边各路兵马作好向前攻讨的准备。

《文集》卷三载《授刘沔招抚回鹘使制》、《授张仲武东面招抚回鹘使制》。岑仲勉《会昌伐叛集编证》云："九月七日状有云：'昨来加刘沔招抚使。'可见此官之授,在九月,且在七日前。"《旧·武宗纪》系于八月条下,但《旧纪》本年八月后即接十月,无九月。《通鉴》即载之于九月,云："九月,以刘沔兼招抚回鹘使,如须驱逐,其诸道行营兵权令指挥；以张仲武为东面招抚回鹘使,其当道行营兵及奚、契丹、室韦等并自指挥。以李思忠（琮按即嗢没斯之改名）为河西党项都将回鹘西南面招讨使；皆会军于太原。"

可见李德裕一面在朝中剖析对回鹘用兵的方略,批驳朝臣中畏敌避战的主张,另一面则作实际的部署,先任命指挥将帅,以刘沔统辖,张仲武统率东面军,李思忠（嗢没斯）统率西南面军,而以太原为前线指挥中心。

德裕于九月十一日又撰《请市蕃马状》(《文集》卷十四),请令刘沔收买蕃马以充军备,并防回鹘劫夺。九月十二日撰《请发镇州马军事状》(《文集》卷十四),请令太原与幽州合兵,向前移营,以作驱除乌介部的准备,镇州马军则暂可不予征发。九月十三日,又撰《请契苾通等分领沙陀退浑马军共六千人状》(《文集》卷十四),云:"臣等商量,令刘沔与幽州、振武、天德合出大军置营栅,渐移向前逼蹙,即令思忠领蕃浑马军深入。计思忠兵势相及可汗牙帐,必自有变,兼令招其降者,即易成功。"九月中旬又撰《赐思忠诏书》(《文集》卷五),告以何清朝、契苾通等受其指挥,以示信用,云:"今令左卫将军何清朝、蔚州刺史契苾通,分领蕃浑部落,取卿指挥。朕已切戒何清朝等,令其协尽心力,副卿忠诚,进取之时,一切取卿方略。"

〔辨正〕《通鉴》所载李德裕素恶白居易,排斥居易为相一事,系司马光出于对李德裕的偏见。

《通鉴》会昌二年九月载:"上闻太子少傅白居易名,欲相之,以问李德裕。德裕素恶居易,乃言居易衰病,不任朝谒,其从父弟左司员外郎敏中,辞学不减居易,且有器识。甲辰,以敏中为翰林学士。"

按此事亦见两《唐书·白敏中传》,《旧书》卷一六六《白敏中传》谓:"会昌初,为殿中侍御史,分司东都,寻除户部员外郎,还京。武宗皇帝素闻居易之名,及即位,欲征用之,宰相李德裕言居易衰病不任朝谒,因言从弟敏中辞艺类居易,

即日知制诰,召入翰林充学士,迁中书舍人。"《新书》卷一一
九《白敏中传》亦言:"武宗雅闻居易名,欲召用之。是时居易
足病废,宰相李德裕言其衰荼不任事,即荐敏中文词类其兄
而有器识。即日知制诰,召入翰林为学士,进承旨。"

按《通鉴》关于此事的记载,与新旧《唐书》不同的,第
一,《通鉴》增加李德裕素恶白居易句,突出德裕斤斤于个人
私怨。第二,两《唐书》仅谓武宗欲召用白居易,而《通鉴》则
改为"欲相之",以显示李德裕之持权忌才。

按白居易本年已七十一岁,开成四年即得"风疾",左足
病残。其《病中诗十五首》(《白居易集》卷三五)自序云:"开
成己未岁(琼按开成四年),余蒲柳之年,六十有八。冬十月
甲寅旦,始得风痹之疾,体瘝目眩,左足不支,盖老病相乘时
而至耳。"开成五年有《病入新正》、《卧疾来早晚》等之作,又
《强起迎春戏赠思黯》云"杖策人扶废病身",《病后四首》云
"摩挲病脚日阳前","行无筋力寻山水",《足疾》云"足疾无
加亦不瘳,绵春历夏复经秋",《老病幽独偶吟所怀》云"眼渐
昏昏耳渐聋,满头霜雪半身风"(以上皆《白居易集》卷三
五)。至会昌二年,其所作《病中看经赠诸道侣》(《白居易
集》卷三六)仍云:"右眼昏花左足风,金篦石水用无功(自
注:金篦刮眼病,见《涅槃经》;磁石水治风,见《外台方》)。"
可见李德裕说白居易"衰病不任朝谒","足病废",完全合乎
事实,在当时处于对外与回鹘交战、对内须妥善处理藩镇与
宦官关系的复杂情势中,白居易确是不堪任此剧要的。

又丁居晦《重修承旨学士壁记》载:"白敏中:会昌二年九

月十三日自右司员外郎充,其月十五日改兵部员外郎,十一月二十九日加知制诰,三年五月二十九日转职方郎中,十二月七日加承旨、赐紫,四年四月十五日拜中书舍人,九月四日迁户部侍郎,知制诰,并依前充。"由此可见,白敏中正是在会昌年间李德裕执政时官位逐步迁升的,《新传》谓德裕"荐敏中文词类其兄而有器识",正说明德裕对白氏兄弟并无朋党成见。宋叶梦得《避暑录话》卷一称"白乐天与杨虞卿为姻家而不累于虞卿……李文饶素不乐,而不为文饶所深害",说德裕"素不乐"居易,乃是受《通鉴》等书的影响,并无根据,但说"不为文饶所深害",却说明德裕并未加害于居易。当然宋人也有依据不可靠的材料而以党派门户之见来评论白、李二人的关系的,如罗大经就不以叶梦得上述的话为然,并说白居易"至一闻李文饶之败,便作诗畅快之,岂非冤亲未忘、心有偏党乎?"实则德裕贬崖州,居易已死,何能再为作诗经表"畅快"?(此事详见后辨)

康骈《剧谈录》曾记李德裕对于白敏中的奖掖,其书卷上《李朱崖知白令公》条云:"白中书方居郎署,未有知者,唯朱崖李相国器之,许于搢绅间多所延誉。然而资用不充,无以祗奉僚友。一旦,相国遗钱十万,俾为酒肴之备,约省阁名士数人,克日同过其第。时秋暮阴沈,涉旬霖沥。贺拔惎任员外府罢,求官未遂,将欲出京薄游,与白公同年登第,羸驹就门告别。阍者以方俟朝客,乃以他适对之。贺拔惎遂驻车留书,备述羁游之意。白公览书叹曰:'丈夫处世,穷达当有时命,苟不才以侥幸取容,未足为发身之道,岂得家蓄美馔,止邀当路豪贵，曩时登第贫交，今日闭关不接，纵使便居荣显，又安得不愧于怀！'遽令仆者命贺拔惎回车，遂以杯盘同费。俄而所约朝贤联骑而至，阍者具陈与贺拔从容，无不愧愕而去。翌日，于私第谒见相国，询朝士来者为谁。白公对以宾客未至，适有同年出京访别，悯其龙钟委困，不忍弃之，留饮数杯，遂缺祇接，既负吹嘘之意，甘从谴斥之罪。相国称赏，逾时曰：'此事真古人之道，由兹贵达，所以激劝浇薄。'不旬日，贺拔自使下评事，先授美官，白公以库部郎中为翰林学士，未逾三载，便秉钧衡。"

此事又见于王谠《唐语林》卷三《赏誉》，字句略同。《唐语林》当即本于《剧谈录》。事之有无虽不可必，但也可概见在唐末的记载中，白敏中于会昌年间仕途的迁升是得力于李德裕的荐引的，由此也可见德裕在用人方面并非完全出于朋党之见。

封敖于十二月初一日为翰林学士。敖为李德裕所器识。

丁居晦《重修承旨学士壁记》："封敖：会昌二年十二月一日自左司员外郎兼侍御史知杂事充。其月三日改驾部员外郎。三年五月二十五日加知制诰，四年四月十五日迁中书舍人，九月四日迁工部侍郎、知制诰，依前充，五年三月十八日三表陈乞，蒙恩出守本官。"又《新书》卷一七七《封敖传》："转右拾遗，雅为宰相李德裕所器。会昌初，以左司员外郎召为翰林学士。"

十二月，德裕又奏上《请发河中马军五百骑赴振武状》、《请发李思忠进军于保大栅屯集状》、《赐刘沔张仲武密诏》等，作与乌介部决

战准备,并催促刘沔、张仲武等进军。

《文集》卷十四载《请发河中马军五百骑赴振武状》,文末注:"会昌二年十二月十日。"此状系奏请发河中马军五百骑赴振武,归李忠顺指挥,因此时乌介"可汗移营,已近振武"。

《文集》卷十四载《请李思忠进军于保大栅屯集状》,文末注:"会昌二年十二月二十七日。"按《通鉴》会昌二年冬载:"刘沔、张仲武固称盛寒未可进兵,请待岁首,李忠顺独请与李思忠俱进。十二月丙寅,李德裕奏请遣思忠进屯保大栅,从之。"《通鉴》所载十二月丙寅之德裕奏请,即此状。状中并建议令刘沔、张仲武与李思忠配合,作好明年岁初进军之准备,云:"伏以今年八月制置,待诸道进军移营,逼可汗衙帐,即李思忠领衔蕃骑深入,覆其巢穴。续缘刘沔、张仲武确称冬寒进军未得,请待正初,今已及期,望诏刘沔、张仲武一时进军,以壮思忠兵马。"文末又云:"其刘沔、仲武诏意,谨同封进。"此同时封进者即《文集》卷六《赐刘沔张仲武密诏》,中云:"卿宜遣使告谕,明示朕怀,如或迟留,尚为巧诈,即须犄角相应,临以兵威。"

德裕对宦官请托用人的态度。

《唐语林》卷七《补遗》载:"陇西李胶,年少持才俊,历尚书郎。李太尉称之,欲处之两掖。江夏卢相判大计,白中书,欲取员外郎李胶权盐使。太尉不答。卢不敢再请胶。太尉曰:'某不识此人,亦无因缘,但见风仪标品,欲与谏议大夫,何为有此事?'卢曰:'某亦不识,但以要地嘱论。'因于袖中出文,乃仇士良书也。太尉归戒阉者,此人来不要通。后竟坐他罪,出为峡内郡丞。"

按仇士良卒于会昌三年,且三年已失宠无权势,此当是会昌元年或二年事。李胶本为德裕所赏识,欲加荐拔,但后闻其结托宦官,仇士良又作书请托于朝官,德裕即不与来往,更不与升迁。由此可见德裕对宦官干预朝政抱深恶痛疾的态度。又,江夏卢相,周勋初《唐语林校证》谓指卢商。商,《新书》卷一八二有传。

日僧圆仁所记唐朝廷重道轻佛及已开始令僧尼还俗。

《入唐求法巡礼行记》卷三会昌二年六月十一日记:"上德阳日。大内降诞斋,两街大德对道士,御前论义。道士二人得紫,僧门不得着紫。""上德阳日",即武宗生日,武宗生日为六月十二日。

又十月九日记:"敕下:天下所有僧尼解烧炼咒术禁气,背军身上杖痕乌文,杂工巧,曾犯淫养妻不修戒行者,并勒还俗。若僧尼有钱物及谷斗田地庄园,收纳官,如惜钱财,情愿还俗去,亦任勒还俗,宛入两税徭役。……左街功德使奏,准敕条流僧尼,除年已衰老及戒行精确外,爱惜资财、自愿还俗僧尼共一千二百卅二人。右街功德使奏,准敕条流僧尼,除年已衰老及戒行精确外,爱惜资财、自愿还俗僧尼共二千二百五十九人。奉敕:左右街功德使奏,准去年十月七日、十六日敕条流,令还俗僧尼,宜依。其爱惜资财、情愿还俗者,各委本贯收宛两税户。向后诸道有如此色类,并准此处分。"可见此时已开始勒令部分僧尼还俗。

七月,刘禹锡卒,时为太子宾客,在洛阳,年七十一。

> 《旧书》卷一六〇《刘禹锡传》:"会昌二年七月卒,时年七十一。"又参见卞孝萱《刘禹锡年谱》。

杜牧约于三、四月间出为黄州刺史。〔辨正〕关于杜牧在大中年间就出任黄州刺史事对李德裕的攻讦。

> 杜牧《上宰相求湖州第二启》(《樊川文集》卷十六):"会昌元年四月,兄慥自江守蕲,某与颙同舟至蕲。某其年七月,却归京师。明年七月,出守黄州。"据缪钺《杜牧年谱》所考,此处"明年七月"之"七"有误,据杜牧所作《黄州准祭百神文》《祭城隍祈雨第二文》等,杜牧于会昌二年三、四月即已在黄州。
>
> 杜牧《祭周相公文》(《樊川文集》卷十四)中云:"会昌之政,柄者为谁? 忿忍阴污,多逐良善。牧实忝幸,亦在遣中。黄岗大泽,葭苇之场,继来池阳,栖在孤岛。僻左五岁,遭逢圣明。收拾冤沉,诛破罪恶。"此处"会昌之政,柄者为谁"等数句指李德裕于会昌柄政时多排斥驱逐"良善",杜牧之出守黄州,也出于李德裕之意。周相公即周墀。此文为大中五年七月杜牧在湖州刺史时作,时德裕已贬死崖州,白敏中、令狐绹等当权,故杜牧作此语以进一步攻讦德裕。
>
> 今查杜牧在黄州时期所作诗文,对出守黄州一事的看法,则与此《祭周相公文》不同。杜牧有《黄州刺史谢上表》(《樊川文集》卷十五),云:"臣奉某月日敕旨,自某官授臣黄州刺史,以某月日到任上讫。……臣某自出身已来,任职使府,虽有官业,不亲治人。及登朝二任,皆参台阁,优游无事,

止奉朝谒。今者蒙恩擢授刺史，专断刑罚，施行诏条，政之善恶，唯臣所系。素不更练，兼之昧愚，一自到任，忧惕不胜，动作举止，唯恐罪悔。"杜牧自谓在此之前，或为幕府官，或为台阁中任文字之职，从未有专治一方而握有实权的。表中又对会昌之政加以颂扬，云："今自陛下即位已来，重罪不杀，小过不问，普天之下，蛮貊之邦，有罹艰凶，一皆存恤。圣明睿哲，广大慈恕，远僻隐厄，无不欢戴十四圣之生育，张二百四十年之基宇。臣于此际，为吏长人，敢不遵行国风，彰扬至化。"

如果说《谢上表》是例行公文，不得不说一些恭维的话，那么杜牧尚有《上李中丞书》（《樊川文集》卷十二），也作于黄州时，可作进一步剖析。据缪钺《杜牧年谱》，此李中丞为李回，回于会昌初任户部侍郎兼御史中丞，为李德裕所器识。杜牧书中谓："某入仕十五年间，凡四年在京（缪《谱》谓：杜牧自大和二年制策登科入仕为校书郎，下数到会昌二年，恰为十五年），其间卧疾乞假，复居其半。嗜酒好睡，其癖已痼，往往闭户便经旬日，吊庆参请，多亦废缺。至于俯仰进趋，随意所在，希时徇势，不能逐人。是以官途之间，比之辈流，亦多困踬。……默默成戚，守日待月，冀得一官，以足衣食。一自拜谒门馆，似蒙奖饰，敢以恶文连进机案，特遇采录，更不因人，许可指教，实为师资，接遇之礼过等，询问之辞悉纤。虽三千里僻守小郡，上道之日，气色济济，不知沉困之在己，不知升腾之在人，都门带酒，笑别亲戚。斯乃大君子之遇难逢，世途之不偶常事，虽为远宦，适足自宽。"据此，则知杜牧在朝中任职，薪俸不丰，"冀得一官，以足衣食"，意即欲得一地方官以补济其经济上的不足，于是求之于李回，而又因李回之佐助乃得黄州刺史，杜牧自谓"上道之日，气色济济"，这与《祭周相公文》所述，相距多远。

杜牧又有《雪中书怀》诗（《樊川文集》卷一），中有"北虏坏亭障，闻屯千里师"句，缪《谱》谓即指会昌年间回鹘侵边事，乃本年冬作。有云："北虏坏亭障，闻屯千里师。牵连久不解，他盗恐旁窥。臣实有长策，彼可徐鞭笞，如蒙一召议，食肉寝其皮。"杜牧与牛僧孺等不同，终以国事为念，期望唐朝廷能够中兴，而寄希望于会昌的政事，因此诗中谓："天子号仁圣，任贤如事师。凡称曰治具，小大无不施。明庭开广敞，才俊受羁维。"这与他在大中时所说的会昌之政"忿忍阴污，多逐良善"，适相违反。

本年郑亚子畋登进士科，礼部侍郎柳璟知贡举（徐松《登科记考》卷二十二）。

〔编年文〕

《论九宫贵神合是大祠状》（《文集》卷十一）

《唐会要》卷十下《九宫坛》条："（会昌）二年正月四日，太常礼院奏：准监察御史关牒，今月十三日祀九宫贵神，已敕宰相崔珙摄太尉行事，合受誓诫，及有司徒司空否……伏恐不合却用大祀礼科，伏候裁旨。中书门下奏曰……"按《唐会要》此处所载中书门下奏，即德裕此状，由此可考见其事在正月上旬。又《唐会要》所载与文集，文字颇有出入，可以考校。（又《旧·武宗纪》会昌二年正月载："中书奏百官议九宫坛本大祠，请降为中祠。"意有所不同，可以参看。）

《让司空后举太常卿王起自代状》(《文集》卷十八)

正月作,见前谱。

《赐回鹘书意》(《文集》卷五)

奉宣撰,作于二月,见前谱。又宋叶梦得《石林燕语》卷五:"唐诏令,虽一出于翰林学士,然遇有边防机要大事,学士所不能尽知者,则多宰相以其处分之要者自为之辞,而付学士院,使增其首尾常式之言而已,谓之诏意,故无所更易增损。今犹见于李德裕、郑畋集中。"

《条疏太原以北边备事宜状》(《文集》卷十三)

二月作。《岑仲勉史学论文集》页三七六注释(一四)指出明刊本此文误接下一篇《条疏应接天德讨逐回鹘事宜状》,将二文混合为一文。前文作于会昌二年二月,后文作于会昌二年四月十八日。

《论河东等道比远官加给俸料状》(《文集》卷十二)

按此又见《旧·武宗纪》会昌二年丙寅中书奏语。又见《唐会要》卷九二《内外官料钱》条(《会要》误作元年,应据《旧纪》作二年,《册府元龟》卷五〇八《邦计部·俸禄》四亦作元年)。

《论天德军捉到回鹘生口等状》(《文集》卷十三)

文末注曰"会昌二年三月四日"。详见前谱。

《进上尊号玉册文状》(《一品集》卷十八)

《旧·武宗纪》会昌二年载:"四月乙丑朔,光禄大夫、守司空、兼门下侍郎、平章事李德裕,银青光禄大夫、守右仆射、门下侍郎、平章事崔珙,银青光禄夫大、中书侍郎、同平章事李绅,金紫光禄大夫、检校司徒、兼太子太保牛僧孺等上章,请加尊号曰仁圣文武至神大孝皇帝。戊寅,御宣政殿受册。"

德裕《进上尊号玉册文状》第一状于题下注云"会昌二年",文中云"今月二十一日奉宣,令臣撰文者"。按据《旧纪》,请上尊号在二年四月乙丑朔,受册在四月戊寅(十四日),则此所谓"今月二十一日",当为三月二十一日,由此可知《进上尊号玉册文》及下《上尊号玉册文》皆为三月下旬作。

又《进上尊号玉册文》云:"臣本以门荫入仕,不由俊造之选,独学无友,未尝琢磨。然心好艺文,老而不倦,近加衰病,久废含毫,祗奉渥恩,实怀荣惧。"由此数句自述,可见德裕并未有轻视或嫉视进士之意,不惟如此,而且他推崇进士为"俊造之选",自谦以门荫入仕,未能素究于艺文。则晚唐五代关于德裕排斥进士的种种记载,多为失实。

《上尊号玉册文》(《文集》卷一)

三月下旬作,说见前。按此文第一首于题下注云"会昌二年奉敕撰",首云:"维会昌二年,岁次壬戌,四月乙丑朔,十四日戊寅。"所署名有李德裕、陈夷行、崔珙、李绅、牛僧孺。《旧纪》无陈夷行名(引见前条)。按夷行于本年六月始罢相为太子太保,此次宰相连名上书上尊号玉册,应有其名,《旧纪》漏书。

《条疏应接天德讨逐回鹘事宜状》(《文集》卷十三)

文末注云"会昌二年四月十八日"。《旧·武宗纪》会昌二年四月载:"天德奏,回纥族帐侵扰部内。"岑仲勉《会昌伐叛集编证》引《旧纪》此文,谓"此状即指其事"。

状中云：“石雄骁勇善战，当今无敌，望授天德军都防御副使兼马步都知兵马使，助田牟攻讨。”《新书》卷一七一《石雄传》谓：“会昌初，回鹘入寇，连年掠云、朔，牙五原塞下。诏雄为天德防御副使，兼朔州刺史，佐刘沔屯云州。”（岑仲勉谓此处作朔州误）

《奏回鹘事宜状》（四部丛刊本《李文饶文集》据陆心源《唐文拾遗》补录）

四月作，说详见前谱。

《赐回鹘可汗书意》（《文集》卷五）

岑仲勉《会昌伐叛集编证》云：“杨观之使，在二年初，此则杨观刚回，而书中对嗢没斯则谓已许降附，必不别有任使，是在嗢没斯既降尚未授官之时，即二年四月也。”按《通鉴》系于二年四月，当依岑说以作于四月为是。

《授嗢没斯可特进行左金吾卫大将军员外置仍封怀化郡王制》（《文集》卷八）

《旧·武宗纪》会昌二年六月载：“回纥降将嗢没斯将吏二千六百余人至京师。制以嗢没斯检校工部尚书，充归义军使，封怀化郡王，仍赐姓名曰李思忠；以回纥宰相爱耶勿为归义军副使、检校右散骑常侍，赐姓名曰李弘顺。”岑仲勉《会昌伐叛集编证》谓封爵在四月，除军使在六月，赐姓名在八月，“三事并不同时，《旧纪》盖蒙前后而总言之者”。据岑说，则此制作于四月。

《授历支特勒以下官制》（《文集》卷八）

岑仲勉《会昌伐叛集编证》以为与上制同时发出。又《新书》卷二一七下《回鹘传》下，"历支"作"阿历支"，岑仲勉谓"不审孰正"。

《论嗢没斯特勒等状》（《文集》卷十三）

畿辅本、明本《一品集》皆未注日期，《通鉴》会昌二年四月甲申条《考异》谓此状五月四日上，岑仲勉《会昌伐叛集编证》据此推断曰："是宋时见本尚未缺也。"

《论嗢没斯下将士二千六百一十八人赐号状》（《文集》卷十三）

文末注云"会昌二年六月二十一日"。

《授嗢没斯检校工部尚书兼归义军使制》（《文集》卷八）

《通鉴》会昌二年，"嗢没斯入朝。六月甲申，以嗢没斯所部为归义军，以嗢没斯为左金吾大将军，充军使"。六月甲子朔，甲申为二十一日。

《请赐嗢没斯枪旗状》（《文集》卷十三）

文末注云"会昌二年六月二十二日"。

《谢宣示嗢没斯等冠带讫图状》（《文集》卷十九）

状中云："故得嗢没斯誓心向阙，稽首归忠。……今则荣以彤缨，解其衣毳，簪笏就列，威仪可观。"当是嗢没斯朝京师后不久作，约六、七月间。

《异域归忠传序》（《文集》卷二）

《谢恩令所进异域归忠传两卷序中改云奉敕撰状》（《文集》卷十九）

岑仲勉《会昌伐叛集编证》谓："嗢没斯以六月二十一日加检校工尚，而序文著之，则应在其后，不称思忠而称嗢没斯,又应在八月十六之前,故兹附于六月之末。"按《唐会要》卷三十六《修撰》:"会昌二年七月,宰臣德裕进《异域归忠传》两卷。"岑仲勉先生未及检寻《唐会要》文,故云"附于六月之末",今可据《唐会要》定于七月。

《谢恩赐锦彩银器状》(《文集》卷十九)

岑仲勉《会昌伐叛集编证》谓"盖进《归忠传》后颁赐之谢状也",则亦作于七月。

《奉宣嗢没斯所请落下马价绢便赐与可汗稳便否奏来者状》(《文集》卷十三)

文末注云"会昌二年七月十九日"。

《论嗢没斯家口等状》(《文集》卷十三)

状中云:"右嗢没斯既加军号,请留家口在太原安置。"又云:"望诏刘沔、义忠于云、朔等州捡一空闲城垒,兼与随事造土屋。"按《通鉴》会昌二年七月载:"嗢没斯请置家太原,与诸弟竭力捍边;诏刘沔存抚其家。"即指此事。

《奏张仲武寄回鹘生口驰马状》(《一品集》卷十二)

岑仲勉《会昌伐叛集编证》云:"右状无月日,仲武寄回鹘生口,当在破回鹘后,其破回鹘,余疑是七月事(参看下文《纪圣功碑铭》注),故附此。"

《代忠顺报回鹘宰相书意》(《文集》卷八)

《论太原及振武军镇及退浑党项等部落互市牛马骆驼等状》(《文集》卷十三)

岑仲勉谓此二文皆七月末作。

《论讨袭回鹘事宜状》(《文集》卷十七)

八月初一日,详见前谱。

《论回鹘事宜状》(《文集》卷十四)

八月初七日,详见前谱。

《请发陈许徐汝襄阳等兵状》(《文集》卷十四)

文末注云"会昌二年八月十日"。

《请密诏塞上事宜状》(《文集》卷十三)

岑仲勉《会昌伐叛集编证》以为当在八月七日以后,十五日以前。

《赐回鹘可汗书》(《文集》卷五)

《赐太和公主诏书》(《文集》卷五)

《赐回鹘可汗书》末云:"石诫直久在京城,备知人心愤惋,发于诚恳,固请自行。嘉其深见事机,所以不能违阻,可汗审自询问,速择良图。"则此书当是令石诫直带回予乌介可汗者。《通鉴》会昌二年八月载"上遣回鹘石戒直还其国,赐可汗书",《考异》云:"《旧纪》此诏在刘沔、张仲武为招讨使下。按《一品集》八月十八日状:'两日来臣等窃闻外议云,石诫直久在京城,事无巨细,靡不谙悉。昨缘收入鸿胪,惧朝廷处置,因求奉使,意在脱身。'又云:'石诫直先有两男逃走,必是已入回鹘,料其此去岂肯尽心。伏望速诏刘沔,所在勒回。'然则遣石诫直赐可汗书必在此状之前,未知后来果曾勒回否也。"按《论遣石诫直状》在八月十八日,曰"两日来臣等窃闻外议云",岑仲勉《会昌伐叛集编证》即据此断定《赐回鹘可汗书》及《赐太和公主书》在此之前的八月十五日。

《授嗢没斯赐姓李名思忠制》(《文集》卷八)

《授回鹘内宰相爱耶勿归义军副使兼赐姓名制》(《文集》卷八)

《通鉴》系此事在八月丁丑,即八月十六日。

《论回鹘石诚直状》(《文集》卷十四)

文末署"会昌二年八月十八日"。

《代刘沔与回鹘宰相颉于伽思书》(《文集》卷八)

此文首云:"会昌三年八月二十日,大唐河东节度使、检校右仆射刘沔,致书于九姓回鹘颉于相公阁下。"《通鉴》则载于会昌二年八月:"上又命李德裕代刘沔答回鹘相颉干伽思书,以为……"按会昌三年八月,乌介早已败亡,更不劳由刘沔致书与其宰相。文中"会昌三年"当为"会昌二年"之讹。

《条疏边上要事宜状》(《文集》卷十四)

岑仲勉《会昌伐叛集编证》:"此状缺奏上月日,依《一品集》卷十四编次推之,似是二年八月下旬所上。"

《论振武以北事宜状》(《文集》卷十四)

状云:"右缘回鹘牙帐渐移向东,去振武疆界稍近。今以草青马壮,深虑有意窥边,望令刘沔于云伽关及边界要害添兵,严加警备。先令郑许、陈滑两道兵马于代州就粮。"

岑仲勉《会昌伐叛集编证》云:"此状今题会昌二年十月十日上。但状有云:'今以草青马壮,深虑有意窥边。'十月乃塞草黄落之时,十月字必误,殆无疑义。状又言郑许、陈滑两道兵马于代州就粮。按陈许等兵是八月十日诏发,则此状之上亦不能在八月十日以前可知。合诸《一品集》卷十四编次推之,余谓本状当上于八月十八日之后(即《石诚直状》后),

八月二十七日（即《驱逐回鹘事宜状》）之前也。"按岑氏说是。

《驱逐回鹘事宜状》（《文集》卷十四）

文末注云"会昌二年八月二十七日"。并详前谱。

《公卿集议须便施行其中有未尽处须更令分析闻奏谨具——如后状》（《文集》卷十四）

作于九月二日，说详前谱。

《牛僧孺等奏敕公卿集议须便施行其中有未尽处须更令分析谨连如前状》（《文集》卷十四）

文末注云"会昌二年九月七日"，又详前谱。

《授刘沔招抚回鹘使制》（《文集》卷三）

《授张仲武东面招抚回鹘使制》（《文集》卷三）

九月上旬作，详见前谱。

《请市蕃马状》（《文集》卷十四）

文末注云"会昌二年九月十一日"。

《请发镇州马军事状》（《文集》卷十四）

文末注云"会昌二年九月十二日"。

《请契苾通等分领沙陀退浑马军共六千人状》（《文集》卷十四）

文末注云"会昌二年九月十三日"。

《赐思忠诏书》（《文集》卷五）

前九月十三日状云："即令思忠领蕃浑马军深入。"即此诏所云，则当在九月十三日后数日之内，即九月中旬。

《授何清朝左卫将军兼分领蕃浑兵马制》（《文集》卷八）

岑仲勉《会昌伐叛集编证》云："依前书意，此制当是同时发出。"

《李思忠下蕃骑状》(《文集》卷十四)

文末注云"会昌二年九月二十七日"。

《河东奏请留沙陀马军状》(《文集》卷十四)

文末注云"会昌二年十月五日"。

《请何清朝等分领李思忠下蕃兵状》(《文集》卷十四)

文末注云"会昌二年十月八日"。

《请赐刘沔诏状》(《文集》卷十四)

文末注云"会昌二年十月十七日"。

《授郑朗等左谏议大夫制》(《文集》卷四)

未注年月。《旧书》卷一七三《郑朗传》，朗字有融，长庆元年登进士第，"(开成)四年，迁谏议大夫。会昌初，为给事中。出为华州刺史，入为御史中丞、户部侍郎，判本司事"。未载其曾任左谏议大夫。《旧·武宗纪》会昌二年十月载："帝幸泾阳，校猎白鹿原。谏议大夫高少逸、郑朗等于阁内论：'陛下校猎太频，出城稍远，万机废弛，星出夜归，方今用兵，且宜停止。'上优劳之。谏官出，谓宰相曰：'谏官甚要，朕时闻其言，庶几减过。'"按《旧纪》记本年事，仅止于十月，缺十一、十二月。《通鉴》载高少逸、郑朗之谏在会昌二年十一月乙卯，同月己未又载："以少逸为给事中，朗为左谏议大夫。"德裕此制云："朝散大夫，守谏议大夫兼弘文馆学士、上柱国郑朗等，皆以贞正守道，列于左掖，从容讽谏，每竭嘉猷。况朗、璜近因陛见，乃能庭争，执以言责，本于志诚。"此所谓

"近因陛见"者，即指郑朗等谏游猎事。朗于开成四年为谏议大夫，此时又为左谏议大夫。唯制词中"璜"不知何人，已查新旧《唐书·高少逸传》，少逸亦未有名璜者。

《请发河中马军五百骑赴振武状》（《文集》卷十四）

文末注云"会昌二年十二月十日"。

《请发李思忠进军于保大栅屯集状》（《文集》卷十四）

文末注云"会昌二年十二月二十七日"，又详见前谱。

《赐刘沔张仲武密诏》（《文集》卷六）

与前状同时，详见前谱。

《代刘沔与回鹘宰相书意》（《文集》卷八）

文末未注年月。按文中云："纥扢斯专使将军踏布合祖……等七人至天德，上表云：'破灭回鹘之时，收得皇帝女公主，缘与大唐本是同姓之国，固不敢留公主，差都吕施合将军送至南朝，至今不知信息，不知得达大唐，为复被奸人中路隔绝。缘此使不回，今出四十万兵寻觅，若被别人留连不放，请子细报，即差人就彼寻觅，上天入地，终须觅得送公主使。'"《通鉴》系此事于会昌二年十月，谓："黠戛斯遣将军踏布合祖等至天德军，言先遣都吕施合等奉公主归之大唐……"云云。

按德裕另有《论译语人状》（《文集》卷十五），有云："右缘石佛庆等皆是回鹘种类，必与本国有情，纥扢斯专使到京后，恐语有不便于回鹘者，不为翻译，兼潜将言语辄报在京回鹘。望赐刘沔、忠顺诏，各择解译蕃语人不是与回鹘亲族者，令乘递赴京。"此状文末注云"会昌三年正月十日"。岑仲勉

《会昌伐叛集编证》据此《论译语人状》,云:"《论译语人状》上于三年正月十日,则踏布合祖等抵边,当在二年岁底,此书应即其时所拟;否则三年正月十一后,刘沔既取得公主,与书中语气不侔矣。"

据上所述,则《代刘沔与回鹘宰相书意》当作于本年十二底或明年正月初。

《授徐商礼部员外郎制》(《文集》卷四)

约本年作,参《李德裕文集校笺》。

〔编年诗〕

《遥伤茅山县孙尊师三首》(别集卷四)

《尊师是桃源黄先生传法弟子尝见尊师称先师灵迹今重赋此诗兼寄题黄先生旧馆》(同上)

宋欧阳棐《集古录目》卷十《李德裕遥伤孙尊师诗》:"李德裕《遥伤孙尊师》诗三首,《寄题黄先生旧馆》诗一首,附试秘书省校书郎裴大质八分书。德裕时为司空平章事。以会昌三年刻在茅山。"此条下附注出于《宝刻丛编》。按德裕于会昌二年正月加司空,则此二诗当作于会昌二年、三年间。

按孙尊师为孙智清,《茅山志》卷十一有传。李德裕另有《寄茅山孙炼师》诗,见前大和三年(八二九)。《茅山志》卷二八并记:"右四诗石刻,唐会昌癸亥年暮春十八日,秘书郎、上柱国裴质方书。"会昌癸亥为会昌三年。裴质方,当据《集古录目》作"裴质",见《唐五代人物传记资料综合索引》。按《新唐书·宰相表》,会昌二年,"正月己亥,李德裕为司空"。又《新唐书·武宗纪》会昌三年六月,"辛酉,李德裕为司徒"。

据此，则悼孙智清诸诗或当作于会昌两年，三年刻于茅山。

又《尊师是桃源黄先生传法弟子……》，此处之黄先生为黄洞元，《茅山志》卷十一："十五代宗师洞真先生姓黄，讳洞元，南岳人。早游华阳……后入武陵，住桃源观。有瞿童子名柏庭，自辰溪来。……大历八年癸丑夏五月晦，童子辞师曰：'后当于句曲相见。'明年，师徙居庐山紫霄峰，凡十载。复来山，住下泊宫。……又八载，瞿童子者至，师适曳杖而出，柏庭不留。及归，闻姓名，大骇，遂易服焚香，望空拜伏，久之，凝立而化。"此瞿童子柏庭，即德裕诗中"棋客留童子，山精避直神"及自注："瞿山童即先生弟子，桃源得仙人棋子，载在传记"；"先生初至茅山，童子触法坐有声。先生疑山神所为，书符召至之。其灵异如此矣。"按《茅山志》文，参陶敏《全唐诗人名考证》。又瞿童子事，又见《全唐文》卷六八九符载《黄仙师瞿童记》，卷七六一狄中立《桃源观山界记》。刘禹锡《游桃源一百韵》亦有述此事者："乃言瞿氏子，骨状非凡格。往事黄先生，群儿多侮剧。"云云，文繁不录（见《刘禹锡集笺证》卷二三）。

《早入中书行公主册礼事毕登集贤阁成咏》（别集卷四）会昌二年八月。详参《李德裕文集校笺》。

会昌三年癸亥（八四三） 五十七岁

正月十一日，石雄等大破回鹘乌介部，迎太和公主归唐。奏捷至，

德裕奉宣撰《讨回鹘制》(《文集》卷三)。

按石雄破乌介牙帐,新旧《唐书》之《刘沔传》、《石雄传》皆有叙述,但不如《通鉴》翔实。今录《通鉴》会昌三年正月如下:

"春正月,回鹘乌介可汗帅众侵逼振武,刘沔遣麟州刺史石雄、都知兵马使王逢帅沙陀、朱邪、赤心三部及契苾、拓跋三千骑袭其牙帐,沔自以大军继之。雄至振武,登城望回鹘之众寡,见毡车数十乘,从者皆衣朱碧,类华人;使谍问之,曰:'公主帐也。'雄使谍告之曰:'公主至此,家也,当求归路。今将出兵击可汗,请公主潜与侍从相保,驻车勿动。'雄乃凿城为十余穴,引兵夜出,直攻可汗牙帐,至其帐下,虏乃觉之。可汗大惊,不知所为,弃辎重走,雄追击之。庚子,大破回鹘于杀胡山,可汗被疮,与数百骑遁去,雄迎太和公主以归。斩首万级,降其部落二万余人。丙午,刘沔捷奏至。"

又《旧·武宗纪》会昌三年二月载:"太原刘沔奏:'昨率诸道之师至大同军,遣石雄袭回鹘牙帐,雄大败回鹘于杀胡山,乌介可汗被创而走。已迎得太和公主至云州。'是日,御宣政殿,百僚称贺。制曰……"按此制文即《文集》卷三之《讨回鹘制》。《旧纪》载刘沔之奏与下制皆在二月,未记日期,《通鉴》则谓正月丙午刘沔奏捷至,二者有异。

按清毛凤枝《关中石刻文字新编》卷二载《唐故光禄大夫守太子太傅致仕上柱国彭城郡开国公食邑二千户赠司徒刘公神道碑铭并序》,即刘沔神道碑(以下简称《刘沔碑》)。碑中云:"得谍者曰:回纥已卜正月一日将校当晨谒都护府,我兵并力攻,必得其城,食其粟,阴山漠南旧吾土,可以争衡,取□之道。□□召邢(琮按应作胜)州刺史石雄、马步都知兵马使王逢、游奕先锋使刘万佺,令之曰:与尔□一万,至安众寨,遇寇当战,复须以捷报,如乘其虚,即尽虏妻男女牛马,倍道归我,比虏还,已失旄帐,吾遣□登城薄之,可一麾来降,□三年正月九日矣。至十一日夜,□于杀胡岭大破之,斩首三千级,得太和公主还上京。"

据此,则石雄破乌介,迎太和公主归,在会昌三年正月十一日。此碑为韦博所撰。毛凤枝《关中金石文字存佚考》卷九永寿县下称:"《赠司徒刘沔碑》,韦博撰,柳公权正书,大中二年十一月。"大中二年距会昌三年仅六年,时间甚近。毛凤枝又云:"刘沔,新旧《唐书》皆有传,碑中所载事迹,多与史合。撰文之韦博,《新唐书》亦有传。博尝为沔从事,故叙次特详也。"可见《刘沔碑》所载事迹,多可信从。岑仲勉《会昌伐叛集编证》即据《刘沔碑》推断云:"按《刘沔碑》,沔以正月十一日夜破乌介,疑捷报未必迟至二月到京,《旧纪》文恐有倒误。余以事势推之,此制应在下文《邀截回鹘状》之前,因制内言优赏河东立功将士,则必在接到捷报之日也。"

按岑仲勉先生未引《通鉴》,《通鉴》载刘沔捷报至即在正月。又德裕《请更发兵山外邀截回鹘状》(《文集》卷十五),文末注为"会昌三年正月二十五日",文中云:"右缘回鹘既已讨除,须令殄灭。今可汗穷蹙,正可枭擒,忽万一透入黑车子部落,必恐延引岁月,劳师费财。"则作此状时已知石雄破乌介部,可知刘沔奏捷及《讨回鹘制》必在正月二十五日以前。

又《通鉴》会昌三年正月载此事，《考异》谓德裕虽于会昌二年建议令石雄斫营，但"德裕寻自请驻斫营事，而石雄于城上见公主牙帐迎得之，非因德裕之策"。按德裕于上年八月曾提出令石雄发挥唐军所长，利用夜袭就近斫营，后虽有所变更，但其论议已传达至石雄军中。这次石雄的奇袭，实际上即是秉承德裕上年的策略。《通鉴·考异》云石雄此次的胜利与李德裕无涉，也是出于司马光的偏见。

又，封敕有《批宰臣贺太原破回鹘夺得太和公主表》（《全唐文》卷七二八）。

正月下旬，德裕又上奏请邀击乌介余部，不使逃窜，以免后患。

《文集》卷十五载《请更发兵山外邀击回鹘状》，文末注云"会昌三年正月二十五日"。文中谓回鹘乌介部既已讨除，须令殄灭，防其逃入黑车子部落，故云："望速诏忠顺，令进军于山外黑车子去路邀截。……如至阴山北蕃，知回鹘犹在旧处，便令从北进军取背，则前后受敌，必无所逃。"按《新书》卷二一七下《回鹘传》下谓"（乌介）可汗收所余往依黑车子"，可见在此之前德裕于正月下旬已见及此。

《文集》卷十五又有《殄灭回鹘事宜状》，文末注云"会昌三年正月三十日"，其中云："回鹘衰残，取之在速，一切须令三月已前事了。"德裕意在尽早结束此次战争，以免拖延时日，虚耗军费。

宋孔平仲《珩璜新论》卷四云："唐时回鹘最强盛，武帝（琼按此应称武宗）时为黠戛斯可汗所破，其一支奔天德塞下，天德军使温德彝奏回鹘溃兵侵逼西域，亘六十里不见。其后回鹘及可汗又来袭振武城居之，赖李德裕在朝，随事应接，不为巨患。"孔平仲为北宋熙宁、元祐时人，可见当时仍有相当一部分士大夫肯定李德裕抵御回鹘的功绩。回鹘在文宗、武宗时虽受到黠戛斯部的攻击，已逐步衰落，但乌介一部"尚号十万"，仍能给唐朝西北边塞造成不小的威胁，而唐朝当时驻守天德、振武一带的兵力并不强盛，乌介仍可随时南下，不断侵扰。经会昌三年正月一战，其主力已破，从此不振，回鹘对唐的威胁从此解除。

德裕建议不必限定进士及第人数，并重申礼部录取进士名单不须先向宰相府第呈榜。

《唐会要》卷七六《贡举》中《进士》条载："会昌三年正月敕，礼部所放进士及第人数，自今后但据才堪即与，不要限人数每年止于二十五人。"此又见《册府元龟》卷六四一《贡举部·条制》三，同卷并载"（开成）二年五月，礼部奏请每年进士以三十人为限，从之"。由此可见，德裕对于进士试，不仅不持反对态度，而且认为不应在录取数量上受成例的限制。

《册府元龟》卷六四一并载："（会昌三年正月）是月，宰臣李德裕等奏：旧例进士未放榜前，礼部侍郎遍到宰相私第，先呈及第人名，谓之呈榜，比闻多有改换，颇致流言。宰相稍有寄情，有司固无畏忌，取士之滥，莫不由斯。将务责成，在于不挠，既无取舍，岂必预知。臣等商量，今年便任有司放榜，更不得先呈臣等，仍向后便为定例，如有固违，御史纠举奏者。"按大和八年正月德裕任相时亦已奏请此事，今年当重申前所建议者。

圆仁所记本年正月唐朝廷令僧尼还俗措施。

《入唐求法巡礼行记》卷三,会昌三年正月十七日记:"功德使帖诸寺,僧尼入条流内,并令还俗。此资圣寺三十七人。"又正月十八日记:"早朝,还俗讫。左街还俗僧尼共一千二百卅二人,右街还俗僧尼共二千二百五十九人。"又二月一日记:"使牒云,僧尼已还俗者,辄不得入寺及停止。又发遣保外僧尼,不许住京入镇内。"

武宗欲因黠戛斯之兵力,进而取安西、北庭都护府,德裕以为唐之军力尚不能及,不宜"用实费以易虚名"。

《旧·李德裕传》:"(会昌)三年二月,赵蕃奏黠戛斯攻安西、北庭都护府,宜出师应援。德裕奏曰……乃止。"按此事亦见《通鉴》会昌三年二月:"辛未,黠戛斯遣使者注吾合索献名马二;诏太仆卿赵蕃饮劳之。……上欲令赵蕃就颉戛斯求安西、北庭,李德裕等上言:'安西去京师七千余里,北庭五千余里,借使得之,当复置都护,以唐兵万人戍之。不知此兵于何处追发,馈运从何道得通,此乃用实费以易虚名,非计也。'上乃止。"《通鉴·考异》引《献替记》,谓德裕此奏在二月十一日。由此可见,武宗在取得对回鹘乌介部的胜利时,又欲进一步依靠黠戛斯的兵力以取得安西、北庭,而当时唐朝的军力和经济力量,实不足以攻取,即使攻取,也不能长期加以保持。德裕劝止武宗这一打算,是对现实作了符合于实际的估计。

又,德裕此奏未见于《一品集》。

二月，太和公主还至长安。许浑等有诗记之。

《旧·武宗纪》会昌三年载太和公主至京师在三月，未记日期。《通鉴》系于二月，谓："（二月）庚寅，太和公主至京师，改封安定大长公主；诏宰相帅百官迎谒于章敬寺前。"按据《二十史朔闰表》，此时庚寅为三月初一日。又《唐会要》卷六《和蕃公主·杂录》载："（会昌）三年二月，太常礼院奏，太和公主到日，百寮于章敬寺门立班……从之。其月二十五日，公主自蕃还京，诏左右神策各出军二百人，及太常仪仗卤簿，从长乐驿迎公主入城。其日，改封安定大长公主。"又载同月二十七日敕，"安定大长公主自蕃还京，莫不哀悯"云云。《会要》所载日期甚为具体，且《通鉴》与此合。《旧纪》自武宗后所记月份多有误，此亦是一例。

日僧圆仁入《入唐求法巡礼行纪》卷三，会昌三年二月二十五日亦记有："和蕃公主入京。百司及三千兵马出城外迎。"又唐诗人有以太和公主还京为题而咏其事者，如许浑《破北虏太和公主归宫阙》（《全唐诗》卷五三五）："毳幕承秋极断蓬，飘飖一剑黑山空。匈奴北走荒秦垒，贵主西还盛汉宫。定是庙谟倾种落，必知边寇畏骁雄。恩沾残类从归去，莫使华人杂犬戎。"李频《太和公主还宫》（《全唐诗》卷五八七）："天骄发使犯边尘，汉将推功遂夺亲。离乱应无初去貌，死生难有却回身。禁花半老曾攀树，宫女多非旧识人。重上凤楼追故事，几多愁思向青春。"（李频，大中八年进士第）刘得仁有《马上别单于刘评事》（《全唐诗》卷五四五），题下自注："时太和公主还京，评事罢举起职。"诗云："庙谋宏远人难测，公主生还帝感深。天下底平须共喜，一时闲事莫惊心。"
按许浑、李频诗不如刘得仁诗之有气魄，刘诗认为太和公主
得以还京，应归功于"庙谋宏远"，此实指德裕。又《全唐诗》
卷五〇八亦载李敬方《太和公主还京》诗，系五言排律。关于
李敬方，可参见拙著《唐诗人李敬方事迹辨证》（《文学遗产》
复刊第一期）。

三月，德裕追论维州事，请追赠悉怛谋官。

《通鉴》会昌三年三月载："李德裕追论维州悉怛谋事，
云：'……乞追奖忠魂，各加褒赠。'诏赠悉怛谋右卫将军。"
《旧·李德裕传》亦于会昌三年，云："三年二月，赵蕃奏黠
戛斯攻安西、北庭都护府，宜出师应援，德裕奏曰……乃止。
德裕又以大和五年吐蕃维州守将以城降，为牛僧孺所沮，终
失维州，奏论之曰：'……'帝意伤之，寻赐赠官。其年，德裕
兼守司徒。四月，泽潞节度使刘从谏卒。"据此处所叙时序，
德裕论维州事在二月之后，四月之前，与《通鉴》载于三月
者合。

《文集》卷十二有《论大和五年八月将故维州城归降准诏
却执送本蕃就戮人吐蕃城副使悉怛谋状》，卷四有《赠故蕃维
州城副使悉怛谋制》，卷十九有《谢赠故蕃维州城副使悉怛谋
官状》，皆未注年月。卷十二之状云："虽时更一纪，而运属千
年。"大和五年八月至本年三月，恰为十二年。卷十九之状
云："臣忝补钧衡，尝居戎帅，仰感元造，倍百群情。"也正是会
昌中秉政之时。

又杜牧所作牛僧孺墓志铭（《樊川文集》卷七），有云：

"明年，武宗即位，就加司徒。会昌元年秋七月，汉水溢堤入郭，自汉阳王张柬之一百五十岁后，水为最大。李太尉德裕挟维州事，曰修利不至，罢为太子少师。未几，检校司徒，兼太子少保。明年，以检校官兼太子太傅，留守东都。"按牛僧孺罢山南东道节度使在会昌元年闰九月。因汉水泛滥，冲溢城郭，不尽其职责而罢节镇（见前谱），而德裕奏维州事乃在此后二年的会昌三年三月。李珏所作牛僧孺神道碑（《全唐文》卷七二〇）叙僧孺罢山南东道事，虽也影射李德裕，但仍未与论维州事联系，仅云："属大水坏居人庐舍，公以实上闻，仇家得以逞志，举两汉故事，坐灾异策免，降授太子少师。"可见杜牧为了攻击李德裕，连事实之有无也置于不顾，类似的情况在此篇墓志中不仅一二见。

德裕提出维州事的理由，甚为正当，因悉怛谋本于唐有功，而遭惨杀，此事一直未有昭雪，德裕主要是为悉怛谋申冤，并非在于借机攻击牛僧孺，僧孺当时处理维州事甚为失策，也已为文宗所知，故罢其相位。此事得失，至会昌更为明晰，德裕无需再以此攻讦僧孺。德裕文中亦未提僧孺之名，只笼统叙及"其时与臣仇者，望风疾臣，遽兴疑言"而已，主要乃为悉怛谋申雪，其《论大和五年八月……悉怛谋状》云："伏惟仁圣文武至诚大孝皇帝陛下，振睿圣之宏图，得怀徕之上策，故南蛮申请朝之愿，北房效款塞之诚。臣实痛惜悉怛谋等举城向化，解辫归义，而未加昆邪之爵，不赏庶其之功，翻以忠爱受屠，为仇雠所快。身遭此酷，名又不彰，职由愚臣，陷此非罪。……伏乞宣付中书，各加褒赠，冀华夷感德，幽显

伸冤,警既往之幸心,激将来之峻节。"盖此时乌介余部尚存,
吐蕃内部争斗日甚,南诏与唐也时和时战,德裕追赠悉怛谋
官职,也寓有争取边疆少数族部分守将之意。

德裕于四月间曾上表求退。

《通鉴》会昌三年四月载:"夏四月辛未,李德裕乞退就闲
局,上曰:'卿每辞位,使我旬日不得所。今大事皆未就,卿岂
得求去!'"按此未见两《唐书》本纪及本传,《文集》卷十八有
《让官表》,与《通鉴》所载情事相合,当即此时所作,中有云:
"伏惟仁圣文武至神大孝皇帝……故得王道正直,海内清和,
边朔底宁,干戈永戢。"所叙为乌介已被驱除,而泽潞之讨尚
未开始,也当是四月间事。又叙己之病状云:"患风毒脚气十
五余年,服药过虚,又得渴疾,每日自午以后,瞑眩失常,形骸
仅存,心气俱竭,唯恐晚归私第,殪尽道途。"又云:"伏望陛下
察臣恳诚,矜臣衰耗,得罢繁务,退守州行,稍获安闲,渐自颐
养,一二年后,或冀有瘳。"据此,则德裕此时确有疾病(疑为
糖尿病兼高血压),屡上表求退,也说明他并非固位贪权
之人。

**〔辨正〕本年卢肇应进士试,《玉泉子》、《北梦琐言》载李德裕授意
吏部尚书知贡举王起与之登第,疑非实。**

唐无名氏《玉泉子》载:"李德裕抑退浮薄,奖拔孤寒,于
时朝贵朋党,德裕破之,由是结怨。而绝于附会,门无宾客。
唯进士卢肇,宜春人,有奇才。德裕尝左宦宜阳,肇投以文
卷,由此见知。后随计京师,每谒见,待以优礼。旧例,礼部
放榜,先呈宰相。会昌三年,王起知举,问德裕所欲,答曰:

'安用问所欲为！如卢肇、丁稜、姚鹄，岂可不与及第邪！'起于是依其次而放。"此一记载又为《北梦琐言》所承袭，《琐言》则又加渲染，有云："会昌三年，王相国起知举，先白掌武。乃曰：'某不荐人，然奉贺今年榜中得一状元也。'起未喻其旨，复遣亲吏于相门侦问。吏曰：'相公于举子中，独有卢肇，久接从容。'起相曰：'果在此也！'其年卢肇为状头及第。"此事《唐语林》、《唐诗纪事》均载之。

按卢肇确为本年状元及第（宋罗诱《宜春传信录》也载："卢肇字子发，唐人也，开成中就江西解。……会昌三年肇为状元及第。"）。但云卢肇及第为德裕向主司者授意，则疑非确。《玉泉子》与《北梦琐言》所载，情节即不一致。《玉泉子》载王起问德裕欲推荐何人，德裕直告之以卢肇、丁稜等人，《北梦琐言》则载为德裕故隐其名，使王起于侦察得之，同一事而歧异如此。按两书均载旧例主司者于放榜前先将所取名单呈宰相过目，但此旧例已为德裕所革除，《唐会要》载于大和八年，《册府元龟》即载于会昌三年，德裕不可能在此不久之前已被革除的成例，自身又加施行。且王起与德裕交谊虽深，但立朝有操行，不可能卑躬屈膝、讨好德裕如《玉泉子》、《北梦琐言》所述者。此当为德裕尝贬官袁州，卢肇曾以文投德裕，蒙赏识，而肇又以本年登第，故晚唐五代人遂附会编造此类情节。

又《唐摭言》卷一载会昌三年王起知贡举，华州刺史周墀撰诗寄贺，称"新榜既至，众口称公"。王起与及第新进士皆有和诗，其中樊骧和诗有"孤进自今开道路"之句，石贯诗亦云"孔门弟子皆贤哲,谁料穷儒忝一名"。可见本年所取进士大多贫寒,所拔称为公道。

昭义节度使刘从谏于四月初七日卒,其侄稹自称留后,秘不发丧。四月二十三日,唐朝廷为从谏辍朝,诏刘稹护丧归东都,刘稹不从。

《新·武宗纪》会昌三年,"四月乙丑,昭义军节度使刘从谏卒,其子稹自称留后"。乙丑为四月初七日。按从谏卒日,《旧纪》、《通鉴》皆未载。又《通鉴》会昌三年四月载:"辛巳,始为从谏辍朝,赠太傅,诏刘稹护丧归东都。又召见刘从素,令以书谕稹(胡注:令父以书谕其子也。从素时在朝为右骁卫将军),稹不从。"辛巳为四月二十三日。

按刘从谏在文宗时已与唐朝廷对立,积聚军力,不听朝命。《通鉴》本年四月载:"从谏榷马牧及商旅,岁入钱五万缗,又卖铁、煮盐亦数万缗。大商皆假以牙职,使通好诸道,因为贩易。商人倚从谏势,所至多陵轹将吏,诸道皆恶之。"可见刘从谏还倚靠大商人的经济势力充实其府库,并以商人入其军籍。但终因其商人与其他地区商人势力的矛盾,使昭义在经济上也陷于孤立,不能长久维持其割据。《通鉴》又载:"从谏疾病,谓妻裴氏曰:'吾以忠直事朝廷,而朝廷不明我志,诸道皆不我与。我死,他人主此军,则吾家无炊火矣!'乃与幕客张谷、陈扬庭谋效河北诸镇,以弟右骁卫将军从素之子稹为牙内都知兵马使,从子匡周为中军兵马使,孔目官王协为押牙亲事兵马使,以奴李士贵为使宅十将兵马使……从谏寻薨,稹秘不发丧。王协为稹谋曰:'正当如宝历年样为之，不出百日，旌节自至。但严奉监军，厚遗敕使，四境勿出兵，城中暗为备而已。'"刘稹擅立，且泽潞地处紧要，唐朝廷若仍依前此惯例，予以承认，不仅河北三镇更成化外，而且其他节镇也可能起而效尤，中央政权就将更为削弱。

按《李相国论事集》卷三《论泽潞事宜》载李绛奏曰："且泽潞五州据山东要害，河北连结，唯此制之，磁邢洺三州入其腹内，国之宝地，系在安危。"又《新书》卷一五二《李绛传》亦引绛语曰："泽潞据山东要害，磁、邢、洺跨两河间，可制其合从。"《新书》卷一六五《权德舆传》谓："宪宗元和初……时泽潞卢从史诈傲，寖不制，其父虔卒京师，而成德王承宗父死求袭，德舆谏，以为：'欲变山东，先择昭义之帅。'"可见自中唐以来，泽潞的地势在唐人心目已日渐重要，因为它正与河北三镇相接，唐朝廷能控制泽潞，则可进一步维系河北（也就是李绛、权德舆所说的山东）三镇，如果泽潞擅立，则河北三镇就更难听命于朝廷。因此，如何处理刘稹拥兵擅命一事，是对唐中央政府国力和决心的考验。

四月十九日，德裕撰《赐何重顺诏》、《赐张仲武诏》，为对付刘稹事作军事上的准备。

《通鉴》会昌三年四月载："上命德裕草诏赐成德节度使王元逵、魏博节度使何弘敬，其略曰：'泽潞一镇，与卿事体不同，勿为子孙之谋，欲存辅车之势。但能显立功效，自然福及后昆。'丁丑，上临朝，称其语要切，曰：'当如此直告之是也。'又赐张仲武诏，以'回鹘余烬未灭，塞上多虞，专委卿御侮'。元逵、弘敬得诏，悚息听命。"按此即《赐何重顺诏》、《赐张仲武诏》之大要(以上二诏皆见《文集》卷六)。《通鉴》系于四月丁丑,即四月十九日。此时唐朝廷知从谏已卒,但因刘稹尚秘不发丧,故至二十三日始为之辍朝,但在这之前,李德裕已为应付此一事件预作准备。

按成德节度使领镇州(治所在今河北省正定县)、冀州(治所在今河北省冀州市)、深州(治所在今河北省深州市)、赵州(治所在今河北省赵县),在昭义的东面,时王元逵为节度使。魏博领魏州(治所元城,在今河北省大名县东)、博州(治所聊城,在今山东省聊城市东北)、贝州(治所清河,在今河北省清河县)、卫州(治所汲县,今河南省汲县)、澶州(在今河南省澶渊)、相州(治所相州,在今河南省安阳市),在昭义南,何重顺(后改名何弘敬)时为节度使。昭义五州,潞州(治所在今山西省长治市)、泽州(治所在今山西省晋城县)在今山西省境内,邢州(治所在今河北省邢台市)、洺州(治所在今河北省肥乡县北)、磁州(治所在今河北省磁县)均在河北省。因此唐朝廷联络成德、魏博二镇,就能牵制昭义的一大部分兵力,并使之处于腹背受敌的地位。

《赐何重顺诏》曰:"卿宜训练戎旅,严固封疆,候彼军中有变,便须遣书告谕,令其三军送刘稹归阙,请朝廷推新择帅。朕必选旧德重望,委之抚循,刘稹厚加爵赏,别有任用。如妄自制置,邀求宠荣,国家典法,亦难宽宥。"又云:"泽潞一镇,与卿事体不同,勿为子孙之谋,欲存辅车之势,但能显立功效,自然福及后昆。"又按,会昌三年四月赐此诏书,何重顺已改名弘敬,《文集》中他文均作弘敬,此诏"重顺"二字疑非是。

《赐张仲武诏》曰："今缘从谏疾病颇以深绵，深虑将校异谋，妄有制置。"因此时尚未辍朝，故未称其已卒，只云"疾病颇以深绵"。又云："太原地连河朔，城府空虚，已诏刘沔旋师，却归本镇。又缘回鹘余烬未灭，塞上须有防虞，借卿长才，列于御侮，边境戎事，悉以付卿。"即令张仲武专意抵御回鹘残部，使唐朝廷得以用主要兵力对付刘稹。

四月二十九日，任王茂元为河阳节度使，王宰为忠武节度使，代王茂元。

《通鉴》会昌三年四月，"丁亥，以忠武节度使王茂元为河阳节度使，邠宁节度使王宰为忠武节度使"。按两《唐书》王茂元传附于其父栖曜传之后，甚为简略，其任河阳节度，亦未有年月。李商隐《祭外舅赠司徒公文》（《樊南文集补编》卷十二）："赤狄违恩，晋城告变，假三齐之余丑，犯神州之近甸，怀邑营匝，河桥旆转。"即指此事。

五月初二日，德裕上《论昭义三军请刘稹勾当军务状》，奏请朝臣集议对刘稹之处置。时宰相及朝臣中大多主张妥协，德裕坚持应加讨伐。

《论昭义三军请刘稹勾当军务状》载《文集》卷十五，文末注云"会昌三年五月二日"。文中云："从谏顷因父殁，自总兵权。属宝历中政务因循，事归苟且，与其符节，以紊国章。……爰自近岁，颇聚甲兵，招致亡命之徒，遂成逋逃之薮，怵于邪说，自谓雄豪。及寝疾弥留，罔思臣节，又令纪纲旧校，诱动军情，树置駼童，再图兵柄。"又云："此而可容，孰不可忍。固须广询廷议，以尽群情。臣等商量，望令两省及尚书省、御史台，并文官四品以上、武官三品以上，于尚书省集议奏闻，未审可否。"

此为五月二日奏，请集朝臣讨论如何措置，而《旧·武宗纪》却载于四月（无纪日），云："四月，昭义节度使刘从谏卒，三军以从谏侄刘稹为兵马留后，上表请授节钺。寻遣使赍诏潞府，令稹护从谏之丧归洛阳。稹拒朝旨。诏中书门下两省、尚书、御史台、四品已上、武官三品已上，会议刘稹可诛可宥之状以闻。"《旧纪》以此事载于四月，显误，当据德裕奏状在五月上旬。

《旧纪》于五月载集议情况云（无纪日）："宰臣百僚进议状，以'昆戎未殄，塞上用兵，不宜中原生事，潞府请以亲王遥领，令稹权知兵马事，以俟边上罢兵'。独李德裕以为泽潞内地，前时从谏许袭，已是失断，自后跋扈难制，规胁朝廷。以稹竖子，不可复践前车，讨之必殄。武宗性雄俊，曰：'吾与德裕同之，保无后悔。'自是谏官上疏言不可用兵相继。"由此可见，当时讨论对刘稹用兵，反对者甚众，宰臣中有持异议的，大臣三、四品以上也大多反对，即使武宗同意德裕意见主张对刘稹加以征讨，谏官也仍上疏谏止，可见阻力甚大。

《旧·李德裕传》云："四月，泽潞节度使刘从谏卒，军人以其侄稹擅总留后，三军请降旌钺。帝与宰臣议可否，德裕曰：'泽潞国家内地，不同河朔。前后命帅，皆用儒臣。顷者李抱真成立此军，身殁之后，德宗尚不许继袭，令李缄护丧归洛。洎刘悟作镇，长庆中颇亦自专，属敬宗因循，遂许从谏继袭。开成初,于长子屯军,欲兴晋阳之甲,以除君侧,与郑注、李训交结至深,外托效忠,实怀窥伺。自疾病之初,便令刘稹管兵马。若不加讨伐,何以号令四方？若因循授之,则藩镇相效,自兹威令去矣！'帝曰:'卿算用兵必克否？'对曰:'刘稹所恃者,河朔三镇耳。但得魏、镇不与稹同,破之必矣。请遣重臣一人,传达圣旨,言泽潞命帅,不同三镇。自艰难已来,列圣皆许三镇嗣袭,已成故事。今国家欲加兵诛稹,禁军不欲出山东。其山东三州,委镇、魏出兵攻取。'上然之,乃令御史中丞李回使三镇谕旨,赐魏、镇诏书云:'卿勿为子孙之谋,欲存辅车之势。'何弘敬、王元逵承诏,耸然从命。初议出兵,朝官上疏相继,请依从谏例,许之继袭,而宰臣四人,亦有以出师非便者。德裕奏曰:'如师出无功,臣请自当罪戾,请不累李绅、让夷等。'"

　　按《旧传》此段叙述,时间有颠倒处。命李回出使,乃在七月(详后),而赐镇、魏诏书所谓"勿为子孙之谋,欲存辅车之势",乃《赐何重顺诏》中语,此诏于四月十九日发下(已见前文),而《旧传》却将赐镇、魏诏书列于李回出使之后。但《旧传》所述仍有可参考之处,大约当时反对用兵者,宰臣中尚有李绅、李让夷,故德裕曰:"如师出无功,臣请自当罪戾,请不累李绅、让夷等。"按据《新·宰相表》,会昌二年二月以前,宰相有四人,为李德裕、陈夷行、崔珙、李绅;二年六月,陈夷行罢为太子太保;七月,李让夷由尚书左丞兼御史中丞为中书侍郎、同中书门下平章事。会昌三年二月,崔珙又罢守尚书右仆射。至五月戊申(二十日)始任命崔铉为相,而德裕此对乃在五月上旬,时宰相仅为德裕、李绅、让夷三人,故德裕谓"请不累李绅、让夷等"云云,但《旧传》叙述中却又云"宰臣四人,亦有以出师非便者",称"四人",则当为偶误。

又《新书·李德裕传》叙此事,亦有《旧传》、《通鉴》所未载者,录于此,以备参资:"始议用兵,中外交章固争,皆曰:'(刘)悟功高,不可绝其嗣。又从谏畜兵十万,粟支十年,未可以破也。'它宰相亦婐婉趋和,德裕独曰:'诸葛亮言曹操善为兵,犹五攻昌霸,三越澣,况其下哉。然赢缩胜负,兵家之常,惟陛下圣策先定,不以小利钝为浮议所摇,则有功矣。有如不利,臣请以死塞责!'帝忿然曰:'为我语于朝,有沮吾军议者,先诛之!'群论遂息。"

五月初十日,改李宗闵太子宾客分司为湖州刺史。

《通鉴》会昌三年,"五月,李德裕言太子宾客分司李宗闵与刘从谏交通,不宜置之东都。戊戌,以宗闵为湖州刺史"。按会昌三年五月己丑朔,戊戌为初十日。又《嘉泰吴兴志》卷十四《郡守题名》亦载:"李宗闵:会昌三年五月十日自东都分司太子宾客授,寻贬漳州刺史,续贬漳州长史。"继其任者为姚勖,乃会昌三年六月二十九日自尚书左司郎中授(按会昌三年疑误,似应为四年)。

按《通鉴·考异》有引《献替记》云:"四月十九日,上言:'东都李宗闵,我闻比与从谏交通。今泽潞事如何?可别与一官,不要令在东都。'德裕曰:'臣等续商量。'上又云:'不可与方镇,只与一远郡!'德裕又奏曰:'须与一郡。'"《考异》引此《献替记》文,按曰:"此盖德裕自以宿憾因刘稹事害宗闵，畏人讥议，故于《献替记》载此语以隐其迹耳，今从《实录》。"司马光于此处完全否定《献替记》之所载，但并无确据能证明其为德裕杜撰，谓德裕因宿憾而害李宗闵，亦出于揣测。李宗闵与刘从谏前曾有交往，征讨泽潞，洛阳为军事要冲，将宗闵调往别地，亦在情理之中，且由太子宾客分司改为州刺史，乃由闲官改授实职，更不能以贬谪当之。岑仲勉曾对《考异》所云有所辨正，谓：

"此之猜议，纯由司马氏不明此郡状况而然。杜牧求出守湖州，《上宰相启》至于再三，卒得请以去（见拙著《会昌伐叛集编证》上一一二页），湖州盖当时美缺也。假使德裕必要力排宗闵，以首相地位，尽可有力阻挠，置之恶郡。而且宰相不止德裕一人，如作诳言，宁不畏同官之揭发，抑牛党记事亦未闻加以辨正也。《实录》为宋敏求补作，容所知不尽，司马氏唯未明湖州情形，故疑德裕作伪。若严格批判，直可云以小人之腹，度君子之心矣。"（《通鉴隋唐纪比事质疑》第二八页《李宗闵授湖刺》条）

又《旧书》卷一七六《李宗闵传》云："（会昌）三年，刘稹据泽潞叛。德裕以宗闵素与刘从谏厚，上党近东都，宗闵分司非便，出为封州刺史。又发其旧事，贬郴州司马。"《新书》卷一七四《李宗闵传》则云："会昌中，刘稹以泽潞叛，德裕建言宗闵素厚从谏，今上党近东都，乃拜宗闵湖州刺史。稹败，得交通状，贬漳州长史，流封州。宣宗即位，徙郴州司马。"新旧二书比较，当以《新书》为是，《旧传》云"又发其旧事，贬郴州司马"，实则李宗闵之为郴州司马，是宣宗立后，前所贬之大臣皆内徙,宗闵即内徙为郴州司马,但诏命虽下,未离贬所而死。《旧传》所记,其为郴州司马,似又为德裕所害者,可见晚唐五代时人为中伤诬蔑李德裕,连基本事实竟也置之不顾。

五月辛丑(十三日),唐朝廷下制讨刘稹,德裕奉宣撰《讨刘稹制》(《文集》卷三)。时以王元逵为泽潞北面招讨使,何弘敬为南面招讨使,与陈夷行、刘沔、王茂元合力攻讨。

《通鉴》会昌三年五月载:"辛丑,制削夺刘从谏及子稹官爵,以元逵为泽潞北面招讨使,何弘敬为南面招讨使,与夷行、刘沔、茂元合力攻讨。先是河朔诸镇有自立者,朝廷必先有吊祭使,次册赠使、宣慰使继往商度军情。必不可与节,则别除一官;俟军中不听出,然后始用兵。故常及半岁,军中得缮完为备。至是,宰相亦欲且遣使开谕,上即命下诏讨之。"《考异》又引《献替记》曰:"五月十一日,德裕疾病,先请假在宅,李相绅其日亦请假。李相让夷独对,上便决攻讨之意。李相归中书后,录圣意四纸,令德裕草制。至薄晚封进,明日遂降麻处分。"按《旧纪》载下诏讨刘稹制(即德裕之《讨刘稹制》)在会昌三年九月,时唐军与泽潞军早已交战,何得迟至九月始下招讨之制? 当据《通鉴》及《献替记》系于五月。

又据《文集》所载制文,王元逵为泽潞北面招讨使,何弘敬为东面招讨使,与《通鉴》、《旧纪》作"南面"者有异。又云"仍委夷行、刘沔、茂元各务进兵,同力攻讨"。当时唐朝廷之军力布置,据《通鉴》所记为:"河阳节度使王茂元以步骑三千守万善;河东节度使刘沔步骑二千守芒车关,步军一千五百军榆社;成德节度使王元逵以步骑三千守临洺,掠尧山;河中节度使陈夷行以步骑一千守翼城,步兵五百益翼氏。"又"王元逵受诏之日,出师屯赵州"。采取四面包围、合力齐进之策。(《旧纪》载陈夷行为河中节度使在会昌三年八月,当依《通鉴》及德裕制文,在三年五月。)

又《通鉴》于五月载:"刘沔自代州还太原。"韦博撰《刘沔碑》亦云:"军还河东,六月,又诏领师南讨泽潞,屯榆社。"亦与《通鉴》、德裕制文合。

德裕约于五月中下旬代何弘敬、李彦佐等写与泽潞军将书,晓谕诸将勿从刘稹为逆。

《文集》卷八载《代弘敬与泽潞军将书》,未注年月,文中有云:"昨览大将等陈情表,未知迷复,颇事游词。弘敬任忝专征,兼许招谕,思欲布朝廷大信,解彼深疑,指事而言,更无文饰。"文末又云:"圣上曲为含忍,询访百僚,朝廷大臣、藩翰戎帅,切齿愤惋,如报私仇。圣上事非获已,方降明制,始终恩礼,叵谓无遗。"按下诏刘稹在五月十三日,并任命何弘敬为泽潞南面招讨使,故书中云"弘敬任忝专征,兼许招谕"。又云"方降明诏",当是下诏以后不久,当在五月中下旬。

又《通鉴》于五月壬寅以崔铉为中书侍郎后载:以武宁节度使李彦佐为晋绛行营诸军节度招讨使。《文集》卷八有《代彦佐与泽潞三军书》,云:"彦佐忝受明命,总彼成师,感叹之怀,寝食忘次,愿将忠素,宣布皇恩,俟彼英豪,见几而作。"此云"忝受明命,总彼成师",当是指彦佐任为晋绛行营诸军节度招讨使而言。此书当与前代弘敬书约略同时,作于五月中下旬。大旨亦为劝谕泽潞诸将勿从刘稹之逆，云："爵秩荣宠，身自取之，岂得临难因循，为人受祸。"

李商隐亦为王茂元作书与刘稹，喻以祸福，劝其归顺。时王茂元为河阳节度使。

王茂元任河阳节度使在四月二十九日。李商隐有《为濮阳公与刘稹书》(《樊南文集笺注》卷八)，冯笺谓"李卫公文集有代诸节度与泽潞军将书，《玉海》又引《册府元龟》，武宗遣诸镇告谕以利害祸福之宜。茂元与稹书云云，盖上受庙谟，故可贻书诚谕"。

按商隐所撰书中有云："昨者秘不发丧，已逾一月，安而拒诏，又历数旬。"刘从谏四月初七日卒，朝廷于四月二十三日下诏刘稹护丧归东都，此云"已逾一月"、"又历数旬"，约在五月下旬。

五月二十日，崔铉为相。

《新·宰相表》会昌三年五月戊申(二十日)，"翰林学士承旨、中书舍人崔铉为中书侍郎、同中书门下平章事"。《通鉴》则以崔铉拜相在五月壬寅(十四日)，而据《新表》，壬寅乃李绅为门下侍郎，恐当仍应以《新表》为准。

《通鉴》又记谓："上夜召学士韦琮，以铉名授之，令草制，宰相、枢密皆不之知。"按《旧书》卷一六三《崔铉传》载铉拜相后"为同列李德裕所嫉，罢相，为陕虢观察使、检校刑部尚书"。《新书》卷一六〇《崔铉传》亦云："泽潞平，兼户部尚书。与李德裕不叶，罢为陕虢观察使。"由此可见，崔铉为相，非出于德裕推荐，乃出于武宗之意。

六月初四日,德裕加司徒。

《文集》卷十八有《加司徒请停册礼状》,未注年月。关于德裕加司徒的时间,记载不一。《旧纪》未载。《旧传》于记叙德裕论维州事后,接云"其年,德裕兼守司徒",而下又云"四月,泽潞节度使刘从谏卒。……"追论维州事在会昌三年三月(见前),则德裕加司徒似应在三、四月间。《新·武宗纪》会昌三年六月载:"辛酉,李德裕为司徒。"《新·宰相表》同。而《新传》于叙太和公主归京后,云:"进位司徒。"在此之后又记黠戛斯遣使来,武宗欲更取安西、北庭,德裕以为不可,而此事乃在二月,据此,则德裕为司徒又应在二月。

今按《加司徒请停册礼状》云:"臣伏见今月二十二日制书,制授臣司徒,仍令所司择日备礼册命者。"会昌三年六月戊午朔,辛酉为六月初四日。此当是六月初四日授司徒,六月二十二日又下制,令所司择日备礼册命,德裕请求停止行此册礼。状中云:"又以伐叛之时,所宜务简,炎蒸之候,不可劳人。"所谓伐叛之时,即指讨伐刘稹;"炎蒸之候",与六月正合,《旧纪》、《新传》系于三、四月或二月,皆不合。

六月,日僧圆仁所记武宗重道轻佛情况;又段成式《酉阳杂俎》亦记三年夏长安有并佛寺者。

圆仁《入唐求法巡礼行记》卷四,会昌三年六月十一日记:"今上德阳日(琼按德阳日即武宗诞生日),内里设斋,两街大德及道士御前论义,每街停止十二员大德,功德使帖巡院令简择大德,每街各七人,依旧例入内。大德对道士论义,道士二人敕赐紫衣,而大德总不得着紫。"

又六月十三日记:"太子詹事韦宗卿撰《涅槃经疏》廿卷进。今上览已,焚烧经疏,敕中书门下,令就宅追索草本烧焚,其敕文如左:'敕:银青光禄大夫、守太子詹事、上柱国、华阴县开国男、食邑三百户韦宗卿,忝列崇班,合遵儒业,溺于邪说,是扇妖风。既开訑惑之端,全戾典坟之旨,簪缨之内,颓靡何深。况非圣之言,尚宜禁斥,外方之教,安可流传。虽欲包容,恐伤风俗。宜从左官,犹谓宽恩。任成都府尹,驰驿发遣。太子詹事宗卿,进佛教《涅槃经》中撰成三德廿卷,奉敕:《大圆伊字镜略》廿卷,具已详览。佛本西戎之人,教张不生之说;孔乃中土之圣,经闻利益之言。而韦宗卿素儒士林,衣冠望族,不能敷扬孔墨,翻乃溺信浮屠,妄撰胡书,辄有轻进。况中国黎庶久染此风,诚宜共遏迷聋,使其反朴,而乃集妖妄,转惑愚人。位列朝行,岂宜自愧。其所进经,内中已焚烧讫。其草本委中书门下追索焚烧,不得传之于外。会昌三年六月十三日下。'"

按韦宗卿,见《全唐文》卷六九五小传,似曾与秘书少监吕述共撰《黠戛斯朝贡图传》(见《文集》卷二《黠戛斯朝贡图传序》)。

又段成式《酉阳杂俎》续集卷五《寺塔记》上:"武宗癸亥三年夏,予与张君希复善继,同官秘丘,郑君符梦复,连职仙署。会暇日,游大兴善寺。因问《两京新记》及《游目记》,多所遗略,乃约一旬寻两街寺。以街东兴善为首,二记所不具,则别录之。游及慈恩,初知官将并寺,僧众草草,乃泛问一二上人及记塔下画迹,游于此遂绝。"由此知本年夏唐朝廷已于长安开始,进行"并寺",惜具体情况仍不得而知。

七月,任卢钧为昭义节度招抚使。

《通鉴》会昌三年,"秋七月,以山南东道节度使卢钧为昭义节度招抚使。朝廷以钧在襄阳宽厚有惠政,得众心,故使领昭义以招怀之"。《新书》卷一八二《卢钧传》亦载:"王师伐刘稹,武宗以钧宽厚能得众,诏兼节度昭义军。"

七月,德裕又奏请李回出使,宣慰幽州、成德、魏博三镇,命幽州张仲武讨灭回鹘残部,命成德、魏博二镇速进军泽潞。

《文集》卷十五有《幽州镇魏使状》,文末注云"会昌三年七月十一日"。《旧·武宗纪》,会昌三年,"秋七月戊子,宰相奏:'秋色已至,将议进军,幽州须早平回鹘,镇、魏须速诛刘稹,各须遣使谕旨,兼侦三镇军情。今日延英面奉圣旨,欲遣张贾充使。臣等续更商量,张贾干济有才,甚谙军中体势,然性刚负气,虑不安和,不如且命李回。若以台纲缺人,即兵部侍郎郑涯久为征镇判官,情甚精敏,虽无词辩,言事分明,官重事闲,最似相称。'上曰:'不如令李回去。'即遣回奉使三镇"(此又见《册府元龟》卷一三六《帝王部·慰劳》)。

按德裕《幽州镇魏使状》内容大旨即《旧纪》此处所载。岑仲勉《会昌伐叛集编证》云:"集作十一日,是戊戌,如是戊子,则应书朔,今不书朔,当是戊戌之讹。"

又《文集》卷七有《李回宣慰三道敕旨》,此文未注年月。前《幽州镇魏使状》建议李回出使,并得到武宗认可。此所拟敕旨,当是七月十一日后数天内发出。文中云:"成德军、魏博皆出兵甲,俯临贼境,秋气已至,攻取是时。元逵、弘敬制胜伐谋,必有成算,固须命使,远访嘉猷。又回鹘虽已遁逃,尚存余烬……仲武久欲荡除,俾无噍类。成其志业,壮彼威声,亦在使臣,往喻朕意。各宜奋厉,早建殊勋。"

又《旧书》卷一七三《李回传》载回出使事颇详,录之于下:"会昌三年,刘稹据潞州,邀求旄钺,朝议不允,加兵问罪。武宗惧稹阴附河朔三镇,以沮王师,乃命回奉使河朔。魏博何弘敬、镇冀王元逵皆具橐鞬郊迎。回喻以朝旨,言泽潞密迩王畿,不同河北,自艰难已来,唯魏、镇两藩,列圣皆许袭,而稹无功,欲效河朔故事,理即太悖。圣上但以山东三郡,境连魏、镇,用军便近,王师不欲轻出山东,请魏、镇两藩只收山东三郡。弘敬、元逵俯偻从命。幽州张仲武与太原刘沔攻回鹘,时两人不协,朝廷方用兵,不欲藩帅不和。回至幽州,喻以和协之旨,仲武欣然释憾。乃移刘沔镇滑台,命仲武领太原军攻潞。"(按,刘沔由河东移滑州刺史、义成军节度使在本年十月;又张仲武始终在幽州防御回鹘,并未有领河东军攻泽潞之事,此为《旧传》记事之误)

李回有吏才,明敏干练,德裕大和为相时即器其为人,见前谱。此次出使河北三镇,破除刘稹与河北的联系,并促使张仲武与刘沔和协,都立有功绩,而李回此次的出使,即出于德裕的推荐。宋范祖禹《唐鉴》卷二十载德裕处置三镇事及李回之出使,曾有评曰:"自天宝以后,河朔世为唐患,宪宗虽得魏博,而穆宗复失之,是以朝廷唯事姑息,幸其不叛,斯可矣,岂得而使之也。至于武宗不惟使三镇不敢助逆,又因以为臂指之用,由德裕所以告之者能服其心也。扬雄曰:御得其道,则天下狙诈咸作使;御失其道,则天下狙诈咸作敌。人主威制天下,岂有不由一相者哉!"

七月十七日,李德裕奏请令攻讨刘稹诸军,各专取州,毋得取县,以免拖延时日。

《通鉴》会昌三年七月载:"甲辰(十七日),李德裕言于上曰:'臣见向日河朔用兵,诸道利于出境仰给度支。或阴与贼通,借一县一栅据之,自以为功,坐食转输,延引岁时。今请赐诸军诏指,令王元逵取邢州,何弘敬取洺州,王茂元取泽州,李彦佐、刘沔取潞州,毋得取县。'上从之。"新旧传均载此事,但未著明月日,《旧传》以为德裕此策,促使征讨诸军攻刘稹要地,"以至平殄,皆如其算"。又按,德裕关于此事之奏,未见于文集,两《唐书》及《通鉴》或即取材于《伐叛记》、《献替记》。

七月十八日,德裕鉴于李彦佐逗留不进,请诏书切责,又请以石雄为晋绛行营节度副使,并令石雄至军中后,即代李彦佐任。又督责刘沔、王茂元等进兵,毋存观望。

《通鉴》会昌三年七月载:"晋绛行营节度使李彦佐自发徐州,行甚缓,又请休兵于绛州,兼请益兵。李德裕言于上曰:'彦佐逗遛顾望,殊无讨贼之意,所请皆不可许,宜赐诏切责,令进军翼城。'上从之。德裕因请以天德防御史石雄为彦佐之副,俟至军中,令代之。乙巳,以雄为晋绛行营节度副使,仍诏彦佐进屯翼城。"

乙巳为七月十八日。《文集》卷六有《赐彦佐诏意》,即告以已命石雄为其副使,当在七月十八日后数天之内。由此可见德裕任人的果断，见李彦左有逗留观望之意，即拟由石雄代之，石雄在破除乌介部时立有战功，德裕即不次任用。

《文集》卷六又有《赐刘沔茂元诏》，其中述及王元逵率兵先于诸军进入昭义境内，"拔宣务要害之垒，绝尧山应援之兵"，此乃指《文集》卷四之《授王元逵平章事制》，据《通鉴》在七月下旬。诏中督责刘沔、王茂元等"宜早进军，速临贼境"。《通鉴》本年七月亦载："诏切责李彦佐、刘沔、王茂元，使速进兵逼贼境，且称元逵之功以激厉之。"

杜牧约于七月前后有上德裕书，论对刘稹用兵之策。

杜牧《樊川文集》卷十一有《上李司徒相公论用兵书》。《通鉴》系之于会昌三年四月，谓"黄州刺史杜牧上李德裕书，自言……时德裕制置泽潞，亦颇采牧言"。

按杜牧此书，题中称"李司徒"。德裕加司徒乃在三年六月。书中又云："伏睹明诏诛山东不受命者。"明诏者，即讨刘稹制书，于五月十三日行下，杜牧于黄州看到诏书，当又在此之后。《通鉴》系牧之上书在四月，显系不确。书中又建议唐军于河阳，宜取守势，不宜进攻，谓"高壁深堑，勿与之战，忽有败负，势惊洛师。盖河阳军士，素非精勇，战则不足，守则有余"。观此数句，则当在王茂元八月科斗寨败之前，若杜牧已知河阳之败，则叙河阳形势，即非如此书中作虚拟之笔。由此可见，杜牧上李德裕书论泽潞军事，当作于六月之后，八月之前，即七月左右。

杜牧以为成德节度使王元逵与昭义是世仇，且元逵已尚公主，更可为朝廷所用。但杜牧认为山东之兵只能围一城、攻一堡，作配合之用，"必不能背二十城，长驱上山，径捣上党"，因此他以为，"其用武之地，必取之策，在于西面"。他主张："严紫塞之守备，谨白马之堤防，只以忠武、武宁两军，以青州五千精甲，宣、润二千弩手，由绛州路直东径入，不过数日，必覆其巢。"原因是："昭义军粮，尽在山东。……山东粮谷既不可输，山西兵士亦必单鲜，捣虚之地，正在于此。"

《通鉴》谓德裕平泽潞，颇用杜牧书中之策。实则以成德、魏博攻昭义山东三州，德裕于五、六月即已定策，尚在杜牧上书之前。在尔后的军事行动中，正由于成德、魏博两军已攻取山东之州，昭义失去军粮的支持，然后又由王宰从河阳北上，石雄由翼城东进，以至刘积、郭谊势穷力屈而降，与杜牧所言均有出入，因此说德裕平泽潞，颇用其策，实为夸大之词。

又杜牧书中对德裕为相，颇有称颂，书中首云："伏睹明诏诛山东不受命者，庙堂之上，事在相公。"末又云："昨者北房才毕，复生上党。赖相公庙算深远，北房即日败亡。傥使北房至今尚存，沿边犹须转战，回顾上党，岂能讨除。……伏闻圣主全以兵事付于相公，某受恩最深，窃敢干冒威严，远陈愚见，无任战汗。"杜牧对于驱除回鹘乌介侵扰对于此时讨伐泽潞的意义，分析是正确的，他对于李德裕谋略的赞颂也符合于当时的实际，这些都完全与他在大中年间对德裕的攻讦不同。杜牧此处自称"某受恩最深"，而大中时却又称他之出守黄州是李德裕排挤的结果，前后竟判若两人。

八月初，昭义大将李丕来降，众有疑虑，德裕谓应加厚赏，以招其

余。用丕为忻州刺史。

《通鉴》会昌三年，"八月乙丑（初九日），昭义大将李丕
来降。议者或谓贼故遣丕降，欲以疑误官军。李德裕言于上
曰：'自用兵半年，未有降者，今安问诚之与诈，且须厚赏以劝
将来，但不要置之要地耳。'"此事新旧本纪皆未载。《新书》
卷二一四《刘稹传》后附李丕事，云："李丕者，善长短术，与从
谏厚善，署大将。及稹阻命，军中疾其才，丕惧，乞为游弈深
入，以图营壁处，遂自归。议者疑为贼遣，德裕奏言：'讨贼半
年，始有降者，当赏以劝余。'帝召见，擢忻州刺史。"按忻州在
太原以北，在今山西省忻州市。

魏博节度使何弘敬观望形势，逗留不进，德裕乃命陈许节度使王
宰假道魏博境，直趣磁州。何弘敬不得已，始进战，攻取刘稹之平
恩县。

《通鉴》会昌三年八月载："王元逵前锋入邢州境已逾月，
何弘敬犹未出师，元逵屡有密表，称弘敬怀两端。丁卯，李德
裕上言：'忠武累战有功，军声颇振。王宰年力方壮，谋略可
称。请赐弘敬诏，以河阳、河东皆阂山险，未能进军（胡注：河
阳阂太行之险，河东阂石会、昂车之险），贼屡出兵焚掠晋、
绛。今遣王宰将忠武全军径魏博，直抵磁州，以分贼势。弘
敬必惧，此攻心伐谋之术也。'从之。诏宰悉选步骑精兵自
相、魏趣磁州。"

丁卯即八月十一日。《文集》卷十五有《请赐弘敬诏
状》，《通鉴》所载与此状意合，状中有云："缘令王宰自领陈
许兵，直抵邢州，要诏示元逵、弘敬，谕以河阳、太原皆隔山

险,进军未得,缘卿等已东面进军,贼中慑惧,近日频入晋、绛,焚烧村舍,地迩关辅,深要防虞。……今令王宰自领全师,直抵磁州,以分贼势。"

据《新书》卷二一〇《何弘敬传》,称"弘敬倚积相唇齿,无深入意",又《通鉴》载刘稹曾于七月上表自陈,何弘敬则为之奏雪。故德裕用计,令忠武节度使王宰领陈许兵,通过魏博境,趋攻磁州。何弘敬闻之疑惧,乃向刘稹军进击,并拔取平恩县(今河北省曲周县东南)。

《文集》卷十五又有《论陈许兵马状》,文末注云"会昌三年月二十日"。文中云:"徐迺文到京之后,方知陈许发兵,便云弘敬全军自取磁州,则是畏惧陈许。须待弘敬出军表到,方得委知,若便遣王宰罢行,亦是姑息太过。……望密诏示王宰,但令从容排比,未要速便道途。"则是闻弘敬已经出军,即令王宰缓行(后八月河阳之败,即又命王宰守河阳)。

八月中旬,河阳节度使王茂元兵败于科斗寨。朝中息兵之议又起,德裕力主继续征讨,并调遣王宰守河阳,旋又任王宰为河阳行营诸军攻讨使,使稳定泽潞南面战线。

《通鉴》会昌三年六月曾载:"六月,王茂元遣兵马使马继等将步骑二千军于天井关南科斗店,刘稹遣衙内十将薛茂卿将亲军二千拒之。"同年八月载:"甲戌,薛茂卿破科斗寨,擒河阳大将马继等,焚掠小寨一十七,距怀州才十余里。茂卿以无刘稹之命,故不敢入。时议者鼎沸,以为刘悟有功,不可绝其嗣,又从谏养精兵十万,粮支十年,如何可取!上亦疑之,以问李德裕,对曰:'小小进退,兵家之常。愿陛下勿听外议,则成功必矣。'上乃谓宰相曰:'为我语朝士,有上疏沮议者,我必于贼境上斩之!'议者乃止。"甲戌为十八日,至二十四日,德裕又上《论河阳事宜状》第一状(《文集》卷十五),请王宰不之磁州,先赴河阳救援。文末注云"会昌三年八月二十四日"。《通鉴》于本年八月亦记其事,云:

"庚辰,李德裕上言:'河阳兵力寡弱,自科斗店之败,贼势愈炽。王茂元复有疾,人情危怯,欲退保怀州。臣窃见元和以来诸贼,常视官军寡弱之处,并力攻之,一军不支,然后更攻他处。今魏博未与贼战,西军阂险不进,故贼得并兵南下。若河阳退缩,不惟亏沮军声,兼恐震惊洛师。望诏王宰更不之磁州,亟以忠武军应援河阳,不惟捍蔽东都,兼可临制魏博。若虑全军供饷难给,且令发先锋五千人赴河阳,亦足张声势。'"庚辰即八月二十四日。《通鉴》所载德裕奏言即此《论河阳事宜状》第一状。

至八月二十八日,鉴于河阳情况危急,德裕又上《论河阳事宜第二状》(《文集》卷十五),亟请王宰继先锋五千人先发后,须领全军进援,并请将河阳所贮军器物资资助王茂元军。文末注云"会昌三年八月二十八日"。《通鉴》八月载:"甲申,(德裕)又奏请敕王宰以全军继进,仍急以器械缯帛助河阳窘乏。上皆从之。"甲申即二十八日。按状中云:"访闻河阳兵力已竭,弓矢皆尽。……内外人情,无不忧恐。切望诏王宰发先锋五千人,后须自领全军继进。"又云:"河阳所贮诸道进助军器械,并望且搬赐茂元。"

至九月初,河阳军情稍稍稳定,德裕又奏以王宰为河阳行营诸军攻讨使,罢王茂元军权,泽潞以南军权皆由王宰掌管。《文集》卷十五有《请授王宰兼行营诸军攻讨使制》,文末注云"会昌三年九月四日"。按《通鉴》八月载:"上以王茂元、王宰两节度使共处河阳非宜,庚寅,李德裕等奏:'茂元习吏事而非将才,请以宰为河阳行营攻讨使。茂元病愈,止令镇河阳,病困亦免他虞。'九月辛卯,以宰兼河阳行营攻讨使。"据《通鉴》所载,则是德裕之奏在八月庚寅,但八月实无庚寅,庚寅乃九月四日,《通鉴》系于八月盖误。

德裕状中云:"缘王茂元虽是将家,久习吏事,深入攻讨,非其所长。访闻东畿,自闻狂寇侵轶,尚未安定,茂元纵得痊复,且要留镇河阳,行营诸军,须便有所委。……前月二十九日,延英面奉圣旨,亦以两道节度同在一处非便。臣等商量,望授王宰兼行营诸军攻讨使。"则武宗开延英对宰相论及河阳事在八月二十九日,德裕之奏在九月四日。《新纪》亦载王宰以忠武节度使兼河阳行营攻讨使在九月辛卯。《旧纪》载王宰所授为"泽潞南面招讨使"。由此亦可见,在河阳军情发生紧急情况时,德裕能采取果断措施,罢王茂元军权,而以年龄较轻、资历较浅的王宰来掌管一方面的指挥权。(据《新书》卷一七二《王智兴传》,宰为智兴子,在当时征讨诸镇中,年纪最轻。)

按李商隐《代仆射濮阳公遗表》(《樊南文集详注》卷一)中亦云:"臣虽忝望族,本实将家。自先臣出总郊圻,遇大国静无师旅,被服玄化,翱翔盛时,遂与季弟参元(琼按柳宗元有贺王参元失火书,即此人),俱以词场就贡,久而不调,因以上书自荐,求通干时,愿试芸香作吏。"德裕奏状中对王茂元的评价,与李商隐此处代撰之遗表,看法一致,可见德裕对茂元并无党派之私见,更无褊袒之处。

九月中旬,王茂元病卒,德裕有《赠王茂元司徒制》(《文集》卷四)。

《通鉴》会昌三年九月载:"丙午,河阳奏王茂元卒。"丙午为二十日,其卒当在二十日前数日。《新书》卷一七〇《王茂元传》:"卒,赠司徒,谥曰威。"德裕所撰制文,当作于九月二十日后数日。

李商隐《代仆射濮阳公遗表》(《樊南文集详注》卷一)云:"臣又伏思任司农大卿之日,授忠武统帅之时,紫殿承恩,彤庭入对,躬瞻尧日,亲沐舜风,获睹陛下神武之姿,获闻陛下忧勤之旨,即北蕃小寇,东土微妖,亦何足烦陛下之甲兵,污陛下之铁锧。伏愿时推明略,光阐睿图,内则收德裕、让夷、绅、铉之嘉谟,外则任彦佐、元逵、宰、沔之威力,廓清华夏,昭荐祖宗。"

九月下旬,又任石雄为晋绛行营节度使,代李彦佐,德裕并奏请添益石雄之兵。十月上旬,石雄逾乌岭,大破刘稹军。

《通鉴》本年九月载:"庚戌,以石雄代李彦佐为晋绛行营节度使,令自冀氏取潞州,仍分兵屯翼城以备侵轶。"庚戌为二十四日。《文集》卷四有《授石雄晋绛行营节度使制》,当是于九月二十四日行下。《文集》卷十五并有《论石雄请添兵状》,文末注"会昌三年九月二十四日"。状中有云:"访闻冀氏去潞州最近,才二百里以下,于此进兵,最当要害。翼城亦是大路，须备贼奔冲。"按翼城即今山西省翼城县，冀氏在今山西省安泽县南，向东越雕黄岭，即为潞州。

《通鉴》又载："石雄代李彦佐之明日，即引兵逾乌岭，破五寨，杀获千计。时王宰军万善，刘沔军石会，皆顾望未进。上得雄捷书，喜甚。冬十月庚申，临朝，谓宰相曰：'雄真良将！'……诏赐雄帛为优赏。雄悉置军门，自依士卒例先取一匹，余悉分将士，故士卒乐为之致死。"此十月庚申为十月初五日。《文集》卷七《赐石雄诏意》即对石雄此次取胜加以慰勉，并戒之曰："然闻卿每自履军，常先士卒，既为轻敌，未足耀奇。……今卿为万人之帅，启十乘之行，举必贵谋，动资持重。"

又封敕有《批宰臣贺石雄破贼阵表》（《全唐文》卷七二八）。

河东节度使刘沔与幽州节度使张仲武不协，十月，移刘沔为义成节度使，德裕撰《赐刘沔诏意》（《文集》卷七），劝勉其与石雄、王宰合力征讨刘稹。

《通鉴》本年十月载："初，刘沔破回鹘，得太和公主，张仲武疾之，由是有隙；上使李回至幽州和解之，仲武意终不平。朝廷恐其以私憾败事，辛未，徙沔为义成节度使，以前荆南节度使李石为河东节度使。"新旧《唐书·刘沔传》所载略同。韦博所作《刘沔碑》则云："公以刘稹宗姓，往为邻封，从谏欲济师助我，今诸军或不捷，必贻论指目，祸基此矣。上疏切言，移滑州节度使，守本官。"此以刘沔为避嫌疑而主动要求离河东任，此恐为韦博虚饰之辞。

德裕所撰《赐刘沔诏意》谓"缘卿二年在外,城府久虚。今残虏未平,南北皆有戎事,欲令卿却归本镇,应接两隅行营诸军";又云:"今缘石雄、王宰皆欲进兵,得卿一军齐入,足分贼势。"德裕措辞,也避开刘沔与张仲武的矛盾,而从正面劝勉其与石雄、王宰合力征讨,也可见其调协节镇矛盾的苦心。沔本为滑州刺史、义成节度使,德裕文中称"城府久虚"、"却归本镇"者,皆指滑州而言。

十月,李绅、郑亚进重修之《宪宗实录》。

《旧·武宗纪》会昌三年载:"十月,宰相监修国史李绅、兵部郎中史馆修撰判馆事郑亚进重修《宪宗实录》四十卷,颁赐有差。"

杜牧于本年岁暮作诗,颂朝廷对泽潞之用兵。

杜牧有《东兵长句十韵》诗(《樊川文集》卷二),缪钺《杜牧年谱》谓诗中"凯歌应是新年唱,便逐春风浩浩声"二句,"盖作于会昌三年岁暮,望次年春初泽潞可平也"。缪说是。

杜牧诗云:"上党争为天下脊,邯郸四十万秦坑。狂童何者欲专地,圣主无私岂玩兵。玄象森罗摇北落,诗人章句咏东征。雄如马武皆弹剑,少似终军亦请缨。屈指庙堂无失策,垂衣尧舜待升平。羽林东下雷霆怒,楚甲南来组练明。即墨龙文光照曜,常山蛇阵势纵横。落雕都尉万人敌,黑稍将军一鸟轻。渐见长围云欲合,可怜穷垒带犹萦。凯歌应是新年唱,便逐春风浩浩声。"

十二月,德裕奏请革除进士科试旧俗:进士登第后不得聚集参谒座主,结成朋党,又不得聚集同年进士,广为宴会。

《唐摭言》卷三《慈恩寺题名游赏赋咏杂记》条有云："会昌三年，赞皇公为上相……（十二月）二十二日，中书复奏：'奉宣旨，不欲令及第进士呼有司为座主，趋附其门，兼题名、局席等条疏进来者。伏以国家设文学之科，求贞正之士，所宜行敦风俗，义本君亲，然后申于朝廷，必为国器，岂可怀赏拔之私惠，忘教化之根源。自谓门生，遂成胶固。所以时风浸薄，臣节何施？树党背公，靡不由此。（琮按顾炎武《日知录》卷十七《座主门生》条曾引此，因云："按韩文公《送牛堪序》'吾未尝闻有登第于有司而进谢其门者'，则元和、长庆之间，士风犹不至此。"）臣等商量，今日已后，进士及第任一度参见有司，向后不得聚集参谒及于有司宅置宴。其曲江大会朝官及题名、局席，并望勒停。缘初获美名，实皆少隽，既遇春节，难阻良游。三五人自为宴乐，并无所禁，唯不得聚集同年进士，广为宴会。仍委御史台察访闻奏。谨具如前。'奉敕：'宜依。'于是向之题名，各尽削去，盖赞皇公不由科第，故设法以排之。洎公失意，悉复旧态。"

按徐松《登科记考》卷二二载上述文字，谓据《唐诗纪事》，实则《唐诗纪事》即据《唐摭言》。《摭言》所载，除"赞皇公不由科第，故设法以排之"带有偏见，不合事实外，其所载中书奏语，确保存德裕革除科试旧习的真实材料。

本年，卢肇、丁稜、黄颇、姚鹄登进士科，吏部尚书王起知贡举（徐松《登科记考》卷二十二）。

〔编年文〕

《讨回鹘制》（《文集》卷三）

正月二十五日前作，详见前谱。

《请更发兵山外邀截回鹘状》(《文集》卷十五)

文末注云"会昌三年正月二十五日"。

《殄灭回鹘事宜状》(《文集》卷十五)

文末注云"会昌三年正月三十日"，又详见前谱。

《与黠戛斯王书》(畿辅本补遗)

《旧·武宗纪》会昌三年二月："黠戛斯使注吾合素入朝，献名马二匹，言可汗已破回鹘，迎得太和公主归国，差人送公主入朝，然回鹘残众，夺之于路。帝遂遣中使送注吾合素往太原，迎公主。"德裕此书当是遣注合吾素往太原时所作，后即又遣赵蕃持节而往。

《与纥扢斯可汗书》(《文集》卷六)

未注年月。书中云"已取得太和公主，即至阙庭"。太和公主于二月二十五日至京。则此书当作于二月中，二十五日以前。

《进黠戛斯朝贡图传状》(《文集》卷十八)

《黠戛斯朝贡图传序》(《文集》卷二)

《谢宣示进黠戛斯朝贡图深悚于怀状》(《文集》卷十九)

据岑仲勉《会昌伐叛集编证》，以上三文当作于二月底。

《授狄兼谟兼益王傅郑柬之兼益王府长史制》(《文集》卷四)

未注年月。《旧书》卷八九《狄兼谟传》亦未载为益王傅事，《新书》卷一一五本传云"武宗子岘封益王，命兼谟为傅"，未载为何时。《新·武宗纪》：会昌二年"十月丁卯，封子岘为益王"。今查《册府元龟》卷七〇八《宫臣部·选任》云:"武宗会昌三年二月,以狄兼谟兼益王傅、郑简之兼益王府长史,制曰……"按此即《文集》所载之制,文字有异同,可参校。据此,则当作于三年二月。

《授元晦谏议大夫制》(《文集》卷四)

元晦,新旧《唐书》无传。《唐方镇年表》卷七引《册府元龟》:"元晦为吏部郎中,会昌三年二月除右谏议大夫。"

《讨袭回鹘事宜状》(《文集》卷十五)

岑仲勉《会昌伐叛集编证》云:"明本作二年五月,畿本作三年五月,然二年尚未取却公主,故可断是三年之讹。"按文中有"塞草未青"语,作五月者误,疑"五"字为"三"字之讹。

《李靖传事状》(《文集》卷十五)

前《讨袭回鹘事宜状》叙李靖破颉利可汗事,云"望付翰林录李靖传诏示刘沔",后又云"其李靖传事谨连奏上",则此文为同时所作。

《停归义军敕旨》(《文集》卷七)

未注年月。按文中令归义军士分散属诸道节度团练收管,而据《通鉴》会昌三年三月载刘沔奏,归义军回鹘三千余人准诏分逮诸道,据滹沱河起事,则此文之撰亦当在三月间。

《论大和五年八月将故维州城准诏却执送本藩就戮人吐蕃城副使悉怛谋状》(《文集》卷十二)

《赠故蕃维州城副使悉怛谋制》(《文集》卷四)

《谢赠故蕃维州城副使悉怛谋官状》(《文集》卷十九)

以上三文作于本年三月,详见前谱。

《赐张仲武诏》(《文集》卷六)

《赐张仲武诏意》(《文集》卷六)

此二文未著明时间。前文云："周玙至,省表知可汗犹有疑惧,近日移营……宜选练劲兵,掩其无备……须及塞草未青,虏骑方困,一举便克,使无孑遗。"则是乌介已败,向幽州方向东移,依黑车子部之时,云"塞草未青",则亦当三月间事。后文有云"今缘从谏疾病,颇以深绵,深虑将校异谋,妄有制置"。亦当是三、四月间。

《让官表》(《文集》卷十八)

《谢赐让官批答状》(《文集》卷十九)

四月十三日及后数日内,详见前谱。

《赐何重顺诏》(《文集》卷六)

《赐张仲武诏》(《文集》卷六)

以上二文均在四月十九日。详见前谱。

《论昭义三军请刘稹勾当军务状》(《文集》卷十五)

五月二日。详见前谱。

《讨刘稹制》(《文集》卷三)

五月十三日。详见前谱。

《代弘敬与泽潞军将书》(《文集》卷八)

《代彦佐与泽潞三军书》(《文集》卷八)

五月中下旬。详见前谱。

《加司徒请停册礼状》(《文集》卷十八)

六月间作。详见前谱。

《李彦佐翼城驻军事宜状》(《文集》卷十五)

文末注云"会昌三年六月五日"。

《请赐泽潞四面节度使状》(《文集》卷十五)

文末注云"会昌三年六月十九日"。

《幽州镇魏使状》(《文集》卷十五)

七月十一日。详见前谱。

《李回宣慰三道敕旨》(《文集》卷七)

七月中旬。详见前谱。

《赐彦佐诏意》(《文集》卷六)

七月十八日后数日之内,详见前谱。

《授王元逵平章事制》(《文集》卷四)

未注年月。按《通鉴》本年七月载:"王元逵奏拔宣务栅,击尧山;刘稹遣兵救尧山,元逵击败之。……加元逵同平章事。"新旧书本纪未记此事,《通鉴》列于七月之末。据《新书》卷三十九《地理志》,尧山县属邢州。《旧书》卷一四二《王元逵传》,元逵为庭凑子,袭父为成德节度使,"元逵素怀忠顺,顿革父风,及领藩垣,颇输诚款。……开成二年,诏以寿安公主出降,加驸马都尉"。《新书》卷二一一《王元逵传》载:"其后刘稹叛,武宗诏元逵为北面招讨使。诏下,即日师引道,拔宣务壁,破援军尧山,攻邢州降之,累迁检校司徒、同中书门下平章事。"

《赐彦佐沔茂元诏》(《文集》卷六)

七月下旬。详见前谱。"彦佐"二字原无,参《李德裕文集校笺》。

《请赐弘敬诏状》(《文集》卷十五)

文末注云"会昌三年八月十一日"。

《请发陈许军马状》(《唐文拾遗》)

文末注云"会昌三年八月十一日"。陆心源据影宋《一品集》补入。见于明本、畿辅本等卷十五目录,但有目无文。文中称王宰云:"王宰年力方壮,才略可称,委之征行,必有殊效,非惟破贼積之胆,足以坚镇、魏之心。"

《论彦佐刘沔下诸道客军状》(《文集》卷十五)

文末注云"会昌三年八月十五日"。

《论陈许兵马状》(《文集》卷十五)

文末注云"会昌三年八月二十日"。

《论河阳事宜状》(《文集》卷十五)

第一状文末注云"会昌三年八月二十四日",第二状注云"会昌三年八月二十八日"。详见前谱。

《奉宣王宰欲令直抵磁州得否宜商量奏来状》(《文集》卷十五)

文末注云"会昌三年九月一日"。谓何弘敬既已出军,河阳兵又寡弱,"王宰已排北兵,又颁恩赐,且令全军赴河阳,兼得遥制魏博"。

《请赐仲武诏状》(《文集》卷十五)

文末注云"会昌三年九月二日"。

《请授王宰兼行营诸军攻讨使状》(《文集》卷十五)

文末注云"会昌三年九月四日"。

《授王宰兼充河阳行营诸军攻讨使制》(《文集》卷三)

未著年月。按《新·武宗纪》会昌三年载"九月辛卯,忠武军节度使王宰兼河阳行营攻讨使"。《旧·武宗纪》亦系于九月,但未载何日。辛卯为九月初五日。德裕《请授王宰兼行营诸军攻讨使状》在九月四日,制词行下在九月五日,日期亦正相合。张采田《玉溪生年谱会笺》据《金石萃编》所引王宰《灵石县记石》云:"会昌三年,蒙恩换许昌节。至九月,自许昌统当军骁卒,泊河阳、义成、宣武、浙西、宣歙等军兵马,充攻讨使,诛除壶关寇。"

《赐刘沔诏意》(《文集》卷七)

约九月十日左右,详见前谱。

《赠王茂元司徒制》(《文集》卷四)

作于九月下旬,详见前谱。

《置孟州敕旨》(《文集》卷七)

《通鉴》于九月丙午(二十日)载河阳奏王茂元卒后,曾记李德裕奏,中有云:"河阳节度先领怀州刺史,常以判官摄事,割河南五县租赋隶河阳。不若遂置孟州,其怀州别置刺史。"并云:"上采其言,戊申,以河南尹敬昕为河阳节度、怀孟观察使。"则德裕此《置孟州敕旨》亦当在九月戊申(二十二日)。

《授石雄晋绛行营节度使制》(《文集》卷四)

《论石雄请添兵状》(《文集》卷十五)

以上皆九月二十四日,详见前谱。

《赐石雄诏意》(《文集》卷七)

十月上旬。详见前谱。

《请问薄仲荣贼中事宜状》(《文集》卷十五)

文末注云"会昌三年十月六日"。

《请问生口取贼计策状》(《文集》卷十五)

文末注云"会昌三年十月十日"。

《论时政记等状》(《文集》卷十一)

按《唐会要》卷六四《史馆杂录》下:"会昌三年十月,中书门下奏时政记、起居注记、修国史体例等……"《会要》所载即《论时政记等状》文,可以参校。据此则知作于十月,惜未记日。

《赐党项敕书》(《文集》卷六)

未著年月。按《通鉴》本年十一月载:"邠宁奏党项入寇。李德裕奏:'党项愈炽,不可不为区处。闻党项分隶诸镇,剽掠于此则亡逃归彼。节度使各利其驼马,不为擒送,以此无由禁戢。臣屡奏不若使一镇统之,陛下以为一镇专领党项权太重。臣今请以皇子兼统诸道,择中朝廉干之臣为之副,居于夏州,理其辞讼,庶为得宜。'乃以兖王岐为灵夏等六道元帅,兼安抚党项大使,又以御史中丞李回为安抚党项副使,史馆修撰郑亚为元帅判官,令赍诏往安抚党项及六镇百姓。"

按此处所载德裕奏语,未见于《文集》,司马光或采自《献替记》。《文集》卷六另有《赐党项敕书》,中云:"特命朕之爱子,实总元戎,所冀群帅听命而不敢自专。"即指以兖王岐为灵夏等六道元帅兼安抚党项大使事。则此《赐党项敕书》亦当作于十一月。

《赐李石诏意》(《文集》卷七)

未著年月。文中云:"访闻近日贼中转更穷蹙,自相杀戮，人心不安，即日军权多在郭谊。"按文中所谓"自相杀戮，人心不安"，即指昭义大将薛茂卿为刘稹所杀事。薛茂卿本为天井关守将，十二月丁巳（三日）因不满刘稹，潜与王宰相通，并放弃天井关，因而为刘稹所杀。据此，则《赐李石诏意》当在十二月中所作。

《赐王元逵诏意》（《文集》卷七）

约亦十二月作。

《请诸道进军状》（《文集》卷十五）

畿辅本文末注云"会昌三年十一月二十二日"，明本作"会昌三年十二月二十二日"。据《通鉴》本年十二月"戊辰，王宰进攻泽州"条并《考异》，当是十二月二十二日。

此状乃因王宰取泽州，遂令诸道于明年正月"克期齐进"。

《停进士宴会题名疏》（《全唐文》卷六九六）

据《唐摭言》，此文当上于会昌三年十二月二十二日。详见前谱。

《论冬至岁朝贺状》（《文集》卷十一）

未注年月。文中云："伏以近例，其日若遇有敕，权停朝贺，惟诣兴庆宫贺太皇太后、义安太后、积善太后。"又云："臣等商量，向后冬至岁，如遇有敕，权停朝贺者。"则撰此文时，此三太后尚在。据《旧纪》，义安太后卒于会昌五年正月庚申。又据《旧书》卷五十二《后妃列传》下，穆宗贞献皇后萧氏，于武宗即位后，"徙居积庆殿，号积庆太后"。则此处作"积善太后"误，"善"应改为"庆"。《旧传》又云"会昌中崩"，按《通鉴》大中元年四月己未，积庆太后萧氏崩。李商隐有《为荣阳公奉慰积庆太后上谥表》(《樊南文集补编》卷一)。则《旧传》云"会昌中崩，误"。此文当作于会昌元年至四年之冬至前。义安太后亦《旧·后妃传》下，为穆宗恭僖皇后王氏。

会昌四年甲子(八四四)　五十八岁

正月初一日，河东横水栅都将杨弁作乱，逐河东节度使李石，据太原，并与刘稹相通。

《通鉴》会昌三年十二月底载："初，刘沔破回鹘，留兵三千戍横水栅;河东行营都知兵马使王逢奏乞益榆社兵(胡注:王逢时以河东兵屯榆社)，诏河东以兵二千赴之。时河东无兵，守仓库者及工匠皆出从军。李石召横水戍卒千五百人，使都将杨弁将之诣逢。壬午，戍卒至太原。先是，军士出征，人给绢二匹。刘沔之去，竭府库自随，石初至，军用乏，以己绢益之，人才得一匹。时已岁尽，军士求过正旦而行，监军吕义忠累牒趣之。杨弁因众心之怒，又知城中空虚，遂作乱。"《通鉴》卷二四七会昌四年正月又载云："春，正月，乙酉朔，杨弁帅其众剽黥城市，杀都头梁季叶，李石奔汾州。弁据军府，释贾群之囚(琮按:贾群乃刘稹于会昌三年十二月中遣诣河东节度使李石，商议刘稹归降事者，详见下文)，使其侄与之俱诣刘稹，约为兄弟。稹大喜。石会关守将杨珍闻太原乱，复以关降于积。”

按榆社即今山西省榆社县，在太原东南，潞州以北。石会关在榆社西。

正月初四日，德裕上《论刘稹送款与李石状》（《文集》卷十五）。按去年十二月中，刘稹曾遣其军将贾群诣李石，以洺州刺史李恬（李石从兄）名义致书于石，谓刘稹欲降。德裕于此奏状中谓此乃刘稹缓兵之计，不应受降，且请令诸道从速进兵（德裕上此状时，杨弁作乱的消息尚未奏到）。

《通鉴》会昌三年十二月载："洺州刺史李恬，石之从兄也。石至太原，刘稹遣军将贾群诣石，以恬书与石云：'稹愿举族归命相公，奉从谏丧归葬东都。'石因群，以其书闻。李德裕上言：'今官军四合，捷书日至，贼势穷蹙，故伪输诚款，冀以缓师，稍得自完，复来侵轶。望诏石答恬书云：前书未敢闻奏。若郎君诚能悔过，举族面缚，待罪境上，则石当亲往受降，护送归阙；若虚为诚款，先求解兵，次望洗雪，则石必不敢以百口保人。仍望诏诸道，乘其上下离心，速进兵攻讨，不过旬朔，必内自生变。'上从之。"

按《文集》所载《论刘稹送款与李石状》，即《通鉴》所载奏语，《通鉴》系于会昌三年十二月，而《通鉴·考异》则云据《一品集》在会昌四年正月初四日，《考异》云："《一品集》，正月四日状曰'臣等得李石状，报刘稹潜有款诚'云云。又曰：'今馈运之费计至春末并足，如二月已来尚未殄灭，然议纳降，亦未为晚。'又草诏赐石曰：'必不得因此迁延，令其得计。仍不得先受章表，便与奏闻。'……德裕状正月四日上，然石发奏必在杨弁未乱前,故置于此。"

按李石之奏当在上年十二月末送上,时太原尚未乱。据《考异》,司马光当日所见之《一品集》,此《论刘稹送款与李石状》于文末尚注明为会昌四年正月四日。太原乱讯亦于正月四日奏到,但德裕上此状时尚未见及,故仍按李石于十二月所奏事答复。

德裕约于同日又有《赐李石诏意》(《文集》卷七)及《代李石与刘稹书》(《文集》卷九)。此二文亦未著年月,文中未提及杨弁作乱事,当亦为正月初四日所上。前文云:"省所奏,刘稹令贾群赍李恬书与卿,将兵属同赴阙庭,兼请归葬东都事宜,具悉。……城孤援绝,情计已穷,所以密将款词,归命上相,恐是偷安旬月,溃缓王师。……卿与其要约,令面缚来降,卿即驰至界首,亲自受纳。苟不如此,且须进军,必不得因此迁延,令其得计。仍不得先受章表,便与奏闻。今赐与刘稹书白,想宜知悉。"据末二句,则《代李石与刘稹书》亦同时所上。

又按德裕以上三文皆正月四日上,而同日河东关于李弁之乱的情报奏到,时李石已奔汾州,贾群亦由杨弁遣送还归刘稹,情况发生变化,则《赐李石诏意》及《代李石与刘稹书》二文当未发出。

正月初五、初六日,德裕撰《论刘稹状(附太原状)》(《文集》卷十七)、《宰相与王宰书》(《文集》卷九),言虽有太原杨弁之乱,刘稹必不可恕,奏请派遣供奉官至诸道行营,督其进兵。

按以上两文皆未注年月。《通鉴》会昌四年正月载:"戊子,吕义忠遣使言状,朝议喧然。或言两地皆应罢兵(胡注:两地谓并、潞也)。王宰又上言:'游弈将得刘稹表,臣近遣人至泽潞,贼有意归附。若许招纳,乞降诏命。'李德裕上言:'宰擅受稹表,遣人入贼中,曾不闻奏,观宰意似欲擅招抚之功。昔韩信破田荣,李靖擒颉利,皆因其请降,潜兵掩袭。止可令王宰失信,岂得损朝廷威命!建立奇功,实在今日,必不可以太原小扰,失此事机。望即遣供奉官至行营,督其进兵,掩其无备,必须刘稹与诸将皆举族面缚,方可受纳。兼遣供奉官至晋绛行营,密谕石雄以王宰若纳刘稹,则雄无功可纪。雄于垂成之际,须自取奇功,勿失此便。'又为相府与宰书,言:'昔王承宗虽逆命,犹遣弟承恭奉表诣张相祈哀,又遣其子知感、知信入朝,宪宗犹未之许。今刘稹不诣尚书面缚,又不遣血属祈哀,置章表于衢路之间,游弈将不即毁除,实恐非是。况稹与杨弁通奸,逆状如此,而将帅大臣容受其诈,是私惠归于臣下,不赦在于朝廷,事体之间,交恐不可。自今更有章表,宜即所在焚之。惟面缚而来,始可容受。'德裕又上言:'太原人心从来忠顺,止是贫虚,赏犒不足。况千五百人何能为事!必不可姑息宽纵。且用兵未罢,深虑所在动心。顷张延赏为张朏所逐,逃奔汉州,还入成都。望诏李石、义忠还赴太原行营,召旁近之兵讨除乱者。'上皆从之。"

按《通鉴》所载德裕上奏,即《文集》卷十七之《论刘稹状(附太原状)》;为相府致王宰书,即《文集》卷九之《宰相与王宰书》。《通鉴》于此事后又叙云:"是时,李石已至晋州,诏复还太原。辛卯,诏王逢悉留太原兵守榆社……"辛卯为正月初七日。则德裕以上两文,当作于正月戊子初四日太原奏到之后,正月初七日之前,即正月初五、初六两日。其《附论太原状》后有附语云:"以前件,臣缘假日,兵机切速,不暇与李绅等参议,谨密状奏闻,如蒙允许,便望今日。"可见其迫切之状。

正月二十四日,德裕奏杨弁决不可恕。本月底,太原监军吕义忠率军讨平杨弁。

《通鉴》会昌四年正月载:"上遣中使马元实至太原,晓谕乱兵,且觇其强弱。杨弁与之酣饮三日,且赂之。戊申,元实自太原还,上遣诣宰相议之。元实于众中大言:'相公须早与之节!'李德裕曰:'何故?'元实曰:'自牙门至柳子列十五里曳地光明甲,若之何取之?'德裕曰:'李相正以太原无兵,故发横水兵赴榆社。库中之甲尽在行营,弁何能遽致如此之众乎?'元实曰:'太原人劲悍,皆可为兵,弁召募所致耳。'德裕曰:'召募须有货财,李相止以欠军士绢一匹,无从可得,故致此乱,弁何从得之?'元实辞屈。德裕曰:'从其有十五里光明甲,必须杀此贼!'因奏称:'杨弁微贱,决不可恕。如国力不及,宁舍刘稹。'"按德裕此处所奏,不见于《文集》,《通鉴》所载,当本之于《伐叛记》或《献替记》。戊申为正月二十四日,其论事及上奏,即在当日。

又据史载,太原监军吕义忠于本月底即领军攻取太原,生擒杨弁。见《通鉴》及新旧《唐书·李德裕传》。

二月初三日,德裕撰《赐王宰诏意》(《文集》卷七),督责王宰进兵,不得迁延。

此文未著年月。按《通鉴》会昌四年二月载:"乙卯(二月二日),吕义忠奏克太原。丙辰(二月三日),李德裕言于上曰:'王宰久应取泽州,今已迁延两月。盖宰与石雄素不相叶,今得泽州,距上党犹二百里,而石雄所屯距上党才百五十里。宰恐攻泽州缀昭义大军,而雄得乘虚入上党独有其功耳。又宰生子晏实,其父智兴爱而子之,晏实今为磁州刺史,为刘稹所质。宰之顾望不敢进,或为此也。'上命德裕草诏赐宰,督其进兵,且曰:'朕顾兹小寇,终不贷刑。亦知晏实是卿爱弟,将申大义,在抑私怀。'"按"顾兹小寇"等数句即《文集》所载《赐王宰诏意》中语,当是二月初三日(或初四、五日)所作。

二月初四日,崔元式为河东节度使,代李石;石雄为河中节度使,代崔元式。(辨《旧纪》记时之误)

《旧·武宗纪》会昌四年二月,"丁巳,制河中晋绛慈隰等州节度观察等使、中散大夫、检校左散骑常侍、河中尹、御史大夫、上柱国、博陵县开国男、食邑三百户崔元式可检校礼部尚书、兼太原尹、北都留守,充河东节度观察等使"。此当是杨弁太原之乱,李石未能称职,故以崔元式代之。

《旧纪》未言石雄授官事。《全唐文》卷七二八载封敖《授崔元式太原节度使石雄河中节度使制》,则石雄与崔元式为同日除授。制中所载崔元式官阶与《旧纪》同,石雄则称之为"晋绛行营诸军节度使、银青光禄大夫、检校工部尚书、武威县开国男、食邑三百户",后又谓"雄可守本官,充河中节度使,仍晋绛行营诸军征讨等使"。

按《旧纪》会昌四年九月载："以天德军使、晋绛行营招讨使石雄检校兵部尚书、河中尹、兼御史大夫、河中晋绛慈隰等州节度使。"以石雄为河中节度使在四年九月。今按制词中有云："噫！并部叛卒已见成擒，壶关狡童尚偷余息，干戈未偃，飞挽犹劳。尔其外训甲兵，内康黎庶，诛妖剪怪，勋庸勿让。"则刘稹尚未平定。按平泽潞在本年八月，《新书》卷一七一《石雄传》亦载雄为河中在刘稹讨平之前，与制词合。《旧纪》系于九月，误。

二月八日，撰《处置杨弁敕》（《文集》卷九）

未著年月。《旧·武宗纪》会昌四年二月，"辛酉，太原送杨弁与其同恶五十四人来献，斩于狗脊岭"。（《通鉴》胡注："按宋白《续通典》，狗脊岭在京城东市。"）德裕所撰敕当是斩杨弁时告示中外之敕文。辛酉为二月八日。

鉴于王宰屯兵不进，德裕建议将刘沔由滑州调至河阳，以军二千驻万善，在王宰军之后，激使王宰攻泽州，正月二十五日撰《赐刘沔诏意》（《文集》卷七）。又撰《赐王宰诏意》（陆心源《唐文拾遗》），再次督责其进军。

《通鉴》会昌四年二月载："壬申，李德裕言于上曰：'事固有激发而成功者：陛下命王宰趣磁州，而何弘敬出师；遣客军讨太原，而戍兵先取杨弁；今王宰久不进军，请徙刘沔镇河阳，仍令以义成精兵二千直抵万善，处宰肘腋之下。若宰识朝廷此意，必不敢淹留。若宰进军，沔以重兵在南，声势亦壮。'上曰：'善！'戊寅，以义成节度使刘沔为河阳节度使。"戊寅为二十五日。

按万善在河阳(今河南省孟县)北,为由河阳通泽州要道。时王宰前军攻泽州,万善正处于其军之后背。《新书》卷一七一《刘沔传》:"会王宰逗留,宰相李德裕表沔镇河阳,以滑兵二千壁万善,居宰肘腋下,激之俾出军。"所载即指此事。韦博所撰《刘沔碑》云:"会昌四年二月二十五日,以万善之战□克,诏除河阳节度使,领滑师二千人为万善声势,实□公师焉。"

　　德裕又有《赐王宰诏意》,中云:"今授刘沔河阳,日临寇境,俾为声援,常据要冲,卿既进攻,必无后虑。"授刘沔为河阳节度使在二月二十五日,则此《诏意》当在二十五日后数天之内。此文之主旨乃在切责王宰之顿兵不进,云:"卿初取天井,大振威声,皆谓计日而取泽州,指期而擒刘稹。顿兵危坂,已涉二时,日费殆过于千金。……在朝公卿,继陈谠论,皆云卿之血属质在贼中。此一人之常情,固当无隐。……若虑危害晏寔,未忍急攻,但卿披诚,朕必深恕,即当与卿移镇,必使两全;如能大义灭亲,至诚体国,舍尔所爱,建兹殊勋……"

三月初一日,德裕奏请李回出使天井、冀氏,至王宰、石雄军中宣慰,督促其进军。

　　《文集》卷十六有《请遣使至天井冀氏宣慰状》,文末注云"会昌四年三月一日"。文中云:"臣等近访闻贼中之计,只待林木阴合,以老王师,如此迁延,必恐过夏。"后又云:"去秋李回唯至魏、镇两道,王宰、石雄并未有制使宣慰。臣等商量,望令李回至天井、冀氏宣慰,兼取王宰、石雄及诸军都头两道大将等状,令具破贼期限闻奏。如蒙允许,望令乘递早发。"

按《旧书》卷一七三《李回传》未载回第二次出使事,《新书》卷一三一本传载云:"复以回为使,督战至蒲东,王宰、石雄蘘鞬谒道左,回不弭行,顾左右呼直史责破贼限牒,宰等震恐,期六旬取潞,否则死之,未及期二日,贼平。"按李回约于六月出使,而刘稹之平在七月,已远超六旬,且《新传》描叙李回倨傲,王宰、石雄震恐等状态,皆系夸大。

《文集》卷七并有《赐王宰诏意》、《赐石雄诏意》,即遣使至其军,令其尽速进军,勿得迁延。《赐王宰诏意》中云:"今贼在网罗,只守巢穴,广立虚栅,多设疑兵,盖谓自防,岂暇侵轶,且欲偷安岁月,以老王师。卿分兵相守,果中奸计。况卿已得天井,寻扼咽喉,游刃其间,更何顾虑。"《赐石雄诏意》大致相同,文句稍有出入。

三月,上旬,任命李丕为晋州刺史、冀氏行营攻讨副使。德裕为撰授命制词。

《文集》卷四有《授李丕晋州刺史充冀氏行营攻讨副使制》,未注年月。《旧·武宗纪》会昌四年,"三月,以晋绛副招讨石雄为泽潞西面招讨,以汾州刺史李丕为副"。又《新·武宗纪》会昌四年载:"三月,石雄兼冀氏行营攻讨使,晋州刺史李丕副之。"合而观之,则泽潞西面招讨使,即冀氏行营招讨使,以李丕为石雄之副(明刊本、畿辅本《一品集》,题中"冀氏"皆作"冀代","代"字当误,应据《新纪》改正)。但《旧纪》作"汾州刺史李丕为副",《新纪》作"晋州刺史李丕副之"。一作汾州,一作晋州,所载歧异。

　　按李丕去年八月归唐后先授忻州刺史,二月初杨弁平后,论功授汾州刺史,此时则又改授晋州刺史并为石雄之副。德裕《代李丕与郭谊书》(《文集》卷九)曾云:"丕自归朝廷,颇获优宠,三领大郡,荣列中司。"三列大郡者,即曾为忻、汾、晋三州刺史(又《新书》卷二一四《刘稹传》后附李丕事,记杨弁平后,亦云"迁汾、晋二州刺史",即晋州在汾州之后)。《文集》又有《奏晋州刺史李丕状》,其中叙及李丕在晋州绥辑,应接石雄,而石雄进兵时,亦须同李丕"与共谋度",即李丕已为石雄副使。此文注云"会昌四年三月十四日",则授李丕制当在本年三月上旬。

李商隐于本年春日作诗,有涉及平刘稹者,赞扬此次伐叛之役。

　　商隐本年因丁母忧,居山西永乐(据张采田《玉溪生年谱会笺》)。有《行次昭应县道上送户部李郎中充昭义攻讨》诗(《玉溪生诗集笺注》卷一)。冯浩以为此户部郎中即李丕,诗题云"充昭义攻讨",《文集》有《授李丕晋州刺史充冀氏行营攻讨副使制》,冯氏即据此以为证。张采田《年谱会笺》系此诗于本年,但对冯笺尚有怀疑,云:"惟李丕已加御史中丞,而此云户部郎中,殊不可解。"御史中丞之官阶高于户部郎中,义山诗题之户部郎中恐非李丕,但此诗作于本年刘稹未平时则无可疑。诗云:"将军大旆扫狂童,诏选名贤赞武功。暂逐虎牙临故绛,远含鸡舌过新丰。鱼游沸鼎知无日,鸟覆危巢岂待风。早勒勋庸燕石上,伫光纶绰汉庭中。"

　　义山另有《登霍山驿楼》诗(《玉溪生诗集笺注》卷一),

张采田亦谓作于本年,诗云:"庙列前峰迥,楼开四望穷。岭鬶岚色外,陂雁夕阳中。弱柳千条露,衰荷一向风。壶关有狂孽,速继老生功。"

李商隐约于本年四、五月间,又有为李贻孙上德裕书,盛赞德裕武功之盛与文采之美。

义山有《为李贻孙上李相公德裕启》(《樊南文集笺注》卷三)。冯浩笺云:"《唐文粹·四门助教欧阳詹文集序》,李贻孙作。玩其所自述,则贻孙于大和中曾为福建团练副使,至大中六年为福建观察使。《酉阳杂俎》有云夔州刺史李贻孙,《书史会要》曰李贻孙工书,《金石录》有会昌五年九月夔州刺史李贻孙《神女庙诗》碑,《全蜀艺文志》有会昌五年夔州刺史李贻孙《都督府记》。则上此启后即刺夔矣。……《新书·宰相表》,会昌二年正月德裕为司空,三年六月为司徒,四年八月守太尉。此启是杨弁已诛,刘稹尚未平,会昌四年四、五月所上,故尚称司徒,且有景风、中吕之语。"张采田《玉溪生年谱会笺》即采其说。

按此启称德裕为叔父,自称从侄,云:"从侄某官某谨斋沐裁诚著于启事跪授仆者,上献于司徒相国叔父阁下。"此所谓从侄,当是贻孙依托门第,必非德裕之近亲。

启中列叙德裕功迹,尤详于德裕之武功。于驱除回鹘、讨平杨弁之后,又述讨伐泽潞之役,谓:"潞寇不惩两竖之凶,徒恃三军之力,干我王略,据其父封。袁熙因累叶之资,卫朔拒大君之诏,人将自弃,鬼得而诛。蛙觉井宽,蚁言树大。招延轻险,曾微吴国之钱;藏匿罪亡,又乏江陵之粟。所谋者河朔遗事,所恃者岩险偷生。今则赵魏俱攻,燕齐并入,奉规于帷幄,遵命于指踪。亚夫拒吴,惊东南而备西北;韩信击魏,舣临晋而渡夏阳。百道无飞走之虞,一缕见倾危之势,计其反接,当不逾时。是则陈曲逆之六奇,翻成屑屑;葛武侯之八阵,更觉区区。此庙战之功三也。"观此段所叙,确为刘稹尚未平定之时。

　　启又云:"重以心游书囿,思托文林,提枹于绝艺之场,班扬扫地;鞠旅于无前之敌,江鲍舆尸。故矫枉则黄冶之赋兴(冯注谓《一品集》有《黄冶赋》),游道则知止之篇作(冯注引《一品集》自叙诗:五岳径虽深,遍游心已荡。苟能知止足,所遇皆清旷……)。辞穷体物,律变登高,文星留伏于笔间,彩凤翱翔于梦里。此固谈扬绝意,仿效何阶。"此段乃赞扬其文辞。冯浩于篇末曾评曰:"此篇是以全力赴之者。"冯氏所见甚是。

　　此篇虽为代李贻孙而作,但足见义山对德裕文武治绩深致钦仰。

四月,王宰进攻泽州。德裕撰《赐王宰诏意》、《代卢钧与昭义大将书》、《代李丕与郭谊书》,与军事攻势的同时,对泽潞将佐晓以利害,劝其早日归降,以促进昭义内部的分化。

　　《旧纪》与《通鉴》均载四月王宰进军攻泽州。《新书》卷一七二《王宰传》云:"德裕以宰乘破竹势不遂取泽州,以其子晏实守磁,为顾望计,帝有诏切责。宰惧,急攻陵川,破贼石会关,进攻泽州。"此云有诏切责,见前三月所记。"破石会关"疑有误,盖石会关远在潞州以北,王宰此时尚在泽州以南,何能北越潞州而破石会关?"急攻陵川"亦有误,陵川在泽州东北、潞州东南,亦非王宰军力所及。破石会关、攻陵川,当是别一军,此处混一于王宰名下,当系《新书》作者对这一地区的地域分布不甚了然,因此致误。

《文集》卷七载《赐王宰诏意》,未注年月,内容即督责其进军,且云"卿顷莅泽",当即为四月所作。中有云:"兼宜遣使逼其军城,再三号令,若能舍逆效顺,速自归降,非但生全,仍加优赏,克城之后,不犯秋毫。如坚守危巢,坐待扑灭,必当不存噍类,务极兵威。"按这时唐兵对昭义已成四面合围之势,刘稹军队经过一年的战争,锐气已失,已不能对唐军发动主动的进攻;但尽管如此,昭义之军仍有一定守御实力,他们想拖延时间,待唐军也已感到疲累,或军费财政不支,然后不得已下诏加以"洗雪",如前几朝对强藩实行的苟延"故事"。因此为了尽可能缩短军事行动的时间,促进昭义内部的分化,德裕此时分别撰文,对昭义将佐晓以利害,开譬祸福,劝其早日归降。此处的《赐王宰诏意》是令王宰于进攻泽州的同时,遣使晓谕泽州之守将,劝其"舍逆效顺,速自归降",另外又有《代卢钧与昭义大将书》(《文集》卷九)、《代李丕与郭谊书》(同上)。

按此二文均未注年月。《代卢钧与昭义大将书》首云:"钧谬承宠寄,获抚雄藩。"卢钧由山南东道节度使为昭义节度招抚使在会昌三年七月(详见前)。文中又云:"今王师问罪,将及岁期。"又云:"李丕中丞能全劲节,自拔乱邦,曾未一年,骤历三郡,已分茆土,为国功臣。"按会昌三年五月下诏讨刘稹,云"将及岁期",则当在四年四月;又李丕为晋州刺史在四年三月,至是已历三郡(忻州、汾州、晋州),亦与四月相符。书之大旨即劝诫昭义军将早日归降:"倘枭戮刘稹自建功名,大则别领将旄,次则不失符竹,身受爵禄,福及子孙,去危就安,事同反掌。"

《代李丕与郭谊书》有云:"丕自归朝廷,颇获优宠,三领大郡,荣列中司。"李丕授晋州在本年三月;书中又谓"夏首初热",则亦当在四月。此文乃因李丕与郭谊之特殊关系劝郭谊归降,中云:"十三叔自料形势,必当坐见危亡。幸因丕在邻近,朝廷委信,必须早图功效,自取宠荣,保衰老之年,全一门之命。"当时刘稹年纪尚轻,郭谊实为昭义的核心人物,使郭谊降唐,实际就使泽潞全盘瓦解,八月泽潞之平,即因郭谊杀稹出降之故,即是明证。

四月五日,德裕奏《魏城入贼路状》(《文集》卷十六)。因石雄西面险阻,王宰等亦未能配合齐进,故拟改变原来部署,由魏城取武乡直南攻潞州,并抽调若干兵马,交由石雄统辖;西线冀氏方面则暂取守势。

《魏城入贼路状》文末注云"会昌四年五月五日"。按陆心源校作五月。文中谓若五月尚未能平刘稹,就须过盛夏,须考虑改变原来之部署,以为:"石雄西面险阻,须得王宰、义忠深入,方可进军;榆社兵甲未足,天井固难独入,以此故遂成因循。"按前文已述,本令石雄由翼城、冀氏东进,但却因"西面险阴",未能如愿。由此亦可见杜牧前上书所谓泽潞西面地势平坦,须由西而进,必可克复,不尽符合实际。

文中又云："访闻魏城绝当要害，向南十二里至狗脊岭，虽有小山，并无险阻，二十五里便至武乡县；直抵潞州，便是平川。"并建议从义武、忠武、河中等节镇抽调兵马，得一万五千精兵，由石雄统率，"取魏、武路直入，旬月必见成功"，冀氏、翼城则"但令保险，又守城寨"，"待石雄得武乡后，即令冀氏、翼城诸寨兵马齐进，与石雄合军"。按魏城在榆社附近，又当武乡之北，德裕新的部署即是由北而南，加强北线进攻，西线只作配合。这一方案虽然终未见实行，但仍可见德裕对军事部署的精密规划。

武宗宠信道士赵归真，德裕曾加劝谏。

《通鉴》会昌四年三月载："以道士赵归真为右街道门教授先生。"四月又载："上好神仙，道士赵归真得幸，谏官屡以为言。丙子，李德裕亦谏曰：'归真，敬宗朝罪人（琼按见前宝历二年），不宜亲近。'上曰：'朕宫中无事时与之谈道涤烦耳。至于政事，朕必问卿等与次对官，虽百归真不能惑也。'德裕曰：'小人见势利所在，则奔趣之，如夜蛾之投烛。闻旬日以来，归真之门，车马辐凑。愿陛下深戒之。'"丙子为四月二十三日。按此事，两《唐书·李德裕传》未载，文集亦未有载，《通鉴》所记或即据已佚之《献替记》。但正因如此，宋人陈善却因此以为是李德裕故作此语以归咎于武宗者。

陈善《扪虱新话》卷十《唐武宗李德裕深信道家之说》条，有谓："李德裕云，尝于便殿对武宗，言及方士，上曰：'宫中无事，以此遣闷耳。'予窃疑非武宗之言。按《唐纪》，会昌五年正月作仙台于南郊，六月作望仙楼于神策军，至八月，遂大毁僧寺,复僧尼为民。顾其行事如此,岂但遣闷而已。会昌之政,德裕内之,其深信道家之说,恐非但武宗之意。予读《会昌投龙文》,见武宗自称'承道继玄昭明三光弟子、南岳炎上真人',而德裕《茅山三像记》则自号'上清玄都大阙三景弟子',盖其君臣相效所为如此,于是知解闷之语,实一时饰说耳。德裕诚恐天下后世议己,故以此归咎于其君耳,不然则德裕于此不容无说。德裕诚有意于谏,何不以宪宗之事告之。宪宗时,李绛等尝盛夏廷对,帝汗浃衣,绛等欲退,帝曰:'宫中所对惟宦官女子,欲与卿等讲天下事,乃其乐也。'武宗解闷,得无有与讲天下事以为乐者乎? 吾故以为德裕实托此语以归咎于其君者;不然,则德裕亦可谓不善补缺者矣。"

按综观李德裕一生的行事和思想,其主导思想应该是儒家,而不是道家。德裕在润州时,确有信奉道家之事,其妻妾并曾一度受道箓,但这主要是受社会上道教流行的影响,德裕特别在政治思想上是反对道家虚诞之说的,敬宗时他在润州反对荐举道士周息元,即是一例(详见前谱)。陈善说《通鉴》所记德裕劝谏武宗之语为本无此事,而系德裕事后追记,托此以归咎于武宗,纯为主观揣测之词,不足信。

四月二十五日,王起由左仆射同平章事,充山南西道节度使。李德裕与王起有唱和酬作。

《通鉴》会昌四年四月,"戊寅,以左仆射王起同平章事,充山南西道节度使。起以文臣未尝执政,直除使相,前无此比,固辞;上曰:'宰相无内外之异,朕有缺失,卿飞表以闻。'"按《旧书》卷一六四《王起传》:"(会昌)三年,权知礼部贡举。

明年,正拜左仆射(按王起于武宗即位之年为检校左仆射——琮),复知贡举。起前后四典贡部,所选皆当代辞艺之士,有名于时,人皆赏其精鉴徇公也。其年秋,出为兴元尹、兼同平章事,充山南西道节度使。"(《新书》卷一六七本传略同)按此云会昌四年秋出镇山南西道,恐误,当以《通鉴》为准。戊寅为四月二十五日。

《文集》别集卷四有《仆射相公偶话于故集贤张学士厅,写得德裕与仆射旧唱和诗,其时和者五人,惟仆射与德裕皆列高位,凄然怀旧,辄献此诗》。据《通鉴》,本年四月戊寅,"以左仆射王起同平章事",德裕诗题中称"仆射相公",则亦当作于四月下旬。此可概见李、王二人的交谊。

〔辨正〕辨《因话录》所载李德裕因荐举王龟而受到武宗之诘责。

《因话录》卷一载:"武宗时,李崖州尝面奏处士王龟志业堪为谏官。上曰:'龟是谁子?'对曰:'王起之子。'曰:'凡言处士者,当是山野之人。王龟父大僚,安得居山野?不自合有官。'李无以对。"

此条记载在说明德裕因与王起有旧,于是保举起子龟为谏官,而当武宗问明根由,并加而责,李无词以对。《因话录》旨在表露德裕之徇私害公,实则所记不合于事实。

《旧书》卷一六四《王起传》详载王龟事,云:"龟字大年,性简淡萧洒,不乐仕进,少以诗酒琴书自适,不从科试。京城光福里第,起兄弟同居,斯为宏敞。龟意在人外,倦接朋游,乃于永达里园林深僻处创书斋,吟啸其间,目为半隐亭。及从父起在河中,于中条山谷中起草堂,与山人道士游,朔望一还府第,后人目为郎君谷。及起保厘东周,龟于龙门西谷构松斋,栖息往来,放怀事外。……其闲逸如此。武宗知之,以左拾遗征,久之,方至殿廷一谢,陈情曰:'臣才疏散,无用于时,加以疾病所婴,不任禄仕。臣父年将九十,作镇远藩,喜惧之年,缺于供侍。乞罢今职,以奉晨昏。'上优诏许之。明年,丁父忧;服阕,以右补阙征。"按《南部新书》丙卷亦载王龟"于永达坊选幽僻带林泉之处,构一亭,会文友于其间,名之曰半隐亭;后大和初,从起于蒲,于中修茸书堂以居之,号曰郎君谷"。则龟确非当时一般贵公子可比,德裕特为荐举,是因为其人品有足可称者。史传载武宗亦早已知之,且以左拾遗征,即《因话录》所载德裕荐为谏官,并非武宗连龟为起之子亦不知,须待临时问德裕方知。且王龟确亦应征至朝廷就职。王起卒于宣宗大中元年,年八十八。本传云"明年,丁父忧",则龟应诏出仕亦当在会昌四、五年间。由此可见《因话录》所载,皆非事实。又刘禹锡亦有《荐处士王龟状》(《刘禹锡集笺证》卷十七),中云:"况遇相公持衡,敢有所启。"此相公即指李德裕,刘禹锡时为太子宾客分司东都。或德裕因禹锡之启而乃荐王龟为谏官者。

五月,薛元赏由司农卿改任京兆尹,当系德裕所保荐。薛元赏有吏干,不避权贵,史载"百姓赖安"。

《旧·武宗纪》会昌四年,"五月,以司农卿薛元赏为京兆尹"。

按薛元赏见《新书》卷一九七《循吏传》,有云:"会昌中,德裕当国,复拜京兆尹(琮按元赏于文宗时亦曾任京兆尹,见前谱）。都市多侠少年，以黛墨镂肤，夸诡力，剽夺坊间。元赏到府三日，收恶少，杖死三十余辈，陈诸市，余党惧，争以火灭其文。元赏长吏事，能推言时弊，件白之。禁屯怙势扰府县，元赏数与争，不少纵，由是军暴折戢，百姓赖安。就加检校吏部尚书。阅岁，进工部尚书，领诸道盐铁转运使。德裕用元赏弟元龟为京兆少尹、知府事。"元赏任京兆尹，不避权贵，敢于治禁军不法事，"百姓赖安"，在当时也可说是不可多得。宣宗即位不久，白敏中等用事，却因曾为德裕所器用而贬出。

六月，崔珙贬澧州刺史，同月，又再贬恩州司马员外置。按珙及其兄琯素与德裕亲厚，此次之贬，出于宰相崔铉所奏。

《旧·武宗纪》会昌四年，"六月，金紫光禄大夫、尚书右仆射、中书侍郎、同平章事、判度支崔珙贬澧州刺史"；同月又载："敕责授官银青光禄大夫、澧州刺史、上柱国、安平郡开国公、食邑二千户崔珙再贬恩州司马员外置，以珙领盐铁时欠宋滑院盐铁九十万贯。"

按据《新·宰相表》，开成五年五月，诸道盐铁转运使、刑部尚书崔珙同中书门下平章事。九月辰庚，珙为中书侍郎。会昌二年正月己亥，李让夷为尚书左仆射，珙为尚书右仆射。三年二月辛未，珙罢守尚书右仆射。则崔珙于会昌三年二月已罢相，至本年六月又被贬出。

《旧书》卷一七七《崔珙传》谓珙"性威重，尤精吏术"。又云"会昌初，李德裕用事，与珙亲厚，累迁户部侍郎，充诸道盐铁转运等使。寻以本官同中书门下平章事，累兼刑部尚书、门下侍郎,进阶银青光禄大夫、兼尚书左仆射"。按此云会昌初李德裕用事,因德裕与之亲善,乃累迁其官阶,直至拜相。而据上引《新表》,崔珙于开成五年五月即入相,其时德裕尚在淮南,至该年九月,始应诏入朝拜相,《旧·崔珙传》记时有误。

《旧·崔珙传》又云:"素与崔铉不叶,及李让夷引铉辅政,代珙领使务,乃掎摭珙领使日妄破宋滑院盐铁钱九十万贯文,又言珙尝保护刘从谏,坐贬澧州刺史,再贬恩州司马。"崔珙于宣宗即位后,曾召还为凤翔节度使,终因崔铉时知政事,崔珙坐与德裕亲善,不得重用,乃辞官闲居而卒。崔铉会昌时为相亦非李德裕意,此次他奏崔珙事,恐也有打击德裕之意,会昌五年,德裕也就因事奏罢其相位(详见后)。宣宗时,崔铉与白敏中等共同构陷德裕。由此可见,崔珙本年贬官,也受牛李党争的影响。

六月四日后,德裕奏上《天井冀氏行营状》(《文集》卷十六),谓已至暑热,行军不便,且粮运未济,故拟暂缓进攻。

《天井冀氏行营状》文末注云"会昌四年六月四日"。文中云:"昨者初夏频请进军,所冀未热之时,便见次第,今炎毒已甚,迫促稍难。……王者之师,以全取胜,急攻则狂贼得计,稍缓则贼势日穷。"盖因四、五月时未能取得较大进展,暑热已临,须令进讨之师稍事休息,以利秋凉时再次进击。且当前粮运也有困难:"况出内库货财,以资军食,计量馈运,必及冬间。……亦恐营栅甚暑,不易祇供。"可见德裕既有决心讨平刘稹,同时也从实际出发,根据天时、地形,随时调整其作战部署。从整个讨伐泽潞的战场看,五、六月间东南西北四面皆无重大军事行动。在此期间,德裕着重于整顿、改革内部机构,如精简官员(见后),重新拟订军功赏罚规定,以准备下一步的作战行动,《文集》卷十六《请准兵部依开元二年军功格置跳荡及第一第二功状》,即是一例。

按此文未注年月,在此之前为《天井冀氏行营状》,六月四日,此文之后为《奉宣石雄所进文书欲勘问宜商量奏来状》,作于本年闰七月初一日。此卷所收文,大致按时间先后排列,因此可断定作于本年六、七月间。此为奖赏军功条例,依开元格,并参以会昌时实际情况作若干变动,而其主旨则是使尽可能多的人得以立功受赏,如云"臣等商量,缘比来大阵酬赏,只是十将以上得官,其副将以上至长行,并无甄录。今但与格文相当,即便酬官,所冀尽沾渥泽",以做到"颁赏有名,人心知劝"。

六月,德裕奏请令吏部郎中柳仲郢裁减州县官佐冗吏,但也因此而得罪权贵。

《通鉴》会昌四年:"李德裕以州县佐官太冗,奏令吏部郎中柳仲郢裁减。六月,仲郢奏减一千二百一十四员。仲郢,公绰之子也。"《旧·武宗纪》亦载:会昌四年七月,"吏部条奏中外合减官员一千一百一十四员"。

又《旧书》卷一六五《柳仲郢传》:"会昌中,三迁吏部郎中,李德裕颇知之。武宗有诏减冗官,吏部条疏,欲牒天下州府取额外官员,仲郢曰:'诸州每冬申阙,何烦牒耶?'幸门顿塞。仲郢条理旬日,减一千二百员,时议为惬。"《新·李德裕传》亦载此事，云："又尝谓：'省事不如省官，省官不如省吏，能简冗官，诚治本也。'乃请罢郡县吏凡二千余员，衣冠去者皆怨。"《新传》所载德裕"省事不如省官"数语，对于汰除封建时代的冗官冗吏来说，确为至论，但却因此受到"衣冠"之族的怨怒，可见德裕的整顿改革，对于当时的封建特权势力，确有所限制。

七月甲辰（二十三日），杜悰由淮南入相；闰七月壬戌（十二日），李绅出镇淮南。

《旧·武宗纪》会昌四年，"七月，以淮南节度使、检校司空杜悰守尚书右仆射、兼门下侍郎、同平章事，仍判度支，充盐铁转运等使。又制银青光禄大夫、守尚书右仆射、兼门下侍郎、同平章事、监修国史、上柱国、赵郡开国公、食邑二千户李绅可检校司空、平章事、扬州大都督府长史、淮南节度副大使、知节度事"。按据《通鉴》，杜悰入相在四年七月甲辰（二十三日），李绅出镇淮南在闰七月壬戌（十二日）。李绅之出领淮南，恐与调剂军粮有关，因征讨泽潞已一年有余，军费支出浩大，战事呈胶着状态，若须发动大规模进攻，即需大笔财政支出，故需由亲信大臣出守扬州，经营东南漕运。李绅之出，当由于此。

闰七月中旬，德裕又撰《论镇州奏事官高迪陈意见二事状》（《文集》卷十七）、《续得高文端贼中事宜四状》（同上），多方探听昭义内部虚实及其用兵策略，以便采取对策，并奏请即令诸镇尽速进军。

《论镇州奏事官高迪陈意见二事状》，未署年月。按《通鉴》会昌四年闰七月载："李德裕奏：'镇州奏事官高迪密陈意见二事：其一，以为贼中好为偷兵术，潜抽诸处兵聚于一处，官军多就迫逐，以致失利；经一两月，又偷兵诣他处。官军须知此情，自非来攻城栅，慎勿与战。彼淹留不过三日，须散归旧屯，如此数四空归，自然丧气。官军密遣谍者诃其抽兵之处，乘虚袭之，无不捷矣。其二，镇、魏屯兵虽多，终不能分贼势。何则？下营不离故处，每三两月一深入，烧掠而去。贼但固守城栅，城外百姓，贼亦不惜。宜令进营据其要害，以渐逼之。若止如今日，贼中殊不以为惧。望诏诸将各使知之。'"

按《通鉴》系此事在闰七月壬戌（十一日）之后，则当在闰七月中旬（闰七月下旬，昭义山东三郡降。）《通鉴》所载德裕语，即此《陈意见二事状》。状中所论，昭义用兵的策略，系抽调若干处分散的兵力于一处，集中攻击唐军的一部，得手后，又攻击另一部，逐步打破合围的形势。德裕针对这一策略，认为：第一，固守城栅，慎勿与战，待其消耗时日，只得回归各处，反复再三，"自然丧气"。第二，派遣间谍察知其被抽调去兵力的地方，"乘虚袭之"，采取主动进攻。此状末有云："高迪虽是河北军将，臣每度与言，颇似忠信，尽望付翰林约此意赐元逵、弘敬、王宰、石雄、义忠诏，所冀速平残寇。"高迪只不过是一个普通的奏事官，但德裕却几次"与言"，上述昭义用兵的方略及唐军应取的对策，决非空坐于庙堂之上所能想得出来的。《文集》卷十七又有《续得高文端贼中事宜四状》，亦作于闰七月中（参见《通鉴》）。高文端为刘稹的心腹将领,投降后,"德裕访文端破贼之策"(《通鉴》)。状中也说:"昨日高文端到宅辞臣,因子细问得贼中事宜,兼共商量计策,皆似可,谨录奏闻。"德裕以辅相之尊,能在府邸接待一名降将,并仔细探问情状,还与他共同商量计策,这不但为唐代所绝无仅有,在整个中国古代历史上也是少有的。

《文集》卷七又有《赐王元逵何弘敬诏意》,据前《论镇州奏事官高迪陈意见二事状》,当亦作于本年闰七月中旬。中云:"比缘暑热未退,固难进军。……今清商已至,鼙鼓声雄,白露将凝,戈铤气肃。"即令镇、魏两镇尽速进军,以配合石雄、王宰攻讨。《文集》同卷又有《赐王元逵何弘敬诏意》,亦同前意。

闰七月丙子(二十五日),刘稹之邢州守将裴问(刘从谏妻弟)、邢州刺史崔嘏降于王元逵。后数日,洺、磁二州亦降。昭义之山东三州平。

按《通鉴》会昌四年闰七月载刘稹内部分崩离析情况,及裴问、崔嘏归降经过,叙述较两《唐书》有关列传为翔实,司马光记此事当本于实录及有关史籍,今抄录于下,以备本末:

"刘稹年少懦弱,押牙王协、宅内兵马使李士贵用事,专聚货财,府库充溢,而将士有功无赏,由是人心离怨。刘从谏妻裴氏,冕之支孙也,忧稹将败,其弟问,典兵在山东,欲召之使掌军政。士贵恐问至夺己权,且泄其奸状,乃曰:'山东之事仰成于五舅,若召之,是无三州也。'乃止。"

"王协荐王钊为洺州都知兵马使;钊得众心,而多不遵使府约束,同列高元武、安玉言其有贰心。稹召之,钊辞以'到洺州未立少功，实所惭恨，乞留数月，然后诣府'。许之。"

"王协请税商人，每州遣军将一人主之，名为税商，实籍编户家赀，至于什器无所遗，皆估为绢匹，十分取其二，率高其估。民竭浮财及糗粮输之，不能充，皆恼恼不安。"

"军将刘溪尤贪残，刘从谏弃不用；溪厚赂王协，协以邢州富商最多，命溪主之。裴问所将兵号'夜飞'，多富商子弟，溪至，悉拘其父兄；军士诉于问，问为之请，溪不许，以不逊语答之。问怒，密与麾下谋杀溪归国，并告刺史崔嘏，嘏从之。丙子，嘏、问闭城，斩城中大将四人，请降于王元逵。时高元武在党山，闻之，亦降。"

"先是使府赐洺州军士布，人一端，寻有帖以折冬赐。会税商军将至洺州，王钊因人不安，谓军士曰：'留后年少，政非己出。今仓库充实，足支十年，岂可不少散之以慰劳苦之士！使帖不可用也。'乃擅开仓库，给士卒人绢一匹，谷十二石，士卒大喜。钊遂闭城请降于何弘敬。安玉在磁州，闻二州降，亦降于弘敬。尧山都知兵马使魏元谈等降于王元逵，元逵以其久不下，皆杀之。"

按《旧·武宗纪》会昌四年七月（《旧纪》未载闰七月，当系漏略）载："王元逵奏邢州刺史裴问、别将高元武以城降。洺州刺史王钊、磁州刺史安玉以城降何弘敬。山东三州平。"《旧纪》此处以裴问为邢州刺史，误。《新纪》本年闰七月载："丙子，昭义军将裴问及邢州刺史崔嘏以城降。是月，洺州刺史王钊、磁州刺史安玉以城降。"《新纪》虽简，但得其正。

又崔嘏事亦见《新·李德裕传》末，云："嘏字乾锡，举进士,复以制策历邢州刺史。"又云:"刘稹叛,使其党裴问戍于州,煅说使听命。"后德裕于宣宗朝被斥,崔煅时为中书舍人,"坐书制不深切,贬端州刺史";《新传》称其"作诏不肯巧傅以罪",可见其人品。

八月十一日,镇、魏奏山东三州平;德裕请即以卢弘止为三州留后,以防王元逵、何弘敬请占三州之地。

《通鉴》会昌四年,"八月辛卯(十一日),镇、魏奏邢、洺、磁三州降,宰相入贺。李德裕曰:'昭义根本尽在山东,三州降,则上党不日有变矣。'上曰:'郭谊必枭刘稹以自赎。'德裕曰:'诚如圣料。'上曰:'于今所宜先处者何事?'德裕请以卢弘止为三州留后,曰:'万一镇、魏请占三州,朝廷难于可否。'上从之。诏山南东道兼昭义节度使卢钧乘驿赴镇"。

《旧书》卷一六三有传作卢弘正(《通鉴考异》谓应作卢弘止,是)云:"会昌末,王师讨刘稹。时诏河北三帅收山东州郡,俄而何弘敬、王元逵得邢、洺、磁三郡。宰臣奏议曰:'山东三郡,以贼稹未诛,宜且立留后。如弘敬、元逵有所陈请,则朝廷难以依违。'上曰:'然,谁可任者?'李德裕曰:'给事中卢弘正尝为昭义判官,性又通敏,推择攸宜。'即命为邢洺磁团练观察留后。未行而稹除,乃令弘正衔命宣谕河北三镇。使还,拜工部侍郎。"《新书》卷一七七《卢弘止传》略同。则卢弘止任为昭义节度使、邢洺磁团练观察留后,皆出于德裕之举荐。

按弘止兄简能、简辞,弟简求,其父即大历诗人卢纶,德裕于文宗时尝应对文宗言及卢纶及其四子事,《旧书》卷一六三《卢简辞传》云："文宗好文,尤重纶诗,尝问侍臣曰:'卢纶集几卷? 有子弟否?'李德裕对曰:'纶有四男,皆登进士第,今员外郎简能、侍御史简辞是也。'即遣中使诣其家,令进文集。简能尽以所集五百篇上献,优诏嘉之。"

又陈夷行卒,李德裕为撰《赠陈夷行司徒制》(《文集》卷四)。按《旧唐书》卷一七三《陈夷行传》:"会昌三年十一月,检校司空、平章事、河中尹、河中晋绛节度使,卒,赠司徒。"又《旧唐书》卷十八上《武宗纪》,会昌四年八月,"河东节度使陈夷行卒"。则陈夷行于会昌三年十一月出任,会昌四年八月卒,李德裕当应制为作《赠陈夷行司徒制》。

八月,郭谊杀刘稹,遣使奉表降于王宰;八月十五日,王宰奏闻其事。八月十六日,李德裕对武宗论郭谊不可赦,并请诏石雄领七千人马入潞州。

《通鉴》会昌四年八月载郭谊杀刘稹及所厚张谷等凡十二家,"乃函稹首,降于王宰"。"乙未(十五日),宰以状闻。丙申(十六日),宰相入贺。李德裕奏:'今不须复置邢、洺、磁留后,但遣卢弘止宣慰三州及成德、魏博两道。'上曰:'郭谊宜如何处之?'德裕曰:'刘稹騃孺子耳,阻兵拒命,皆谊为之谋主;及势孤力屈,又卖稹以求赏。此而不诛,何以惩恶? 宜及诸军在境,并谊等诛之!'上曰:'朕意亦以为然。'乃诏石雄将七千人入潞州,以应谣言。杜悰以馈运不给,谓谊等可赦,上熟视不应。德裕曰:'今春泽潞未平,太原复扰,自非圣断坚定,二寇何由可平! 外议以为若在先朝,赦之久矣'上曰:'卿不知文宗心地不与卿合,安能议乎!'"《新·李德裕传》

所载略同。《旧书》卷一六一《石雄传》曰:"先是潞州狂人折腰于市,谓人曰:'雄七千人至矣!'刘从谏捕而诛之。及积危蹙,大将郭谊密款请斩积归朝,军中疑其诈。雄倡言曰:'贼积之叛,郭谊为谋主。今请斩积,即谊自谋,又何疑焉?'武宗亦以狂人之言,诏雄以七千人受降。雄即径驰潞州降谊,尽擒其党与。"(《新书》卷一七一《石雄传》略同)

又按白居易曾有诗颂石雄之武功,《白居易集》卷三七有《河阳石尚书破回鹘,迎贵主,过上党,射鹭鸶,绘画为图,猥蒙见示,称叹不足,以诗美之》,云:"塞北虏郊随手破,山东贼垒掉鞭收。乌孙公主归秦地,白马将军入潞州。剑拔青鳞蛇尾活,弦抨赤羽火星流。须知鸟目犹难漏(自注:尚书将入潞府,偶逢水鸟鹭鸶,引弓射之,一发中目,三军踊跃,其事上闻,诏下美之),纵有天狼岂足忧。画角三声刁斗晓,清商一部管弦秋。他时麟阁图勋业,更合何人居上头?"

按居易诗题称"河阳石尚书",据《通鉴》,会昌四年十二月,"河中节度使石雄为河阳节度使";又《新书》卷一七一《石雄传》,雄入潞州后,因功"进检校兵部尚书,徙河阳","宣宗立,徙镇凤翔"。则居易此诗当作于会昌五年间(顾学颉《白居易年谱简编》系此诗于会昌三年,按诗题有"迎贵主,破上党",迎太和公主在会昌三年春,破上党在会昌四年秋,又雄徙河阳在会昌四年十二月,恐此诗不当系于会昌三年)。由此诗,可见白居易此时虽闲居洛阳,尽量避免参与朋党之争,但对平泽潞一事仍持肯定态度。

《文集》卷六又有《赐潞州军人敕书意》,文中云:"刘积乳臭騃童，未有所识，皆是郭谊、王协幸其昏弱，矫托军情……及见山东三郡皆已归降，事迫势穷，归恶刘稹，令其一门受戮，便欲自取宠荣。……已令泽潞、冀氏两路进军，只取郭谊、王协及同恶之类，其他军人一切不问。……如两道兵马未到以前，有忠义之士先非同恶者能自擒僇郭谊等，所与优赏并同裴问、王钊例处分。"末又云："已诏石雄、王宰到彼不令侵扰军人百姓。"此文未注年月，从内容看，当是八月丙申（十六日）李德裕向武宗进言郭谊不可赦，并令石雄进军后所拟，日期当在八月十六、十七日。从此文中可以看出，李德裕决心用武力惩办刘稹、郭谊等首恶，以此来儆尤不听命于朝廷的强藩，同时颁布政策，使昭义一般随附者得以心安，减少阻力。

又《通鉴》叙石雄入潞州及擒郭谊事，云："郭谊既杀刘稹，日望旌节；既久不闻问，乃曰：'必移他镇。'于是阅鞍马，治行装；及闻石雄将至，惧失色。雄至，谊等参贺毕，敕使张仲清曰：'郭都知告身来日当至；诸高班告身在此，晚牙来受之！'乃以河中兵环球场，晚牙，谊等至，唱名引入，凡诸将桀黠拒官军者，悉执送京师。"

八月二十八日戊申，德裕加太尉、卫国公。

《新·武宗纪》会昌四年八月，"戊申，李德裕为太尉"（《新·宰相表》同）。《通鉴》亦系于八月戊申，谓"加李德裕太尉、赵国公"。

《唐大诏令集》卷六十一载《册李德裕太尉文》，有云："乃有冢臣光禄大夫、守司徒、兼门下侍郎、同中书门下平章事、充弘文馆大学士、太清宫使、卫国公李德裕,左右予一人,抚四夷,亲万国,文以和政,武以宁乱。於戏!尔有蹈义断金之操,不渝于险易;尔有移忠匪石之诚,可荐于宗社。故蔰吾欲以康务,沃朕心而成德。日者弧星耀芒,朔漠之人,若坠沸鼎,惟尔总合智力,扑其氛焰。盗萌蠹木,牙角灭息,孽竖扇祸壶关,构衅闭险,联绛赵魏泽潞五州之人,是莫不忧其生于旦夕。惟尔叶予一人,经是七德,决自樽俎,发如雷电。风后之握机成阵,密并轩皇;羊祜之沉谋制胜,玄同晋帝。修德刑为战器,阅礼乐为身文。虽其功不自伐,已为众所共钦,不有殊荣,曷酬盛德。兹用命尔为太尉,往惟钦哉!"

按《通鉴》谓此时德裕封赵国公,《唐大诏令集》作卫国公,《旧传》亦作卫国公,云:"以功兼守太尉,进封卫国公,三千户。"《新传》所载较为明晰,盖初拟封赵国公,后因德裕固让,乃改封卫国公,谓:"策功拜太尉,进封赵国公。德裕固让,言:'唐兴,太尉唯七人,尚父子仪乃不敢拜。近王智兴、李载义皆超拜保、傅,盖重惜此官。裴度为司徒十年,亦不迁。臣愿守旧秩足矣。'帝曰:'吾恨无官酬公,毋固辞。'德裕又陈:'先臣封于赵,冢孙宽中始生,字曰三赵,意将传嫡,不及支庶。臣前益封,已改中山。臣先世皆尝居汲,愿得封卫。'从之,遂改卫国公。"《新传》所载当本于德裕《请改卫国公状》(《李德裕文集》卷十八),文云:"臣亡父先臣,宪宗宠封赵国,先臣与嫡子嫡孙宽中小名三赵,意在传嫡嗣,不及支庶。臣前年恩例进封,合是赵郡,臣以宽中之故,改就中山。臣亡祖先臣曾居卫州汲县,竟以汲县解进士及第。倘蒙圣恩,改封卫国,遂臣私诚,庶代受殊荣,免违先志。"

《文集》卷十八《让太尉第二表》、《让太尉第三表》、《请改封卫国公状》,卷十九《谢恩不许让官表状》、《谢恩加特进阶改封卫国公状》,当皆作于八月下旬。

又《唐六典》卷一:"太尉,一人,正一品。……武德初秦王兼之,永徽中长孙无忌为之,其后亲王拜三公者皆不视事,祭礼则摄者行焉。"

《旧书》卷一六八、《新书》卷一七七《封敖传》皆载册德裕为太尉诏文为封敖所拟,《旧传》云:"敖,元和十年登进士第……会昌初,以员外郎知制诰,召入翰林为学士,拜中书舍人。敖构思敏速,语近而理胜,不务奇涩,武宗深重之……李德裕在相位,定策破回鹘,诛刘稹,议兵之际,同列或有不可之言,唯德裕筹计指画,竟立奇功,武宗赏之,封卫国公,守太尉。其制语有:'遏横议于风波,定奇谋于掌握。逆稹盗兵,壶关昼锁,造膝嘉话,开怀静思,意皆我同,言不它惑。'制出,敖往庆之,德裕口诵此数句,抚敖曰:'陆生有言,所恨文不迨意。如卿此语,秉笔者不易措言。'座中解其所赐玉带以遗敖,深礼重之。"按此处所载制语,不见于《唐大诏令集》中《册李德裕太尉文》,《全唐文》卷七二八载封敖文数篇,亦无此制文。

又宋敏求《春明退朝录》卷下:"太尉旧在三师之下,由唐以来,以上公为重。李光弼自司空为太尉,薨,赠太保。郭子仪自司徒为太尉,薨,赠太师。李德裕自司徒为太尉,皆以超拜。"

唐宋人所载德裕破回鹘、平上党的功绩。

《旧传》："自开成五年冬回纥至天德，至会昌四年八月平泽潞，首尾五年，其筹度机宜，选用将帅，军中书诏，奏请云合，起草指踪，皆独决于德裕，诸相无预焉。"

《新传》："当国凡六年，方用兵时，决策制胜，它相无与，故威名独重于时。"

孙甫《唐史论断》卷下："武宗用李德裕，颇得委任之道，故德裕尽其才谋，独当国是，时之威令大振者，委任之至也。"又云："李德裕自穆宗至文宗朝，历内外职任，奏议忠直，政绩彰显，遂当辅相之任，然为邪佞所排，不克就功业。及相武宗英主，始尽其才。回鹘在边，先请待以恩好，及其侵轶，乃授刘沔、石雄成算，使之平荡，得中国大体。上党拒命，举朝惧生事，不欲用兵，德裕料其事势，奏遣使魏、镇，先破声援之谋，且委征讨之任。魏帅迁延其役，使王宰领师直趋势磁州，据魏之右，魏帅惧，全军以出。又以王宰必有顾望，令刘沔领军直抵万善，示代宰之势，宰即时进兵。太原之乱，杨弁结中使张皇其事，德裕折中使奸言，使王逢将陈许、易定兵进讨，太原兵戍于外者惧客军攻城，并屠其家，径归擒弁，尽诛叛卒。此皆独任其策，不与诸将同谋，大得制御将帅用兵必胜之术。"

《通鉴》论李德裕讨平泽潞致胜之由：一、使监军不得干预军政，中央号令自中书出，军令政令统一；二、喻河北三镇，晓以利害，使服从朝廷，孤立昭义。

《通鉴》会昌四年八月叙李德裕加太尉时，论云："初，李德裕以韩全义以来（胡注：德宗遣韩全义讨吴少诚，败于溵水），将帅出征屡败，其弊有三：一者，诏令下军前，日有三四，宰相多不预闻。二者，监军各以意见指挥军事，将帅不得专进退。三者，每军各有宦者为监使，悉选军中骁勇数百为牙队，其在陈战斗者，皆怯弱之士；每战，监使自有信旗，乘高立马，以牙队自卫，视军势小却，辄引旗先走，陈从而溃。德裕乃与枢密使杨钦义、刘行深议，约敕监军不得预军政，每兵千人听监使取十人自卫，有功随例沾赏。二枢密皆以为然，白上行之。自御回鹘至泽潞罢兵，皆守此制。自非中书进诏意，更无他诏自中出者。号令既简，将帅得以施其谋略，故所向有功。"按范祖禹《唐鉴》卷二十亦载此语，范氏又有云："元和后，数用兵，宰相不休沐，或继火乃得罢。德裕在位，虽遽书警奏，皆从容裁决，率午漏下还第休沐，辄如令，沛然若无事之时。"《贾氏谈录》谓："李赞皇平上党、破回鹘，自矜其功，平泉庄置构思亭、伐叛亭。"（《类说》卷十五）其意不无贬义。且平泉庄在洛阳，军情紧急，何由在洛阳别墅起构思、伐叛之亭？两《唐书》本传所载较得其实，《旧传》谓："在长安私第，别构起草院，院有精思亭，每朝廷用兵，诏令制置，而独处亭中，凝然握管，左右侍者无能预焉。"《新传》亦云："所居安邑里第，有院号起草，亭曰精思，每计大事，则处其中，虽左右侍御不得豫。"新旧传所载，可见德裕身处伐叛重任，精思专一，并未如《贾氏谈录》所谓"自矜其功"者。

《通鉴》又论曰："自用兵以来，河北三镇每遣使者至京师，李德裕常面谕之曰：河朔兵力虽强，不能自立，须借朝廷官爵威命以安军情。归语汝使：与其使大将邀宣慰敕使以求官爵，何如自奋忠义，立功立事，结知明主，使恩出朝廷，不亦荣乎！且以耳目所及者言之，李载义在幽州，为国家尽忠平沧景，及为军中所逐，不失作节度使，后镇太原，位至宰相。杨志诚遣大将遮敕使马求官，及为军中所逐，朝廷竟不赦其罪。此二人祸福足以观矣。德裕复以其言白上，上曰：要当如此明告之。由是三镇不敢有异志。"按范祖禹《唐鉴》亦载此，范氏又云："李德裕以一相而制御三镇，如运之掌，使武宗享国长久，天下岂有不平者乎？"

又按《通鉴》所载德裕限制监军之权一节，《新传》所论略同，并云"自是号令明一，将乃有功"。宪宗时裴度征淮西，亦有类似措施，终至取胜，《旧书》卷一七〇《裴度传》谓"时诸道兵皆有中使监阵，进退不由主将，战胜则先使献捷，偶创则凌挫百端。度至行营，并奏去之，兵柄专制之于将，众皆喜悦。军法严肃，号令画一，以是出战皆捷"。可见自中唐以来，凡能限制宦官之权的，无论军事、政治，都能有所进展，凡立志对政治有所革新的，大都主张削弱、限制宦官的特权，而政治上保守、庸碌之辈，无不与宦官有或多或少的联系。李德裕主张限制宦官专权，正是继承裴度的主张。关于此点，王夫之《读通鉴论》所论甚为明彻："唐自肃宗以来，内竖之不得专政者，仅见于会昌。德裕之翼赞密勿、曲施衔勒者，不为无力。"（卷二十六"武宗"）又云："敕监军不得预军务、选牙队，而杨钦义、刘行深欣然唯命而不敢争。极重之弊，反之一朝，如此其易者，盖实有以制之也。唐之相臣能大有为者，狄

仁杰而外，德裕而已。"（同上）

德裕子烨于本年八月后授为集贤殿校理。

　　李潘《唐故郴县尉赵郡李君墓志铭并序》："及卫公平回纥，夷上党，上宠以殊功，册拜太尉，特诏授君集贤殿校理。"按德裕拜太尉在本年八月二十八日，则烨之为集贤殿校理当在此时之后。

　　李烨墓志又云："会昌中，卫公自淮海入相，君已及弱冠，而谨畏自律，虽亲党门客，罕相面焉。属姻族间有以利禄托为致荐，将以重赂之，答曰：'吾为丞相子，非敢语事之私也。而又严奉导训，未尝顷刻敢怠。子之所言，非我能及。'由是知者益器重之。"按李烨本年十九岁，在此之前，曾为浙西卢商从事（见前会昌元年），伊阙尉，河南士曹。《志》言烨拒人请托事，当在今明两年之内（《志》云"君已及弱冠"）。

九月中，诛杀郭谊等，德裕有《诛郭谊等敕》、《诛张谷等告示中外敕》。

　　《诛郭谊等敕》载《文集》卷九，未注年月。《旧·武宗纪》载制文，系于会昌四年九月，未载日期。《通鉴》系于本年九月丁巳（七日）卢钧入潞城后，戊辰（十八日）德裕奏王元逵事前，则当在九月十日左右。《通鉴》谓："刘稹将郭谊、王协、刘公直、安全庆、李道德、李佐尧、刘武德、董可武等至京师，皆斩之。"

　　《诛张谷等告示中外敕》（《文集》卷九），亦未注年月。文中云："张谷、陈扬庭等，皆凶险无行，狡诈多端。比在京师，人皆嫌恶，自知险薄，无地庇身，投迹戎藩，寄命从谏，久

李德裕年谱

怀怨望,得肆阴谋……近又敢为狂计,扶助孽童,污我忠义之军,叶其豺豕之党。天之所弃,神得诛之。"后即叙刘稹之弟及姊妹,并张谷等名单,云:"并就昭义枭斩讫。"按此处所列诸人,前曾已为郭谊、王协在昭义时所杀,《通鉴》于八月叙郭谊等谋杀刘稹,即云:"因收稹宗族,匡周(琮按即刘稹之再从兄)以下至褓襁中子皆杀之。又杀刘从谏父子所厚善者张谷、陈扬庭、李仲京、郭台、王羽、韩茂章、茂实、王渥、贾庠等凡十二家,并其子侄甥婿无遗。仲京,训之兄;台,行余之子;羽,涯之从孙;茂章、茂实,约之子;渥,璠之子;庠,餗之子也。甘露之乱,仲京等亡归从谏,从谏抚养之。"《新书·刘稹传》所载略同。据此,则是在诛郭谊同时,又告示中外,以杀张谷等乃出自朝廷,故云"并就昭义枭斩讫"(《旧纪》以此诸人与郭谊等并于四年九月斩于长安独柳树下,误)。

关于德裕撰《诛张谷等告示中外敕》,前人曾有不同评论,《通鉴》载司马光评谓:"王羽、贾庠等已为谊所杀,李德裕复下诏称'逆贼王涯、贾餗等已就昭义诛其子孙,宣告中外',识者非之。"胡三省注亦谓:"王涯、贾餗,非为逆也。……李德裕明底其罪,若真假手于郭谊而致天诛者,宜识者之非之也。"

清人王懋竑有不同看法,其所著《白田草堂存稿》卷四杂著《论郭谊》中谓:"甘露之变,王涯、贾餗诸人皆以无罪族,其子孙逃走在昭义者为郭谊所杀且尽,此天下所冤痛,而李卫公乃降诏云'逆贼王涯、贾餗等已就昭义诛其子孙宣告中外'。卫公不应颠倒至此,此必有所甚不得已也。当郭谊杀刘稹以降,而并及王羽、贾庠等,羽、庠非有兵权为谊所忌,史亦不言其与谊素有嫌怨,谊盖以王、贾宦官所仇嫉,为此以快宦官之忿而以求节钺。度宦官必有与之通者,故谊望节钺不至,而曰'必移他镇',绝不料己之及于诛也。卫公既定计诛之,又恐宦官之沮其事,故特下此诏,见羽等之死,乃上所命,而非谊之功,谊与同党皆就诛夷,而又以及于其余,是不欲微露其意,而亦鉴于朱克融、王庭凑之祸。其后昭义帖服,皆归其功于卢钧,而未必非卫公诛锄强梗之力也。"

岑仲勉先生《通鉴隋唐纪比事质疑》对此也有所论列,其书第二九五页《宣告诛张谷等罪状》条谓:"仇士良虽死,宦党仍根深蒂固,胶结不解,丹凤楼宣布赦之案,德裕本身亦几为所窘(会昌二年四月)。《考异》引《献替记》中人激怒武宗,要尽戮赴振武官健(五年八月)。吾人如能参透其中消息,即不至全归罪于德裕也。甘露之变,从谏屡上表申雪,其后又力攻士良,宦官切齿虽久而无如之何,今乘泽潞底定之便,期泄其屡年积愤,有所求于武宗。武宗以事实既成(郭谊杀害诸家,似在讨好宦寺,取得留后),亦不能不曲顺其意。赦布之主因,想当如此。赦云'或妄设妖言,成其逆志,或为草章表,饰以悖词',无疑指从谏之攻击宦官。苟能结合当年事变,自可领会其深意。司马唯本着憎恶德裕之私见,不作深入分析,《通鉴》文、武数朝记载之所由多曲笔也。"

九月七日,卢钧入潞州,昭义平。

《旧纪》于本年九月载:"以前山南东道节度使卢钧检校尚书左仆射、潞州大都督府长史,充昭义军节度使、泽潞邢洺观察等使。"未载明日期。《通鉴》于本年九月载:"丁巳(初七日),卢钧入潞州。钧素宽厚爱人,刘稹未平,钧已领昭义节度,襄州士卒在行营者,与潞人战,常对陈扬钧之美。及赴镇,入天井关,昭义散卒归之者,钧皆厚抚之,人情大洽,昭义遂安。"

又刘沧有《送元叙上人归上党》诗(《全唐诗》卷五八六),题下自注:"时节镇罢兵。"诗云:"太行关路战尘收,白日思乡别沃州。薄暮焚香临野烧,清晨漱齿涉寒流。溪边残垒空云木,山上孤城对驿楼。此去寂寥寻旧迹,苍苔满径竹斋秋。"据《新书》卷六十《艺文志》四别集类,刘沧字蕴灵,大中八年进士登第,调华原尉,迁龙门令(据《唐才子传》卷八)。此诗所叙,当是刘稹初平、征讨诸节镇各罢兵归州之事。

又《文集》卷九有《宰相与卢钧书》,未注年月,《通鉴》于本年九月叙郭谊等诛杀后云:"刘从谏妻裴氏亦赐死;又令昭义降将李丕、高文端、王钊等疏昭义将士与刘稹同恶者,悉诛之,死者甚众。卢钧疑其枉滥,奏请宽之,不从。"按此即为与卢钧书之背景,当作之于九月中旬。书首云:"承入境之日,煦然如春,壶浆塞途,幼艾相庆,甚善甚善。"卢钧九月初七日入潞州,此当是得钧入潞州后所得奏报,故云。后又云:"近频见章表,救雪罪人,姑务和宁,以安反侧,窃循雅旨,备见深怀。"此即《通鉴》所载"卢钧疑其枉滥,奏请宽之"。德裕不同意卢钧的意见,以为:"然《周书》云:刑乱国,用重典。盖以污染之俗,终须荡涤。虽唐虞之际,至理之极,犹投放四罪,天下乃定。"又云："尚书（琮按指卢钧）公忠简俭，皆以具美，惟稍缺威断，实愿弥缝。"并以子产戒太叔、诸葛亮治蜀为喻，谓："切望宽猛相济，仁勇并施，仗义而行，临事必断，不以小惠挠兹至公，待一方之人皆明大顺，然后渐布仁德，平之以和，斯为得也。"根据当时藩镇跋扈的情况，德裕这种宽猛相济、对叛乱者施以重刑，是有必要的。

但另一方面，德裕对下层将士仍采取安抚之策，不主张多所杀戮，《文集》卷十六《论尧山县状》即是一例。此文文末注明为"会昌四年九月十八日"。《通鉴》本年九月载："昭义属城有尝无礼于王元逵者，元逵推求得二十余人斩之；余众惧，复闭城自守。戊辰（十八日），李德裕等奏：'寇孽既平，尽为国家城镇，岂可令元逵穷兵攻讨！望遣中使赐城内将士敕，招安之，仍诏元逵引兵归镇，亦诏卢钧自遣使安抚之。'从之。"《通鉴》所载事即德裕状中之意，德裕于文中又云："臣等见镇州奏事官梁居简称，城内并无礼于元逵凶恶头首，推出二十余人，并枭戮讫，其余皆惧杀戮，却闭城门。"可见德裕对此事曾亲自调查，及时阻止王元逵挟私怨以报复的行动。

杜牧于八、九月间有贺平泽潞启，盛赞德裕之用兵决断与谋略；此时杜牧仍在黄州刺史任，贺启中又称颂己之出任黄州也出于宰臣的"恩知"。另，杜牧于本年秋冬间又有上李德裕书（《上李太尉论北边事启》），其内容一为盛赞德裕之功勋，二为建议对回鹘用兵的计策；史籍载德裕甚称重之。

杜牧《樊川文集》卷十六有《贺中书门下平泽潞启》中有云："昨者凶竖专地之请初陈，圣主整旅之诏将下，中外远迩，皆疑难攻,蜂虿螳螂,颇亦自负。伏维相公上符神断,潜运庙谟(按此处相公当即指德裕,史籍记载都说平泽潞之役,朝中大臣包括其他几位宰相都持犹豫或反对态度,独德裕力主征讨,与武宗意合),仗宗社威灵,驱风云雷电。掌上必取,毂中难逃,才逾周星,果枭逆首。周公东征之役,捷至三年;宪皇淮夷之师,克闻四岁。校虏寇之强弱,曾不等伦;考攻取之败亡,何至容易。若非睿算英略,借筹深谋,比之前修,一何远出!自此鞭笞反侧,洒扫河湟,大开明堂,再振儒校。穷天尽地,皆为寿域之人;赤子秀眉,共老止戈之代。某谬分符竹,实由恩知,庆快欢抃之诚,倍百常品,不宣。"由此贺启,可见杜牧对平泽潞一事持积极支持的态度,这是与杜牧主张削弱藩镇专权的思想相一贯的,也与李德裕抑制强藩的政见相一致。杜牧认为平定泽潞只用一年的时间,其评价比周公东征之役(三年)、宪宗淮西之征(四年)还要高,而且以为他之所以出刺黄州,也由于德裕等之"恩知",这与大中年间德裕被贬以后,杜牧对他的攻击,如出二人之手。

《樊川文集》卷十六又有《上李太尉论北边事启》,其称颂德裕之处有:"伏以圣主垂衣,太尉当轴,威德上显,和泽下流。诸侯无异心,百姓无怨气,星辰顺静,日月光明,天业益昌,圣统无极。既功成而理定,实道尊而名垂。今则未闻纵东山之游,乐后园之醉,惕惕若不足,兢兢而如无。"又云:"伏惟太尉相公文德素昭,武功复著,画地而兵形尽见,按琐而边事无遗,唯一指踪,即可扫迹。昔汉武帝之求贤也,有上书不足采者,辄报罢去,未尝罪之,故能羁越臣胡,大兴礼乐。今太尉与仁圣天子同德,有志之士,无不愿死。伏惟特宽狂狷,不赐诛责,生死荣幸。"

对回鹘的方略,认为回鹘虽已"国破众叛",但仍"藏迹阴山","今者不取,恐贻后患"。杜牧认为过去对回鹘等,大多"冰合防秋,冰销解戍",因而少胜多败。于是提出:"以某所见,今若以幽并突阵之骑,酒泉教射之兵,整饬诫誓,仲夏潜发。……五月节气,在中夏则热,到阴山尚寒,中国之兵,足以施展。行军于枕席之上,玩寇于掌股之中,軵輣悬瓶,汤沃晛雪,一举无频,必然之策。"又云:"今者四海九州,同风共贯,诸侯用命,年谷丰熟。"即刘稹已平、稻谷丰熟悉之际,当在秋冬之间。

按《旧书》卷一四七《杜牧传》称:"牧好读书,工诗为文,尝自负经纬才略。武宗朝诛昆夷、鲜卑,牧上宰相书论兵事,言:'胡戎入寇,在秋冬之间,盛夏无备,宜五六月中击胡为便。'李德裕称之。"《新书》卷一六六《杜牧传》亦谓:"宰相李德裕素奇其才。会昌中,黠戛斯破回鹘,回鹘种落溃入漠南,牧说德裕不如遂取之,以为'两汉伐虏,常以秋冬,当匈奴劲弓折胶,重马免乳,与之相校,故败多胜少。今若以仲夏发幽并突骑及酒泉兵,出其意外,一举无类矣'。德裕善之。"

十月,德裕奏牛僧孺、李宗闵与刘从谏、刘稹交通;九日,贬牛僧孺为汀州刺史,李宗闵为漳州长史;十一月,复贬僧孺循州长史,宗闵长流封州。

两《唐书》本纪未载此事,《通鉴》本年十月载:"李德裕怨太子少傅、东都留守牛僧孺,湖州刺史李宗闵,言于上曰:

'刘从谏据上党十年,大和中入朝,僧孺、宗闵执政,不留之,加宰相纵去,以成今日之患,竭天下力乃能取之,皆二人之罪恶也。'德裕又使人于潞州求僧孺、宗闵与从谏交通书疏,无所得,乃令孔目官郑庆言从谏每得僧孺、宗闵书疏,皆自焚毁。诏追庆下御史台按问,中丞李回、知杂郑亚以为信然。河南少尹吕述与德裕书,言积破报至,僧孺出声叹恨。德裕奏述书,上大怒,以僧孺为太子少保、分司,宗闵为漳州刺史;戊子,再贬僧孺汀州刺史,宗闵漳州长史。""十一月,复贬牛僧孺循州长史,宗闵长流封州。"

岑仲勉先生《通鉴隋唐纪比事质疑》第二九六页《记李德裕之言有伪造痕迹》条,引《通鉴》所载李德裕言牛僧孺、李宗闵执政时加刘从谏宰相纵去语,并驳之云:"据《旧纪》一七下,大和六年十二月乙丑(七日),僧孺罢相,出为淮南节度;乙亥(十七日),从谏来朝,七年正月甲午(七日),加从谏同平章事。《通鉴》同。是从谏入朝时僧孺罢相已十日。于时武宗年非童稚,当有记忆,德裕纵欲构僧孺,似不致倒乱时序以归咎之,或且致武宗驳诘也。《通鉴》二四四大和七年七月壬寅下曾记'李德裕请徙刘从谏于宣武,因拔出上党,不使与山东连结,上以为未可'。则德裕为相时亦未能极力主张。苟言之,彼亦应负一部分之责任矣。《通鉴》此节,未知采自何书,细审之,实有伪造痕迹。"

岑仲勉先生以为《通鉴》载李德裕论牛僧孺为相时与刘从谏关系一节,有伪造痕迹,并谓"《通鉴》此节,未知采自何书"。今按《通鉴》此处所述,实本于杜牧所作牛僧孺墓志铭

（《樊川文集》卷七。按宋王楙《野客丛书》卷八《僧孺徐昕轶事》条亦已指出此点），中云："明年，以检校官兼太子太傅、留守东都。刘稹以上党叛诛死，时李太尉专柄五年，多逐贤士，天下恨怨，以公德全畏之，言于武宗曰：'上党轧左京，控山东，刘从谏父死擅之，十年后来朝，加宰相，纵去不留之，致稹叛，竭天下力，乃能取。'此皆公与李公宗闵为宰相时事。从谏以大和六年十二月十七日拜阙下，实以其月十九日节度淮南；明年正月，从谏以宰相东还。河南少尹吕述，公恶其为人，述与李太尉书，言稹破报至，公出声叹恨。上见述书，复闻前纵从谏去，叠二怒，不一参校。自十月至十二月，公凡三贬至循州员外长史，天下人为公揢手咤骂。"杜牧此文作于德裕贬逐之后，事多诬构，所谓李德裕奏牛僧孺为相时加刘从谏宰相并纵去，即是首见于此文，而杜牧又从而自驳之，以见李德裕之故意陷害僧孺。

《新书》卷一七四《牛僧孺传》则未载德裕奏言，仅载二事："刘稹诛，而石雄军吏得从谏与僧孺、李宗闵交结状。又河南少尹吕述言：'僧孺闻稹诛，恨叹之。'武宗怒，黜为太子少保、分司东都，累贬循州长史。"《新传》所载僧孺、宗闵与刘从谏交结状，乃得之石雄军吏入潞州后所得，《新传》所述似得其实。《新书》卷一七四《李宗闵传》也谓："稹败，得交通状。"可见牛僧孺、李宗闵与刘从谏的交结，当是事实，但李德裕在平定昭义后，发其旧事，并贬逐远州，其间也有朋党私见及个人报复的原因，这一点也不必为李德裕讳。

《旧纪》载李德裕十二月论进士科试之言。

《旧纪》本年十二月载："时左仆射王起频年知贡举，每贡院考试讫，上榜后，更呈宰相取可否。后人数不多，宰相延英论言：'主司试艺不合取宰相与夺。比来贡举艰难，放人绝少，恐非弘访之道。'帝曰：'贡院不会我意。不放子弟，即太过，无论子弟、寒门，但取实艺耳。'李德裕对曰：'郑肃、封敖有好子弟，不敢应举。'帝曰：'我比闻杨虞卿兄弟朋比贵势，妨平人道路。昨杨知至、郑朴之徒，并令落下，抑其太甚耳。'德裕曰：'臣无名第，不合言进士之非。然臣祖天宝末以仕进无他伎，勉强随计，一举登第。自后不于私家置《文选》，盖恶其祖尚浮华，不根艺实。然朝廷显官，须是公卿子弟。何者？自小便习举业，自熟朝廷间事，台阁仪范，班行准则，不教而自成。寒士纵有出人之才，登第之后，始得一班一级，固不能熟习也。则子弟成名，不可轻矣。'"

按此段记载颇可疑。首先是不合乎本纪体例，而新旧书本传也未载其事，可能是五代时史臣杂采野史、笔记撮合而成。其次，所载李德裕语与他处有矛盾，如王起主贡举，将登第进士名单呈请德裕过目，德裕认为宰相不应干预科试取士事，此事乃在开成八年(已见前谱)，不可能在四年十二月(此时王起已出镇山南东道)。德裕执政时亦无排斥寒门、重用贵门子弟之事。所论寒士与子弟入仕后差异，于理亦不甚通。此或是晚唐时人虚构之言以毁谤德裕者，其真实性实可怀疑。

本年项斯、赵嘏、顾陶、马戴登进士科，皆晚唐时著名诗人。左仆射王起知贡举(徐松《登科记考》卷二十二)。

〔编年文〕

《论刘稹送诚款与李石状》(《文集》卷十五)

正月初四日。见前谱。

《赐李石诏意》(《文集》卷七)

《代李石与刘稹书》(《文集》卷九)

皆正月初四日。见前谱。

《论刘稹状》(《文集》卷十七)

《宰相与王宰书》(《文集》卷九)

约正月初五、初六日。见前谱。

《赐张仲武诏意》(《文集》卷七)

未注年月。《通鉴》会昌四年正月载:"辛丑,上与宰相议太原事,李德裕曰:'今太原兵皆在外,为乱者止千余人,诸州镇必无应者。计不日诛翦,惟应速诏王逢进军,至城下必自有变。'上曰:'仲武见镇、魏讨泽潞有功,必有慕羡之心,使之讨太原何如?'德裕对曰:'镇州趣太原路最近。仲武去年讨回鹘,与太原争功,恐其不戢士卒,平人受害。'乃止。"按此处所载德裕处理幽州援太原事,其大意即见于《赐张仲武诏》。辛丑为正月十七日,此文当作于此后数日之内。

《赐王宰诏意》(《文集》卷七)

二月初三日。见前谱。

《授李丕汾州刺史制》(《文集》卷四)

未注年月。此为李丕由忻州长刺史改汾州刺史制文。按《通鉴》会昌四年正月辛卯(初七日)尚载李丕为忻州刺史。杨弁平后因功授汾州刺史,则时当在二月初。

《处置杨弁敕》（《文集》卷九）

未注年月。此为杨弁置刑时告示中外之敕文，据《旧纪》会昌四年二月，"辛酉，太原送杨弁与其同恶五十四人来献，斩于狗脊岭"。辛酉为二月八日。

《赐刘沔诏意》（《文集》卷七）

二月二十五日。见前谱。

《赐王宰诏意》（《唐文拾遗》）

二月二十五日后数日内。见前谱。

《赐石雄及三军敕书》（《文集》卷六）

未注年月。文中云："近者杨弁首为猖狂，扇惑乱卒，今则身膏齐斧，戮及妻孥。"又云："诸部既安，王师益振，乘此声势，必殄余妖。"当是杨弁被诛后令石雄等尽速进军，时当在二月底、三月初。

《请遣制使至天井冀氏宣慰状》（《文集》卷十六）

文末注"会昌四年三月一日"。

《赐王宰诏意》（《文集》卷七）

《赐石雄诏意》（《文集》卷七）

以上二文当皆作于三月上旬。见前谱。

《授李丕晋州刺史充冀氏行营攻讨副使制》（《文集卷四》）

约三月上旬。见前文。又题中"冀氏"，明刊本、畿本皆作"冀代"，"代"字误，今据《新纪》改正。

《奏晋州刺史李丕状》（《文集》卷十六）

文末注"会昌四年三月十四日"。

《赐王宰诏意》(《文集》卷七)

约四月间。见前谱。

《代卢钧与昭义大将书》(《文集》卷九)

《代李丕与郭谊书》(《文集》卷九)

以上二文皆四月作。见前谱。

《李克勤请官军一千二百人自引路取涉县断贼山东三州道路状》(《文集》卷十六)

文末注"会昌四年四月二日"。

《魏城入贼路状》(《文集》卷十六)

文末注"会昌四年四月五日"。按陆心源校谓"四月"应作"五月"。详见前谱。

《进所撰黠戛斯书状》(《文集》卷六)

《进所撰黠戛斯可汗书状》(同上)

《与黠戛斯可汗书》(同上)

以上三文皆未注年月。《与黠戛斯可汗书》末有"夏热，想可汗休泰"语。岑仲勉《会昌伐叛集编证》云："《一品集》九《代李丕与郭谊书》，是四年夏初所发，内有云：'回鹘可汗士马已尽，一身归投黑车子，近黠戛斯国王遣将军百余人入朝，请发本国兵四十万众，袭逐可汗，擒送京阙。'又《考异》二二谓黠戛斯使来在四年二月，合而观之，与此书末之'夏热'相合，故余以为此书发于四年夏间也。"

按书中云"温仵合将军至"，而《通鉴》会昌四年二月载作"谛德伊斯难珠"。据岑仲勉先生所考，温仵合乃本年二月来，谛德伊斯难珠乃会昌五年春来，《通鉴》记时有误。又《通鉴》叙刘蒙出使在四年二月亦误,应为五年,亦详岑说。《通鉴》会昌四年二月:"黠戛斯遣将军谛德伊斯难珠等入贡,言欲徙居回鹘牙帐,请发兵之期,集会之地。上赐诏,谕以'今秋可汗击回鹘、黑车子之时,当令幽州、太原、振武、天德四镇出兵要路,邀其亡逸,便申册命,并依回鹘故事'。"——此皆为五年事。

《天井冀氏行营状》(《文集》卷十六)

文末注"会昌四年六月四日"。

《请准兵部依开元二年军功格置跳荡及第一第二功状》(《文集》卷十六)

约六、七月间。详见前谱。

《奉宣石雄所进文书欲勘问宜商量奏来状》(《文集》卷十六)

文末注"会昌四年闰七月一日"。

《论镇州奏事官高迪陈意见二事状》(《文集》卷十七)

闰七月。详见前谱。

《赐王元逵何弘敬诏意》二文(《文集》卷七)

约闰七月中旬。详见前谱。

《任畹李丕与臣状共三道》(《文集》卷十七)

未注年月。在《论镇州奏事官高迪陈意见二事状》之后,或当亦在闰七月中旬。

《续得高文端贼中事宜四状》(《文集》卷十七)

未注年月。《通鉴》系此事于本年闰七月壬戌(十一日)之后,状中未述及本月二十五日邢、洺二州降事,则当在闰七月二十日前后。

《代石雄与刘稹书》(《文集》卷九)

未注年月。文中先述贺意牒报事,见前闰七月一日《奉宣石雄所进文书欲勘问宜商量奏来状》,则当在此之后。又谓昭义之南面、西面大将"皆有贼心,事迫图全,必自救祸",因而劝刘稹"早决大计,束身归降"。又云:"凉风已至,白露将凝。"则当在闰七月中旬。

《天井冀氏事宜状》(《文集》卷十七)

未注年月。文中云:"臣昨日晚见镇州奏事官高迪云……今山东三州归降已平了,天井、冀氏却须令坚守城寨,不得与战,不二十日内,必自生变,缘贼已穷蹙,不可更逼著,恐其计穷,必为济河焚舟之计。……潞府知山东兵来,必枭擒刘稹向阙。"按八月十一日山东三州降之奏报到,十五日王宰又奏郭谊诛杀刘稹,则此状当在八月十一日之后,十五日之前。

《洺州事宜状》(《文集》卷十七)

未注年月。文云"取郭谊未得以前,且要令在洺州勾当",当与上文约同时作。

《赐潞州军人敕书意》(《文集》卷六)

约八月十六、十七日。详见前谱。

《让太尉第二表》(《文集》卷十八)

《让太尉第三表》(同上)

《请改卫国公状》(同上)

《谢恩不许让官表状》(《文集》卷十九)

《谢恩改封卫国公状》(同上)

以上约皆在八月下旬。详见前谱。

《仁圣文武至神大孝皇帝真容赞并序》(《文集》卷一)

《进真容赞状》(《文集》卷十八)

未注年月。首云："仁圣文武至神大孝皇帝御极之五载。"武宗于开成五年正月即位,至本年为五年。又会昌五年正月加尊号,多"章天成功神德明道"等字,此文尚沿旧称,亦当在四年。《真容赞》有云："北伐猃狁,朔漠销氛。西伏坚昆,稽首称臣。祺生壶关,盗起河汾。沈机先物,雄断解纷。克定群慝,竟全大勋。"则是刘稹已平。又云"昆阆仙岑,峻极秋旻",则当在本年八、九月间。

《谢恩赐锦彩银器状》(《文集》卷十九)

未注年月。文云："高品刘行宣至,奉宣圣旨,以臣撰真容赞,特赐前件锦彩银器等。"当亦作于本年八、九月间。

《论赤头赤心健儿状》(《文集》卷十六)

文末注"会昌四年九月三日"。

《诛郭谊等敕》(《文集》卷九)

《诛张谷等告示中外敕》(同上)

约九月十日前后。详见前谱。

《宰相与卢钧书》(《文集》卷九)

约九月中旬。详见前谱。

《论尧山县状》(《文集》卷十六)

文末注"会昌四年九月十八日"。又见前谱。

《奏磁邢州诸镇县兵马状》(《文集》卷十六)

按本卷各篇皆注年月，而此篇独无。此前一篇《论尧山县状》为九月十八日，此后一篇《潞磁等四州县令录事参军状》为九月二十七日，依时间顺序，则此篇当在九月二十日前后。

《潞磁等四州县令录事参军状》(《文集》卷十六)

文末注"会昌四年九月二十七日"。

《论回鹘事宜状》(《文集》卷十七)

未注年月。按文中有云："自刘稹平后，臣久欲奏闻，请降识事情中使宣谕仲武，令早灭却残虏，兼探仲武见刘稹平后，有何言说。……伏望因此机便，特降供奉官有才识者充使，兼赐仲武诏，谕以刘稹已平，天下无事，唯残虏未灭，常系圣心，仲武犹带北面招讨使，合为国家了却残虏，成此功业。……料仲武全羡两道立功，皆加宠信。……"

岑仲勉《会昌伐叛集编证》据此，谓："按刘稹以四年七月平，镇、魏加位，依《旧纪》在八月丙戌(六日)，此状当上于八月六日之后也。"按岑说记时有误。据《旧纪》，在八月戊戌，"王宰传稹首与大将郭谊等一百五十人，露布献于京师，上御安福门受俘"，后又叙魏博何弘敬、成德王元逵进封开国公。戊戌为八月十八日，非丙戌(六日)。两镇进位，或在同日，或在此后数日。《通鉴》亦作八月"戊戌，刘稹传首至京师"，不作丙戌。

《通鉴》于九月乙亥(二十五日)载李德裕等请上尊号后叙云："李德裕奏：'据幽州奏事官言：诇知回鹘上下离心，可汗欲之安西，其部落言亲戚皆在唐，不如归唐；又与室韦已相失,计其不日来降,或自相残灭。望遣识事中使赐仲武诏,谕以镇、魏已平昭义,惟回鹘未灭,仲武犹带北面招讨使,宜早思立功。'"《通鉴》本年漏写十月,后叙牛僧孺、李宗闵贬官在戊子,即十月十日。则此奏当在九月二十五日至十月九日之间。

《论邢州状》(《文集》卷十六)

文末注"会昌四年十月十七日"。

《宰相再议添徽号状》(《文集》卷十)

未注年月。《通鉴》会昌五年载:"春,正月己酉朔,群臣上尊号曰仁圣文武章天成功神德明道大孝皇帝。尊号始无'道'字,中旨令加之。"即此状所论,云:"奉批答,已蒙允许,今欲颁下制命,昭布万方。……臣等所上徽号,义虽尽美,意有未周,今谨上尊号为仁圣文武章天成功神德明道大孝皇帝。"则当作于四年十二月底。

《进上尊号玉册文状》(《文集》卷十八)

《上尊号玉册文》(《文集》卷一)

上尊号在会昌五年正月乙酉朔,所撰当在四年十二月底。

《谢恩赐王元逵与臣赞皇县图又三祖碑文状》(《文集》卷十九)

未注年月。文云:"高品杨文端至,奉宣圣旨,赐臣前件图等。伏以桑梓虽存,久隔兵戈之地;松楸浸远,已绝霜露之思。"又曰:"运属承明,时逢开泰,戎臣效顺,寰海大同。"是当在刘稹平定以后,当作于本年秋冬。

〔编年诗〕

　　《仆射相公偶话》(别集卷四)

　　仆射相公即王起,关于此诗作年,参《李德裕文集校笺》。

　　《无题》(别集卷四)

　　与前诗作于同时,亦参《李德裕文集校笺》。

会昌五年乙丑（八四五）　五十九岁

武宗宠信道士赵归真,并大兴土木,筑望仙台于南郊。德裕曾论谏之。

　　《旧纪》会昌五年正月,"己酉朔,敕造望仙台于南郊坛。时道士赵归真特承恩礼,谏官上疏,论之延英。帝谓宰臣曰:'谏官论赵归真,此意要卿等知。朕宫中无事,屏去声技,但要此人道话耳。'李德裕对曰:'臣不敢言前代得失,只缘归真于敬宗朝出入宫掖,以此人情不愿陛下复亲近之。'帝曰:'我尔时已识此道人,不知名归真,只呼赵炼师。在敬宗时亦无甚过。我与之言,涤烦耳。至于军国政事,唯卿等与次对官论,何须问道士。非直一归真,百归真亦不能相惑。'归真自以涉物论,遂举罗浮道士邓元起有长年之术,帝遣中使迎之"。《通鉴》会昌五年正月载:"筑望仙台于南郊。"又《唐语林》卷一《政事》上:"武宗好神仙,道士赵归真者出入禁中,自言数百岁,上颇敬之。"

　　唐五代人记望仙台者,有孙樵《露台遗基赋并序》:"武皇郊天,明年作望仙台于城之南,农事方殷而兴土功,且有靡于县官也。樵东过骊山,得露台遗基,遂作赋以讽之。"(《唐孙樵集》卷一)又《杜阳杂编》卷下:"上(琼按指武宗)好神仙术,遂起望仙台以崇朝礼,复修降真台,春百宝屑以涂其地,瑶楹金栱,银槛玉砌,晶荧炫耀,看之不定,内设玳瑁帐火齐床,焚龙火香,荐无忧酒,此皆他国所献也。"

日僧圆仁《入唐求法巡礼行记》卷四会昌四年十月也具体记载修造望仙台的情况:"敕令两军于内里筑仙台,高百五十尺,十月起首,每日使左右神策军健三千人,般土筑造。皇帝意切,欲得早成,每日有敕催筑。"此云"于内里筑仙台",当是传闻之误,望仙台当依《旧纪》、孙樵文,在长安南郊。

二、三月间,德裕荐柳仲郢为京兆尹;仲郢素与牛僧孺善。

《通鉴》会昌五年二月条下载:"李德裕以柳仲郢为京兆尹;素与牛僧孺善,谢德裕曰:'不意太尉恩奖及此,仰报厚德,敢不如奇章公门馆!'德裕不以为嫌。"按《通鉴》本年有二月、四月,无三月,书柳仲郢为京兆尹在二月末,四月前,当在二、三月间。

《旧书》卷一六五《柳仲郢传》:"武宗筑望仙台,仲郢累疏切谏,帝召谕之曰:'聊因旧趾增葺,愧卿忠言。'德裕奏为京兆尹,谢曰,言曰:'下官不期太尉恩奖及此,仰报厚德,敢不如奇章门馆。'德裕不以为嫌。"按牛僧孺镇江夏时,柳仲郢曾应辟为从事,入其幕府,故自云为"奇章门馆"。德裕不以仲郢答语为嫌,且委以重任,亦可见其度量。

四月下旬,德裕进所编新旧文十卷,奏上。

《文集》卷十八载《进新旧文十卷状》,未注年月。首云"四月二十三日,奉宣令状臣进来者",则在四月下旬。又云:"臣往在弱龄,即好词赋,性情所得,衰老不忘。属吏职岁深,文业多废,意之所感,时乃成章,岂谓击壤庸音,谬入帝尧之听,巴渝末曲,猥蒙汉祖之知。"按本年清明,德裕曾撰《侍宴诗》录进(见《文集》卷十八《进侍宴诗一首状》、卷二十《寒食日三殿侍宴奉进诗一首》,又见后本年编年诗所考),此当是武宗得《侍宴诗》后又令德裕编录所作文进奏,《文集》卷十八排列于《进侍宴诗一首状》之后,亦合时序之意。此十卷当皆为文,云"新旧文",则除会昌时所作外,尚有会昌前所作者。此十卷本至北宋时已不存,《新书·艺文志》所录德裕文集,已非十卷本。

四、五月间,崔铉、杜悰罢相(铉罢为户部尚书,悰罢为尚书左仆射);李回入相,为中书侍郎、同中书门下平章事。

《新·武宗纪》会昌五年五月"壬戌,杜悰、崔铉罢。乙丑,户部侍郎李回为中书侍郎、同中书门下平章事"。《新书·宰相表》亦谓:"(会昌五年)五月壬戌,铉罢为户部尚书,悰罢为尚书右仆射。"同月乙丑又纪李回拜相事。《通鉴》所载与《新纪》、《新表》皆同。《旧纪》则书崔铉罢相在本年三月,杜悰罢相在四月,而未载五月事。《唐大诏令集》卷五十六"宰相罢免"下,载《杜悰右仆射崔铉户部尚书制》,文末署"会昌五年四月",时间与《旧纪》相近,崔、杜之罢,当在四、五月间。

又按《唐大诏令集》所载罢相制词,对二人颇有责语,中云:"或趋尚之间,时闻于朋比;黜陟之际,每涉于依违。"新旧《唐书·崔铉传》皆载铉"为德裕所嫉,罢相","与李德裕不叶"。崔铉入相,本非德裕之意,铉居相位时又奏崔珙罪状,使罢相,而珙与德裕友善。杜悰则素与牛党接近。崔、杜此次罢相,也含有党争的色彩。宣宗时,崔铉即挟此私怨,积极赞助白敏中,加害于李德裕。

李回在此次平泽潞之役,两次出使军中,立有功绩,为德裕所推重;宣宗时,亦坐德裕之党,累被贬官。

四、五月间,祠部奏检括全国寺院四千六百,兰若四万,僧尼二十六万五百。

《旧·武宗纪》会昌五年四月载:"敕祠部检括天下寺及僧尼人数,大凡寺四千六百,兰若四万,僧尼二十六万五百。"《通鉴》所记同,但系于会昌五年五月,按《旧纪》记本年事,于四月后即接六月,无五月,或漏略未书。日僧圆仁《入唐求法巡礼行记》卷四,会昌五年五月十五日,即记因唐朝廷排佛,令僧人还俗,圆仁乃申请归国,五月十五日离长安。大约令僧人还俗的实际措施,四、五月间即已进行。

关于寺与兰若的区别,《通鉴》本年八月壬午条《考异》曾加解释,谓:"盖官赐额者为寺,私造者为招提、兰若,杜牧所谓'山台野邑'是也。"

〔辨正〕**李珏本年已为郴州刺史,辨新旧《唐书》本传及《通鉴》等之误。**

《旧书》卷一七三《李珏传》谓:"武宗即位之年九月,与杨嗣复俱罢相,出为桂州刺史、桂管观察使。三年,长流骧州。大中二年，崔铉、白敏中逐李德裕，征入朝为户部尚书。"
《新书》卷一八二《李珏传》："宣宗立，内徙郴、舒二州刺史。"
《旧传》未言刺郴州事，似为大中二年由驩州贬所直接征入
者，《新传》载刺郴州事，而谓其事在宣宗时。李与杨嗣复俱
被贬，武宗本欲加诛，赖德裕力救得免，皆见前谱。又《通鉴》
会昌六年八月（按此时武宗已死）载："以循州司马牛僧孺为
衡州长史，封州流人李宗闵为郴州司马，恩州司马崔珙为安
州长史，潮州刺史杨嗣复为江州刺史，昭州刺史李珏为郴州
刺史。僧孺等五相皆武宗所贬逐，至是，同日北迁。"亦载李
珏为郴州刺史在宣宗即位以后。

　　今按钱大昕《潜研堂金石文跋尾》卷九有《李珏题名》
条，下注"会昌五年五月"。钱氏云："右李珏题名，其文云：
'郴州刺史李珏，桂管都防御巡官、试秘书省校书郎元充，会
昌五年五月廿六日同游。时珏蒙□（琮按此或为恩字）移郡
之任，桂阳校书以京国之旧，邀引寻胜。男前京兆府参军阶
进士潜□揩从。'凡九行，自左而右，刻于粤西之风洞。甲辰
岁，袁简斋游粤中，拓以诒予。考《新》、《旧》二史载珏罢相
后事多相抵牾，《旧传》云：武宗即位之年九月，与杨嗣复俱罢
相，出为桂州刺史、桂管观察使；三年，长流驩州。大中二年，
征入朝为户部尚书，出为河阳节度使。《新传》云：武宗即位，
为山陵使，罢为太常卿，贬江西观察使，再贬昭州刺史。宣宗
立，内徙郴、舒二州，以太子宾客分司东都，迁河阳节度使。
今据此刻，珏移郴州刺史，在武宗会昌五年，则《新史》云宣宗
立内徙郴者，已不足信，《旧史》并脱漏移郴一节矣。《通鉴》

会昌六年八月以昭州刺史李珏为郴州刺史。宣宗以是年三月即位,与《新史》相应。以石刻证之,则《新史》与《通鉴》皆误也。据《通鉴》,珏自桂管观察贬昭州刺史,《旧·武宗纪》则云贬端州司马,初无长流之事,《旧传》云长流驩州,尤误。《新史》云贬江西观察使,江西当为桂管之讹。因题此碑,并牵连书之。"

按钱氏所考甚明,可见李珏于德裕当政时即已内迁,有关史籍之所以记载谬误者,多因出于党争成见,以为德裕执政,即压抑牛党,至宣宗即位,李党失势,则先被压之人始得内调。由李珏刺郴一事,也可见牛李党争的史料需要考辨订正者实多。

六、七月间,杜牧在池州刺史任,有上德裕书(《上李太尉论江贼书》),论处置长江上盗贼事;书中并再次称颂德裕之功德。德裕后亦有《请淮南等五道置游弈船状》,即采纳杜牧的主张。

《樊川文集》卷十一载《上李太尉论江贼书》,有"某到任才九月,日寻穷询访,实知端倪",及"去年十月十九日,(水贼)劫池州青阳县市"等语。据缪钺《杜牧年谱》,杜牧由黄州刺史改池州刺史在会昌四年九月,云到任九个月,则上此书当在会昌五年六、七月间。

杜牧书中云:"伏以江淮赋税,国用根本,今有大患,是劫江贼耳。……夫劫贼徒,上至三船两船百人五十人,下不减三二十人,始肯行劫,劫杀商旅,婴孩不留。……亦有已聚徒党,水劫不便,逢遇草市,泊舟津口,便行陆劫,白昼入市,杀人取财,多亦纵火,唱棹徐去。去年十月十九日,劫池州青阳县市,凡杀六人。……自迩已来,频于邻州,大有劫杀,沉舟灭迹者,即莫知其数。……自十五年来,江南江北,凡名草市,劫杀皆遍。……一劫之后,州县糜费,所由寻捉,烽火四出。"杜牧提出处置之法,云:"今若令宣、润、洪、鄂各一百人,淮南四百人,每船以三十人为率,一千二百人分为四十船,择少健者为之主将。仍于本界江岸创立营壁,置本判官专判其事,拣择精锐,牢为舟棹,昼夜上下,分番巡检,明立殿最,必行赏罚。江南北岸添置官渡,百里率一,尽绝私载,每一宗船上下交送。是桴鼓之声,千里相接,私渡尽绝,江中有兵,安有乌合蚁聚之辈敢议攻劫。……今者自出五道兵士,不要朝廷添兵,活江湖赋税之乡,绝寇盗劫杀之本,政理之急,莫过于斯。"

书中又有称颂德裕语,如首云:"伏以太尉持柄在上,当轴处中,未及五年,一齐四海,德振法束,贪廉懦立,有司各敬其事,在位莫匪其任。虽九官事舜,十人佐周,校于太尉,未可为比。"(按开成五年九月德裕拜相,至本年六七月尚未满五周年,故云"未及五年")书末又云:"今四夷九州,文化武伏,奉贡走职,罔不如法,言其功德,皆归太尉。敢率愚衷,上干明虑,冀裨亿万之一,无任战汗惶惧之至。"

按《文集》卷十二有《请淮南等五道置游弈舠状》,未注年月,亦未提及杜牧之名,而状中所言即杜牧上书所请之事。有云:"访闻自有还僧以来,江西劫杀,比常年尤甚,自上元至宣、池地界,商旅绝行。"按杜牧上书在六、七月间,四、五月间已检括寺院僧尼,至八月又正式下诏并省天下佛寺,状云"自有还僧以来",则此状之作即在本年八月间,又此状题云"淮南等五道",题下有云:"淮南(原注:缘疆界阔远,请令出三百人)、浙西、宣歙、江西、鄂岳(原注:各出二百人)。"此亦与杜牧书中"今若令宣、润、洪、鄂各一百人,淮南四百人"大致相合。

德裕状中又云:"望每道令拣前件人解弓弩及谙江路者,每一百人置游弈将一人。……如法造游弈艀船五十只,一百人分为两番,长须在江路来往。淮南游弈至池州界首,浙西游弈至宣州界首,江西游弈至鄂州界首,常须每月一度,至界首交牌。……所贵邻接之地,同力叶心,江路盗贼,因此断绝。"按史言杜牧上书论平泽潞之策,德裕颇采其言,得以成功。但具体研究平泽潞的过程,与杜牧所言者差距甚大,也即是,平泽潞的实际进程说明杜牧的具体主张不尽符合事实,德裕似亦未曾采其言。而此处论江贼事,则德裕所论即本于杜牧所上之书。疑史传误甲为乙,德裕采杜牧之言者实为此处论置江贼之对策。

七、八月间,敕并省佛寺,令僧尼还俗。

《旧·武宗纪》载本年七月敕并省天下佛寺,八月又正式下制,实际禁佛之事在此之前即已进行,如日僧圆仁唐朝廷令其还俗,乃申请归国,于五月十五日离开长安,已见前文。《入唐求法巡礼行记》卷四,又记圆仁本年六月二十八日到扬州,在扬州所见禁佛的情况,云:"到扬州,见城里僧尼正裹头,递归本贯,拟拆寺舍,钱物、庄园、钟等,官家收检。近敕有牒来云,天下铜佛铁佛尽毁碎,称量斤两,委盐铁使收管讫,具录闻奏者。"可见七、八月间的制敕,只不过将已进行的用法律条文正式加以颁布。

《旧纪》:"秋七月庚子,敕并省天下佛寺。中书门下条疏闻奏:'据令式,诸上州国忌日官吏行香于寺,其上州望各留寺一所,有列圣尊容,便令移于寺内;其下州寺并废。其上都、东都两街请留十寺,寺僧十人。'敕曰:'上州合留寺,工作精妙者留之;如破落,亦宜废毁。其合行香日,官吏宜于道观。其上都、卜都每街留寺两所,寺留僧三十人。上都左街留慈恩、荐福,右街留西明、庄严。'"中书又奏:"天下废寺,铜像、钟磬委盐铁使铸钱,其铁像委本州铸为农器,金、银、鍮石等像销付度支。衣冠士庶之家所有金、银、铜、铁之像,敕出后限一月纳官,如违,委盐铁使依禁铜法处分。其土、木、石等像合留寺内依旧。"又奏:"僧尼不合隶祠部,请隶鸿胪寺。其大秦穆护等祠,释教既已厘革,邪法不可独存。其人并勒还俗,递归本贯充税户。如外国人,送还本处收管。"按此又见《唐会要》卷四十八《寺》;又卷四十九《僧尼·杂录》:"会昌五年七月,中书门下奏,以天下废寺铜像及钟磬等委诸道铸。其月,又奏:天下士庶之家,所有铜像,并限敕到一月内送官,如违此限,并准盐铁使旧禁铜条件处分。其土木等像,并不禁。所由不得因此扰人。其京城及畿内诸县衣冠百姓家,有铜像并望送纳京兆府;自拆寺以来,应有铜像等,衣冠百姓家收得,亦限一月内陈首送纳,如辄有隐藏,并准旧条处分。敕旨,宜依。八月,中书门下奏,诸道废毁寺铁像,望令所在销为农器,鍮石之像,望令销付度支。敕旨,依。"

《通鉴》会昌五年七月载:"敕上都、东都两街各留二寺,每寺留僧三十人;天下节度、观察使治所及同、华、商、汝州各留一寺,分为三等:上等留僧二十人,中等留十人,下等五人。……寺非应留者,立期令所在毁撤,仍遣御史分道督之。"

至八月,则正式下制,《旧纪》载其全文,中有云:"今天下僧尼,不可胜数,皆待农而食,待蚕而衣。寺宇招提,莫知纪极,皆云构藻饰,僭拟宫居。晋宋齐梁,物力凋瘵,风俗浇诈,莫不由是而致也。……贞观、开元,亦尝厘革,刬除不尽,流衍转滋。朕博览前言,旁求舆议,弊之可革,断在不疑。而中外诚臣,协予至意,条疏至当,宜在必行。惩千古之蠹源,成百王之典法,济人利众,予何让焉。其天下所拆寺四千六百余所,还俗僧尼二十六万五百人,收充两税户,拆招提、兰若四万余所,收膏腴上田数千万顷,收奴婢为两税户十五万人。……驱游惰不业之徒,已逾十万;废丹艧无用之室,何啻亿千……"又《新书》卷五十二《食货志》亦载:"武宗即位,废浮图法,天下毁寺四千六百,招提、兰若四万,籍僧尼为民二十六万五千(琮按《旧纪》、《通鉴》皆作五百)人,奴婢十五万人,田数千万顷,大秦穆护、祆二千余人。上都、东都每街留寺二,每寺僧三十人,诸道留僧以三等,不过二十人。腴田鬻钱送户部,中下田给寺家奴婢丁壮者为两税户,人十亩。"

按《通鉴》本年八月载:"壬午,诏陈释教之弊,宣告中外。"又云:"百官奉表称贺。"壬午为初七日。《文集》卷二十有《贺废毁诸寺德音表》,云"臣某等伏奉今日制,拆寺、兰若共四万六千六百余所……”则德裕此文即作于本年八月七日。

按会昌禁佛是唐代一次较重要的历史事件,在历史上具有进步意义。其中包括:一、并省佛寺,共计拆公私大小寺院四万六千六百余所。德裕《贺废毁诸寺德音表》中曾谈到当时佛寺建筑的侈华,所谓“土木兴妖,山林增构;一岩之秀,必极雕镌,一川之胶,已布高刹,鬼功不可,人力宁堪”,侵占良田,耗费物力人力。并省佛寺的目的,即在于减少这种浪费,并减弱佛教的影响。二、使僧尼还俗,据德裕《贺表》所载,还俗僧尼(包括隶属于寺院的奴婢)共四十一万余人,这在当时是一个很大的数目。大历十三年,都官员外郎彭偃曾奏议:“今天下僧道,不耕而食,不织而衣,广作危言险语,以惑愚者。一僧衣食,岁计约三万有余,五丁所出,不能致此,举一僧以计天下,其费可知。”(《唐会要》卷四十七《议释教》上)杜牧《杭州新造南亭子记》(《樊川文集》卷十)也曾记载:“文宗皇帝尝语宰相曰:‘古者三人共食一农人,今加兵、佛,一农人乃为五人所食,其间吾民尤困于佛。’”根据当时的生产水平,五个农民生产的东西,才能供一个僧人一年的衣食。会昌时敕令还俗的四十余万人归入国家的两税户,目的在于增加政府的财赋收入(当然,还俗僧尼实际是否即充两税户,还是一个问题)。三、收寺院的土地。根据《旧纪》、《通鉴》、《新书·食货志》,皆作收良田数千万顷,唯德裕《贺表》作数千顷,无“万”字。此当待考(按杜牧《杭州新造南亭子记》亦作“良田数千万顷”)《旧书》卷一一八《王缙传》曾载代宗时,

"凡京畿之丰田美利,多归于寺观,吏不能制"。长安、洛阳如此,其他地方可知。这次没收的田地,"腴田鬻钱送户部,中下田给寺家奴婢丁壮者为两税户,人十亩"(《新书·食货志》),这无疑有助于农业生产的发展。四、没收寺院的财货,主要是将废寺铜像、钟磬委盐铁使铸钱,铁像委本州铸为农器,金、银、鍮石等像销付度支;"衣冠士庶之家"所藏的金银铜铁之像也应在限期内交官。为了防止流弊,还特别申明,"自拆寺以来,应有铜像等,衣冠百姓家收得,亦限一月内陈首送纳"(《唐会要》,已见上)。

会昌禁佛含有佛道斗争的因素,但主要是社会生产发展的需要,当时佛教的盛行对社会各方面危害太大。当然在这期间也有一些流弊,如一些有历史文物价值的寺院被拆毁,一些有艺术价值的造像与壁画等被打毁,这是一种损失。杜牧《杭州新造南亭子记》谓并省佛寺时,"出四御史缑行天下以督之,御史乘驿未出关,天下寺至于屋基耕而刓之",可见这次行动是有一定的群众基础的。晚唐人孙樵曾以会昌时禁佛,与讨回鹘、定太原叛卒、平泽潞并提,作为武宗的几项业绩,这其实主要是李德裕的作用,孙樵在其所著《武皇遗剑录》中谓:"浮屠之流,其来绵绵,根盘蔓滋,日炽而昌;蛊于民心,蚕于民生,力屈财殚,民恬不知。武皇始议除之,女泣于闺,男号于途,廷臣辨之于朝,褒臣争之于旁,群疑胶牢,万口一辞。武皇曾不待疑,卒诏有司,驱群髡而发之,毁其居而田之。其徒既微,其教仅存,民瘳其瘵,国用有加,风雨以时,灾沴不生。"(《孙樵集》卷五)孙樵以热情的笔调积极肯定此次禁佛的成就。

又刘蜕有《移史馆书》(《刘蜕集》卷五),中云:"伏以释氏之疾生民也,比虞、禹时曷尝在洪水下,比汤与武王时曷尝在夏政商王下,比孔子孟轲时曷尝在礼崩乐坏杨墨邪道下,然而圣主贤臣欲利民而务其民害如此其勤也。"又云:"今天子聪明,以为中正衣冠之所弃,则刑政教化亦无所取,故绝其法不使污中土。未半年,父母得隶子,夫妇有家室,是以复出一天下也。仆故谓其功业出禹、汤、武王、孔子、孟轲之上。"按刘蜕大中四年(八五○)登进士第,年近三十(见《刘蜕集》卷五《上礼部裴侍郎书》)。此当是会昌末禁佛时作,文中所谓"圣主贤臣",盖指武宗、德裕而言。

唐宋人记会昌禁佛事,除两《唐书》、《通鉴》等以外,其他尚有记之者,如李上交《近事会元》卷五《天下减废佛寺及僧》条:"武宗会昌五年,并省天下佛寺,减僧教,铜像、钟磬纳官铸钱,铁像置农器,由是天下拆寺四千五百余所,还俗僧尼二百(琼按此百字疑误,当作十字)六万五百,收充两税户,拆招提、兰若四万余所,收膏腴上田数千万顷,收奴婢为两税户十五万人,隶僧尼属主客,显明外国之教,勒大秦穆护杖二千余人还俗,不杂中华之风也。"所述与两《唐书》、《通鉴》大致相同。宋姚宽《西溪丛语》卷上也曾记其事,略同。

也有记载因拆毁佛寺而毁损佛像、壁画者,今摘举数种于下,以概见当时情况。唐张彦远《历代名画记》卷三《记两京外州寺观壁画》:"会昌五年,武宗毁天下寺塔,两京各留三两所,故名画在寺壁者,唯存一二。当时有好事,或揭取陷于屋壁,已前所记者,存之盖寡。先是宰相李德裕镇浙西,创立甘露寺,唯甘露不毁,取管内诸寺画壁置于寺内。"

唐赵璘《因话录》卷六:"汉州开元寺,有菩萨像,自顶及焰光坐趺,都是一段青石。洁腻可爱,雕琢极工,高数尺。会昌毁寺,时佛像多遭催折刓缺,惟此不伤丝毫。"按据以上两则所记,当时拆寺时虽有毁损壁画、佛像,但也有保存完好者,不可一概而论。

唐郑隅《津阳门诗》(《全唐诗》卷五六七):"……鼎湖一日失弓剑,桥山烟草俄霏霏。空闻玉碗入金市,但见铜壶飘翠帷。开元到今逾十纪,当初事迹皆残隳。竹花唯养栖梧凤,水藻周游巢叶龟。会昌御宇斥内典,去留二教分黄缁。庆山污潴石瓮毁,红楼绿阁皆支离。奇松怪柏为樵苏,童山智谷亡巉巇。烟中壁碎摩诘画,云间字失玄宗诗(自注:持国寺,本名庆山寺,德宗始改其额。寺有绿额,复道而上,天后朝以禁臣取宫中制度结构之。石瓮寺,开元中以创造华清宫余材修缮,佛殿中玉石像,皆幽州进来,与朝元阁道像同日而至,精妙无比,叩之如磬。余像并杨惠之手塑,肢空像皆元伽儿之制,能妙纤丽,旷古无俦。红楼在佛殿之西岩,下临绝壁,楼中有玄宗题诗,草、八分每一篇一体,王右丞山水两壁。寺毁之后,皆失之矣)……"

宋郭若虚《图画见闻志》卷五《会昌废壁》条:"唐李德裕镇浙西日,于润州建功德佛宇,曰甘露寺。当会昌废毁之际,奏请独存,因尽取管内废寺中名贤画壁置之甘露,乃晋顾恺之、戴安道、宋谢灵运、陆探微,梁张僧繇,隋展子虔,唐韩幹、吴道子画。"

清阮元《两浙金石记》卷三《般若波罗密多心经》,阮元案云:"郑芷畦湖录所收天宁寺经幢八座,此在其列,并有跋云:《唐书》,会昌五年诏大除佛寺,凡堂阁室宇关于佛祠者掊灭无遗,分遣御史发视之。州县祗畏,至于碑幢铭镂赞述之类,亦多毁瘗……"

又,在检括佛像中,也有从中偷取及宦官故意破坏者,如李绰《尚书故实》有两则记载,一云:"毁寺时,分遣御史检天下所废寺及收录金银佛像,有苏监察者(原注:不记名)巡覆两街诸寺,见银佛一尺已下者,多袖之而归,谓之苏杠(原注:乌讲反)佛。或问温庭筠将何对好,遽曰'无以过密陁僧也'。"另一云:"圣善寺银佛,天宝乱,为贼截将一耳;后少傅白公奉佛,用银三铤添补,然不及旧者。会昌拆寺,命中贵人毁像收银送内库。中人以白公所添铸比旧耳少银数十两,遂诣白公索余银,恐涉隐没故也。"

又唐张读《宣室志》卷三:"太子宾客卢尚书贞犹子,为僧。会昌中沙汰僧徒,斥归家,以荫补光王府参军。"则当时官府子弟为僧者,还俗后仍可入仕。张读为宣宗时人,所记当可信。

又圆仁《入唐求法巡礼行记》卷四,会昌五年十一月三日记:"三、四年已来,天下州县,准敕条流僧尼,还俗已尽。又天下毁拆佛堂兰若寺舍已尽,又天下焚烧经像僧服罄尽,又天下剥佛身上金已毕,天下打碎铜铁佛,称斤两,收撿讫。天下州县,收纳寺家钱物、庄园,收家人奴婢,已讫。唯黄河已

北镇、幽、魏、路(潞)等四节度,元来敬重佛法,不拆寺舍,不
条流僧尼,佛法之事,一切不动之。频有敕使勘罚,云:'天子
自来毁拆焚烧,即可然矣,臣等不能作此事也。'"按圆仁作为
佛教僧徒,对于会昌时排佛禁佛,当然是不赞成的,他一度也
被迫穿上俗人衣服,受到此次事件的波涉,因此其书中凡涉
及禁佛者,多有曲说,此处所记亦然,如说河北不奉朝廷命
令,即失实,《通鉴》会昌五年八月曾记五台山僧寺僧人因朝
廷禁佛,多亡奔幽州,李德裕以此事告幽州节度使张仲武,
"张仲武乃封二刀付居庸关曰:'有游僧入境则斩之!'"可见
圆仁所记河北不奉朝廷排佛事,盖不属实。《通鉴》此处又
记:"主客郎中韦博以为事不宜太过,李德裕恶之,出为灵武
节度副使。"由此也可见,在这次禁佛事件中,德裕是积极襄
赞武宗的,一些具体的措施,恐即系德裕所制定。

九月,李德裕请置备边库,收贮度支、盐铁等钱物,以备军用。

《通鉴》会昌五年九月,"李德裕请置备边库,令户部岁入
钱帛十二万缗匹,度支、盐铁岁入钱帛十二万缗匹,明年减其
三之一,凡诸道所进助军财货皆入焉,以度支郎中判之"。又
《唐会要》卷五十九《延资库使》条:"会昌五年九月,敕置备
边库,收纳度支、户部、盐铁三司钱物。至大中三年十月,敕
改延资库。……初年,户部每年二十万贯匹,度支、盐铁每年
三十万贯匹,次年以军用足,三分减其一;诸道进奉助军钱
物,则收纳焉。"德裕最初创立此制,当是集中一部分财力于
中央,以备将来用于西北、西南边事,惜武宗早卒,不克竟其
功。但宣宗时,收复河湟,亦得力于备边库之助,故会昌时设

施多被废止,而备边库则仍沿袭不改,只改名延资库,并属于宰相,"其任益重"(《新书》卷五二《食货志》)。

武宗自服金丹,性躁急,喜怒无常。十月间,德裕曾加劝谏。

《通鉴》本年冬载:"上饵方士金丹,性加躁急,喜怒不常。冬十月,上问李德裕以外事,对曰:'陛下威断不测,外人颇惊惧。向者寇逆暴横,固宜以威制之;今天下既平,愿陛下以宽理之,但使得罪者无怨,为善者不惊,则为宽矣。'"按此新旧《唐书》本传未载。

十一、十二月,德裕奏《论侍讲奏孔子门徒事状》、《论朝廷事体状》。时宦官及白敏中等攻击德裕专权,怂使韦弘质上书言宰相权太重,不可兼领钱谷,德裕奏状驳斥之。

《文集》卷十载《论朝廷事体状》,未注年月。《旧纪》会昌五年十二月载:"车驾幸咸阳,给事中韦弘质上疏,论中书权重,三司钱谷不合相府兼领。宰相奏论之曰:……弘质坐贬官。"宰相奏论见《一品集》此状。《旧纪》又载:"李德裕在相位日久,朝臣为其所抑者皆怨之。自崔铉、杜悰罢相后,中贵人上前言德裕太专,上意不悦,而白敏中之徒,教弘质论之,故有此奏。而德裕结怨之深,由此言也。"又《通鉴》亦载:"李德裕秉政日久,好徇爱憎,人多怨之。自杜悰、崔铉罢相,宦官左右言其太专,上亦不悦。给事中韦弘质上疏,言宰相权重,不应更领三司钱谷。德裕奏称:'制置职业,人主之柄。弘质受人教导,所谓贱人图柄臣,非所宜言。'十二月,弘质坐贬官,由是众怒愈甚。"按韦弘质上言,乃出于白敏中的唆使,南唐人张泊《贾氏谈录》也曾言及:"……翰林学士白敏中大惧,遂调给事中韦弘景上言相府不合兼领三司钱谷,专政太甚,武宗由是疑之。"(按此云"韦弘景",《旧唐书》卷一五七、《新唐书》卷一一六有《韦弘景传》,弘景卒于大和五年,则此处作"韦弘景"误。韦弘质,两《唐书》无传,其他史料似亦未见。)

岑仲勉《通鉴隋唐纪比事质疑》第三〇三页《通鉴对李德裕不少曲笔》条亦论《通鉴》载韦弘质事,并评之云:"按唐代中叶以还,宰相往往兼判钱谷,不自会昌始,会昌后亦然。盖方镇割据,贡赋不入,中央务聚敛,故特重其任。是时中书侍郎李回判户部,工尚薛元赏判盐铁,判度支或是卢商。抑据《旧纪》一八上'韦弘质上疏论中书权重,三司钱谷不合相府兼领。宰相奏论之曰臣等昨于延英对'云云,是宰相等合奏……何以《通鉴》略去此牛党暗斗而易言为'众怒'?"按岑氏说甚是。据《旧纪》、《通鉴》等所载,此时反对德裕专权者,首先是宦官;德裕专权,则正说明宦官之权有所削夺,这正是会昌政事超出于前朝之处。其次是白敏中等人,而白敏中正是牛党后期的代表人物,可见即使在会昌时李党占据优势时期,牛党人物仍出仕于朝,有所活动,并非如史籍或杜牧等人所谓牛党斥逐略尽。

《文集》卷十《论侍讲奏孔子门徒事状》。此篇未注年月,《新·李德裕传》叙于韦弘质奏言之前,大约也是同时所作。状中有云:"右今月十三日,于延英殿,陛下谓臣等云:'侍讲称孔子其徒三千,亦可谓之朋党。'臣等自元和以来,尝闻此语,幸因圣慈下问,辄敢觊缕而言。"末又云:"臣恐更有小人,妄陈此说,辄举事例,庶裨聪明。……所冀小臣瞽说,免惑圣心。"由此可见,当时任侍讲者,亦有人借孔子之徒为朋党以影射德裕,故德裕进而论之,痛斥其非,谓:"今侍讲欲以奔走权势之徒,攫挈名利之辈,比方孔门上哲,实罔圣听。臣未知元和以来所谓党者,为国乎?为身乎?"又云:"以臣观之,今所谓党者,进则诬善蔽忠,附下罔上,歙歙相是,态不可容。退则车马驰驱,唯务权势,聚于私室,朝夜合谋。清美之官,尽须其党,华要之选,不在他人。阴附者羽翼自生,中立者抑压不进。孔门颜、冉,岂有是哉!"德裕所谓元和以来,即指李逢吉、牛僧孺、李宗闵、杨虞卿等人,诸人行迹,确可以此数句尽之。

本年户数:四百九十五万五千一百五十一。

《通鉴》本年十二月载:"是岁,天下户四百九十五万五千一百五十一。"又《新书》卷五二《食货志》:"至武宗即位,户二百一十一万四千九百六十。会昌末,户增至四百九十五万五千一百五十一。"按此所谓增加,当不仅包括人口的自然增长,恐还包括僧尼、奴婢还俗入两税户及检括其他荫庇户。

〔编年诗〕

《奉和圣制南郊礼毕诗》(《文集》卷二十)

《郊坛回舆中书二相公蒙圣慈召至御马前仰感恩遇辄书是诗兼呈二相公》(同上)

未注年月。《旧·武宗纪》会昌五年正月,"辛亥,有事于郊庙,礼毕,御承天门,大赦天下"。《新纪》本年正月亦载:"辛亥,有事于南郊。"此二诗当是今年南郊礼毕作。武宗所作《南郊礼毕诗》今已不存。

又德裕诗题云"中书二相公",按此时宰相四人,除德裕外,李让夷为检校尚书右仆射兼中书侍郎,崔铉为中书侍郎、同中书门下平章事,杜悰为尚书左仆射兼门下侍郎,德裕诗中书二相公即指李让夷与崔铉。又诗末云"自惭衰且病,无以效涓埃",按德裕于平泽潞后即告有病,本年郊礼后又屡上章乞病休,皆与诗合。

《寒食日侍宴奉进诗一首》(《文集》卷二十)

未注年月。诗中云:"楛矢方来贡,雕弓已载櫜。英威扬绝漠,神算尽临洮。"此下有自注云:"已上四句,奉述北虏款塞,西戎畏威。"即言讨除回鹘乌介可汗事。诗又云:"赤县阳和布,苍生雨露膏。野平惟有麦,田辟又无蒿。"此四句言平泽潞后情景。按此当为会昌五年之寒食,因四年之寒食刘稹尚未平定,六年之寒食则武帝病情已重,不复能宴赐群臣。

〔编年文〕

《谢恩加特进阶状》(《文集》卷十九)

《新书》卷六三《宰相表》,会昌五年,"正月己未,德裕加特进"。按本月己酉朔,己未为十一日。但状中云"伏奉今月十二日制书授臣散官特进者",谓十二日授。按十二日庚申,义安太后卒(见《旧纪》),恐不惶授阶勋,疑《文集》之"二"为"一"之误。又《新纪》本年正月载:"辛亥,有事于南郊。大赦,赐文武官阶、勋、爵。"德裕《谢状》中有云:"近者展采清庙,祗事圜丘。"即指行南郊之礼。

《进所撰黠戛斯书状》(《文集》卷六)

本年春作，详见后《与黠戛斯书》。

《与黠戛斯书》（《文集》卷六）

未注年月。岑仲勉《会昌伐叛集编证》对此文之年月有详考，云："由书文观之，是温仵合已归国后而谛德乃来。温仵合之反，余决为四年之夏，今书末称春暖，则必五年春无疑矣。书又云闻今秋欲移就回鹘牙帐，正与后篇《刘濛状》相照应，而濛巡边在五年二月，是又拙说之一证也。"按《旧纪》会昌三年八月载："黠戛斯使谛德伊斯难珠入朝。"《册府元龟》卷九九四载此敕于会昌三年九月下。岑说谓均误。岑说又谓："四年二月之使，乃温仵合，非伊斯难殊，此可于两书之文见之。缘温仵合以四年二月来，夏热始去，滞留多月，故伊斯难殊携来之表，请唐不予滞留，情状甚合。如谓伊斯难殊以四年二月来，春暖回去，则温仵合之来，应上推至三年之初，其去应在三年之夏；但三年之初，已别有踏布合祖、注吾合素之使节，殊不相容。"

《奉宣今日以后百官不得于京城置庙状》（《文集》卷十）

未注年月。状中云："臣等商量，今日以后，皇城南方（琼按此方字疑为六字之误，见后《旧纪》）坊内，不得起私庙，其朱雀街缘是南郊御路，至明德门夹街两面坊，及曲江侧近亦不得置。余围外深僻坊，并无所禁。"按此事《旧纪》系于会昌三年，云："二月，先诏百官之家不得于京城置私庙者，其皇城南向六坊不得置，其闲僻坊曲即许依旧置。"

但《唐会要》系于会昌五年，卷十九《百官家庙》："会昌五年二月，敕，自今以后，百寮不得于京城内置庙，如欲于坊内置者，但准古礼于居处（置），即不失敬亲之礼。"又《唐会要》同卷尚有大中五年十一月太常礼院奏，中称："伏准会昌五年二月一日敕旨，百官并不得京城内置庙，如欲于京城内置庙者，但准古礼于所居处置，即不失敬亲之礼者。伏以武宗时缘南郊行事，见天门街左右诸坊有人家私庙，遂令禁断，且本不欲令御路左右有庙宇，许令私第内置。……"则大中五年十一月太常礼院奏亦以为是会昌五年二月禁置私庙，《旧纪》载之于会昌三年，误。

《巡边使刘濛状》（《文集》卷十六）

文末注"会昌五年二月二十三日"。按《通鉴》系刘濛出使在会昌四年三月，云："朝廷以回鹘衰微，吐蕃内乱，议复河、湟四镇十八州，乃以给事中刘濛为巡边使，使之先备器械糗粮及诇吐蕃守兵众寡。又令天德、振武、河东训卒砺兵，以俟今秋黠戛斯击回鹘，邀其溃败之众南来者，皆委濛与节度团练使详议以闻。濛，晏之孙也。"《通鉴·考异》并考《实录》以刘濛出使在会昌五年二月之误。

岑仲勉《会昌伐叛集编证》谓《通鉴》及《考异》均误，云："余按《会昌一品集》七《赐缘边诸镇密诏意》有云：'近者寇辇初平。海内无事。……今吐蕃未立赞普，已是三年。……故令刘濛专往，亲谕朕怀。'寇，回纥也，辇，刘稹也，稹平于四年八月，如依《考异》濛巡边在四年春夏，何得云寇辇初平，不可者一。依《考异》二一，会昌二年十二月，吐蕃来告达磨赞普之丧，似计至五年春初，方得云未立赞普已是三年，如只至四年春夏，恐未尽合，不可者二。此状今列《一品集》卷十六，其前《论邢州状》，会昌四年十月十七日上，其后《昭义军事宜状》，会昌五年二月二十三日上，如依《考异》改为四年春夏所上，则时序不合，不可者三。今集此状上于五年二月二十三日，而《实录》则五年二月二十五日，以濛为巡边使，两书年日之真确，正可互相为证。《考异》所云四年二月二十二日，当是司马氏见本之误，据此以推翻《实录》，不可者四。"岑氏又谓《与黠戛斯书》（即本年春作）云："待至今秋，当令幽州、太原、振武、天德缘边四镇要路出兵。"与此状"黠戛斯使回日，已赐敕书，许令幽州、太原、振武、天德各于要路出兵邀截"，恰正相合。岑说是。

《新书》卷二一七下《黠戛斯传》云："是时，乌介可汗余众托黑车子，阿热愿乘秋马肥击取之，表天子请师。帝令给事中刘濛为巡边使。"

按刘濛为刘晏孙，其事附见《新书》卷一四九《刘晏传》，云："字仁泽。举进士，累官度支郎中。会昌初，擢给事中。以材为宰相李德裕所知。时回鹘衰，朝廷经略河、湟，建遣濛按边，调兵械粮饷，为宣慰灵夏以北党项使。始议造木牛运。宣宗立，德裕得罪，濛贬朗州刺史，终大理卿。"可见刘濛之以材进用，与李德裕之赏识甚有关系，此次出使，当亦出于德裕之推荐。濛本非李党，但宣宗时，竟也坐累贬出。

又刘恭仁有《唐故朝议郎使持节光州诸军事守光州刺史赐绯鱼袋李公（藩）墓志铭并序》（据周绍良先生藏拓本抄录），其中曾提及刘濛，云："其于友也，汲汲仁义，孜孜接物，负其然诺，以事宾朋，虽胶柒金石，未足方比。今江夏崔公蠡、春官侍郎柳公璟、中书舍人裴公休、天官郎崔公球、柱史刘公濛，并交道之深契也。此数君子，或望高多士，价重当朝，虽名位不侔，而厕接行止，与游之分，无愧平生，则为友之道可以表矣。"按据此志，李藩卒于开成五年八月，年五十，其年十二月葬。由此亦可见当时人对刘濛的评价。

《赐缘边诸镇密诏意》(《文集》卷七)

未注年月。中云："想卿精忠，必达此旨，故令刘濛专往，亲谕朕怀。"与前《刘濛巡边使状》同时。

《进侍宴诗一首状》(《文集》卷十八)

三月间作，见前《寒食日三殿侍宴奉进诗一首》。

《进新旧文十卷状》(《文集》卷十八)

四月下旬。详见前谱。

《赠崔琯左仆射制》(《文集》卷四)

未注年月。《旧书》卷一七七《崔珙传》附《崔琯传》，琯为珙之兄，传云："会昌中，迁银青光禄大夫、检校吏部尚书、兴元尹，充山南西道节度使。以弟珙罢相贬官，琯亦罢镇归东都。五年卒。诏曰：'……可赠尚书左仆射。'"按《旧传》所载之诏即德裕所作制文，文字小有异同，可据以参校。传云会昌五年卒，则德裕制文亦当作于本年。中有云："往以茂器，列于大僚，属贤相受诬，庙堂议法，用长孺之道，以右正人，微京兆之言，岂闻非罪。既是魏其之直，益彰王凤之邪，庄色于朝，群公耸视，谠词不挠，淑问攸归。"贤相受诬，指崔珙为崔铉所奏而罢官；"淑问攸归"，言崔琯因珙贬官而罢镇归东都，皆与史合。制文以魏其喻崔珙，以王凤比崔铉，直斥其邪,则作制时当是崔铉已经罢相,而铉罢相在本年五月,故此制词不得早于五月以前。

又《新书》卷一八二《崔珙传》附《崔琯传》,言"会昌中,终山南西道节度使,赠尚书左仆射",未言罢镇归东都事,意谓卒于山南西道节度使任上。《新·崔珙传》又谓:"会昌二年,进位尚书左仆射。明年,以兄琯丧,被疾求解,以所守官罢。"则崔琯当卒于会昌三年,非五年,且珙之罢相乃因琯之丧,非琯之罢节镇因珙之贬官。《新书》之崔琯、崔珙二传所记,与德裕制文及《旧传》不合,误。

《议礼法等大事状》(《文集》卷十一)

《旧·武宗纪》会昌五年六月载丙子(朔)敕文,与此状意同,当即五月底所作。又《唐会要》卷五七《尚书省》条:"会昌五年六月敕:汉魏以来,朝廷大政,必下公卿详议。……"亦载敕文在六月。

《让官表》(《文集》卷十八)

《会昌五年六月二十九日就宅宣并谢恩问疾状》(《文集》卷十九)

《让官表》云:"参赞万务,倏已六年。裘冕禋郊,再睹配天之礼;干戈问罪,三见拘原之功。"德裕于开成五年拜相,至会昌五年,正为六年。"裘冕禋郊",即本年正月礼南郊事。此二表当皆作于本年六月间。

《请改单于大都护状》(《文集》卷十一)

未注年月。按《唐会要》卷七三《安北都护府》条:"会昌五年七月,中书门下奏,塞北诸蕃皆云振武是单于故地……"

与德裕此文大略相同，可取比勘，可知德裕此文即作于本年七月。

《论公主上表状》（《文集》卷十一）

未注年月。《唐会要》卷六《公主杂录》条："会昌五年七月，中书门下奏……"即此状。

《潞府事宜状》（《文集》卷十七）

未注年月。据《通鉴》，当在本年七月。

《贺废毁诸寺德音表》（《文集》卷二十）

八月七日。详见前谱。

《昭义军事宜状》（《文集》卷十六）

文末注"会昌五年八月十一日"。

《论昭义军事宜状》（《文集》卷十七）

未注年月。当与前二文时间相同。

《请立东都太微宫状》（《文集》卷十一）

《请立东都太庙状》（同上）

按以上二文，各本皆有目无文，总目下注"缺"字。《通鉴》会昌五年载："八月，李德裕等奏：'东都九庙神主二十六，今贮于太微宫小屋，请以废寺材复修太庙。'"此当为修太庙状之节文，而《唐会要》卷十六《庙议》下，载："（会昌）五年八月，中书门下奏：'东都太庙九室神主，共二十六座。自禄山叛后，取太庙为军营，神主弃于街巷，所司潜收聚，见在太微宫内，新造小屋之内，其太庙屋室并在，可以修崇。……如合置，望以所拆大寺材木修建。李石既是宗室，官为居守，便望令充修东都太庙使，勾当修缮。'奉敕宜依。"按此即《请立东

都太庙状》缺文,似可据以补入集中。《请立东都太微宫状》
则仍缺待考。

又《唐会要》同卷又载:"(太常博士顾)德章又有上中书
门下及礼院详议两状,并同载于后,其一曰:伏见八月六日
敕,欲修东都太庙,令会议此事。……"按八月六日敕会议此
事,则德裕之状,当在八月六日前数天之内。《全唐文》卷七
六武宗名下有《修东都太庙制》。

《请淮南等五道置游弈船状》(《文集》卷十二)

未注年月。当作于本年九月,参《李德裕文集校笺》。

《请立昭武庙状》(《文集》卷十)

据《旧纪》会昌五年十月乙亥中书奏,即此状。又见《唐
会要》卷十二《庙制度》,但作会昌五年七月;《新纪》作十月,
与《旧纪》同。

《瑞橘赋并序》(《文集》卷二十)

《进瑞橘赋状》(《文集》卷十八)

《谢所进瑞橘赋宣付史馆状》(《文集》卷十九)

以上三文皆未注年月。按赋云:"清霜始降,上命中使赐
宰臣等朱橘各三枚,盖灵囿之所植也。"则当在秋冬之间。又
云:"昔汉武致石榴于异国,灵根遐布,此西域柔服之应也。
魏武植朱橘于铜雀,华实莫就,乃吴人未格之兆也。考于前
史,昭晰可知,岂非天地和同,灵物效祉,去蛮夷之陋,获近太
阳,感王化之盛,更承膏露。草木尚尔,况乎人心。"此数句言
天下安宁,"王化"四被,当为回鹘扫除、昭义已平之时。又
《文集》卷二十载《瑞橘赋》在《贺废毁诸寺德音表》(会昌五

年八月）之后，则当在五年秋冬之间。

《论两京及诸道悲田坊状》（《文集》卷十二）

未注年月。《旧·武宗纪》载会昌五年十一月甲辰敕文，即此状意；又《唐会要》卷四九《病坊》条："会昌五年十一月，李德裕奏云：恤贫宽疾，著于周典……"皆可据以参校。又《事始》（《类说》卷三十五）《悲田院》："开元中，京城乞儿官为置病坊给廪食，近代改为悲田院，或曰养病院。"

《为星变陈乞状》（《文集》卷十八）

《会昌五年十二月三日宰相对后就宅宣示谢恩不许让官表状》（《文集》卷十九）

《陈乞状》云："伏以谪见于天，以警在位，稽于前史，皆有明征。……天与之灾，踽踽兢惶，不知所据。伏望圣慈察臣单绪，海内孤根，百口童蒙，仰臣覆露，一门宗祀，须臣主持。特免上公，退归私第，所冀中衢击壤，复比于尧翁，旧里悬车，不惭于汉相。"《会昌五年十二月三日宰相对后就宅宣示不许让官表状》，明本附批答，有云："卿所让夷等奉，欲遂颐养，辞位闲休。"当即指《陈乞状》所云"特免上公"等数句，故皆系于此（状又有"臣荏苒六年，徒竭丹款"语）。

《谢恩问疾状》（《文集》卷十九）

未注年月。文云："高品王克谏至，奉宣圣旨：卿小有违裕，昨日于延英面奏乞假将息。"当即前"会昌五年十二月三日宰相对后"之事，故系于此。

《论侍讲奏孔子门徒事状》（《文集》卷十）

十一、十二月间，详见前谱。

《论朝廷事体状》(《文集》卷十)

十二月,详见前谱。

《请复中书舍人故事状》(《文集》卷十一)

未注年月。《旧·武宗纪》会昌五年十二月载宰相论韦弘质疏(即前《论朝廷事体状》)后,云:"又奏曰……"即此状。又《新书》卷四七《百官志》亦云:"会昌末,宰相李德裕建议:台阁常务,州县奏请,复以(中书)舍人平处可否。"《唐会要》卷五《中书舍人》系于会昌四年十一月,不确,以从《旧纪》及《新书·百官志》系会昌五年为是。

《进幽州纪圣功碑状》(《文集》卷十八)

《幽州纪圣功碑铭并序》(《文集》卷二)

未注年月。岑仲勉《会昌伐叛集编证》云:"据《会昌集》一,会昌五年正月己酉朔,上尊号曰仁圣文武章天成功神德明道大孝皇帝,今序文已称是号,故知为五年所作。"岑说是,但未详月日(《全唐文纪事》卷八《纪功》引《册府元龟》文,有云:"武宗会昌中,幽州节度使张仲武讨杀回鹘乌介可汗,至会昌末,表请蓟北立纪圣功铭,帝诏遣宰臣使李德裕为之。"云会昌末,亦相合)。

又《旧书》卷一八〇《张仲武传》:"回鹘乌介可汗既败,不敢近边,乃依康居求活,尽徙余种,寄托黑车子。仲武由是威加北狄,表请于蓟北《纪圣功铭》,敕李德裕为之文。其铭曰……"《旧传》备载其文,可与文集参校。

又清孙梅《四六丛话》卷十八称《幽州纪圣功碑铭》为"经济大文,英雄本色"。

《让张仲武寄信物状》(《文集》卷十八)

《再让仲武寄信物状》(同上)

未注年月,前状首云:"今某月日仲武判官华封舆到臣宅,送前件书并信物等,已闻奏讫。"又云:"臣登朝序垂三十年,未曾为宰相撰碑所悉。"后状有云:"高品孟公度至,奉宣圣旨,缘河朔体大,令臣即受者。"又云:"昨者藩臣拜章,愿纪贞石,臣谬当恩顾,获序圣功。才力至微,神武难备,莫能相质,空愧雕虫。岂敢广受缣素,增其芜鄙。"据此,则是德裕撰《幽州纪圣功碑铭》后,张仲武馈以礼物,德裕上诉状奏闻,谦让勿受。今系于《幽州纪圣功碑铭》后。

又,此二状可见德裕立身之孤洁,如前状云:"比见文士,或已居重位,或已是暮年,矻矻为文,只望酬报。臣心鄙耻,所不乐闻。"又云:"臣忝居台铉,过受殊恩,若不守廉隅,坐受厚赂,何以仰禆玄化,表率庶僚。傥以仲武之情,不可全阻,许臣量受一千匹,已是乖臣本心。"

《进振武节度使李忠顺与臣状一道状》(《文集》卷十七)

未注年月。岑仲勉《会昌伐叛集编证》谓作于会昌五年,云:"状云'缘朝廷册命黠戛斯',册命之议,依前《与黠戛斯书》各注观之,应在五年,书言回鹘常欲投窜安西,此则云在天德北三百里,是已由东复西,情状亦合。"五年作是,月日未详。

《论田群状》(《文集》卷十七)

未注年月。此状论田肇、田群犯法事,首云:"臣数日来窃闻外议云,田肇缘田群抵法,不食而终,义动人伦,无不伤叹。"又云:"今手状陈奏,实愿发自天慈。"后云:"臣与田肇兄弟,唯识其面,未尝交言,班行具知,非敢谬妄。况臣年近六十,位忝上公,唯愿竭肺肝,上裨圣德。"按德裕本年五十九岁,此云"年近六十",似当作于本年;且德裕前已加司空、司徒、太尉,即所谓"位忝上公"。唯月日不详,田群、田肇事亦待考。

〔以下未能系年,只能断定为德裕于会昌执政时所作〕

《赠右卫将军李安静制》(《文集》卷四)

《授段元逊哥舒峤等官制》(同上)

会昌六年丙寅(八四六)　六十岁

武宗好道术,重方士,服食丹药,病,自正月即不视朝。三月,以疾久未平,改名为炎。德裕为撰《仁圣文武章天成功大孝皇帝改名制》、《武宗改名告天地文》,及《祈祭西岳文》。

　　《旧·武宗纪》会昌六年,"三月壬寅(初一日),上不豫,制改御名炎。帝重方士,颇服食修摄,亲受法箓。至是药躁,喜怒失常,疾既笃,旬日不能言。宰相李德裕等请见,不许。中外莫知安否,人情危惧"。《通鉴》本年亦载:"上疾久未平,以为汉火德,改'洛'为'雒';唐土德,不可以王气胜君名,三月,下诏改名炎(按胡注对此为曾有评云:唐以土德王,而帝名瀍,瀍旁从水,土胜水,故言以王气胜君名。今改名炎,炎从火。火能生土,取以君名生王气也。帝未几而晏驾,厌胜果何益哉)。"又云:"上自正月乙卯不视朝,宰相请见,不许;中外忧惧。"

《文集》卷三《仁圣文武章天成功大孝皇帝改名制》,卷二十《武宗改名告天地文》,当皆为三月改名时所撰。又,《武宗改名告天地文》之"武宗"二字当为后人追加,此时不当称武宗。

《文集》卷二十又有《祈祭西岳文》,文中有云:"某缵奉丕图,勤劳七载,恭己思道,岂敢怠荒。"此与《改名告天地文》之"臣缵承丕绪,励翼七年,不敢怠荒,以思无逸"同意,皆代武宗立言。武宗于开成五年即位,至本年即为七年。

按武宗于本年正月起即不视朝,德裕身为宰相,亦不得见,则当时必有宦官把持内政。宦官素来即嫉视德裕,故德裕本年除撰改名告天地文等以外,对政事已一无可为。

三月二十三日,武宗卒,年三十三。

《旧·武宗纪》本年三月载:"是月二十三日,宣遗诏以皇太叔光王柩前即位。是日崩,时年三十三。"

《旧·武宗纪》末载史臣曰:"开成中,王室寝卑,政由阉寺。及缀衣将变,储位遽移。昭肃(琮按指武宗,武宗谥为至道昭肃孝皇帝)以孤立维城,副兹当璧。而能雄谋勇断,振已去之威权;运策励精,拔非常之俊杰。属天骄失国,潞孽阻兵,不惑盈庭之言,独纳大臣之计。戎车既驾,乱略底宁,纪律再张,声名复振,足以蹈章武出师之迹,继元和戡乱之功。然后迂访道之车,筑礼神之馆,栖心玄牝,物色幽人,将致俗于大庭,欲希踪于姑射。于是削浮图之法,惩游惰之民,志欲矫步丹梯,求珠赤水。徒见萧衍、姚兴之谬学,不悟秦王、汉武之非求,盖惑于左道之言,偏斥异方之说。……"

又顾非熊(顾况子)有《武宗皇帝挽歌词二首》(《全唐诗》卷五九):"睿略皇威远,英风帝业开。竹林方受位,薤露忽兴哀。静塞妖星落,和戎贵主回。龙髯不可附,空见望仙台。""苍生期渐泰,皇道欲中兴。国用销灵像,农功复冗僧。冕旒辞北阙,歌舞怨西陵。惟有金茎石,长宵对玉绳。"

《旧纪》史臣曰与顾非熊诗皆对武宗之武功加以肯定,顾诗并称倾会昌禁佛,为"农功复冗僧"。另温庭筠也有诗颂美会昌之政,皆可见当时未受牛党影响之部分士人的看法。《温飞卿诗集》(清顾嗣立笺注)卷二《会昌丙寅丰岁歌》,题下注"杂言",诗云:"丙寅岁,休牛马,风如吹烟,日如渥赭。九重天子调天下,春绿将年到西野。西野翁,生儿童,门前好树青芊茸,芊茸单衣麦田路,村南娶妇桃花红。新姑车右及门柱,粉项韩凭双扇中。喜气自能成岁丰,农祥尔物来争功。"此当是本年春作,写会昌年间农村丰乐景象。

三月二十六日,宣宗(名忱)即位。四月上旬,德裕罢相,出为江陵尹、荆南节度使。"德裕秉权日久,位重有功,众不谓其遽罢,闻之莫不惊骇。"(《通鉴》)

《旧·武宗纪》载武宗于本年三月二十三卒,同日,"宣遗诏以皇太叔光王枢前即位"。《通鉴》载三月"丁卯,宣宗即位"。丁卯为二十六日。今据《通鉴》。按宣宗名忱,宪宗第十三子,长庆元年三月封光王,于武宗为叔父行。据《旧·宣宗纪》载,武宗朝时,宣宗曾不为武宗所礼。《通鉴》谓:"及上（武宗）疾笃，旬日不能言。诸宦官密于禁中定策，辛酉，下诏称：'皇子冲幼，须选贤德，光王怡可立为皇太叔，更名忱，应军国政事令权句当。'"则宣宗之立，亦出于宦官之力。

《旧·宣宗纪》会昌六年四月载："以特进、守太尉、门下侍郎、同平章事、上柱国、卫国公、食邑二千户李德裕检校太尉、同平章事、江陵尹、荆南节度使。"未载四月何日。《新·宣纪》及《新·宰相表》皆谓德裕罢相及出守荆南在四月丙子（六日），《通鉴》作四月壬申（二日）稍有歧异，当即在四月上旬。

德裕之罢相，乃出于宣宗之意，宣宗恶武宗，遂并及德裕。《通鉴》："（六年三月）甲子，上崩，以李德裕摄冢宰。丁卯，宣宗即位。宣宗素恶李德裕之专，即位之日，德裕奉册；既罢，谓左右曰：'适近我者非太尉耶？每顾我，使我毛发洒淅。'""（四月）壬申，以门下侍郎、同平章事李德裕同平章事，充荆南节度使。德裕秉权日久，位重有功，众不谓其遽罢，闻之莫不惊骇。"

《唐大诏令集》卷五十三《李德裕荆南节度平章事制》，末署"会昌六年四月"，中云："特进、守太尉、兼门下侍郎、同中书门下平章事、充弘文馆大学士、太清宫使、上柱国、卫国公、食邑三千户李德裕，岳渎间气，钟磬正音，葆粹孕和，本仁叶义。道蕴贤人之业，正谓王者之师。词锋莫当，学海难测。自入膺大任，克构崇庸，王猷国经，契合彝矩。邴吉罄安边之术，虏寇殄夷；张华兴伐叛之谋，壶关洞启。克荷先朝之旨，弼成底定之功。布在册书，辉映前古，而能处剧不懈，久次弥勤。朕以嗣位之初，懋勤在念，宜先硕望，以表优恩。荆部雄藩，地惟西楚，总五都之要会，包七泽之奥区，兵赋殷繁，居旅甚众。必藉旧德，作镇尹临，载崇五教之名，俾赋十连之贵。勉弘化理，以续前劳。可检校司徒、同中书门下平章事、兼江陵尹、充荆南节度观察处置等使。”

按从此制文可以看出，宣宗虽然因素恶德裕，罢其相位，并使其出镇荆南，但因初即帝位，欲巩固其统治，更重要者，是德裕为武宗一朝的宰相，文武功业，都极显赫，因此制词中仍不得不表彰其功迹（虽然在行文中已尽量加以抑制），且仍以使相，出领藩部，也可见其用心。

又，德裕罢相，宋以后人曾有论列，摘录数则，以备研考：

宋孙甫《唐史论断》卷下《贬李德裕》条云：“李德裕以杰才为武宗经纶夷夏，屡成大功，振举法令，致朝廷之治，诚贤相矣。但宣宗久不得位，又不为武宗所礼，旧怨已深，德裕是用事大臣，自不容矣。”

宋邵博《邵氏闻见后录》卷九：“汉宣帝初立，谒见高庙，霍光骖乘，上内严惮之，若有芒刺在背。唐宣宗初立，李德裕奉册，上问左右：‘适近我者，非太尉耶？每顾我，使我毛发洒淅。’世谓霍氏之祸，萌于骖乘，李氏之祸，起于奉册。故曰‘威震主者不畜’，二公甚类也。”

宋洪迈《容斋五笔》卷一《人臣震主》条：“人臣立社稷大功，负海宇重望，久在君侧，为所敬畏，其究必至于招疑毁。……李德裕功烈光明，佐武宗中兴，威名独重。宣宗立，奉册太极殿，帝退谓左右曰：‘向行事近我者，非太尉邪？每顾我,毛发为之森竖。'明日罢之,终于贬死海外。"

明秦笃辉《读史胜言》二:"李德裕之相武宗,削平泽潞,驾驭河朔,几于中兴。宣宗初立,谓左右曰:'适近我者,非太尉耶?每顾我,毛发洒淅。'此如霍光之骖乘也,不贬何待?德裕去而唐不振矣。"

〔辨正〕《旧书》本传记德裕出镇荆南时间之误

《旧书》德裕本传载:"(会昌)五年,武宗上徽号后,累表乞骸,不许。德裕病月余,坚请解机务,乃以本官平章事兼江陵尹、荆南节度使。数月追还,复知政事。宣宗即位,罢相,出为东都留守、东畿汝都防御使。"

按德裕在会昌末虽累表求退,但终未出朝,至宣宗即位初,始出镇江陵,史籍所载甚明。《唐大诏令集》所载德裕荆南节度使制,所署年月即会昌六年四月,且文中有"克荷先朝之旨"语,"先朝"即指武宗。《旧传》之误似有所本。《文集》外集卷四之《冥数有报论》,中有云:"余乙丑岁,自荆楚保厘东周。"乙丑为会昌五年,即所谓会昌五年出镇荆南。但《冥数有保论》又云乙丑岁自荆楚保厘东周,又与《旧传》所载宣宗立出为东都留守矛盾。总之,《旧纪》记德裕于会昌五年出镇荆南有误,《冥数有报论》叙乙丑岁为东都留守亦误。

追赠德裕兄德修为礼部尚书。

唐裴庭裕《东观奏记》卷上:"加赠故楚州刺史、尚书工部侍郎李德修礼部尚书。……时吉甫少子德裕任荆南节度使、检校司徒、平章事,上即位,普恩德裕,当追赠祖父,乞回赠其兄,故有是命。"此又见《唐语林》卷七《补遗》。追赠德修,只是宣宗因即位之初贬出大臣,恐引起惊惧,特作此举以加掩饰而已。

四月,薛元赏、元龟兄弟亦坐德裕贬出。

《通鉴》本年四月载:"甲戌(四日),贬工部尚书、判盐铁转运使薛元赏为忠州刺史,弟京兆少尹、权知府事元龟为崖州司户,皆德裕之党也。"又《新书》卷一九七《循吏·薛元赏传》:"宣宗立,罢德裕,而元龟坐贬崖州司户参军,元赏下除袁王傅。久之,复拜昭义节度使,卒。"未言为忠州刺史事(《全唐文》卷四三八李纳《授薛元赏昭义节度使制》云:"上党古今之重地也,束山东之襟要,控河内之封壤。……银青光禄大夫、袁王傅薛元赏……"亦未言忠州刺史事)。

柳仲郢约于四、五月间亦因与德裕厚善,由吏部尚书出为郑州刺史。

《旧书》卷一六五《柳仲郢传》,仲郢于会昌五年任京兆尹,后改右散骑常待,权知吏部尚书铨事;"宣宗即位,德裕罢相,出仲郢为郑州刺史"。《新书》卷一六三本传亦云:"宣宗初,德裕罢政事,坐所厚善,出为郑州刺史。"

按柳仲郢曾为牛僧孺幕府从事,会昌时德裕执政,于五年擢为京兆尹,仲郢谢曰"敢不如奇章公门馆",德裕不以为嫌。仲郢吏治精明,为京兆尹不惮权贵,不负德裕所荐。宣宗初即位,却坐德裕之累出朝,由此也可见白敏中等挟朋党之私见,排斥异己,与德裕正相对照。

五月,白敏中拜相。

《旧·宣宗纪》会昌六年四月载:"以兵部侍郎、翰林学士承旨白敏中守本官、同中书门下平章事。"书在德裕罢相前。《新纪》则系于五月:"五月乙巳,大赦。翰林学士承旨、兵部侍郎白敏中同中书门下平章事。"《新·宰相表》与《通鉴》皆同。五月辛丑朔。乙巳为初五日。今从《新书》与《通鉴》。

按据《新·宰相表》,此时在相位者,除白敏中外,尚有李让夷、郑肃、李回,皆与德裕善;至七月,让夷出镇淮南,九月,郑肃出镇荆南,明年八月,李回又出守剑南,德裕之党皆逐步被清除。

白敏中为相,杜牧有《上白相公启》(《樊川文集》卷十六),中云:"伏惟相公上佐圣主,独专魁柄,封殖良善,修整纪纲。练群臣,谨百职,考功绩,核名实,大张公室,尽闭私门。……天下望之为准绳,朝廷倚之为依据。……求于古人之贤,皆集相公之德。如以尺量刀解,粉布墨画,小大铢黍,丸角尖缺,各尽其分,皆当其任。是以庶人不议,乡校无言,天下欣欣,若更生者。"末云:"某远守僻左,无因起居,但采风谣,亦能歌咏,无任攀恋激切之至。"按据缪钺《杜牧年谱》,本年九月,杜牧自池州刺史移睦州刺史,"僻左"当指睦州而言。此《上白相公启》作于抵睦州任后,希求白敏中为之荐引,故有称颂之言。但白敏中自入相后,除排斥李党,使牛僧孺等北迁,并恢复佛寺等之外,实无其他政绩可言,杜牧启中云云,实近谀词,尔后杜牧更进一步攻讦德裕,可见并非偶然。

五月,敕增添佛寺,诛杀道士赵归真等人。

《旧·宣宗纪》会昌六年,"五月,左右街功德使奏:'准今月五日敕书节文,上都两街旧留四寺外,更添置八所。'……敕旨依奏。诛道士刘玄靖等十二人，以其说惑武宗，排毁释氏故也"。又《通鉴》本年六月载："乙巳，赦天下。上京两街先听留两寺外，更各增置八寺。僧、尼依前隶功德使，不隶主客，所度僧、尼仍令祠部给牒。"

按宣宗三月下旬即位，四月即令德裕出朝，又贬出薛元赏、柳仲郢等人，五月又兴佛寺，其改会昌之政，正可谓迫不及待。虽杖杀道士数人（《旧纪》作刘玄静，《通鉴》作赵归真，当以《通鉴》为正），而本年十一月甲申，又"受三洞法箓于衡山道士刘玄静"（《通鉴》），故胡三省注曾评之曰："即杖杀赵归真而复受法箓，所谓尤而效之。"杖杀赵归真，因其受到武宗的宠信，也是间接打击武宗的威信，而复受法箓者，亦欲求长生、享遐龄之帝王幻想。

又《北梦琐言》卷一："武宗嗣位，宣宗居皇叔之行，密游外方，或止江南名山，多识高道僧人。初听政，谓宰相曰：'佛者虽异方之教，深助理本，所可存而勿论，不欲过毁，以伤令德。'乃遣下诏，会昌中灵山古迹招提弃废之地，并令复之，委长吏择僧之高行者居之，唯出家者不得妄度也。"

五月，卢商由剑南东川节度使、检校礼部尚书入为兵部侍郎、同平章事。

据《旧纪》，又参《旧书》卷一七六、《新书》卷一八二本传。

六月，白敏中荐马植入相。

《旧·宣宗纪》会昌六年，"六月，以户部侍郎、充诸道盐铁转运使马植本官同平章事"。《旧书》卷一七六《马植传》：

"会昌中,入为大理卿。植以文学政事为时所知,久在边远,及还朝,不获显官,心微有望,李德裕素不重之。宣宗即位,宰相白敏中与德裕有隙,凡德裕所薄者,必不次拔擢之,乃加植金紫光禄大夫、行刑部侍郎,充诸道盐铁转运使。转户部侍郎,领使如故。俄以本官同平章事,迁中书侍郎,兼礼部尚书。"按马植久在边远,先后任安南都护、黔中观察使等职,会昌中入朝为大理卿,亦为要官,奈心不止此,"内怨望"(《新书》卷一八四本传)。宣宗立,白敏中执政,乃援之为相,而马植后遂借吴湘狱,穷治德裕、郑亚等之罪。史言马植精吏事,但其绩未有可以称道者,相反,居相时却与宦者交通,受宦官馈赠,为宣宗发现,遂罢相贬出。《新传》备载其事,谓:"初,左军中尉马元贽最为帝宠信,赐通天犀带。而植素与元贽善,至通昭穆,元贽以赐带遗之。它日对便殿,帝识其带,以诘植,植震恐,具言状,于是罢为天平军节度使。既行,诏捕亲吏下御史狱,尽得交私状,贬常州刺史,以太子宾客分司东都。"

七月,李绅卒于淮南节度使任;李让夷罢相,出为淮南节度使。

《通鉴》本年七月载:"壬寅,淮南节度使李绅薨。"

《旧·宣宗纪》会昌六年,"七月,以兵部尚书李让夷为剑南东川节度使"。《新·宰相表》作"(会昌六年)七月,让夷检校司空、同平章事、淮南节度使"。《新书》卷一八一本传亦作淮南节度使。盖七月李绅卒,故出让夷继其任,亦出于白敏中之排斥。《旧书》卷一七六本传载让夷于开成初曾因郑覃之荐为起居舍人,二年又拜中书舍人,因此"深为李珏、杨嗣复所恶,终文宗世官不达。及德裕秉政,骤加拔擢,历工、户二侍郎,转左丞"。及至拜相。

白居易于本年八月卒于洛阳,年七十五。

据李商隐《唐刑部尚书致仕赠尚书右仆射太原白公墓碑铭》(《樊南文集详注》卷八)

八月,下诏牛僧孺、李宗闵、杨嗣复等皆由贬所北迁。宗闵未离贬所(封州)而卒。

《通鉴》本年八月载:"以循州司马牛僧孺为衡州长史,封州流人李宗闵为郴州司马,恩州司马崔珙为安州长史,潮州刺史杨嗣复为江州刺史,昭州刺史李珏为郴州刺史。僧孺等五相皆武宗所贬逐,至是,同日北迁。宗闵未离封州而卒。"

九月,德裕由荆南节度使改东都留守,解平章事。郑肃罢相,代德裕为荆南节度使。

《通鉴》本年九月载:"以荆南节度使李德裕为东都留守,解平章事;以中书侍郎、同平章事郑肃同平章事,充荆南节度使。"《旧·宣宗纪》载郑肃出镇荆南在十月。按《新纪》与《新·宰相表》皆载郑肃罢相及出守在九月,则德裕之改任东都,亦当在九月,此次改为东都留守,又解平章事,落使相,则又进一步削弱其权任。

唐李蜀撰《唐故东畿汝防御使都押衙兼都虞候正议大夫检校太子宾客上柱国南阳张府君(季戎)墓志铭》(《全唐文》未收,据周绍良先生所藏拓本),此张季戎长期仕于洛阳,文有云:"(会昌)六年秋。狄公尚书又加右厢兵马使。冬十月,太尉李公自荆楚拜留守,又加正押衙兼知客。"德裕约九月受命,十月到任。

又《旧书》卷一七六《郑肃传》谓肃"素与李德裕亲厚,宣宗即位,德裕罢知政事,肃亦罢相"。《新书》卷一八二《郑肃传》载肃会昌时在相位,"与李德裕叶心辅政","宣宗即位,迁中书侍郎,罢为荆南节度使"。

《云溪友议》载德裕镇荆南时,段成式为其记室,并记德裕赋巫山神女诗。

《云溪友议》卷上《巫咏难》条谓:"故太尉李德裕镇渚宫,尝谓宾侣曰:'余偶欲遥赋巫山神女一诗,下句云自从一梦高唐后,可是无人胜楚王。昼梦宵征巫山,似欲降者,如何?'段记室成式曰:'屈平流放湘、沅,椒兰友而不争,卒葬江鱼之腹,为旷代之悲。宋玉则招屈之魂,明君之失,恐祸及身,遂假高唐之梦以惑襄王,非真梦也。我公作神女之诗,思神女之会,唯虑成梦,亦恐非真。'李公退惭其文,不编集于其卷也。"

按段成式前曾为德裕之浙西幕府从事,已见前谱,是否又从事于荆南,无其他佐证。《云溪友议》所载是否实有其事,尚待稽考。《全唐诗》载德裕诗,后附佚句,其中"自从一梦高唐后,可是无人胜楚王",即辑自《云溪友议》。德裕博学,宋玉赋巫山神女也非僻事,德裕岂能连宋玉赋的本意尚未能领会,直待段成式解析后,竟"退惭其文"。此事恐非真,诗当也出于小说家附会,未必为德裕所作。

本年秋,回鹘乌介为其国相所杀,其弟特勒遏念立为可汗。

《通鉴》本年七月载:"回鹘乌介可汗之众稍稍降散及冻

馁死,所余不及三千人;国相逸隐啜杀乌介于金山,立其弟特
勒遏捻为可汗。"

〔编年文〕

　　《请先降使至党项屯集处状》(《文集》卷十六)
　　文末注"会昌六年正月十一日"。
　　《论盐州屯集党项状》(《文集》卷十六)
　　文末注"会昌六年正月二十六日"。
　　《仁圣文武章天成功大孝皇帝改名制》(《文集》卷三)
　　《武宗改名告天地文》(《文集》卷二十)
　　以上二文皆为三月初,详见前谱。
　　《祈祭西岳文》(《文集》卷二十)
　　三月上旬。详见前谱。

宣宗大中元年丁卯(八四七)　六十一岁

二月,白敏中使其党李咸论德裕执政时阴事,德裕由东都留守改
为太子少保、分司。

　　《旧·宣宗纪》大中元年二月,"以检校太尉、东都留守李
德裕为太子少保,分司东都"。《通鉴》本年二月亦载:"初,
李德裕执政,引白敏中为翰林学士;及武宗崩,德裕失势,敏
中乘上下之怒,竭力排之,使其党李咸讼德裕罪,德裕由是自
东都留守以太子少保、分司。"
　　又《旧·李德裕传》:"德裕特承武宗恩顾,委以枢衡。决

策论兵，举无遗悔，以身捍难，功流社稷。及昭肃弃天下，不逞之伍咸害其功。白敏中、令狐绹，在会昌中德裕不以朋党疑之，置之台阁，顾待甚优。及德裕失势，抵掌戟手，同谋斥逐，而崔铉亦以会昌末罢相怨德裕。大中初，敏中复荐铉在中书，乃相与掎摭构致，令其党人李咸者，讼德裕辅政时阴事。乃罢德裕留守，以太子少保分司东都，时大中元年秋。"

按《旧传》此处所记，有两处错误，一谓德裕分司东都在大中元年秋，"秋"误，当从《旧纪》、《通鉴》在二月，或"秋"为"春"字之误；二谓使李咸构德裕罪乃白敏中、崔铉、令狐绹共谋，误，此当本于《实录》，见《通鉴·考异》所引，《考异》并驳之曰："绹以大中二年自湖州刺史入知制诰，铉以三年自河中节度使入为相，此时未也。"《实录》误。《考异》说是。但《旧书》德裕本传充分肯定德裕会昌时政绩，又谓德裕对白敏中、令狐绹不以朋党疑之，在其柄政时仍置于翰林要职，"顾待甚优"。及德裕失势，白、崔、令狐等人，"抵掌戟手，同谋斥逐"，则皆是实情。李咸未知何许人，当是白敏中一党，《旧传》谓"讼德裕辅政时阴事"，《通鉴》谓"讼德裕罪"，皆未能指出究系何事、何罪，但却因此使德裕改就闲职，德裕至此已无丝毫实权。而白敏中等人并不就此罢手，李咸之讼当并无实据，无以厌众口，故下一步乃掎摭吴湘之狱，罗织德裕之罪状。清王士禛《池北偶谈》中曾评之谓："史称敏中受知德裕，荐知制诰，寻为翰林学士，至大用；及德裕之贬，诋之不遗余力，议者訾恶敏中相业略无足称，怙威肆行，卒谥曰丑。而党附宗闵，摈斥卫公，尤为当世鄙薄。秦太虚著论，谓敏中不独负德

裕,抑且负国家。"(卷五《谈献·蔡卜白敏中》)

二月,郑亚由给事中出为桂管观察使,亦坐德裕之党。

《旧·宣宗纪》于大中元年二月载德裕为太子少保、分司东都,并载:"以给事中郑亚为桂州刺史、御史中丞、桂管防御观察等使。"亚亦因与德裕亲厚,而出守桂管。

《全唐文》卷七二六载崔嘏所作《授郑亚桂府观察使制》,皆为赞美之辞,无一语贬斥者,中云:"给事中郑亚,识洞古今,情惟端愿。富三冬之精学,控六变之雄文。早升甲乙之科,雅有词华之誉。周旋粉署,堂堂表题柱之荣;纠正霜台,肃肃有埋轮之志。人推长者,时许多能。洎入赞黄枢,超居青琐。弥缝缺漏,衮职以之无遗;参酌宪章,国典由其益振。朕方宏理道,志切惠人,精求廉问之材,用广移风之化。尔宜将我诚意,布其惠和,抚俗必务于洁廉,奉己宜思于简俭。"

按郑亚曾为德裕浙西从事,会昌中因德裕荐引而任要职,今制词中盛赞其学艺治行,尤其是"入赞黄枢,超居青琐"以下数语,更无异于肯定德裕在会昌之政绩,无怪乎崔嘏于大中二年正月也被贬出(见后)。但由此也可见,当宣宗即位一年以后,白敏中等人仍未能宣布德裕、郑亚的罪状,崔嘏起草的制词,反映了当时的朝论。

又,《旧书》卷一七八《郑畋传》载其父亚事(按郑亚,两《唐书》无专传),云:"(会昌)五年,德裕罢相镇渚宫,授亚正议大夫,出为桂州刺史、御史中丞、桂管都防御经略使。"以德裕罢相镇荆南及郑亚出守桂管均系于会昌五年,误。

李商隐应辟为郑亚桂府掌书记,有代郑亚起草致德裕书,向德裕表示慰藉之意。

李商隐《樊南甲集序》(《樊南文集笺注》卷七):"大中元年,被奏入岭,当表记。"据张采田《玉溪生年谱会笺》,商隐随郑亚赴桂管,三、四月间因雨曾滞留湖南,抵桂当在五月初。

《樊南文集补编》卷二有《为濮阳公上李太尉状》,据钱振伦所考,此濮阳当为荥阳之讹,濮阳乃王茂元,李德裕加太尉,王茂元已早卒,钱氏谓此状系义山随郑亚赴桂林时所作,云:"文云'长君惟睿',当指宣宗初立之时,又云'玉铉重光',必在相位既罢之后。《传》言宣宗即位,罢相,出为东都留守,大中初罢留守,以太子少保分司东都。篇首云'光膺新命',当即指此。观文内两用太子保傅事可见。考郑亚于大中元年观察桂管,时事相合,理为近之。"张采田《会笺》谓:"案钱氏说是也。文有'方抵藩任,未即门闱'语,乃亚将赴桂州时作。"按德裕因李咸之讼,于二月由东都留守改为太子少保、分司之闲职,同月,郑亚也受累出守桂林,义山之状当是随郑亚初离长安时所作。状云:

"伏见除书,伏承光膺新命(琼按此即指德裕除太子少保分司事,为初见除书语气,当二月间事),伏惟感慰。四海事毕,两阶遇隆,式光谦悫之诚,克见隆崇之宠。今者长君惟睿,元子有文,当深虑之所关,必殊勋而是赖。……伏惟慎保起居,俯镇风俗,俟金滕之有见,俾玉铉之重光(琼按此数句慰勉德裕保养身体,庶几朝政有好转之时机)。某窃忆春初曾蒙赐简(琼按,据此则本年春初德裕曾有信寄与郑亚,此信

已佚),故欲琴樽嵩岭,鱼钓平泉,岂贪行意之言,便阻具瞻之
恳。伏惟少以家国为念也(琮按,此处语意沉痛,意谓朝政非
是,会昌之政尽改,今后又不知如何,劝慰德裕不必以此为
念)。方抵藩任,未即门闱,攀恋恩光,不任输罄。伏惟特赐
恩察。”

本年设施,反会昌之政者,有:一、三月,恢复进士及第人于曲江宴
集;二、闰三月,下敕兴复佛寺;三、增复会昌时所减州县官。

《旧·宣宗纪》大中元年三月,“又敕:‘自今进士放榜
后,杏园任依旧宴集,有司不得禁制。’武宗好巡游,故曲江亭
禁人宴聚故也”。按《旧纪》后二句非是,禁进士宴集,系德裕
会昌三年所上疏,旨在革除进士浮华之习与结成朋党。

《旧纪》又载:“闰三月,敕:‘会昌季年,并省寺宇。虽云
异方之教,无损致理之源。中国之人,久行其道,厘革过当,
事体未弘。其灵山胜境,天下州府,应会昌五年四月所废寺
宇,有宿旧名僧,复能修创,一任住持,所司不得禁止。’”按此
敕之颁,无异于全面恢复会昌禁佛以前的情况,故《新记》大
中元年闰三月载为:“闰(三)月,大复佛寺。”《通鉴》本年闰
三月亦载:“敕:‘应会昌五年所废寺,有僧能营葺者,听自居
之,有司毋得禁止。’是时君、相务反会昌之政,故僧、尼之弊
皆复其旧。”胡三省于此处有评云:“观《通鉴》所书,则会昌、
大中之是非可见矣。”

《通鉴》本年末又载:“吏部奏,会昌四年所减州县官内复
增三百八十三员。”胡三省评云:“读者至此,以减者为是邪,
以于既减之后而复增者为是邪?”按本年所增官吏数字虽然

不大，但却表明一种倾向，即李德裕于会昌时想要精简冗员、整顿吏治的革新精神完全被否定，官僚机构臃肿庞杂的情况更进一步发展，终唐之世，再也未能改变。

诸项设施中，以兴复佛寺最为弊政，在当时就为有识之士所不满。杜牧《杭州新造南亭子记》记宣宗时李璠出守钱塘，取佛寺材木筑亭于江堤之上，并以赞赏的口气称引李璠的话："佛炽害中国六百岁，生见圣人（琼按此圣人指武宗），一挥而几夷之，今不取其寺材立亭胜地，以彰圣人之功，使文士歌诗之，后必有指吾而骂者。"（《樊川文集》卷十）此文作于宣宗大复佛寺时，可概见杜牧的态度。对此事件，抨击最为激烈者，乃为晚唐著名古文家孙樵，孙樵有《与李谏议行方书》、《复佛寺奏》，约作于大中二年，乃正面抨击兴复佛寺之非，以作于大中初期，其史料价值更可珍贵，今抄录于下：

《与李谏议行方书》（《唐孙樵集》卷二）："今年三月，上尝欲营治国门，执事尚谏罢之。今诏营废寺以复群髡，三年之间，斤斧之声不绝，度其经费，岂特国门之广乎？稽其所务，岂特国门之急乎？何执事在国门则知谏，在复寺则缄默，勇其细而怯其大，岂谏议大夫职耶？樵以为大蠹生民者不过群髡，武皇帝发愤除之，冀活疲甿。今天下之民喘未及息，国家复欲兴既除之髡以重困之，将何致民之蕃富乎？樵不知时态，窃所愤勇，故作奏书一通，以明群髡大蠹之由，生民重困之源，无路上闻，辄以愚献执事，傥以樵书不为狂，试入为上言其略。"按此所谓作奏书一通，即下所录《复佛寺奏》，当作于同时。

《复佛寺奏》(《唐孙樵集》卷六)："贱臣樵上言:臣以为残蠹于理者群髡最大,且十口家之家(自注:谓中户也),男力而耕,女力而桑,卒岁其衣食仅自给也,栋宇仅自完也。若群髡者,所饱必稻粱,所衣必锦縠,居则邃宇,出则肥马,是则中户不十不足以活一髡。武皇帝元年,籍天下群髡凡十七万,夫以十家给一髡,是编民百七十万困于群髡矣。武皇帝一旦发天下髡,悉归平民,是时一百七十万家之心,咸知生地。陛下自即位以来,诏营废寺,以复群髡,自元年正月即位以来泊今年五月,斤斧之声不绝天下,而工未已,讯闻陛下即复之不休。臣恐数年之间,天下十七万髡如故矣!臣以为武皇帝即不能除群髡,陛下尚宜勉思而去之,以苏疲民,况将兴于已废乎?……贞观以还,开元户口最为殷繁,不能逾九百万,即今有问于户部,其能如开元乎?借如陛下以五百万给天下之兵,今欲又以一百七十万给于群髡,是六百七十万无羡赋矣。即令户口不下于开元,其余止二百万,而国家万故毕出其间,陛下孰与其足耶?即是盐铁不可除而榷筦加算矣,天下之民得不重困乎?日者陛下尝欲营国东门,谏议大夫入争于前,一言未及终,陛下非徒辍其工,而又赐帛以优之;今所复寺宇岂特国门之急乎?丛徒啸工,岂特国门使乎?宁谏议夫不以言,而陛下不以听耶?陛下则不能复废之,臣愿陛下已复之髡止而勿复加,已营之寺止而勿复修,庶几天下之民尚可活也。"

八月,李回罢相,出为西川节度使。

《旧纪》未载。《新纪》与《新·宰相表》皆载是年八月罢相,检校吏部尚书、同平章事、剑南西川节度使。《通鉴》同。

至是，则会昌时宰相已全部罢出。

德裕在洛阳编定会昌时所撰文，于八、九月间寄与郑亚，请郑亚为作序，并致书于亚。郑亚先属李商隐起草，后又自加改定，并由商隐起草致书于德裕，盛称德裕之功业文章。

《会昌一品集序》有李商隐起草者(见《樊南文集笺注》卷七)，又有郑亚改定者(见《文苑英华》卷七〇六)。二者文词、语意，间有不同，郑亚修改，除改骈为散以外，商隐草稿中明显赞颂之词为郑亚所删去，这在当时的政治气候即德裕、郑亚受迫害的情况下，原是可以理解的，如商隐原稿，称颂德裕为"成万古之良相，为一代之高士；嗣尔来者，景山仰之"。就为郑亚所删削。

又，郑亚改本云："亚自左掖，出为桂林，九月，公书至自洛，以典诰制命示于幽鄙，且使为序，以集成书。"德裕书九月达于桂林，则作书之时间当在八、九月间。此时德裕已由东都留守改为太子少保、分司，德裕可能意测白敏中等尚欲摭拾其"罪状"，为保存会昌一代的历史真实，并表明其业绩，乃将会昌时所撰之制诏、奏疏等汇为一编，远寄桂林，请郑亚为之作序。《文集》别集卷六《与桂州郑中丞书》，即此时所作，中有云："某当先圣御极，再参枢务。两度册文，及《宣懿太后祔庙制》、《圣容赞》、《幽州纪圣功碑》、《讨回纥制》、《讨刘稹制》、五度黠戛斯书、两度用兵诏敕，及先圣改名制、告昊天上帝文，并奏议等，勒成十五卷。"又云："小子词业浅近，获继家声，武宗一朝，册命典诰，军机羽檄，皆受命撰述，偶副圣情。伏恐制序之时，要知此意，伏惟详悉。"

李商隐原稿亦作十五卷,云:"故合诏诰奏议碑赞等凡一帙一十五卷,辄署曰《会昌一品集》云。"而郑亚改稿则作二十卷:"故合武宗一朝册命、典诰、奏议、碑赞、军机、羽檄,凡两帙二十卷,辄署曰《会昌一品制集》。"按德裕致郑亚书自称十五卷,商隐所作序原稿及代郑亚与德裕书(见后)亦皆作十五卷,而郑亚改定稿则谓两帙二十卷,《新书·艺文志》亦作二十卷,今所传影宋本以下亦皆作二十卷,但何以有十五卷与二十卷之歧异,殊属费解,待考。

《一品集》之序写就后,李商隐又代郑亚起草致书与德裕——《上李太尉状》(《樊南文集补编》卷五),再次称颂德裕之功业与文章,有云:"伏奉别纸荣示,伏承以所撰武宗一朝册书诰命并奏议等一十五轴编次已成,爰命庸虚,俾之序引,捧缄汗下,揣已魂飞,久自安排,方见髣髴。"又云:"伏惟武宗皇帝英断无疑,睿姿不测,绿畴缉美,瑞鼎刊规。太尉妙简宸襟,式光洪祚,有大手笔,居第一功,在古有凤构之疑,食时之敏,片辞相炫,小道可嗤。"又称德裕之文"言不失诬,事皆传信,固合藏于中禁,付在有司,居微诰说命之间,为帝典皇坟之式"。

德裕子烨受宣武节度使卢钧辟,为宣武军节度判官(当在本年冬德裕贬潮州前)。烨本年二十二岁。

李潘《唐故郴县尉赵郡李君墓志铭并序》:"未几,汴帅仆射卢公钧辟奏上僚,兼锡章绶。"

按据《旧书》卷一七七《卢钧传》:"大中初,检校尚书右仆射、汴州刺史、御史大夫、宣武军节度、宋亳汴颍观察等使,就加检校司空。四年,入为太子少师。”又参见吴廷燮《唐方镇年表》卷二“宣武”。李烨之受卢钧辟,当在大中元年冬德裕贬潮州前。

又李庄□撰《唐故赵郡李氏女墓志铭并序》(据周绍良先生所藏拓本),此李氏女即烨之幼女悬黎。《志》云:“考讳烨,宣武军节度判官、检校尚书祠部员外、兼侍御史。”此即李烨在宣武所署的官衔。

按卢钧于会昌讨刘稹时,曾因德裕之荐为昭义节度使,大中时虽入朝,但受令狐绹排挤,大中九年由河东节度使入为尚书左仆射,《旧传》云:“钧践历中外,事功益茂,后辈子弟,多至台司。至是急征,谓当辅弼,虽居端揆,心殊失望。常移病不视事,与亲旧游城南别墅,或累日一归。宰臣令狐绹恶之,乃罢仆射,仍加检校司空,守太子太师。物议以钧长者,罪绹弄权”。《新传》所载略同,亦谓“举朝咨叹,以钧耆硕长者,顾不任职,咎不任职,咎绹为媢贤”。

十二月,德裕由太子少保、分司东都贬为潮州司马,“纵逢恩赦,不在量移之限”。(又辩《旧唐书》及《通鉴》记载之误。)

《旧·宣宗纪》大中元年七月,“以太子少保分司东都、卫国公李德裕为人所讼,贬潮州司马员外置同正员”。《新·宣宗纪》则系于本年十二月:“十二月戊午,贬太子少保李德裕为潮州司马。”《通鉴》与《新纪》同,记贬潮州在十二月,但又书所贬之原因为吴湘之狱,《通鉴》载云:“(九月)己酉,前永宁尉吴汝纳讼其弟湘罪不至死,‘李绅与李德裕相表里,欺罔武宗,枉杀臣弟,乞召江州司户崔元藻等对辩’。丁亥,敕御史台鞫实以闻。冬十二月庚戌，御史台奏，据崔元藻所列吴湘冤状，如吴汝纳之言。戊午，贬太子少保、分司李德裕为潮州司马。"

又《旧纪》九月亦载吴汝纳讼冤事，谓："九月，前永宁县尉吴汝纳诣阙称冤，言：'弟湘会昌四年任扬州江都县尉，被节度使李绅诬奏湘赃罪，宰相李德裕曲情附绅，断臣弟湘致死。'诏下御史台鞫按。"

今按《唐大诏令集》卷五八载《李德裕潮州司马制》，文末署"大中元年十二月"，由此可证《旧纪》贬潮州司马在七月之误，《通鉴》作十二月是。但《通鉴》谓潮州之贬由于吴湘之狱，今观制词，无一语道及吴湘之狱者，所举罪状多为虚辞，可见十二月之贬，吴湘尚未结案，白敏中等已迫不及待而贬德裕。《旧·李德裕传》以罢东都留守、改太子少保分司在大中元年秋，而实在元年二月（详见前文），《旧传》接叙云："寻再贬潮州司马。敏中等又令前永宁县尉吴汝纳进状，讼李绅镇扬州时谬断刑狱。明年冬，又贬潮州司户。"《旧传》以贬潮州司马在吴湘狱前，是，但云明年冬又贬潮州司户则误，德裕由潮州司马贬崖州司户，中间未有贬潮州司户一节（见陈寅恪先生《李德裕贬死年月及归葬传说辨证》一文）。《新·李德裕传》谓："大中元年，（敏中等）使党人李咸斥德裕阴事，故以太子少保分司东都，再贬潮州司马。明年，又导吴汝纳讼李绅杀吴湘事……乃贬为崖州司户参军。"《新传》所载则大致近是。

又《旧纪》载大中二年二月，因吴湘狱事，李回由西川责授湖南观察使，郑亚由桂管贬循州刺史，二月敕令谓"李回、郑亚……已从别敕处分"，即指此而言，至于德裕，则云："李德裕先朝委以重权，不务绝其党庇，致使冤苦，直到于今，职尔之由，能无恨叹！昨以李威所诉，已经远贬，俯全事体，特为从宽，宜准去年敕令处分。""李威"即"李咸"，未知何者为是。由此亦可见德裕十二月之贬，仍为李咸（威）所讼之所谓阴事，至大中二年二月吴湘之狱结案，李回贬湖南，郑亚贬循州，德裕则因已贬潮州，故未再加议处。——至大中二年九月，终又重加责处，遂贬崖州。

《唐大诏令集》卷五八《李德裕潮州司马制》："敕：录其自效，则付以国权；惩彼保奸，则举兹朝宪，此王者所以本人情而张法理也。特进、行太子少保、分司东都、上柱国、卫国公、食邑三千户李德裕，凭借镃基，累尘台衮，不能尽心奉国，竭节匡君。事必徇情，政多任己，爱憎颇乖于公道，升黜或在于私门。遂使冤塞之徒，日闻腾口，猜嫌之下，得以恣心。岂可尚居保傅之荣，犹列清崇之地，宜加窜谪，以戒僻违。呜呼！朕临御万方，推诚庶物，顾彼纤琐，皆欲保安，岂于将相旧臣，独遗恩顾，而群议不息，谤书日盈，爰举典章，事非获己。凡百僚庶，宜体朕怀。可潮州司马员外置同正员，仍所在驰驿发遣，纵逢恩赦，不在量移之限。"

〔编年文〕

《与桂州郑中丞书》（别集卷六）

作于八、九月间。郑中丞即郑亚。详见前谱。

《唐故博陵崔君夫人李氏墓志铭》（千唐志藏石）大中元

和十月作,详参《李德裕文集校笺》。

大中二年戊辰(八四八) 六十二岁

德裕于去年十二月贬潮州司马,约于本年正月初成行,由洛阳沿水路南下。

《南部新书》戊:"李太尉以大中二年正月三日贬潮州司马。"按,贬潮州之命于去年十二月下,《南部新书》所云,当是成行之时。

《旧传》谓:"德裕既贬,大中二年,自洛阳水路经江、淮赴潮州。其年冬,至潮阳,又贬崖州司户。"按贬潮州之制词有云"仍所在驰驿发遣",一般贬责官,于命下之时,即须成行,不能有所逗留。《旧传》云"其年冬",始至潮阳,途中绝不可能稽延近一年时间。且二年九月又贬崖州司户(见后),何能同年冬始至潮阳。《旧传》此处记时甚误(可参陈寅恪先生《李德裕贬死年月及归葬传说辨证》)。

又德裕《舌箴》(别集卷八)自序有云:"戊辰岁仲春月戊申夜,余宿于洞庭西。"又云:"余以仲夏月达于海曲。"则当于本年正月自洛阳水路沿淮而达于长江,又溯流而上,二月经洞庭湖,至五月乃达于潮州。

又《全唐诗》载德裕诗有《汨罗》一首,此诗亦收入王任臣本及《四部丛刊》本《会昌一品集》补遗。诗云:"远谪南荒一病身,停舟暂吊汨罗人。都缘靳尚图专国,岂是怀王厌直臣。万里碧潭秋景静,四时愁色野花新。不劳渔父重相问,自有招魂拭泪巾。"按此诗叙德裕南贬经汨罗,吊屈原。但诗所写为秋景,而德裕经洞庭在二月,五月已达潮阳,九月又贬崖州,无缘于秋日经过汨罗。

此诗或为后人所作。

〔辨析〕关于李德裕与牛僧孺在汝州会见事。

杜牧所作牛僧孺墓志铭曾记李德裕于贬谪南行时,过汝州,时牛僧孺为汝州长史,曾款待德裕,不记前仇,云:"李太尉志必杀公,后南谪过汝州,公厚供具,哀其穷,为解说海上与中州少异,以勉安之,不出一言及于前事。"按杜牧志文中谓"今天子即位,移衡州、汝州长史",但未载具体年月。周建国《郑亚事迹考述》(《文史》第三十一辑)考得郑亚于大中元年四月底于衡州上书牛僧孺。李珏《牛碑》谓牛迁洛阳(以太子少保分司东都),未半岁而卒。《碑》又谓牛卒于大中二年十月,则其分司东都在二年七月。杜牧《牛志》谓僧孺卒于二年十月二十七日,则其分司也应在同年五月。据此推算,牛僧孺在汝州任约为大中元年六月至二年五月间。李德裕于大中元年正月南贬,于时间相合。而《旧传》谓其"自洛阳水路经江、淮赴潮州",汝州非其经行之地。李、杜二文所叙仍本重牛轻李之旨,故此事确否尚未能定。

温庭筠有伤德裕远贬诗:《题李相公敕赐屏风》。又辨《南部新书》载温庭筠讥刺德裕贬逐诗。

温庭筠有《题李相公敕赐屏风》(顾嗣立笺注《温飞卿诗

集》卷五）："丰沛曾为社稷臣，赐书名画墨犹新。几人同保山河誓，独自栖栖九陌尘。"此诗向来认为是哀伤德裕远贬之作（夏承焘《温飞卿系年》系于大中二年）。

《南部新书》癸："李朱崖，武皇朝为相，势倾朝野。及得罪遣斥，人为作诗云：'蒿棘深春卫国门，九年于此盗乾坤。两行密疏倾天下，一夜阴谋达至尊。肉视具僚忘匕箸，气吞同列削寒温。当时谁是承恩者，肯有余波达鬼村。'又一首云：'气势凌云威触天，权倾诸夏力排山。三年骥尾有人附，一日龙髯无路攀。画阁不开梁燕去，朱门罢扫乳鸦还。千岩万壑应惆怅，流水斜阳出武关。'此温飞卿诗也。"

按此诗对德裕会昌时政绩多加诬蔑，对大中时南贬又幸灾乐祸，当出于晚唐人之手（诗中"流水斜阳出武关"，德裕之贬乃自洛阳沿水路南下，绝不经过武关，可见作伪者对当时情况隔膜如此），非温庭筠诗。此二诗编于顾注《温飞卿诗集》卷九集外诗，顾氏引明曾立注温诗，辨之曰："此二诗语涉讥刺，飞卿贬谪，本传可据，与卫公无涉。且本集《首春与丞相赞皇公游》诗云'一抛兰棹逐燕鸿，曾向江湖识谢公'，又《题李相公赐屏风》诗云'几人同保山河誓，独自栖栖九陌尘'，则知此诗定非飞卿所作，《南部新书》不足信也。"

德裕南贬，其妻刘氏，子浑、钜及女同行；时刘氏已患病。

德裕撰《唐茅山燕洞宫大洞炼师彭城刘氏墓志铭并序》："属久婴沉痼，弥旷六年。以余南迁，不忍言别，绵历万里，寒暑再期。"按刘氏卒于大中三年八月，《志》载刘氏生三子二女，但已"零落过半"；又云："中子前尚书比部郎浑，独侍板

554 ｜ 李德裕年谱

舆，常居我后，自母委顿，夙夜焦劳，衣不解带，言发流涕。"则
浑为刘氏所生，此时随从南迁。又云："幼子烨、钜同感顾复
之恩。"按李烨大中二年十月谪蒙州立山尉，此时或仍在汴州
卢商幕（见前），未随行。

又李潘《唐故郴县尉赵郡李君墓志铭》载李烨后护丧北
返，云："君躬护显考及昆弟亡姊凡六丧。"此所谓亡姊，当是
刘氏所出，此时亦随行。

正月初五日，右补阙丁柔立因上疏辨李德裕之冤，贬南阳县尉。

《通鉴》大中二年正月载："初，李德裕执政，有荐丁柔立
清直可任谏官者，德裕不能用。上即位，柔立为右补阙；德裕
贬潮州，柔立上疏讼其冤。丙寅，坐阿附贬南阳尉。"按正月
壬戌朔，丙寅为初五日。《新·德裕传》后附丁柔立事，亦云：
"又丁柔立者，德裕当国时，或荐其直清可任谏争官，不果用。
大中初，为左拾遗。既德裕被放，柔立内愍伤之，为上书直其
冤，坐阿附，贬南阳尉。"

按丁柔立于会昌时有人向德裕推荐，未见重用，可见并
非德裕一党，大中初为谏官，却以德裕贬潮州为冤，上书辨其
事，其人之清直可见，而竟被贬谪，由此也可见白敏中等人党
同伐异，完全出于党派之私见。

正、二月间，白敏中等所兴覆勘吴湘狱结案，对李德裕及李回、郑
亚等再加贬责。

按覆勘吴湘狱，为宣宗时一大案件，此案之直接结果，为
李党的最终失败，牛党则终于胜利，牛李党争从此结束，而唐
朝政治则愈加腐败，再无革新可言。白敏中等对这一案件的

处理,也可说明牛党在政治斗争中一贯所持的手段。这一案件,晚唐五代直至北宋初期,记载即极为纷纭,晁公武《郡斋读书志》(袁州本)卷二下曾著录《吴湘事迹录》一卷,未注撰者为谁,总录案件的有关材料,其书已佚,从其有专书记此案件来看,也可见这一案件的纷繁复杂的情况:其中有真实的记载,也有牛党中人的诬构。因此需要审慎的清理,以求出一个大概而较符合实际的轮廓与情节。

先引《通鉴》所载。《通鉴》会昌五年载:"淮南节度使李绅按江都令吴湘盗用程粮钱(胡注:《新书·百官志》:主客郎中,主蕃客。东南蕃使还者,给入海程粮;西北蕃使还者,给度碛程粮。至于官吏以公事有远行,则须计程以给粮,而粮重不可远致,则以钱准估,故有程粮钱),强娶所部百姓颜悦女,估其资装为赃,罪当死。……议者多言其冤,谏官请覆按,诏遣监察御史崔元藻、李稠覆之。还言:'湘盗程粮钱有实;颜悦本衢州人,尝为青州牙推,妻亦士族,与前狱异。'德裕以为无与夺,二月,贬元藻端州司户,稠汀州司户。不复更推,亦不付法司详断,即如绅奏,处湘死。谏议大夫柳仲郢、敬晦皆上疏争之,不纳。"

《旧书》卷一七三《李绅传》载:"初,会昌五年,扬州江都县尉吴湘坐赃下狱,准法当死,具事上闻。谏官疑其冤,论之,遣御史崔元藻覆推,与扬州所奏多同,湘竟伏法。"传后又附吴汝纳事,中有云:"会汝纳弟湘为江都尉,为部人所讼赃罪,兼娶百姓颜悦女为妻,有逾格律。李绅令观察判官魏铏鞫之,赃状明白,伏法。湘妻颜,颜继母焦,皆笞而释之,仍令江都令张弘思以船监送湘妻颜及儿女送澧州。及扬州上具狱，物议以德裕素憎吴氏，疑李绅织成其罪。谏官论之，乃差御史崔元藻为制史，覆吴湘狱。据款伏妄破程粮钱，计赃准法。其悖官娶百姓颜悦女为妻，则称悦是前青州衙推，悦先娶王氏是衣冠女，非继室焦所生，与扬州案小有不同。德裕以元藻无定夺，奏贬崖州司户。"

《新书》卷一八一《李绅传》载："（汝纳）弟湘为江都尉。部人讼湘受赇狼籍，身娶民颜悦女。绅使观察判官魏铏鞫湘，罪明白，论报杀之。时议者谓吴氏世与宰相有嫌，疑绅内顾望，织成其罪。谏官屡论列，诏遣御史崔元藻覆按，元藻言湘盗用程粮钱有状，娶部人女不实，按悦尝为青州衙推，而妻王故衣冠女，不应坐。德裕恶元藻持两端，奏贬崖州司户参军。"

按以上为现在所能见到的会昌时审理吴湘案件的基本史料。三书所载也有歧异处，如《通鉴》谓吴湘为江都令，崔元藻贬为端州司户，新旧二书则谓吴湘为江都尉（《旧书》又载是时另有江都令张弘思，《旧·宣宗纪》亦载吴湘为江都尉，似当作江都尉为是），又谓崔元藻所贬为崖州司户，等等。但基本事实相同，即吴湘盗程粮钱，犯赃罪，后娶百姓颜悦女，亦为格律所不许。朝中曾派遣御史崔元藻赴扬州覆按，结果则是"与扬州所奏多同"（《旧书》），"元藻言湘盗用程粮钱有状"（《新书》），"湘盗程粮钱有实"（《通鉴》）。所不同者仅扬州奏吴湘所娶为百姓女，崔元藻则谓吴湘所娶，现在世者其继母为百姓，而已亡之生母则出自士族。显然，吴湘之罪状，贪赃为其主罪，所谓娶百姓女乃其次要者。据史料所载，德裕主政时，对贪赃罪是处理极严的，《册府元龟》卷六一三《刑法部·定律令》载："会昌元年正月诏曰：'朝廷典刑，理当画一，官吏赃坐，不宜有殊，内外文武官犯入己赃绢二十匹，尽处极法。……'"《唐会要》三九《议刑轻重》条谓："大中四年正月敕：攘窃之兴，起于不足，近日刑法颇峻，窃盗益烦，赃至一千，便处极法，轻人性命，重彼货财，既多杀伤，且乖教化，况非旧制，须议更改。其会昌元年二月二十六日敕，宜令所司，重详定条流。"又《新书》卷五六《刑法志》载："武宗用李德裕诛刘稹等，大刑举矣，而性严刻。故时，窃盗无死，所以原民情迫于饥寒也，至是赃满千钱者死，至宣宗乃罢之。"可见会昌时有赃满千钱处以死刑的敕令（《唐律疏议》卷十一《职制》，有"诸监临主司受财而枉法者，一尺杖一百，一匹加一等，十五匹绞"的规定，可见唐代对监守自盗的处罚极严）。吴湘既然贪赃有实，处以死刑，并不能说明李绅、李德裕有枉法徇情之处。《云溪友议》卷上《江都事》记李绅治淮南立法严峻事，云："李公既治淮南，决吴湘之狱，而持法清峻，犯者无宥，有严、张之风也，狡吏奸豪潜形叠迹。"可见当时人也有对此事表赞成态度的。文宗时政事宽弛，吏治败坏，德裕一方面精简官员，淘汰冗吏，另一方面又严治贪赃之罪，这应当说是他革新吏治的表现。德裕对此事的处理可能也有缺点，如柳仲郢等曾有论谏，德裕未加仔细谛听，对崔元藻处分过严，吴湘死刑执行不合刑律，处理急躁（依《唐律疏议》卷三十《断狱》及《旧书》卷五十《刑法志》，一年中从立春至秋分,不得奏决死刑),但这些都并非主要。

李绅、德裕处理此案,也合乎当时的法律程序。如吴湘身为江都尉,"为部人所讼赃罪",李绅遂"令观察判官魏铏鞠之,赃状明白"(《旧·李绅传》)。可见并非李绅独断处理。又据当时规定,"凡决死刑,皆于中书门下详覆"(《唐六典》卷六"尚书刑部"),因此扬州又将此案上报。及谏官有所论列,于是德裕又差御史崔元藻专赴扬州覆按,崔元藻覆按的结果,"据款伏妄破程粮钱",遂"计赃准法"(《旧·李绅传》)。

大中二年初覆按吴湘狱,显然与原来的案情有很大出入。原来的案情是赃罪为主,娶颜悦女为次,吴湘之判死刑,是由于赃罪,而湘之贪赃,则无论扬州的观察判官魏铏,或中朝的御史崔元藻,都认为是确实的,也即吴湘是以贪赃罪论死,此案无可再翻。白敏中等知道此中情由,遂在吴湘如何娶颜悦女一事上做文章,而将赃罪只作为次要情节论列,主次颠倒。据《旧·宣宗纪》大中二年二月载:"御史台奏:据三司推勘吴湘狱,谨具逐人罪状如后:扬州都虞候卢行立、刘群,于会昌二年五月十四日,于阿颜家吃酒,与阿颜母阿焦同坐,群自拟收阿颜为妻,妄称监军使处分,要阿颜进奉,不得嫁人,兼擅令人监守。其阿焦遂与江都县尉吴湘密约,嫁阿颜与湘。刘群与押军牙官李克勋即时遮拦不得,乃令江都百姓论湘取受,节度使李绅追湘下狱,计赃处死。具狱奏闻。朝廷疑其冤,差御史崔元藻往扬州按问,据湘虽有取受,罪不至死。李德裕党附李绅,乃贬元藻岭南,取淮南元申文案,断湘处死。"显然,开脱吴湘的罪责,目的在于陷害和打击李德裕。如《新·李德裕传》后附魏铏事,云:"吴汝纳之狱,朝廷公卿无为辨者,惟淮南府佐魏铏就逮,吏使诬引德裕,虽痛楚掠,终不从,竟贬死岭外。"由此也可见出,白敏中为了制造新的冤狱,不惜采用严刑逼供的手段,而正直如魏铏,虽受考掠,直至远贬岭外,仍不愿违背事实。

岑仲勉《通鉴隋唐纪比事质疑》第三〇四页《吴湘狱》条,引《通鉴》大中元年九月乙酉"吴汝纳讼其弟湘罪不至死"文,评云:"按《通鉴》前文会昌五年正月下称,元藻等还言'湘盗程粮钱有实',又《旧纪》一八下大中二年御史台奏据三司推勘,亦称'崔元藻往扬州按问,据湘虽有取受,罪不至死',则吴湘犯赃是实。……李绅主判,犹不过追夺三任官告,吴湘之狱,无非周内锻炼以成德裕之罪而已。"此节所论甚是。

又,吴湘一案确与牛李党争有关,吴湘兄汝纳,在此以前,就结纳李宗闵,谤毁德裕。《通鉴》会昌五年二月载李绅按勘吴湘贪赃事,仅言"湘,武陵之兄子也,李德裕素恶武陵",似乎德裕素恶吴武陵,因而偏向于李绅,而实际情况远非如此简单。

按《旧·李绅传》载谓吴汝纳,澧州人,吴武陵兄子。吴武陵在元和时有文名,曾为忠州、韶州刺史,坐赃贬潘州司户卒。"汝纳亦进士擢第,以季父赃罪,久之不调。会昌中,为河南府永宁县尉。初,武陵坐赃时,李德裕作相,贬之,故汝纳以不调挟怨,而附宗闵、嗣复之党,同作谤言"(《旧·李绅传》、《新·李绅传》所载大致相同,细节微有差异,谓:"始,澧人吴汝纳者,韶州刺史武陵兄子也。武陵坐赃贬潘州司户参军死,汝纳家被逐,久不调。时李吉甫任宰相,汝纳怨之,后遂附宗闵党中。"《旧传》谓吴武陵贬潘州司户在李德裕任相时,《新传》谓在李吉甫任相时,时间先后不同,至于吴武陵犯赃罪贬官,吴汝纳因久不调而怨李吉甫父子,因而遂附李宗闵、杨嗣复等,对德裕造作谤言,则二书所载大略相同)。

今查《新书》卷二〇三《文艺传》有《吴武陵传》,谓吴为信州人,元和初擢进士第。淮西藩镇吴少阳曾致书欲辟置之,武陵不答;后吴元济叛,吴武陵曾作书责之。

"初,柳宗元谪永州,而武陵亦坐事流永州,宗元贤其人。及为柳州刺史,武陵北还,大为裴度器遇"。裴度征吴元济,武陵曾以计策于韩愈。穆宗时,仕于朝。大和初崔郾试进士于东都洛阳,武陵又以《阿房宫赋》向崔推荐杜牧及第。"后出为韶州刺史,以赃贬潘州司户参军,卒"。又柳宗元贬永州时,有《濮阳吴君文集序》(《柳宗元集》卷二一)、《同吴武陵送前桂州杜留后诗序》(同上卷二二)、《同吴武陵赠李睦州诗序》(同上卷二三)、《答吴武陵论〈非国语〉书》(同上卷三一)等文,对吴武陵的文才甚加称许。《濮阳吴君文集序》谓武陵"升进士(柳集注:元和二年,武陵登第),得罪来永州(柳集注:元和三年,武陵坐事流永州)"。

由此可见,吴武陵共有两次贬谪,第一次在元和三年,曾因某事得罪,谪流永州;第二次是大和七、八年间,因赃罪贬潘州司户。第一次正当李吉甫任相,第二次则是李德裕任相,虽然武陵之贬恐与吉甫父子并无直接关系,但吴汝纳却因自己之久不升调而怨恨德裕,并投入李宗闵、杨嗣复等人的门下,厕身于牛党之列。大中初,白敏中等正欲罗织德裕的罪名,而苦于找不到借口,大中元年七月曾唆使李咸奏德裕所谓阴事,但也仍举不出具体事实,于是又进一步利用吴湘一案,对德裕及李党的重要成员加以打击报复。

大中二年,凡参与覆勘吴湘案件者,多予升官。如马植于会昌时因不受重用而怨恨德裕,此时为刑部侍郎,主持吴湘案的覆勘,遂即入相,见《旧纪》大中二年三月(《通鉴》系于五月,《新·宰相表》在正月)。《贾氏谈录》载吴湘之狱,"刑部侍郎马植专鞫其事,尽得德裕党庇之恶,由是坐罪恶窜南海",可见马植在覆勘此案时立有大功,故白敏中援引为相。崔元藻、吴汝纳也得以升官,《旧·李绅传》谓"吴汝纳、崔元藻为崔(铉)、白(敏中)、令狐(绹)所奖,数年并至显官"。又据毕諴所撰《唐故朝请大夫尚书刑部郎中上柱国范阳卢君墓志铭》(《全唐文》未收,现存拓本,现据周绍良先生所藏抄本),墓主卢就,字子业,范阳人,李珏之甥,为侍御史时,"推吴湘冤事甚直,迁比部员外,由比部为度支外郎"(卢就卒于大中五年)。由上可见二点:第一,当时推此狱者,大多为牛党之亲友或平日对德裕有不满者;第二,事后有关人员皆因而迁升。

〔辨误〕关于吴湘一案,晚唐五代野史笔记,对李绅、德裕有诬蔑之词,今摘举数条,以备参考。

《北梦琐言》卷六:"唐李绅性刚直,在中书与李卫公相善，为朋党者切齿。镇淮海日，吴湘为江都尉，时有零落衣冠颜氏女，寄寓广陵，有容色。相国欲纳之，吴湘强委禽焉。于是大怒，因其婚娶聘财甚丰，乃罗织执勘，准其俸料之外，有陈设之具，坐赃，奏而杀之，惩无礼也。宣宗初在民间，备知其屈，登极后，与二李不叶者，导而进状诉冤，卫公以此出官朱崖，路由澧州，谓寄寓朝士曰：'李二十误我也。'马植曾为卫公所忌，出为外任，吴湘之事，鞫于宪台，扶风时为中宪，得行其志焉。"按此处所载，如谓李绅、德裕会昌时同在相府，为朋党者所恨，大中时，"与二李不叶者"，"导"吴汝纳"进状诉冤"，是符合实际情况的，可见当时就有谓吴汝纳之"诉冤"为有人主使。又谓马植亦因会昌时不受重用，忌恨德裕，故审此狱，"得行其志"，也就是挟私泄恨，这也与史籍所载相合。但云李绅之所以治吴湘致死，是因为绅原想纳颜氏女，而反被吴湘强占，"于是大怒"，"乃罗织执勘"，则可谓厚诬李绅。又谓宣宗初在民间，备知其事，亦出于揣测，于史无征。

《云溪友议》卷中《买山谶》："（蔡京）既为御史，覆狱淮南，李相公绅忧悸而死。"此亦无据。蔡京在大中初覆勘时亦被贬官，他在会昌治吴湘案时是赞同李绅的，何有李绅"忧悸而死"之事？又《南部新书》丁卷记李绅在扬州日，"终以吴湘狱，仰药而死"，也与《云溪友议》相同，谓吴湘之死为冤，李绅忧惭而死，所载皆非事实。

因吴湘狱而受牵连，李回由西川节度使责授湖南观察使，郑亚由桂管防御观察使贬循州刺史，魏铏由前淮南观察判官贬吉州司户，元寿由陆浑县令贬韶州司户，蔡京由殿中侍御史贬澧州司马。

此据《旧·宣宗纪》，载于大中二年二月，未记日。《通鉴》系于正月，谓："西川节度使李回、桂管观察使郑亚坐前不能直吴湘冤，乙酉，回左迁湖南观察使，亚贬循州刺史，李绅追夺三任告身。中书舍人崔嘏坐草李德裕制不尽言其罪，己丑，贬端州刺史。"乙酉为正月二十四日，己丑为二十八日。贬李回等人当即在正、二月间。

张采田《玉溪生年谱会笺》本年二月载郑亚因吴湘狱被贬事，张氏评云："此为牛党倾轧李党一大事，盖欲为一网打尽之计。"说甚是。

《新书》卷一三一《李回传》："以与德裕善，决吴湘狱，时回为中丞，坐不纠摘，贬湖南观察使。"

《全唐文》卷七二六载崔嘏《授蔡京赵滂等御史制》，称京"再覆大狱，吏不敢欺"，可见蔡京对于狱事是以精明著称的。另诗人刘得仁有《送蔡京东归迎侍》、《送蔡京侍御赴大梁幕》等诗（《全唐诗》卷五四四）。

崔嘏、刘濛等亦坐德裕贬官。

崔嘏因草制词不尽言德裕之罪，于大中二年正月二十八日由中书舍人贬端州刺史，见前引《通鉴》文。《新·德裕传》亦谓："德裕之斥，中书舍人崔嘏，字乾锡，谊士也。坐书制不深切，贬端州刺史。"崔嘏非德裕党，只不过草制书"不肯巧傅以罪"，亦遭贬官，可见白敏中等打击面之广泛。

又《新书》卷一四九《刘晏传》附其孙刘濛事，谓："宣宗立，德裕得罪，濛贬朗州刺史。"刘濛曾于会昌五年二月出使巡边，当为德裕所荐引（见前谱），故亦因此得罪。刘濛事又

可见《新·宰相表》曹州南华刘氏，及《唐郎官石柱题名考》
（卷七、卷十三）、《唐御史台精舍题名考》（卷三）等。

本年初，李商隐仍在郑亚桂府幕，任掌书记。郑亚因吴湘案被贬
时，商隐曾为亚起草致马植、卢言、杨汉公启，力辩郑亚、李绅之
冤，并斥崔元藻之诬害于人。

李商隐有《为荥阳公上马侍郎启》（《樊南文集补编》卷
七）。《新·德裕传》载："（白敏中等）又导吴汝纳讼李绅杀
吴湘事，而大理卿卢言、刑部侍郎马植、御史中丞魏扶言：'绅
杀无罪，德裕徇成其冤，至为黜御史，罔上不道。'"卢言、马植
为直接审理此案者，故郑亚致书辩之。称马植为马侍郎，则
尚在马植拜相前。《启》云"蒙恩左迁，不任感惧"，则是贬循
州之命已下，而尚未离桂林之时。又云："故府李相公（钱振
伦笺谓指李绅）案吏之初，具狱来上，某久为宾佐，方副台纲，
若其间必有阿私，则先事固当请托，实无一字，难诳九泉。崔
监察（琼按此指崔元藻）是湖南李相公（琼按此指李回）门
生，是某所拜杂端日御史。远差推事，既无所嘱求，近欲叫
冤，岂遽能止遏？不知何怨，乃尔相穷。容易操心，加诬唱
首，门生之分，尚或若斯，常僚之情，固无足算。九重邃邈，五
岭幽遐，若从彼书辞，信其文致，即处于严谴，未曰当辜。直
遇侍郎，察以疏芜，知非侮鬻，照奸吏之推过，略崔子之
枝辞。"

《樊南文集补编》卷七并有《为荥阳公与三司使大理卢卿
启》，钱笺谓卢即卢言，又引《新书·百官志》："刑部尚书一
人，侍郎一人，凡鞫大狱，以尚书、侍郎与御史中丞、大理卿为

三司使。"商隐《启》云:"蒙恩左迁,不任感惧。某顷以疏拙,谬副纪纲,不能辨军府之献囚,折王庭之坐狱,将逾五载,终辱三司。过实己招,咎将谁执?故府李相公,知旧之分,与道为徒,戎幕宾筵,虽则深蒙奖拔,事踪画迹,实非曲有指挥。逝者难诬,言之罔愧。且崔监察元藻是湖南李相公首科门生,是某所荐御史,将赴淮海,私间尚不嘱求,及还京师,公共岂能遏塞。昨蒙辨引,稍近加诬。座主既不免于款中,杂端固尤逃于笔下,乘时幸远,背惠加诬,既置对之莫由,岂自明之有望。若据其证逮,按彼词连,则处以严科,无所逃责。犹赖九天知其乖运,伏念非欲固用深文,不从锻炼之科,得在平反之数,揣心知幸,感分增荣。"

商隐又有《为荥阳公与前浙东杨大夫启》(《樊南文集外编》卷七),钱笺谓杨即杨汉公,郑亚继杨为桂管,杨乃调浙东。此《启》为循州之命下后所作,中有云:"某顷副宪纲,昧于官守,早乖审克,久乃发扬。旧吏常僚,微有诬引,小藩远地,难自辨明。若从文致之科,合用投荒之典,尚蒙恩宥,获颁诏条,省罪抚心,不任感惧。"

令狐绹于二月间以知制诰充翰林学士。

《通鉴》大中二年,"二月庚子,以知制诰令狐绹为翰林学士"。丁居晦《重修承旨学士壁记》:"令狐绹:大中二年二月十日,自考功郎中、知制诰充。"

按《嘉泰吴兴志》卷十四《郡守题名》谓绹于大中二年四月二日自湖州刺史入授翰林学士,误。

九月,德裕再贬为崖州司户参军。

《通鉴》大中二年，"秋九月甲子，再贬潮州司马李德裕为崖州司户"。《南部新书》戊谓德裕于大中二年"十月十六日，再贬崖州司户"。据《旧传》德裕于大中三年抵崖州贬所。按崖州在今海南岛北部，今琼山县东南。

《唐大诏令集》卷五十八载《李德裕崖州司户制》，文末署"大中二年九月"，与《通鉴》合。文云："朕祗荷丕业，思平泰阶，将分邪正之流，冀使华夷胥悦。其有尝登元辅，久奉武宗，深苞祸心，盗弄国柄，虽行谴斥之典，未塞亿兆之言，是用再举朝章，式遵彝宪。守潮州司马员外置同正员李德裕，早藉门第，叨践清华，累膺将相之荣，唯以奸倾为业。当会昌之际，极公台之荣，骋谀佞而得君情，遂恣横而持国政。专权生事，妒贤害忠，动多诡异之谋，潜怀僭越之志。秉直者必弃，向善者尽排，诬贞良造朋党之名，肆谗构生加诸之衅。计有逾于指鹿，罪实见于欺天。顷者方处钧衡，曾无嫌避，委国史于爱婿之手，宠秘文于弱子之身。洎参命书，亦引亲昵。恭惟元和实录，乃不刊之书，擅敢改张，罔有畏忌，夺他人之懿绩，为私门之令猷。又附会李绅之曲情，断成吴湘之冤狱。凡彼簪缨之士，遏其进取之涂。骄倨自夸，狡猾无对，擢尔之发，数罪未穷。再窥罔上之由，益验无君之意。使天下之士，重足一迹，皆慑惧奉尔，而慢易在公。为臣至此，于法何逃。于戏！朕务全物体，久为含弘，虽黜降其官荣，尚盖藏其丑状。而睥睨未已，兢惕无闻，积恶既彰，公议难抑。是宜移投荒服，以谢万方，中外臣僚，当鉴予旨。可崖州司户参军员外置同正员。仍仰所在驰驿发遣，纵逢恩赦，不在量移之限。"

按此制又载于《旧纪》大中三年九月,制词前亦未载德裕贬崖州事,此当是《旧纪》错简,误以二年九月误作三年九月。

又据《南部新书》此制出于令狐绹之手,绹于本年二月为翰学。《南部新书》丁:"大中中,李太尉三贬至朱崖,时在两制者皆为拟制,用者乃令狐绹之词。李虞仲集中此制尤高,未知孰是,往往有俗传之制,云:'蛇用两头,狐摇九尾。鼻不正而身岂正,眼既斜而心亦斜。'此仇家谤也。"

按制词中对德裕会昌时政绩只字不提,所谓"深苞祸心,盗弄国柄",皆是虚声恫吓之辞,诬构捏造之言。又所谓"委国史于爱婿之手,宠秘文于弱子之身","爱婿",未知指谁,史料缺之,未能考知。"弱子",当指李烨,但据现有材料,李烨在德裕秉政时实未在朝中任职。所谓"附会李绅之曲情,断成吴湘之冤狱",辨已见前。又谓"凡彼簪缨之士,遏其进取之涂",这应当是德裕值得肯定之处。《旧·武宗纪》会昌四年十二月曾载德裕言谓"朝廷显官,须是公卿子弟。……寒士纵有出人之才,登第之后,始得一班一级,固不能熟习也",与《唐大诏令集》对照,则《旧纪》显系非实。贬崖州制词即使非令狐绹所草,也必是德裕仇家所为,所云遏塞"簪缨之士"的"进取之途",却成为德裕的美誉。《唐语林》卷七《补遗》曾称:"李卫公颇升寒素。……卫公既贬……广文诸生为诗曰:'省司府局正绸缪,殷梦元知作解头。三(八?)百孤寒齐下泪,一时南望李崖州。'"与制词所载此二句正可相合。

〔辨谬〕《纪异记》关于德裕南贬的记载。

《纪异记》(《类说》卷十二)"金玉二象"条:"李德裕好饵

雄朱，有道士自云李终南，住罗浮山，曰：'相公久服丹砂丸，大善，但促寿耳。'怀中出小玉象子如拳许，曰：'可求勾漏莹者，致象鼻下，象服其砂，复吐出，方可饵。此乃太阳之精凝结，已三万年，今以奉借，忠孝是念，无致其咎。'又出一金象，曰：'此是雌者，与玉为偶。'赞皇一一验之无差，服之颜面愈少，发鬓如漆，乃求姝异凡数百人。其后南还，于鬼门关逢道士怒索二象，曰：'不志吾言，固当如此！'公僶俛不与。至鳄鱼潭，风雨晦冥，玉象自船飞去，光焰烛天，金象从而入水。公至朱崖，饮恨而卒。乃知象者南方火兽，勾漏者朱崖之室，罗浮者海滨之山，李终南者赞皇不返也。"

按此载德裕为相时好服丹砂，且"求姝异凡数百人"，皆为诬词。《新传》谓武宗时，"方士赵归真以术进，德裕谏曰：'是尝敬宗时以诡妄出入禁中，人皆不愿至陛下前。'帝曰：'归真我自识，顾无大过，召与语养生术尔。'对曰：'小人于利，若蛾赴烛。向见归真之门，车辙满矣。'"道士说武宗以养生之术，不外服丹砂之类，德裕以此谏武宗，岂能自蹈其辙。其他史籍亦未有记德裕好服丹砂。《新传》又云："不喜饮酒，后房无声色娱。"所谓"求姝异凡数百人"，实为妄说。《纪异记》以德裕之贬咎由自取，且谓冥中注定，皆为晚唐五代文人之诬词。

九月，李回由湖南观察使再贬为贺州刺史。

《通鉴》大中二年九月载再贬德裕为崖州司户的同时，并载："湖南观察使李回为贺州刺史。"按唐时贺州治临贺县，属岭南东道，在今广东贺县东南。

《唐大诏令集》卷五十八《李回太子宾客分司东都制》，文末署"大中二年九月"。文中云："李回早以艺学科名，累登华贯，谓尔奉公约己，旋升大僚，因缘奖迁，遂陟台辅。而不能竭诚以尽忠益，枉道而求庇助，交通财贿，导达奸邪。昨因推鞫凶徒，皆得发其事迹。朕务弘体貌，特免研穷，论既喧腾，理须移夺。况又闻顷司政柄，每欲除授，咸取决于德裕，不自行其至公，物议所兴，以斯为重。岂可犹委澄清之任，复领湘潭；是宜辍从调护之班，俾分洛邑。勉莅宠秩，幸予宽恩。"此篇之后又有《李回贺州刺史制》，文末亦署为"大中二年九月"，文中云："况又闻前司政柄，应欲除授，咸取决于德裕，不自行其至公。人皆有言，孽亦何逭。朕匿瑕含垢，思全进退之宜，尔则同力叶心，且易枢机之任。合居严谴，犹示宽恩，故前制命尔为太子宾客，给事中封还吾敕，且曰责坐之词至重，降移之秩太轻，物论喧然，以为未当。尔实自构，予何敢私。是用移谪临贺，冀厌群议，勉于三省，勿为无恩。"

　　按史称李回"强干有吏才，遇事通敏，官曹无不理"（《旧·李回传》）。会昌时讨刘稹，曾因德裕之荐，两度出使河北与河东，立有功绩。贬谪制词所云"交通财贿，导达奸邪"，皆无实据。回之贬责，即在于与德裕亲善而已，两篇制词中均有"顷司政柄，每欲除授，咸取决于德裕"之语，可以概见。

　　又，从《大诏令集》所载制词，可知李回原由湖南降为太子宾客分司，后又重贬，乃为贺州刺史。《旧·李回传》又云："大中元年冬，坐与李德裕亲善，改潭州刺史、湖南观察使，再贬抚州刺史。"按,李回由西川改湖南,乃在大中二年正月,非元年冬;由湖南再贬贺州,此云抚州,亦误。《新·李回传》谓:"贬湖南观察使。俄以太子宾客分司东都。给事中还制,谓责回薄,遂贬贺州刺史。徙抚州长史。"《新传》虽未载年月,但叙徙谪先后,较《旧传》为是。

石雄也因尝为德裕所荐拔,宣宗初为执政所抑,怏怏而死。

《通鉴》大中二年九月载:"前凤翔节度使石雄诣政府自陈黑山、乌岭之功,求一镇以终老。执政以雄李德裕所荐,曰:'向日之功,朝廷以蒲、孟、岐三镇酬之,足矣。'除左龙武统军。雄怏怏而薨。"

此所谓执政,据《新书》卷一七一《石雄传》,即白敏中。《新传》云:"宣宗立,徙镇凤翔。雄素为李德裕识拔。王宰者,智兴子,于雄故有隙。潞之役,雄功最多,宰恶之,数欲沮陷。会德裕罢宰相,因代归。白敏中狠曰:'黑山、天井功,所酬已厌。'拜神武统军。失势,怏怏卒。"

本年,李商隐有伤德裕远贬诗。

经前人研究,李商隐本年有关于李德裕远贬之诗数首,今摘录其诗及前人评论于下。《李卫公》(《玉溪生诗集笺注》卷二):"绛纱弟子音尘绝,鸾镜佳人旧会稀。今日致身歌舞地,木棉花暖鹧鸪飞。"冯浩谓:"下二句不言身赴南荒,而反折其词,与'旧时王谢堂前燕,飞入寻常百姓家'同一笔法,伤之,非幸之也。"

《旧将军》(同上书同卷):"云台高议正纷纷,谁定当时荡寇勋。日暮灞陵原上猎,李将军是旧将军。"冯浩谓:"《新书·纪》文，大中二年七月，续图功臣于凌烟阁，事详《忠义·李憕传》，后时必纷纷论功，而李卫公之攘回纥、定泽潞，竟无一人讼之，且将置之于死地，诗所为深慨也。《旧书·传赞》云：'呜呼烟阁，谁上丹青?'愤叹之怀，不谋而相合矣。义门谓为石雄发，亦通；然卫国之庙算，乃功人也。"

《泪》（同上书同卷）："永巷长年怨绮罗，离情终日思风波。湘江竹上痕无限，岘首碑前洒几多。人去紫台秋入塞，兵残楚帐夜闻歌。朝来灞水桥边问，未抵青袍送玉珂。"冯诰谓："此必李卫公叠贬时作也。《唐摭言》有'八百孤寒齐下泪，一时南望李崖州'之句，与此同情。上六句兴而比也，首句失宠，次句离恨，三四以湘泪指武宗之崩，岘碑指节使之职，卫公固以出镇荆南而叠贬也；五谓一去禁庭终无归路，六谓一时朝列尽属仇家。用事中自有线索。结句总纳上六事在内，故倍觉悲痛。"

张采田《玉溪生年谱会笺》还另举若干首，如《漫成五章》，谓"明揭生平，以表襄其始终钦仰卫公之初心"。张氏又谓此时"所赋篇什，幽忆怨断，恍惚迷离，其词有文焉，其声有哀焉，义山始愿，不负李党，亦可见已"。其说皆可信。李商隐在会昌前本不预牛李党争，大中初在郑亚幕，为郑亚作书致德裕，为亚起草为《会昌一品集》作序，又代郑亚致书于马植等辨吴湘之狱，及所撰伤德裕远贬等诗，如此等等，即受到白敏中、令狐绹等人的忌恨和打击，以致仕途坎坷，终身流离。但以上诗文，正表现了李商隐高尚的情操，坚定的是非观念，与政治上的正义感（参见拙文《关于李商隐研究的几个问题》,《文学评论》一九八二年第三期)。

《北梦琐言》曾评令狐绹等人之倾害李德裕,云:"葆光子(琮按此即《北梦琐言》作者孙光宪号)曰:令狐公在大中之初,倾陷李太尉,唯以附会李绅而杀吴湘,又擅改元和史,又言赂遗阉宦,殊不似德裕立功于国,自俭立身,掎其上瑕,忘其大美,泊身居岩庙,别无所长,谏官上章,可见之矣。与朱崖之终始,殆难比焉。"

十月二十七日,牛僧孺卒于洛阳,年六十九。

见杜牧《唐故太子少师奇章郡开国公赠太尉牛公墓志铭》(《樊川文集》卷七)。

十一月,德裕子烨亦坐德裕故,贬蒙州立山尉,时年二十三。

《唐茅山燕洞宫大洞炼师彭城刘氏墓志铭》附"第四男烨记":"大中戊辰岁冬十一月,烨获罪窜于蒙州立山县。"

《唐故郴县尉赵郡李君墓志铭》:"大中初,(卫)公三被遣逐,君亦谪尉蒙山。"

《旧·德裕传》:"烨,检校祠部员外郎、汴宋亳观察判官。大中二年,坐父贬象州立山尉。"《新·德裕传》亦云烨贬象州立山尉。

按唐时岭南道既有象州,又有蒙州,李烨之贬为立山县尉,当为蒙州。《新书》卷四十三上《地理志》七上岭南道蒙州蒙山郡,有立山县,而同郡象州象郡所属县三:阳寿、武仙、武化。无立山之名。可见两《唐书》作"象州"误,应作蒙州。

又《万历郴州志》卷十八《侨寓传》:"李烨,宰相李德裕子,仕汴州幕官,以父故贬象州立山尉。"亦误作象州。

按烨生于公元八二六年，本年为二十三岁。

十一月，下敕，路隋等所修《宪宗实录》旧本依然施行，会昌时改修之新本禁止通行，如有抄录，须及时缴纳。会昌时改修《宪宗实录》，亦作为李德裕的一条罪状。

《旧·宣宗纪》大中二年十一月，"敕：路隋等所修《宪宗实录》旧本，却仰施行。其会昌新修者，仰并进纳。如有钞录得，敕到并纳史馆，不得辄留，委州府严加搜捕"。

按《唐大诏令集》（卷五八）所载李德裕贬崖州司户制，其中曾以德裕会昌柄政时修改《宪宗实录》，作为其罪状之一，有云："顷者方处钧衡，曾无嫌避，委国史于爱婿之手，宠秘文于弱子之身，洎参命书，亦引亲昵。恭惟元和实录，乃不刊之书，擅敢改张，罔有畏忌，夺他人之懿绩，为私门之令猷。"

关于《宪宗实录》的修撰，本书前曾陆续有所记述，现因大中二年十一月下敕废新本、行旧本，再作一综合的叙述。

《唐会要》卷六三《史馆上·修国史》："长庆二年十月，敕翰林侍讲学士谏议大夫路隋、中书舍人韦处厚，兼充史馆修撰，修《宪宗实录》，仍分日入史馆修实录，未毕之间，且许不入内署，仍放朝参。"《旧·穆宗记》长庆二年亦载其事，内容相同，唯时间作闰十月己亥。由此可知，《宪宗实录》始修于穆宗长庆二年闰十月，最初参预修撰者为路隋与韦处厚，路、韦二人并创立凡例。《新·韦处厚传》："后又与路隋共次《宪宗实录》，诏分日入直，创具凡例。"韦卒于文宗大和二年，路则始终参与其事，时间最久。

预修者尚有沈传师。《旧·沈传师传》："性恬退无竞，时翰林未有承旨，次当传师为之，固称疾，宣召不起，乞以本官兼史职。……传师在史馆，预修《宪宗实录》，未成，廉察湖南，特诏赍一分史稿，成于理所。"《新·沈传师传》亦云："召入翰林为学士，改中书舍人。翰林缺承旨，次当传师，穆宗欲面命，辞曰……李德裕素与善，开晓谆切，终不出。遂以本官兼史职。俄出为湖南观察使。"传师为湖南观察使当在长庆三年上半年（或即为五、六月间），《旧·穆宗纪》长庆三年六月载："宰相监修国史杜元颖奏：史官沈传师除镇湖南，其本分修史，便令将赴本任修撰。从之。"则六月传师已在湖南。长庆二年闰十月始修《宪宗实录》，沈传师之参预修撰，亦当在初期；由此并可知当时监修者为宰相杜元颖。以上数人，皆与李德裕亲善。

与德裕交好并参预修撰者，尚有陈夷行，为后期参加。《旧·陈夷行传》："大和三年，入为起居郎、史馆修撰，预修《宪宗实录》。四年献上，转司封员外郎。"夷行于大和三年参加，四年书即告成。

据《旧·蒋系传》，修《宪宗实录》者尚有郑瀚。瀚为郑余庆子，见《旧·郑余庆传》附，有云："长庆中，征为司封郎中、史馆修撰，累迁中书舍人。"文宗即位，擢为翰林侍讲学士，大和二年迁礼部侍郎，典贡举二年，后转兵部侍郎，改吏部，出为河南尹。则瀚之预修，亦当在前期，即长庆末及敬宗宝历时。

修实录诸人中与德裕不合者为李汉。《旧·李汉传》，汉为宗室淮南南王道明之后,元和七年登进士第,长庆末为左拾遗。"文宗即位,召为屯田员外郎、史馆修撰。汉,韩愈子婿,少师愈为文,长于古学,刚讦亦类愈。预修《宪宗实录》,尤为李德裕所憎。大和四年,转兵部员外郎。李宗闵作相,用为知制诰,寻迁驾部郎中。"《新·李汉传》载:"文宗立,召为屯田员外郎、史馆修撰。论次《宪宗实录》,书宰相李吉甫事不假借,子德裕恶之。"

另有蒋系,亦于大和二年参预修撰《宪宗实录》,蒋系及父蒋乂亦倾向于牛党(见两《唐书·蒋乂传》)。

《宪宗实录》于大和四年三月修成进上。《旧·文宗纪》大和四年三月,"丁酉,监修国史、中书侍郎、平章事路随进所撰《宪宗实录》四十卷,优诏答之,赐史官等五人锦绣银器有差"。路隋有《上宪宗实录表》(《全唐文》卷四八二),谓:"臣今采处厚等所录,又与见在史官苏景裔等,博访遗逸,精加研核,以毕其功,逮兹周岁,错综方就,谨撰《宪宗皇帝实录》为四十卷,目录一卷,谨随表奉献。"

路隋表文中提到的苏景裔,据岑仲勉《读全唐文札记》所考,应为苏景胤。苏景胤原是八关十六子之一,乃依附于李逢吉者,也属于李宗闵一党。由前后参预修撰的人员来看,大部分是与李德裕交谊密切的,且韦处厚、沈传师及路隋等素称正直,并未参与当时的党派之争,因此其所撰李吉甫事,当不会有捏造诬蔑之词,德裕于会昌时也不会仅仅要"增修其父吉甫美事"(吴缜《新唐书纠谬》自序)而改撰之,贬德裕崖州司户制词中谓"委国史于爱婿之手,宠秘文于弱子之身"

未知何所指。会昌改撰,郑亚主其事,亚并非德裕婿。德裕子烨时任外府,亦不在朝中。制词出于牛党之手,故作丑词,捏造杜撰者多,亦不足怪。

当然也不排斥李汉、蒋系、苏景胤等人从中夹以私见。此数人皆后期参加,可能对韦处厚等所撰有所增减,故德裕会昌时欲重加撰定。《旧·武宗纪》会昌元年四月下诏重修,但仍规定:“其旧本不得注破,候新撰成同进。”可见当时仍存旧本,德裕若欲对其父有涂饰之事,后人仍可从比较对勘中发现其破绽,因此德裕建议重修,恐非为其一家之私。《旧·武宗纪》会昌元年十二月载修实录体例,前已钞录,其主旨即在于主张实录所载君臣论事,或臣下奏章,“皆须众所闻见,方可书于史册”,反对以不彰于朝、不显于时、得之私家的记载记入正式史书之中。这在当时来说,即是为防止以党派的私见夹杂其间。现在则无论旧本新本,都已失传,以《旧书·宪宗纪》而论,以李吉甫的记载,则是基本肯定的,可见路隋所上的旧本,基本符合事实,于此也可说明会昌重修,德裕决非单为其父之事而发。大中初《宪宗实录》事所加予德裕的罪状,当出于虚构。

[编年诗]

《鸳鸯篇》(别集卷四)

作于大中二年二月经洞庭湖时,详参《李德裕文集校笺》。

《盘陀岭驿楼》(《全唐诗》卷四七五)

诗云:“嵩少心期杳莫攀,好山聊复一开颜。明朝便是南荒路,更上层楼望故关。"当为本年南贬途中作。盘陀岭不详。

《谪迁岭南道中作》(别集卷四)

诗云:"岭水争分路转迷,桄榔椰叶暗蛮溪。愁冲毒雾逢蛇草,畏落沙虫避燕泥。五月畲田收火米,三更津吏报潮鸡。不堪肠断思乡处,红槿花中越鸟啼。"按德裕于大中元年十二月下制贬潮州,本年正月自洛阳循江淮水路赴潮州。此诗当是贬潮州途中过五岭时所作。因由潮州再贬崖州,即所在发遣,不须经过五岭,无所谓"岭水争分路转迷"。"愁冲毒雾逢蛇草,畏落沙虫避燕泥"二句,既是写实景,亦暗喻白敏中等之迫害。

《到恶溪夜泊芦岛》(别集卷四)

诗云:"甘露花香不再持,远公应怪负前期。青蝇岂独悲虞氏,黄犬应闻笑李斯。风雨瘴昏蛮日月,烟波魂断恶溪时。岭头无限相思泪,泣向寒梅近北枝。"此当与前诗同时作。

〔编年文〕

《舌箴》(别集卷八)

本年夏在潮州作,自序有云:"余以仲夏月达于海曲,尝窈思之。"又详见前谱。

大中三年己巳(八四九)　六十三岁

正月,德裕至贬所崖州。

《旧传》记德裕于大中元年秋以太子少保分司东都,接云:"寻再贬潮州司马。……明年冬,又贬潮州司户。德裕既贬,大中二年,自洛阳水路经江、淮赴潮州。其年冬,至潮阳,又贬崖州司户。至三年正月,方达珠崖郡。"《新传》则谓:"大中元年……以太子少保分司东都,再贬潮州司马。明年……乃贬为崖州司户参军事。明年,卒,年六十三。"

陈寅恪先生《李德裕贬死年月及归葬传说辨证》据《旧·宣宗纪》大中三年九月制文(本书前已引述),云:"据此,则李德裕在未贬崖州司户参军以前,仍是潮州司马。若如《旧唐书·李德裕传》所载,德裕在既贬潮州司马以后,未贬崖州司户参军以前,其间果尚有贬潮州司户一事者,则德裕贬崖州司户参军之诏书应称其官衔为潮州司户参军,而非潮州司马矣。今诏书既称其官衔为潮州司马,则其间无贬潮州司户参军之事,可以决言。《新唐书》一八○《李德裕传》删去《旧传》中因上下文重复而传写衍误之'明年冬又贬潮州司户'一句,正足证其比勘精密,胜于旧史之文。"陈说是。

又,德裕贬崖州之制词为大中二年秋发(《旧纪》载于大中三年九月,显系错简),已见前,而《旧传》却云大中三年正月"方达珠崖郡"。自潮州至崖州,何以须走三个月路程,俟考。

[辨正]关于德裕贬崖州途中及抵崖州后所作诗文之真伪。

《云溪友议》卷中《赞皇勋》条谓:"(李德裕)再贬朱崖,道中诗云:'十年紫殿掌洪钧,出入三朝一品身。文帝宠深陪雉尾,武皇恩重宴龙津。黑山永破和亲虏,乌岭全坑跋扈臣。

自是功高临尽处，祸来名灭不由人。'又《登崖州城楼》曰：'独上高楼望帝京，鸟飞犹是半年程。青山欲似留人住，百匝千遭绕郡城。'先是韦相公执谊得罪薨变于此，今朱崖有韦公山。……赞皇感其远谪不还，为文祭曰……（文长不录）"

按此处所述二诗一文，"十年紫殿掌洪钧"首，今载别集卷四，题作《离平泉马上作》；"独上高楼望帝京"，也见于别集卷四，题《登崖州城作》。祭韦执谊文见别集卷七，题《祭韦相执谊文》。可见明清人编文集时已作为德裕所撰编入集中。《诗话总龟》前集卷二五所载《古今诗话》亦载此二诗，且谓"世传赞皇公崖州诗，皆仇人所作，只此二首是真"。

按祭韦执谊文非德裕作，陈寅恪先生《李德裕贬死年月及归葬传说辨证》一文已详辨之，其结论为："李卫公别集乃后人缀缉而成。其卷七所收《祭韦相执谊文》，除《云溪友议》外，若《文苑英华》所言，及《唐文粹》等总集皆未选录。大约即采自范氏之书。此文疑如《南部新书》所言，乃仇家伪作。"陈文考证详博，不赘引。

"十年紫殿掌洪钧"首，含幸灾乐祸之意，尤其是末二句"自是功高临尽处，祸来名灭不由人"，更不像德裕所自道。《云溪友议》、《古今诗话》皆谓此诗作于再贬朱崖道中，而别集所载则题作《离平泉马上作》，则应是大中元年秋由洛阳赴潮州时所作。歧异若此，更可怀疑。《南部新书》只载"独上江亭望帝京"一首，谓："李太尉之在崖州也，郡有北亭子，谓之望阙亭。太尉每登临，未尝不北睇悲咽。有诗曰：'独上江亭望帝京，鸟飞犹是半年程。青山也恐人归去，百匝千遭绕郡城。'今传太尉崖州之诗,皆仇家所作,只此一首亲作也。"
此说较得其实。

又《唐语林》卷七《补遗》:"(德裕)及南贬,有甘露寺僧
允躬者,记其行事,空言无行实,尽仇怨假托为之。"同卷又
载:"李卫公历三朝大权,出门下者多矣。及南窜,怨嫌并集。
途中感愤,有'十五余年车马客,无人相送到崖州'之句。又
书称'天下穷人,物情所弃'。镇浙西,甘露寺僧允躬颇受知。
允躬迫于物议,不得已送至谪所,及归,作书,言'天厌神怒,
百祸皆作,金币为鳄鱼所溺,室宇为天火所焚'。谈者藉以传
布,由允躬背恩所至。"此所载德裕诗句"十五余年车马客"云
云,亦不类德裕所作。(《李德裕贬死年月……》文谓"唐大
中时,日本国求法僧圆珍福州温州台州求得经律论疏记外书
等目录载有允躬录《南中李太尉事》一卷")

德裕至崖州后曾作书与段成式,叙及在崖州时生活。

《北梦琐言》卷八:"唐李太尉德裕左降至朱崖,著四十九
论,叙平生所志。尝遗段少常成式书曰:'自到崖州,幸且顽
健。居人多养鸡,往往飞入官舍,今且作祝鸡翁耳。谨状。'"
宋吴炯《五总志》亦载德裕此书,云:"唐李德裕与段成式书
曰:'自到崖州,幸且顽健。且居人多养鸡,往往飞入官舍,今
且作咒鸡翁尔。'老杜云'尸乡余土室,难说咒鸡翁',用字不
同,当更考之。"似以《五总志》作《咒鸡翁》为是。由此书可
见德裕之生活情趣,非一味悲愁潦倒者。

五月,张仲武卒,其子直方知留后事。

《旧·宣宗纪》大中三年,"五月,幽州节度使、检校司徒、

平章事张仲武卒,三军以其子直方知留后事"。《通鉴》载,本年六月戊申,又正式任命张直方为卢龙节度使。十月,军士将作乱,直方逃奔长安,"军中推牙将周綝留后"。幽州已不复如会昌时能遵循朝廷法度。

七月,复河湟。

见《旧·宣宗纪》、《通鉴》等书所载。

八月,德裕妻刘氏卒于崖州,年六十二。时子烨被贬于蒙州立山县,十月十六日闻讣,曾诣桂管使张鹭请奔丧,不允。

德裕撰《唐茅山燕洞宫大洞炼师彭城刘氏墓志铭》:"以己巳岁八月二十一日终于海南旅舍,享年六十有二。"时中子浑侍侧,《志》云:"有子三人,有女二人,聪敏早成,零落过半。中子前尚书比部郎浑,独侍板舆,常居我后,自母委顿,夙夜焦劳,衣不解带,言发流涕,其执丧也,加于人一等,可以知慈训孝思之所至也。幼子烨、钜同感顾复之恩,难申欲报之德,朝夕孺慕,余心所哀。"则钜与烨皆不在崖州。

按李烨前已贬蒙州立山尉,十月十六日闻讣。《刘氏墓志铭》后附"第四男烨记"云:"己巳岁冬十月十六日,贬所奄承凶讣,茹毒迷仆,岂复念□,匍匐诣桂管廉察使张鹭请解官奔讣,竟为抑塞。"按张鹭即李德裕由浙西任淮南时,为牛僧孺副使者,本与德裕有隙。

九月辛亥,西川节度使杜悰奏收复维州。

见《旧·宣宗纪》。《通鉴》载在十月。

自德裕贬崖州后,姚勖常致书慰问,并加馈饷。本年十一、十二月间,德裕曾致书与勖,叙生活艰阻、贫病交困之状。

《新书》卷一二四《姚崇传》，载崇子弈，弈子闳，闳曾孙合、勖。合即以诗著称，曾奏事攻劾德裕，勖为合弟，却与德裕亲善。《新传》云："勖字斯勤。长庆初擢进士第。数为使府表辟，进监察御史，佐盐铁使务，累迁谏议大夫，更湖、常二州刺史。为宰相李德裕厚善。及德裕为令狐绹等谮逐，摘索支党，无敢通劳问；既居海上，家无资，病无汤剂，勖数馈饷候问，不傅时为厚薄。"

按《嘉泰吴兴志》卷十四《郡守题名》载："姚勖：会昌三年六月二十九日自尚书左司郎中授，后迁吏部郎中。"勖当自吏部郎中再授右谏议大夫，崔嘏撰《授姚勖右谏议大夫制》（《全唐文》卷七二六）曾有"天官正郎，地连藻镜，职佐铨衡"语，正指吏部郎中而言。其时当在会昌末，大中初崔嘏任中书舍人时。

宋洪迈《容斋续笔》卷一《李卫公帖》："李卫公在朱崖，表弟某侍郎遣人饷以衣物，公有书答谢之，曰：'天地穷人，物情所弃，虽有骨肉，亦无音书，平生旧知，无复吊问。阁老至仁念旧，再降专人，兼赐衣服器物茶药至多，开缄发纸，涕咽难胜。大海之中，无人拯恤，资储荡尽，家事一空，百口嗷然，往往绝食，块独穷悴，终日苦饥，唯恨垂没之年，须作馁而之鬼。十月末，伏枕七旬，药物陈裹，又无医人，委命信天，幸而自活。'书后云'闰十一月二十日，从表兄崖州司户参军同正李德裕状侍郎十九弟'。按德裕以大中二年十月自潮州司马贬崖州，所谓闰十一月，正在三年，盖到崖才十余月耳，而穷困苟生已如是。《唐书》本传云贬之明年卒。则是此书既发之后,旋踵下世也。当是时宰相皆其怨仇,故虽骨肉之亲,平生之旧,皆不敢复通音问,而某侍郎至于再遣专使,其为高义绝俗可知,惜乎姓名不可得而考耳,此帖藏禁中,后出付秘阁,今勒石于道山堂西。……姚崇曾孙勖为李公厚善,及李谮逐,摘索支党,无敢通劳问。既居海上,家无资,病无汤剂,勖数馈饷候问,不傅时为厚薄,其某侍郎之徒欤?"

德裕别集六卷有《与姚谏议郎书三首》。岑仲勉《唐史余沈》卷三《再论文饶集之姚谏议》,谓此姚谏议,"似可断为勖","文饶集之姚郎,亦或后人误题"。按岑说是。《与姚谏议书三首》,第一首称"谏议十五郎",据前所考,姚勖于会昌末、大中初正任右谏议大夫之职,信中所述亦与史传相合。第二首,即《容斋续笔》所载"李卫公帖",但帖中称"侍郎十九弟",德裕自称从表兄,文集中则未见,只称为阁老,盖德裕会昌中为门下侍郎、同中书门下平章事,右谏议大夫属中书省,故以阁老相呼,由此益可证明此为姚勖,洪迈所云帖中称侍郎,当亦后人误写。

按此书中云"自十月末得疾,伏枕七旬",则为十二月,第一信云"闰十二月二十八日",大中三年为闰十一月,此"十二月"当为"十一月"之误。德裕作信后不久,当即弃人世。(又,《全唐文纪事》卷二八亦载《容斋续笔》文,陈鸿墀案,亦曾谓姚谏议郎,或勖字之误,但陈氏未有佐证。)

十二月十日己未,德裕卒,年六十三。

德裕卒年月日,所书不一。《旧·宣宗纪》大中三年十二月,"崖州司户参军李德裕卒于贬所"。《通鉴》大中三年闰十一月，"己未，崖州司户李德裕卒"。《旧传》谓大中元年以太子少保分司东都，"寻再贬潮州司马。……明年冬，又贬潮州司户。……大中二年，自洛阳水路经江、淮赴潮州。其年冬，至潮阳，又贬崖州司户。至三年正月，方达珠崖郡。十二月卒，时年六十三"。《新传》则谓："明年（按指大中三年）卒，年六十三。"按《旧传》误加贬潮州司户一节，前文已辨，其他所载则大体属实（大中二年冬始抵潮阳，途中时间太长，亦有可疑）。王鸣盛《十七史商榷》卷九一《李德裕贬死年月》条驳《旧传》之误，而云："所谓明年者，大中二年也。其下文二年当作三年，三年当作四年，年六十三当作六十四。"

　　按王说误，已详于陈寅恪《李德裕贬死年月及归葬传说辨证》所考，此不赘述。陈说谓当以诸书所记，卒于大中三年，年六十三。至于所卒月日，《通鉴》系于闰十一月，陈文考云："《通鉴》书己未崖州司户李德裕卒于甲戌追上顺宪二宗谥号之后。《通鉴目录》二四亦书上辞尊号，加顺宪谥于李德裕卒之前。可知温公元本即已如此，并无误写。但甲戌追上顺宪二宗谥号，既上承（大中三年）闰十一月丁酉宰相以克复河湟请上尊号之记载，故己未崖州司户李德裕卒一语，依文义次序，自应系于闰十一月。此《通鉴纪事本末》所以直书'（宣宗大中）三年冬闰十一月崖州司户李德裕卒'也。然检刘羲叟《长历》及陈垣氏《二十史朔闰表》，大中三年闰十一月辛巳朔，十二月庚戌朔，据《旧唐书·宣宗纪》追上顺宪谥号在大中三年十二月，则《通鉴》所系追上顺宪二宗谥号之上，脱去'十二月'三字。其甲戌乃十二月甲戌，即十二月二十五日也。十二月二十五日既为甲戌,则同月之内,己未之干支只能在甲戌之前,不能在甲戌之后。以十二月庚戌朔推之,则己未为十二月十日。此与《南部新书》卷戊之'李太尉以大中三年十二月十日卒于贬所'之语适合。是年闰十一月朔日既为辛巳,无论如何,其月内不能有己未之日。故《通鉴》应将'己未崖州司户李德裕卒'一语,移于甲戌追上顺宪谥号之前,又应于甲戌之前,补书'十二月'三字,方合事实。"

〔纠谬〕《唐语林》所载李德裕心痛而卒之谬载。

《唐语林》卷七《补遗》:"李卫公在珠崖郡……郡有一古寺,公因步游之。至一老禅院,坐久,见其内壁挂十余葫芦,指曰:'中有药物乎?弟子颇足疲,愿得以救。'僧叹曰:'此非药也,皆人骸灰耳;此太尉当朝时,为私憾黜于此者,贫道悯之,因收其骸焚之,以贮其灰,俟其子孙来访耳!'公怅然如失,返步心痛。是夜卒。"

按《唐语林》所载此节,未知本于何书。所谓僧人所挂十余葫芦,皆是会昌时被德裕所贬流人之骨灰,显系晚唐人造作诬蔑之辞。

〔有关李德裕政治、文学、著作、生活等的评论〕

德裕卒后,晚唐人即有诗赞美其政事,感叹其贬逐。著名者如李商隐的《漫成五章》,其四云:"代北偏师衔使节,关东裨将建行台。不妨常日饶轻薄,且喜临戎用草莱。郭令素心非黩武,韩公本意在和戎。两都耆旧偏垂泪,临老中原见朔风。"冯浩《玉溪生诗集证据注》(卷二)谓:"四章'代北'二句,专为石雄发,以见李卫公之善任人也。……执政以(雄)

德裕所荐，仅除龙武统军，失势怏怏，闻德裕贬，发疾而卒。雄本系寒，又召自流所，党人既排摈于德裕罢相之后，必早轻薄于德裕委任之时，故曰'不妨常日饶轻薄，且喜临戎用草莱'也。……雄为党人排摈，义山受党人之累，故特为之鸣不平，而致慨于卫国也。……五章咏河湟收复之事，而悼卫公也。……观会昌初，天德军使田牟请击嗢没斯及赤心内附之众，德裕独谓当遣使镇抚，赐以粮食，怀柔得宜，彼必感恩，此亦足见非黩武而在和戎之大指矣。及大中三年收复河、湟，未始叨会昌之余威，而卫公则已叠贬将死也。……四五两章则大白卫国任将运筹之勋，而恨谗口之无良，以卫国之相业，石雄之战功，尚遭排斥，更何有于他人哉？"张采田《玉溪生年谱会笺》解为："四章专美赞皇，言我尝平日轻薄卫公，而岂知当国秉钧，竟能起用草莱，以成中兴之功，今岂有此人哉？代北使节，谓破乌介，关东行台，谓平泽潞，皆指石雄。雄本系寒，又为卫公所特赏，及卫公罢相，仅除龙武统军，怏怏而卒，始终不负恩知，故特表之。五章则又为卫公维州之事辨谤。"又谓："此五首者，不但义山一生吃紧之篇章，实亦为千载读史者之公论。彼谓义山终于牛党者，魂魄有知，能不饮恨于无穷也欤？"冯、张二氏对诗旨的具体解析有所不同，但谓此二诗皆为德裕功业而发则意见一致，由此可见李商隐于德裕卒后所持的态度。

稍后，汪遵有《题李太尉平泉庄》一诗，云："平泉花木好高眠，嵩少纵横满目前。惆怅人间不平事，今朝身在海南边。"（《全唐诗》卷六〇二）对德裕之贬逐深致感慨。汪遵，宣城人,懿宗咸通七年登进士第,其事迹可参见《唐诗纪事》卷五九,《唐才子传》卷八。

在此之外,评论者尚多,今分政事、文学、学识才艺、生活等,将有关材料摘录于下,以备研讨。

一、政事

《唐故中散大夫秘书监致仕上柱国赐紫金鱼袋赠左散骑常侍东平吕府君墓志铭》(北京图书馆藏拓本,今据周绍良先生抄本),其子吕焕撰。吕府君为吕让,字逊叔。据志,让之兄"故衡州刺史",当是吕温,因云"故柳州刺史柳公宗元为序饯别,具道所以然者"。让初从乡试,所作文曾得到韩愈、皇甫湜、张籍的叹赏。曾任大理少卿、万年县令,李中敏曾谓之"谅直不回,才大用小"。志文云:"时故相国赵国李公德裕以公孤介,欲授文柄者数矣,寒苦道艺之士,引领而望。"按吕让卒于大中九年十月。可见即使在大中时,即有人赞美李德裕能用孤介之士,欲拔之主持贡举,而此又为"寒苦道艺之士"所仰望。

李翱(?)《卓异记》"父子皆自扬州再入为相"条:"李吉甫,子德裕。按国朝继世为相者数子,唯吉甫、德裕皆自扬州节度再入为相,则无其匹。况吉甫以忠明博达事宪宗,德裕以清直无党事武宗,今上践祚,起而用之,与苏瓌父子相望为优劣,况颋不再相,再相者则德裕之盛为难及也。"按《卓异记》,《新书·艺文志》谓著者李翱,"宪、穆时人"。《郡斋读书志》谓一题陈翱撰,《四库提要》著录,谓"李翱为贞元、会昌间人,陈翱为宪、穆间人,何以纪及昭宗:其非李翱,亦非陈翱,甚明"。按此书前有自序,称"开成五年七月十一日予在檀溪",则书当成于开成五年之前,而此处所引又称武宗,又云"今上践祚,起而用之",殊不可解。或晚唐时人杂纂而成,非出一人之手。关于其书的考证,可参见程毅中《古小说简目》,袁行霈、侯忠义《中国文言小说书目》。

唐裴庭裕《东观奏记》卷上:"武宗朝任宰相李德裕,德裕虽丞相子,文学过人。性孤峭,疾朋党如仇雠,挤牛僧孺、李宗闵、崔珙于岭南,杨嗣复、贞穆李公珏(自注:庭裕亲外叔祖)以会昌初册立事亦七年岭外。"按《东观奏记》,三卷,多记宣宗朝政事,裴庭裕撰。庭裕字膺余,闻喜人,官左补阙,见《新书·宰相世系表》。《唐摭言》称其乾宁中在内廷,文书敏捷,号下水船。其书大多偏祖牛党,但也记述德裕之"文学过人","疾朋党如仇雠",此盖为当世公论。

萧遘为晚唐僖宗朝翰林学士,后曾为相,甚有声誉。《全唐文》卷八六僖宗《授王择萧遘平章事制》曾概誉为:"自精通艺行,履历清崇,逸翰摩云,高踪绝地。"又乐朋龟草撰的《萧遘判度支制》(《全唐文》卷八一四)特称其才华:"众谓国华,雅得韦平之称;时推人瑞,谅齐管乐之名。"萧遘于懿宗咸通五年(864)登进士第,《旧唐书》卷一七九《萧遘传》记其登第后初入仕,即"形神秀伟,志操不群",慕李德裕为人,自比为李德裕,同年皆戏呼"太尉"。可见懿宗时李德裕在士人中之声誉。

唐无名氏《玉泉子》:"李德裕以己非由科第,恒嫉进士举者,及居相位,贵要束手。"按《唐语林》卷七《补遗》亦载此,当本于《玉泉子》。又云:"李德裕抑退浮薄,奖拔孤寒,于时朝贵朋党,德裕破之,由是结怨,而绝于附会,门无宾客。"按此当为晚唐人所作。所记有矛盾处,既云嫉进士举,又云奖拔孤寒,并使贵要束手,但褒多于贬,所云"绝于附会,门无宾客",与牛党如杨虞卿等奔走趋利,适成对照。又孙光宪《北梦琐言》卷三亦谓:"唐相国李太尉德裕,抑退浮薄,奖拔孤寒,于时朝贵朋党,掌武破之,由是结怨,而绝于附会,门无宾客。"此当即本之于《玉泉子》。

宋苏辙《栾城后集》卷十一《历代论·牛李》:"唐自宪宗以来,士大夫党附牛李,好恶不本于义,而从人以喜愠,虽一时公卿将相,未有杰然自立者也。牛党出于僧孺,李党出于德裕,二人虽党人之首,然其实则当世之伟人也。盖僧孺以德量高,而德裕以才气胜,德与才不同,虽古人鲜能兼之者;使二人各任其所长而不为党,则唐末之贤相也,僧孺相文宗,幽州杨志诚逐其将李载义,帝召问计策,僧孺曰:'是不足为朝廷忧也。范阳自安史后不复系国家休戚,前日刘总纳土,朝廷糜费且百万,终不能得斗粟尺布以实天府,俄复失之。今志诚犹向载义也,第付以节,使捍奚、契丹,彼且自力,不足以逆顺治也。'帝曰:'吾初不计此,公言是也。'因遣使慰抚之。及武宗世,陈行泰杀史元忠,张绛复杀行泰以求帅,德裕以为河朔命帅,失在太速,使奸臣得计,迁延久之,擢用张仲武,而绛自毙。僧孺以无事为安,而德裕以制胜为得,此固二人之所以异,较之德裕则优矣。德裕节度剑南西川,吐蕃将悉怛谋以维州降。维州,西南要地也。是时方与吐蕃和亲,僧孺不可曰：'吐蕃绵地万里，失一维州，不害其强。今方议和好，而自违之，中国御戎，守信为上，应变次之。彼若来责失信，赞普牧马蔚茹川，东袭汧陇，不三日至咸阳，虽得百维州何益！'帝从之，使德裕反降者，吐蕃族诛之，德裕深以为恨，虽议者亦不直僧孺。然吐蕃自是不为边患，几终唐世，则僧孺之言非为私也。帝方用李训、郑注，欲求奇功，一日延英谓宰相：'公等亦有意于太平乎？何道致之？'僧孺曰：'臣待罪宰相，不能康济天下。然太平亦无象，今四夷不内侵，百姓安生业，私室无强家，上不壅蔽，下不怨讟，虽未及全盛，亦足为治矣；而更求太平，非臣所及也。'退谓诸宰相：'上责成如此，吾可久处此耶？'既罢未久，李训为甘露之事，几至亡国。帝初欲以训为谏官，德裕固争，言训小人，咎恶已著，决不可用。德裕亦以此罢去。二人所趣不同，及其临训、注事，所守若出于一人，吾以是知其皆伟人也。然德裕代僧孺于南（琼按此南上当脱淮字），诉其干没府钱四十万缗，质之非实；及在朱崖，作《穷愁志》，论《周秦行纪》，言僧孺有僭逆意，惮然小文去之心（琼按此数字当有误）老而不衰也。始僧孺南迁于循，老而获归，二子蔚、丛，后皆为名卿；德裕没于朱崖，子孙无闻，后世深悲其穷，岂德不足而才有余，固天之所不予耶？"按苏辙此论，表面上似持调和平衡之说，如谓德裕、僧孺皆为当世之伟人，而实则祖牛而绌李，所举事例，多不中理，亦不合事实，又如云德裕子孙后世无闻，亦于事实有违。苏辙此说，多本《通鉴》，与他在王安石变法时，初持两端，后终于倾向司马光这一政治态度有关。

宋吕夏卿《唐书直笔》卷四批评《旧唐书》体例不纯，中云："刘昫抵牾之甚，蒙窃能道其一二。……若李石之与僧孺、杨绾之与常衮是也。"则吕夏卿以李石为是，僧孺为非，直李党而斥牛党。

宋李之仪《书牛李事》（《姑溪居士集》卷十七），中云："武宗立，专任德裕，而为一时名相，唐祚几至中兴，力去朋党，卒为白敏中、令狐绹所中伤，岂无心始可立事，而有心则讫不能济。使德裕不以前日为念，而一心所事，唐祚固未艾也。"李之仪充分肯定德裕会昌时的政绩，但认为德裕仍以一党之私为念而表示遗憾。李之仪处于北宋后期新旧党争激烈之时，他因亲于苏轼而受到连累，故对牛李党争持折中态度。

宋叶梦得《避暑录话》卷二："李德裕是唐中世第一等人物，其才远过裴晋公，错综万务，应变开阖，可与姚崇并立，而不至为崇之权谲任数。使武宗之材如明皇之初，则开元不难致。其卒不能免祸而唐亦不兢者，特恩怨太深，善恶太明，及堕朋党之累也。推其源流，亦自其家法使然。彼吉甫于裴垍尚以恩为怨，况牛僧孺、李宗闵辈实相与为胜负者哉！故知房、杜诚不易得，天下唯不争长、不争功，则无事不可为。"又卷三云："大抵人才有四种，德量为上，气节次之，学术又次之，才能又次之。欲求成材，四者不可不备。……唐人房玄龄、裴度优于德量，宋璟、张九龄优于气节，魏郑公、陆贽优于学术，姚崇、李德裕优于才能。姚崇蔽于权数，德裕溺于爱憎，则所胜者为之累也。"按，叶梦得称德裕为"唐中世第一等人物"，在此之前，除李商隐外，尚无如此高之评价。又评德裕所谓"怨恩太深，善恶太明"，及"溺于爱憎"，则尚囿于成说。至于说德裕之朋党偏见，得之于其父，并谓吉甫对裴垍以怨为恩，则是深受《通鉴》的影响，不符合于实际。

宋王说《唐语林》卷七《补遗》："武宗任李德裕，德裕虽丞相子，文学过人。性孤峭，嫉朋党。"按，此条亦即辑自《玉泉子》等书。

宋董逌《广川书跋》卷八《武昌诗》："李卫公武昌诗，其间谓'牛羊具特俎'，则指牛僧孺、杨嗣复。叹夫朋党之怨，至于如此，虽一话言间，且不能忘，必求诋訾以逞其憾，安得公天下而无私好憎之心哉！德裕学优而材胜，其操术近正，但惆忿少容，以及于祸。"按，德裕武昌诗全篇已佚，仅存"牛羊具特俎"一句，亦见《全唐诗》卷四七五。单从这一句似还不能说是影射攻击牛僧孺等人。董逌虽然也说德裕"惆忿少容"，但仍肯定其"学优而材胜，其操术近正"，这应当说是德裕的基本点。

宋胡寅《读史管见》卷二五："李文饶资气劲直，才略通敏。"按，胡寅此评虽简，但论德裕的气质和才略，却甚确。这与胡寅于南宋初力主抗金、严斥秦桧的政治态度有关。

明王世贞《弇州山人稿·读〈会昌一品集〉》："余尝怪唐中兴以后，称贤相者，独举裴晋公，不及李文饶，以为不可解。后得文饶《一品集》读之，无论其文辞剀凿瑰丽而已，即揣摩悬断，曲中利害，虽晁、陆不胜也。文饶佐武宗，通黠戛斯，破回鹘，平太原，定泽潞，若振槁千里之外，披胆待烛，百万之众，俯首而听，一言之指麾，国势尊，主威振，即不啻屣裴公而上之。而及其贬也，天下有以为当然者，岂尽成败论耶？彼其誉太尉之赏浮，则不闻有以司徒匹者，讥平泉之观侈，则不闻以绿野匹者，又何也？裴以诚，李以术，裴以容，李以伎，如是而已。"

清王士禛《香祖笔记》卷十二："唐牛李之党，赞皇君子，功业烂然，与裴晋公相颉颃，武宗之治，几复开元、元和之盛，其党又皆君子也。僧孺小人，功业无闻，怛悉谋维州一事怨恫神人，其党李宗闵、杨虞卿之流又皆小人也。二人之贤不肖如薰莸然，不难辨也。自苏颍滨二人皆伟人之说出，谓僧孺以德量高，德裕以才气胜，而贤不肖始混淆矣。初僧孺尉嵩县，而水中滩出，有鹢鹡一双飞下，僧孺果入西台。陈仲醇云奇章入台当以鸥枭应之，此虽戏论，实公言耳。吾宗鹤尹兄抃工于词曲，晚作《筹边楼传奇》，一褒一贬，字挟风霜，至于维州一案，描摹情状，可泣鬼神，尝属予序之，而未果也。今鹤尹殁数年矣，忆前事为之怃然，聊复论之如此，将以代序，且以见传奇小技足以正史家论断之谬诬也。"

清全祖望《鲒埼亭集》外编卷三七《杜牧之论》："杜牧之才气，其唐长庆以后第一人耶。读其诗古文词，感时愤世，殆与汉长沙太傅相上下。然长沙生际熙时，特为庙堂作忧盛危明之言，以警惰窳，牧之正丁晚季，故其语益蒿目搥胸，不能自已，而其不善用其才亦略同。牧之世家公相，少负高名，其于进取本易，不幸以牛僧孺之知，遂为李卫公所不喜。核而论之，当时之党于牛者，尽小人也，而独有牧之之磊落，李给事中敏之伉直，则虽受知于牛，而不可谓之牛之党。卫公不能别白用之，概使沈埋，此其褊心，无所逃于识者之责备，而其勋名之不得究竟，至有朱崖之行，亦未尝不由此。然在牧之，则不可谓非急售其才，而不善其用者也。卫公讨泽潞，牧之上方略，卫公颇用其言，功成而赏弗之及，卫公诚过矣。然古之人有成非常之功，裂土封之，而飘然辞去者，牧之独弗闻耶？亦何用是怏怏为也。且卫公虽未能忘情于门户之见，而其相业虽怨仇之口不能没，牧之所为诗，其于卫公，深文诋之，是何言欤！近世海盐胡孝辕谓牧之年未五十，四典专城，亦不可谓之牢落，其言良是。……"

清毛凤枝《关中金石文字存逸考》卷九"华阴县"，于《剑南西川节度使李德裕题名》下云："赞皇既负不世之才，又遇有为之主，使能竟其用，则河北藩镇可以次第削平，中兴之功当以武宗为最。不幸武宗享国未久，宣宗嗣立，以奉册之微嫌，蹈骖乘之故辙，牛李之党乘间挤之，卒致贬死，岂不惜哉！余少读《通鉴》，每见赞皇之料事明决，号令整齐，其才不在诸葛下，而宣宗即位，自坏长城，赞皇功业不就，唐祚因以日微。懿、僖之际，藩镇构兵于外，宦寺弄权于内，遂酿黄巢之祸，朱温出其中，因移唐祚。君子读书至此，未尝不太息痛恨于贞陵也。"

二、文学

《松陵集》卷二皮日休《追和虎丘寺清远道士诗》，诗前小序云："虎丘山有清远道士诗一首……颜太师鲁公爱之不暇，遂刻于岩际，并有继作。李太尉卫公钦清远之高致，慕鲁公之素尚，又次而和之。颜之叙事也典，李之属思也丽，并一时之寡和。"按德裕诗为《追和太师颜公同清远道士游虎丘寺》，见别集卷三。

五代孙光宪《北梦琐言》卷七："弘农杨敬之撰《华山赋》，朱崖李太尉每置座右，行坐讽之。其略云……（小注：杨氏华阴之茂族，冠盖甚远，此乃寄意于华山而言世事，实雄才也。）"又卷六："愚曾览太尉《三朝献替录》，真可谓英才，竟罹朋党，亦独秀之所致也。"

宋周密《齐东野语》卷十："李德裕《文章论》云：'文章当如千兵万马，风恬雨霁，寂无人声。'黄梦升题兄子庠之辞云：'子之文章，电激雷震，雨雹忽止，阒然泯灭。'欧公喜诵之，遂以此语作祭苏子美文。"

清王士禛《池北偶谈》卷十七《谈艺·会昌一品集》："李卫公一代伟人，功业与裴晋公伯仲。其《会昌一品制集》，骈偶之中，雄奇骏伟，与陆宣公上下。别集忆平泉五言诸诗，较白乐天、刘梦得不啻过之。"

王士禛《香祖笔记》卷六："余尝欲取唐人陆宣公、李卫公、刘宾客、皇甫湜、杜牧、孙樵、皮日休、陆龟蒙之文，遴而次之，为八家以传。恨敢于吏事，不遑卒业，俟乞骸骨归田后，当毕斯志。"

清孙梅《四六丛话》卷六"制敕诏册"："……唐代演纶，始称妙选。太宗肇启瀛洲，俾参密勿，尔后封拜将相，例降麻词，则凤池专出纳之司，翰苑掌文章之柄。云烟焕烂，从青琐以追趋；铃索深沉，有玉堂之故事。自颜、岑、崔、李、燕、许、常、杨，起家济美，染翰垂名者，以十百数，而超群特出，尤推陆贽、李德裕焉。……学士不尽人意，敕书须卿自为，是卫公以揆路而摄掌纶也。……观《一品会昌》之集，明白晓畅，自足以伐敌国阴谋之计，岂非才猷迥出、词笔参长者乎！"

罗振玉《石交录》卷四："卫公负济世之才，相业彪炳，而文采亦冠于当世。欧阳公跋《大孤山赋》云，赞皇文辞，甚可爱也，其及祸，或责其不能自免，然古今聪明贤智之士不能免者多矣，岂独斯人矣欤！其慨慕甚至。予读公两志（琼按即德裕所作刘氏、徐氏墓志），与欧公有同慨也。"

三、学识才艺

唐张彦远《历代名画记》卷二《论鉴识收藏购求阅玩》："又有从来蓄聚之家，自号图书之府。（原注：近则……韩侍郎愈、裴侍郎潾、段相邹平公文昌、中书令晋公裴度、李太尉德裕）。"

《唐阙史》（题参寥子撰，乾符甲午生，甲辰岁自序）《贱买古画马》："荥阳外郎蕡宰万年日，有荷校者以贼呼之，言尝给妇人廉市马画，外郎奇之，命取以视，则古丝烟晦，幅联三四，蛮爵裁标，斑鼊轴之，曰：'是画也，太尉李公所宝。'隙有赞皇图书篆焉……"

唐冯翊《桂苑丛谈》"竹柱杖"条："太尉朱崖公两出镇于浙右，前任罢日，游甘露寺，因访别于老僧院，公曰：'弟子奉诏西行，祗别和尚。'老僧者熟于祗接，至于谈话多空教，所长不甚，对以他事，由是公怜而敬之。煮茗既终，将欲辞去，公曰：'昔有客遗筇竹杖一条，聊与师赠别。'亟令取之。须臾而至，其杖虽竹而方，所持向上，节眼须牙，四面对出，天生可爱，且朱崖所宝之物，即可知也。别后不数岁，再领朱方，居三日，复因到院，问前时柱杖何在，曰：'至今宝之。'公请出观之，则老僧规圆而漆之矣。公嗟叹再弥日，自此不复目其僧矣。太尉多蓄古远之物，云是大宛国人所遗竹，唯此一茎而方者也。"

南唐尉迟偓《中朝故事》："古者五行官守皆不失其职，声色香味俱能别之。赞皇公李德裕，博达之士也。居庙廊日，有亲知奉使于京口，李曰：'还日金山下扬子江中泠水与取一壶来。'其人举棹日，醉而忘之，泛舟止石城下，方忆及，汲一瓶于江中，归京献之。李公饮后，惊讶非常，曰：'江表水味，有异于顷岁矣。此水颇似建业石城下水。'其人谢过，不敢隐也。有亲知授舒州牧，李谓之曰：'到彼郡日，天柱峰茶可惠三数角。'其人献之数十斤，李不受，退还。明年罢郡，用意精求，获数角投之，赞皇阅之而受曰：'此茶可消酒肉毒。'乃命烹一瓯沃于肉食，以银合闭之，诘旦同开视，其肉已化为水矣。众伏其广识也。"

五代孙光宪《北梦琐言》卷四："唐朱崖李太尉与同列款曲，或有征其所好者，掌武曰：'喜见未闻言、新书策。'"

宋陶榖《清异录》卷三《斗磨大洞簹》："李文饶家藏会昌所赐大同簹，其体白竹也。斗磨平密，了无罅隙，但如一度腻玉耳。"

宋李昭玘《乐静集》卷七《送吴秀才归汶上序》，中云："唐李卫公薨百八十年，士大夫有观故物于其家者，感叹恻隐，敛容肃心，竦动耳目，如见其人。彼其声音笑貌已散于冥漠，气血精魄复化为尘腐，后之人方且区区起慕于手泽之遗物，此独爱卫公之贤为不足故也。物之偶存者犹然，果见贤子孙则爱之宜何如。"按由此可见宋人睹李德裕之遗物，尚能"敛容肃心，竦动耳目"。

罗振玉《石交录》卷四："魏晋以后，篆隶书法日亡，故六朝以降，隶书诸刻，罕有得古法者。予所见六朝以降隶书，惟北齐赫连子悦墓志丰厚近古，若有隋诸志多隶书，均屡劣可憎，毫无法矩。唐时贺秘监，传称其工楷隶，然今观其所撰戴令言及朱公夫人王氏志，皆庸俗不足观。……今予所藏隶书者偻指不能计，但罕有工者，其尚存古法者，有唐惟李卫公一人耳。"

四、生活

唐李冗《独异志》卷下："武宗朝宰相李德裕奢侈极，每食一杯羹，费钱约三万，杂宝贝珠玉雄黄朱砂煎汁为之，至三煎，即弃其滓于沟中。"

《谈宾录》（《类说》卷十五）《金盆渍白龙皮》："李德裕当盛暑会客，以金盆渍白龙皮于坐侧，须臾凉飙爽气，凛若秋高。"

宋丁用晦《芝田录》："李德裕取惠山泉，自常州京置递号水递。"按此据《说郛》本，文字疑有误，不可句读，其书仅十余条，皆记南朝隋唐事，文字疏略，似系杂抄而成。《唐语林》卷七《补遗》亦有类似记载，而所载较详，云："李卫公性简俭，不好声妓，往往经旬不饮酒，但好奇功名。在中书不饮京城水，茶汤悉用常州惠山泉,时谓之'水递'。有相知僧允躬白公曰:'公迹并伊、皋,但有末节尚损盛德。万里汲水,无乃劳乎?'公曰:'大凡末世浅俗,安有不嗜不欲者?舍此即物外,世网岂可萦系?然弟子于世,无常人嗜欲,不求货殖,不迩声色,无长夜之欢,未尝大醉。和尚又不许饮水,无乃虐乎?若敬从上人之命,即止水后,诛求聚敛,广畜姬侍,坐于钟鼓之间,使家败而身疾,又如之何?'允躬曰:'公不晓此意。公博识多闻,止知常州有惠山寺,不知脚下有惠山寺井泉。'公曰:'何也?'曰:'公见极南物极北有,即此义也。苏州所产,与汧、雍同。陇岂无吴县耶?所出蒲鱼菰鳖既同,彼人又能效苏之织纴,其他不可遍举。京中昊天观厨后井,俗传与惠山泉脉相通。'因取诸流水,与昊天水、惠山水称量,唯惠山与昊天等,公遂罢取惠山水。"

又,段成式曾为德裕之浙西、荆南幕府从事,《酉阳杂俎》中有数处记德裕言谈,也可见出德裕之博识多闻,今亦摘录于下:

《酉阳杂俎》续集卷八《支动》:"卫公言鹅警鬼,鸂鶒厌火,孔雀辟恶。""卫公画得峡中异蝶,翅阔四寸余,深褐色,每翅上有二金眼。""公又说道书中言獐鹿无魂,故可食。"

同上续集卷九《支植》上:"卫公言,桂花三月开,黄而不白,大庾诗皆称桂花耐日,又张曲江诗'桂华秋皎洁',妄矣。""卫公又言,衡山旧无棘,弥境草木无有伤者。曾录知江南,地本无棘,润州仓库或要固墙隙,植蔷薇枝而已。""卫公言,有蜀花鸟图,草花有金粟、石阑、水礼、独角将军、药管。石阑叶甚奇，根似棕叶。大凡木脉皆一脊，唯桂叶三脊。""（卫公）又言，贞元中牡丹已贵，柳浑善言：'近来无奈牡丹何，数十千钱买一窠。今朝始得分明见，也共戎葵较几多。'成式又尝见卫公图中有冯绍正鸡图，当时已画牡丹矣。""卫公庄上旧有同心蒂木芙蓉。""卫公言，金钱花损眼。""卫公言，石榴甜者谓之天浆，能已乳石毒。""卫公言，三鬣松与孔雀松别。又云，欲松不长，以石抵其直下根，便不必千年方偃。"

关于德裕著作的记载。

《旧传》谓："好著书为文，奖善嫉恶，虽位极台辅，而读书不辍。……有文集二十卷。记述旧事，则有《次柳氏旧闻》、《御臣要略》、《伐叛志》、《献替录》行于世。"《新传》也称其"善为文章，虽至大位，犹不去书"，又谓"生平所论著多行于世"。《新书·艺文志》除著录其文集外，还著录德裕所著《次柳氏旧闻》、《文武两朝献替记》、《会昌伐叛记》、《异域归忠传》、《御臣要略》、《西南备边录》等。唐朝任宰相大臣而所著有如此多种，是极少见的。

关于德裕著作的流传、刊刻情况，笔者与周建国同志已撰有《李德裕文集校笺》，前言中有详述，此处不再赘及。

外集四卷，也称《穷愁志》，前有小序，云："予顷岁吏道所拘，沈迷簿领，今则幽独不乐，谁与晤言，偶思当世之所疑惑，前贤之所未及，各为一论，庶乎箴而体要，谓之《穷愁志》，凡三卷，篇论四十九首。销此永日，聊以解忧。地僻无书，心力久废，每怀多闻之益，颇有缺疑之恨。贻于朋友，以俟箴规。"则是被贬后在崖州所作。《直斋》卷十六谓："《穷愁志》，晚年迁谪后所作,凡四十九篇,其论精深,其词峻洁,可见其英伟之气;《周秦行纪》一篇,奇章怨家所为,而文饶遂信之尔。"自《新书·艺文志》至《四库全书总目》,都加著录,似已不成问题。但《穷愁志》是否全为德裕所作,尚可讨论。

《穷愁志》中有些篇章可以确定非李德裕作。如《须数有报论》(卷四)又云:"余乙丑岁自荆楚保厘东周。"乙丑为会昌五年,这年自春至冬,德裕事迹皆可考见,在朝任相,如何有自荆楚改东都留守之事?此事乃在宣宗即位以后,会昌六年九月。《穷愁志》为作于大中三年,则三年以前之事怎能乖刺如此?又如《周秦行纪论》。此篇载于卷四,与全书体例极不相合。《穷愁志》所载,或可称为史论,此篇独为相传牛僧孺所作的传奇小说《周秦行记》而发,实不协调。关于《周秦行纪》的作者,自宋张洎《贾氏谈录》起,就有不少人以为是韦瓘所作而托名于牛僧孺者。《贾氏谈录》谓:"牛奇章初与李卫公相善,尝因饮会,僧孺戏曰:'绮纨子何预斯坐?'卫公衔之。后卫公再居相位,僧孺卒遭谴逐。世传《周秦行纪》非僧孺所作,是德裕门人韦瓘所撰。开成中,曾为宪司所核,文宗览之,笑曰:'此必假名,僧孺是贞元中进士,岂敢呼德宗为沈婆儿也。'事遂寝。"这段记载有不合事实、不合情理的地方。说李德裕、牛僧孺二人最初相善,于史无征;又说牛在一次饮宴场合讥刺德裕,德裕怀恨在心,后居相位,遂将牛贬逐,都非事实,前谱可按。又说《周秦行纪》为德裕门人韦瓘所作,按《新书》卷一六二《韦夏卿传》后附有瓘小传,夏卿弟正卿,瓘为正卿子,"字茂弘,及进士第,仕累中书舍人。与李德裕善，德裕任宰相，罕接士，唯瓘往请无间也。李宗闵恶之，德裕罢，贬为明州长史。会昌末，累迁楚州刺史，终桂管观察使"。又唐莫休符《桂林风土记》之《碧浔亭》条载，韦瓘于大中初任桂管，马植拜相，罢瓘桂管任。可见韦瓘因与李德裕友善而受到党争的牵累，曾两度被贬官。但《唐会要》卷五五《谏议大夫》条载瓘于元和十五年十月任左拾遗之职，可见他与德裕同时，仕宦还比德裕为早，绝不可能是李德裕的门生。由以上几点，可见《贾氏谈录》此条的记载不可信。所谓贾氏，指贾黄中，五代末、北宋初人，距德裕时代已远，得之传闻，实不足为据。但此条记载的影响却很大，如晁公武《郡斋读书志》也沿用这一说法，后人并据以论证牛、李二人的优劣，如宋朱翌《猗觉寮杂记》卷下："李德裕《穷愁志·周秦行记论》，谓牛僧孺身与帝王后妃冥遇，证其身非人臣相，怀异志于图谶云云，所恨未暇族之，若不在当代，必在子孙，须以太牢少长咸置于法。牛李之党，如宗闵之徒，则小人也，僧孺无大过恶，而德裕恨之如此之深，亦过矣，至欲灭其族，则德裕乃忍人也。僧孺岂能为篡逆，身死之后，子孙岂有反者。信图谶而妄加人以灭族之罪，恐天地不容，鬼神不赦，卒死朱崖，未必非报也。"明胡应麟《少室山房笔丛》卷三二《四部正讹》下："《周秦行纪》，李德裕门人伪撰，以构牛奇章者也。中有沈婆儿作天子等语，所为根蒂者不浅。独怪思黯罹此巨谤，不亟自明，何也？牛、李二党曲直，大都鲁、卫间，牛撰《玄怪》等录，亡只词构李，李之徒顾作此以危之。於戏！二子者，用心可睹矣。牛迄功名终，而子孙累叶贵盛，李挟高世之才,振代之绩,卒沦海岛,非忌克忮害之报耶?"朱、胡二人都是根据不确实的材料加以推论,并从而对李德裕的不幸遭遇作幸灾乐祸的讥讽。宋人陈善在《扪虱新语》(卷十三《牛僧孺李德裕之党》)中虽也袒牛而薄李,但其中云:"德裕在海南作《穷愁志》,论《周秦行纪》,谓僧孺有不臣之志,且以为两角犊子自颠狂为牛氏之谶,不知两角犊子自全忠姓也。"这里于无意中透露出一个重要消息,即本是晚唐五代人讥讽朱全忠的言辞被用进这篇《周秦行纪》中去。这也可以用来解释胡应麟的问题:"独怪思黯罹此巨谤,不亟自明,何也?"本是晚唐五代人所作,牛僧孺根本没有见到,何能辨谤呢? 假如果是文宗时已有此书,牛党能如此沉默吗? 这也就是为什么有关此书作者的公案直到《贾氏谈录》才加记载的原因。较为合理的推测是:《周秦行纪》为晚唐五代人所作,为了诬蔑李德裕,托名牛僧孺所撰,因韦瓘与李德裕亲善,就又说此篇实际为德裕门生韦瓘所作,以显示李德裕之阴险,同时又伪撰《周秦行纪论》,作为《穷愁志》中的一篇,以坐实此事。——因《周秦行纪》一向以韦瓘所撰,近人研究者又屡引用《贾氏谈录》,故稍作考证,以求正于方家。(清叶奕苞《金石录补》卷二十《唐韦瓘峿溪题名》有记韦瓘事,可参。)

《穷愁志》中有不少篇措辞激烈,有好几处似抨击宣宗时朝政及白敏中等人,如《小人论》(卷三):"世所谓小人者,便僻巧佞,翻覆难信;此小人常态,不足惧也。以怨报德,此其甚者也;背本忘义,抑又次之。便僻者,疏远之则无患矣,翻覆者,不信之则无尤矣;唯以怨报德者,不可预防,此所谓小人之甚者。"此系影射白敏中（《新唐书·白敏中传》即言：
"德裕贬，敏中诋之甚力，议者訾恶。德裕著书亦言'惟以怨
报德为不可测'，盖斥敏中云。"）《汉元论》（卷一）讽刺汉元
帝"以恭、显为贤而任之不疑"，《荀悦论高祖武宣论》（同上）
又再次抨击元帝"信谗而杀"忠臣，结果是"王业既衰，至成、
哀陵替，才三世而王莽篡夺"。似影射唐宣宗。又《近世节士
论》举丁生（柔立）、魏生（铏）为例，说己于武宗时为相，未曾
重用丁生，而宣宗时"一旦触群邪，犯众怒，为一孤臣独夫"，
丁生却"正言无避"；又说"魏生为酷吏所逼，终不诎服"，竟
致"舆疾远窜，溢尽道途，疑其幽魂，必上诉于天矣"，这是把
宣宗朝的大臣都说成"群邪"、"酷吏"。以上这些激烈的言
词，对于被贬远窜的罪人，是会有不少风险的，因此也易被人
怀疑是否为李德裕本人所作。按德裕于大中三年为其妻刘
氏所作墓志中，即有言："余性直盗憎，位高寇至，道不能枉，
世所不容。"自言其生性本是如此，更何况既已远窜，更置生
死于度外，于是对古今政事即毫无顾虑地直言，颇有新见。

　　《李德裕文集校笺》的"前言"中曾举有例子，说明外集
中有些篇在论述中只能出于德裕之手，别人是造不出来的。
如外集卷二《忠谏论》，中云："谏大夫言婢不为主，白马令言
帝欲不谛（自注：刘、李二人名各不便，故书其官）。"经考查，
此处的谏大夫，系指西汉时刘辅，《汉书》七十七有传。他曾
为谏大夫，时汉成帝欲立赵婕好为皇后，刘辅上书力谏。白
马令系指东汉时李云，《后汉书》卷五十七有传。李云任白
马令时，桓帝立掖庭女亳氏为皇后，李云上书，中云："孔子曰：

帝者,谛也。今官位错乱,小人诡进,财货公行,政化日损,尺一拜用不经御省。是帝欲不谛乎?"李云因此而死于狱中。李德裕此处用《汉书》《后汉书》的典故,其自注云"刘、李二人名各不便,故书其官",那是因为其祖李栖筠之筠与李云之云同音,其父李吉甫与刘辅之辅同音。唐人避家讳甚严,也已成为社会风气。开成三年日本僧人圆仁等乘船来到扬州,时李德裕任淮南节度使,驻扬州,日本僧人要谒见地方长官就先询问长官所避家讳,淮南使府的随从人员即告以"府、吉、甫、云"四字,即"翁讳云,父讳吉甫"(见《入唐求法巡礼行记》,又本书开成三年谱)。由此可知《忠谏论》中自注"刘、李二人名各不便,只书其官",如果非身处其境,是写不出来的。别的篇也有叙其亲身经历,非别人所能代替的。

除文集外,李德裕尚有一些专著,今略述于下:

(一)《次柳氏旧闻》　《新·艺文志》及晁、陈二志皆作一卷。《直斋》(卷七传记类):"李德裕撰。记柳芳所闻于高力士者,凡十七条。上元中,芳谪黔中,力士徙巫州,芳从力士问禁中事,德裕父吉甫从芳子冕闻之。"《类说》等书所载题为《明皇十七事》。友人程毅中同志对此书曾作过校点,并从《五朝小说》、《唐人说荟》等本补辑佚文两条,因此说"原书恐不止十七事"。

(二)《文武两朝献替记》　《新·艺文志》史录杂史类著录为三卷,《崇文总目》及晁、陈二志同,陈志(卷五)谓"叙文武两朝相位奏对事迹",则当作于宣宗时。今已佚,《通鉴·考异》中尚有引用。又苏轼《与王郎昆仲及儿子迈绕城观荷花,登岘山亭,晚入飞英寺,分韵得月明星稀四字》,南宋施元之注有云:"李德裕《献替记》:出不至远,归不近夜。"(中华书局版《苏轼诗集》卷十九)则其书宋时犹存。

(三)《会昌伐叛记》 《新·艺文志》史录杂史类著录为一卷,《崇文总目》及陈志同,陈志(卷五)谓"记平泽潞事"。似亦作于宣宗时。全书已佚,《通鉴·考异》中尚有引用。

(四)《异域归忠传》 《新·艺文志》史录杂传记类录为二卷,陈志(卷七)同,并谓:"会昌二年,嗢没斯内附,德裕奉诏,采秦汉以来,由绝域归中国,以名节自著、功业始终者,凡三十人,为之传。"按《一品集》卷二有《异域归忠传序》,亦谓"勒成上下两卷"。今佚。

(五)《御臣要略》 《旧·李德裕传》提及《御臣要略》行于世。《新·艺文志》子录儒家类著录,则注云"卷亡"。《崇文总目》及晁、陈二志均未著录,或在北宋时亡佚。

(六)《西南备边录》 《新·艺文志》子录兵书类著录为十三卷,而《崇文总目》、陈志皆作一卷。陈志(卷七)谓:"唐宰相李德裕文饶撰。大和中镇蜀所作,内州县城镇兵食之数,大略具矣。"今佚。

(七)《大和辨谤略》 《崇文总目》、陈志著录为三卷。陈志(卷五)谓:"初宪宗命令狐楚等为《元和辨谤略》十卷,录周秦汉魏迄隋忠贤罢谗谤事迹,德裕等删其繁芜,益以唐事,裁成三卷,大和中上之,集贤学士裴潾为之序,元和书今不存,邯郸书目亦止有前五卷。"今佚。

（八）《黠戛斯朝贡图传》　《崇文总目》著录为一卷。晁、陈二志谓在德裕《姑臧集》内，已见前。今佚。

又，据洪迈《容斋三笔》卷六所载，德裕尚有《网川图跋》一文，题为大和二年正月在浙西观察时。此文是否出德裕手，尚有可疑，可参看岑仲勉《唐史余沈》卷三《凡易三十六镇》条。

大中六年壬申（八五二）

德裕子烨护德裕、德裕妻等灵柩，自崖州返葬于洛阳。

《唐茅山燕洞宫大洞炼师彭城刘氏墓志铭并序》附"第四男烨记"："殆及再期，乃蒙恩宥，命烨奉帷裳还祔先兆。烨舆曳就途，饮泣前进，壬申岁春三月，扶护帷裳，陪先公旌旆发崖州，崎岖川陆，备尝险艰，首涉三时，途经万里，其年十月，方达洛阳。十二月癸酉迁祔，礼也。"

李潘《唐故郴县尉赵郡李君墓志铭并序》："会先帝（琼按此指宣宗）与丞相论兵食制置西边事，时有以（卫）公前在相位事奏，上颇然之，因诏下许归葬。君躬护显考及昆弟亡姊凡六丧，洎仆驭辈有死于海上者，皆辇其枢悉还。亲属之家，诚节昭感，若有所卫。"

据此，则是李烨于本年三月扶其父、母、兄、弟、姊等六丧及仆人死于贬所者，由崖州北返，十月抵洛阳，十二月葬于先世兆茔。时烨尚为立山尉。

德裕得以归葬的原因，前引李潘所作墓志，说是宣宗"与丞相论兵食制置西边事，时有以（卫）公前在相位事奏，上颇然之，因诏下许归葬"。按会昌五年，李德裕曾奏请立备边库，收纳度支、户部、盐铁三司钱物，以备日后供西边军事之用；大中三年，改名延资库。《通鉴》大中四年八月载："以白敏中判延资库。"同年九月载："党项为边患，发诸道兵讨之，连年无功，戍馈不已；右补阙孔温裕上疏切谏，上怒，贬柳州司马。"又大中五年载："上以南山、平夏党项久未平，颇厌用兵。崔铉建议，宜遣大臣镇抚。三月，以白敏中为司空、同平章事，充招讨党项行营都统、制置等使，南北两路供军使兼邠宁节度使。……（四月）敏中军于宁州。壬子，定远城使史元破党项九千余帐于三交谷，敏中奏党项平。……八月，白敏中奏南山党项亦请降。时用兵岁久，国用颇乏，诏并赦南山党项，使之安业。"

又《通鉴》懿宗咸通元年十月，《考异》引《金华子杂编》："宣宗尝私行经延资库，见广厦连绵，钱帛山积，问左右曰：'谁为此库？'侍臣对曰：'宰相李德裕执政日，以天下每岁备用之余尽实此，自是已来，边庭有急，支备无乏者，兹实有赖。'上曰：'今何在？'曰：'顷以坐吴湘狱贬于崖州。'上曰：'如有此功于国，微罪岂合深谴！'由是刘公邺得以进表乞追雪之。上一览表，遂许其加赠、归葬焉。"按司马光不信此说，谓："按宣宗素恶德裕，故始即位即逐之，岂有不知其在崖州而云'岂合深谴'！又刘邺追雪在懿宗时，此说殊为浅陋，今不取。"司马光所举《金华子杂编》此则记事有不合事实处，诚是,但由此而否定宣宗因延资库之积累钱帛,而追想德裕之功,因下诏许其归葬,却证据不足。陈寅恪《李德裕贬死年月及归葬传说辨证》对此有所辨析,谓:"唐宣宗之以白敏中平党项,适如清高宗以傅恒平金川,皆自欺欺人之举。宣宗宜因此有感于德裕之边功及置备边库之筹策。李烨墓志所谓'先帝与丞相论兵食制置西边事,时有以公前在相位事奏,上颇然之,因下诏许归葬',实指此事无疑。然则《金华子杂编》之说虽有传述过甚之处,要为宣宗所以特许德裕归葬之主因,则可决言。温公以常识判其不足取,而不知千载之后,冢墓遗文忽出人间,遂翻此一重公案也。"陈说甚是。

又裴光庭《东观奏记》卷中载:"太尉、卫国公李德裕,上即位后坐贬崖州司户参军,终于贬所。一日,丞相令狐绹梦德裕曰:'某已谢明时,幸相公哀之,放归葬故里。'绹具为其子滈言,滈曰:'李卫公犯众怒,又崔、魏二丞相(崔铉、魏謩)皆敌人也,见持政,必将上前异同,未可言之也。'后数日,上将坐延英,绹又梦德裕曰:'某委骨海上,思还故里,与相公有旧,幸悯而许之。'既寤,召其子滈曰:'向来见李卫公精爽尚可畏,吾不言,必掇祸。'明日,入中书,具为同列言之,既于上前论奏,许其子蒙州立山县尉护丧归葬。"钱易《南部新书》庚卷亦载:"咸通中,令狐绹尝梦李德裕诉云:'吾获罪先朝,过亦非大,已得请于帝矣。子方持衡柄,诚为吾请,俾穷荒孤骨,得归葬洛阳,斯无恨矣。'他日,令狐率同列上奏,懿皇允纳,卒获归葬。""托梦"云云,事属悠茫,意在写李德裕为委琐屈辱之人,且德裕归葬在宣宗时,《南部新书》云在懿宗时,亦不合。此当为晚唐牛党文人所撰造。

本年夏,李商隐奉东川节度使柳仲郢之命,赴荆南设奠路祭德裕归枢,并作诗赠李烨。

　　陈寅恪《李德裕贬死年月及归葬传说辨证》考大中五年柳仲郢镇东川,辟李商隐为其幕僚;大中六年夏杜悰由西川移镇淮南,仲郢乃遣商隐往渝州迎候杜悰,"并同时因水程之便利,即遣商隐径由渝州往江陵,致祭德裕之归樇,实不止令其代作祭文也"。

　　《通鉴》咸通元年九月条《考异》载柳仲郢镇东蜀,"设奠于荆南,命从事李商隐为文曰:'恭承新渥,言还旧止。'又云:'身留蜀郡,路隔伊川。'"按商隐所作祭文,今已不存。

　　柳仲郢,两《唐书》有传,见《旧书》卷一六五,《新书》卷一六三。仲郢本在牛僧孺武昌幕府,会昌时德裕执政,不以为嫌,重用之,擢为京兆尹,治理有法,政号严明。宣宗即位,德裕罢相,因仲郢与德裕厚善,乃出为郑州刺史。大中六年至九年,为东川节度使(参《唐方镇年表》)。约大中九、十年间,充诸道盐铁转运使,在此期间,任德裕兄子从质为推官。《旧传》载:"仲郢严礼法,重气义。尝感李德裕之知,大中朝,李氏无禄仕者。仲郢领盐铁时,取德裕兄子从质为推官,知苏州院事,令以禄利赡南宅。令狐绹为宰相,颇不悦。仲郢与绹书自明,其要云:'任安不去,常自愧于昔人;吴咏自裁,亦何施于今日?李太尉受责既久,其家已空,遂绝蒸尝,诚增痛恻。'绹深感叹,寻与从质正员官。"由此可见柳仲郢之为人。

李商隐有《无题》诗："万里风波一叶舟,忆归初罢更夷犹。碧江地没元相引,黄鹤沙边亦少留。益德冤魂终报主,阿童高义镇横秋。人生岂得长无谓?怀古思乡共白头。"(《玉溪生诗集笺注》卷二)冯浩引何焯评,谓"此篇未详",冯浩也未解诗之旨意。陈寅恪于《李德裕贬死年月及归葬传说辨证》文中以此诗为李商隐荆南祭德裕归柩时李烨所作,其说甚精,摘录于下:

　　"《无题》云:'万里风波一叶舟,忆归初罢更夷犹。'此诗为商隐于江陵为李烨所赋。烨以舟载父及亲属诸柩北归,'初罢'者非'罢桂府'之'初罢',考烨贬蒙州立山尉,于大中六年以前奉诏特许归葬,其时尚未除父丧也。其奉诏北归葬亲,既在父丧服未除中,必罢立山尉职。其过江陵时距罢立山尉职不久,故谓之'初罢'。盖宣宗当日止许烨北归葬父,事迄仍须返立山尉贬职。此据烨自撰其妻郑氏墓志推得之结论。烨虽急欲归洛阳,然于荆南却有逗留,故得邀之中途,因以设奠,此所谓'忆归初罢更夷犹'也。由此言之,江陵为商隐与烨会遇之交点。商隐之由西而东,抵于江陵,杜诗之'即从巴峡穿巫峡'也。烨之由南而北,发自江陵,杜诗之'便下襄阳向洛阳'也。以年月为经,以路线为纬,以《无题》之诗案于是始能判决矣。'碧江地没元相引,黄鹤沙边亦少留。'此二句不能得其确解。大约烨自湖南至荆南,其途中少有滞留,自所不免,恐亦欲于沿途所过之地方官吏及亲故中有所乞请耶?……'益德冤魂终报主,阿童高义镇横秋。'若谓此诗作于大中六年夏间德裕归葬时,且在宣宗有感于'西边兵食制置事'特许其归葬之后,则与张(采田)氏之解此诗,谓作于大中二年时,去德裕贬潮州仅数月者,更于文理可通。德裕本为太尉,故商隐作'旧将军'七律追感其人,亦有'李将军是旧将军'之名。生前既以武功邀奇遇,死后复因边事蒙特恩,又曾任西川节度使,建维州之勋,其以益德为比,亦庶几适切矣。不必更求实典,恐亦未必果有实典,而今人不知也。至'阿童高义'句自指仲郢而言,若合二名并读之,即是东川节度柳仲郢遣使祭崖州司户参军李德裕之归柩也。较之以阿童比李回之因德裕党左迁为高义者,立说似更简便;两说相较,何去何从,读者自知抉择也。'人生岂得长无谓,怀古思乡共白头。'此二句极佳,不待详说,若仍欲加以解释,即诵《哀江南赋》'班超生而望返,温序死而思归'之句,以供参证可也。"

大中九年乙亥(八五五)

李烨妻郑氏(珍)卒于立山县,年二十九。有子二人:庄士、庄彦。

李烨《大唐赵郡李烨亡妻荥阳郑氏(珍)墓志并铭》:"大中九年乙亥岁五月廿九日丙子,遘疾终于蒙州之旅舍,享年廿九。"又云:"及烨家罹时网,播迁岭外,涉历危苦,未尝倦容。予钟鞠凶,闻讣贬所,夫人号恸将绝,哀感中外。予衣服外除,再抵荒外,岁时祀事,夫人皆躬自预焉。"则郑氏随烨同赴蒙州立山县贬所,历尽危若。时烨尚未去贬谪,因此只得暂厝于当地:"以予方婴谴谪,子始孩提,无人护丧,权殡于蒙州紫极宫南,期予恩贷,自营葬事。"由此也可见其子尚为孩童(《志》又云:"有子二人,曰庄士、曰庄彦,匍匐孺慕,予不忍焉")。

又,据《志》所载,烨之长兄浑之子褒,在浑卒后也养育于郑氏处:"长兄故尚书比部郎钟念少子曰褒,顾其靡识,危悷之际,令予子之。夫人鞠育勤到,至爱由衷,恩过所出。"

大中十四年
咸 通 元 年　庚辰(八六〇)

李烨遇赦,由立山尉量移为郴县尉。春离桂林,途中遇疾,六月卒于郴县,年三十五。

李濬《唐故郴县尉赵郡李君墓志铭并序》:"维大中十四年岁次庚辰夏六月庚辰朔廿六日乙巳,故郴县尉赵郡李君享年三十有五,以疾终于县之官舍。"又云:"今皇帝嗣位之岁,御丹凤肆赦,诏移郴县尉。自春离桂林,道中得瘴病,日减眠食,就枕千五百刻,将瞑之夕,遗诫二子,手疏数幅……"按宣宗卒于大中十三年八月,同月懿宗即位。据《新书·懿宗纪》,大中十三年,"十月辛卯,大赦"(《通鉴》同)。李烨当是因此次大赦而得以量移。又大中十四年十一月始改元为咸通,李烨于本年六月卒,故墓志尚以大中纪年。

《志》又云:"夫人荥阳郑氏,前君七年殁于蒙州。长子庄士、次子庄彦,女曰悬黎,尚幼。"

又《旧书》德裕传末载烨事,谓"烨咸通初量移郴州郴县尉,卒于桂阳"。《李德裕贬死年月及归葬传说辨证》云:"《通典》一八三《州郡典》云:桂阳郡,郴州,今理郴县;连山郡,连州,今理桂阳县。李烨志言烨'卒于县之官舍',即郴县之官舍。《旧唐书》言烨'卒于桂阳',此'桂阳'指桂阳郡,非桂阳县。盖烨任桂阳郡即郴州之郴县尉,非连山郡即连州之桂阳县尉也。"

右拾遗刘邺上言,论李德裕及其父为相,有声迹功效,宜加哀闵,赠以一官。十月丁亥,敕复德裕太子少保、卫国公,赠左仆射。

《通鉴》咸通元年:"右拾遗句容刘邺上言:'李德裕父子为相,有声迹功效,窜逐以来,血属将尽,生涯已空,宜赐哀闵,赠以一官。'冬十月丁亥,敕复李德裕太子少保、卫国公、赠左仆射。"

按刘邺,《旧书》卷一七七、《新书》卷一八三有传。邺为三复子,三复屡为德裕幕府从事,会昌中又入朝任刑部侍郎之职,约卒于会昌时。《旧传》载:"邺六七岁能赋诗,李德裕尤怜之,与诸子同砚席师学。大中初,德裕贬逐,邺无所依,以文章客游江浙。"咸通初为左(右)拾遗,召充翰林学士。《旧传》详载邺上疏论李德裕事云:"邺以李德裕贬死珠崖,大中朝以令狐绹当权,累有赦宥,不蒙恩例。懿宗即位,绹在方镇,属郊天大赦,邺奏论之曰:'故崖州司户参军李德裕,其父吉甫,元和中以直道明诚,高居相位,中外咸理,讦谟有功。德裕以伟望宏才,继登台衮,险夷不易,劲正无群。禀周勃厚重之姿,慕杨秉忠贞之节。顷以微累,窜于遐荒,既迫衰残,竟归冥寞。其子烨坐贬象州立山县尉。去年遇陛下布惟新之命，覃作解之恩，移授郴州郴县尉，今已殁于贬所。倘德裕犹有亲援，可期振扬，微臣固不敢上论，以招浮议。今骨肉将尽，生涯已空，皆伤荣戟之门，遽作荆榛之地，孤骨未归于茔兆，一男又没于湘江。特乞圣明，俯垂哀愍，俾还遗骨，兼赐赠官。上弘录旧之仁，下激徇公之节。'诏从之。"按大中六年李烨已护其父母兄弟之丧归葬洛阳，而刘邺于咸通元年上奏尚言"孤骨未归于茔兆"，且求"俾还遗骨"，实为可疑。《通鉴·考异》曾推测"或者后人伪作之，非邺本奏也"。但邺所言其他事均可征信，凭此一点，似还不能断定此篇上疏为伪作，或大中六年归葬事，刘邺未知，故又重复言之。《新传》则仅言："邺伤德裕以朋党抱诬死海上，令狐绹久当国，更数赦，不为还官爵，至懿宗立，绹去位，邺乃申直其冤，复官爵，世高其义。"虽稍简，较得其实。

咸通九年戊子(八六八)

正月，李烨子延古为集贤校理。

《南部新书》乙卷："咸通九年正月，始以李赞皇孙延古起家为集贤校理。"

按《新书》卷七十二上《宰相世系表》二上，载李烨子殷衡、延古，"殷衡，右补阙；延古，司勋员外郎"。但前文所引李烨所作其妻郑氏墓志及李潘所作李烨墓志，皆曰二子为庄士、庄彦,则庄士、庄彦为幼时所名,成人后改为殷衡、延古。《旧五代史》卷六十又有《李敬义传》,则云:"李敬义,本名延古,太尉卫公德裕之孙。"

又《新·李德裕传》末略载延古事,谓乾符(八七四—八七九)中为集贤校理,与《南部新书》异。

昭宣帝天祐二年乙丑(九〇五)

六月,李延古以前司勋员外郎责授卫尉寺主簿。

《通鉴》昭宣帝天祐二年六月,记朱温杀害裴枢等朝臣多人,朝野惊惧,"时士大夫避乱,多不入朝,壬辰,敕所在州县督遣,无得稽留。前司勋员外郎李延古,德裕之孙也,去官居平泉庄,诏下未至,责授卫尉寺主簿"。由此,则平泉此时尚保留,仍为李氏所有。

五代后梁太祖开平二年戊辰(九〇八)

李殷衡仕梁为右补阙,出使南汉,为南汉帝刘隐所留。

《通鉴》后梁太祖开平二年十月,"辛酉,以刘隐为清海、静海节度使,以膳部郎中赵光裔、右补阙李殷衡充官告使,(刘)隐皆留之。……殷衡,德裕之孙也"。